普通高等教育"九五"国家级重点教材

HISTORY
OF INTERNATIONAL RELATIONS

国际关系史

近代卷

方连庆 王炳元 刘金质 ◎ 主编

北京大学出版社
PEKING UNIVERSITY PRESS

图书在版编目(CIP)数据

国际关系史(近代卷)/方连庆,王炳元,刘金质主编. —北京:北京大学出版社,2006.4

ISBN 978-7-301-10088-2

Ⅰ.国… Ⅱ.①方… ②王… ③刘… Ⅲ.国际关系史—近代—高等学校—教材 Ⅳ.D819

中国版本图书馆 CIP 数据核字(2005)第 130610 号

书　　　名	国际关系史(近代卷) GUOJI GUANXI SHI(JINDAI JUAN)
著作责任者	方连庆　王炳元　刘金质　主编
责 任 编 辑	耿协峰
标 准 书 号	ISBN 978-7-301-10088-2
出 版 发 行	北京大学出版社
地　　　址	北京市海淀区成府路 205 号　100871
网　　　址	http://www.pup.cn
新 浪 微 博	@北京大学出版社　　@未名社科-北大图书
微信公众号	ss_book
电 子 信 箱	ss@pup.pku.edu.cn
电　　　话	邮购部 010-62752015　发行部 010-62750672 编辑部 010-62753121
印 刷 者	北京虎彩文化传播有限公司
经 销 者	新华书店
	730 毫米×980 毫米　16 开本　34.75 印张　605 千字 2006 年 4 月第 1 版　2022 年 12 月第 9 次印刷
定　　　价	89.00 元

未经许可,不得以任何方式复制或抄袭本书之部分或全部内容。
版权所有,侵权必究
举报电话:010-62752024　电子信箱:fd@pup.pku.edu.cn
图书如有印装质量问题,请与出版部联系,电话:010-62756370

内 容 简 介

　　本书是普通高等教育"九五"国家级重点教材《国际关系史》三卷本中的一卷，即近代卷。书中系统地阐述了1640—1918年间国际关系发展变化的新现象和新特点，国际政治舞台上资本主义势力的勃兴和封建势力的衰落，各大国为争夺霸权在不同阶段所进行的激烈斗争，以及19世纪下半叶西方列强对亚非拉的殖民扩张，并重点剖析了帝国主义国家为重新瓜分殖民地而进行的第一次世界大战。全书结构严谨，内容丰富，史料翔实，可读性强，是一部有特色的高等学校教材。

　　本书主要供高等学校国际政治、国际关系、外交学、国际法和世界史等专业教学使用，也可作为党校、干部院校、军事院校及外事工作人员和关心国际问题的广大青年、干部学习用书。

编著者说明

为了进一步贯彻《中国教育改革与发展纲要》精神,深化教学内容和课程体系改革,提高教学质量,原国家教委于1996年决定进行普通高等教育"九五"国家级重点教材立项选题工作,以便确定编写一批覆盖面较大、对实现教育培养目标有重大影响的教材。

国际关系史是社会科学领域中一门重要的基础学科,也是高等学校中国际政治、国际关系、外交学、国际法和世界史等专业的重要基础课程。它是以国与国之间的政治与外交关系、整个国际社会的矛盾和斗争以及国际关系发展的基本规律为研究对象,同时也注意研究国际经济、军事、文化和宗教关系。

为了给高等学校的相关专业提供一套比较完整、系统的国际关系史教材,我们申报了《国际关系史》三卷本,即近代卷、现代卷和战后卷。该项申请经专家评审和原国家教委批准,确定立项为普通高等教育"九五"国家级重点教材。

现在奉献给读者的《国际关系史(近代卷)》,旨在以马克思主义唯物史观为指导,实事求是地分析自17世纪中叶至1918年国际关系发展变化的新现象和新特点,力求准确、科学地揭示这一历史时期国际力量对比和国际格局的变化以及各大国之间在不同阶段所展开的激烈争夺与勾结,并由此引起国际危机、局部战争乃至人类历史上第一次世界大战的历史进程。本书在体例上主要按编年系统撰写,共分两编十五章。书中依据的材料有很大一部分是原始资料,包括这一时期的重要国际条约、密约、协定,国王敕令、文告,政府声明、公告、函电、领导人演说,以及有一定参考价值的回忆录等。为了方便读者,我们在书后附录了大事年表。

本书由北京大学国际关系学院方连庆、王炳元、刘金质主编。参加编写的有(以姓氏笔画为序)方连庆、王炳元、朱文莉、刘金质、梅然。各章撰稿人的分工(以内容先后为序)是:方连庆撰写编著者说明、序言、第十章、第十一章和第十二章;王炳元撰写第一章、第二章、第三章、第四章、第五章和大事年表(其中,李扬帆曾提供了一些素材);梅然撰写第六章和第七章;朱文莉撰写第八章和第九章;刘金质撰写第十三章、第十四章和第十五章。全书最后由方连庆、王炳元、刘金质统一修改定稿。

本书蒙北京大学出版社鼎立支持和帮助,谨表示深切的谢意。

由于近代国际关系史时空跨度大,内容复杂,史料浩瀚,书中难免会有疏漏和缺点,望专家和读者惠予指正。

编著者

2005年6月于北京大学

序　言

　　近代国际关系史开始于17世纪英国资产阶级革命和结束三十年战争的《威斯特伐利亚和约》，终止于十月社会主义革命的胜利和第一次世界大战的结束。

　　英国资产阶级革命的胜利和三十年战争的结局，改变了旧的国际关系格局。资本主义势力的勃兴和封建势力的衰落，使国际间的矛盾和斗争更加错综复杂，世界开始进入了划时代的新旧社会的转型期。《威斯特伐利亚和约》所确立的国家主权原则，破除了中世纪以来形成的以罗马教皇为中心的神权政治体制，奠定了此后三百多年国际关系的基础。

　　近代国际关系史约280年，从资本主义发展阶段和国际关系的历史进程看，可分为两个大的时期。

　　第一个时期从1640年的英国资产阶级革命到1871年普法战争结束。这个时期是新兴的经济政治力量资本主义在欧洲和世界扩展的时期，也是全球性国际关系逐渐形成的时期。其特点是国际矛盾错综复杂：既有以王朝之间的战争为代表的封建主义势力之间的较量，也有以英法为主的资本主义和封建势力争夺欧洲霸权的冲突，还有资本主义的英国与荷兰争夺商业、航海和殖民地霸权的竞争以及殖民地和宗主国之间的矛盾和斗争。这些矛盾此起彼伏，相互交织，变幻无常，在不同阶段呈现明显的不同特点。

　　第一阶段：从17世纪中叶到17世纪末。这一阶段的显著特点是欧洲国际政治力量的重新配置。三十年战争后，哈布斯堡王朝受到沉重打击，神圣罗马帝国进一步衰落，法国加强了在欧洲的地位。哈布斯堡王朝统治的西班牙不愿放弃对欧洲霸权的争夺，继续对法进行战争。法国联合英国打败西班牙，迫使其于1659年签订《比利牛斯条约》。这标志着哈布斯堡王朝在同波旁王朝争夺欧洲霸权的斗争中彻底失败，为法国建立欧洲霸权准备了条件。17世纪后半期，欧洲国际政治斗争的核心是法国要称霸欧洲。

　　1661年，路易十四亲政后，一心要实现法国的欧洲霸权。1667年，他发动了夺取西班牙属地的尼德兰之战；1672年，他兴师攻荷；1681年，他派军占领了斯特拉斯堡；1684年，他又夺取了卢森堡和德意志的其他几个城市。路易十四用武力扩疆拓土,使法国盛极一时,威震欧洲,终于建立了欧洲霸权。

法国咄咄逼人的霸权政策,引起了许多欧洲国家的憎恨与反对。1686年,在荷兰的外交斡旋下,形成了有荷兰、西班牙、神圣罗马帝国和勃兰登堡等参加的反法"大同盟"。1688年,英国发生政变,威廉三世成为英国国王。英法关系从友好变为敌对,英国加入了反法"大同盟"。路易十四面临全欧洲的抵制和反对,难以为所欲为,不得不作出重大让步,把一些兼并的土地归还原主,并承认了英国政变后的新政权。从此法国的霸权地位逐渐走向衰落。

英国同荷兰争夺海上霸权是这一时期国际政治力量重新配置的另一个重要表现。《威斯特伐利亚和约》后,荷兰的政治独立得到国际上的正式承认。这时,它的商业繁荣,海运事业蓬勃发展,造船业居世界之冠,拥有的船只超过英国十倍,素有"海上马车夫"之称。英国为了同荷兰争夺商业、海上和殖民地霸权,于1652—1654年、1664—1667年、1672—1674年同荷兰进行了三次战争,严重打击了荷兰的航海贸易和殖民扩张,使其从海上霸主的巅峰上跌落下来。英国则在战争中获得了巨大利益。由于《海上条例》的实施,使它的对外贸易迅速扩大,并带动了其国内工业的发展和海上实力的加强。到17世纪末,英国已取代荷兰成为海上新霸主,以强国的姿态登上国际政治舞台。这时,除法国之外,在欧洲已没有能与其抗衡的国家。

第二阶段:从17世纪末到拿破仑战争结束。这一阶段国际关系的主要矛盾是英法矛盾,并贯穿于整个18世纪。在这一时期,英法进行了三次重大的较量。

第一次大的较量是西班牙王位继承战争(1701—1714)。这是英法两国利用西班牙王位继承问题,为争夺西班牙及其在欧洲大陆与海外殖民地利益而进行的战争。1700年11月1日,西班牙国王查理二世死后无嗣,法国国王路易十四于同年11月24日宣布由他的孙子菲力普五世继承西班牙王位,并以特殊敕令承认菲力普有继承法国王位之权。英国、荷兰担心法国独吞西班牙遗产,与奥地利结成反法同盟。站在同盟一边的还有德意志诸侯国和葡萄牙等。战争于1701年3月爆发。在战争进程中,形势对法国不利。1712年1月29日,双方开始和谈。1713年4月11日,法国同英国、荷兰等签订了《乌德勒支和约》。次年,战争结束。

《乌德勒支和约》规定:各国承认路易十四之孙菲力普为西班牙国王,但不得兼任法国国王;英国从西班牙取得直布罗陀及其在美洲殖民地专卖黑奴的权利,并从法国取得纽芬兰、阿卡迪亚和哈得孙湾等北美属地;奥地利从西班牙取得伦巴第、那不勒斯、撒丁和西属尼德兰；荷兰得到了一些贸易特惠；普鲁士获得格尔德兰。和约使英国在欧洲、海上和殖民地的势力大为增强，法国的地位遭到严重削弱。和约还使奥地利哈布斯堡王朝的力量得到一定恢复，普鲁士的存在受到肯定，从而为日后的普奥争夺德意志霸权奠定了基础。

第二次大的较量是七年战争（1756—1763）。这次战争是由英法争夺殖民地和海上霸权的矛盾以及普鲁士争夺德意志领导权的矛盾所引起的。在这两对矛盾中，英法矛盾居主导地位。战争于1756年8月爆发。英国、普鲁士、汉诺威为一方，法国、奥地利、俄国、萨克森、瑞典、西班牙为另一方。各国参战目的不同。俄国参战，主要是想把它的势力扩展到中欧，以加强其在欧洲国际事务中的地位。战争的结果是英国、普鲁士取得胜利，法国、奥地利遭到失败。1763年2月10日，英国与法国、西班牙签订了《巴黎和约》。同年2月15日，普鲁士与奥地利、萨克森签订了《胡贝尔茨堡和约》。

《巴黎和约》的主要内容是：法国放弃它在美洲的大部分属地，将加拿大和除新奥尔良以外的整个密西西比河以东的土地让给英国；在西印度群岛，英国从法国取得了特立尼达和多巴哥、格林纳达、圣文森特等岛屿；在印度，法国仅保有5个城市，其余属地都割给英国；西班牙收回了古巴，但将佛罗里达转给英国。《胡贝尔茨堡和约》规定，奥地利承认西里西亚归普鲁士所有。

七年战争削弱了法国，扩大了英国的海上霸权。普鲁士增强了实力，奥地利地位有所下降。俄国显示了力量，开始在欧洲国际政治中发挥重要作用。

第三次大的较量是拿破仑战争。1789年的法国大革命震撼了整个欧洲。英国一直把法国视为自己的主要敌人，它企图乘法国革命的动乱，夺取法国在海外的殖民地。1792年，在英国的策划下，普奥结成军事同盟共同进攻法国，结果遭到失败。1793年，英国组织和领导了全欧洲性的第一次反法联盟，共同干涉法国革命。同年冬，拿破仑·波拿巴在土伦战役中崭露头角。1794年6月，法军在比利时大败联军，第一次反法联盟开始瓦解。

1794年热月政变后，法国对外战争开始从正义战争转变为侵略性的战争。1796年春，督政府派大军攻打奥地利。拿破仑任意大利方面军司令。次年，他率军从意大利攻入奥地利，迫使奥签订《坎波福米奥和约》。1798年春，拿破仑为制服英国远征埃及。同年底，英国又组成第二次反法联盟。1799年11月，拿破仑发动雾月十八日政变，推翻督政府，建立执政府，自任第一执政，开始了拿破仑时代。

拿破仑执政后，连年发动对外战争。1800年6月，在马伦戈大败奥军。迫使奥退出反法联盟,翌年2月签订法、奥《吕内维尔和约》,第二次反法联盟宣告失败。1802年3月,英、法签订《亚眠和约》,但并没有解决两国的根本分歧。同年8月,拿破仑任终身执政。1804年5月,法国复辟帝制,拿破仑加冕为法兰西皇帝。1805年4月,英国联合俄国组成第三次反法联盟。同年12月,拿破仑在奥斯特里茨战役中大胜奥俄联军,迫使奥签订《普莱斯堡和约》,第三次反法联盟又遭失败。

拿破仑的扩张活动加重了英俄的不安。1806年7月,英、俄、普等国组成第四次反法联盟。同年10月,拿破仑在耶拿大胜普鲁士,随后在柏林颁布《柏林敕令》,开始实行矛头针对英国的大陆封锁政策。1807年6月,拿破仑在东普鲁士的弗里德兰击败俄军,7月双方签订《提尔西特和约》,俄国加入大陆封锁体系。第四次反法联盟宣告瓦解。拿破仑为截断英国与大陆市场的一切联系,于同年11月出兵占领葡萄牙。1808年3月,又进占马德里,并立其兄约瑟夫为西班牙国王。1809年1月,英国又与奥地利组成第五次反法联盟,战争再趋激烈。同年4月,奥对法不宣而战,但在战争中连遭败绩。10月双方签订《维也纳和约》,第五次反法联盟崩溃。至1811年,拿破仑帝国发展到鼎盛时期。但帝国内部危机四伏。

1812年6月,拿破仑率领42万大军远征俄国遭到惨败,加速了拿破仑帝国的崩溃。1813年6月,第六次反法联盟形成。同年10月,在莱比锡决战中,拿破仑大败。1814年3月,联军进入巴黎。4月拿破仑退位,被流放到地中海上的厄尔巴岛。路易十六之弟普罗旺斯伯爵即位,称路易十八,波旁王朝复辟。5月,联军同法国签订第一次《巴黎和约》,规定法国保持1792年时的领土疆界。1815年3月,拿破仑逃出厄尔巴岛,率1000人返回巴黎,重登帝位。正在维也纳开会的英、俄、普、奥等国立即组成第七次反法联盟。1815年6月,在比利时滑铁卢战役中法军大败。拿破仑第二次退位,被放逐到南大西洋上的圣赫勒拿岛。同年11月,联盟各国同法国签订了第二次《巴黎和约》,规定法国只能保留1790年的疆界。至此,拿破仑彻底垮台,以英国为核心的反法联盟取得最终胜利。

拿破仑战争的结果改变了欧洲国际政治格局。法国在战争中遭到严重削弱,丧失了在欧洲大陆头号强国的地位。英国加强了对欧洲的影响,扩大了在海上和殖民地的霸权。俄国以欧洲大国的姿态登上国际舞台。普、奥也成了国际关系中的重要角色。

在这一阶段,以英法为主的西方国家不仅在欧洲争夺霸权,而且向整个世界进行殖民扩张。17和18世纪,它们加强了对美洲、亚洲和非洲的扩张步伐,中美和南美成了西班牙和葡萄牙的殖民地,而北美则成为英、法、西班牙和荷兰的殖民地。到18世纪中期,北美的大部分殖民地都相继落入英国之手。亚洲的印度和印度尼西亚逐渐成为英国和荷兰的殖民地。在非洲,欧洲殖民势力自直布罗陀一直延伸到南端的好望角。

残酷的殖民压迫和掠夺激起了亚洲、非洲、美洲殖民地人民的反抗。18世纪后半期,北美殖民地人民掀起推翻英国殖民统治、争取民族独立的斗争,并最终赢得胜利成立了美利坚合众国。美国的独立直接影响和推动了拉丁美洲民族解放运动的发展。

第三阶段:从1814年到1871年。在1814—1815年的维也纳会议上,英、俄、普、奥诸强国在瓜分战败国赃物的基础上建立了维也纳体系。俄国是这次会议的主要操纵者,它通过会议削弱了法国并在会后联合普、奥两国组成了"神圣同盟",打着"正统主义"和"干涉主义"的旗号,维护欧洲大陆封建秩序,干涉和镇压各国革命运动。1848年,爆发了震撼全欧的资产阶级民主革命。在这次革命浪潮的冲击下,反动的神圣同盟趋于土崩瓦解。

俄国在维也纳会议后取代法国成为欧洲大陆的新霸主,它极力推行对外扩张政策,与英国形成尖锐对立。俄国妄图占领君士坦丁堡,控制黑海海峡,染指近东和巴尔干,与英、法的经济和战略利益发生冲突,由此导致了1854—1856年的克里米亚战争。结果,俄国战败,1856年3月签订了《巴黎和约》。英国增强了在欧洲的影响和近东的势力,法国提高了国际地位,俄国失去了欧洲大陆的霸主地位,加深了国内农奴制危机。

克里米亚战争后,资产阶级改革运动和民族统一运动走向新的高潮。19世纪60年代末70年代初,意大利和德国完成了国家统一。1861年,俄国进行了废除农奴制的改革,美国爆发了南北内战并导致南方奴隶制的废除。1868年,日本发生了"明治维新"运动。到19世纪60年代末,欧美各大国以及亚洲的日本,基本上都已确立了资本主义制度的统治,全球性的国际关系体系开始形成。

在这一阶段,西方资本主义列强加紧对外扩张。到19世纪中期,英国在澳大利亚和新西兰建立起殖民统治,扩大了对非洲南部的侵略,完全吞并了印度和缅甸。法国侵入印度支那,增强了在西非的势力。俄国在中近东和远东进行疯狂扩张。美国也加入殖民国家行列,开始向远东扩张。拉丁美洲各国名为独立,实际上处于西方列强的控制之下。中国开始沦为半殖民地。资本主义列强对殖民地和半殖民地的疯狂掠夺和压迫,激起了被侵略各国人民的不断反抗,特别是亚洲人民的反抗最为声势浩大。中国的太平天国革命,印度的民族大起义和伊朗的巴布教起义,都给西方殖民势力以沉重打击。

第二个时期从1871年普法战争后到1918年第一次世界大战结束。这一时期是"自由"资本主义发展到帝国主义阶段的时期,也是以资本主义世界经济为纽带的全球性国际关系体系最终形成的时期。这一时期大致分为三个阶段。

第一阶段:19世纪最后30年。这一阶段的特点是"自由"资本主义向垄断资本主义过渡。在垄断资本主义形成的过程中,资本主义各国为争夺商品销售市场、原料产地和投资场所,掀起了抢占殖民地、瓜分世界的狂潮。在非洲,埃及、喀麦隆、刚果、苏丹、马达加斯加等沦为殖民地。在拉丁美洲,美国打着门罗主义旗号,极力在该地区进行扩张。在亚洲,法国侵占印度支那。英国兼并缅甸并迫使阿富汗成为保护国。美国则吞并了夏威夷。中国遭到列强侵略,进一步半殖民地化。到19世纪末20世纪初,世界已基本瓜分完毕,形成了帝国主义殖民体系。

第二阶段:19世纪末20世纪初。这一阶段是帝国主义最终形成的时期,其主要历史标志是发生在19世纪末20世纪初的三次帝国主义战争。

第一次战争是美西战争。美国在1893年控制夏威夷群岛后,便积极策划夺取老牌殖民主义者中较弱的西班牙的殖民地古巴和菲律宾。这两个地方对美国都有重大的经济利益和战略意义。1895年,古巴人民掀起了反对西班牙殖民统治的起义;1896年,菲律宾也爆发了革命。美国利用这一时机,以其军舰"缅因号"在哈瓦那突然爆炸为借口,于1898年4月对西班牙宣战。西班牙在古巴和菲律宾的军队,大部分被古、菲起义者所牵制。美国趁此有利形势,以其海军优势击败了西班牙舰队。同年12月,双方签订《巴黎和约》。美国夺取了古巴、波多黎各、关岛和菲律宾,并在战后迅速完成了吞并夏威夷群岛的法律手续。

美西战争是美国同西班牙殖民者重新瓜分世界进行的第一次帝国主义战争,是美国争夺世界霸权的一个战略步骤。美西战争后,美国进一步加强了对拉丁美洲和远东的扩张。列宁曾引约·阿·霍布森的形象比喻说:"古巴、菲律宾和夏威夷,这些不过是盛馔之前刺激食欲的'小吃'。"[①]

第二次战争是英布战争。英国为把它在南非和北非的殖民地联成一片,实现其所谓"开普—开罗"计划,决定用武力吞并荷兰殖民者后裔布尔人在南非建

[①] 《列宁全集》第54卷,人民出版社1990年版,第460页。

立的德兰士瓦和奥兰治两个共和国。英国为发动对布尔人的进攻,进行了一系列外交和军事准备。战争于1899年10月开始,1902年5月结束。结果布尔人战败,双方签订和约,德兰士瓦和奥兰治丧失了独立,成为英国的殖民地,英国则付给布尔人300万英镑作为"补偿"。

英布战争是英、布殖民主义者重新分割南非的帝国主义战争,它标志着欧洲列强重新瓜分非洲的开始。列宁说:"当非洲十分之九的面积已经被占领(到1900年时)、全世界已经瓜分完毕的时候,一个垄断地占有殖民地、因而使瓜分世界和重新瓜分世界的斗争特别尖锐起来的时代就不可避免地到来了。"①

第三次是日俄战争。1895年中日甲午战争之后,俄国加紧向远东扩张,与日本发生尖锐冲突。争夺的重点是中国东北和朝鲜。1900年八国联军镇压义和团运动以后,俄国拒不从中国东北撤军,还进一步把势力伸向朝鲜。俄国独占东北的野心引起了其他帝国主义国家特别是日本的不满。英国担心俄国在远东的势力过分强大,决定支持日本对抗俄国。1902年1月,英日缔结同盟条约。英国承诺如果日俄战争爆发,将给日本以财政援助。1904年2月,日本舰队突袭了旅顺口和仁川的俄国舰队,日俄战争爆发。这次战争对双方都是非正义的、掠夺性的帝国主义战争,战争主要是在中国领土上进行,给中国人民造成了深重的灾难。在战争中,俄国在陆海战场上都连遭失败。1905年5月,在对马海峡的海战中,俄国从波罗的海调来的舰队全部被日舰歼灭。1905年9月,日俄签订《朴次茅斯和约》。俄国把旅顺口、大连和南满铁路的租借权转让给日本;把库页岛南部割让给日本;承认朝鲜是日本的势力范围。

上述三次帝国主义战争表明,资本主义的殖民政策已经从"无阻碍"的"和平"扩张,转变到用战争来重新瓜分殖民地和势力范围,列强按实力重新瓜分世界的斗争已经开始在亚洲、非洲和拉丁美洲的广阔地区展开。

第三阶段:1914—1918年。这一阶段是在帝国主义最终形成后,人类历史上爆发了第一次世界大战。

到帝国主义时代,资本主义经济政治发展不平衡空前加剧。帝国主义各国力量对比的变化,使争夺殖民地和势力范围的斗争更加突出。在这场斗争中,英德矛盾成为主要矛盾,德法矛盾和德俄矛盾也十分尖锐,形成了德、奥、意三国同盟和英、法、俄三国协约两大对立的帝国主义军事集团。摩洛哥危机、波斯尼亚危机和巴尔干战争进一步激化了它们之间的矛盾。终于在1914年爆发了

---

① 《列宁全集》第27卷,人民出版社1990年版,第435页。

第一次世界大战。双方经过四年多的厮杀,同盟国宣告失败。1918年11月,签订了《贡比涅停战协定》,大战结束。

帝国主义列强之间的战争,使帝国主义自身的力量遭到严重削弱,为无产阶级革命造成有利条件。1917年,俄国爆发了伟大的十月社会主义革命。十月革命的胜利和第一次世界大战的结束,标志着近代国际关系史的终结,从此世界进入了一个新的历史时期。

目 录

第一编 英国资产阶级革命至普法战争时期的国际关系
（1640—1871）

第一章 17世纪至18世纪中期英荷法三国的角逐 …… 003
 第一节 英国资产阶级革命前的欧洲 …… 003
  17世纪初期的欧洲形势及三十年战争的起因 …… 003
  经历了四个阶段的三十年战争 …… 005
  《威斯特伐利亚和约》及其以后的欧洲 …… 007
 第二节 英国夺取海上霸权的初期斗争 …… 009
  资产阶级革命后的英国对外政策 …… 009
  英国荷兰商业战争 …… 010
 第三节 法国追逐欧洲大陆霸权 …… 012
  法国西班牙战争与《比利牛斯条约》 …… 012
  遗产继承战争与《亚琛和约》 …… 013
  法荷战争与《奈梅根和约》 …… 014
  "大同盟"战争与《里斯维克和约》 …… 015
 第四节 英法争夺殖民地霸权的斗争 …… 017
  西班牙王位继承战争与《乌德勒支和约》 …… 017
  奥地利帝位继承战争与《亚琛和约》 …… 020
  七年战争与《巴黎和约》 …… 024

第二章 俄国的兴起及其侵略扩张 …… 030
 第一节 俄国夺取出海口的政策及其实施 …… 030
  彼得一世夺取出海口的政策与远征亚速 …… 030
  北方同盟与北方战争 …… 031
  《尼斯塔得和约》与北方出海口的获得 …… 034

第二节　瓜分波兰 ·· 036
　　俄国干涉波兰与波兰王位继承战争 ······································· 036
　　俄普奥第一次瓜分波兰 ·· 038
　　俄普第二次瓜分波兰 ·· 041
　　俄普奥第三次瓜分波兰 ·· 042

第三节　"东方问题"与俄土战争 ·· 043
　　"东方问题"的出现 ·· 043
　　1768—1774年的俄土战争 ·· 044
　　1787—1792年的俄土战争 ·· 047

第三章　法国资产阶级革命和拿破仑战争时期的欧洲国际关系 ········· 051
第一节　法国资产阶级革命与列强的干涉 ······························ 051
　　法国资产阶级革命与奥普《皮尔尼茨宣言》 ························· 051
　　法国革命战争与奥普干涉的失败 ··· 053
　　第一次反法联盟与热月党政变 ··· 054

第二节　法国督政府与执政府的对外战争与外交 ···················· 055
　　拿破仑远征意大利,第一次反法联盟瓦解 ···························· 055
　　拿破仑远征埃及,第二次反法联盟组成 ································ 056
　　雾月政变与《吕内维尔和约》 ··· 057
　　法俄和约与英法《亚眠和约》 ··· 058

第三节　拿破仑帝国的对外战争与外交 ···································· 060
　　英法矛盾加剧,第三次反法联盟建立 ···································· 060
　　《普雷斯堡和约》与莱茵联邦的建立 ···································· 061
　　第四次反法联盟与《提尔西特和约》 ···································· 063
　　大陆封锁政策与半岛战争 ·· 065
　　第五次反法联盟瓦解,拿破仑帝国的极盛时期 ···················· 067

第四节　拿破仑战败与第一次巴黎和约 ···································· 068
　　拿破仑进攻俄国及其失败 ·· 068
　　第六次反法联盟组成与莱比锡战役 ·· 070
　　夏蒂荣会议与《肖蒙条约》 ··· 071
　　拿破仑第一次退位与第一次《巴黎和约》 ···························· 072

第五节　俄国的侵略与扩张 …………………………………… 073
　　俄国兼并芬兰 ………………………………………………… 073
　　俄国吞并比萨拉比亚 ………………………………………… 075
　　1804—1813 年俄国伊朗战争与《古利斯坦和约》 ………… 078
　　1826—1828 年俄国伊朗战争与《土库曼恰伊和约》 ……… 081

第四章　维也纳体系的建立及其瓦解 …………………………… 083
第一节　维也纳会议 ………………………………………… 083
　　维也纳会议的召开 …………………………………………… 083
　　维也纳会议的任务与原则 …………………………………… 084
　　大国在维也纳会议上的矛盾与斗争 ………………………… 086
　　英奥法《维也纳秘密同盟条约》 …………………………… 088
　　《维也纳会议最后议定书》 ………………………………… 090
第二节　拿破仑帝国最终崩溃与维也纳体系的形成 ……… 092
　　拿破仑第二次退位与《第二次巴黎和约》 ………………… 092
　　神圣同盟、四国同盟与"欧洲协调" ……………………… 093
　　亚琛会议与五国同盟 ………………………………………… 095
第三节　欧洲 1820 年革命运动及"欧洲协调"的破裂 …… 096
　　欧洲革命运动的兴起 ………………………………………… 096
　　特罗保会议、莱巴赫会议与意大利革命被绞杀 …………… 097
　　维罗纳会议与西班牙革命的失败 …………………………… 099
第四节　欧洲 1830 年革命对维也纳体系的冲击 …………… 101
　　法国七月革命与欧洲大国的态度 …………………………… 101
　　比利时革命与五大国伦敦议定书 …………………………… 103
　　波兰革命与俄国 ……………………………………………… 104
第五节　欧洲 1848 年革命及维也纳体系的瓦解 …………… 105
　　欧洲 1848 年革命的爆发及其对封建制度的打击 ………… 105
　　欧洲 1848 年革命对欧洲国际关系的影响 ………………… 105

第五章　18 世纪末至 19 世纪中期的美洲国际关系 …………… 108
第一节　英属北美殖民地独立战争时期的国际关系 ……… 108
　　英属北美殖民地独立战争与《独立宣言》 ………………… 108

　　　　法美同盟与俄丹等国的武装中立同盟 …………………………… 109
　　　　美国独立战争的胜利与《巴黎和约》 …………………………… 111
　　第二节　美国早期的外交政策与对外关系 ………………………… 113
　　　　建国初期的美国对外政策 ………………………………………… 113
　　　　"XYZ 事件"与美法新约 ………………………………………… 115
　　　　路易斯安那的获得，美国领土的扩大 …………………………… 117
　　　　美英 1812—1814 年战争 ………………………………………… 119
　　第三节　门罗宣言与美国南北战争 ………………………………… 126
　　　　门罗宣言的发表 …………………………………………………… 126
　　　　美国南北战争与领土扩张 ………………………………………… 130

第六章　"东方问题"的发展与克里米亚战争 ………………………… 136
　　第一节　希腊独立运动与"东方问题" ……………………………… 136
　　　　希腊起义的发生和列强的基本立场 ……………………………… 136
　　　　《彼得堡议定书》和《伦敦条约》 ………………………………… 140
　　　　俄土战争、《阿德里安堡条约》和《伦敦议定书》 ……………… 143
　　第二节　两次土埃战争与列强的合作和冲突 ……………………… 146
　　　　第一次土埃战争和《温加尔·斯克利西条约》 …………………… 146
　　　　第二次土埃战争和伦敦协定 ……………………………………… 151
　　　　土埃冲突的解决和《海峡公约》 …………………………………… 155
　　第三节　克里米亚战争与俄国地位的下降 ………………………… 158
　　　　圣地管辖权问题和缅什科夫使命的失败 ………………………… 158
　　　　危机中的外交和战争的来临 ……………………………………… 162
　　　　战争初期的外交和"维也纳四点" ………………………………… 168
　　　　维也纳谈判和塞瓦斯托波尔的陷落 ……………………………… 172
　　　　《巴黎和约》和克里米亚战争的影响 ……………………………… 176

第七章　17 世纪至 19 世纪中期列强对印度、印尼、日本和中国的侵略 …… 180
　　第一节　英国对印度的殖民化 ……………………………………… 180
　　　　西方在印度的早期活动 …………………………………………… 180
　　　　印度沦为英国的殖民地 …………………………………………… 183

　　　　印度民族大起义及其影响 ………………………………… 191
　第二节　荷兰在印度尼西亚的殖民活动 …………………………… 195
　　　　西方对印尼侵略的开端 …………………………………… 195
　　　　联合东印度公司在印尼的进一步扩张 …………………… 198
　　　　19世纪荷兰对印尼的统治 ………………………………… 204
　第三节　日本的开国和变革 ………………………………………… 209
　　　　《神奈川条约》和《安政条约》 …………………………… 209
　　　　"开国"对日本的影响 …………………………………… 213
　　　　戊辰战争和明治维新 ……………………………………… 218
　第四节　列强对中国的侵略 ………………………………………… 223
　　　　鸦片战争和《南京条约》 ………………………………… 223
　　　　第二次鸦片战争 …………………………………………… 232
　　　　19世纪60年代的中外关系 ……………………………… 242

第八章　意大利统一时期的欧洲国际关系 …………………………… 248
　第一节　撒丁王国和法国的反奥战争 ……………………………… 248
　　　　意大利的分裂局面 ………………………………………… 248
　　　　加富尔统一意大利的计划 ………………………………… 249
　　　　撒丁王国参加克里米亚战争 ……………………………… 251
　　　　普隆比耶尔秘密协定 ……………………………………… 252
　　　　法撒奥战争的爆发 ………………………………………… 254
　　　　奥军战败与维拉法朗卡预备和约 ………………………… 256
　第二节　意大利王国的建立 ………………………………………… 258
　　　　中北部意大利的归属问题 ………………………………… 258
　　　　《都灵条约》 ……………………………………………… 260
　　　　加里波第进军两西西里 …………………………………… 262
　　　　意大利王国的建立 ………………………………………… 264
　第三节　意大利统一的完成 ………………………………………… 267
　　　　威尼西亚的归并 …………………………………………… 267
　　　　罗马问题的解决 …………………………………………… 268

第九章　德国统一时期的欧洲国际关系 …… 270

第一节　普奥对丹麦的战争 …… 270
19 世纪中叶的德意志统一运动 …… 270
俾斯麦掌权 …… 272
波兰问题与普俄接近 …… 275
石勒苏益格—荷尔斯泰因问题 …… 277
普奥对丹麦的战争 …… 280

第二节　普奥战争与北德联邦的成立 …… 282
《加斯泰因公约》 …… 282
比亚里茨会晤 …… 284
普意同盟 …… 286
普意对奥战争 …… 288
《布拉格和约》与北德意志联邦的建立 …… 292

第三节　普法战争与德国统一的完成 …… 293
卢森堡问题与普法交恶 …… 293
法国的孤立与战争准备 …… 295
西班牙王位继承问题 …… 297
普法战争与德意志帝国的建立 …… 299
《法兰克福和约》与《伦敦海峡公约》 …… 301

第二编　普法战争后至第一次世界大战结束时期的国际关系（1871—1918）

第十章　近东危机与柏林会议 …… 307

第一节　普法战争后欧洲格局的新变化 …… 307
普法战争后的德法关系 …… 307
三皇同盟 …… 309
1875 年德法战争危机与俄英的干涉 …… 313

第二节　近东危机 …… 315
黑塞哥维那反土起义与列强的态度 …… 315
安德拉西照会与《柏林备忘录》 …… 317

塞土战争 ··· 319
　第三节　俄土战争与柏林会议 ··· 323
　　　俄土战争 ··· 323
　　　《圣斯特法诺和约》 ·· 325
　　　柏林会议与《柏林条约》 ·· 327

第十一章　三国同盟与俄法同盟的形成 ·· 330
　第一节　德奥同盟与德奥意三国同盟的建立 ································· 330
　　　德俄矛盾与德奥同盟的建立 ··· 330
　　　俄英矛盾与三皇同盟的恢复 ··· 332
　　　意法矛盾与德奥意三国同盟的建立 ····································· 334
　第二节　保加利亚危机与三国同盟体系的加强 ······························ 337
　　　保加利亚危机 ·· 337
　　　德法战争危机与三国同盟续约 ·· 339
　　　两次《地中海协定》 ··· 341
　　　德俄《再保险条约》 ··· 343
　第三节　法俄结盟 ··· 345
　　　俾斯麦去职后德国的"新路线" ··· 345
　　　法国舰队访俄与法俄"政治协定"的签订 ····························· 346
　　　法俄"军事协定"与法俄同盟的建立 ··································· 347

第十二章　19世纪70—90年代列强夺取殖民地高潮时期的国际关系 ······ 350
　第一节　列强在西亚及中亚的争夺 ··· 350
　　　列强在土耳其的争夺 ·· 350
　　　英俄在阿富汗和波斯的争夺 ··· 352
　第二节　列强对中国及东南亚的侵略 ·· 357
　　　马嘉理事件与中英《烟台条约》 ·· 357
　　　英国吞并缅甸 ·· 359
　　　法国侵略越南与中法战争 ··· 361
　　　俄国侵略中国新疆 ··· 364

第三节　列强对非洲的瓜分 ······ 367
英法在北非的扩张 ······ 367
列强在刚果河流域的争夺 ······ 370
英法意在东非的角逐 ······ 371

第十三章　19世纪末至20世纪初的国际关系 ······ 374
第一节　英德矛盾成为国际关系中的主要矛盾 ······ 374
帝国主义各国实力对比的变化 ······ 374
帝国主义各国军备竞赛与海牙和平会议 ······ 378
英德矛盾激化与英德海军军备竞赛 ······ 381
第二节　美国的殖民扩张 ······ 384
美西战争 ······ 384
美国侵略中国的"门户开放"政策 ······ 390
"大棒政策"与"金元外交" ······ 393
第三节　列强对南非及太平洋岛屿的争夺 ······ 397
英布战争 ······ 397
列强对萨摩亚群岛的瓜分 ······ 399
第四节　西方列强加强对中国的掠夺 ······ 401
中日甲午战争与三国干涉还辽 ······ 401
德国强租胶州湾 ······ 405
俄国强租旅顺大连 ······ 407
义和团运动与八国联军入侵中国 ······ 410
清政府同沙俄关于交还东三省的交涉 ······ 412
第五节　英日同盟与日俄战争 ······ 415
英日同盟的建立 ······ 415
日俄战争 ······ 418
日俄《朴次茅斯和约》与中日北京会议 ······ 420
第六节　日俄战争后列强在亚洲的矛盾与扩张 ······ 423
美日争夺中国的矛盾与《高平—鲁特协定》 ······ 423
《日俄密约》与日本吞并朝鲜 ······ 428
英国侵略西藏与中英交涉 ······ 430

第十四章　第一次世界大战前夕的国际关系 ········· 435
第一节　协约国最终形成及其与同盟国斗争的加剧 ········· 435
英德海军竞争与军备竞赛的加剧 ········· 435
1904 年《英法协定》 ········· 437
第一次摩洛哥危机与阿尔赫西拉斯会议 ········· 440
1907 年《英俄协定》 ········· 445
第二节　波斯尼亚危机 ········· 449
波斯尼亚问题与布赫劳协议 ········· 449
奥匈兼并波斯尼亚和黑塞哥维那与大国的斗争 ········· 452
意俄《拉科尼基协定》与德俄《波茨坦协定》 ········· 456
第三节　第二次摩洛哥危机 ········· 459
阿加迪尔事件 ········· 459
德法《关于摩洛哥的专约》与法摩《非斯条约》 ········· 461
第四节　意土战争与英法海军协定 ········· 464
意土战争与《洛桑和约》 ········· 464
英法海军协定 ········· 466
第五节　巴尔干同盟与巴尔干战争 ········· 468
巴尔干同盟的建立 ········· 468
第一次巴尔干战争 ········· 471
第二次巴尔干战争 ········· 474

第十五章　第一次世界大战时期的国际关系 ········· 478
第一节　第一次世界大战的爆发 ········· 478
协约国与同盟国集团的整合及其军备竞赛 ········· 478
萨拉热窝事件 ········· 480
七月危机 ········· 481
欧洲大国的战争计划及 1914—1916 年战争进程 ········· 485
第二节　战争初期的各国外交 ········· 489
协约国之间的纷争 ········· 489
交战国争取同盟者的斗争 ········· 491
日本参战与奴役中国的"二十一条" ········· 495

　　　　美日在中国的争夺与《蓝辛—石井协定》 …………………………… 498
第三节　交战国集团的"和平攻势"与美国参战 …………………… 501
　　　　交战国集团的"和平攻势" ………………………………………… 501
　　　　美国参战 …………………………………………………………… 504
第四节　俄国十月社会主义革命与大战的结束 …………………… 508
　　　　十月革命胜利与俄国退出战争 …………………………………… 508
　　　　保、土、奥匈投降与同盟国瓦解 …………………………………… 513
　　　　德国战败与第一次世界大战结束 ………………………………… 515

附　录　大事年表 ……………………………………………………… 519

第一编

英国资产阶级革命至普法战争时期的国际关系
（1640—1871）

第一章　17世纪至18世纪中期英荷法三国的角逐

第一节　英国资产阶级革命前的欧洲

17世纪初期的欧洲形势及三十年战争的起因

17世纪初,欧洲处于中世纪末期。当时,欧洲各国除荷兰外,都尚处于封建社会末期。然而,资本主义的生产方式在欧洲各国都已有不同程度的发展。

17世纪初的英国,只有英格兰一地(含威尔士),人口不多,但资本主义却发展得较早较快,并已开始了海外贸易及殖民事务。1588年,英国打败西班牙无敌舰队后,其殖民活动有了较大的发展。为此,英国于1600年末成立了专门从事海外垄断贸易的东印度公司,并先后在北美、非洲、亚洲及西印度群岛建立了大量的殖民据点以及商站。海外的巨额掠夺,进一步加速了英国资本主义的发展及革命条件的成熟。

法国于15世纪末完成政治统一后,促进了其工商业的发展。但是,16世纪后半期,延续了32年的胡格诺战争使法国的经济受到严重破坏,致使农民起义及市民暴动不断发生,严重威胁着法国王室的统治。亨利四世于1589年上台后,采取了节约开支、降低税收等鼓励农业生产和发展工商业的政策,较快地恢复了法国的秩序和经济。同时,法国的海外贸易与殖民事务也有了较大的发展。1608年,法国在北美圣劳伦斯河下游建立了居民点(即今魁北克)。此外,还在西印度群岛、非洲的塞内加尔以及马达加斯加等地建立了殖民据点。

17世纪初的荷兰,称荷兰共和国,原为尼德兰的一部分。在荷兰资产阶级革命前,整个尼德兰都在西班牙的统治之下,大约相当于今天的荷兰、比利时、卢森堡和法国的东北部。16世纪时,资本主义生产方式在尼德兰的城乡有了较快的发展,但受到西班牙的封建统治及天主教的严重束缚,因而导致1566年尼德兰资产阶级革命的爆发。后来,经过约15年的斗争,尼德兰北方七省于1581年成立了联省共和国。七省中的荷兰省,因经济发达和政治地位重要,故又称荷兰共和国。此后,荷兰的资本主义得到迅速发展,其经济以造船及航海业最为发达。当时,荷兰拥有的商船吨位约占欧洲商船总吨位的四分之三,它的商船航运遍及世界各地,素有"海上马车夫"之称。荷兰于1602年和1621年先后成立了享有广泛特权的东印度公司与西印度公司,垄断了马来群岛至好望角一带、美洲、西印度群岛以及西非洲的贸易,并在上述这些地区建立了许多殖民地。

14世纪末,瑞典、挪威和丹麦组成在丹麦统治下的卡尔马联盟。1523年,瑞典脱离联盟,重获独立,并多次向外侵略扩张。为夺取德意志的波罗的海沿岸领土,瑞典积极参与三十年战争。三十年战争后,瑞典曾一度成为北欧的头等强国,进入18世纪后逐渐衰落。瑞典脱离卡尔马联盟后,丹麦仍统治着挪威,但实力减弱。

西班牙在16世纪初是欧洲的一个大国,除本土外,它还统治着那不勒斯王国和尼德兰,并拥有地中海的西西里岛及其他一些岛屿。当时,西班牙是头号海上强国,在欧、亚、美、非四大洲都有殖民地。其经济在16世纪前半期曾有过短暂的繁荣,但自50年代后开始衰落。1566年爆发的尼德兰资产阶级革命和荷兰共和国的建立,对西班牙的经济更是严重的打击。1580年,西班牙乘葡萄牙王位空缺之机将其占领,并于次年兼并了葡萄牙及其全部殖民地。1588年,西班牙"无敌舰队"远征英国遭到惨败,从此丧失了海上霸权。

俄国在15世纪末,由伊凡三世建立了以莫斯科为核心的、统一的俄罗斯中央集权国家,并不断向外扩张。16世纪中期,伊凡四世改称沙皇。17世纪初,罗曼诺夫王朝建立后,继续大力推行侵略扩张政策,相继兼并了一些欧亚国家的大片领土。1649年,俄国在太平洋西北岸建立了鄂霍次克。

位于东欧的波兰王国与立陶宛大公国,为抵御俄国侵略的威胁,于1569年联合成为波兰立陶宛王国。根据王国1573年的"亨利条例",确定了在全体贵族中选举国王的制度,波兰立陶宛王国由此改称波兰共和国,实际上仍是贵族专政下的封建农奴制国家。

17世纪初的德国,即成立于公元962年的神圣罗马帝国。帝国中央政权自13世纪中起日趋衰落,各诸侯纷纷实行封建割据。帝国的经济在14世纪和15世纪虽然曾有过较大的高涨,但由于政治上的分裂,使它的发展远落后于当时其他的欧洲国家。此外,德国天主教会利用其特殊地位,维护封建制度,并以各种名义大肆搜刮钱财,供教会及罗马教皇挥霍,也引起帝国的社会各阶级、阶层的强烈不满。

罗马天主教会是德国封建制度的巨大国际中心,为了"从各个方面成功地进攻世俗的封建制度,就必须先摧毁它的这个神圣的中心组织"①。1517年,路德发动了宗教改革运动,并引发了一场新教诸侯与天主教诸侯,以及各诸侯与皇帝间的战争。最后,新教诸侯获胜。1555年9月,神圣罗马帝国皇帝同新教诸侯签订了《奥格斯堡宗教和约》,规定各诸侯有权决定其臣民的宗教信仰,即"教随国定"的原则。由此,路德教的合法地位得到了承认。

然而在这以后,德国的封建分裂局面更趋严重。北部及东北部的新教诸侯联盟,同南部及西南部的天主教诸侯联盟长期对立;诸侯与皇帝之间的斗争依然持续未停。双方在各自不同的欧洲盟国的支持下,一直进行着激烈的较量。最后,终于演变成一场欧洲历史上第一次大规模的、并对近代国际关系有较大影响的国际战争,即1618—1648年的三十年战争。

经历了四个阶段的三十年战争

三十年战争,表面上是一场宗教战争,即天主教与路德教(或称旧教与新教)之间的战争。实际上,它是神圣罗马帝国皇帝在维护天主教教义的名义下,为了征服德意志各诸侯和扩大皇权的战争。对各诸侯来说,它们是想利用这场战争削弱皇权,以扩大自己的领地。至于一些欧洲大国,则是想利用这次战争为自己夺取德意志领土。

1617年,神圣罗马帝国皇帝、哈布斯堡王朝的马蒂亚斯指定奥地利大公斐迪南为波希米亚(今捷克)王位继承人。同年,波希米亚贵族会议推选他为国王,称斐迪南二世。因斐迪南坚决反对宗教改革,波希米亚人民拒绝接受。次年5月23日,波希米亚邦议会中信奉新教的各等级代表,将皇帝派来执行其旨意的两名官员及一名秘书从王宫的窗口抛入护城壕里(史称"抛出窗口事件")。当天,布拉格发动了反对皇帝的起义,三十年战争随之开始。这次战争,大体上经历了以下四个阶段:

(1)波希米亚—巴拉丁②阶段(1618—1624)。布拉格起义爆发后,波希米亚宣布脱离哈布斯堡王朝的统治,并于1619年选举新教联盟首领、巴拉丁选帝侯腓特烈五世为国王,称腓特烈一世。同年8月,斐迪南二世即位神圣罗马帝

---

① 恩格斯:《〈社会主义从空想到科学的发展〉英文版导言》,《马克思恩格斯全集》第22卷,人民出版社1965年版,第347页。

② 巴拉丁曾译帕拉提纳特,又称普法尔茨,为巴拉丁伯爵的封邑。该领地分为上下两部分,上巴拉丁位于莱茵河中游两岸,下巴拉丁位于巴伐利亚北部。

国皇帝。波希米亚和巴拉丁联军遂共同对皇帝斐迪南二世进行作战,并取得一些胜利。后来,斐迪南二世以将选帝侯资格转封给天主教联盟首领巴伐利亚公爵为条件,取得了天主教联盟在财政及军队方面的有力支援。同时,西班牙也派兵站在神圣罗马帝国皇帝一方同新教同盟作战。

1620年11月8日,斐迪南二世在布拉格附近的白山彻底打败了波希米亚和巴拉丁联军,腓特烈一世逃亡荷兰。结果,波希米亚成为奥地利的一个省,全体居民被迫信奉天主教,巴拉丁则被西班牙的军队占领。这次胜利,增强了皇帝的权力。但是,它既不符合德意志各诸侯(包括天主教诸侯)的利益,也使一些欧洲大国感到严重不安。腓特烈一世是英王詹姆斯一世的女婿,他的失败,自然引起英国的特别关注。法国与荷兰既不愿看到德意志的统一,更不允许在自己的身边出现一个强大的邻国。于是,本属于德意志内部的皇帝与各邦诸侯之间的斗争,便演变成一场有外国势力参加的国际战争。

(2)丹麦战争阶段(1625—1629)。为了打击帝国皇帝斐迪南二世,英国、荷兰及丹麦三国于1625年结成联盟。同年,丹麦国王克里斯蒂安四世在英、荷的财政援助下派兵侵入北部德意志,斐迪南二世依靠天主教联盟军的支援与之作战。1626年8月,天主教联盟军打败丹麦,并进军日德兰半岛,终于迫使丹麦于1629年5月接受《吕贝克和约》。丹麦宣布不再干涉德意志事务,德意志北部则由皇帝直接控制。同年3月,斐迪南二世颁布《归还教产敕令》,规定新教诸侯必须将1552年以后所夺取的土地全部归还给天主教诸侯。斐迪南二世势力的加强,引起了新教诸侯的恐惧。此外,斐迪南二世为在波罗的海发展自己的力量,还计划在那里建设一支舰队。瑞典认为这将严重威胁到自己的波罗的海霸权计划的实现,于是决定参战。

(3)瑞典战争阶段(1630—1635)。瑞典国王古斯塔夫斯二世早就觊觎波罗的海沿岸的领土,丹麦被迫接受《吕贝克和约》后,他于1630年7月亲自率军在波美拉尼亚登陆,并相继占领了德意志北部及中部一些地区。1631年1月,瑞典通过与法国缔约,取得了法国向其提供补助军费的允诺。此外,被归还教产敕令所激怒的新教诸侯,如勃兰登堡和萨克森选帝侯等,也纷纷支持瑞典的军事行动。

战争初期,瑞典作战顺利。1631年9月,瑞典军队在莱比锡附近歼灭了天主教联盟军。1632年5月,又攻占了慕尼黑。同年11月,在萨克森的吕岑战役中,瑞典军队虽然取胜,但国王古斯塔夫斯二世阵亡。1633年4月,瑞典曾设法同一些德意志新教诸侯结成同盟,然而,1634年9月,瑞典在南部德意志的内德林根仍被斐迪南的天主教联盟军和西班牙军队打败,逐步退至波罗的海沿岸,德意志新教诸侯也先后脱离瑞典。勃兰登堡和萨克森于1635年5月同斐迪南皇帝缔结《布拉格和约》,斐迪南同意不在勃兰登堡和萨克森实施《归还教产敕令》。斐迪南二世的再次获胜,促使法国直接参战,三十年战争进入最后阶段。

(4) 法国—瑞典阶段(1635—1648)。鉴于瑞典在德意志的战败,法国决定直接参战。1635年2月及4月,法国先后与荷兰及瑞典结成同盟后,于同年5月向斐迪南二世宣战,并派兵到德意志、西属尼德兰、西班牙等地作战。主战场是德意志。除瑞典外,萨伏依、帕尔马等根据盟约也站在法国一方参战。站在斐迪南皇帝一方的除西班牙外,还有巴伐利亚、萨克森、勃兰登堡等。

法国参战初期,因缺乏作战经验,战绩并不显著。但是,瑞典于1636年在波罗的海沿岸打败了斐迪南和萨克森的军队,并再次控制了德意志北部及中部地区。1637年,斐迪南二世去世,他的长子即位神圣罗马帝国皇帝,称斐迪南三世。同年,法军打进南部德意志。1640年,加泰罗尼亚①和葡萄牙爆发了反西班牙的革命,加剧了西班牙在战争中的困境。1642年11月,瑞典军队在莱比锡附近的布莱登费尔德战胜皇帝的军队,并相继占领了西里西亚②及摩拉维亚③大部分地区。1643年5月,在法国东北部的罗克鲁瓦镇,法军打败西班牙,从而结束了西班牙在欧洲的军事优势,法军夺取了阿尔萨斯。1645年3月,瑞典在波希米亚南部再次大败斐迪南三世的军队,占领了多瑙河以北多处奥地利领土。1646年,瑞、法联军攻入巴伐利亚。1648年7月,瑞典军队占领了布拉格北部城区。斐迪南三世被迫停战求和。

《威斯特伐利亚和约》及其以后的欧洲

斐迪南三世要求停战后,由于法国和瑞典在德意志问题上的政策各异,对于如何结束战争,一时难以取得共识。法国更多地支持天主教诸侯,以便将它们拉到自己一方;瑞典则只支持新教诸侯,以有利于夺取新教统治的北德意志地区。后来,根据法国代表的建议,法国和瑞典分别同斐迪南三世,在威斯特伐利亚的两个相邻城市明斯特和奥斯纳布吕克同时进行和平谈判。

---

① 加泰罗尼亚是西班牙的东北部地区,包括今赫罗纳、巴塞罗那、莱里达和塔拉戈纳四省。
② 西里西亚为古代波兰的一省名,14世纪时划为波希米亚王室领地。1526年,奥地利大公斐迪南即位波希米亚国王后,西里西亚成为哈布斯堡王室领地。大致相当于今波兰西南部、捷克斯洛伐克北部和德国东南部。
③ 摩拉维亚原是波希米亚王国的一个省,自1526年起成为哈布斯堡王室的领地。

经过漫长的谈判,有关各方终于在1648年8月和9月,先后就《奥斯纳布吕克和约》和《明斯特和约》的各项条款取得一致意见。同年10月24日,参战各方代表在明斯特市政厅签署了上述两个和约,统称《威斯特伐利亚和约》。其主要内容有:

(1) 瑞典占有西波美拉尼亚和部分东波美拉尼亚、维斯马以及不来梅和维尔登两个主教区。此外,瑞典还控制了奥得河、易北河及威悉河河口,这对它发展海外贸易十分有利。

(2) 法国获得阿尔萨斯(斯特拉斯堡除外),确认法国于1552年对洛林的梅斯、图尔和凡尔登三地的占有。

(3) 重申"教随国定"的原则。确认德意志境内的新教徒(路德教及加尔文教)同天主教徒享受同等权利。新教徒与旧教徒之间有关领地的争执及其归属问题,按1624年时的实际占有情况予以解决。

(4) 承认德意志各邦诸侯享有内政、外交的自主权,但不得同外国签订有损帝国利益的条约;承认德意志各诸侯在战争期间扩大的领土;确认巴拉丁伯爵为新增的选帝侯。

(5) 确认瑞士根据1499年《巴塞尔和约》取得的独立,并退出神圣罗马帝国。西班牙承认荷兰共和国的独立。

《威斯特伐利亚和约》的缔结,宣告三十年战争的最终结束。三十年战争的主战场是神圣罗马帝国,战争给帝国带来巨大的破坏,"到处都遭到历史上最没有纪律的暴兵的蹂躏","到处是一片人去地荒的景象"①。本来就不统一的神圣罗马帝国,在三十年战争后,进一步分崩离析。境内大约300个拥有自主权的邦国以及众多的"骑士领地"的存在,使神圣罗马帝国名存实亡。帝国在战争中的盟国西班牙,因战败而国势渐衰,葡萄牙乘机于1640年12月宣布脱离西班牙而独立。

三十年战争和《威斯特伐利亚和约》给法国及瑞典带来较大的利益,通过战争,它们都扩大了国土,增强了实力。为它们日后称霸欧洲大陆和波罗的海奠定了较好的基础。

俄国没有参加三十年战争,但是,这次战争也给它带来一定的好处,俄国利用欧洲各国卷入长期战争之机,加紧侵略扩张。俄国的西伯利亚领土,大部分是在这一时期侵占的。俄国的下一步计划将是从陆地走向海洋,因此,它同欧

---

① 恩格斯:《马尔克》,《马克思恩格斯全集》第19卷,人民出版社1963年版,第366页。

洲列强的争夺必将日趋激烈。

英国因为国内的革命而没有直接参加三十年战争,因而失去一次分赃的机会。但是,这次战争为英国资产阶级革命提供了极为有利的国际环境。由于欧洲的封建君主国家都投入了长期战争,再也无力组织对英国革命的干涉,使英国资产阶级革命得以较为顺利地完成。革命后的英国,资本主义有了迅速的发展。随着经济实力的不断增强,英国日益加快了争夺海外霸权的步伐。

此外,《威斯特伐利亚和约》是通过国际会议解决国家间关系的先例,它的一些原则和做法,都为日后处理国际关系问题时所借鉴。

第二节 英国夺取海上霸权的初期斗争

资产阶级革命后的英国对外政策

英国资产阶级经过两次内战,于1649年5月宣布为共和国,宣告了"资产阶级所有制对封建所有制的胜利"①。英王查理一世的被处死,不仅加深了国内保王派的仇视,而且也引起了欧洲各封建专制国家的恐惧和反对。但是,由于当时欧洲的主要大国被三十年战争拖得精疲力竭,而且法国国内也爆发了"投石党运动",它们一时尚无力对英国采取干涉行动。

当时,英国面临的主要难题是在国内。英国由于经过接连的内战,田园荒芜,工业生产受到破坏,加之以克伦威尔为首的新政府不仅拒绝任何政治上的改革,而且继续扩大税收并通过了一系列有关圈地的法令,结果,导致了平等派与掘地派运动的爆发。克伦威尔虽然以残暴的手段将平等派和掘地派镇压下去,但国内的政局依然不稳。在克伦威尔领导共和政府及护国政府期间,他在国内继续执行高压政策的同时,加紧向外扩张和掠夺,以图通过对外战争来缓和国内的矛盾,并为英国资产阶级建立世界贸易优势和殖民大帝国扫清障碍。1649年,克伦威尔率军镇压了爱尔兰起义。接着,又于1650年远征苏格兰。此后不久,便将爱尔兰及苏格兰并入英国。1651年,克伦威尔挑起第一次英荷战争。1654年,迫使丹麦缔结商约,使英国商船获得通过松德海峡进入波罗的海航行的权利。1657年,英国与法国结盟并参加反西班牙战争,并从西班牙手中夺取了西印度群岛中的牙买加岛及欧洲大陆的敦刻尔克。

---

① 马克思:《资产阶级和反革命》,《马克思恩格斯全集》第6卷,人民出版社1961年版,第125页。

1660年5月斯图亚特王朝复辟后,查理二世虽然继续执行有利于英国资产阶级的扩张政策,但是他为了取得法国的财政及军事援助以巩固其政权,在外交上紧紧依靠法国。1662年,查理二世以20万英镑将敦刻尔克卖给法国。1670年,他又同法国签订了《多佛尔密约》,秘密接受法国津贴,同意站在法国一方对荷兰作战及在英国恢复天主教。1685年詹姆斯二世即位后,继续秘密接受法国的津贴和执行不利于英国工商业的政策。1687年,他发布《信仰自由宣言》,废除限制天主教的法律,并准备将天主教定为国教。

查理二世和詹姆斯二世的亲法政策,遭到了国会的反对。1688年,托利党与辉格党共同发动政变("光荣革命"),宣布詹姆斯二世"自行退位",迎立詹姆斯二世的女婿、荷兰执政威廉三世为英国国王。威廉三世于1689年2月即位后,为了夺取海上及殖民地霸权,开始了同法国的长期对抗。

英国荷兰商业战争

荷兰自1581年建立联省共和国后,逐渐发展成为世界贸易及殖民强国。至17世纪中叶,荷兰已拥有亚洲的锡兰(今斯里兰卡)、爪哇、苏门答腊、摩鹿加(今印尼之马鲁古群岛)、马来半岛、西里伯斯和部分新几内亚;北美洲的新阿姆斯特丹(今纽约)和新尼德兰(位于康涅狄格河与特拉华河之间);西印度群岛的多巴哥岛;南大西洋的圣赫勒拿岛以及南非开普敦等殖民地。它"几乎独占了东印度的贸易及欧洲西南部和东北部之间的商业往来。它的渔业、海运业和工场手工业,都胜过任何别的国家。这个共和国的资本也许比欧洲所有其他国家的资本总和还要多"[①]。荷兰的经济和殖民优势,遭到法国,尤其是英国的仇视。因为资产阶级革命后的英国也想建立自己的商业和殖民霸权。结果,一场激烈的争夺便在英荷之间爆发了。

第一次英荷战争(1652—1654)。为了打击荷兰,英国于1651年10月9日颁布了新的航海条例,即《扩大商船队和奖励英国本国航运条例》,旨在摧毁荷兰的商业优势。其主要条款规定:凡在亚洲、非洲、美洲及其所属岛屿生长、生产和制造的商品,如欲输入英国必须用英国船只或由英国人指挥、驾驶的船只运载;凡由任何欧洲国家输入英国的商品,必须用英国船只或商品生产国的船只运载;凡违反本条例规定者,没收其货物及船只。

对于这一违反荷兰利益的条例,荷兰拒绝承认。不久,英国便以违反航海

---

① 转引自《资本论》,《马克思恩格斯全集》第23卷,人民出版社1972年版,第822页。

条例为由,先后扣押并没收了70艘荷兰商船。与此同时,英国海军还规定,凡在英吉利海峡行驶的外国船只,必须向英国国旗致敬。结果,导致英荷两国于1652年5月爆发了战争。

战争初期,荷兰曾取得一些胜利,但是,最后被英军打败。双方于1654年4月在英国签订了《威斯敏斯特条约》,荷兰被迫接受了英国的1651年《航海条例》,并同意英国在荷属摩鹿加群岛设立商站。荷兰称霸世界贸易及航运事业已近半个世纪,《威斯敏斯特条约》的签订,是它衰落的开始。

第二次英荷战争(1665—1667)。第一次英荷战争结束后,两国间的争夺并未停止。1660年5月,英国斯图亚特王朝复辟后,查理二世为了稳定自己的政权,继续执行保护英国海外贸易的政策,并颁布了《奖励和发展造船业和航运业条例》,除重申1651年航海条例外,并限定殖民地的一系列商品如烟草、食糖等,只能直接运往英国(后来,限定商品的范围曾一再扩大)。不在限定范围内的商品,允许用英国船只自殖民地运往它国。因此,英荷两国间的矛盾日渐激化。

1664年9月,英国夺取了荷兰在北美洲的殖民地新阿姆斯特丹,并将其易名为纽约。1665年3月14日,英国向荷兰宣战。同年6月,英国海军在靠近英国的洛斯托夫特海面打败荷兰舰队。1666年1月法国站在荷兰一方参战后,荷兰开始扭转战局。同年6月,英荷两国舰队在英吉利海峡激战四天,英国战败。后在法国的建议下,英荷两国开始和平谈判,但是未能达成协议。1667年6月,荷兰舰队攻入泰晤士河,焚毁了大量英国船只,并封锁了伦敦。最后,英国于7月31日在荷兰签订了《布雷达条约》,英国将其航海条例作了有利于荷兰的修改。条约规定:英国允许荷兰船只将莱茵河沿岸的货物运往英国;荷兰将新阿姆斯特丹永久割让给英国。

第三次英荷战争(1672—1674)。1667年5月,在第二次英荷战争仍在进行时,法国发动了反西班牙的"遗产继承战争",将法军开进了西属尼德兰部分地区。出于共同安全的考虑,英国在第二次英荷战争结束后,于1668年1月同荷兰、瑞典结成反法防御同盟,共同抵制法国在西属尼德兰的扩张。但是,由于当时英国斯图亚特王朝复辟不久,政权尚不稳固,急需法国的军事及经济援助,所以,查理二世于1670年6月1日与法国签订《多佛尔密约》,同意参加路易十四发动的反荷兰战争,并在法国尚未宣战之前,于1672年3月29日开始了对荷兰的海上攻击,第三次英荷战争由此爆发。

战争开始后,英国在海上取得了一些胜利。但是,威廉三世于1672年7月就任荷兰执政后,作为威廉的舅父,查理二世便不再想同荷兰继续作战。所以,英国接受了西班牙的斡旋,于1674年2月9日同荷兰签订了第二个《威斯敏斯特条约》,荷兰同意其船只遇英国军舰时降旗致敬,并支付战争赔款共200万金币。

通过三次英荷战争,荷兰的商业霸权与海上优势逐渐转到英国的手中,英国开始登上了海上霸主的宝座。此后,英国便面临着与法国的长期争夺。

第三节 法国追逐欧洲大陆霸权

法国西班牙战争与《比利牛斯条约》

欧洲三十年战争结束后,法国与西班牙之间的战争却未能停止。法国打算利用西班牙被三十年战争削弱的机会,进一步夺取西班牙的领土。同时,西班牙也想乘法国国内发生"投石党运动"之机,趁火打劫。

1649年初,巴黎市民发动了支持"投石党"的武装起义后,西班牙借支持"投石党"之名,派兵从法国北部打入亚眠附近的皮卡尔迪地区,后又占领了法国东北部地区——香槟。1652年秋,西班牙军队又从法国北部的弗兰德尔、西班牙的加泰罗尼亚边界以及意大利三个方面攻入法国,形势对法国十分不利。

1653年春,法王路易十四平息了"投石党运动"后,执行积极的外交政策,于1657年同英国结成防守同盟,共同对西班牙作战。次年,又与莱茵河及德意志北部一些邦国建立防御联盟(称莱茵联盟),以阻挡神圣罗马帝国皇帝对西班牙的支援。在法、英两国的联合打击下,西班牙战败,被迫于1659年11月7日接受了《比利牛斯和约》。

和约规定:西班牙将其东北部之鲁西荣以及西属尼德兰的阿尔土瓦等地割让给法国;法国将其在加泰罗尼亚占领的土地归还给西班牙;法王路易十四娶西班牙公主玛丽·泰蕾莎为妻,但泰蕾莎须放弃她对西班牙王位及财产的继承权,西班牙国王则许以50万克朗(约557万法郎)的妆奁。

《威斯特伐利亚和约》与《比利牛斯和约》的缔结,扩大了法国的领土并加强了它的实力,使法国成为当时欧洲大陆上首屈一指的强国,同时也进一步激起法国称霸欧洲的强烈欲望。路易十四本欲趁势将法国的国界扩展至莱茵河、阿尔卑斯山和比利牛斯山,以实现其所谓"天然国界"。然而,连年的战争也使法国的财政陷入极端严重的困境。

后来,经过新任财政大臣柯尔伯特大胆整顿财政秩序、改革税收制度、修改关税条例、努力发展工商业和积极扩大航运事业,使法国的经济迅速得到恢复,国力有了较大的发展。自1664年起,法国先后办起了东印度公司、西印度公司、北方公司和中东公司等,大力发展海外贸易。很快,法国又建立起一支强大的舰队和一支装备精良的陆军。

这时,路易十四认为扩展法国国界的时机已到,于是他利用奥地利和西班牙两支哈布斯堡王室被打败,以及英国尚有求于法国的有利时机,先后发动了四次大规模对外战争,即遗产继承战争(1667—1668)、法荷战争(1672—1678)、"大同盟"战争(1688—1697)与西班牙王位继承战争(1701—1714)。

遗产继承战争与《亚琛和约》

根据《比利牛斯和约》的协议,法王路易十四与西班牙公主玛丽·泰蕾莎于1660年夏举行了隆重的结婚庆典。但是,西班牙国王腓力四世许诺的50万克朗的妆奁却一直没有兑现。1665年9月,腓力四世死,由其子即位,称查理二世。路易十四立即以从未收到玛丽·泰蕾莎的嫁妆为由,要求继承西班牙部分遗产,即占有全部西属尼德兰。为此,路易十四决心以武力来达到他的目的。

当时,正值第二次英荷战争期间,法国虽然在1666年1月站在荷兰一方参战,但是,路易十四仍于1667年4月设法同英王查理二世签订秘密协定,以一定数量的补助金及许以某些西班牙殖民地为代价,换取了英国在未来的法西战争中保持中立。此外,他还使莱茵联盟各成员国同意法国在该地区继续发挥其决定性影响。在完成上述一系列外交准备后,路易十四于1667年5月,不经宣战就将其军队开进西属尼德兰,并相继占领了一些土地。

法国在西属尼德兰的顺利进军,招致荷兰对自己安全的担心;英国也十分忧虑法国一旦占有了比利时,将构成对自己的长期威胁。出于共同利益的考虑,英荷两国在第二次英荷战争结束约五个月后,于1668年1月23日结成反法防御同盟。为了扩大力量,两国还积极争取北欧强国瑞典参加,并于三日后结成英、荷、瑞典三国联盟。三国决定将促使西班牙向法国割让部分土地,以实现两国间的和平。如法国不接受三国的斡旋,三国将一致对法作战。面对三国联盟的压力,法国只得接受它们的调停。同年2月,法军又占领了西班牙的弗朗斯孔泰,为法国在谈判中赢得了有利的地位。

和谈于1668年4月在亚琛(又称艾克斯拉沙佩勒)举行。西班牙在战争中虽然孤立无援,且接连战败,却不肯做出让步。最后,在三国联盟的压力下,终于迫使西班牙在5月2日接受了《亚琛和约》。和约规定：法国占有西属尼德兰之沙勒罗瓦、杜埃、图尔内、里尔等十二城市及其周围土地，但退出弗朗斯孔泰。这一次，由于三国联盟的干涉，路易十四未能实现其全部预定计划。于是，他又发动了第二次对外战争。

法荷战争与《奈梅根和约》

法国通过《亚琛和约》虽然夺得部分西属尼德兰领土，但距实现其"天然国界"尚相去甚远。而且，路易十四也不甘心放弃已经到手的弗朗斯孔泰。因此，在和约签订后不久，他便开始筹划对荷兰的战争。路易十四打算通过战争将法国的东北部国界扩展到莱茵河，以实现其东北部的"天然国界"。同时，尽可能地削弱荷兰的海上贸易优势，以利于发展法国的海外贸易。此外，还要再次夺取弗朗斯孔泰，以挽回法国在《亚琛和约》中的损失。

开战之前，路易十四开展了积极的外交工作，以孤立荷兰。1668年8月，路易十四派特使前往伦敦，令其不惜一切代价，劝说英国脱离三国联盟，并利用英国的影响促使瑞典离开荷兰，以结成反荷兰的新三国（法国、英国和瑞典）同盟。当时，英国斯图亚特王朝复辟不久，政权尚不稳固，需要法国的援助。两国遂于1670年6月在多佛尔签订了秘密盟约：英王查理二世承诺，待国内形势稳定后，立即宣布改宗天主教；法英两国共同对荷兰作战，不得单独缔结和约。此后不久，瑞典在英国的多次劝说下，终于也站到了法国一边。这时，荷兰被彻底孤立了。

1672年4月6日，路易十四以荷兰的高关税妨碍法国出口贸易为由，向荷兰宣战。此前，英国已同荷兰在3月29日开始了第三次英荷战争。战争开始后，十余万法军从四年前占领的沙勒罗瓦出发，经西属尼德兰直接进军莱茵河，荷兰南方三省迅速落入法军之手。荷兰统帅威廉·奥伦治亲王最后决定破堤放进海水，才阻止了法军的前进。

1673年8月底，荷兰通过积极的外交工作，同奥地利、西班牙以及洛林公国在海牙结成同盟，共同对法国作战，荷兰从此开始扭转了战场上的被动局面。此外，英王查理二世因在国内遇到麻烦，遂接受西班牙的调停，于1674年2月同荷兰签订和约后退出战争。路易十四深知，没有英国海上的攻击，打败荷兰的目标已不可能实现。因此，他转而进攻西班牙，并于1675年占领了弗朗斯孔泰以及西属尼德兰的一些要塞。但同年6月，瑞典根据同法国的盟约进攻勃兰登堡遭到失败。而且，在此前后，原来支持法国的一些德意志小邦，如巴伐利亚、符腾堡、汉诺威等也纷纷转到荷兰一方。形势对法国越来越不利了。

英国退出战争后,对法国采取了善意的中立立场。路易十四于1676年2月同查理二世签订了第二个多佛尔秘密协定,决定每年向英国支付10万英镑补助金,以酬谢英国的中立。为了回报路易十四的友好与慷慨,查理二世立即出面在法荷之间进行调停,以帮助法国摆脱孤立处境。结果,导致交战双方于1676年11月在荷兰城市奈梅根开始和谈。和谈期间,法国又占领了奥属弗赖堡等地。在有利的形势下,法国于1678年8月10日、9月17日和1679年2月5日,分别同荷兰、西班牙及奥地利签订了和约,这三项条约统称《奈梅根和约》。

和约主要规定:法国交还其侵占的全部荷兰领土,恢复两国在战前的边界;荷兰商船有权同法国及其敌国进行充分的自由贸易;法国将在1668年占有的沙勒罗瓦等五处地方交还给西班牙,代之以兼并瓦朗谢讷、康布雷等七处领土,西班牙将弗朗斯孔泰割让给法国;法国放弃根据《威斯特伐利亚和约》在菲利普斯堡的驻军权,奥地利则同意法国占有莱茵河岸边的布雷萨克;洛林公国将隆维及南锡割让给法国。

《奈梅根和约》虽然再次中断了路易十四向"天然国界"的进军,但还是使法国的东北部及东部国界得到了较大的扩张。此后,路易十四利用在战争中取得的优势,于1681年占领了德意志的斯特拉斯堡,1684年又以武力兼并了西属尼德兰的卢森堡、希迈等地。对于路易十四的进一步扩张,奥地利因土耳其入侵在即而不敢旁骛;衰落的西班牙虽然在1683年12月向法国宣战,但不久便被打败;荷兰没有英国的支持,也感到力不从心。所以,这些西欧大国只能向法国提出抗议,而无力与之对抗。它们最大的成果是,促使法国于1684年8月在巴伐利亚境内的累根斯堡,缔结了一项为期二十年的停战协定。

《累根斯堡停战协定》标志着法国已进入在欧洲最强盛的时期。此刻,路易十四如能就此止步,他在战争中建立起来的优势或许可以保持得长久一些。然而,路易十四的欲壑难填。结果,他在第三次扩张战争中,终因遭到欧洲各大国的联合打击而失败。

"大同盟"战争与《里斯维克和约》

《累根斯堡停战协定》签订后不久,没有子嗣的巴拉丁选帝侯于1685年5月死亡。路易十四决定乘哈布斯堡王室同土耳其作战之机,继续兼并德意志领土。于是,他以其弟媳、巴拉丁公主的名义,要求继承该选帝侯的领地与财产。神圣罗马帝国皇帝利奥波德一世主张通过仲裁解决,遭法王拒绝。为了维护神圣罗马帝国的领土完整以及《威斯特伐利亚和约》、《奈梅根和约》与《累根斯堡停战协定》的各项条款，利奥波德一世于1686年7月同西班牙、瑞典及巴伐利亚等一些德意志邦国在奥格斯堡结成同盟（称奥格斯堡同盟），共同抵制法国的扩张。

面对利奥波德一世的不妥协态度，路易十四决定以武力达到自己的目的。他于1688年9月24日向皇帝宣战。同年10月，20万法军攻入巴拉丁，法军所到之处皆被夷为平地。11月26日，路易十四向荷兰宣战。1689年初，英王詹姆斯二世在"光荣革命"中"自行退位"，其女婿、荷兰执政威廉·奥伦治亲王被迎立为英王，称威廉三世。由此，英国执行公开反法政策。同年5月12日，利奥波德一世与荷兰签订《维也纳防御同盟条约》。在以后的一年半时间里，英国、勃兰登堡、萨克森、萨伏依等相继加入，从而形成反法的"大同盟"。其目的是使法国接受在恢复《威斯特伐利亚和约》与《比利牛斯和约》条款基础上的和平。

这次战争的主要战场是西属尼德兰，但战争也打到了意大利、西班牙以及交战双方的海外殖民地。战争初期，法国无论在陆地和海上都取得一些胜利。1690年，法国在弗勒吕斯打败荷兰军队后，相继占领了蒙斯（卑尔根）、那慕尔及沙勒罗瓦等地。同年，法国海军在英国南部的比奇角击败英荷舰队。在保持了约两年的战争优势之后，法国虽然在西班牙和意大利又取得了一些胜利，却无法迫使同盟国家停止作战。路易十四原想速战速胜，结果，反而陷入了一场消耗巨大的持久战争。经过四年多的相持作战，路易十四自知难以取胜，遂于1693年邀请中立的瑞典国王查理十一出面调停，企图在有利的形势下与"大同盟"议和，但遭同盟国家的拒绝。于是，路易十四改变策略，通过分别谈判来瓦解"大同盟"。

路易十四首先以外交手段使萨伏依于1695年做出中立的许诺，并在第二年6月签订了秘密的法萨《都灵和约》。接着，路易十四又争取荷兰与英国。由于连年的战争使交战双方都感到精疲力竭，所以荷英两国予以响应，谈判于1696年3月开始。后来，在瑞典的斡旋下，全体交战国于1697年5月在海牙附近的里斯维克召开了和平会议。经过四个月的反复争辩，法国在同年9月20日分别同西班牙、英国、荷兰及神圣罗马帝国皇帝签订了和约。这四项和约总称《里斯维克和约》。

和约主要规定：法国将其自《奈梅根和约》以后兼并的西班牙属地（除极小一部分外）全部归还给西班牙；法国承认威廉三世为英国国王，并同意不再援助威廉三世的敌人,英法两国在北美哈得孙湾的边界争端由双方指定专员磋商解决;法国再次确认《奈梅根和约》的各项条款,荷兰将位于印度东南部之本地治理交还给法国东印度公司;法国将其在这次战争中占有的神圣罗马帝国的领土归还给利奥波德一世皇帝,皇帝将斯特拉斯堡割让给法国,阿尔萨斯完全被置于法国的统治之下;法国将洛林归还给洛林公爵。

《里斯维克和约》结束了为期九年的"大同盟"战争,交战双方在战争中各有得失。法国虽然获得了斯特拉斯堡,但失去了在这次战争中新夺取的他国领土及制海权。法国接连发动的扩张战争,既过度地消耗了本国的资源及财力,也使自己树敌过多。结果,法国在国际上日趋孤立,并从此走上了由盛转衰的道路。

第四节　英法争夺殖民地霸权的斗争

西班牙王位继承战争与《乌德勒支和约》

在"大同盟"战争期间,西班牙国王查理二世健康状况日渐恶化,并将不久于人世。由于查理二世没有子嗣,所以,应由谁来继承王位,便成为西班牙王室的头等大事。同时,它还引起一些国家的特别关注,并由此导致一场国际大冲突。这也是路易十四有意挑起的第四次对外战争,即西班牙王位继承战争。

在西班牙王位继承问题上,法国国王路易十四和奥地利君主、神圣罗马帝国皇帝利奥波德一世都认为自己有权继承西班牙王位。路易十四认为:他的母亲安娜是查理二世的姑母,他自己又娶了查理二世同父异母的姐姐玛丽·泰蕾莎为妻。而且,当年西班牙国王腓力四世许诺的50万克朗的妆奁一直没有兑现。所以,他提出应由自己继承西班牙王位。利奥波德一世则认为:他的母亲玛丽亚也是查理二世的姑母,他的妻子玛格丽特是查理二世的亲妹妹,所以,他主张西班牙王位应由自己继承。后来,他又将继承权让与他的次子查理大公。这样,在法国波旁王室与奥地利哈布斯堡王室之间,为了西班牙王位的继承权,展开了激烈的争夺。

由于西班牙除本土外,还拥有物产丰富的非洲和美洲殖民地以及众多的海外岛屿,所以英国与荷兰也特别关心由谁来继承西班牙的王位。当时,英国正在同法国争夺欧洲及海上霸权,如果法国继承了西班牙王位并占有了西属尼德兰,必将严重危及英国对英吉利海峡和北海的控制,同时也将威胁到荷兰的安全。再有，如果法国获得了西班牙在海外的广大殖民地，英荷两国在西印度群岛及南美洲的贸易不仅要遭到排挤，而且，任何国家都将无法阻止法国成为欧洲的霸主。因此，英国与荷兰坚决反对由法国继承西班牙王位。

路易十四为了将西班牙王位拿到自己的手中，在西班牙王室中进行了大量的工作。后来，在亲法势力的影响下，查理二世于1700年10月2日签署遗嘱，将西班牙王位及其全部领土，毫无例外地传给路易十四的孙子菲利普·安茹公爵。但同时规定，他不能再继承法国王位，即西班牙与法国这两个王国永远不得在同一君主的统治之下。

同年11月1日，查理二世死，遗嘱生效。菲利普·安茹被拥为西班牙国王，称腓力五世。但是，时隔不久，路易十四便在1701年2月1日宣称，他将保留安茹公爵及其后裔有关法国王位的全部自然权利。而且五天后，路易十四未经宣战便派兵进入西属尼德兰。

路易十四的上述违反查理二世遗嘱的行为，立即引起了荷、英、奥的强烈反对。此时，路易十四尚不打算立即开战，于是在3月初建议召集一次会议以解决双方有争议的问题。后因双方在参加会议的成员问题上存在严重分歧，致使会议未能开成。

1701年9月7日，在英王威廉三世的倡导下，英、荷、奥三国在海牙签订条约，三方同意：如战争不可避免，奥皇利奥波德一世应从西班牙王位继承事件中得到"公正合理的补偿"，英荷两个海上强国应像关心自己的领土与贸易一样，向奥地利皇帝提供"特殊的安全保障"。应该看到，英、荷、奥三国欲同法国作战的目的是不尽相同的。英荷两国的作战目的是阻止法国与西班牙的合并，尤其是要防止路易十四在近期内就在西班牙及其属地行使权力。奥皇利奥波德一世同法国作战，是要以查理大公取代安茹公爵继承西班牙王位。

同年9月16日，已被废黜的英王詹姆斯二世死于法国的圣日耳曼。路易十四宣布承认他的儿子、十四岁的詹姆斯·爱德华为英国国王。消息传来，英王威廉三世被路易十四破坏《里斯维克条约》的行为激怒了，他立即召回英国以及荷兰的驻法大使。1702年3月9日，威廉三世死，由詹姆斯二世的次女安妮继承王位。安妮女王立即宣布她将全力维护英、荷、奥三国同盟，以"削弱法国过分的实力"。同年5月15日，三国同盟向法国及西班牙宣战。9月28日，神圣罗马帝国议会正式宣布同奥地利联合作战。

站在法国和西班牙一方的有萨伏依和葡萄牙。葡萄牙国王佩德罗二世于1701年6月18日承认腓力五世，并同意对法国和西班牙的敌人关闭葡萄牙的各港口。但是,开战后不久,萨伏依和葡萄牙便先后倒向了英奥一方。这场战争主要是在西班牙、西属尼德兰、巴伐利亚以及北部意大利进行。除欧洲大陆外,英法两国还在北美作战,又称安妮女王战争。

由于优势不在法国一方,法国在战场上接连失利。1703年5月16日,英国成功地诱迫葡萄牙签订了同盟条约,葡萄牙同意向英荷等盟国开放其各港口并提供军队,以利于英荷对西班牙的攻击。同年10月,奥皇利奥波德一世又以重金收买了萨伏依公爵,使萨伏依也脱离了法国。1704年7月24日,英国又夺取了直布罗陀。所有这些,都不利于法国的作战。路易十四虽然在1703年9月曾夺取了巴伐利亚,并迫使其与法国结盟,却无法根本扭转困境,法国的战败已成定局。

令人感到意外的是,在战争过程中发生了两件事,终于挽救了法国。1710年8月,英国的辉格党政府在大选中败北,由托利党上台执政。托利党政府主张在有利的形势下,通过谈判实现同法国的和平,以确保英国的商业及海上优势。再有,奥皇利奥波德一世于1705年5月死后由其长子约瑟夫一世即位。1711年4月,约瑟夫也死,由其弟查理大公即位,成为奥地利和神圣罗马帝国皇帝,称查理六世。这时,如果法国战败,查理六世就将同时成为西班牙的国王,这同把一个法国亲王扶上西班牙王位没有什么不同。那样,英国又将面对一个新的强大竞争对手。所以,英国决定单独同法国谈判和平。结果,使法国在一场已经成为败局的战争中,获得了荣誉的却毫无利益的和平。

1710年7月,英、法两国在巴黎开始秘密谈判,并于1711年10月就和约的初步条款达成协议。英国政府将和约初步条款通知了各盟国,要它们接受并共同签署和约。

1712年1月29日,在战争仍在进行的情况下,在荷兰的乌德勒支召开了有全体交战国出席的和平会议。经过近十三个月的争辩,由法国在1713年4月11日分别同英国、荷兰、普鲁士、葡萄牙及萨伏依签订了七项条约,总称《乌德勒支和约》。其主要内容有:

(1)英荷等国承认腓力五世为西班牙国王,但法国和西班牙两个王国永远不得在同一位国王的名下合并起来;(2)法国承认安妮继承英国王位;(3)法国于本和约签署后五个月内将敦刻尔克的防御工事拆除;(4)法国将哈得孙湾和海峡连同其周围土地归还给英国,并赔偿英国哈得孙湾公司在和平时期因法国人的劫掠而受到的损失;(5)法国将圣克里斯托弗岛、阿卡迪亚(今新斯科舍)及纽芬兰割让给英国,法国臣民可在纽芬兰岛沿岸地区捕鱼和晒鱼;(6)普鲁士国王（勃兰登堡选帝侯）获得部分上格尔德兰以及纳沙特尔公国，但放弃对奥朗日公国的要求①；(7) 法国将其控制的西属尼德兰（已割让给普鲁士的上格尔德兰除外）交给荷兰，待奥皇实现同法国的和平后，荷兰将该地转交给奥皇，但保留一部分上格尔德兰永为荷兰所有；(8) 法国承认葡萄牙在南美亚马孙河两岸的主权。

同年7月13日，英国同西班牙在乌德勒支签订了和平友好条约（也称《乌德勒支和约》）。主要规定：(1) 西班牙将直布罗陀城镇和堡垒割让给英国，今后英国如欲出售或以任何方式出让该城镇时，西班牙君主应有获取该地的优先权。此外，西班牙在地中海之梅诺卡岛也割让给英国。(2) 英国获得在西属美洲殖民地从事黑奴贸易的垄断权。(3) 西班牙将西西里王国让给萨伏依公爵，当萨伏依家族无男嗣时，英国保证将西西里王国再次归还给西班牙君主。

《乌德勒支和约》的缔结并未能使整个西班牙王位继承战争就此结束，因为奥皇查理六世仍在为西班牙王位继续作战。然而，已经孤立的奥皇在同法国作战中接连失利，不得不于同年11月26日与法国在神圣罗马帝国境内的拉斯塔特开始和平谈判。1714年3月6日，神圣罗马帝国皇帝查理六世以他个人名义同法国国王路易十四签订了《拉斯塔特和约》。同年9月7日，神圣罗马帝国各邦同法国在瑞士北部的巴登也签署了《拉斯塔特和约》。和约规定：

(1) 法国保留阿尔萨斯（包括斯特拉斯堡）及兰道，但将布雷萨克、弗赖堡及凯尔归还给奥皇；(2) 奥皇同意恢复巴伐利亚和科隆选帝侯（法国在战时的盟国）的国土及特权；(3) 奥皇获得西属尼德兰；(4) 路易十四承认奥皇在战争期间占领的撒丁、那不勒斯、米兰以及托斯卡纳为奥属意大利领地。

至此，西班牙王位继承战争终于结束。西班牙王位继承战争，是路易十四进行的最后一次战争，他虽然竭尽全力，却未能将西班牙并入法国的版图，并再次受到极大的挫败。与此相反，英国在这次战争中却取得了巨大的战果。这次战争，既是法国与奥地利争夺西班牙王位的王朝战争，又是英法两个大国为争夺海上及殖民地霸权的第一次大冲突。在第一个回合的较量中，法国便败下阵来。但是，法国是不会甘心失败的。以后，英法两国还将进行更激烈的争夺。

奥地利帝位继承战争与《亚琛和约》

18世纪40年代，因奥地利帝位继承问题，又引发了一场持续七年有余的欧

---

① 上格尔德兰位于马斯河与莱茵河之间，在克累弗（今德国之克莱沃）以南。纳沙特尔公国位于瑞士境内。奥朗日（又译奥伦治）国在法国境内东南部之天主教阿维尼翁教廷直属领地内。

洲国际战争,史称奥地利帝位继承战争。

奥地利皇帝查理六世原有一子,但夭亡。为了防止帝国领地被肢解,并将帝位传给自己的后裔,查理六世于1713年4月19日颁布"国本诏书"(又称"国事诏书"),规定:哈布斯堡王室的领地不可分割,国王逝世后,应由其长子继承帝位,如无长子,则由长女继承;如长女死后无嗣,应由查理的亡兄约瑟夫一世之后裔继承。该诏书曾得到神圣罗马帝国各邦国以及欧洲一些君主国的承认。

1740年10月20日,查理六世去世,其长女玛丽亚·特蕾萨依国本诏书继承了帝位。但是,约瑟夫一世的女婿、巴伐利亚选帝侯查理·阿伯特以及普鲁士欲乘机夺取哈布斯堡王室的领地,遂宣布诏书无效。普鲁士于同年12月出兵占领了奥地利的西里西亚,要求奥地利放弃该地,以换取普鲁士对"国本诏书"的承认。奥地利帝位继承战争由此爆发。在普奥之间,第一阶段的战争也称第一次西里西亚战争。

长期与奥地利对抗的法国和西班牙,此刻也想乘机瓜分哈布斯堡王室的领地。所以,这两国于1741年5月同巴伐利亚在慕尼黑城外的尼姆芬堡宫结成同盟,同年7月和9月,普鲁士和萨克森也先后加入。同盟条约规定:它们将为瓜分奥地利的领地采取一致行动;巴伐利亚将夺取波希米亚、提罗尔及上奥地利;法国将占领奥属尼德兰;西班牙将获得奥属意大利领地;萨克森将领有摩拉维亚。此外,依附于法西同盟的还有撒丁王国。法国巴伐利亚缔约后不久,两国的军队便侵入了奥地利的波希米亚,其他参加同盟的国家也先后投入了反奥战争。

由于法国已介入战争,正在与其争夺殖民地霸权的英国便不能置身事外。第一,英国首先担心法国将会侵占奥属尼德兰。那样,既增强了法国的实力,也威胁到荷兰的安全。第二,英王乔治二世认为普鲁士力量的加强也将威胁其汉诺威的安全。第三,英国的公众舆论同情玛丽亚·特蕾萨。而且,英国的外交传统是支持奥地利,以抵消法国的优势。所以,英国决定站在奥地利一方。由于英国同西班牙因黑奴贸易纠纷已于1739年9月爆发战争,未能给奥地利以有力支援,但同意每年向奥地利提供30万英镑补助金。此外,支持奥地利的还有荷兰。这场战争主要是在欧洲大陆上进行,英法两国还在美洲、印度等地作战。

英国援助奥地利的主要目的,是利用奥地利进行反法战争。因此,英国曾多次劝说奥地利放弃西里西亚,停止同普鲁士的对抗,以便共同反法。奥地利则想首先收复被普鲁士占领的西里西亚。然而,没有英国的有力支援,这一愿望也难以实现。后来,奥地利终于在1741年10月9日同普鲁士签订了秘密条约,奥地利同意将位于西里西亚的尼斯重镇及下西里西亚让与普鲁士,普鲁士则释放被它俘虏的全部奥军,普奥对抗遂暂告停止。但是,当法国巴伐利亚军队占领了布拉格后,普鲁士又于11月26日开始了对奥地利的进攻。

1742年1月24日,巴伐利亚选帝侯查理·阿伯特被选为神圣罗马帝国皇帝,称查理七世。同年2月12日,即在查理七世加冕于法兰克福的当天,奥军攻占了巴伐利亚的都城慕尼黑。但是,三个月后,奥地利又被普王腓特烈二世率领的军队打败,英国遂出面调停。结果,促成奥普于7月28日签订了《柏林和约》。依约,奥地利将上、下西里西亚(特罗保、特申及耶根多夫三地除外)及格拉茨(今波兰之克沃兹科)割让给普鲁士,并由英荷予以保证。至此,普奥之间的第一次西里西亚战争宣告结束。

《柏林和约》的签订,暂时改变了奥地利的被动处境,使它得以集中力量同侵占波希米亚的法军作战。不占优势的法军曾提出议和,但遭拒绝,最后被迫撤出波希米亚。随后,玛丽亚·特蕾萨以其波希米亚女王的加冕盛典,来庆贺她恢复了对该地的统治。这时,英国也开始采取积极支援行动。1743年6月15日,英王乔治二世亲率英国、荷兰、汉诺威以及黑森的联合大军,在美因河畔的德廷根大败法军。不久,又与奥地利军队共同占领了几乎整个巴伐利亚。查理七世被迫于6月27日投降,巴伐利亚退出战争。同年9月,经英国的努力,撒丁王国同英、奥在沃尔姆斯(位于美因兹以南、莱茵河左岸)签订同盟条约。撒丁同意以其军队维护奥属伦巴第的安全,使其免受西班牙的攻击,以利于奥地利集中精力进行德意志境内的战争。英国认为,此刻该是奥地利竭尽全力反抗法国的时候了。

此外,斯图亚特王室里被称为"小王位觊觎者"的查理·爱德华,在法国的怂恿和帮助下,于1744年初宣布将入侵英国,以图实现斯图亚特王朝的复辟,英国遂于同年4月正式向法国宣战(此前,英法两国仅作为奥地利和巴伐利亚双方的同盟者参加战争)。因此,英国更要求奥地利全力协同对法作战。然而,玛丽亚·特蕾萨心目中的首要敌人是普鲁士而不是法国,她正在等待时机,以收复西里西亚。

普王腓特烈二世深知玛丽亚·特蕾萨的意图,为了确保普鲁士对西里西亚的占有,他决定先发制人。1744年8月,腓特烈二世突然派兵经萨克森攻入波希米亚,并占领了布拉格,从而开始了第二次西里西亚战争。此后不久,普鲁士又将奥军逐出了巴伐利亚。萨克森因遭普军入侵,遂转而同普鲁士作战。为了挽回败局,奥地利于1745年1月8日在华沙同英、荷、萨克森结成新的同盟。

同年1月20日,查理七世重获自己的都城后不久便死去,其子马克西米连三世即位巴伐利亚选帝侯。他不愿继续作战,于4月22日与奥地利缔结了《菲森条约》。马克西米连三世承认"国本诏书",并同意选举玛丽亚·特蕾萨的丈夫弗兰茨为神圣罗马帝国皇帝;奥地利则交还其全部领地。同年9月13日,弗兰茨被选为帝国皇帝,称弗兰茨一世。

巴伐利亚退出战争,给奥地利带来转机。而且,俄国也认为普鲁士力量的增强,"不仅是不能容忍的,而且是危险的"。因此,它宣称如萨克森再遭侵犯,俄国将不能坐视。玛丽亚·特蕾萨本打算利用这一有利形势,将普鲁士逐出西里西亚,然而,她却未能如愿以偿。一方面,是由于英国仍坚持要奥地利放弃西里西亚,以便共同打击法国。而且,英国已同普鲁士于8月26日在汉诺威达成初步协议,英国保证普鲁士占有西里西亚,并向奥地利施加压力,使其接受这一协议。另一方面,也是由于奥地利在战场上接连败于普鲁士。所以,玛丽亚·特蕾萨不得不改变初衷。在普鲁士方面,由于得不到法国的支持和担心俄国的干涉,也乐于接受还算有利的协议。这样,在英国的斡旋下,普奥两国遂于12月25日签订了《德累斯顿条约》,奥地利将西里西亚及格拉茨让与普鲁士,以换取普鲁士对神圣罗马帝国皇帝弗兰茨一世的承认。同一天,普鲁士还同萨克森在德累斯顿签订条约,普鲁士将其占有的萨克森领地全部予以归还。至此,第二次西里西亚战争宣告结束。

《德累斯顿条约》终止了普奥之间的对抗后,战争主要是集中在奥英与法西之间进行,撒丁在名义上是奥地利的盟国,实则摇摆于对抗的双方之间。英国在美洲同法国的作战较为顺利,但在欧洲大陆,英奥却受到较大的挫折。后来,奥地利虽然在1746年5月22日又同俄国缔结了防御同盟条约,并得到俄国的军事援助,也未能取胜,欧洲大陆上的战争遂陷入僵持状态。

连年的战争给各国政府都带来沉重的财政负担,而且公众的舆论也日益呼吁和平。自1747年6月起,英法双方都表示了和平的意向,尤以法国的和平愿望更为强烈。因此,法、英、荷三国的代表于1748年4月24日开始在亚琛进行和谈,并在4月30日签署了初步和约。其他交战国(尤其是奥地利)不愿接受由这三国拟定的和平条件,后来,经过长时间而又艰苦的谈判,同时也是在英法的压力下,交战各国终于达成协议。同年10月18日,法、英、荷三国签订了《亚琛最终和约》,又称《艾克斯拉沙佩勒条约》。西班牙于10月20日,奥地利于23日,撒丁王国于11月7日先后签署了《亚琛和约》,奥地利帝位继承战争遂告结束。

和约主要规定：与本条约有关的各国重申，承认已故皇帝查理六世的"国本诏书"以及根据上述诏书给予玛丽亚·特蕾萨女皇及其世世代代的后裔的全部继承权；玛丽亚·特蕾萨女皇将西里西亚和格拉茨给予普鲁士，将帕尔马、皮亚琴察、瓜斯塔拉让与唐·菲利普（西班牙后继国王查理三世的弟弟），将部分米兰公国给予撒丁王国；英法两国将各自在本次战争中夺取或占有对方之战利品或领地（包括在美洲及东、西印度群岛的领地），毫无例外地归还给对方。

这场持续了近八年之久的奥地利帝位继承战争，现在终于结束了。但是，它并没有给大多数参战国带来预期的结果，从这场战争中获利的只有普鲁士和西班牙两国。《亚琛和约》虽然保证了玛丽亚·特蕾萨的帝位继承权，却使她失去了物产丰富的西里西亚及部分奥属意大利领土。在这场战争中，普、法虽为盟国，却无真诚的合作与支援，嫌怨早已产生。此外，英国也因多次压奥向普让步而招致奥地利的强烈不满。至于英法这两个敌对国家，原来都打算通过这场战争为自己在殖民地及其他权益方面夺得一些优势。但是，它们经过近八年的拼杀，最后只是在"维持原状"条件下停止作战。这个结局，对于英法双方都不是它们原来所期望的。所以，《亚琛和约》给欧洲带来的和平是不可能持久的。

七年战争与《巴黎和约》

奥地利帝位继承战争结束后，欧洲只平静了八年，便在1756年再次爆发了一场全欧性战争，史称"七年战争"或"第三次西里西亚战争"。这场战争的起因，是奥普的西里西亚之争与英法的殖民地及海上霸权之争。

《亚琛和约》缔结后，玛丽亚·特蕾萨特别不能容忍西里西亚等大面积领土的丧失，她发誓一定要夺回失地。为此，她首先致力于国内改革，以提高自己的实力，待有利时机到来时便采取行动。普王腓特烈二世也清醒地料到，"只要玛丽亚·特蕾萨恢复了其国内秩序，她就要为夺回西里西亚而发动进攻"。[①] 这样，由于对西里西亚的争夺，普奥两国在《亚琛和约》之后，彼此的关系不仅没有得到改善，反而日趋紧张。

此外，英法两国也并未因《亚琛和约》的缔结而缓和了彼此的矛盾。因为法国始终不能忘怀自己在西班牙王位继承战争中失去的北美属地。同时，英国也渴望着在北美向阿巴拉契亚山脉以西扩张。所以，这两国在那里的冲突仍时有

---

① 摘自腓特烈二世写于1752年的《政治遗嘱》。转引自〔英〕莫厄特：《欧洲外交史（1451—1789）》，伦敦1928年版，第236页。

发生。此时,英法虽未正式宣战,实际上,它们在北美已处于战争状态之中。

为了同法国进行大规模作战,英国首先必须保护好自己的汉诺威领地。否则,战争一旦开始,汉诺威必先遭入侵。《亚琛和约》签订后,英奥两国虽然仍维持着盟友关系,但是,由于英国在奥地利帝位继承战争中,没有真正维护奥地利在西里西亚的权力,两国已日渐疏远。而且,奥地利女皇心目中的真正敌人是普鲁士,她日夜筹划的,是如何尽早收回西里西亚。所以,英国已不可能指望由奥地利来保障汉诺威的安全。

于是,英国开展了积极而大胆的外交工作,以尽快摆脱这种不利局面。英国决定争取同法国有盟友关系的普鲁士。英国认为,争取普鲁士并与之结盟,不仅非常必要,而且极有可能获得成功。第一,普鲁士的军事实力较强,可以担当保卫汉诺威的重任。第二,利用普鲁士尽可能多的将法军拖在欧洲,有利于英国在北美的对法作战。第三,在奥地利帝位继承战争中,由于普鲁士曾两次背着法国同奥地利单独媾和,早已招致法国的怨恨,英国则因多次压奥向普让步而赢得普鲁士的好感。第四,普法关系冷淡后,普鲁士需要英国的援助,以防奥俄发动对西里西亚的攻击。

英普两国既然互有所求,一经谈判,便很快达成共识,并于1756年1月16日签订了《威斯敏斯特条约》。条约规定:当英法在北美作战时,英普两国政府不允许任何其他国家的军队侵犯或在德意志的领土过境;普鲁士负责保卫汉诺威不受法国的侵犯,英国则保卫普鲁士(包括西里西亚)免遭俄国的入侵。

英普结盟的消息,使玛丽亚·特蕾萨感到异常恼怒。为了保护其世袭领地的安全,她决定效法英国,去同原敌国法国结盟。玛丽亚·特蕾萨认为她的真正敌人是普鲁士,如果她能同当时欧洲最大的军事强国结盟,既可增强奥地利对抗普鲁士的实力,又能防止奥属尼德兰被占领。而且,还可利用法国在土耳其的影响,使奥地利避免来自土耳其的威胁。

然而,法奥结盟也并非易事,因法国的传统外交政策是反哈布斯堡王朝。所以开始时,两国的接近并不顺利。后来,一方面由于奥地利买通了法王路易十五的情妇蓬巴杜夫人,让她去说服路易十五,另一方面也是因为在英普已结盟的情况下,除奥地利外,法国已无其他中欧强国可联合。这样,奥法两国终于在1756年5月1日签订了两项协定:第一项协定规定,奥地利在英法的北美战争中保持中立,法国在尼德兰问题上守中立。第二项协定规定,奥法两国共同保障彼此在欧洲的边界不受侵犯。为此,双方同意在情况需要时,保证提供24 000人的军队,或与此相当的补助金。这两项协定通常被称为第一个《凡尔赛条约》。

《威斯敏斯特条约》和第一个《凡尔赛条约》的签订,使英国成为普鲁士的盟国,法国成为奥地利的盟国。这种同盟关系的变化,曾被形容为"18世纪欧洲最深刻的、并带来重大后果的外交变革"。

1756年5月18日,英国正式对法国宣战。8月29日,普王腓特二世也未经宣战,便亲率7万大军攻入萨克森。奥地利认为普鲁士入侵萨克森便是对自己的侵犯,于是派兵同普鲁士作战,七年战争由此爆发。主要战场有二:欧洲大陆战场与英法的殖民地战场。

在欧洲大陆,普军于9月9日攻占了萨克森首府德累斯顿。萨克森于10月15日投降。接着,普鲁士便从萨克森和西里西亚两个方面侵入奥地利的波希米亚。

普鲁士对萨克森和波希米亚的入侵,将法国拖入了一场它并不愿发生的欧洲战争。法国本希望在欧洲大陆维持和平,以利于它在美洲同英国的对抗。然而,在波旁王朝已同萨克森王室联姻(路易十五之子多芬亲王娶萨克森公主玛丽亚·约瑟法为妻)的情况下,法国自然不能丢下萨克森不管。而且,依《凡尔赛条约》的规定,在波希米亚遭到普鲁士的入侵后,法国也不能不援奥作战。此外,俄国早就认为普鲁士力量的加强对自己是危险的。对于腓特烈二世新的扩张,俄国更是感到难以容忍。

出于反普鲁士的共同需要,奥、法、俄三国感到应结成一个同盟,以利共同作战。这样,俄国于1756年12月31日加入法奥防御同盟。1757年2月2日,俄奥两国又签订了《彼得堡同盟条约》。双方同意各出兵8万人用于对普作战。在战争期间,奥地利每年向俄国支付100万卢布补助金。双方还承诺不单独同普鲁士缔结和约。3月21日,瑞典为了取得波美拉尼亚,也加入了法奥同盟。

同年5月1日,法国与奥地利又签订了第二个《凡尔赛同盟条约》。该条约规定:法国同意将其提供的军队由原来的24 000人增至105 000人,并坚持作战直至奥地利收回西里西亚和格拉茨;在战争期间,法国每年向奥地利提供12 000 000弗洛林补助金;作为回报,奥地利将奥属尼德兰的奥斯坦德、尼乌波特、蒙斯、伊普雷等六处城镇割让给法国。①

由于上述一系列条约的签订,奥法同盟因俄国及瑞典的相继加入而得到扩大和加强。所以,优势显然是在奥法一方。不过,普王腓特烈二世在这场战争

---

① 〔英〕莫厄特:《欧洲外交史(1451—1789)》,第243页。

中,以其英勇善战和指挥有方,也取得了不少的胜利。

1757年5月6日,普军在布拉格附近大败奥地利,但未能夺得这个都城。6月18日,奥地利在布拉格东南之科林打败普鲁士,并迫使普军撤出波希米亚。8月30日,已进入东普鲁士的俄军又大败普鲁士。9月,瑞典军队攻入普属波美拉尼亚。11月5日,腓特烈二世指挥的普军在萨克森西部的罗斯巴赫击溃了成倍于己的法奥联军,使法国的有生力量受到沉重的打击。12月5日,腓特烈二世在西里西亚中部的洛伊滕,全歼三倍于己的奥军,重新夺回了布雷斯劳。这次战役,后来被拿破仑推崇为"动机和决心的杰作"。① 在此以后,普鲁士虽然又取得了一些胜利,但由于无法保证足够的兵力,所以,自1759年起,战场上的形势对普鲁士日渐不利。

同年8月12日,腓特烈二世与俄奥军队激战于奥得河西岸法兰克福附近,结果遭到惨败。9月,奥军攻占了德累斯顿。1760年7月,奥军又占领了格拉茨。10月9日,一支俄军一度攻入了普鲁士的都城柏林。1761年10月,俄军占领了普属波美拉尼亚的科尔贝克,奥地利再次攻占了施韦德尼茨。同年底,腓特烈二世虽设法雇用了一支约5万人的鞑靼骑兵,但面对13万人的俄奥军队,也难以扭转败局。

1762年1月5日,俄国女皇叶利扎维塔去世,她的外甥彼得三世即位后,将腓特烈二世从危难中解救出来。彼得三世是彼得一世的女儿安娜(远嫁到普鲁士)之子。他的姨母叶利扎维塔继承俄国皇位后,将他由普鲁士召到俄国并定为皇位继承人。彼得三世一贯亲普鲁士,他即位沙皇后,立即改变了叶利扎维塔的外交政策,于同年5月5日同普鲁士缔结和约。彼得三世不仅未向普鲁士提出任何领土要求,反而在6月8日同普鲁士结成防御同盟。彼得三世的政策招致俄国宫廷的反对。7月9日,他在他妻子发动的政变中被推翻。但新女皇叶卡捷琳娜二世仍然执行俄普和平条约,所以俄军于7月22日自西里西亚撤退。

在此之前,瑞典也在5月22日签署《汉堡条约》,在维持战前原状的基础上实现了同普鲁士的和平。10月,奥地利被迫撤出西里西亚。11月24日,奥普签订停战协定。此刻,法国对于同普鲁士的作战也早已感到力不从心,欧洲大陆的战争胜负已成定局。

在北美,英国于1758年先后夺取了路易斯堡和杜肯堡,并将杜肯堡改名为

---

① 转引自〔美〕佐克、海厄姆:《简明战争史》,商务印书馆1982年版,第86页。

匹兹堡；1759年7月，英军又攻占了位于安大略湖与伊利湖之间的尼亚加拉堡，以及位于尚普兰湖与乔治湖之间的泰孔德罗加要塞，从而将英属美洲殖民地的北部边界推进到五大湖区；同年9月，英国占领了魁北克；1760年，法军将领蒙特利尔向英军投降。随后，法国停止了在北美的作战。

在印度，英国在1757年取得了普拉西战役胜利后，建立了对孟加拉的统治。1760年1月，英国打败了文迪瓦什①的法国守军。次年1月，又夺取了本地治里，英国遂成为印度东海岸的主人。在西印度群岛，英国于1759年5月攻占了瓜德罗普岛，1761年又占领了马提尼克岛。

法国为了挽回在殖民地战争中的败局，于1761年8月15日同西班牙签订条约，两个波旁王室共同作战，以维护彼此领地的完整。然而，对法国来说，西班牙的参战已无济于事，它不仅不能挽救法国，反而使西班牙自己在1762年失去了古巴和菲律宾。

这时，法国已被战争拖得精疲力竭，在获胜无望的情况下，遂急于求和。经过谈判，法国、西班牙同英国、葡萄牙于1762年11月3日在枫丹白露签订了初步和约，葡萄牙于同月内加入。次年2月10日，法国、西班牙同英国、葡萄牙在巴黎签订了最终和约。

《巴黎和约》主要规定：法国将加拿大及其所有属地、布雷顿角和圣劳伦斯河及海湾中的其他所有岛屿和沿岸地带割让给英国；英国同意法国臣民在纽芬兰岛的那一部分海岸和圣劳伦斯湾享有捕鱼的自由，同意将圣皮埃尔和密克隆两岛的全部权力让与法国，作为法国渔民的避风地，但法国保证不在上述两岛设防；法国将密西西比河以东除新奥尔良以外的全部属地割让给英国，但密西西比河上的航行应对英法两国的臣民同等开放；法国同意撤退其在汉诺威、不伦瑞克、黑森以及普鲁士领土上的军队，将其在战争中占领的梅诺卡岛归还给英国，并拆除敦刻尔克的要塞和炮群；西印度群岛中之格林纳达岛、圣文森特岛、多米尼加岛及多巴哥岛应为英国所有，但英国应将瓜德罗普岛、马提尼克岛及圣卢西亚岛等岛屿按其被攻克时的原状归还给法国；法国将其在非洲塞内加尔的一切权利和属地让与英国，英国将戈里岛按其被攻克时的状态归还给法国；法国放弃自1749年以来在印度占领的所有土地，仅保留少数几处商站，并不得设防或派驻军队；西班牙不允许以任何借口扰乱或干扰英国臣民在洪都拉斯从事砍伐和运走木材，并放弃要求在纽芬兰岛附近捕鱼的一切权利；英国将

---

① 文迪瓦什，法国堡垒，位于马德拉斯与本地治里之间。

古巴及菲律宾归还给西班牙,但西班牙应将佛罗里达以及西班牙在北美大陆上密西西比河以东和东南拥有的一切全部交给英国;法国将密西西比河以西的路易斯安那割让给西班牙,作为它失去佛罗里达的补偿;西班牙将其在战争期间占领的葡萄牙领土归还给葡萄牙。①

与此同时,普奥双方都因其盟友的背叛而感到气恼。不过,它们同样感到已无力继续作战,所以,根据奥地利的提议,普奥双方于1762年12月30日在位于德累斯顿与莱比锡之间的胡贝尔茨堡开始和谈。1763年2月15日,普鲁士同奥地利、萨克森签订了《胡贝尔茨堡和约》。和约规定:奥地利重申放弃依《柏林和约》及《亚琛和约》割让给普鲁士的西里西亚和格拉茨;普鲁士把在战争中占领的所有属于萨克森和波兰的领土归还给原主;缔约国不要求赔偿由战争造成的损失。在一项秘密条款中,腓特烈二世同意在选举神圣罗马帝国皇帝时,将投票选举奥皇玛丽亚·特蕾萨之子约瑟夫大公为帝国皇帝。

《巴黎和约》与《胡贝尔茨堡和约》的签订,宣告了七年战争的结束。经过这场战争,普鲁士保有了西里西亚,并由此成为欧洲大陆上与奥地利并驾齐驱的新兴强国,它使普奥两国争夺德意志领导权的斗争日趋加剧。七年战争断送了法国的大部分海外殖民地,却使英国赢得了海上及殖民地的霸权,为日后建成庞大的殖民帝国奠定了基础。

---

① 参见《国际条约集(1648—1871)》,世界知识出版社1984年版,第151—161页。

第二章 俄国的兴起及其侵略扩张

第一节 俄国夺取出海口的政策及其实施

彼得一世夺取出海口的政策与远征亚速

18世纪以前,俄国一直是一个内陆国家。1462年,伊凡三世建立了统一的莫斯科大公国。自伊凡四世于1547年称沙皇起,俄国加紧向外扩张,至18世纪初,其领土面积扩大了数倍,但是,俄国仍是与海洋隔绝的内陆国家。

彼得一世于1682年即位后,为了使俄国摆脱内陆闭塞状态,曾致力于学习西方,实行经济、政治、军事、文化教育诸方面的改革,进一步加快俄国的经济、商业与文化的发展,大力提高俄国的经济与军事实力。彼得一世认定俄国必须有自己的出海口,否则,俄国便无法跻身于欧洲大国之列。从此,"俄国需要的是水域"便成为彼得一世的终生座右铭。马克思曾经指出:"对于一种地域性蚕食体制来说,陆地是足够的;对于一种世界性侵略体制来说,水域就成为不可缺少的了。"①彼得一世从地域性蚕食转向夺取水域,充分表明俄国已经开始了世界性侵略体制的新时期。

彼得一世自确立了"世界性侵略体制"后,便开始了以夺取欧洲为重点的对外扩张。当时,有三个国家挡住了他的扩张道路,这就是北方的瑞典、西方的波兰与南方的土耳其帝国(又称奥斯曼帝国)。其中有两个是涉及夺取水域:波罗的海与黑海。当时,波罗的海为瑞典的水域,黑海是土耳其帝国的"内湖"。彼得一世决心要在这两处为俄国打开通往西方的"窗口"。

彼得一世当政初年,曾致力于解决南方的黑海出海口问题。1683年,土耳其在法国的挑唆下发动了入侵奥地利的战争,土军直攻到维也纳城下,奥地利人民奋起抵抗。1686年,奥地利同俄国、波兰及威尼西亚②结成反土同

---

① 马克思:《十八世纪外交史内幕》,人民出版社1979年版,第80页。
② 威尼西亚又译为威尼斯地区,原是威尼斯共和国辖下的包括达尔马提亚以及威尼斯城周围的大片地区,此处意为威尼斯共和国。威尼斯共和国于18世纪末衰亡后,仅指威尼斯城及其周围地区。

盟。① 趁此机会,彼得一世于1695年7月亲率60 000俄军,远征亚速海东北岸的亚速城,三攻未克,被迫于10月撤军。

同年冬天,彼得一世下令夜以继日赶造大型战舰。1696年5月,彼得一世率领重组的俄军以及新的舰队再攻亚速。7月28日,亚速的土耳其守军终于投降。俄国占领亚速后不久,就将该处港口予以扩大,并建成海军基地。

此后,彼得一世本欲乘胜南下黑海,然而,奥土两国于1699年1月缔结了《卡尔洛维茨和约》,原来的俄奥等国的反土同盟已不复存在。这时,彼得一世深感自己的力量有限,难以继续南下,遂于1699年11月同土耳其开始和谈。最后,双方于1700年7月13日签订了《君士坦丁堡条约》。根据和约,俄国获得亚速城及其周围地区;土耳其政府承诺将俄国归还的第聂伯河沿岸土地上的防御工事和临时兵营,全部予以拆毁。

北方同盟与北方战争

彼得一世通过两次远征亚速,虽然使俄国进入了亚速海,但是,仍无法跨越土耳其控制的刻赤海峡,难以进入黑海。为了解决这一问题,彼得一世于1697年组织"大使团"访问欧洲,他自己也化名为彼得·米哈伊洛夫参加。"大使团"的目的有二:寻找反土耳其的同盟者,以进一步解决黑海出海口问题;考察西欧国家的造船业和科学技术。但是,彼得一世未能在西欧找到反土耳其盟友。因为西欧各大国正在全力准备西班牙王位继承战争,无心顾及黑海事务。

然而,彼得一世却意外地发现,控制着波罗的海的瑞典同波兰、丹麦等国的矛盾很深。丹麦、波兰及勃兰登堡等国曾多次想夺回在三十年战争中被瑞典占有的领土,并打破瑞典对波罗的海的贸易垄断,皆未成功。1697年,15岁的查理十二即位瑞典国王。上述这些国家认为瑞典国王年幼,这是他们出征的良机。彼得一世也认为这是夺取波罗的海出海口的最佳时刻,于是决定暂且放下黑海出海口问题,先联合这些国家共同进攻瑞典。

1699年7月26日,俄国同丹麦签订防御条约,两国约定彼此提供军事援助,共同对瑞典作战。同年9月25日,波兰国王、萨克森选帝侯奥古斯特二世同丹麦国王腓特烈四世在萨克森首府德累斯顿缔结反瑞典同盟。11月11日,奥古斯特二世以萨克森选帝侯的身份同彼得一世缔结了同盟条约。条约规定:

---

① 奥、俄、波、威尼西亚结成反土同盟后,开始扭转战局。1699年1月,迫使土耳其接受《卡尔洛维茨和约》。依约,土耳其将统治下的匈牙利、斯洛文尼亚、克罗地亚和大部分特兰西瓦尼亚割让给奥地利。

两国共同对瑞典作战;战争结束后,萨克森可获得利沃尼亚和爱斯特兰①,俄国将占有卡累利阿和因格里亚②;双方同意吸收勃兰登堡加入同盟,并许诺它可夺取波美拉尼亚;萨克森承诺将促使波兰立陶宛王国加入同盟。12月6日,丹麦加入该同盟,愿与盟国一道将反瑞典战争进行到底。战争结束后,丹麦可获得荷尔斯泰因、易北河河口及威悉河河口。至此,北方同盟遂告组成。

1700年5月,萨克森军队自波兰进攻波罗的海东岸的利沃尼亚,由此揭开了北方战争的序幕。反瑞典同盟国家错误地估计了查理十二的能力,战争开始时,虽然他只有18岁,却表现出异常的坚强与果敢。面对联盟国家的进攻,查理十二宣称"我决不发动不义之战,但在敌人被摧毁之前,我也决不停止一场合法的战争"③。同年8月初,他突袭了丹麦的西兰岛,并迫使丹麦于8月18日同瑞典签订和约后退出战争。

同一天,彼得一世在莫斯科收到俄土战争已然结束的报告。于是,他在第二天(19日)下令对瑞典采取军事行动。10月下旬,约4万俄军围攻濒临芬兰湾的纳尔瓦,但未能取胜,并且损失惨重。

查理十二取得纳尔瓦战役胜利后,没有继续追击俄国败军,而是麾兵进攻波兰。他认为,在未打垮奥古斯特二世之前,自己不宜远征俄国。1701年夏,他率军进驻里加。1702年,在波兰的克利斯左夫(克拉科夫东北)打败萨克森军队。1703年,夺取了托伦和但泽。1704年7月,查理十二强迫波兰国会废黜奥古斯特二世,并接受他指定的波兰贵族斯坦尼斯劳·列辛斯基为国王。

彼得一世在纳尔瓦战败后,经过恢复和整顿,乘查理十二在波兰征战奥古斯特二世之机,于1703年5月夺取了自拉多加湖至芬兰湾的整个涅瓦河流域地区,并在涅瓦河河口建立了圣彼得堡和喀琅施塔得两城市。1704年7月,彼得一世先后攻取了杰尔普特和纳尔瓦。同年8月30日,在奥古斯特二世被废黜后,彼得同他缔结了纳尔瓦同盟条约,俄国允诺每年向奥古斯特提供20万卢布补助金和一定数量的援军,以帮助他恢复其波兰王位。此后,俄国遂乘机以盟国名义将军队开进波兰,先后占领了库尔兰、维尔纳(维尔纽斯)以及格罗德诺等地。

---

① 利沃尼亚又称里夫兰,旧省名,位于波罗的海里加湾沿岸,在西德维纳河(又称道加瓦河)与楚德—普斯科夫湖之间。爱斯特兰即爱沙尼亚。
② 卡累利阿是芬兰湾东端拉多加湖北部及其周围地区。因格里亚是旧地区名,位于芬兰湾东端沿岸,在圣彼得堡与纳尔瓦之间。
③ 〔英〕莫厄特:《欧洲外交史(1451—1789)》,第191页。

1706年初,查理十二率军穿越西里西亚攻入萨克森。同年10月,他又迫使奥古斯特二世背着俄国在阿尔特朗斯塔特签订和约①,依约,奥古斯特二世声明将波兰王位让与斯坦尼斯劳·列辛斯基,并废除同俄国的盟约;查理十二承诺保护奥古斯特二世免遭俄国的报复,并在同俄国缔结和约时维护萨克森选帝侯的利益。至此,北方同盟已然瓦解,只有俄国继续坚持作战。

1707年8月6日,查理十二亲率大军自萨克森东进,攻打俄国。面对瑞典的强大攻势,在波兰的俄军不得不撤离格罗德诺。1708年,查理十二率大军经波兰攻入俄国。彼得一世以焦土政策阻挡了他向莫斯科的进军。查理十二遂改变路线,取道乌克兰,以便利用当地哥萨克叛乱之机,从南方迂回攻取莫斯科。1709年7月,他在围攻波尔塔瓦要塞时,被优势的俄军击败,他本人的足部也中弹受伤,被迫撤入奥斯曼帝国境内。波尔塔瓦战役是查理十二失败的开始,正如恩格斯所说:瑞典的"实力和威望正是由于查理十二作了入侵俄国的尝试而丧失的;查理十二以此葬送了瑞典"。②

波尔塔瓦战役是俄国在北方战争中的转折点,这一战役的胜利极大地改变了俄国在欧洲的地位。其他欧洲各大国,对于俄国有能力打败"不可战胜的瑞典人"这一点,不再表示怀疑。法王路易十四的大臣路易·圣西门公爵在其回忆录中写道:1709年"带来了北方形势的彻底改变:经常使整个北方战栗并且一再使帝国和奥地利宫廷发抖的瑞典,即使不说它已经被消灭,它也是垮掉了,而另外一个迄今默默无闻,除了自己的近邻国家之外,从未影响过别国的另一强国却非同小可地崛兴起来了"。③

俄国在波尔塔瓦战役中的胜利,使北方同盟得以恢复。1709年10月20日,彼得一世同奥古斯特二世缔结了托伦同盟条约,宣布双方恢复反瑞典同盟,并同意推动波兰立陶宛王国、普鲁士及丹麦加入同盟;彼得一世承诺帮助奥古斯特二世恢复其波兰王位。在条约的秘密条款中,规定了双方在战争结束后应获得的领土:利沃尼亚仍由奥古斯特二世取得,爱斯特兰划归俄国。随后,丹麦、波兰立陶宛王国、普鲁士以及汉诺威等相继加入了同盟。1710年夏,俄军先后攻占了波罗的海东岸的维堡、里加、雷维尔(塔林)等地。

---

① 阿尔特朗斯塔特为萨克森西部小镇,当时为瑞典的军事指挥部所在地。
② 恩格斯:《俄国沙皇政府的对外政策》,《马克思恩格斯全集》第22卷,第19页。
③ 转引自〔苏〕尼·伊·帕甫连科:《彼得大帝传》,生活·读书·新知三联书店1982年版,第212页。

正当彼得一世为这一系列的战绩感到异常欣慰的时候,土耳其苏丹艾哈迈德三世应查理十二之请以及受到英国的怂恿,于同年 10 月突然向俄国宣战。他既要帮助瑞典国王挽回败局,也打算乘机夺回在《君士丁堡和约》中割让给俄国的领土。1711 年春,彼得一世率军南下普鲁特河地区,同土耳其作战。但是,他的这次远征未能取胜,被迫于 1711 年 7 月 23 日同土耳其签订了《普鲁特和约》,俄国将亚速归还给土耳其,并拆除新建的塔干罗格城堡;俄国承诺不干涉波兰事务;查理十二离开土耳其,俄国保证其安全返回瑞典。

《普鲁特和约》签订后,彼得一世再次开始了对瑞典的战事。1712 年,彼得围攻什切青,并于次年攻克。为了割断瑞典军队的供应,俄国于 1713 年 5 月进军芬兰,同年 7 月攻占了赫尔辛福斯(今赫尔辛基)。8 月,俄国已占领了芬兰大部分战略要地,并为进攻瑞典本土建立了重要基地。1714—1716 年间,彼得一世占领了瑞典的全部领地。接着,彼得一世又先后同普鲁士、汉诺威、丹麦、波兰达成瓜分瑞典领地的协议。瑞典的最终战败已成定局。

《尼斯塔得和约》与北方出海口的获得

为了进一步孤立瑞典,并按照俄国的条件结束战争,彼得一世在 1717 年 4 月率代表团访问了巴黎,后经两国政府的多次会谈,于同年 8 月 15 日在荷兰签订了有普鲁士参加的《阿姆斯特丹条约》。条约规定:俄国承认结束西班牙王位继承战争的《乌得勒支和约》;法国同意俄国关于同瑞典实现和平的条件,并承认未来的俄国瑞典和约;法国不再延长将于 1718 年到期的法国瑞典同盟条约;俄国及普鲁士在同瑞典谈判及缔结和约时,将接受法国的调停;缔约国中之任何一国如受到外来攻击时,将相互援助。《阿姆斯特丹条约》的缔结,使瑞典失去了法国的支持。

1718 年 5 月,查理十二被迫同意与俄国进行和谈。谈判在瑞典以东的阿兰岛进行。俄国提出的和平条件是:芬兰仍为瑞典所有,但卡累利阿、因格里亚、爱斯特兰以及利沃尼亚应全部割让给俄国;俄国承认斯坦尼斯劳·列辛斯基为波兰国王。瑞典坚决反对俄国占有爱斯特兰及利沃尼亚。查理十二企图以军事实力作为谈判的后盾,遂率军进攻挪威。同年 11 月 30 日,他在一次作战中头部中弹身亡,瑞典与俄国的谈判也随之中断。查理十二死后,由其妹乌尔丽卡·埃莱奥诺拉即位瑞典女王。女王既想尽快结束战争,又不愿丢失过多的领土。所以,她决定分化同盟国家,并利用英国的干涉,迫使俄国降低要求。

1719年11月20日，经英法两国的斡旋，瑞典首先同汉诺威签订《斯德哥尔摩条约》，瑞典以不来梅和费尔登两地换得了同汉诺威的和平，汉诺威则成为瑞典的盟国，并为上述两地付给瑞典100万银币。1720年1月21日，瑞典又在英法的调解下，以割让斯德丁以及西波美拉尼亚等地实现了同普鲁士的和平，普鲁士放弃同俄国的同盟。同日，英国与瑞典结成防御同盟。同年6月3日，在英国的努力下，又促成瑞典与丹麦缔结了和约，丹麦将吕根岛及波美拉尼亚归还给瑞典，瑞典则付给丹麦60万银币作为补偿；瑞典宣布放弃其免缴松德海峡过境税的特权；在英法两国的保证下，瑞典将荷尔斯泰因归还给丹麦。

由于俄国势力在波罗的海的扩张，影响了英国在那里的商业利益，英国曾多次派舰队驶入波罗的海。然而，俄国及时采取了防御措施，避免了英国舰队的攻击，并再次登陆瑞典本土，迫使瑞典于1721年4月28日在芬兰的小城尼斯塔德恢复了同俄国的和谈。同年8月30日，两国签订了《尼斯塔德和约》，瑞典将利沃尼亚、爱沙尼亚、因格里亚、卡累利阿以及维堡等地割让给俄国；俄国承诺将芬兰归还给瑞典。持续21年的北方战争，至此结束。

经过21年的作战，彼得一世终于获得了他多年梦寐以求的出海口。当他见到《尼斯塔德和约》的文本时，曾激动地说，俄国"从未取得过如此有利的和约"。①

通过北方战争，彼得一世使俄国"从一个单纯内陆国家变成濒海帝国"，并"在北方各邻国中居于优势地位"，从此成为称霸波罗的海的强国。为了称颂这一"丰功伟业"，俄国元老院于同年10月22日将"国父"和"大帝"的尊号奉献给彼得一世。

此后，彼得一世还以他特有的胆略，将帝国的都城从莫斯科迁到彼得堡，使彼得堡成为俄国"俯瞰欧洲的窗户"。马克思曾就此指出：彼得一世"把新都建在他征服的第一块波罗的海海岸上，距离边境几乎在步枪射程之内，就这样有意给他的领土制造了一个外偏中心"；"彼得堡这个帝国的外偏中心从一开始就表明：一个圆周尚有待于划定"。所以，彼得一世的迁都"从一开始起就是对欧洲人的一种挑衅，就是激发俄国人进行新的征服的一种诱因"。② 在彼得一世的领导下，俄国开始了向欧洲及世界霸权的进军。

---

① 转引自〔苏〕尼·伊·帕甫连科：《彼得大帝传》，第347页。
② 马克思：《十八世纪外交史内幕》，第80—81页。

第二节 瓜分波兰

俄国干涉波兰与波兰王位继承战争

波兰王国于1569年与立陶宛大公国合并为波兰立陶宛王国后,曾是欧洲的一个重要大国,其军事实力令人十分注目。但由于以下一些原因,波兰在进入18世纪后逐渐衰落了。

第一,于16世纪后半期开始执行的"贵族民主制"(又称"根本法"),即"自由选王制"与"自由否决权",在政治上分裂了波兰,使其中央集权陷于瘫痪。根据1573年的"亨利条例",波兰国王由全体贵族选举产生;1652年开始实行的"自由否决权"又规定,国会的任何议案和立法,都必须由全体议员一致通过方能生效。只要有一票反对,该议案或立法即被否决。执行"贵族民主制"的结果,不仅使波兰"处于完全土崩瓦解的状态",而且"使它成为邻国可以轻取的战利品"。其他欧洲大国可以通过贿赂收买波兰贵族,阻止波兰国会通过不利于己的法案。

第二,国内尖锐的民族矛盾与宗教矛盾,既削弱了自身的力量,又给欧洲大国(主要是俄国)干涉波兰事务以口实。波兰是一个多民族国家,除波兰人外,还有日耳曼人、立陶宛人、白俄罗斯人以及乌克兰人等。其中,白俄罗斯人和乌克兰人是在13世纪时为躲避蒙古人的压迫而归并于立陶宛公国的,后又合并于波兰。在宗教方面,波兰人信仰天主教(旧教),且占统治地位,他们迫使那些信仰正教和新教的俄罗斯人、乌克兰人及日耳曼人改宗天主教,否则,不得担任公职。这就给了俄国"一个称心如意的借口",使它能以"正教的维护者"的名义,要求"保护正教徒",并将"过去的立陶宛公国当做一个俄罗斯民族的、但是遭受到波兰压迫的地区,而对之提出领土要求"。①

第三,在17世纪后半期,波兰同瑞典、俄国及土耳其接连作战,导致其经济日趋恶化。波兰的衰落,正符合俄国的心愿。俄国自彼得一世确立了以夺取欧洲为重点的世界扩张计划后,一直将占有波兰视为一项重要的战略目标。正如曾经担任俄国驻法国大使波茨措·迪·博尔哥伯爵所说,"波兰是实现俄国对

---

① 恩格斯:《俄国沙皇政府的对外政策》,《马克思恩格斯全集》第22卷,第21页。

世界霸权的贪欲的最重要的工具"①。而且,不管俄国在欧洲的势力如何增长,"在占领波兰之前,它实质上仍然像土耳其一样是一个欧洲之外的大国"②。所以,吞并波兰是俄国自彼得一世以来的既定国策。

1733年2月1日,波兰国王、萨克森选帝侯奥古斯特二世去世。根据1573年实行的"自由选王制",波兰应选举新国王。在北方战争期间曾一度在位(1704—1709)的斯坦尼斯劳·列辛斯基为重返王位潜回华沙,并在法国、瑞典和土耳其的支持下,于当年9月被选为国王,称斯坦尼斯瓦夫一世。法国支持他的原因有二:(1)法国欲联合瑞典、波兰和土耳其形成反奥地利的同盟;(2)法王路易十五已于1725年娶列辛斯基之女为妻。

奥地利为破坏法国的反奥联盟,拒绝承认列辛斯基为波兰国王,坚持推选奥古斯特二世之子为新王,称奥古斯特三世。俄国女皇安娜·伊凡诺夫娜为了阻止法国、瑞典及土耳其在波兰建立优势,也支持奥古斯特三世,并将俄国军队开进波兰,迫使波兰国会废除列辛斯基。列辛斯基逃离波兰,奥古斯特三世于同年10月被扶上王位。路易十五为维护其岳父的波兰王位,遂出兵与俄、奥作战,由此引发了波兰王位继承战争。战争开始后,西班牙波旁王室也想乘机夺取奥地利的领地,便与法国签订了反奥同盟。这样,波兰王位继承战争就演变成为以俄、奥为一方,同以法、西为另一方之间的对抗。

战争期间,法国在莱茵地区同奥军的作战中取得较大的胜利,后因18 000人的俄军前来助奥作战,才阻止了法军的前进。在意大利方面,西班牙与撒丁的军队从奥地利手中夺取了米兰及那不勒斯。尽管法、西一方在战场上占有优势,但因面对俄国的坚决反对,法国欲恢复列辛斯基王位的打算已难以实现。所以,法国与奥地利接受了英、荷两国的调停,于1735年10月3日在维也纳签订了初步和约。三年后,即1738年11月18日,法奥缔结了《维也纳最终和约》,西班牙与俄国也于1739年4月21日及5月21日,先后加入。

和约规定:法奥双方承认奥古斯特三世为波兰国王;列辛斯基获得洛林公国,作为他放弃王位的补偿。他死后,洛林公国应并入法国;奥皇查理六世的女婿、洛林公爵弗兰茨失去洛林后,可得到意大利北部之托斯卡纳公国以为补偿,奥皇收回在这次战争中被占领的帕尔马与皮亚琴察;奥地利将那不勒斯和西西里(即两西西里王国)让与西班牙,但不得与西班牙合并;撒丁王国获得部分奥

---

① 转引自恩格斯:《在伦敦纪念波兰起义大会上的演说》,《马克思恩格斯全集》第16卷,人民出版社1964年版,第226—227页。
② 恩格斯:《流亡者文献》,《马克思恩格斯全集》第18卷,人民出版社1964年版,第575页。

属米兰公国的领土；法国承认查理六世的"国本诏书"。

这次战争虽然未能保住列辛斯基的波兰王位，但在法奥对抗中，法国仍是胜利者，因为通过战争，法国扩大了自己的领土，而奥地利在意大利则受到较大的削弱。俄国在这次战争中未得到任何领土，但在波兰问题上，俄国无论在军事上还是外交上，显然都取得了对法国的胜利。而且，在波兰扶植起一个亲俄的傀儡政权，其意义远比获得任何领土重要得多。在以后的三十年间，俄国在波兰始终保持着决定性的影响。

俄普奥第一次瓜分波兰

1763年10月5日，波兰国王奥古斯特三世病死。这给一年前上台的俄国女皇叶卡捷琳娜二世带来了进一步干涉波兰事务的机会。

首先，叶卡捷琳娜二世要竭尽全力保护好波兰的"贵族民主制"，以利于俄国插手波兰事务。为此，她在1764年4月同普鲁士签订的《彼得堡同盟条约》的秘密条款中规定：双方承诺将使用一切手段直至动用武力，以阻止对波兰国家制度实行任何变更；两国还约定选择一个符合两国心愿的真正波兰人为国王，普鲁士将同意俄国提出的波兰国王候选人；待波兰国王选出后，如发生任何反对波兰新国王的情况，俄普联军将开进波兰立陶宛王国领土。

其次，叶卡捷琳娜二世需要将她的代理人扶上波兰王位，以便对波兰实行间接统治。同年9月7日，叶卡捷琳娜二世沿袭其先辈的做法，以军事高压和金钱利诱双重手段，迫使波兰国会选举波尼亚托夫斯基为新国王，称斯坦尼斯瓦夫二世。

波尼亚托夫斯基出身于波兰贵族家庭，早年曾被派往俄国宫廷开展工作，在那里结识了后来成为女皇的叶卡捷琳娜二世，并充当了她的情人。遗憾的是，女皇的这位情人上台后，并不甘心做一个傀儡国王。而且，波兰每况愈下的政治经济形势早已引起一部分中小贵族的强烈不满，他们决定在波兰进行各项改革。其主要内容是：限制"自由否决权"以加强中央集权；发展经济以增强国力；扩充军队以维护国家的独立。刚刚上台的斯坦尼斯瓦夫二世，也想加强王权。所以，他对这些改革措施采取了默许的态度。

但是，这些改革却违反了俄国和波兰大贵族的利益。于是，它们决心要对波兰的改革进行干涉。俄国的干涉行动是在"信教自由"的幌子下进行的。"信教自由——这就是为了消灭波兰所需要的字眼。"①俄国女皇正是在这个字眼的掩护下,伙同普鲁士和奥地利对波兰进行了第一次瓜分。

1764—1766 年间,俄国政府曾多次要求波兰国会通过非天主教徒同天主教徒权利平等法案,均遭拒绝,叶卡捷琳娜二世遂于 1767 年将军队开进波兰。在俄国刺刀的威逼下,强令波兰国会"通过"议案,承认信奉东正教以及新教之贵族享有与天主教徒同等之权利。1768 年 2 月,又迫使波兰缔结《华沙条约》(又称"保证条约")。条约除规定波兰境内的非天主教徒与天主教徒权利平等外,还规定了由俄国保证波兰的领土"不受侵犯"及其"自由选王制"和"自由否决权"的继续贯彻与实施。这样,俄国便从波兰那里取得了干涉其内政的权利。从今以后,没有俄国的许可,波兰便不得进行任何有关政治制度方面的改革。

俄国的军事入侵和暴力干涉,断送了波兰刚刚开始的改革事业。它不仅激起了波兰中小贵族以及广大民众的反抗,而且招致土耳其、奥地利和法国的强烈不满。1768 年,波兰中小贵族及其他爱国人士为反对俄国侵略和维护天主教会特权,在位于波兰东南部地区波多利亚之巴尔城组成同盟(称"巴尔同盟")。同盟宣布废除俄国强加于波兰的华沙保证条约,以及国会关于非天主教徒同天主教徒权利平等的法案。在土耳其和法国的支持下,波兰开展了反对俄国和斯坦尼斯瓦夫二世国王的武装斗争。1770 年 10 月,同盟又宣布废黜斯坦尼斯瓦夫二世。但是,巴尔同盟最终在 1772 年遭到俄国与国王联军的镇压。

在俄国军队围剿巴尔同盟的过程中,曾多次越界进入土耳其境内追捕波兰爱国人士,并在 1768 年 6 月袭击了土耳其边境小城巴尔塔,由此导致土耳其向俄国宣战。

俄土战争爆发后,叶卡捷琳娜二世要求普鲁士忠实履行 1764 年签订的《彼得堡同盟条约》,支持俄国同土耳其作战。普鲁士同俄国缔结同盟条约,原是为了取得波兰的西普鲁士,以便将东普鲁士、勃兰登堡以及波美拉尼亚连成一片。现在,令普鲁士感到担心的是,自己若援俄对土作战,奥地利很可能乘机夺取西里西亚。为了避免出现这种不利于己的局面,普鲁士认为最好的办法是出面调解俄土间的冲突,并趁势提出对于波兰领土的要求。

俄国在波兰的军事行动以及对土耳其作战进展顺利,也引起了奥地利的警觉。为了阻止俄国向中欧和巴尔干推进,同时也是为了拆散俄普同盟,以防普

---

① 恩格斯:《工人阶级同波兰有什么关系?》,《马克思恩格斯全集》第 16 卷,第 181 页。

鲁士过于强大而不利于自己今后夺取德意志霸权,奥地利打算暂且搁置旧日的恩怨,而与普鲁士联合起来。奥地利准备以同意普鲁士占有波兰之西普鲁士为代价,换回被它夺走的西里西亚。这样做,既可迫使俄国停止对土作战,也可共同商议瓜分波兰。最终,达到阻止俄国西进的目的。

出于抵制俄国的扩张和夺取波兰领土的共同需要,普鲁士国王腓特烈二世同奥地利皇储约瑟夫二世于1769年9月和1770年9月,先后两次会晤。经商定,两君主向叶卡捷琳娜二世共同建议:由普奥两国出面调解俄土战争;俄普奥三国共同瓜分波兰领土。但是,女皇拒绝了普奥调解俄土战争的建议。

俄国虽然在1772年摧毁了波兰的"巴尔同盟",但未能完全扑灭波兰的爱国斗争。由于当时俄国的军队主要用于对土作战,所以,为了加强镇压波兰人民的反俄斗争,叶卡捷琳娜二世要求腓特烈国王出兵波兰。腓特烈二世在10月末回答说,他确已做好进军波兰的一切准备,但是,在俄国签订瓜分波兰条约前,普鲁士将不采取任何行动。

吞并波兰是俄国的既定国策,叶卡捷琳娜二世决不愿与他人分享波兰的领土。但在俄土战争尚在进行的情况下,为了能将普奥拉在自己一边,她当机立断,决定放弃独占波兰的计划,同意由俄、普、奥三国对波兰进行瓜分。这样,俄国虽然未能独自吞并波兰,但是,通过三国的瓜分,却可使普奥两国从属于俄国,这对于俄国日后争夺欧洲霸权也是十分有利的。正如恩格斯在后来所描述的:"波兰的一块土地是女皇抛给普鲁士的一根骨头,使它在整整的一百年间驯顺地被拴在俄国的锁链上",普鲁士和奥地利"由于参加掠夺波兰而把自己完全置于俄国沙皇政府的控制之下"①。

瓜分波兰的初步协议首先由俄国与普鲁士于1772年1月达成,并邀请奥地利参加,后经过激烈的讨价还价,俄、普、奥三国于同年8月5日在彼得堡签订了第一次瓜分波兰条约。依约,俄国占领了德维纳河及第聂伯河以东之利沃尼亚和白俄罗斯,面积约92 000平方公里;普鲁士夺取了除但泽以外的西普鲁士,以及除托伦以外的大波兰北部地区,面积约36 000平方公里;奥地利获得了大部分加里西亚,以及除克拉科夫以外的小波兰南部地区,面积约83 000平方公里。② 1773年9月18日,波兰分别同俄、普、奥三国在华沙签订了第一次划分边界条约。同年9月30日,俄国以武力迫使波兰国会批准了划分边界条约。

---

① 恩格斯:《俄国沙皇政府的对外政策》,《马克思恩格斯全集》第22卷,第25—26页。
② 波兰科学院历史研究所:《波兰史》。转引自北京大学历史系:《沙皇俄国侵略扩张史》上,人民出版社1980年版,第133—134页。

俄、普、奥三国对波兰的第一次瓜分如此轻易地得手,它们必然会从中受到鼓舞,并要继之以第二次、第三次的瓜分,直至波兰灭亡为止。

俄普第二次瓜分波兰

波兰在 1772 年第一次被瓜分后,在政治上进一步受控于俄国沙皇政府,波兰广大民众深受失地丧权之苦。为了挽救国家的主权与独立,以著名的改革家科瓦泰为首的一部分中小贵族和爱国人士,发动了反对卖国的大贵族及俄国侵略者的国家复兴运动。

波兰国家复兴运动的兴起,自然引起俄普奥三国的不安。但当时发生的一些事件,削弱了俄普奥三国对波兰事务的注意。1777 年 12 月,巴伐利亚选帝侯马克西米连三世去世后,普奥两国为了争夺巴伐利亚的领土,于 1778 年 7 月爆发了战争,至 1779 年 5 月才结束;1787 年 8 月,俄国与土耳其的战事再起。而且,瑞典为了夺回在北方战争中的失地,也乘机于 1788 年 7 月向俄国宣战。

正是在这种有利的形势下,波兰的爱国力量在 1789 年爆发的法国大革命的鼓舞和推动下,再次在国内开展了以维护国家主权和民族独立为主要内容的革新运动。在 1788—1792 年,波兰召开了"四年国会",通过了一系列增强国力和维护主权的法案。其中最重要的是 1791 年 5 月 3 日通过的、由科瓦泰起草的新宪法(通称"五三宪法")。它废除了"自由否决权"与"自由选王制",实行多数通过的表决制和王位继承制,并规定国家的行政权属于国王以及由国王任命的内阁会议。这部宪法实现了波兰国家制度的根本改革,并废除了俄国对波兰的所谓"保证"。如果"波兰的旧秩序由此而被消除;经过几十年平稳的、没有外来破坏的发展,波兰就会成为莱茵河东岸最先进最强大的国家。但是,瓜分波兰的列强是不喜欢波兰重新站起来的。"①

叶卡捷琳娜二世非常仇视波兰的"五三宪法",她在 1792 年结束了对土耳其的战争后,便决定惩治波兰。在俄国的唆使和支持下,波兰的一部分大贵族于 1792 年 4 月成立了塔尔哥维查同盟,宣称要为废除"五三宪法"而斗争到底,并"请求"俄国派兵相助。于是,叶卡捷琳娜二世于同年 5 月将 10 万俄军开进波兰。不久,急于夺取但泽和托伦的普鲁士也派兵入侵西部波兰。波兰军民虽然进行了顽强的抵抗,终因力量悬殊,连遭失败,国王斯坦尼斯瓦夫二世下令停止作战。结果,"五三宪法"被取消,波兰的改革事业再次遭到破坏。

---

① 恩格斯:《流亡者文献》,《马克思恩格斯全集》第 18 卷,第 573 页。

普鲁士在配合俄国镇压了波兰的改革运动后,遂要挟俄国共同瓜分波兰,否则便不再参加反法战争。为了共同镇压法国资产阶级革命,俄国只得同意普鲁士的要求。

1793年1月23日,俄普两国在奥地利疲于应付法国围攻之际,在彼得堡签订了第二次瓜分波兰条约。根据这次瓜分,俄国夺取了立陶宛、白俄罗斯的主要剩余地区,以及大部分乌克兰(包括波多利亚与部分利沃尼亚),面积共约250 000平方公里;普鲁士除得到渴望已久的托伦和但泽外,还获得了剩余的大波兰和部分马佐夫舍地区,面积约58 000平方公里。①

同年8月17日,波兰国会再次在俄国刺刀的威逼下,被迫接受了第二次的瓜分。10月14日,俄国强迫波兰签订俄波条约,波兰承认俄国夺得的波兰领土及其臣民永为俄国所有;俄国可在华沙及波兰各地驻军,波兰军队人数的最高限额为15 000人;未经沙皇同意,波兰国王不得同它国宣战或媾和。此时的波兰,完全沦为俄国沙皇政府的附庸,其最后灭亡的时刻已为时不久。

俄普奥第三次瓜分波兰

波兰的再次被瓜分,进一步激起了波兰民众对以俄国为首的外国侵略者的仇恨。1794年3月,在克拉科夫爆发了由波兰将军、曾经参加过美国独立战争的柯斯丘什科领导的反俄大起义,誓为维护国家的独立与恢复1772年国界而斗争。起义迅速蔓延到全国各地,并解放了华沙等一些城市。但是,波兰军民的反俄爱国起义终于在11月被俄普奥三国的"联合行动"镇压下去。

俄普奥三国在镇压波兰起义的过程中,已经开始谈判最后瓜分波兰的具体方案。普鲁士和奥地利都想得到克拉科夫,双方争执不下。俄国为了让奥地利充当它的反土盟友,同时防止普鲁士的实力增长过快,故支持奥地利占有克拉科夫,并于1795年1月3日同奥地利签订了最后瓜分波兰的协定。普鲁士于一气之下,退出了第一次反法联盟。普鲁士停止对法作战后,招致俄、英两国的强烈不满,英国并中断了对普鲁士的财政援助。倍感孤立的普鲁士,只得接受俄奥的瓜分波兰协定,俄普奥三国遂于1795年10月24日在彼得堡缔结了第三次瓜分波兰条约。在这次瓜分中,俄国夺取了库尔兰、涅曼河以东的全部立陶宛以及剩余的利沃尼亚和乌克兰地区,面积共约120 000平方公里;奥地利攫取了包括克拉科夫及卢布林在内的小波兰的剩余地区,面积约47 000平方公里;普

---

① 波兰科学院历史研究所:《波兰史》。转引自北京大学历史系:《沙皇俄国侵略扩张史》上,第140页。

鲁士吞并了包括华沙在内的马佐夫舍剩余部分以及涅曼河以西的立陶宛,面积约 48 000 平方公里。①

经过上述三次瓜分,波兰灭亡了。在这三次瓜分中,俄国共夺得 462 000 平方公里的土地,约为原波兰领土的 62%;普鲁士获得 142 000 平方公里土地,约占原波兰领土的 20%;奥地利获得 130 000 平方公里土地,约占原波兰领土的 18%。从此,俄国的西部边界开始与普鲁士及奥地利接壤,它不再是"欧洲以外的大国",而在地理上成为欧洲国家中一个重要的大国成员。

第三节 "东方问题"与俄土战争

"东方问题"的出现

"东方问题"是近代国际关系史中长期存在的一个极为复杂的问题,马克思曾指出:"每当革命风暴暂时平息的时候,一定要出现同一个问题——这就是一直存在着的'东方问题'。"②所谓"东方问题",按照马克思和恩格斯的最简要说法,就是"对土耳其怎么办?"③的问题。

这一问题的提出,是由于奥斯曼帝国的衰落,欧洲各列强纷纷欲乘机夺取其领土。因此,奥斯曼帝国内部的任何政治变动,都要引起欧洲大国的极度关注,甚至在它们之间形成紧张局势。所以,在相当长的时期内,"对土耳其怎么办?"的问题一直是欧洲外交的重要主题之一。

奥斯曼帝国(又称奥托曼帝国或土耳其帝国),是奥斯曼一世于 13 世纪建立的军事封建帝国。后来,经过不断向外扩张,至 16 世纪前半期苏莱曼一世在位时,帝国达到鼎盛时期,其疆域跨越欧、亚、非三洲大陆,如欧洲的巴尔干半岛、黑海及亚速海之北岸地区(包括克里米亚);亚洲的小亚细亚、格鲁吉亚、伊拉克、叙利亚;非洲的突尼斯、埃及、的黎波里塔尼亚与昔兰尼加等都在奥斯曼帝国的版图之内。由于苏莱曼一世以后的统治者多沉溺于后宫,极少亲政,致

---

① 《波兰历史小辞典》。转引自北京大学历史系:《沙皇俄国侵略扩张史》上,第 146 页。
② 马克思、恩格斯:《不列颠政局。——流亡者。——土耳其》,《马克思恩格斯全集》第 9 卷,人民出版社 1961 年版,第 5 页。
③ 同上书,第 6 页。

使大权旁落。结果,导致国内贪污盛行,财政每况愈下,民族起义迭起,对外战争接连失利,帝国由盛转衰。这时,以俄国为首的诸列强都欲乘机瓜分奥斯曼帝国的遗产,因而形成了"对土耳其怎么办?"的东方问题。

通过北方战争,彼得一世为俄国夺得了北方的波罗的海出海口。然而,他不得不将西进与南下的任务留给了他的后代。但是,彼得一世以后的六位沙皇多因忙于宫廷内的斗争,在向外扩张方面都建树甚微,直至叶卡捷琳娜二世即位后,俄国才又加快了侵略扩张的步伐。

1768—1774 年的俄土战争

1762 年 7 月,叶卡捷琳娜通过发动宫廷政变,踏着她丈夫彼得三世的尸体登上了沙皇的宝座。此后,她决心继承彼得一世的遗志,一定要完成西进兼并波兰和南下夺取黑海两海峡的大业。在这两个方面,这位女皇特别重视后者。"沙皇的这样大的一个帝国只有一个港口作为出海口,而且这个港口又是位于半年不能通航,半年容易遭到英国人进攻的海上,这种情况使沙皇感到不满和恼火,因此,他极力想实现他的先人的计划——开辟一条通向地中海的出路"①。而且,俄国经过彼得一世的改革后,经济有了较大的发展,对外贸易增长迅速,尤其是俄国南方的粮食以及木材等出口商品逐年增加,因而迫切需要南方的水域。

此外,黑海的博斯普鲁斯和达达尼尔这两个极其狭窄的海峡易守难攻。俄国如果占领了它,"只要在适当的地方构筑若干设备完善的堡垒","就可以筑成一道攻不破的屏障,就是全世界的联合舰队来犯也休想通过海峡"②。更为重要的是,俄国一旦占领了君士坦丁堡,便成为它"确立对欧洲的统治的决定性的一步"③。那时候,俄国的"力量几乎会增加一倍,它就会比其他欧洲国家加在一起还要强大"④。所以,叶卡捷琳娜二世登基伊始,便大力推行黑海巴尔干政策,以图在君士坦丁堡的废墟上,建立起"沙皇格勒",并进而完成对西欧的包抄。

"1762 年,当大淫妇叶卡捷琳娜二世在丈夫被杀后登上王位的时候,国际形势从来不曾这样有利于沙皇政府推行其侵略计划。"⑤于 1763 年结束的七年战

---

① 马克思:《战争问题。——议会动态。——印度》,《马克思恩格斯全集》第 9 卷,第 240—241 页。
② 恩格斯:《在土耳其的真正争论点》,《马克思恩格斯全集》第 9 卷,第 17 页。
③ 恩格斯:《俄国沙皇政府的对外政策》,《马克思恩格斯全集》第 22 卷,第 20 页。
④ 恩格斯:《在土耳其的真正争论点》,《马克思恩格斯全集》第 9 卷,第 18 页。
⑤ 恩格斯:《俄国沙皇政府的对外政策》,《马克思恩格斯全集》第 22 卷,第 25 页。

争,使交战双方都受到极大的削弱。英、普、法、奥等国一时尚无力干预黑海巴尔干事务。而且,当时欧洲多数大国对土耳其的政策也十分有利于俄国向黑海巴尔干的扩张。

奥地利与土耳其为争夺匈牙利和巴尔干半岛北部地区,曾多次发生战争,两国间的矛盾一直未能得到缓解。奥地利虽然十分担心俄国南下黑海巴尔干将威胁到自己的利益,并对俄国的每一步扩张都保持高度警惕,但在反对土耳其这一点上,俄奥两国是可以相互利用的。叶卡捷琳娜二世以一块波兰领土和瓜分巴尔干为诱饵,终于将奥地利变成自己的反土耳其工具。

英国在七年战争后,登上世界头号殖民强国的宝座,它几乎在世界各地都有着巨大的经济利益。自从英国确立了对印度的独占统治后,为了确保英国通往印度的贸易航道的畅通,英国特别关心黑海海峡地区的安全与稳定。英国不会同意其他任何一个大国在这一地区占有优势,俄国自然也不例外。然而,由于以下两方面的原因,英国对于俄国向黑海巴尔干的扩张行动又采取了默许的态度:在政治上,俄国进入巴尔干后将成为一种均衡力量,可用来抑制法国在土耳其的危险优势;在经济上,英俄两国有着传统的贸易关系。俄国既是英国建造海军舰只的原材料(木材)供应国,又是英国商品及其殖民地产品的重要进口国。所以,于七年战争开始时担任首相的威廉·皮特(老)出于英法对抗的考虑,一贯倡导英俄友好。

法国是当时唯一反对俄国推行南下政策的国家。因为早在16世纪30年代,法国为了同神圣罗马帝国作战,就与土耳其于1535年缔结了第一个同盟条约。在这个条约中,土耳其单方面将贸易特权给予了法国,法国商船可自由航行至土耳其帝国的任何一个港口;法国商人在缴纳5%的关税后,就可在土耳其帝国境内自由进行贸易。此后,法土两国多次签订新的贸易条约,双方保持着极为密切的经贸关系。在土耳其的进出口贸易中,法国一直占居首位。为了维护自己的商业利益,法国绝不允许任何国家染指土耳其帝国。所以当俄国南下入侵土耳其时,法国必将援土抗俄。法国的这一态度固然于俄国不利,但是,在七年战争中法国新败不久,其实力远未复原,因此,它对俄国一时难以构成严重威胁。

普鲁士因远离巴尔干,当时在那里尚无直接利益。然而,普鲁士非常感激彼得三世在七年战争中的解救之恩。而且,普鲁士在七年战争后财政发生困难,在欧洲大陆上也较为孤立,因此乐于保持同俄国的友好关系。

叶卡捷琳娜二世上台后,她预计到自己推行吞并波兰和入侵土耳其的政策,必将遭到法国和奥地利的反对。为了利用普鲁士作为反对法奥两国的力量,叶卡捷琳娜二世于1764年4月11日同普鲁士在彼得堡签订了为期八年的同盟条约。条约规定:俄普两国相互保障其欧洲领地的安全,如缔约国一方受到它国攻击时,另一方应提供12 000人的军队予以援助;非经双方同意不得单独缔结和约。条约的秘密条款还规定:当土耳其进攻俄国或普鲁士的西部领土时,应提供援军的一方因战场遥远,可代之以每年提供40万卢布补助金;双方对瑞典采取一致政策;双方将使用包括武力在内的一切手段,防止对波兰的国家制度实行任何改革,普鲁士将同意俄国提出的波兰国王候选人。

俄普《彼得堡同盟条约》的缔结,是俄国外交的一次胜利,它巩固了俄国在波兰的地位。条约签订后不久,叶卡捷琳娜二世便将她的代理人波尼亚托夫斯基强行扶上波兰的王位。叶卡捷琳娜女皇认为波兰已经落入自己的手中,于是,便迫不及待地要对土耳其采取行动。"俄国对土耳其人的战争总是在俄国西部边界太平无事,而欧洲在别处忙于其他事务的时候进行的。"①

叶卡捷琳娜二世早就要以武力为俄国打开南下的通路,但她一直在等待着有利的时机。1768年6月,俄国军队在追捕波兰爱国者的名义下,越界进入土耳其境内,并放火抢劫了巴尔塔城。俄国此举,是意在挑动土耳其首启战端。事件发生后,土耳其向俄国提出严重抗议。在俄国拒绝其抗议后,土耳其遂在法国的支持下于10月6日向俄国宣战,俄土战争由此爆发。

战争开始后,俄国向土耳其的多瑙河、克里木(即克里米亚)及高加索三处领地发动强大的攻势。在多瑙河方向,俄军渡过德涅斯特河后前进顺利,至1771年末,相继占领了多瑙河两公国:摩尔多瓦和瓦拉几亚。与此同时,俄军在黑海北岸再次夺取了亚速夫后,还攻占了克里木半岛。在高加索方面,俄军攻入了格鲁吉亚。此外,一支俄国舰队自波罗的海经直布罗陀海峡进入地中海,参加对土耳其的作战,并夺取了土耳其在爱琴海中的一些岛屿。

俄军在各个战场上的顺利推进,引起了奥地利与普鲁士的警觉与不安,为了防止俄国侵犯自己的利益,两国的君主约瑟夫二世与腓特烈二世在1769年和1770年两次会晤后,向叶卡捷琳娜二世提出由普奥两国出面调解俄土战争的建议,遭到女皇的拒绝。此后,为了鼓励土耳其继续同俄国作战,奥地利于1771年7月6日同土耳其在君士坦丁堡签订了秘密条约,约定如果俄国越过多瑙河,奥地利将出兵援助土耳其对俄作战。普鲁士对奥土间的谈判有所觉察,

---

① 恩格斯:《俄国沙皇政府的对外政策》,《马克思恩格斯全集》第22卷,第27页。

它担心俄奥间爆发战争后,自己将被卷入,故极力倡导瓜分波兰的计划。为了避免陷于孤立,叶卡捷琳娜二世接受了普鲁士的建议,并于1772年7月实现了三国对波兰的第一次瓜分。此后,奥地利遂以土耳其"作战不力"为由,拒绝履行对土耳其的援助义务。

叶卡捷琳娜女皇在排除了普奥两国的干扰后,本欲乘胜继续南下,但俄国国内在1773年9月爆发了普加乔夫领导的大规模农民起义,直接威胁到沙皇政府的统治。为了集中兵力镇压国内的农民起义,叶卡捷琳娜只得暂停对土耳其的战争。土耳其因在各个战场上皆失利,早就希望议和。因此,俄土两国经过多次的谈判,于1774年7月21日在保加利亚境内的库楚克·开纳吉村签订了和约,从而结束了自1768年开始的俄土战争。

《库楚克·开纳吉条约》规定:缔约双方承认克里米亚和毗邻的鞑靼人地区"为自由的、独立于一切外国的民族";亚速、刻赤、叶尼卡列,以及第聂伯河(连同位于该河河口之金布尔恩)与布格河之间的土地应永远无可争议地完全处于俄国的管辖之下;黑海及黑海两海峡对俄国商船开放,土耳其在贸易、关税、领事裁判权等方面给予俄国与英法两国同样的特权;土耳其政府同意俄国宫廷的公使有权代表多瑙河两公国的利益发言(即俄国对两公国行使保护权);土耳其政府给予俄国在君士坦丁堡建立教堂的权利,并允许俄国宫廷的公使在一切场合代表该教堂人员从事的事业,土耳其政府允诺永久保护基督教及其教堂。在条约的秘密附件中还规定土耳其应向俄国支付战争赔款400万卢布。

《库楚克·开纳吉条约》是俄国的一大胜利,它使俄国得到了为之奋斗了半个世纪的南方出海口,从而实现了彼得一世的遗愿,并为向巴尔干扩张奠定了基础。土耳其帝国遭受这一次失败后,其经济、军事实力进一步衰落,屈辱的和约又激起了境内的反政府起义,土耳其帝国的经济政治危机更趋严重,并日益成为列强奴役和肢解的对象。《库楚克·开纳吉条约》虽然使俄国来到了黑海北岸,但是,克里米亚半岛尚未划入俄国的版图,而且,叶卡捷琳娜的目标是瓦解土耳其,"直到这个帝国的心脏——君士坦丁堡——停止跳动为止"[①]。因此,俄国女皇是不会就此止步的,她需要的是对土耳其的再次征服。

1787—1792年的俄土战争

为了对土耳其进行新的作战,并防止奥地利再次从中作梗,叶卡捷琳娜二

---

① 马克思:《战争问题。——议会动态。——印度》,《马克思恩格斯全集》第9卷,第241页。

世认为,这一回必须将它紧紧控制在自己的手中。1780年,叶卡捷琳娜二世同也想向巴尔干扩张的奥皇约瑟夫二世会晤于第聂伯河东岸的莫吉廖夫,两位皇帝商谈了有关对土作战的问题。1781年,双方以交换信件的方式缔结了为期8年的俄奥同盟条约。条约规定:缔约一方如遭他国攻击时,另一方应以12 000人的军队予以援助;如瑞典进攻俄国,因战场遥远,奥地利可不派遣军队而代之以每年提供40万卢布补助金;双方保障波兰的现行政治制度;如土耳其进攻俄国,奥地利应以与俄国同等数量的军队参加对土作战。俄奥同盟条约保证了奥地利在未来的俄土战争中采取与俄国一致的行动,它表明奥地利因参加瓜分波兰已将自己置于俄国的控制之下。

为了尽可能地减少对土作战的阻力,叶卡捷琳娜还设法改善同法国的关系。由于俄奥同盟的缔结以及法国欲加强与英国的对抗,使叶卡捷琳娜的这种努力得以成功。1787年1月9日,俄法两国签订了为期12年的《俄法友好贸易和航海条约》。双方同意在贸易和航运方面彼此提供充分的援助和劳务;两国相互享受最惠国待遇;双方承诺相互为两国国民提供完全的贸易自由;俄国政府给法国商人以俄国国民享有的特惠(凡运到黑海各港口的法国商品一律降税25%),法国政府也对某些俄国商品降税20%,并使俄国国民在地中海港口与法国人平等纳税。

在外交上的各项准备工作完成后,俄国于1783年4月撕毁《库楚克·开纳吉条约》有关克里木独立的条款,擅自宣布克里木半岛、塔曼半岛和直至库班河的地方均归属于俄国。第二年,又在克里木半岛南端建立起塞瓦斯托波尔海军基地。1787年,俄国又要求土耳其同意其对多瑙河两公国的统治权和直接占有摩尔多瓦之比萨拉比亚地区。土耳其因无法忍受俄国的一系列挑衅行径,遂在英国的支持下于1787年8月向俄国宣战,俄土战争再次爆发。奥地利根据俄奥同盟条约也于1788年2月参加对土作战。

战争开始后,俄军在苏沃洛夫将军的率领下在第聂伯河河口地区迎战土耳其军队,至1790年底,俄军虽遭受了巨大的兵员损失,但相继攻占了位于布格河河口的奥恰科夫要塞和多瑙河河口的伊兹梅尔。在陆战的同时,一支由乌沙科夫上将领导的俄国黑海舰队多次在黑海水域打败土耳其舰队。奥地利于1789年相继夺取了贝尔格莱德和塞门德里亚(位于贝尔格莱德以东)后,并入侵了波斯尼亚。

俄国在陆海两个战场上取得的胜利,引起了英国的极大关注。自从威廉·皮特(小)于1783年担任英国首相后,他改变了其前任对俄国的政策。他

认为土耳其帝国的瓦解必将损害英国在近东的利益,因此不能对俄国向巴尔干的扩张听之任之。他的做法是:

首先,瑞典一直想要夺回自己在北方战争中失去的土地,皮特便怂恿瑞典利用俄土战争的有利时机,于1788年7月向俄国宣战,借以分散俄国的兵力。

其次,皮特力促奥地利退出对土战争。1789年,奥属尼德兰(比利时)在法国大革命的影响下也爆发了反奥革命,使与俄国一道对土作战的奥地利陷入困境。于1788年同英荷结成同盟的普鲁士想以同盟为后盾,乘机要求奥地利将加里西亚归还给波兰,以利于普鲁士取得波兰的但泽和托伦,由此导致普奥间的关系趋于紧张。英国遂出面调解,并迫使普鲁士同意在奥地利退出俄土战争的条件下放弃原来的要求。结果,普奥双方于1790年7月签订了莱亨巴赫协定,从而协调了彼此间的矛盾,奥地利则于1791年8月缔结西斯托夫和约退出了对土耳其的战争。英国此举的目的不仅在于破坏俄国对土耳其的战争,同时也是为了普奥联合共同镇压法国革命。

最后,皮特于1790年11月要求叶卡捷琳娜退出奥恰科夫,并在恢复战前原状的基础上实现与土耳其的和平。在遭到女皇的拒绝后,皮特于次年3月说服内阁,准备向俄国发出最后通牒,并即将派出战舰对俄作战,由此形成第一次东方危机。

但是,皮特的正确的对俄政策在英国国会两院内遭到以福克斯为代表的一部分人的反对。福克斯认为俄国是英国的"天然同盟者",并应将它看作是"对于波旁王朝的平衡力量"。他断言,"反对俄国在黑海的进程,是完全愚蠢的","俄国进入地中海将不会损害英国的利益"。① 这部分人是那些同俄国保持着密切贸易关系的英国工商业界的代表,他们担心英俄对抗将破坏他们利益。结果,在英国上下两院的表决中,皮特的对俄政策分别以97对34票和228对135票被否决。②

皮特的对俄强硬政策虽然被国会否决,但鉴于奥地利已单独同土耳其缔结了和约,而且俄国此刻也正面临着镇压波兰起义以及法国大革命的威胁,所以不便继续对土耳其作战。后经谈判,俄土两国于1792年1月9日在摩尔多瓦首府雅西签订了和约,从而结束了为期四年有余的战争。

《雅西和约》规定:双方再次确认于1774年签订的《库楚克·开纳吉条约》;土耳其承认被俄国于1783年吞并的克里米亚和库班永远为俄国所有;土耳其

---

① 〔英〕马里奥特:《东方问题》,牛津大学出版社1958年版,第162页。
② 同上。

将其位于布格河与德涅斯特河之间的黑海北岸领土(包括奥恰科夫)割让给俄国;俄国将它在战争中占领的比萨拉比亚和摩尔多瓦归还给土耳其,土耳其则承诺"郑重、严格地"遵守《库楚克·开纳吉条约》中有关摩尔多瓦的一切条款;土耳其放弃对格鲁吉亚的要求,并承诺不对格鲁吉亚采取任何敌对行动;土耳其保证俄国在阿尔及尔、突尼斯和的黎波里的商业利益,并负责赔偿俄国商人可能因海盗而遭受的一切损失。

瑞典于1788年7月向俄国宣战后,在战场上作战并不顺利。后鉴于俄土战争行将结束,古斯塔夫三世感到更加难以取胜,遂放弃一切要求,于1790年8月14日同俄国缔结了《维雷拉和约》,再次确认了《尼斯塔德和约》的一切条款,在维持战前原状的基础上,结束了两国间的战争。

《雅西和约》虽然距叶卡捷琳娜女皇发动这次俄土战争的目标尚相去甚远,但是,俄国毕竟夺得了从东起库班河西至德涅斯特河之间的整个黑海北岸领土。它既扩大了俄国在南方的出海口,保证了俄国黑海霸权的建立,又为俄国打进巴尔干奠定了基础。对此,叶卡捷琳娜二世十分得意地说:"我初到俄国的时候是一个穷姑娘,是俄国使我变得富有,但是,我已经用亚速、克里米亚以及乌克兰回报了她。"①

在18世纪内,俄国通过掠夺瑞典、波兰和土耳其等邻国,在欧洲取得了快速的发展。俄国不仅拥有了波罗的海沿岸的领土并在那里建立起新都,还通过两次俄土战争得到了黑海的一些港口。经过对波兰的瓜分,俄国将自己的边界向西扩展到欧洲大陆中心,且又将普奥两国牢牢地控制在自己的手中,这就为它日后夺取欧洲霸权奠定了基础。难怪叶卡捷琳娜二世曾口出狂言:"要是我能够活上两百岁,整个欧洲必将置于俄国统治之下。"②

---

① 〔英〕马里奥特:《东方问题》,第164页。
② 弗罗伦斯基:《俄国——历史与解释》。转引自北京大学历史系:《沙皇俄国侵略扩张史》上,第100页。

第三章　法国资产阶级革命和拿破仑战争时期的欧洲国际关系

第一节　法国资产阶级革命与列强的干涉

法国资产阶级革命与奥普《皮尔尼茨宣言》

18世纪的欧洲,除荷兰和英国已经完成了资产阶级革命外,其他各国都尚处于封建君主的专制统治之下。但是,资本主义生产方式在欧洲各国中都已有了不同程度的萌芽和发展。为了适应新兴贵族和商人发展经济的需要,欧洲大陆上一些国家的君主,都曾经实行过某种程度的改革,他们中的一些人并因此获得了"开明的专制君主"的称号。当然,这些改革都不可能触动封建制度的根基,资本主义依然无法获得真正的发展。所以,在这些国家内部,新兴的资本主义与顽固的封建主义这两大势力正在进行着激烈的较量。

在这个世纪内,发生于欧洲大陆上的几次战争曾将欧洲的主要国家都卷了进去。它们参加战争的目的固然各有不同,但是,英法这两个大国却是为同一个目标所驱使,多次投身于战争,这就是夺取欧洲霸权和殖民地的统治权。经过多次的较量,法国都失败了。尤其是法国在七年战争中的失败,使其国内的各种矛盾空前激化。法王路易十六于1774年即位之时,法国债台高筑,财政濒临破产,工商业危机、农业危机频频发生。与此同时,由于卢梭、孟德斯鸠、伏尔泰等启蒙思想家大力宣传"主权在民"、"三权分立"、"人道主义"以及"理性主义"等主张,极大地提高了法国广大民众的反封建意识。这样,一场反对封建波旁王朝的资产阶级革命终于在1789年7月14日爆发了。

法国革命是世界上第一次大规模的资产阶级革命,"这也是第一次真正把斗争进行到底,直到交战的一方即贵族被消灭而另一方即资产阶级获得完全胜利"的革命。[1] 它为资本主义在法国的发展扫清了道路,同时也推动了整个欧洲

---

[1]　恩格斯:《〈社会主义从空想到科学的发展〉英文版导言》,《马克思恩格斯全集》第22卷,第352—353页。

和拉丁美洲的革命运动。但是,这样一场革命,自然要招致欧洲各国君主、贵族和僧侣们的仇视与反对。所以,封建的欧洲同资产阶级革命后的法国之争,在以后相当长的时期之内,成为欧洲国际关系的主要内容。

俄国、奥地利、西班牙、两西西里王国是特别仇视法国革命的国家。因为西班牙和两西西里王国同属波旁王朝,与法国王室有家族关系,路易十六政权的倒台自然会引发这两国君主的兔死狐悲之情。奥地利虽然不属于波旁王朝,但是法国王后即路易十六的妻子却是哈布斯堡王室的公主、奥皇利奥波德二世的妹妹。因此,对于法国王室的遭遇,奥地利不可能漠不关心。而且,在法国革命的影响下,奥属尼德兰(比利时)也于1789年秋爆发了反对奥地利统治的革命。所以,为了自身领地的安全,奥地利也同法国革命势不两立。

曾以标榜改革而自得的俄国女皇叶卡捷琳娜二世,面对法国的革命更是凶相毕露,她扬言与它不共戴天。

英国和普鲁士对法国革命最初是采取了"幸灾乐祸"的态度。它们认为经过革命的打击,法国必将从此一蹶不振。但是,在法国国民议会于1789年8月26日发表了《人权宣言》后,英普两国才觉察到法国革命对它们的真正威胁,因而也采取了坚决的反对态度。

欧洲各大国虽然对法国革命都恨之入骨,但由于当时它们中的多数正忙于在东欧和巴尔干的争夺,因此,一时尚未能组织起对法国的联合干涉行动。

法国革命爆发之际,俄国正在进行俄土战争(1787—1792)和俄国瑞典战争(1788—1790),同时还在忙于镇压波兰的反俄爱国起义,因而无力再对法国采取行动。于是,叶卡捷琳娜女皇采取了一项"一箭双雕"的对策,即竭尽全力怂恿普奥两国迅速出兵干涉法国革命。这样,既可达到镇压法国革命的目的,又使普奥无暇过问波兰事务,俄国也就可以独自任意处置波兰。1790年8月14日,俄瑞两国签订《维雷拉和约》,从而结束了为期两年的俄瑞战争。1792年1月,俄土缔结《雅西和约》,俄国又取得对土作战的胜利。一年后,俄国完成了对波兰的第二次瓜分。这时,俄国才有可能考虑对法国革命的直接干涉,俄国在这一年(1793)的秋季派兵参加了第一次反法联盟。

法国爆发革命后,法国王后玛丽·安托瓦内特立即要求她的哥哥、奥皇利奥波德二世派军帮助法国恢复秩序。当时,奥地利正同俄国结盟对土耳其作战,未能立即分兵。待奥属尼德兰也爆发革命后,利奥波德二世便决定移兵尼德兰。他认为同对土耳其作战相比,保护好自己的领地安全,更应放在首位。

此时的普鲁士,虽然也已确定了武装干涉法国革命的政策,但是,普王腓特烈·威廉二世决心趁奥地利处境困难以及俄国忙于对土作战之机,首先扩大自己在波兰的势力。普鲁士要求奥地利将其在第一次瓜分波兰中获得的加里西亚归还给波兰,以便普鲁士利用这种归还换取波兰的但泽和托伦。奥地利拒绝了普鲁士的要求,两国遂调兵遣将,大有开战之势。

英国从均势政策出发,既不支持普鲁士旨在加强其在欧洲大陆地位的计划,也反对俄奥联合对土作战。英国要拆散俄奥同盟以利于维护土耳其的现状,更重要的是,英国打算让普奥联合共同扑灭法国革命。于是,它决定调解普奥战争危机。在英国的压力下,普奥双方都做出了让步,于1790年7月27日签订了《莱亨巴赫协定》。奥地利承诺在维持战前原状的基础上实现与土耳其的和平;普鲁士放弃对奥地利的要求,并同意帮助奥地利恢复其对原奥属尼德兰的统治,英荷两国则对此给予保障。这样,英国便促成了奥普联合镇压奥属尼德兰的革命运动,并为建立反法联盟做好了准备。同年9月,奥地利停止对土作战。年底,奥地利在普鲁士的帮助下,镇压了尼德兰的反奥革命。

1791年2月,奥地利呼吁欧洲各国宫廷采取共同行动支持法王路易十六。同年8月25日,利奥波德二世与腓特烈·威廉二世会晤于萨克森的皮尔尼茨,并于27日签署了《皮尔尼茨宣言》,声称普、奥两国将为恢复路易十六的权力而采取共同行动,并为此目的而使自己的军队保持战备状态。

法国革命战争与奥普干涉的失败

《皮尔尼茨宣言》公布后,立即引起法国强烈愤慨,并要求普奥两国收回这一宣言。普奥不仅拒绝收回宣言,而且在1792年2月7日签订了反法军事同盟条约。不久,西班牙和撒丁王国相继加入。叶卡捷琳娜二世则力促普奥两国及早对法国开战,并许以波兰的领土来酬谢它们。

在普奥等国的战争威胁面前,代表法国大工商业资产阶级利益的吉伦特派,力主对外作战。他们的企图是:利用战争阻止民众提出进一步改革的要求,以维护大资产阶级的既得利益;削弱左派力量,以利于本派取得政权;乘机向外扩张,以夺取新市场。国王与王后也主张战争,不过,他们盼望法国在对外战争中失败,以便借助外国势力来恢复自己的权力。如果法国取得了胜利,他们也会被认为是爱国的,并因此而提高了自己的声望。当时,只有以罗伯斯庇尔为首的革命民主派反对立即对外作战。他们认为法国尚未完成作战的准备,当务之急是清洗贵族军官和肃清反革命,否则,将难以确保作战的胜利。

但是,外国武装干涉的危险激发了法国民众的爱国热忱,他们支持吉伦特派的主张。路易十六于1792年3月任命吉伦特派组阁。新内阁要求奥地利撤退其集结于边境的军队,并驱逐其境内的法国流亡者,遭拒绝。4月20日,法国向奥地利和普鲁士宣战,法国革命战争时期由此开始。

战争于4月28日开始后,法军虽然士气高昂,而且,普鲁士尚未完成作战准备,法军在数量上也超过了奥军,但由于法军的贵族军官叛变,国王与王后同奥地利内外勾结,秘密向敌方提供作战情报,致使法军接连败退。7月6日,普鲁士正式参战。不久,普奥联军便攻入法国境内。

法军在前线作战失利,进一步激起了法国民众的义愤,8月10日,巴黎爆发了由革命民主派领导的武装起义,并逮捕了国王和王后。这时,奥普联军正在法国境内向巴黎推进。9月初,联军攻占了凡尔登。在巴黎形势十分危急的情况下,巴黎人民武装立即开赴前线御敌。9月20日在巴黎以东的瓦尔密击溃了奥普联军,取得了开战以来的第一次胜利。此后,法国开始转入进攻。

同年9月21日,法国国民公会在巴黎开幕,并于次日宣布废除君主制,成立法兰西第一共和国。共和国的建立,极大地鼓舞了法国人民的斗志,法军于10月收复了凡尔登。不久,又将奥普联军赶出法国国土。接着,法军在"予宫廷以战争,予茅舍以和平"的口号下进入敌国境内作战,先后占领了美因兹、法兰克福及布鲁塞尔等城市。1793年1月21日,法王路易十六被送上断头台。

第一次反法联盟与热月党政变

法国革命军队在国外的顺利推进,特别是路易十六被处死,引起欧洲各国封建统治者极大的震惊与恐惧。为了尽早扑灭法国革命,英国于同年2月1日参加对法作战,并组成第一次反法联盟。其成员有英、奥、普、荷、西、撒丁、那不勒斯、俄国和德意志一些邦国。俄国虽然参加了联盟,但因忙于瓜分波兰(第二次),未直接参战,只派出部分海军舰只,与英国一道共同对法国实行封锁。同一天,法国也对英、荷等国宣战。

第一次反法联盟组成后,奥普联军对法军发动了猛烈的进攻,英国除以陆海军对法国作战外,还大力资助法国王党分子在国内进行破坏活动。在优势联盟军队的攻击下,法军开始败退,于1793年3月相继退出了德意志和比利时。与此同时,在法国的西部和南部都发生了由英国支持的王党叛乱,法国又陷入了危险之中。

为了拯救法国,革命民主派领导巴黎人民于同年5月31日和6月2日两次举行武装起义,推翻了吉伦特派内阁,建立起革命民主派(即雅各宾派)政权。

当时，法国正面临着极为严峻的形势，一方面反法联盟军队从东、南、北三个方向侵入法国，并占领了科西嘉岛和重要军港土伦，另一方面英国又以金钱和军火资助法国境内（如马赛、波尔多、里昂）的反革命活动。

在内忧外患非常严重的情况下，革命民主政权及时地解决了人民群众有关保证粮食供应和限制物价等最迫切的要求，并改编军队，清除贵族军官，革新战术和积极发展军事工业。结果，法军在10月间两度战胜奥军，至11月，先后平定了国内各地的叛乱。12月19日，法军在炮兵少校拿破仑的指挥下从英军手中收复了土伦。为此，他于12月22日被晋升为准将，年仅24岁。至1793年底，法军已基本上肃清了境内的敌军，战争又转移至敌国的领土上。

鉴于外国武装入侵已被制止，国内的王党叛乱也被平定，封建王朝复辟已不可能，早已厌恶革命民主派的新兴大资产阶级于1794年7月27日（热月9日）发动政变，推翻了革命民主派政权，建立起热月党的统治。

热月党政权建立后，它们利用革命的人民武装继续进攻反法联军，并不断取得新的胜利。此刻，正值俄奥普三国忙于对波兰的第三次瓜分，由于俄国不支持普鲁士占有克拉科夫，普鲁士遂在一气之下退出了反法联盟，于1795年4月5日同法国签订了《巴塞尔和约》，普鲁士承认莱茵河左岸地区为法国所有，两国以莱茵河为"天然国界"。同年5月，荷兰也同法国签订《海牙和约》，荷兰承诺参加对英国作战，并被改国名为巴达维亚共和国。7月22日，西班牙同法国在巴塞尔缔结和约后，退出反法联盟，西班牙将其在圣多明各岛之西属殖民地割让给法国。至此，反法联盟成员只剩下奥地利、英国和撒丁王国，第一次反法联盟已濒临瓦解。

第二节　法国督政府与执政府的对外战争与外交

拿破仑远征意大利，第一次反法联盟瓦解

1795年10月26日，法国成立了由五位督政组成的督政府。1796年初，为彻底打败反法联盟军，督政府决定从莱茵地区和北部意大利两个方向重点攻击奥地利。拿破仑被任命为意大利方面军总司令。

4月10日，拿破仑率领他的士兵越过阿尔卑斯山进入北部意大利作战，并迅速打败了撒丁军队。5月15日，撒丁王国同法国缔结了《巴黎和约》，撒丁王国退出反法联盟，并将萨伏依和尼斯割让给法国。此后，拿破仑又先后占领了

米兰、曼图亚等地。至 1797 年 2 月,整个北部意大利都落入法国的手中。拿破仑将他掠夺的价值数百万法郎的"银锭和珠宝"及几十幅"极好的画"日夜兼程地送回了巴黎。为了表彰这支意大利方面军的"显赫战功",立法团授予他们一面用金线绣成的军旗,上面绣着:他们"俘获了 15 万名俘虏,缴获了 170 面军旗,550 门攻城炮,600 门野战炮。他们打了 18 个胜仗;他们把米开朗琪罗、盖尔欣等杰出的作品送到了巴黎"。①

随后,拿破仑在北部意大利先后建立起三个共和国:他将波河流域地区、伦巴第、摩德纳及部分威尼斯地区合并成南阿尔卑斯(又称西萨尔平)共和国;在热那亚及其郊区建立起利古里亚共和国;在罗马教皇领土上成立了罗马共和国。此外,拿破仑还将瑞士改名为海尔维第共和国。

1797 年 3 月,拿破仑率军再次越过阿尔卑斯山进入奥地利本土作战,于 4 月攻占了距维也纳 100 多公里的莱欧本,迫使奥地利议和。同年 10 月 17 日,法奥在位于威尼西亚的坎波福米奥签订了和约,奥地利退出第一次反法联盟。《坎波福米奥和约》规定:奥地利将其奥属尼德兰割让给法国,并承认南阿尔卑斯共和国和利古里亚共和国;奥地利得到伊斯特里亚、达尔马提亚、威尼斯城和阿迪杰河左岸的领土,作为它失去伦巴第的补偿;法国获得亚得里亚海上的伊奥尼亚群岛。法奥缔结和约后,英国虽然仍在继续对法作战,但已是孤家寡人,由它组成的第一次反法联盟已彻底瓦解。

拿破仑远征埃及,第二次反法联盟组成

1797 年 12 月,拿破仑受召自意大利返回巴黎,受到了隆重的欢迎。为了最后打败英国,督政府曾命令拿破仑指挥集结在英吉利海峡的法军进攻英国。在经过对敦刻尔克和佛兰德海岸进行了短暂视察后,拿破仑认为,在法国尚未握有制海权的情况下,不宜直接进攻英国,遂建议督政府派兵远征埃及,再东攻印度。这样,既可恢复法国在印度的势力,又能迫使英国求和。督政府接受了这一建议,并命拿破仑率军出征。

1798 年 5 月 19 日,拿破仑率领新成立的"英吉利兵团"(约 3 万余人)乘军舰自土伦出发远征埃及。出发前,拿破仑佯称他将经直布罗陀进攻英国。舰队启程 14 天后,英国才得到消息,甚至皮特首相也相信拿破仑是想在爱尔兰登陆。于是,英国命令其地中海舰队在直布罗陀海峡附近进行拦截,同时又派纳

---

① 王养冲、陈崇武选编:《拿破仑书信文件集》,上海人民出版社 1986 年版,第 70 页。

尔逊指挥的舰队在地中海搜索法国舰队，由于风向不利，待纳尔逊到达土伦附近时，拿破仑的舰队离去已久。拿破仑在进军埃及的途中，首先于6月10日夺取了马耳他岛，然后迅速驶向埃及，于7月1日攻下了亚历山大。22日，又夺取了开罗。拿破仑对埃及的入侵，导致其宗主国土耳其9月9日向法国宣战。

自远征埃及以来，拿破仑取得了诸多的胜利。但是，在8月1日的尼罗河战役中，拿破仑的舰队在阿布基尔港被纳尔逊指挥的舰队摧毁。此后，为了打击土耳其，拿破仑又在1799年2月北上进攻叙利亚，但为土、英军队所阻，被迫于6月退回开罗。

拿破仑在尼罗河战役中的失败，极大地鼓舞了欧洲反法国家，英国于1798年底又组成了有俄国、奥地利、土耳其以及那不勒斯等国参加的第二次反法联盟。普鲁士因对俄国在第三次瓜分波兰中偏袒奥地利尚耿耿于怀，同时缺乏对法作战必胜的信心，故未参加。这次联盟的组成，导致了俄、土这两个长期敌对的国家于1799年1月3日缔结了为期八年的同盟条约，共同反对法兰西共和国。条约规定：土耳其同意俄国舰队可自黑海至地中海自由往返航行；俄国承诺将75 000人至80 000人的军队援助土耳其进行反法作战。

同年3月，占有优势的反法联军从意大利、瑞士、荷兰三个方面向法国发动进攻。至8月底，俄奥联军已将法军赶出了北部意大利，英军也攻入了荷兰。联军所到之处，原来的封建势力——复辟，拿破仑建立的那些共和国全被颠覆。反法联军又将打入法国境内。

法国对外战争的接连受挫，给国内带来重大影响。一方面，反法联军的一时获胜，使王党分子感到复辟有望，于是纷纷进行叛乱，以便里应外合，恢复旧王朝的统治；另一方面，再次面临被入侵的危险又使法国人民的爱国热情和革命民主运动重新高涨。面对这种外患内乱局面，督政府全然束手无策。

雾月政变与《吕内维尔和约》

拿破仑早在意大利作战取胜之后，就有夺取政权之心。当时，他认为时机尚不成熟，未采取行动。这时，拿破仑虽然远在埃及，却从当地的报纸登载的新闻中，了解到法国所面临的局势以及督政府统治的不稳。他认为夺取政权的良机已到，于是，便将军队交给他的副手指挥，他自己在1799年10月16日匆忙赶回了巴黎。不久，拿破仑便在大资产阶级的支持下于同年11月9日（雾月18日）发动政变，推翻了督政府，建立起以他为第一执政的执政府。

执政府建立后，拿破仑下决心要打破联盟国家对法国的围攻。为此，他决定对反法联盟国家采取武力打击与分化瓦解同时并举的方针。1799年12月25日,拿破仑同时写信给英王乔治三世及奥皇弗兰茨二世,提议立即停战媾和,均遭拒绝。拿破仑遂决定首先集中力量打击奥地利。

1800年春,拿破仑以两路法军分别由莱茵河及意大利两个方向夹攻奥地利,并亲赴意大利指挥作战。5月初,拿破仑率军进入北部意大利。6月2日,法军攻占了米兰,拿破仑立即在那里恢复了南阿尔卑斯共和国。6月14日,法军在都灵东南的马伦戈战役中打败奥军。至此,拿破仑完全恢复了对整个北部意大利的控制。在莱茵河方面的法军,也于当年12月初在位于慕尼黑东南方的霍亨林登大败奥军,并向维也纳推进,奥地利再次被迫求和。1801年2月9日,奥地利同法国在吕内维尔缔结和约后退出反法联盟。根据《吕内维尔和约》,奥地利重申遵守《坎波福米奥和约》的一切条款;奥地利承认从属于法国的海尔维第共和国、巴达维亚共和国、利古里亚共和国及南阿尔卑斯共和国。

法俄和约与英法《亚眠和约》

拿破仑于1800年春进攻奥地利后,同时决定利用英、俄之间的矛盾,将俄国拉出反法同盟。在拿破仑占领马耳他之前,该岛原由耶路撒冷圣约翰骑士团驻守。当他们获悉法军将要夺取该岛时,曾想寻求俄国的保护。俄国沙皇保罗一世对此感到非常高兴,因为这将使俄国在地中海获得一处扩张基地。拿破仑于1798年6月夺取了马耳他使俄国的希望落空,保罗一世遂在取得土耳其的认可后,派遣乌沙科夫率黑海舰队经黑海海峡驶入地中海,夺取了法军驻守的伊奥尼亚群岛和科孚岛,并在伊奥尼亚群岛建立起隶属于俄国的"七岛共和国"。法军占领的马耳他岛则一直受到英国海军的围困。

拿破仑深知马耳他岛终难守住,便写信给保罗一世,提议愿将该岛交与俄国,让保罗一世以圣约翰骑士团大统领的身份代为照管。此外,拿破仑还命令将1799年战役中俘获的俄国士兵,一律穿戴整洁、武装齐备地遣送回国。拿破仑的这些做法,确实打动了保罗一世的心,于是双方开始了关于建立法俄联盟的谈判。

1800年9月,英国终于从法军手中夺取了马耳他岛。保罗一世立即宣布将停泊在俄国港口的所有英国船只及货物全部予以扣留。同年12月18日,俄国又同普鲁士、丹麦和瑞典缔结了第二次武装中立同盟条约,以与英国的海上霸权进行对抗。此外,保罗一世还向拿破仑建议,由法、俄两国共同出兵攻打印度,以求给英国以"致命的一击"。

但是，法俄联合进军印度的计划未能实现。保罗一世联法反英的政策使俄国输往英国的粮食和木材贸易中断，严重地损害了俄国大贵族地主的利益。而且，保罗一世与革命的法国为伍，也使俄国封建贵族深感不安。所以，一批贵族文武官员伙同保罗之子亚历山大，于1801年3月23日将保罗一世刺死。

保罗死后，由其子即位，称亚历山大一世。但他仍继续与法国的谈判，并于同年10月8日在巴黎同法国缔结了和约，双方承诺，彼此不得帮助或庇护对方的国内外敌人从事破坏活动，并根据以往存在的原则恢复两国间的贸易关系。此外，两国还签订了关于欧洲事务的秘密协定。双方约定尽可能不使德意志帝国发生重大的变革，并保持普鲁士与奥地利之间的均势；双方同意在解决意大利政治事务和教皇皇位时采取一致行动；法国承诺那不勒斯王室的领地不受侵犯；法国承认"七岛共和国"，俄国则从该地撤出自己的军队；两国承诺采取共同的行动，在世界各地"恢复均势"和确保"海上航行自由"。

在此之前，那不勒斯王国于同年3月与法国签订《佛罗伦萨和约》，退出反法联盟，那不勒斯王国将其军队撤出教皇国，并不允许英国和土耳其的船只进入它的港口。此外，土耳其军队在英国的支持下，于8月向驻守埃及的法军发动反攻，并取得胜利。10月9日，法国同土耳其缔结了和约，法国同意将埃及交还给土耳其。

在欧洲大陆各国相继同法国休战后，备感孤立的英国为了获取喘息时间，被迫于1802年3月27日同法国及其盟国（西班牙和巴达维亚共和国）缔结《亚眠和约》。和约主要规定：英国将其在战争中占领的属于法国及其盟国的殖民地归还给原主人，但锡兰和特立尼达岛除外；好望角的全部主权如同战前一样仍属于巴达维亚共和国，其他缔约国所属的各种船只有权在该地停泊，并购买其所需的供应品，且不必支付巴达维亚共和国船只应支付之外的任何其他税捐；英国应在本条约互换批准书后三个月内，撤退其在马耳他岛的驻军，并将该岛交给圣约翰骑士团；法国应从那不勒斯和教皇领地撤军；双方同意土耳其政府的领土、属地和权利应和战前一样保持完整；双方承认"七岛共和国"。

《亚眠和约》虽然结束了英国与法国的战争，却未能消除两国间的矛盾，它只给欧洲带来14个月的和平，这个时期一过，欧洲便又陷入新的战争之中。

第三节　拿破仑帝国的对外战争与外交

英法矛盾加剧，第三次反法联盟建立

　　拿破仑战胜第二次反法联盟，极大地提高了他在国内的声望。1802 年 8 月，法国元老院宣布任命拿破仑为终身第一执政。1804 年 5 月，又成立了法兰西帝国，拿破仑成为帝国的世袭皇帝，称拿破仑一世。与此同时，拿破仑还将他以前命名的共和国先后恢复为君主国。巴达维亚共和国易名为荷兰王国，南阿尔卑斯共和国改名意大利王国，并由他自己任国王。利古里亚共和国则同皮埃蒙特以及热那亚一起被划进了法兰西帝国的版图之内。此外，拿破仑又将德意志西北部的汉诺威、不伦瑞克、黑森等合并，建成威斯特伐利亚王国。

　　《亚眠和约》签订后，英法双方都不打算履行和约的规定。英国迟迟不从马耳他撤军，法国不仅不撤退其在那不勒斯和教皇领地的驻军，反而于 1802 年 8 月吞并了厄尔巴岛，9 月又兼并了皮埃蒙特。此外，法国军队还占领了瑞士。拿破仑甚至有意在 1803 年 1 月 30 日的《政府通报》上全文发表了一位法国使者访问埃及、叙利亚、伊奥尼亚群岛等地的报告，宣称"当前只要 6000 名法军就足以征服埃及"。至于伊奥尼亚群岛，"只要一有机会，这些群岛即会宣布自己是法国的属地，我向你们担保这样说绝不是言过其实的"。①

　　法国这一系列违反《亚眠和约》的行为和挑衅性言论，招致英国的抗议。法国则要求英国撤出马耳他。英国答称还要在马耳他再占领十年，作为法国进行新的扩张而给予英国的补偿。因此，英法两国间的关系再次紧张起来。英国内阁立即要求组织民兵并增加 1 万名海军，法国则宣布将其现役兵力扩大为 48 万人。1803 年 3 月 13 日，在一次招待各国大使的宴会上，拿破仑主动找到英国大使惠特沃思勋爵说："原来你们决心要打仗了"，否则，"为什么要这样扩军呢？这些警戒措施是针对谁的呢？""但是如果你们想扩军，我也会扩军；如果你们想打仗，我也会奉陪。"他还说："不尊重条约的人，绝没有好下场！他们要为此对整个欧洲承担责任。"②

　　为了解决彼此的争端，英法两国曾进行过谈判，俄国也试图从中进行调解，

---

　　① 〔英〕约翰·霍·罗斯：《拿破仑一世传》上卷，商务印书馆 1977 年版，第 409 页。
　　② 同上书，第 414 页。

但均无效。英国遂于1803年5月18日向法国宣战,并重新封锁了法国的各港口,缉捕法国的商船。为了报复,法国将军队开进了英王乔治三世的领地汉诺威,并封锁了欧洲大陆,禁止英国的船只驶入。与此同时,法国还发布命令,凡年龄18—60岁之旅居法国的英国人,一律作为战俘而加以扣押。此外,拿破仑还要求西班牙与荷兰提供军队及军饷援助,准备渡海征服英国。

法国在欧洲新的扩张,也招致其他大国的反对。所以,英国在对法宣战后便建议俄奥两国建立反拿破仑的联盟。1804年11月6日,俄国同奥地利共同签署了反法秘密宣言。1805年1月14日,俄国又同瑞典签订了同盟条约。出于反拿破仑的共同需要,英俄两国经过约七个月的谈判,也于1805年4月11日在彼得堡签订了同盟条约,英俄双方在同盟条约中同意采取一切措施组成全欧联盟,并能提供一支50万人的军队,以促使法国媾和及恢复欧洲的政治均势;英国承诺以本国舰队援助联盟,并向联盟国家提供补助金。英俄彼得堡同盟条约的签订,为第三次反法联盟的建立奠定了基础。

土耳其因担心拿破仑的再次侵犯,愿同俄国缔结新约,俄国也想以土反法,并借机巩固自己在巴尔干的影响,双方经过8个月的谈判,于1805年9月24日在君士坦丁堡签订了俄土同盟条约。条约规定:土耳其在反法联盟中与俄国一致行动,至少应在战争过程中协助俄国军舰和运输舰通过黑海海峡;双方承诺以各自全部海军力量,阻止任何外国军舰或载运军用物资的船只驶入黑海。

在此期间,俄国与法国都想将普鲁士拉到自己一边,但是,经过前两次的失败,普鲁士决定保持中立。这样,有英、俄、奥、瑞典和土耳其参加的第三次反法联盟终告组成。

《普雷斯堡和约》与莱茵联邦的建立

战争开始时,只是英、法两国交战。拿破仑曾在法国西海岸的布伦集结了15万名士兵和2000艘船只,准备渡海进攻英国。他曾信心十足地说:"我们只消有八小时黑夜的掩护,就可以决定世界的命运了。"但是,拿破仑过高地估计了自己的力量,他的征服英国的计划未能如期实现。

1805年8月,当拿破仑得知俄国的军队已经开赴前线的时候,他立即命令驻在布伦的法军急速进军南部德意志,准备在俄军到达前先将奥地利击溃。接着,交战双方在欧洲大陆及海上几乎同时交火。在海上,法国西班牙联合舰队于同年10月21日与英国舰队激战于西班牙西南端特拉法加角附近的海面上,英舰统帅纳尔逊虽然阵亡,但法西联合舰队几乎被全歼。

与海战情况不同,拿破仑在欧洲大陆上打败了联军。同年 10 月 20 日,法军在位于慕尼黑以西之多瑙河畔乌尔姆,全歼奥军 6 万余人。随后,拿破仑乘胜沿多瑙河而下,于 11 月 13 日攻占了维也纳。奥皇弗兰茨二世逃离都城,求援于俄国。12 月 2 日,在位于维也纳以北约 120 公里的奥斯特利茨战役中,拿破仑以损失 9000 人的代价取得了战役的全胜。联军伤亡 1.5 万人,被俘 1.1 万人,奥地利被迫求和。

12 月 6 日,奥地利在撤走俄军、拒绝普鲁士军队进入其领土和赔款 1 亿法郎条件下,同法国签订了停战协定。次日,俄国开始撤军。12 月 10—12 日,法国同巴伐利亚、符腾堡以及巴登签订了同盟条约,这三个南德意志小国将自己的军队交给拿破仑指挥,它们各从奥地利取得一部分领土,从而扩大了自己的领地,并摆脱了对哈布斯堡王室的从属关系。巴伐利亚和符腾堡成为王国,巴登改为大公国。12 月 15 日,拿破仑迫使普鲁士同意签订法普同盟条约,拿破仑将其占领的汉诺威让与普鲁士,普鲁士则对英国宣战。

经过近 20 天的谈判,奥地利于 12 月 26 日同法国在普雷斯堡(今斯洛伐克之布拉迪斯拉发)缔结了和约。《普雷斯堡和约》规定,奥地利承认法国对热那亚、帕尔马、皮埃蒙特和皮亚琴察等地的侵占;承认拿破仑为意大利王国国王;奥地利将其在《坎波福米奥和约》中获得的威尼斯、伊斯特里利亚、达尔马提亚等亚得里亚海沿岸地区(的里雅斯特除外)让予意大利王国;奥地利承认巴伐利亚王国、符腾堡王国和巴登大公国;奥地利支付战争赔款 4000 万金法郎;法国同意奥地利兼并萨尔茨堡、贝希特斯加登等地,作为补偿。

英国皮特政府用数百万英镑组建起来的第三次反法联盟又遭失败,皮特首相当时曾伤心地说:"把(欧洲)地图卷起来吧;十年之内用不着了。"①他经不起这场灾难的打击,一病不起,于 1806 年 1 月 23 日去世。

1806 年 7 月,法国同俄国也曾在巴黎缔结了和约,后来,由于国际形势的变化,第四次反法联盟即将组成,所以,和约未能获得沙皇的批准。但是,拿破仑争取土耳其的努力却获得了成功。1806 年 8 月,拿破仑派使节前往君士坦丁堡说服土耳其对俄作战。鉴于拿破仑在奥斯特利茨大捷后,声威大震,土耳其遂决定向法国靠拢,并开始阻挠俄国军舰通过黑海海峡,以及不经俄国的同意便撤换了亲俄的摩尔多瓦和瓦拉几亚的大公。于是,俄国军队于 11 月占领了两公国,土耳其在 12 月 30 日对俄宣战,从而开始了 1806—1812 年的俄土战争。②

---

① 〔英〕乔·马·汤姆森:《英国历届首相小传》,新华出版社 1986 年版,第 91 页。
② 有关 1806—1812 俄土战争的详情,见本章第五节之"俄国吞并比萨拉比亚"。

拿破仑在击溃第三次反法联盟后,为了巩固他在西部和南部德意志的地位,他于1806年7月将他所控制的16个邦(如巴伐利亚、符腾堡、巴登等)组成莱茵联邦,1807年后,又有5个邦(如萨克森、威斯特伐利亚等)加入。在联邦内,实行法国的《民法典》,并接受拿破仑的保护;联盟每年应向法国提供63 000名士兵。

1806年8月,奥皇弗兰茨二世被迫取消神圣罗马帝国皇帝称号,仅保留奥地利皇帝的头衔。至此,始建于公元962年的神圣罗马帝国遂不复存在。

第四次反法联盟与《提尔西特和约》

第三次反法联盟瓦解后,法国在欧洲的势力得到了极大的加强。此刻,拿破仑不仅控制了莱茵联邦、意大利王国和荷兰,而且将奥地利赶出了意大利和德意志,这对欧洲各国的封建君主们是个沉重的打击。《普雷斯堡和约》签订后,英俄两国虽然仍同法国处于战争状态,但是,由于欧洲的反法战争已打了十三年,各国都需要一段喘息的时间。而且,皮特首相死后,新内阁倾向于休战。俄国因已同土耳其开战,也无力与法国再战。所以,英、俄都同法国进行过一段谈判,试图找出一条能暂时缓和彼此矛盾的出路,但毫无结果。于是,英俄两国便在1806年9月组成有瑞典和普鲁士参加的第四次反法联盟。

这一次,普鲁士不仅积极参加反法联盟,而且首先向法国宣战。因为拿破仑建立的莱茵联邦侵犯了普鲁士的利益,尤其是拿破仑在同英国的谈判中,将已经许诺给普鲁士的汉诺威又同意归还给英王。普鲁士深感自己受到了法国的愚弄,所以,普鲁士不但参加了反法联盟,还在10月1日首先向法国发出最后通牒,限法军于十天内撤离德意志。

拿破仑立即用战争回答了普鲁士,10月8日,拿破仑分兵三路进攻普鲁士。10月14日,拿破仑在耶那和奥尔斯泰特两大战役中大败普军。10月27日,法军攻入柏林,大部分普鲁士领土都已落入法国之手。11月,拿破仑自柏林进军东普鲁士和波兰,以便攻打俄国。1807年2月,法俄两国大军会战于东普鲁士的埃劳城,未分胜负。6月中,两军再战于弗里德兰,俄军大败,法军直逼涅曼河畔。沙皇亚历山大一世面临拿破仑侵入俄国本土的威胁,又得不到英国的有效支援,遂被迫请求停战。此时,拿破仑也正想利用俄国对英国实行有效的封锁,故同意停战议和。

1807年6月25日,拿破仑与沙皇亚历山大会晤于提尔西特,会谈是在涅曼河上的一条木筏上进行的。会谈中,亚历山大最关心的是波兰和土耳其问题。

亚历山大曾企图阻止拿破仑在部分波兰领土上重建波兰国家，未获成功。拿破仑只同意新建的国家可不冠以"波兰"国名。关于土耳其问题，拿破仑表示不要求俄国军队撤出多瑙河两公国。此外，为了表示对俄国的友好，拿破仑接受了亚历山大的劝说，同意将他在战争中占领的一部分原为普鲁士的领土予以归还。而且，拿破仑还表示支持亚历山大去夺取瑞典的领土。

两国君主经过十多天的谈判，最后于7月7日签订了《提尔西特和约》。和约规定：为了尊敬俄国皇帝，拿破仑一世同意将其攻占的西里西亚以及易北河与涅曼河之间的原属于普鲁士的领土，归还给亚历山大的盟友普鲁士国王；双方同意在普鲁士第三次和部分第二次瓜分波兰中所夺得的领土上，建立华沙大公国，由萨克森的君主任国王；两国确认但泽为受普鲁士和萨克森保护的自由市，但在和平恢复前仍由法军驻守；俄国承认在那不勒斯、荷兰及德意志所发生的一切变更，并承认约瑟夫·波拿巴为那不勒斯国王、路易·波拿巴为荷兰国王、热罗姆·波拿巴为威斯特伐利亚国王①；拿破仑同意在法国与英国的谈判中，接受亚历山大的调停；亚历山大同意停止对土耳其的军事行动，接受拿破仑对现存争端的调停，俄土和约一经缔结，俄国立即将其军队从多瑙河流域各省撤出。在另立秘密条款中，俄国同意将濒临亚得里亚海之科托尔湾让与法国，并承认伊奥尼亚群岛的所有主权均为拿破仑所有。

同一天，法、俄两国还缔结了攻守同盟条约，两国承诺今后在任何战争中都采取共同行动，并不单独缔结和约；如果英国拒绝俄国的调停或不按法国所提条件缔结和约，俄国将与英国断交；拿破仑承诺如土耳其拒绝调停，或俄土和谈在三个月内未获满意结果，法国即开始与俄国采取共同针对土耳其的行动。

7月9日，法国同普鲁士也在提尔西特签订了和约，其中除规定普鲁士丧失其易北河以西的全部属地外，普鲁士还承诺将其军队裁减至4万人，偿付赔款1亿法郎，并参加大陆封锁。法俄、法普提尔西特条约的缔结，表明第四次反法联盟又遭失败。1807年11月7日，俄国因英国拒绝了亚历山大一世关于调停的建议，并炮轰了哥本哈根，遂对英国宣战，俄国参加了拿破仑对英国的大陆封锁。

普鲁士和俄国屈服后，法国只剩下英国和瑞典两个敌人。瑞典在1808—1809年俄国瑞典战争②中败北后，除被迫将包括阿兰群岛在内的整个芬兰割让

---

① 约瑟夫·波拿巴，拿破仑一世之兄；路易·波拿巴，拿破仑一世之二弟；热罗姆·波拿巴，拿破仑一世之幼弟。
② 有关1808—1809年俄国瑞典战争的详情，见本章第五节之"俄国兼并芬兰"。

给俄国外,并接受俄国的调停,同法国缔结了和约,瑞典也加入了拿破仑的大陆封锁制。

大陆封锁政策与半岛战争

英国于1805年10月在特拉法加角摧毁了法西联合舰队后,不但迫使拿破仑放弃了渡海攻英计划,而且毫无顾虑地占领了荷兰、西班牙等国的海外殖民地,如荷属锡兰、圭亚那、南非以及西属特立尼达、洪都拉斯等,并对法国实行了海上封锁。

拿破仑既无强大海军,便只有发挥他的陆军优势,打败英国在欧洲大陆上的盟国,对英国实行陆上封锁,令其丧失欧洲大陆市场,最后迫使英国求和。"大陆必须制服海洋"①,这就是拿破仑当年的口号。当拿破仑于1806年10月攻占柏林后,于11月21日在柏林发布了一个敕令,宣布对不列颠群岛实行封锁,禁止同它有任何商业往来;禁止买卖英国及其殖民地的货物,凡曾停靠过英国港口的任何船舶,禁止驶入法国及其盟国的港口;任何违反柏林敕令的船舶,都将作为合法的战利品予以扣留;法国及其盟国军队不论在何处发现英国的货物或臣民,将分别予以没收和监禁。

为反击法国的大陆封锁,英国于1807年1月7日发布"枢密院令",禁止中立国船舶在法国及其盟国港口或执行柏林敕令的港口之间进行贸易,违者船、货将被扣押和没收。

针对英国的这一措施,拿破仑又于同年1月27日在华沙发布敕令,没收所有在大陆的全部英国货物及其殖民地产品。英国则一方面对北德意志海岸实行严格的封锁,同时又于当年11月11日再次颁布"枢密院令",宣布凡禁止英国船舶进入的港口,将视同实际上受封锁;准许中立国船舶从敌方港口运载货物输入英国,或将这些货物再行输出,运往友好国家或中立国家港口。英国这样做的目的,是要将中立国的贸易吸引至英国的港口,暗中给予中立国船舶以运输英国货物的便利。

1807年11月23日和12月17日,拿破仑在米兰签署了两项敕令,宣布任何遵从英国"枢密院令"的中立国船舶都将丧失国籍,成为合法的捕获品;任何来自或驶往英国及其殖民地港口的船舶,同样予以捕获。

英国为了破坏拿破仑的大陆封锁,除实行对法国的反封锁外,还通过各种

---

① 〔英〕约翰·霍·罗斯:《拿破仑一世传》下卷,商务印书馆1977年版,第97页。

走私活动将大量英国及其殖民地的货物偷运至欧洲大陆各地。对此,拿破仑于1810年10月18日在枫丹白露颁发敕令,规定凡在欧洲大陆发现的一切英国货物都应予以没收,并当众焚毁。此后不久,又成立了特别法庭,专门审判那些走私犯和销售英货的店主。

上述柏林敕令、华沙敕令、米兰敕令以及枫丹白露敕令,构成了拿破仑的大陆封锁政策,又称大陆制。大陆封锁政策的实施,确实使英国的经济遭受到较大的损失。例如,英国在1808年出口贸易比1807年减少了25%。① 但是,它给法国以及与英国有着传统贸易关系的欧洲大陆各国带来的损失更为严重。英国有能力控制海洋,垄断了殖民地产品,可方便地进口它所需的物资,并通过无孔不入的走私活动,不断地将各种英国商品销往欧洲大陆。所以,拿破仑的大陆封锁并未能真正阻止英国货物进入欧洲大陆市场,却使大陆各国的出口受到限制,某些必需的商品得不到满足。法国、德意志和意大利全境的物价急剧上涨,一般商品的价格平均约高于当时伦敦市价的十倍。② 这样,大陆封锁政策便渐渐引起欧洲大陆一些国家(包括法国的盟国)的反对。

为了强制推行大陆封锁政策,拿破仑对一些国家甚至不惜动用武力。葡萄牙由于在政治上敌视法国革命,在经济上长期同英国有着极为密切的商业关系,因而对执行大陆封锁采取拖延政策。为此,拿破仑派兵于1807年11月通过西班牙入侵葡萄牙,并在11月30日占领了里斯本。葡萄牙王室乘英船逃往巴西,拿破仑遂宣布葡萄牙执行大陆封锁政策。与此同时,拿破仑还想夺取西班牙,所以又命令法军于1808年3月24日占领了马德里,强迫斐迪南七世将王位让与约瑟夫·波拿巴,并宣布西班牙实施大陆封锁,斐迪南则被扣留在法国。

拿破仑对葡萄牙和西班牙的武装入侵,激起了两国人民的强烈反抗,从而开始了为期六年的半岛战争。同年5月2日,西班牙人民开始反法的独立战争,8月1日,约瑟夫·拿破仑被赶出马德里。同一天,英军在葡萄牙登陆,配合葡萄牙人民进行反法战争,于8月底将法军全部逐出葡萄牙。11月5日,拿破仑亲率18万大军进攻西班牙。12月4日,拿破仑进入马德里后,约瑟夫又恢复了王位。但是,西班牙人民始终没有屈服,一直坚持反法独立战争。1813年10月,拿破仑在莱比锡遭到惨败后,将斐迪南释放回国,1814年3月,斐迪南七世在西班牙复位,半岛战争始结束。

---

① 〔美〕戈德肖特等:《拿破仑时代的欧洲》,纽约1971年版,第131页。
② 屠克:《物价史》。转引自《拿破仑一世传》下卷,第200页。

第五次反法联盟瓦解，拿破仑帝国的极盛时期

在半岛战争中，英国一方面派兵直接参加葡、西两国人民的反法战争，同时又于1809年组成了第五次反法联盟。多次败于法国的奥地利正在寻找时机，以求复仇。它认为半岛战争已拖住了大量法军，现在，法国又将面临两线作战。这样，必将有利于自己取胜，所以又参加了这次反法联盟。

早在1808年夏，拿破仑就已发现奥地利在准备新的反法战争，在半岛战争尚不能结束的情况下，他急需俄国在东方担负牵制奥地利的重任。然而，法俄《提尔西特和约》缔结后，两国虽是盟国，由于亚历山大没有按和约的规定从多瑙河沿岸各省撤军，以及未认真执行大陆封锁政策，所以，两国之间时生龃龉。拿破仑为了协调同俄国的关系，遂邀请亚历山大进行会晤。

同年9月27日，两位皇帝在埃尔富特举行了会谈，并于10月12日签订了为期10年的同盟条约。法国承认俄国有权获得芬兰和兼并摩尔达维亚及瓦拉几亚；俄国承诺在法奥发生战争时将向法国提供军事援助；俄法两国非经双方预先同意不得蓄意侵犯土耳其任何部分的领土；两国皇帝同意联合照会英国政府，敦促议和，如遭拒绝，法俄两国皇帝应再度会晤，以协商共同对策。

《埃尔富特同盟条约》的缔结，并没能消除两国间原有的分歧，彼此间的矛盾仍在不断加深。当时一个明显的迹象是：在两君主会晤期间，拿破仑曾表示欲同亚历山大一世的妹妹结成秦晋之好。亚历山大对此虽表示"盛意可感"，但他返回彼得堡后不久，就以他的小妹妹"才20岁，年纪太轻是不可克服的障碍"①为由，婉拒了拿破仑的求婚。

1809年4月9日，奥地利在英国的支持下对法国宣战。次日，奥军攻入巴伐利亚。拿破仑急忙调兵东征，并于4月下旬在巴伐利亚的阿本斯堡打败奥军。5月13日，拿破仑再次攻入维也纳，但一周后，拿破仑在距维也纳不远的多瑙河畔被奥军打败。在这次战争中，英国于1809年夏派兵远征比利时，但在围攻安特卫普时被击败。俄国因受《埃尔富特同盟条约》的约束，不得不出兵援法，但它并未真正同奥军作战。7月5—6日，法奥两国大军会战于维也纳以北的瓦格拉姆。结果，奥军大败，弗兰茨一世被迫求和。同年10月14日两国缔结了《维也纳和约》，该条约签署于申布伦宫，故又称《申布伦和约》。

《维也纳和约》规定：奥地利将萨尔斯堡和因菲特尔割让与巴伐利亚；将的

---

① 〔英〕约翰·霍·罗斯：《拿破仑一世传》下卷，第189页。

里雅斯特、伊斯特里亚、达尔马提亚、卡尼奥拉及克罗地亚割让给法国,作为法国的"伊利里亚省";将西加里西亚割让给华沙大公国;将部分东加里西亚割让给俄国;奥地利断绝同英国的一切关系,并不干预西班牙、葡萄牙和意大利的事务;奥地利军队应限制在 15 万人,并支付赔款 8500 万法郎。经过这次战争,奥地利共损失领土 83 000 平方公里,人口 350 万,奥地利又失败了。

在这一年开始担任外交大臣的梅特涅,对于奥地利的惨败,表面上若无其事,但是在心里他却怀着最终报复的信念。这一年 8 月 10 日,梅特涅在给奥皇的信中写道:"自和约签订之日起,我们只能采取见风使舵、随机应变、阿谀奉承这一套。只有这样,才能保存自己,以待普遍得救于来日。"① 为了"保存自己",以待"得救于来日",当拿破仑向亚历山大一世的妹妹求婚不成而转向奥地利公主玛丽·路易丝时,梅特涅极力促成了这桩婚事。

1810 年 4 月 2 日,拿破仑与奥国公主在巴黎圣母院大教堂举行了结婚盛典。1811 年 3 月 20 日,拿破仑喜得"罗马王"。这时,奥地利王室以为《申布伦和约》的苛刻条款将会因此而有所变更,梅特涅甚至梦想收回伊利里亚(至少是一部分),以恢复奥地利通往亚得里亚海的道路。岂料,奥地利得到的仅仅是获准推迟支付战争赔款的期限。然而,法奥联姻,毕竟使濒于绝望的奥地利得到了几年的喘息时间,而且也扩大了法俄联盟的裂痕。

拿破仑打败第五次反法联盟以后,法国的版图及其势力范围得到了空前的扩大。1811 年,法国共有 130 个省和 7500 万人(三倍于革命前的法国人口,相当于当时欧洲人口的一半)。② 此外,其属下尚有 7 个王国和 30 个公国。③ 拿破仑的兄弟和亲属占据了欧洲许多国家的王位,除英、俄以外的整个欧洲几乎都在拿破仑的掌握之中,拿破仑帝国达到了其鼎盛时期。

第四节　拿破仑战败与第一次巴黎和约

拿破仑进攻俄国及其失败

1807 年法俄《提尔西特和约》的签订,只是实现了两国的暂时休战,埃尔富特同盟建立后,虽然延长了休战的时间,却未能使两国原有的矛盾有所缓和。

---

① 〔英〕约翰·霍·罗斯:《拿破仑一世传》下卷,第 186 页。
② 张铁生:《近代国际关系史》,世界知识出版社 1954 年版,第 39—40 页。
③ 〔英〕约翰·霍·罗斯:《拿破仑一世传》下卷,第 220 页。

而且，随着形势的发展，法俄两国的关系自1810年开始迅速恶化。

《提尔西特和约》签订后，俄国执行拿破仑的大陆封锁，一方面是出于无奈，同时也是为了换取法国承认俄国对芬兰和土耳其的"行动自由"。后来，俄国虽然从瑞典手中夺取了芬兰，但大陆封锁却使俄国在经济上遭受到极大的损失。因为英俄两国已有多年的密切贸易关系，俄国的木材和粮食等农产品主要是输往英国，再从英国换回自己所需的工业品。自从俄国断绝了同英国的一切贸易往来后，不仅使自己传统出口的农林产品失去了销路，而且也得不到所需的工业品。俄国虽然可以扩大同法国的经济联系，但法国的出口商品都是葡萄酒和化妆品一类的奢侈品，根本无法弥补失去英国市场的损失。由于俄国执行了大陆封锁，在1807—1808年间，其对外贸易额自1亿卢布降至8300万卢布，一年之内减少了1700万卢布。① 俄国农产品出口的减少，又导致国际收支失衡，卢布汇价下跌和物价上涨。"俄国只有通过海上贸易，把自己的原料产品输往当时的主要市场——英国，才能获得钱；而俄国已经是太欧洲化的国家，没有钱是不行的。贸易封锁日益变得无法忍受。经济比外交和沙皇加在一起还要强"。拿破仑的大陆封锁政策越来越招致俄国朝野的一致反对。于是，"同英国的贸易又悄悄地恢复了"②。

从1810年开始，沙皇亚历山大决定对法国的奢侈品征收高关税，以求增加收入，同时还决定让所有来自殖民地的货物（尤其是美洲殖民地货物）按优惠条件进口。亚历山大虽然宣称英国货物依旧不许进口，实际上，这种新政策完全是为英国商品进入俄国打开了大门。在1810年，大约有2000艘船驶入波罗的海，但没有一艘真正是中立国的，它们带着伪造的产地证明，装载的都是英国货物。

俄国对大陆封锁的这种阳奉阴违的做法，使拿破仑非常恼火，因为在他看来，"没有俄国参加，大陆封锁制度简直是荒谬可笑"的。为了反击亚历山大的"新政策"，拿破仑于1810年12月中旬兼并了包括奥耳登堡在内的德意志北海沿岸地区。这个奥耳登堡公国的储君当时已是亚历山大一世的妹夫，吞并这个公国，不仅是对这位储君以及亚历山大的侮辱，而且也违反了使这位公爵在奥耳登堡公国复位的《提尔西特和约》。法俄双方在大陆封锁制上的公开决裂已难避免。

波兰问题也是俄法两国矛盾一个焦点。拿破仑于1807年在紧邻俄国西部

---

① 〔苏〕波将金等：《外交史》第1卷（上），生活·读书·新知三联书店1979年版，第611页。
② 恩格斯：《俄国沙皇政府的对外政策》，《马克思恩格斯全集》第22卷，第32页。

边界的地方建立起的华沙大公国,是俄国的心腹之患。尤其是法奥 1809 年签订的《申布伦和约》,将西加里西亚并入华沙大公国的版图,更是令亚历山大难以容忍。因为拿破仑控制下的华沙大公国不仅对俄国的安全构成严重威胁,更让他担心的是,华沙大公国的巩固和扩大很有可能导致波兰王国的复国,那时,俄国吞并的原波兰的 46 万余平方公里的领土就得全部退还,这是俄国绝对不允许的。早年在提尔西特议和时,亚历山大就曾明确反对重建波兰王国。当时,拿破仑只同意不使用"波兰"二字,他还是建立了华沙大公国。在埃尔富特的会谈中,亚历山大又一再敦促拿破仑声明"决不容许重新建立波兰王国",但因拿破仑向亚历山大的妹妹求婚遭到拒绝,拿破仑也就拒绝作出任何保证。

随着法俄两国间摩擦的增多,它们都感到使用单纯的外交手段已无法解决彼此间的分歧,所以,双方都开始了作战准备。1812 年 2 月 24 日和 3 月 14 日,拿破仑先后迫使普鲁士及奥地利同他在巴黎缔结了同盟条约,普鲁士将 2 万普军交给拿破仑听其调遣;法军有权不受阻碍地通过普鲁士各省,并得在战争时期予以占领;普鲁士承诺向法军提供粮食和装备,以抵充它尚未支付的总额为 4300 万法郎的赔款。奥地利则要向法国提供 3 万人军队;法奥两国共同保证土耳其在欧洲的领地不受侵犯。拿破仑还打算以归还芬兰为条件,换取瑞典参加反俄战争,未获成功,拿破仑遂派兵占领了瑞典的波美拉尼亚。

亚历山大于同年 4 月 5 日同瑞典签订了《彼得堡同盟条约》。双方同意组成联合军团,共同对法国作战;俄国承诺以协商或武力方式,促使丹麦将挪威割让给瑞典;双方议定邀请英国参加俄瑞同盟。5 月 28 日,俄国急忙结束了于 1806 年开始的俄土战争,并通过《布加勒斯特和约》夺得了比萨拉比亚后,就将在土耳其战场上的俄国军队迅速调往西线。

1812 年 6 月 24 日,拿破仑亲率 65 万大军渡过涅曼河,开始了征服俄国的战争。法军以其优势兵力,长驱直入俄国,先后攻取了斯摩棱斯克、博罗迪诺等城市,并于 9 月 14 日开进了被俄军撤退时焚烧一空的莫斯科城。但是,拿破仑未能迫使俄国屈服。他在莫斯科停留一个月有余,终因经受不住俄国军民的打击、缺乏粮草供应以及严冬的侵袭,被迫于 10 月 19 日带领 11.5 万人马自莫斯科撤退,俄国军民武装则尾随其后,继续给予打击。至 12 月末,溃败的法军再渡涅曼河时,只剩下 2 万饥饿、冻伤甚至连武器都丢掉了的士兵,拿破仑征服俄国的作战彻底失败了。

第六次反法联盟组成与莱比锡战役

拿破仑远征俄国的失败,使英国拍手称快,同时极大地鼓舞了坚持反抗法国侵略的西班牙人民。原本就三心二意的普鲁士在得知拿破仑败退的消息后,率先倒戈。1813年2月28日,普鲁士同俄国在位于华沙大公国境内的卡利什签订了同盟条约,双方同意共同对法国作战;普鲁士应恢复1806年的版图。3月17日,普鲁士向法国宣战。在此期间,英俄已于1812年7月缔结了同盟条约,英国同瑞典也于1813年3月13日缔结同盟条约,瑞典与普鲁士于同年4月22日签订同盟条约,并对法国宣战。至此,第六次反法联盟宣告成立。

第六次反法联军组成后,立即向法军展开进攻,并夺取了萨克森首府德累斯顿。拿破仑率领新组建的法军举行反攻,于5月初重新攻占了德累斯顿。反法联军在遭受挫折后,遂向奥地利求援。此时,奥地利尚不愿直接参战,便由外交大臣梅特涅出面进行调停。1813年6月27日,俄普两国同奥地利签订了《赖亨巴赫协定》,共同拟定了向拿破仑提出的停战条件:取消华沙大公国,由三国瓜分;将但泽归还给普鲁士,法国拆除其在普鲁士及华沙大公国境内的一切堡垒;将伊利里亚归还给奥地利。协定还规定,如果拿破仑拒绝接受议和条件,奥地利应以15万人的兵力参加对法国作战。

6月28日,梅特涅以调停人的身份前往德累斯顿,向拿破仑提出了实现和平的条件,遭到严词拒绝。奥地利遂于8月10日加入第六次反法联盟并向法国宣战。反法联盟以优势兵力攻击法军,法军进行了顽强抵抗。8月26日,拿破仑在德累斯顿大败奥军。10月16—19日,反法联军同拿破仑会战于莱比锡。在这次作战中,法军在数量上本就处于劣势,而且在关键时刻,萨克森和符腾堡的军队又突然叛变,结果,拿破仑遭到惨败。

拿破仑在莱比锡的失败,导致了莱茵联邦的瓦解。接着,荷兰将法军赶出国境;西班牙在英军的配合下也将约瑟夫·拿破仑赶出比利牛斯半岛;奥地利收复了伊利里亚,并占领了瑞士。

夏蒂荣会议与《肖蒙条约》

1814年1月初,反法联军分三路攻入法国。在大约一个月的时间内,联军便占领了法国三分之一的领土。这时,奥地利再次倡议同拿破仑议和。对此,俄国虽有不同意见,但联盟国家还是于2月4日至3月19日在法国西部城市夏蒂荣(今称沙蒂永)举行会议,商讨与拿破仑议和的条件,拿破仑亦派他的外交大臣科兰古为代表出席会议。这次会议,是在战争继续进行的情况下举行的。原来预计只需几天便可结束会议,由于联盟国家间意见不一,会议竟持续了六周之久。后经联盟国家反复磋商,终于提出了同法国媾和的条件:法国以莱茵河、阿尔卑斯山和比利牛斯山为其"天然国界"。当科兰古将这一媾和条件报告给拿破仑时,遭到他的断然拒绝。拿破仑在3月2日给科兰古的指示中说:"无论什么都不能使法国做出任何降低国格、捐弃其几世纪来在世界上拥有的地位的事情。"①

在夏蒂荣会议期间,鉴于联盟国家在会议上的意见分歧,以及拿破仑在几天之内又接连打了四次胜仗,反法联盟国家认为必须加强自己的联合,以便在拿破仑拒绝议和条件后将战争进行到底。于是,根据卡斯尔雷的提议,英、俄、奥、普四国代表于3月9日在法国东部城市肖蒙,缔结了有效期为20年的《肖蒙条约》。②

条约主要规定:四国保证将反法战争进行到底,不得单独缔结和约;四国必须在战场上各保持15万人的军队;英国每年向联盟国家提供数额相同的资助,1814年资助总额为500万英镑。条约所附秘密条款还规定:对拿破仑作战结束后,在德意志建立由有统治权的各邦组成的联邦;在大国的保障下,瑞士实行独立;恢复波旁王朝对西班牙的统治以及奥兰治亲王对尼德兰王国的统治;邀请西班牙、葡萄牙、瑞典及尼德兰参加本条约;同盟各国在缔结和约后一年内应使其军队保持战时状态,以防法国的进攻。《肖蒙条约》的缔结,对于巩固与加强反法联盟,促使拿破仑早日停止作战,发挥了积极的作用。

拿破仑第一次退位与第一次《巴黎和约》

在拿破仑拒绝了联盟国家的和平条件后,联盟国家于3月25日发表宣言,指出拿破仑应对继续战争承担全部责任。五天后,反法联军进抵巴黎城外。3月31日,沙皇亚历山大一世和普王腓特烈·威廉三世率联军攻入巴黎。拿破仑撤退至枫丹白露,并集结起一支将近6万人的军队,准备打回巴黎,但终因势孤力单,未能如愿。4月6日,拿破仑被迫决定退位,并于11日在枫丹白露正式签署退位诏书。他在诏书中表示:"同盟各强国既然声称皇帝拿破仑是确立欧洲和平的唯一障碍,忠诚于他的誓言的皇帝,为他本身、也为他的后裔,宣布放弃法国的帝位和意大利的王位,为了法国的利益,他准备做出任何牺牲,甚至是他的生命。"③20日,拿破仑告别皇家近卫军,拥抱并亲吻了战迹斑斑军旗上的鹰徽,随即在近卫军的一片呜咽声中启程前往流放地厄尔巴岛。

---

① 〔英〕约翰·霍·罗斯:《拿破仑一世传》下卷,第366页注①。
② 条约文本注明的日期是1814年3月1日。
③ 王养冲、陈崇武选编:《拿破仑书信文件集》,第491页。

在厄尔巴岛,拿破仑被允许保留皇帝称号和拥有一支400人的军队,并享受由法国支付100万法郎的年俸,但不得离开该岛。拿破仑的妻子玛丽·路易丝也可保留皇后称号,享受与拿破仑同等的年俸。此外,她和拿破仑的儿子"罗马王"还得到帕尔马、皮亚琴察和瓜斯塔拉三个公国作为终身领地,但母子二人被留在维也纳。

拿破仑帝国倒台后,路易十六的弟弟、59岁的普罗旺斯伯爵,于5月3日登上王位,称路易十八,波旁王朝复辟。

1814年5月30日,法国同反法联盟国家在巴黎签订了和约,称《第一次巴黎和约》。和约规定:法国保持1792年国界;荷兰、瑞士、德意志各公国和意大利各国均恢复独立(划归奥地利的领土除外);英国保留马耳他,但将在战争中占领的、于1792年以前属于法国的殖民地,除多巴哥、圣卢西亚等岛屿外,全部归还给法国;参战各方应在两个月内派代表到维也纳出席全体大会,"以决定本条约所必须补充的各项安排"。

"对战败的敌人提出的和平条件反映了明智的温和政策。战胜国不要求法国赔款,盟军不进驻法国,甚至也不要求法国归还它从欧洲其他国家的美术馆里抢走的艺术珍品。法国交出了拿破仑占领的外国土地,但她保持了自己的领土完整,而且,路易十八统治的领土比路易十六在位时还要大一些。采取这种温和政策的原因不难理解。分割法国会使某个欧洲大国过于强大,也会在法国人的心中燃起复仇的火焰。"① 然而,英国花了6亿英镑打了20余年的仗,却所得甚微,因此遭到国内不少人的反对。但是,卡斯尔雷外交大臣却对这一温和的对法政策持赞赏的态度,他说:"使法国成为和平的商业国,不好战争,不务征服,这样更好。"②

第五节 俄国的侵略与扩张

俄国兼并芬兰

芬兰自16世纪中期起成为瑞典统治下的一个公国,境内多岩石和湖泊,素有"花岗岩与万湖之乡"的美称。芬兰的可耕地面积仅为整个国土的10%,除花

---

① 〔英〕温斯顿·丘吉尔:《英语国家史略》下册,新华出版社1985年版,第278页。
② 〔英〕约翰·霍·罗斯:《拿破仑一世传》下卷,第394页。

岗岩、木材和铜外,其他物矿并不丰富。由于芬兰地处波罗的海东北部地区,因而成为俄国必夺之地。尤其是经过北方战争,彼得一世将他的宝座从莫斯科迁到彼得堡,"有意给他的领土制造了一个外偏中心",为了使彼得堡得到较好的安全保障,彼得一世就非要夺取芬兰不可。遗憾的是,彼得一世在位之时以及后继的几代沙皇(包括叶卡捷琳娜二世)都未能如愿。

1807年7月,沙皇亚历山大一世被迫同拿破仑签订的《提尔西特和约》,虽然使俄国处于屈从地位,"但是它却靠牺牲自己昨天的同盟者而获得了新的领土"①,即俄国从拿破仑那里得到了可以在瑞典和土耳其自由行动的许诺。1808年2月,拿破仑在写给亚历山大一世的信中又明确表示:"您的需要是把瑞典人送到离开您的首都更远的地方去。……在这件事情上,我准备尽我所能用一切办法帮助您。"②

拿破仑的许诺,使亚历山大一世感到满意。为了弥补《提尔西特和约》给俄国在利益以及声望等方面带来的损失,他不经宣战,便在1808年2月8日派军队"大胆横越冻结的波罗的海"入侵芬兰,由此发动了1808—1809年的俄国瑞典战争。与此同时,一支丹麦军队也从挪威边界入侵瑞典。

对于俄国的入侵,瑞典军队进行了顽强的抵抗,但效果不大。继同年5月被称为"北方的直布罗陀"的斯维堡落入俄国之手后不久,芬兰的南部及中部地区也相继被俄国占领。在俄军继续向芬兰北部推进的时候,瑞典军队曾拼死抵抗,但最终未能阻止俄军的前进。不久,瑞典军队就被赶过了凯米河。当年底,俄军占领了芬兰全境。

在战争尚在进行之中,亚历山大一世便在彼得堡召见了芬兰四个等级(贵族、教士、资产阶级、农民)的代表,宣称他将兼并芬兰,并敦促芬兰人民效忠于他。1809年2月,亚历山大一世签署命令,要求芬兰召开议会,确认他对芬兰的兼并,同时他还宣称,同意芬兰人民将继续享有以前依据宪法应享有的一切权利。

1809年3月,俄国大军跨过尚在冰封的波的尼亚湾,打进了瑞典本土。瑞典在军事上的失败,加速了国内政局的变化,一部分自由派官员团体和西部军队的军官发动政变,废黜了国王古斯塔夫四世,由其叔父即位,称查理十三世。3月15日,亚历山大一世再次宣布保留芬兰的基本法,并确认芬兰人民依宪法应享有的宗教自由等一切权利和特权。次日,亚历山大一世亲临芬兰的波尔

---

① 恩格斯:《俄国沙皇政府的对外政策》,《马克思恩格斯全集》第22卷,第31页。
② 王养冲、陈崇武选编:《拿破仑书信文件集》,第342页。

沃,出席了芬兰的议会开幕典礼。

同年6月,孤立无援的瑞典开始同俄国在濒临芬兰湾的腓特烈斯哈姆进行和谈,并于9月17日签订了和约。根据和约,瑞典将整个芬兰连同阿兰群岛割让给俄国。从此,芬兰成为以俄罗斯皇帝为其大公的大公国,新政府设在奥布(今称图尔库),并设政府会议(1816年改名为芬兰帝国元老院)。新政府下设两个委员会,一个管理行政,一个掌管司法。政府的行政权完全控制在由俄罗斯皇帝指定的总督手中。与此同时,在彼得堡还设立了专门负责协调有关俄国与芬兰大公国间相互关系的芬兰国务秘书处。总督与芬兰国务秘书处都只对俄罗斯皇帝负责。

兼并芬兰,是沙皇亚历山大一世与拿破仑签订《提尔西特和约》并缔结俄法同盟后的"第一个成果"。占有了芬兰,不仅使俄国的首都获得了进一步的"安全保障",更重要的是,它多少可以改善一下《提尔西特和约》给俄国带来的屈辱的形象。"但是,芬兰不过是一个前奏曲。亚历山大追求的目的,像往常一样,仍然是沙皇格勒。"①

俄国吞并比萨拉比亚

进军巴尔干,夺取君士坦丁堡以控制黑海出海口,这是沙皇俄国自彼得一世以来一直奉行的国策。至18世纪末,俄国先后经过1695—1696年、1710—1711年、1735—1739年、1768—1774年、1787—1791年的对土耳其作战,虽然夺取了包括克里米亚半岛在内的大片黑海北岸领土,但是,俄国要在"君士坦丁堡的废墟上建立沙皇格勒"的梦想不仅远未实现,而且,巴尔干也尚在奥斯曼帝国的掌握之中。所以,沿黑海西岸向巴尔干推进,便成为俄国在近期内必须实现的目标。然而,法国革命的爆发,打乱了俄国的扩张计划。

为了镇压法国革命和反对拿破仑,俄国自1793年起多次参加反法联盟作战。1798年7月拿破仑率兵入侵埃及,招致土耳其于同年9月9日向法国宣战。这样,土耳其与俄国这两个长期对立的国家不仅于1798年12月一道参加了第二次反法联盟,而且两国还在1799年1月3日缔结了为期8年的同盟条约,土耳其向俄国军舰开放黑海两海峡,俄国援助土耳其进行反法作战。此后,为了巩固这个同盟条约,俄土两国又于1805年9月24日再次签订了为期9年的同盟条约。但是,俄土同盟从一开始就是不稳固的,它不过是双方反拿破仑

---

① 恩格斯:《俄国沙皇政府的对外政策》,《马克思恩格斯全集》第22卷,第31页。

作战的暂时需要,一旦它们当中之一方对这种需要有所减弱,这个同盟就必将解体。

于1798年12月组成的第二次反法联盟,经过三年多的作战未能取胜。1805年9月,英、俄等国又组成了第三次反法联盟。根据1805年的俄土同盟条约,土耳其与俄国一起对法作战。在这次战争中,拿破仑虽然在海上作战败给英国,但在欧洲大陆却取得了乌尔姆和奥斯特利茨两大战役的重大胜利,迫使奥地利和俄国分别于1805年12月、1806年7月接受了《普莱斯堡和约》与《巴黎和约》,第三次反法联盟又失败了。

拿破仑取得的这些胜利,引起土耳其极大的震动,它感到自己站在反法一方是一种失误。此刻,俄国既已战败,于是,土耳其宫廷拒绝批准订于1805年9月的俄土同盟条约,并同法国恢复了外交关系,法国也就乘机挑动土耳其反俄。1806年5月,塞巴斯蒂亚尼大使被派往君士坦丁堡时,法国政府在给他的训令中,就授权他向土耳其政府暗示:在法土联合对俄作战取得胜利后,土耳其将可收回其克里米亚半岛。① 同年6月9日,拿破仑在写给塔列朗的一封信中说得更为清楚:"我的驻君士坦丁堡大使必须随时尽力,并用种种有效的方法使土耳其政府产生一种信任感和安全感……。""我的政策的一贯目标是由我本人、土耳其政府和波斯结成三角同盟,间接地或隐晦地反对俄国。""我不会支持反对土耳其政府的任何叛乱,……我的政策十分简单——全心全意同土耳其政府结盟。""我们所有谈判的目标有如下几点:1. 对俄国人关闭博斯普鲁斯海峡,……2. 禁止任何希腊人扯着俄国旗子航行;3. 在针对俄国人的每一个阵地上建筑防御工事或加强武装力量;4. ……在摩尔达维亚和瓦拉几亚重建土耳其政府的绝对统治。""我不要瓜分君士坦丁堡帝国;即使给我四分之三的领土,我也会拒绝这样做。我要加强和巩固这个伟大的帝国,并利用它来反对俄国,如同现在一样。"②

塞巴斯蒂亚尼大使在君士坦丁堡忠实地执行了拿破仑的指令,从而加速了俄土两国间的冲突。1806年8月,土耳其突然以亲法的摩尔多瓦和瓦拉几亚大公替换了原来亲俄的大公。此后不久,又不顾1799年同盟条约的有关规定,阻挠俄国军舰通过黑海海峡,这就极大地激怒了俄国。早在这一年的3月,亚历山大一世就曾亲口对其驻君士坦丁堡大使伊塔林斯基说过:"如果土耳其一旦

---

① 〔英〕安德森:《东方问题(1774—1923)》,纽约1966年版,第36页。
② 王养冲、陈崇武选取编:《拿破仑书信文件集》,第291—292页。

表现出任何一点亲法的倾向,我就将占领摩尔多瓦。"①现在,土耳其既已靠拢了法国,于是,沙皇亚历山大一世便命令俄国驻君士坦丁堡大使照会土耳其政府,必须恢复被土耳其破坏了的俄国权利。在俄国的压力下,土耳其于10月末下令恢复了原亲俄的摩尔多瓦和瓦拉几亚大公的权利。然而遗憾的是,土耳其政府的这一过迟的决定已无法避免战争。早已集结的俄国军队已经开进了两公国,并于11月占领了两公国。12月30日,指望得到法国援助的土耳其政府向俄国宣战,俄土两国间的战争再次打响。

自反对法国革命的战争开始以来,英国因一直忙于对法作战,减弱了它对于东方问题的关注。俄土战争再次爆发后,英国担心这将削弱反法联盟的作战力量。为了迫使土耳其停止同俄国作战和摆脱法国的影响,英国于1807年1月以一支舰队向达达尼尔海峡发动了攻击。这支舰队虽然在2月攻入了达达尼尔海峡并来到距君士坦丁堡仅8英里的海面上,但由于指挥人员贻误了战机以及土耳其得到法国的帮助,英国舰队最终被迫退出了达达尼尔海峡。

1807年6月,俄国在第四次反法联盟作战中败给了拿破仑,被迫于7月7日同法国签订了《提尔西特和约》,这个和约给俄土战争带来较大的影响。根据和约,俄国将退出它已占领的摩尔多瓦和瓦拉几亚两公国,条件是在俄土和约对两公国做出正式规定前,土耳其不得重新占领两公国。此外,拿破仑将负责在俄土两国间进行调解,如果土耳其在三个月内拒不接受调解,法俄两国将共同采取军事行动,以剥夺其除鲁梅利亚和君士坦丁堡以外的全部欧洲属地。这样,在法国的调解下,俄土两国代表于同年8月24日签订了停战协定,根据协定,俄国军队将退出两公国,双方并指派全权代表就和平条款进行磋商。但是,由于沙皇亚历山大想要兼并两公国,因此该停战协定未获批准。不过,双方停止作战一直持续到1809年4月。

1808年10月,亚历山大一世利用拿破仑陷入半岛战争和为了应付奥地利即将开始的反法战争急需俄国帮助之机,在埃尔富特会谈中得到了拿破仑对其占领摩尔多瓦和瓦拉几亚两公国的承认,这就加强了俄国在多瑙河地区的地位。于是,俄国便明确要求土耳其政府割让摩尔多瓦和瓦拉几亚,并允许塞尔维亚独立(塞尔维亚已于1804年发动了反土起义)。土耳其政府感到法国态度的变化使自己在同俄国的战争中处于劣势,故同意于1809年2月开始与俄国进行和谈。但是,在和谈期间,俄法两国在大陆封锁政策上的矛盾日益尖锐和

---

① 〔英〕安德森:《东方问题(1774—1923)》,第37页。

表面化,拿破仑预感到不需太久,两国即将决裂,因此,他训示其驻君士坦丁堡大使尽量为俄土谈判设置障碍。最后,俄土和谈无果而终,战事于同年4月再起。

初期,俄军作战进展不大,至1811年初,库图佐夫被任命为多瑙河军总司令后,俄军取得了较多的胜利,土耳其政府不得不再次建议和谈。亚历山大一世本欲乘胜继续扩大战果,但是,由于当时俄法两国间的矛盾已异常激化,战争危机迫在眉睫,他急于要将俄土战场上的军队调往西线,同时,为了避免法土结盟共同对付俄国,亚历山大一世只好同意与土耳其进行和谈,并在1812年5月28日在布加勒斯特签订了和约。

《布加勒斯特和约》规定:土耳其将比萨拉比亚割让给俄国;俄国将摩尔达维亚和瓦拉几亚归还给土耳其;俄国将它在战争中以武力征服的土耳其在亚洲的领土全部归还给土耳其;土耳其政府允许塞尔维亚"自己管理内政,确定贡赋总数,并由他们直接征收"。①

《布加勒斯特和约》的签订,使俄国经过六年的作战,只取得比萨拉比亚一地,其他在战争中新夺取的领土都不得不退还了土耳其。因为亚历山大一世必须尽快摆脱同土耳其的战争,以便全力以赴地准备同拿破仑作战。

1804—1813年俄国伊朗战争与《古利斯坦和约》

伊朗旧称波斯,是具有近5000年历史文明的古国。公元前6世纪,在阿契美尼德王朝统治下的波斯帝国曾经盛极一时。其版图所及,北至黑海和里海一带,东到阿姆河与印度河岸,南抵波斯湾,西达尼罗河中下游。后为马其顿国王亚历山大大帝所灭。公元7至16世纪,伊朗又曾先后遭受了阿拉伯人、突厥人、蒙古人和鞑靼人的入侵,并长期被异族统治。18世纪70年代末,卡札尔部落酋长阿迦·穆罕默德·汗着手重新统一伊朗。1794年,他打败了所有对手,建立了卡札尔王朝,并于1796年在德黑兰正式加冕。自19世纪初开始,伊朗成为英、俄、法等国争夺的对象。

早在1616年11月,英国商船"詹姆斯国王"号就曾从印度首次驶入波斯湾,由此开始了英国同伊朗的商业往来。18世纪末,在欧洲反法战争期间,拿破仑为了打开通往印度的道路,于1797年曾派代表到德黑兰游说伊朗国王,要求他与法国建立反英同盟,未达到目的。1800年,英国使伊朗接受了不平等的英

---

① 《国际条约集(1648—1871)》,第253页。

伊条约。根据这个条约,伊朗禁止法国进入伊朗和波斯湾;如伊朗遭受法国攻击,英国将向伊朗提供弹药和军饷;英国则获得在伊朗购买土地、免除进口税、在波斯湾建立商馆和在伊朗境内自由贸易等特权。

俄国自彼得一世为其确立了"世界性侵略体制"以后,它不仅要夺取波罗的海和黑海的水域,而且还要占有高加索,南下波斯湾,以便"借波斯政治势力的向东扩张而为俄军迟早侵入印度开辟道路"①。所以,早在18世纪20年代,彼得一世就曾以援助伊朗抵抗阿富汗的入侵为名,开始了向高加索的扩张,但未获得任何成果。

事隔半个多世纪后,俄国于1802年利用伊朗内部的分裂主义势力,吞并了格鲁吉亚,并欲继续南下夺取阿塞拜疆和亚美尼亚。1804年1月,俄军攻入阿塞拜疆,由此挑起了俄国伊朗战争。战争开始后,伊朗国王曾向英国求助,但是,英国已在1803年同俄国缔结了反法同盟,未予同意,从此引起伊朗与英国关系的恶化。

在战争中,俄军围攻埃里温城堡久攻未克,被迫于11月撤兵。1805年初,俄军进攻巴库,后在与守军谈判的过程中,俄军统率西西雅诺夫被刺死,其首级于1806年1月被送至德黑兰。同年底,巴库等城终被俄军攻占。

然而,俄国此刻在欧洲面临的形势却不容乐观。1806年9月,俄国同英、普、瑞典等国组成第四次反法联盟。但是,一个月后,拿破仑在取得耶拿和奥尔斯泰特两大战役胜利后又攻入了柏林,迫使普鲁士于11月8日宣布投降。下一步,拿破仑决定打击俄国。为了分散和牵制俄国的兵力,拿破仑打算援助伊朗对抗俄国。同时,也可换取伊朗同意法军过境进攻印度以打击英国。1807年1月,拿破仑写信给伊朗国王,鼓动他进攻被俄国占领的格鲁吉亚,同时表示法国已做好准备,迎接伊朗特使前来缔结法国伊朗军事互助友好条约。

伊朗为了抗击俄国入侵,也早想向法国求援。所以,伊朗国王在接到拿破仑的信后,立即派出使臣就结盟一事同法国进行磋商。同年5月4日,伊朗与法国在位于芬肯斯泰因(东普鲁士)附近的拿破仑军营里签订了法伊《芬肯斯泰因同盟条约》。

根据这项条约,法国确保伊朗领土不受侵犯,承认伊朗对格鲁吉亚的领土主权,并促使俄国将格鲁吉亚归还给伊朗;法国以武器援助伊朗和派遣教官以改组、训练伊朗军队;伊朗立即断绝与英国的一切关系,并对其宣战;伊朗允诺

---

① 马克思:《对波斯的战争》,《马克思恩格斯全集》第12卷,人民出版社1962年版,第131页。

法军过境进攻印度并向法军提供粮秣。然而,这一条约并未给伊朗带来实际好处。因为拿破仑于1807年7月在第四次反法联盟战争中打败了俄国,迫使俄国接受了《提尔西特和约》,并与法国结成同盟。这样,法国自然不便再支持伊朗对俄国作战。

法国在伊朗问题上态度的变化,为俄国造成有利的时机。于是,俄国于1808年10月加紧了对伊朗的攻势,俄军攻打埃里温城和轰击了伊朗的里海沿岸地区。俄国向高加索的扩张,早已引起英国的严重不安。不过,由于当时英俄两国互为盟国并正在共同进行反法作战,英国不便公开反对。现在,俄国不仅脱离了反法联盟,而且已经站到了敌对的法国一方,因而英国就有了同俄国对抗的正当理由。此外,英国也想乘机将法国势力排挤出伊朗。所以,英国便于1809年3月19日同伊朗在德黑兰签订了同盟条约。根据条约,伊朗承诺断绝同法国以及其他与英国为敌国家的关系;英国在俄国伊朗战争结束前,每年向伊朗提供16万图曼(约相当于13万多英镑)补助金。

1809年春,英国、奥地利等国又组成了第五次反法联盟。此时,俄国虽然仍为法国的盟国,但是两国早已是貌合神离。亚历山大一世深知俄法两国难免一战,因此他想及早结束对伊朗的战争。根据沙皇旨意,俄国与伊朗于1810年5月开始议和,但由于伊朗坚持俄军必须撤出高加索,致使和谈未获任何结果。俄军遂于秋季向里海东岸发动进攻,但为伊朗军队击退。1811年6月,伊朗与土耳其军队联合进攻第比利斯,被俄军击退。

1812年,对于伊朗是灾难性的一年。这一年5月,俄土《布加勒斯特条约》签订后,土耳其将其在高加索地区与伊朗并肩作战的军队撤出了。6月,拿破仑发动了入侵俄国的战争。俄国则在瑞典的调停下于7月18日同英国缔结了和平同盟条约,因此,英国也不再援助伊朗对俄国作战。这样,伊朗便陷入了孤立无援的境地。趁此大好时机,俄国于10月对伊朗发起了全线攻击,阿斯兰杜兹一役,伊朗军队大败,走投无路的伊朗只得要求议和。1813年10月24日,双方签订了《古利斯坦和约》。

根据和约,伊朗将达吉斯坦、格鲁吉亚、阿哈兹、卡拉巴赫、巴库等汗国划归俄国所有;俄国获得在里海拥有自己舰队的特权;俄国商人可在伊朗境内自由贸易,其商品在缴纳5%的进口税后,便可在伊朗全境自由交易。

《古利斯坦和约》不仅使俄国获得了高加索地区的大面积领土,而且大大加强了俄国在伊朗的地位和影响,这就进一步加深了英国的不安。为了抵制俄国在伊朗的势力及影响,并把与俄国接壤的中亚国家置于自己的控制之下,以阻断俄国向波斯湾,特别是向印度方向的扩张,英国经多次同伊朗进行谈判,于1814年11月25日在德黑兰签订同盟条约。条约规定:伊朗废除同所有敌视英国的欧洲国家缔结的条约和同盟;伊朗禁止其他欧洲国家军队假道其领土进攻印度;如阿富汗进攻英属印度,伊朗应对阿富汗作战;当任何一个欧洲国家进攻伊朗时,英国将派兵援助伊朗,或每年付给20万图曼(约16万英镑)补助金;英国尽力协助伊朗修改《古利斯坦和约》规定的俄伊边界,俄伊边界的最终确定须有英国代表的参与。十分明显,英国签订这一条约的目的,就是要"把俄国约束在距离印度边境尽可能遥远的地方"。

1826—1828年俄国伊朗战争与《土库曼恰伊和约》

《古利斯坦和约》签订后,俄国并未停止其南下的扩张计划,而是继续蚕食伊朗的领土,因而两国间的边界纠纷时有发生。为此,两国于1818年初成立了边界委员会,试图解决彼此的矛盾,但毫无结果。俄国则继续蚕食亚美尼亚,并占领了塞凡湖边的哥克查地区。伊朗于1826年向俄国提出抗议,要求俄国撤出其侵占的伊朗领土,俄国则要伊朗放弃它的另一部分领土卡潘,作为俄国撤兵的交换条件。伊朗拒绝了,于是俄国便再次发动了对伊朗的战争。

1826年6月,伊朗军队向俄国军队进行反击,在不到一个月的时间内相继收复了被俄国根据《古利斯坦和约》侵占的大部分伊朗领土。但同年9月,经过重新整顿的俄军发动了强大的反攻,伊朗军队奋勇抗击并取得一些胜利,但最终未能阻挡住俄军的前进,先后丢失了埃里温和大不里士等城。俄军占领了大不里士,严重威胁着德黑兰的安全,不敢再战的伊朗遂在英国的斡旋下(英国对俄国在伊朗如此迅速的推进也深感不安)同俄国停战议和,双方于1828年2月10日在距大不里士约50公里的土库曼恰伊签订了和约。

《土库曼恰伊和约》规定:伊朗将埃里温、纳希契凡等南高加索土地割让给俄国,两国以阿斯拉河为界;伊朗向俄国支付500万图曼(2000万卢布)战争赔款;伊朗政府承诺不阻挠亚美尼亚人移居俄国境内;俄国在伊朗享有领事裁判权及其他经济特权。

《土库曼恰伊和约》的缔结,大大加强了俄国在伊朗的地位,并为其在中亚的进一步政治经济扩张奠定了基础。但是,这一和约也引起了伊朗人民对俄国的极大仇恨。1828年12月,俄国的特派公使格里包耶道夫到德黑兰交换批准后的和约文本,同时要求伊朗政府将居住在德黑兰的格鲁吉亚和亚美尼亚妇女送交俄国使馆(理由是她们已属俄国臣民),并将两名久居伊朗的格鲁吉亚妇女强行带回俄国使馆。结果,导致愤怒的德黑兰市民于1829年2月11日冲进俄国使馆,将格里包耶道夫及其他36名使馆人员全部杀死,只一等秘书一人幸免。

当时,正值俄国在巴尔干忙于同土耳其作战,对于这一事件,沙皇尼古拉一世无力追究,最后,只好接受了伊朗政府的道歉了事。

第四章 维也纳体系的建立及其瓦解

第一节 维也纳会议

维也纳会议的召开

欧洲反法联盟国家为镇压法国革命和反对拿破仑而进行的长达22年的战争,终于在1814年结束了。这一年的5月,反法联盟国家同法国签订了《第一次巴黎和约》。该和约的第32条规定:"本次战争参加各方应在两个月内派遣全权代表到维也纳,以便在全体大会中决定本条约条款所必须补充的各项安排。"①根据这一规定,反法联盟国家的全权代表于1814年9月陆续到达奥地利首都维也纳。

四大国的代表是:奥地利皇帝弗兰茨一世和外交大臣梅特涅、俄国沙皇亚历山大一世及外交国务秘书涅谢尔罗迭、普鲁士国王腓特烈·威廉三世与首相哈登堡,还有英国外交大臣卡斯尔雷。1815年2月中,威灵顿公爵接替卡斯尔雷出席大会,同年3月,拿破仑逃离厄尔巴岛后,威灵顿奉命准备对拿破仑的作战,由英国驻海牙公使克兰卡蒂接替出席会议。此外,他们各自都有一批助手协助他们参加会议。

代表法国出席会议的是外交大臣塔列朗。塔列朗原是主教,后被选为三级会议的代表,法国大革命后,曾先后担任法国督政府与执政府的外交部长、拿破仑帝国的宫廷侍卫长及外交大臣等职。后因反对拿破仑进攻俄国(他认为这必将导致法国的失败),遂辞去外交大臣职务,并同亚历山大一世有秘密往来。拿破仑倒台后,又被刚刚恢复王位的路易十八任命为外交大臣。塔列朗这次代表法国出席维也纳会议,由于他素谙外交之术和善于利用同盟国间的矛盾,终于使战败的法国挤进了欧洲强国的行列。

此外,除土耳其以外的其他欧洲国家也都应邀派代表出席了会议,其中有多数国家的代表是由它们的君主亲自率领参加。而且,几乎所有的客人都携带

---

① 《国际条约集(1648—1871)》,第268页。

他们的妻子及其他女眷参加,因而使这次大会成为近代国际关系史上的一次规模空前的盛会。这次大会,也"是一种令人眼花缭乱的盛大节日,是贵族和王族试图恢复他们记忆中的十八世纪那种豪华场面而举行的庆祝会。因此,形形色色的亲王、贵族、旅游者、乞丐、间谍和小偷都被吸引到维也纳来"。① 一时,奥地利首都颇有人满为患之感。

经过多年战争的消耗,奥地利宫廷虽然倍感国库空虚,但是,为了提高自己的声望,依然倾其所有来款待各国贵宾。"宫廷的庆祝委员会为众多的宾客安排了丰富多彩的舞会、滑雪、溜冰、打猎、狂欢会、赛马、音乐会,以及多次盛大的宴会"②,维也纳城内的歌声、欢乐声、祝酒声终日不绝于耳。奥地利陆军元帅利涅在当时写给一位来参加大会的朋友的信中说:"你来得正是时候,如果你喜欢庆祝会和舞会,你将得到满足;大会不是在开会,而是在跳舞。"③

会议期间的维也纳,到处都呈现出一种喜悦的"歌舞升平"景象。然而,此时此刻在会议内部,却是另一番截然不同的境况。欧洲诸大国为了各自的利益,彼此间的争吵与斗争十分激烈、尖锐。

维也纳会议的任务与原则

维也纳会议不是反法联盟国家同法国之间的和平会议,因为和平条约已经在巴黎缔结。这次会议也不是讨论法国的领土与边界问题,因为这些已在和约中获得解决。这次会议更不是要在经过革命和战乱后的欧洲建立起一种新的制度,因为它们并不承认欧洲原有的制度已经垮台。欧洲大国举行这次会议的目的是为了"商讨能把革命前的形势恢复到什么程度"④。"恢复旧秩序",这就是梅特涅为这次会议提出的应该实现的目标与任务。

"恢复旧秩序"这一口号,确实给欧洲的一些中小国家带来一种幻想。那些曾被革命洪流淹没了的王公贵族,以为这次大会将要恢复他们被剥夺的权力;一些中小国家更是期待着这次大会能协助它们收回被他国占领的城镇和土地。因此,当他们一收到出席会议的邀请,便立即派出全权代表赶赴维也纳,唯恐失去向这次大会表达自己的意愿和维护本国的利益的机会。然而,他们并不知

---

① 〔英〕C. W. 克劳利编:《新编剑桥世界近代史》第 9 卷,中国社会科学出版社 1992 年版,第 846 页。
② 同上。
③ 〔英〕莫厄特:《欧洲外交史(1815—1914)》,第 8 页。
④ 恩格斯:《德国状况》,《马克思恩格斯全集》第 2 卷,人民出版社 1957 年版,第 641 页。

道,这次大会所要解决的问题以及应该遵循的原则,早在大会召开之前就已经确定了。

《第一次巴黎和约》另立秘密条款规定:对法国"所放弃的领土须做出的部署,以及欧洲真正和持久的平衡制度所产生的关系,将由大会在同盟各国间所决定的基础上"予以解决。① 这里所说的同盟各国,就是指同法国签订《第一次巴黎和约》的英国、俄国、奥地利、普鲁士、瑞典、西班牙和葡萄牙七国。换言之,维也纳会议有关战后欧洲的各种安排,只能根据这七国的决定做出。不过,七国这个数目,对于《肖蒙条约》的签字国,即英、俄、奥、普四大盟国来说,依然嫌多。所以,它们决定将大会的全部工作控制在自己的手中。后来,法国也被吸收进来,于是形成了五国委员会。

这次会议,就是根据五大国的决定来处理欧洲的重大问题。至于其他中小国家的代表,根本无法发挥作用。正如大会秘书长、梅特涅的外交顾问根茨所说的,"在签署最后文件之前维也纳会议一直没有举行过正式会议"。② 这个五大国委员会才是"真正和唯一的维也纳大会"。③ 这次大会的最后议定书也是先由五国讨论通过,再由它们同瑞典、西班牙及葡萄牙共同签署完成。在签署最后议定书之前,八国委员会只开过 9 次会议,而五国委员会则开过 41 次会议。④

1814 年 9 月 13 日,英、俄、奥、普四大国的全权代表都已会聚于维也纳。塔列朗于 9 月 23 日抵达维也纳后不久,便发现四大国已开始了非正式的会谈,而法国却被排除在外。对此,他感到十分不满,于是决定以"正统"(合法性)原则为武器来捍卫法国的利益。塔列朗提出,"恢复旧秩序"必须遵循"正统"原则,那些被法国革命推翻了的封建王权和制度都是"正统"的王朝,"恢复旧秩序"就是应该恢复这些"合法"的王权及其原有的旧疆界。对于塔列朗的这一主张,英、俄、奥、普四国无理反对,而且,它也必将获得与会的中小国家代表的赞同。

接着,塔列朗进一步向四大国提出了挑战:如果法国在维也纳会议上不被看作是一个平等的大国,他将唤起中小国家的舆论,要求大会严格遵照"正统"原则恢复它们的"合法"的王权和原有的疆域。此外,塔列朗还适时地利用了俄普与英奥之间在波兰和萨克森问题上的矛盾,最终迫使英、俄、奥、普同意接纳

---

① 《国际条约集(1648—1871)》,第 269 页。
② C. W. 克劳利编:《新编剑桥世界近代史》第 9 卷,第 847 页。
③ 〔美〕菲利普斯:《欧洲联盟》,纽约 1966 年版,第 101 页。
④ 〔英〕韦伯斯特:《维也纳会议》,纽约 1963 年版,第 94 页。

法国参加四大国的协商与讨论。于是,四大国委员会扩大为英、俄、奥、普、法五大国委员会。塔列朗提出的"正统原则"也被一致接受为大会的指导原则。

此外,它们还一致同意接受"补偿原则"作为大会的另一项指导原则。即大国在瓜分小国领土时,如某一国要求未能得到满足,则可在其他的地方获得补偿。

在这个决定着未来欧洲命运的五大国委员会之下,还设有一些专门委员会,以处理一些专门问题,如德意志委员会、瑞士委员会、国际河流委员会、统计委员会等。它们就有关问题提出专门报告,供五大国委员会参考。根据大国商定的议程,维也纳会议定于10月1日正式开始。

大国在维也纳会议上的矛盾与斗争

维也纳会议面临着许多问题需要解决,但突出的有以下九个问题。它们是:波兰—萨克森问题;莱茵边界问题;比利时—荷兰问题;丹麦—瑞典问题;瑞士问题;意大利问题;德意志联邦问题;国际河流问题以及奴隶贸易问题。其中最难以解决的是波兰—萨克森问题。

所谓波兰—萨克森问题,即如何处理华沙大公国以及拿破仑的盟国萨克森王国的问题,这是两个密切相关的问题。1807年,第四次反法联盟失败后,拿破仑在普鲁士统治下的部分波兰领土上建立起华沙大公国。拿破仑倒台后,华沙大公国的领土理应归还给普鲁士,这既符合维也纳会议关于"恢复旧秩序"的宗旨以及"正统"原则,也同俄国在1813年与普鲁士签订的《卡利什同盟条约》相一致。该条约明确规定在打败拿破仑后,普鲁士应恢复其1806年的国界。

但是,波兰一直是俄国想要兼并的国家。通过对波兰的三次瓜分,俄国虽然夺得了原波兰62%的领土,但它仍在等待机会占有全部波兰。拿破仑战败后,俄国的数十万大军驻扎在华沙,亚历山大一世认为这是实现俄国独占波兰的极好时机。于是,他打算在原华沙大公国的领土上重建波兰王国,并置于俄国的统治之下。亚历山大的这个计划一经提出,便遭到其他大国的强烈反对。

普鲁士首先反对重建在俄国统治下的波兰王国。它认为,华沙大公国的领土原属于普鲁士,拿破仑倒台后,理应"物归原主"。奥地利由于不愿看到俄国势力的增强,而且十分担心如果波兰王国一旦重建,势必影响到自己境内波兰人的稳定,因而也反对亚历山大的计划。至于英国,卡斯尔雷更是反对亚历山大重建波兰的打算。

卡斯尔雷出席维也纳会议的主要目的,是要在战后的欧洲恢复"公正的均势"。在他看来,现在虽然拿破仑已被打败,但是欧洲"公正的均势"还远未能恢复。就在维也纳会议期间,俄国的军队不仅占领着波兰,甚至在易北河沿线仍有大约 60 000 名俄国士兵驻扎在那里,有力地控制着荷尔斯泰因与萨克森。因此,尽快恢复欧洲"公正的均势",便成为卡斯尔雷所要实现的首要目标。他在这里所说的这种"公正的均势",除俄国应尽快撤退其军事力量外,主要是指要设法加强中部欧洲的力量。为此,卡斯尔雷一方面需要一个强有力的普鲁士,同时还打算让普奥这两个德意志国家联合起来,以便使它们可以在西方防范法国的再起,在东方抵御俄国的扩张。

在波兰问题上,卡斯尔雷主张普奥两国联合,共同反对亚历山大占有华沙大公国。哈登堡对此表示同意,但其条件是要求英奥支持普鲁士获得萨克森。

萨克森王国曾是拿破仑的盟国,拿破仑战败后,普鲁士和奥地利都想兼并萨克森。卡斯尔雷既欲加强普鲁士,故同意哈登堡的要求。然而,奥地利却不愿普鲁士因扩大领土而增强其实力,故予以反对。后在卡斯尔雷的劝说下,梅特涅终于接受了这一主张。可是,当普奥两国皇帝共同向亚历山大一世表明了他们反对俄国重建波兰王国的计划后,亚历山大当着两位皇帝的面,愤怒地指责了他们的外交大臣哈登堡与梅特涅。当时,奥皇弗兰茨的态度虽然仍十分坚定,但普鲁士国王威廉三世却屈服了。至此,卡斯尔雷有关普奥联合反俄的计划也就宣告失败。

接着,普鲁士与俄国就如何处理波兰问题开始了谈判。哈登堡向亚历山大提出,如果俄国支持普鲁士获得萨克森,并同意将托伦和波森让与普鲁士,普鲁士便不再反对亚历山大建立波兰王国的计划。亚历山大为了求得普鲁士对自己的支持,同意普鲁士兼并全部萨克森,作为它失去波兰领土的补偿;原萨克森国王,可获得莱茵河左岸地区(包括卢森堡大公国、波恩城镇等),并在那里建立他的新王国。在波兰方面,亚历山大只同意将托伦和克拉科夫建成自由市。最后,俄普两国在波兰和萨克森问题上达成妥协,并由此形成俄普联合。

梅特涅坚决反对俄普的上述交易,他既不同意俄国占有华沙大公国,也不能容忍普鲁士获得萨克森。以前,梅特涅同意普鲁士取得萨克森,是为了换取普奥联合,共同反对俄国重建波兰。现在,普鲁士既然已向俄国妥协,梅特涅自然也就收回了自己的承诺。而且,由于多数德意志小邦国已投靠了奥地利,因而梅特涅打算建立一个在奥地利领导下的、将普鲁士排除在外的德意志联邦。于是,普奥这两个德意志国家在如何处理萨克森问题上的分歧便公开化了。

卡斯尔雷原本支持普鲁士获得萨克森,现在,鉴于普鲁士已站到了俄国一方,故转而支持奥地利。但是,此刻他仍未放弃使普鲁士成为一个强大的中欧国家的政策。所以,卡斯尔雷坚持普鲁士只能获得一部分萨克森的领土,而在其他地方另寻补偿。此外,卡斯尔雷还坚决反对将莱茵河左岸地区置于萨克森这样一个小国的手中。他认为,那必将加强法国在那里的影响,而十分不利于英国。因为萨克森国王本人是坚定亲法的。而且,拟议中建立的这个新国家,其居民的大多数属于高卢人并信奉天主教。此外,萨克森国王及其王室也决不会忘记丢失的国土,因而将长期采取反普鲁士态度,这也不符合卡斯尔雷欲加强普鲁士的政策。

普鲁士因有俄国为其强有力的后盾,态度十分坚决,不肯在萨克森问题上做出丝毫让步。亚历山大更是扬言:"我在华沙大公国驻有 20 万俄军,让他们试试将我从那里赶走吧!至于萨克森,我已经将它许给了普鲁士。"①这样,围绕波兰—萨克森问题,四大国之间的矛盾日趋尖锐,并形成俄普与英奥对立的双方。英俄普奥四大盟国在波兰—萨克森问题上的对抗,给法国带来了机会。

英奥法《维也纳秘密同盟条约》

为了协调彼此间的分歧,英、奥、俄、普四大国决定于 11 月 29 日举行会议,专门讨论波兰—萨克森问题。为了增强反对俄普的力量,英奥两国要求允许法国代表塔列朗参加正式会谈,但遭到普鲁士的强烈反对。因为如果同意塔列朗出席会议,就等于宣告普鲁士占有萨克森的希望落空。哈登堡还宣称,普鲁士占有萨克森的权力如被否决,就无异于向普鲁士宣战。针对哈登堡的武力威胁,卡斯尔雷明确指出:战争并非济世良方,若非取得欧洲的同意,普鲁士岂能期望对萨克森的统治?看来,通常的外交手段已难以解决它们之间的争端,因此,各方都开始了军事准备。

在俄普两国的态度越来越强硬的情况下,卡斯尔雷向梅特涅和塔列朗提出了由他亲自起草的一个秘密条约草案,并得到他们的赞同,三方遂于 1815 年 1 月 3 日在维也纳签署了该条约。这项被称为英奥法三国《维也纳秘密同盟条约》规定:缔约国中之任何一方如受到一国或数国的威胁,其他两方应通过友好的干涉,以防止对该国的入侵;如果干涉无效,其他两方则各出兵 15 万人援助被入侵的一方;英国有权以其雇用的外国军队或按每名步兵支付 20 英镑和每名骑兵支付 30 英镑的方式援助被侵略的一方;一旦开战,缔约三方相互约定不单

---

① 〔英〕莫厄特:《欧洲外交史(1815—1914)》,第 10 页。

独同敌人媾和。在条约的单独秘密条款中,三国一致同意邀请巴伐利亚、汉诺威和荷兰加入本条约。

表面上看来,英奥法同盟条约是防御性的,是为了防止俄普两国在波兰—萨克森问题上动武。实际上,这也是英奥决心以武力维护自己的主张的战争步骤。由于塔列朗同意签署这项条约,使法国的地位得到根本的改善,英奥先前的敌国,如今成为它们的军事盟国。这项条约的签订,不仅宣告了反法联盟彻底解体,而且结束了法国的孤立局面,这是法国在外交上的一大胜利。所以,在秘密同盟条约签署的第二天,塔列朗便在给路易十八的报告中写道:"陛下,反法联盟已永远地瓦解了","现在,法国还获得一项殊荣,她将为奥地利的安全以及英国政策的成功而战"。①

维也纳秘密同盟条约签订后,英奥两国的态度也日趋强硬。在以后的四大国会议上,卡斯尔雷和梅特涅断然宣称:在俄普同意法国正式出席会议前,将不再就波兰—萨克森问题进行协商。此刻,俄普两国已听到一些有关英奥法三国密谈的传闻。虽然它们一时尚无法证实这些传闻的真实性,也无从了解密谈的内容,但联系到英奥近来的不妥协态度,故决定做出让步。于是,法国被允许于1月12日首次出席了四大国会议。从此,决定战后欧洲命运的四大国委员会让位于五大国委员会。

俄普一方表示和解后,大国间的战争危险已成为过去。然而,在解决有关波兰—萨克森问题的分歧方面,仍存在某些困难。那就是如何为普鲁士找到足够的领土补偿,以抵消它在波兰方面的领土损失。尤其是,卡斯尔雷此刻仍将加强普鲁士作为实现"欧洲均衡"的基本措施之一,因而他不想让普鲁士在领土方面有什么损失。结果,在卡斯尔雷的斡旋下,对立的双方终于在2月11日就这个最有争议的波兰—萨克森问题达成了一项协议。

该协议规定:普鲁士占有但泽和波森(又称波兹南);奥地利获得加里西亚;克拉科夫及其周围约1000平方公里的地区建成自由市,由俄、普、奥三国共管;在波兰其余约四分之三领土上(面积约127 000平方公里)建成波兰王国,由俄国沙皇兼任国王。普鲁士丧失部分波兰领土后,应获得两处领土补偿:萨克森将约占其总面积五分之二的北部领土给予普鲁士,此外,威斯特伐利亚和瑞属波美拉尼亚也划归普鲁士所有。萨克森余下的五分之三的领土仍为其王国的

---

① 〔英〕莫厄特:《欧洲外交史(1815—1914)》,第11页。

版图。这项协议,虽然未能满足俄国对原华沙大公国的全部要求,却认可了它对芬兰和比萨拉比亚的占有。

该协议签订后不久,卡斯尔雷奉召回国,由威灵顿接替他代表英国继续出席维也纳会议。

《维也纳会议最后议定书》

1815年2月26日,被囚禁在厄尔巴岛的拿破仑终于摆脱了英国舰队的监视,成功地逃离了该岛,并于3月20日返回巴黎,建立了政权。3月25日,英俄奥普四国组成第七次反法联盟,准备再战拿破仑。英国出席维也纳会议的代表威灵顿奉召去指挥对拿破仑的作战,由克兰卡蒂接替他继续出席会议。此后,为了集中力量进行反拿破仑战争,英、奥、法、俄、普、西、葡以及瑞典八国于6月9日共同签署了最后议定书,维也纳会议宣告结束。

《维也纳会议最后议定书》①共121条,其主要内容有:(1)关于波兰与萨克森的安排(详见前述协议);(2)普鲁士除获得波森、萨克森北部、威斯特伐利亚和瑞属波美拉尼亚外,还收复了根据《提尔西特和约》而割让的几个省份和领地;(3)奥地利除得到加里西亚外,再收复了伊斯特里亚、达尔马提亚、提罗尔、威尼西亚和伦巴第等地;(4)奥属尼德兰(比利时)同旧尼德兰联合省组成尼德兰王国,置于联合省君主奥伦治亲王威廉一世的主权之下,他和他的继承人并拥有卢森堡公国的全部所有权和主权;(5)成立德意志邦联,由包括普鲁士、奥地利在内的34个君主国及4个自由市(汉堡、不来梅、卢卑克和法兰克福)组成。此外,丹麦代表荷尔斯泰因公国、尼德兰代表卢森堡大公国也参加了邦联。设邦联议会处理邦联事务,奥地利担任邦联议会主席;(6)继续维持意大利的分裂状态,除伦巴第与威尼西亚已重新划归奥地利外,热那亚、尼斯以及部分萨伏依并入撒丁王国;将托斯卡纳大公国归还给奥地利斐迪南大公;摩德纳公国成为奥地利弗兰西斯大公的世袭领地;将帕尔马公国给予奥地利公主、拿破仑一世的第二个妻子玛丽·路易丝作为其终身领地;卢加公国成为西班牙公主玛丽·路易斯的世袭领地;斐迪南一世及其继承人重新恢复其那不勒斯的王位,各国承认他为两西西里王国的国王;罗马教廷收回其原有领地;(7)瑞典放弃对芬兰的要求,丹麦将其所属的挪威割让给瑞典,但取得石勒苏益格与荷尔斯

---

① 详见《国际条约集(1648—1871)》,第280—330页。

泰因两公国;(8) 瑞士由原来的19个州扩大为22个州,并成为永久中立国;(9) 凡国家间的界河或流经几个国家的河流,从其可航行的起点到河口,应完全自由航行,不得禁止任何人进行贸易,但应按统一的收税制度和税率纳税。

此外,《维也纳会议最后议定书》还附载了17项条约、专约、宣言、规章和其他文件等,并视其为该议定书的组成部分。其中重要的内容有:

(1) 确认了大国对欧洲领土及海外领地的划分。除议定书已载明的俄、普、奥等国的领土变更外,英国获得了赫尔果兰岛、锡兰岛、好望角、圭亚那、圣卢西亚岛、多巴哥岛、塞舌尔群岛、毛里求斯岛、马耳他岛,并取得了对伊奥尼亚群岛的保护权。这些岛屿的获得,进一步加强了英国海上和殖民地霸权的优势和实力。

(2) 1815年2月8日各国关于取缔贩卖黑奴的宣言,呼吁各国停止奴隶买卖。

(3) 关于外交代表等级章程。该章程将外交代表划分为三级:一为大使、宗教特使或教廷大使;二为公使或向君主派遣的其他代表;三为向外交部长派遣的代办。它首次统一了各国外交代表的等级,从而使各国避免了在外交活动中因代表级别不统一而引起的争执,并一直为各国所承认和遵守。

经过八个多月的争吵,维也纳会议依照"正统"和"补偿"原则终于在欧洲大陆上恢复了旧秩序。各列强对领土的要求虽然未能全部如愿,但也称得上是各得其所。英国从法国和荷兰手中夺得了大量海外殖民地,对于它保持贸易优势和加强海上霸权具有重要意义。奥地利再次控制了北部意大利和各小公国,并在德意志邦联中占据优势。俄国除占有芬兰和比萨拉比亚外,还得到了波兰王国(虽然不是全部),使它真正成为不再是"欧洲之外的大国"。普鲁士获得了在经济价值和战略地位方面都十分重要的莱茵河沿岸省份以及波美拉尼亚等地,极大地加强了它在中欧的实力和地位。此外,这次会议通过对一些小国领土的"调整",还在法国的东部边界建立起一条弧形遏制地带,以利于防止法国的东山再起。

这次大会完成了"恢复旧秩序"这项预定的工作。因此,今后的重要任务就是保护好这一来之不易的成果:"和平"、"秩序"和"均势"。然而,维也纳会议的致命之处是,它完全不考虑"民族"和"民主"的原则。因此,这次会议在欧洲恢复起来的"秩序"是难以持久的,它终究要在渴望"自由"、"平等"、"人权"的人民革命和民族独立斗争中解体。

第二节　拿破仑帝国最终崩溃与维也纳体系的形成

拿破仑第二次退位与《第二次巴黎和约》

拿破仑第一次退位和波旁王朝复辟后，引起法国各阶层人民的强烈不满，国内政局动荡不安。与此同时，参加维也纳会议的各大国，因分赃不均而争吵不休。这一切，再次点燃了拿破仑重掌政权的欲火。1815年2月26日晚，他终于摆脱了英国舰队的监视，率千余名官兵乘船逃离了厄尔巴岛，并于3月1日下午在戛纳登陆。拿破仑在向巴黎进军的途中，遇到了路易十八的军队的阻拦。但是，他面无惧色地喊道："士兵们，你们不认识我吗！如果你们当中有哪一个想杀死自己的皇帝，就让他来吧，我就在这里！"①结果，不仅无人开枪，这支军队反而在"皇帝万岁"声中归并了拿破仑。就这样，拿破仑于3月20日顺利地重返巴黎，住进了土伊勒里宫，建立起他的"百日政权"。

在维也纳开会的各大国3月6日夜才得知拿破仑已逃离厄尔巴岛，这一消息使它们感到十分震惊。3月13日，《第一次巴黎和约》八个签字国共同签署声明，宣布拿破仑不受法律保护，并成为"公众的敌人"。为了准备再次对拿破仑作战，英、俄、奥、普四大国于3月25日在维也纳签订条约，重申了《肖蒙条约》的原则，四国将把反拿破仑战争进行到底。为此，四国还将各提供一支15万人的军队，并不得单独媾和。这样，新的（第七次）反法联盟宣告组成。

拿破仑重返王宫后，意外地发现了路易十八仓皇出逃时忘记带走的英奥法三国反俄秘密盟约，他认为这是打破反法联盟的最好武器，于是派专使将这份密约送交亚历山大一世。遗憾的是，拿破仑的这一招并未奏效。沙皇亚历山大一世见此密约后确实恼怒异常，并立即拿着它去质问梅特涅。这位能言善辩的奥国外交大臣，竟然一时无言以对。最后，亚历山大一世十分大度地将这份密约当面销毁，并要求梅特涅在共同敌人面前忘却前一段的不和。这样，俄国仍然与英、奥、普等国共同派出70万大军征讨拿破仑。

6月12日，拿破仑率26万法军自巴黎出发，进军比利时。6月18日，拿破仑与反法联军激战于布鲁塞尔以南约18公里的滑铁卢，最后，拿破仑战败。6月22日，拿破仑再次退位，并被流放于大西洋的圣赫勒拿岛。拿破仑第二次退位

---

① 〔法〕埃米尔·路德维格：《拿破仑》，纽约1926年版，第499页。

后,路易十八重返巴黎,波旁王朝第二次复辟,拿破仑帝国彻底崩溃。1821年5月5日,52岁的拿破仑死于圣赫勒拿岛。

拿破仑战败以后,英、俄、奥、普四国在巴黎经过五个多月的协商,终于在1815年11月20日分别同法国签订了内容相同的《最后条约》、《关于法国向联盟国家偿付赔款的专约》与《关于联盟国家军队在法国的军事占领的专约》,统称《第二次巴黎和约》。① 该条约规定:法国保持1790年的国界;法国应拆除其在瑞士边境地带的工事,永不重建;法国领土应由联盟国家军队占领3—5年,占领军的一切费用由法国负担;法国应向联盟国家支付7亿法郎的战争赔款,于五年内分15次清偿。

拿破仑以700万人(其中100万是法国人)的生命为代价建立起来的法兰西第一帝国终于完结了。在这以后,虽然"从伦敦到那不勒斯,从里斯本到圣彼得堡,各国的内阁都由封建贵族统治着"②,但是,从封建主义向资本主义前进的历史进程,却是任何人都无法扭转的。

在这场22年的反法战争中,英国和俄国是两个获益最多的国家。英国不仅巩固和加强了自己的海上及贸易优势,而且还夺得了法国、荷兰以及西班牙的一部分海外殖民地;俄国更是"从来没有获得过如此强大的地位","在欧洲大陆上,他不再有对手了。奥地利听他使唤。法国波旁王朝在他的帮助下得以恢复王位,因此也对他俯首听命。瑞典在他的帮助下得到了挪威,作为它实行亲俄政策的保证。甚至西班牙王朝的复辟也应更多地归功于俄国人、普鲁士人和奥地利人的胜利"③。简言之,一个得利于海外,一个发迹于欧洲大陆。

神圣同盟、四国同盟与"欧洲协调"

《第二次巴黎和约》缔结后,为了顺利地实施维也纳会议的各项决议,特别是使那些随时可能发生的革命运动能受到及时和有力的制止,沙皇亚历山大一世倡议,并同奥皇弗兰茨一世及普王腓特烈·威廉三世于1815年9月26日在巴黎签署了《神圣同盟条约》。这项条约完全是沙皇亚历山大一世的神秘宗教信仰的反映,也是他接受了克吕登纳夫人影响的产物。④ 三位君主在《神圣同盟

---

① 详见《国际条约集(1648—1871)》,第332—347页。
② 恩格斯:《德国状况》,《马克思恩格斯全集》第2卷,第647页。
③ 恩格斯:《俄国沙皇政府的对外政策》,《马克思恩格斯全集》第22卷,第33页。
④ 克吕登纳夫人生于拉脱维亚,信奉秘道,俄国神秘主义者,曾举办读经班和主持忏悔。亚历山大一世在1812年的反拿破仑战争中曾变得意志消沉,后经常听她讲道并逐渐恢复常态,从此成为她的信徒,克吕登纳夫人自己也认为神圣同盟的建立是她的功劳。

条约》的序言中宣称:"由于最近三年来欧洲发生了巨大的事变",他们签订本同盟的"唯一目的是向世界表明他们不可动摇的决心,即无论在各自本国的统治中以及他们同其他政府的政治关系中,只是把这个神圣宗教的格言——正义、慈悲及和平的格言,作为他们行为的唯一准则"。

在同盟条约的三项条款中,他们同意"按照《圣经》所指示人人皆兄弟的隽语,缔约三国君主应以真正的、牢不可破的兄弟情谊联系,互视为同胞,无论何时、何地,应相互给予支援、帮助和救护";"三国君主陛下最恳切地告诫他们的人民,只有从良知中诞生的和平才是持久的,只有在按救世主教导于世人的原则中及厉行义务中日渐自强才可享受持久和平";"一切国家如愿意庄严地接受本文件所阐明的神圣原则并承认这些真理今后对人类命运所施加的一切影响……均可加入这个神圣同盟,并受到诚挚的欢迎"①。随后,除英国、奥斯曼帝国和罗马教皇国外,所有欧洲国家的君主都先后在盟约上签字,加入了神圣同盟。

这个用宗教辞藻装饰起来的同盟,只是一个十分松散的组织,它既没有规定每个成员应该承担的义务,更没有具体的责任。所以,当时外交界的两位重要人物卡斯尔雷与梅特涅,都认为神圣同盟纯粹是一种毫无意义的国际联合。卡斯尔雷讽刺神圣同盟是"极度的神秘主义与胡言乱语的结合";梅特涅则称它是"冗词赘句"②。当时,之所以有众多的国家先后加入神圣同盟,其原因不外或是碍于情面,或是惧怕亚历山大的权势。真正重视神圣同盟的只有沙皇亚历山大一人,他倡议建立神圣同盟的目的,不仅仅是为了与法国的革命精神相对抗,更重要的是以这个同盟来"掩饰沙皇对欧洲各国政府的霸权"③。

《第二次巴黎和约》于 1815 年 11 月 20 日缔结后,为了防止法国东山再起,根据英国的建议,英、俄、奥、普在同一天还签订了《四国同盟条约》。条约共有七项条款,主要内容是:四国承诺共同维护《第二次巴黎和约》,并保证其顺利实施;将来如任何一方遭受法国的攻击,四同盟国应各出兵 6 万人,共同对法国作战。《四国同盟条约》第 6 条还特别规定:"缔约国四方同意定期举行会议","以便就四国的共同利益进行磋商,并制定出一些适用于不同时期的措施,以

---

① 《国际条约集(1648—1871)》,第 331—332 页。
② 〔美〕海斯:《近代欧洲政治文化史》上卷,纽约 1947 年版,第 731 页。
③ 马克思:《致日内瓦 1830 年波兰革命五十周年纪念大会》,《马克思恩格斯全集》第 19 卷,人民出版社 1963 年版,第 266 页。

更加有利于各国的稳定与繁荣,以及维护欧洲和平"。①

十分明显,四国同盟与神圣同盟完全不同,这是一个有着明确的责任和义务的同盟条约。首先,四国同盟的任务是共同保证《第二次巴黎和约》的顺利实施,因为,这是维护维也纳体系的基本准则。其次,为了防止法国的东山再起,四缔约国承担了将共同出兵对法作战的义务。再次,四缔约国同意定期举行会议,就欧洲重大问题进行磋商并采取措施,这就确立了四大国(后发展为五大国)协商主宰一切的原则,从而开始了所谓"欧洲协调"时期。

亚琛会议与五国同盟

《第二次巴黎和约》签订后,反法联盟国家派军队对法国实行了占领,从而有力地保证了和约的顺利实施以及法国按期支付赔款。后来,由于考虑到法国已显示出的和平意向,奥地利政府遂于1818年6月建议联盟国家举行一次会议,以便对法国的形势做出估计,并商讨联盟国家军队在法国的占领期限问题。结果,在四国同盟的主持下,英、俄、奥、普、法五国于1818年10月1日至11月15日,在亚琛(又称艾克斯拉沙佩勒)召开会议,即亚琛会议。

各国出席会议的代表是:英国外交大臣卡斯尔雷、占领军总司令威灵顿以及印度监督局局长乔治·坎宁;沙皇亚历山大一世、外交大臣涅谢尔罗迭和外交副大臣卡波迪斯特里亚;奥地利皇帝弗兰茨一世、外交大臣梅特涅和根茨(大会秘书长);普鲁士国王腓特烈·威廉三世、外交大臣哈登堡和外交家贝恩斯托夫;法国首相兼外交大臣黎塞留、外交部办公厅主任雷诺瓦以及负责法国赔款问题的官员蒙尼尔。

亚琛会议的主要工作,是讨论和安排联盟国家占领军自法国领土撤退的问题。根据《第二次巴黎和约》规定,法国应向联盟国家偿付7亿法郎战争赔款,并应在五年内分十五次还清。截至1818年夏,法国已偿付赔款4.35亿法郎,尚有2.65亿法郎未付。对于这笔未付的赔款,法国代表黎塞留在会上提出拟按以下方式一次付清:其中1亿法郎由法国政府发行公债筹措,余下的1.65亿法郎向英国的两家银行举债,法国政府将在今后的9个月(后改为12个月)内还清这笔贷款。但是,联盟国家占领军应于同年11月30日前全部撤离法国领土。联盟国家考虑到复辟的波旁王朝已经巩固,同时也十分担心自己的军队在法国驻留的时间越久,受到革命思想影响的可能性也就越大,因此同意了法国的提

---

① 〔美〕阿尔布雷克特-卡丽:《欧洲协调》,纽约1968年版,第32页。

议。这样,联盟国家遂于10月9日同法国签订了《亚琛条约》,较顺利地解决了法国的战争赔款及占领军撤退的问题。

联盟国家虽然同意于11月30日前撤走其在法国的占领军,但是对法国依然心存疑虑,它们非常担心法国会再次爆发革命。为防止意外,英、俄、奥、普于11月1日秘密续订了《四国同盟条约》。该条约规定:如果法国爆发任何危及邻国安全和欧洲和平的革命,四国将立即以武力维持法国秩序。

《亚琛条约》的签订,表明了反法联盟国家已完成了对1792—1815年战争的彻底清算。而且,法国不久将结束被占领状态,从而成为欧洲大国中的平等的一员。所以,英、俄、奥、普四国于11月4日联合照会法国,声称庄严的《亚琛条约》已"最终实现了普遍的和平",为了人类和法国的利益,它们决定邀请法国加入四国同盟,法国立即接受了这一邀请。于是,英、俄、奥、普、法五国于11月15日发表宣言,宣称五国同盟的目的在于维持欧洲的和平与保障一切业已缔结的协定。从此,法国在欧洲的强国地位得以恢复,并以平等的一员身份正式地与旧日的四大盟国一道,共同主宰着欧洲的一切事务。至此,"欧洲协调"终告形成。然而,没过多久,这种"协调"就被欧洲大陆上爆发的革命运动破坏了。

第三节 欧洲1820年革命运动及"欧洲协调"的破裂

欧洲革命运动的兴起

反法联盟国家经过22年的作战,虽然恢复了波旁王朝在法国的统治,但是它们却无法阻挡由法国大革命唤起的自由主义、民族主义思想的传播。就在梅特涅控制下的德意志邦联,自由主义思想便十分活跃。1817年10月(亚琛会议召开前一年),一部分德国大学生集会于瓦特堡,以庆祝宗教改革300周年和打败拿破仑的莱比锡战役四周年。会上,学生们焚烧了宣扬专制主义的书籍。1819年3月23日,又发生了沙皇的一名政治及文化情报人员被杀事件。梅特涅绝对不允许这类现象发生在德意志的领土上。于是,他于同年7月底与普王进行了一次会晤,并以退出邦联相威胁,迫使普王同意召开一次邦联会议。

这次会议于当年8月7日在位于波希米亚的卡尔斯巴德召开,出席会议的代表除普鲁士、奥地利外,还有巴伐利亚、巴登、拿骚、符腾堡,以及萨克森—魏玛等。会议在梅特涅的坚持下,通过了一系列法令,统称"卡尔斯巴德法令"。其主要内容有:每一所大学都必须设一名由该校所在的邦政府指定之监护人,负责检查该校教学之政治倾向;解散一切未经许可的学生团体;建立新闻检查制度;在美因兹设立一专门委员会,负责调查各种革命活动,凡被该委员会指控之任何个人(即使仅仅依据某种怀疑),当地政府必须将其加以逮捕。不久,"卡尔斯巴德法令"即被德意志邦联议会通过为邦联法律。不无讽刺的是,这个设在美因兹的专门委员会自成立至1822年底,总共炮制了34卷调查报告,却未能发现任何一起"不轨图谋"。

西班牙人民早在1808年反抗拿破仑入侵时,就曾发动了一次资产阶级革命,并在1812年召集临时议会,制定了自由主义宪法,实行君主立宪制,并废除了封建义务和特权。此外,西班牙在拉丁美洲殖民地也爆发了民族独立战争。维也纳会议后,波旁王朝在西班牙复辟,斐迪南七世重返王位,立即宣布宪法无效,并解散了议会。1819年,斐迪南七世在加迪斯港集合了一支部队,准备派往拉丁美洲去镇压那里的独立运动。但是,这支部队拒绝执行命令(即"加的斯兵变"),并由此引发了全国起义的爆发,起义军民迅速夺取了首都马德里,斐迪南被迫恢复了1812年宪法和一系列改革法令。

意大利在维也纳会议后仍处于分裂状态,其北部由奥地利统治,南部由波旁家族的斐迪南一世统治。西班牙革命的消息传入后,烧炭党人立即于1820年7月在那不勒斯发动革命,迫使斐迪南一世同意实行宪政。1821年3月,北部意大利的皮埃蒙特也爆发起义,撒丁王国被迫颁布了西班牙1812年宪法。

特罗保会议、莱巴赫会议与意大利革命被绞杀

上述这些革命的爆发,极大地震惊了欧洲的各国君主和大臣。尤其是意大利革命的爆发,直接威胁到奥地利对北部意大利的统治,因此,梅特涅感到十分沮丧。他的心腹和密友根茨曾说:"自从认识梅特涅亲王以来,我从未见过他受到像意大利革命如此之大的打击。"为了尽快在意大利恢复"秩序",梅特涅急于进行武力干涉,但是,他需要得到盟国的道义支持。

对于以武力干涉爆发于欧洲各地的革命运动,俄普两国没有不同的意见。但是,英国担心这种"干涉原则"一旦被接受,日后有可能被用于不利自己的场合,故反对这种不经一个国家的邀请,便干涉该国内部事务的做法。在这个问题上,法国也采取了与英国类似的态度。

为了说服英国,梅特涅提出两点理由:其一,镇压那不勒斯革命不仅有关奥地利的利益,也符合各大国的利益。维护根据维也纳会议建立起来的秩序和体系是各大国的共同利益所在。任何革命运动都将威胁到根据条约建立起来的

国际秩序,因此各大国应采取一致的行动将其扑灭。其二,革命可分为两类:一类是由领导者自己发动的,这是合法的;另一类是由民众以武力发动的,这是非法的,那不勒斯革命即是属于这一类。对于前者,不允许任何一个国家对其进行干涉;对于后者,其他各大国则应联合一致,不仅永不承认其所造成的一切事实,还应设法消除其给该国带来的各种变化。尽管如此,英国依然反对这种无限制的"干涉原则"。

尽管有了俄普的赞同,梅特涅还是希望通过一次国际会议取得更多的道义上支持。这样,在梅特涅的要求下,奥、普、俄、英、法五大国于1820年10月至12月在位于奥属西里西亚的特罗保举行会议。出席会议的有:奥皇弗兰茨一世和外交大臣梅特涅;普王腓特烈·威廉三世和哈登堡、贝恩斯托夫;沙皇亚历山大一世以及涅谢尔罗迭、卡波迪斯特里亚。英国因对会议的主题有不同的认识,未指派正式代表,只让其驻维也纳大使斯图尔特(卡斯尔雷的弟弟)列席观察会议。同样,法国也令其驻彼得堡大使费龙奈斯和驻维也纳大使卡拉曼列席会议。

会上,亚历山大一世为了扩展自己在意大利的影响,主张对意大利革命进行联合干涉,梅特涅最为担心的正是俄国插手西欧事务,所以坚决要求会议授权奥地利单独干涉意大利革命。由于奥地利得到了普鲁士的支持,俄国只好让步。但是,英、法两国仍然在原则上反对这种干涉。最后,奥、俄、普三国排除了英法两国,于11月19日签订了一项议定书,宣称"凡经革命而改变其政府的国家,在其合法的秩序和稳定获得保障前,将停止该国为欧洲同盟的成员,……如果上述这种变更直接危及他国的安全,同盟各国将联合一致,或以和平手段,或根据需要采用武力措施,使该肇事国回到伟大同盟的怀抱"①,这就是被称作《特罗保议定书》的主要内容。英法两国都拒绝接受这个议定书。这样,在五国同盟内部便出现了分裂。

此后,梅特涅仍不愿让同盟内部的分歧公开化。于是,他立即将该议定书抄送一份给其驻英大使,同时附了一封信,令其尽量说服英国政府让步。梅特涅在信中解释说,议定书只是一种原则的主张,奥地利绝不会利用它去干涉一个合法政府的内部事务。同一天,梅特涅在另外一封信中表示,他希望维护大国之间的团结,并要求那些未能签署《特罗保议定书》的国家给奥地利以道义上的支持。然而,英国仍坚持拒绝议定书中的干涉原则。这位大使取得的唯一成

---

① 〔美〕阿尔布雷克特-卡丽:《欧洲协调》,第48页。

果,就是英国将不妨碍奥地利干涉那不勒斯革命的暗示。

为了制订共同干涉意大利革命的详细计划,奥、俄、普三国决定邀请那不勒斯国王斐迪南一世到会参加讨论。为了等待斐迪南一世到会,特罗保会议遂暂告休会。续会将于1821年1月8日在莱巴赫(今卢布尔雅那)举行。

出席莱巴赫会议的除俄、奥、普三国的君主及其外交大臣外,还有那不勒斯国王、撒丁国王以及摩德纳和托斯卡纳等邦国君主。英、法两国仍未指派正式代表,只令观察员出席会议。会上,那不勒斯国王斐迪南一世请求奥地利帮助他恢复权力,并取消那不勒斯新宪法。梅特涅仍希望英法两国签署议定书,结果又遭拒绝。颇为气恼的梅特涅遂说:既如此,英国的官员还是以离开会场为好。代表英国出席会议的斯图尔特则反唇相讥说:请放心,我们会这样做的,因为我们并没有乞求出席会议。五国同盟内部矛盾之尖锐,由此可见一斑。在有关那不勒斯问题上,其他国家都同意帮助斐迪南一世恢复那不勒斯的君主专制制度和废除新宪法,并授权奥地利派兵执行上述任务。

3月23日,奥地利军队占领了那不勒斯,镇压了那里的革命,斐迪南一世恢复了他旧日的王权。4月10日,奥地利军队又联合撒丁军队共同绞杀了皮埃蒙特的革命。至此,意大利各地的封建王权再次复辟。

维罗纳会议与西班牙革命的失败

1822年10月22日至12月14日,为了讨论西班牙革命问题,奥、普、俄、英、法在意大利北部的维罗纳举行了五大国的最后一次会议。出席会议的除奥、普、俄三国的君主及其外交大臣外(梅特涅已于1821年5月出任首相并兼任外交大臣),还有撒丁国王、那不勒斯国王、摩德纳大公、帕尔玛女大公以及托斯卡纳大公。出席会议的法国代表是外交大臣蒙莫朗西和驻英大使夏托布里昂;代表英国出席的是威灵顿和斯图尔特。

在维罗纳会议上,大国间的争论十分尖锐。由于西班牙与法国毗邻,且又同属波旁家族(斐迪南七世是路易十八的表弟),所以法王路易十八对西班牙王室的命运颇为关心。尤其是西班牙革命爆发后不久,法国索米尔军校(位于今曼恩—卢瓦尔省)的学生举行集会,表示拥护当时住在奥地利的拿破仑一世之子赖希施塔特公爵。法国的保皇者们便认为这是西班牙革命的"政治传染病"在法国的反映。因此,出席维罗纳会议的法国代表蒙莫朗西宣称,法国不能容忍西班牙的无政府状态,它将在比利牛斯半岛采取军事行动,同时还要扑灭西属拉丁美洲殖民地的反西班牙起义。

亚历山大一世既仇视革命，又想乘机在欧洲大陆扩展自己的军事影响，遂提出大国共同干涉西班牙革命的主张，他表示愿意派出一支 15 万人的军队，通过德意志领土开赴西班牙。但是，法奥普三国都深知亚历山大的真实用心，尤其是奥普两国在西班牙问题上并无直接利益。因此，它们不想卷入战争，至少是不想卷入一场导致俄国军队要跨越自己国土的战争，故只同意授权由法国派兵干涉西班牙革命。于是，法国代表在会上进一步提出三个问题：当法国断绝同西班牙的外交关系后，其他大国是否也同西班牙断交？如果法国与西班牙爆发战争，其他大国将以何种方式和行动给法国以道义上的支持？如果法国提出请求，其他大国将打算在何种程度上及以何种形式介入战争，以便给法国以积极的援助？① 对于法国代表提出的问题，四大国的回答是完全不同的。

俄国表示在上述所有三种情况下，都将真诚地支持法国，并愿意派兵开赴皮埃蒙特，随时准备援助法国作战。对此，无论是法国，还是奥地利和普鲁士，都表示反对。因为它们绝不允许俄国的军队再次出现在欧洲大陆上。

奥地利和普鲁士的回答是：在第一种情况下，两国都同意与西班牙断交；在法国与西班牙爆发战争的情况下，两国均保证给法国以道义上（但不是物质上）的支持；至于有关军事介入的问题，两国则未做正面回答，它们仅表示，如果各大国能就军事援助的数量、范围及管理等方面取得完全一致的认识，并协同行动，奥普两国将同意提供这种援助。

英国既反对干涉西班牙革命，更反对干涉西属拉丁美洲殖民地的独立战争。于 1822 年 8 月接替卡斯尔雷担任英国外交大臣的坎宁认为，西属拉丁美洲殖民地如果脱离西班牙后，必将有利于英国在那里的渗透。因此，他不顾英王的反对，训令出席会议的代表威灵顿公爵：英国不得签署有关欧洲大国干涉西班牙革命的任何决定和决议；不承认西班牙有权占有拉丁美洲殖民地；不应将拉丁美洲各地的独立战争视为叛逆行为。

根据坎宁的指示，出席维罗纳会议的威灵顿公爵于 10 月 30 日向其他四国提交了一份备忘录，他宣称：对西班牙的干涉似乎是一种毫无必要的假设的责任；英国绝不介入上述三种情况中的任何一种；鉴于西班牙因革命而爆发内战，英国同意法国有权在其与西班牙交界的地段维持一支"观察部队"。与此同时，威灵顿强烈表示他绝不相信那种有关西班牙革命是一种"道德传染病"，并将威胁其他国家的安全的说法。

---

① 〔英〕哈罗德·坦珀利：《坎宁的外交政策（1822—1827）》，伦敦 1966 年版，第 65—66 页。

由于英国的不妥协态度,大国之间的裂痕越发加深了,其中尤以英法为甚,于是,法国便同东方三个神圣同盟国家维持了一种并不稳固和勉强的"团结"。此后,法、奥、普、俄四国便背着英国讨论有关问题,并于11月19日共同签署了武装干涉西班牙革命的议定书,同时授权法国执行干涉任务。关于武力干涉西属拉丁美洲殖民地独立战争问题,由于英国的反对并以将出动海军相威胁,维罗纳会议未能做出决定。

维罗纳会议还提出了意大利和希腊问题。关于意大利问题,梅特涅欲在意大利的皮亚琴察建立一个类似于在美因兹的那种委员会,以调查意大利各地的革命运动,但遭到了以教皇国为首的一些意大利邦国的抵制。同时,俄法等大国也反对奥地利在意大利握有更多的特权。有关希腊革命问题,这次会议没有进行讨论。因为奥俄两国在这个问题上的意见是对立的。梅特涅认为希腊革命是反对其合法的君主。亚历山大一世则认为那是同属于一个东正教教友反抗土耳其的宗教迫害。迫于梅特涅的压力,这次会议还是谴责了希腊革命。因此,亚历山大一世只得拒绝会见前来向他请求援助的希腊革命代表。

维罗纳会议于1822年12月14日结束。当天,俄奥普三个神圣同盟国家发表通报,重申它们有权干涉任何威胁别国君主制度的革命,以显示三国的一致。然而,英国在维罗纳会议期间的坚决不合作态度,表明"欧洲协调"已难以为继。

1823年4月6日,法国根据维罗纳会议的决定派干涉军入侵西班牙,并于5月24日恢复了斐迪南七世对西班牙的封建专制统治,这是三个神圣同盟国家"干涉原则"的最后一次胜利。

第四节　欧洲1830年革命对维也纳体系的冲击

法国七月革命与欧洲大国的态度

19世纪20年代发生于欧洲大陆的革命运动,先后遭到俄奥普三个神圣同盟国家的镇压。但是,反动的封建势力无法扭转历史的发展规律,一场规模更大的革命运动又在欧洲大陆上爆发了。

开始于18世纪上半期的英国工业革命,经过一个世纪的发展,至19世纪上半期,使英国最先成为世界上最大工业国。英国的各种工业品行销世界各地,并受到各国的欢迎。在英国工业革命的推动下,欧洲大陆各国也都相继开始了本国的工业革命。19世纪30年代,随着工业革命自英国扩展至欧洲大陆,各国的自由与民主运动也都在兴起并有了较大的发展。因为新兴的资产阶级在经济上占据重要地位后必然进一步要求政治上的民主与自由。这一时期,在法国、波兰和比利时等国都先后爆发了这种性质的革命,其规模和影响都远超过了20年代发生于欧洲的革命运动。其中,对其他国家革命具有推动意义的是法国的七月革命。

法国波旁王朝于1815年第二次复辟后,路易十八重登王位,大力在国内恢复革命前的旧制度。1824年9月,路易十八死后,其弟即位,称查理十世。查理十世在国内推行比路易十八更为反动的政策,激起法国各阶层民众的强烈不满。1830年7月25日,他颁布新法令,禁止群众集会,实行报刊预审制度,以及限制选举权等。结果,导致七月革命的爆发。经过三天的战斗,查理十世被迫退位,奥尔良公爵路易·菲力普被推上法国王位,建立起"七月王朝",开始了金融贵族的统治。这个"七月王朝不过是剥削法国国民财富的股份公司;这个公司的红利是在内阁大臣、议会、24万选民和他们的随从之间分配的。路易·菲力普便是这个公司的经理……"①

法国七月王朝的建立,是资产阶级对封建专制制度的胜利,因而遭到以俄国为首的欧洲封建大国的仇视与反对。

于1825年12月即位俄国沙皇的尼古拉一世,极端仇视法国七月革命。七月王朝建立后,他打算断绝同法国的外交关系,并与其他君主国家共同采取干涉行动。为此,尼古拉一世曾派专使分别前往维也纳和柏林,商讨共同干涉计划,以便帮助法国波旁王朝重掌政权。然而,"1830年,当尼古拉皇帝和普鲁士国王蓄意重新进攻法国以实现其复兴正统王朝的计划时……波兰革命挡住了他们的道路"②。由于波兰起义的爆发,这就破坏了尼古拉一世干涉法国革命的计划。

此外,奥地利首相梅特涅也十分仇视法国的七月革命,他虽有意派兵进行干涉,却是心有余而力不足。因为在法国七月革命的影响下,德意志和意大利的一些邦国也爆发了革命,奥地利不得不将自己的主要精力集中于国内。至于普鲁士,腓特烈·威廉三世本想参与俄国的干涉行动,但考虑到其国土与法国接壤,若

---

① 马克思:《1848年至1850年的法兰西阶级斗争》,《马克思恩格斯全集》第7卷,人民出版社1959年版,第14页。

② 马克思、恩格斯:《致日内瓦1830年波兰革命50周年纪念大会》,《马克思恩格斯全集》第19卷,第265页。

干涉行动一旦开始,普鲁士必将先遭法国的攻击,结果,只得放弃干涉法国革命的打算。

英国对法国的七月革命采取了与俄国迥然不同态度,一方面,英国的资产阶级和自由派贵族欢迎法国革命;另一方面,英国政府为了拉拢法国以抵制俄国向巴尔干和中东的扩张,遂率先承认了七月王朝新政府。奥、普两国既无力干涉法国革命,只得步英国的后尘,先后承认了路易·菲力普政权。最后,尼古拉一世为避免外交上的孤立也不得不承认七月革命后的法国政府。

比利时革命与五大国伦敦议定书

在法国七月革命的影响下,根据维也纳会议被强行合并于尼德兰王国之内的比利时,也于1830年8月25日在布鲁塞尔发动起义,反对荷兰人在政治上和宗教上的压迫,并于10月4日成立了临时政府,宣布比利时独立。

比利时革命爆发后,尼德兰国王威廉一世于10月2日请求英、俄、奥、普四国派兵帮助他恢复"秩序"。同年11月4日,英、俄、奥、普、法五大国集会于伦敦,讨论比利时问题。会上,俄、奥、普三个神圣同盟国家同意威廉一世的请求,愿意派兵进行干涉,但是,它们的主张遭到英、法两国的反对。建立在革命基础之上的路易·菲力普政府自然是支持比利时革命的,因此,法国宣称:如果其他大国一旦对比利时动武,法军将立即开赴比利时以维护其独立。英国外交大臣帕默斯顿于1830年上任后,未改变其前任坎宁的政策,对于小国的革命继续给予支持,以利于英国商业在该国的渗透。因此,他建议出席伦敦会议的五国代表承认比利时的独立。这时,在德意志、意大利以及波兰也先后都爆发了革命,俄、奥、普三国无力再过问比利时问题,终于不得不做出妥协。最后,英、俄、奥、普、法五国于同年12月20日达成协议,承认比利时为独立的君主立宪国家。

关于比利时的国王人选问题,路易·菲力普欲使比利时接受其次子为国王,但遭英国的强烈反对,并以战争相威胁。最后,比利时国民议会推选英王乔治四世的女婿利奥波德为国王,称利奥波德一世。尼德兰国王威廉一世拒绝承认比利时的独立,并于1831年8月派兵入侵比利时。利奥波德一世在法、英两国的支持下击退了威廉一世进攻。

同年11月15日,英、俄、奥、普、法五大国在伦敦签订议定书,承认比利时王国独立,并宣布比利时为永久中立国。但是,威廉一世迟至1839年才承认比利时王国。

波兰革命与俄国

在法国和比利时革命的影响下,波兰于 1830 年 11 月发动了独立起义。"维也纳会议把波兰王国给了俄国,因此,过去波兰的领土现在差不多有十分之九已并入俄国。"①在波兰王国成立之初,沙皇亚历山大一世虽然允许波兰人民实行自治,但是,波兰人民依然无法忍受俄国的高压专制统治,并不断进行秘密的反俄斗争。在法国七月革命的鼓舞下,波兰人民终于在 1830 年 11 月 29 日发动起义,并于次日解放了华沙。1831 年 1 月,波兰议会废黜了沙皇尼古拉一世的波兰国王王位,同时宣告波兰民族政府成立。

1831 年 2 月,尼古拉一世调集 10 余万大军开赴波兰进行镇压,波兰人民奋起抵抗。波兰起义曾赢得各国人民的普遍同情与支持,但是,这些国家政府的态度却完全不利于起义军。仇视一切革命的奥、普两国政府非常担心波兰的独立将导致它们各自吞并的那部分波兰领土被收回,故站在俄国一边,反对波兰独立。至于英、法两国,它们正在关注比利时革命问题,两国都不愿因波兰而影响同俄国的关系,以免妨碍比利时问题的解决。因此,它们仅限于劝说尼古拉一世尽可能与起义者和解,对于起义者方面并未给予任何实际援助。结果,俄国军队终于在同年 9 月 8 日攻入华沙,尼古拉一世废除了波兰 1815 年宪法,将波兰完全并入了俄国的版图。

1830 年的波兰起义虽然最终遭到俄国的镇压,但是,它对维也纳体系和神圣同盟的原则毕竟是一次有力的冲击。特别是由于波兰的这次起义,牵制住了俄国兵力,使它无力干涉法国和比利时革命,因而得到恩格斯的高度评价:"这个起义把俄国牵制了整整一年;波兰就这样再次以自我牺牲拯救了欧洲的革命。"②在法国七月革命的推动下,意大利和德意志的一些邦,如汉诺威、萨克森、帕尔马以及摩德纳等也都爆发了民族、民主革命运动。这些革命虽然最终都失败了,但是,它们也大大牵制住了普、奥两国的力量,这对于法国和比利时革命的胜利,同样有着不可忽视的贡献。正是在这些革命(成功的与未成功的)的冲击下,维也纳会议后建立起来的反动体系已然摇摇欲坠了。

---

① 恩格斯:《俄国沙皇政府的对外政策》,《马克思恩格斯全集》第 22 卷,第 33 页。
② 同上书,第 40 页。

第五节 欧洲 1848 年革命及维也纳体系的瓦解

欧洲 1848 年革命的爆发及其对封建制度的打击

1848—1849 年,在欧洲大陆各地爆发了一场声势浩大的资产阶级民主革命,这场革命,是欧洲各国经济政治发展的必然结果。

19 世纪 30—40 年代,继英国完成工业革命之后,欧洲大陆上那些尚处于封建专制制度统治下的国家,也都程度不同地开始了本国的工业革命,逐渐从工场手工业向机器工业生产过渡。随着资本主义在欧洲各国的发展,经济实力日益增强的工商业资产阶级越来越不能容忍封建专制制度的束缚,它们要求废除一切阻碍资本主义工商业发展的障碍。它们既要求经济上的自由发展,又要求政治上的民主权利。在尚处于分裂状态下的德意志和意大利,那里的资产阶级除反对封建专制统治外,还要求实现民族统一。奥地利本土上的被压迫民族则要求摆脱奥地利的统治,完成本民族的独立。

1847 年,在欧洲爆发了第一次世界性资本主义经济危机,这就进一步加剧了欧洲社会的阶级矛盾。结果,导致了 1848 年欧洲革命的爆发。

这场革命首先从那不勒斯王国开始,并迅速扩展至欧洲各地。1848 年 1 月,在西西里岛首府巴勒莫爆发了武装起义。同年 2 月,法国巴黎也爆发革命,推翻了路易·菲力普的"七月王朝",建立起法兰西第二共和国。资产阶级共和制在法国的胜利,如同一颗火种迅速点燃了欧洲各地的革命烈火。3 月 13 日,维也纳民众举行武装起义,梅特涅在革命群众的追捕下,男扮女装逃亡英国。

维也纳革命的爆发又推动了奥地利帝国境内民族解放运动的迅猛发展,伦巴第和威尼西亚掀起反奥起义,接着,捷克和匈牙利也相继起来革命,反抗奥地利的统治。继布拉格 6 月起义之后,匈牙利的佩斯于同年 9 月开始了反奥地利的民族解放战争,并在 1849 年 4 月中宣布脱离哈布斯堡王朝的统治,成立共和国。普鲁士在维也纳起义的鼓舞下也于 1848 年 3 月 18 日爆发柏林武装起义,国王腓特烈·威廉四世被迫同意召开国民议会,制定宪法。与此同时,多瑙河两公国也爆发了反对俄国保护者的革命运动。

欧洲 1848 年革命对欧洲国际关系的影响

这场遍及欧洲各地的革命,由于以俄国为首的国际反动势力的镇压,以及资产阶级慑于无产阶级力量的增长而同封建势力妥协,最终是失败了。但是,它沉重地打击了欧洲的封建专制制度,大大加速了资本主义在欧洲的发展。而且,这场革命也给欧洲国际关系带来较大的影响。

第一,俄国通过镇压1848—1849年革命,大大发展了自己的军事力量,成为"欧洲反动势力的首领"①。当1848年2月法国爆发革命之际,沙皇尼古拉一世急于进行干涉。但是,由于当时俄国国内也不稳定,奥、普等国都疲于应付本国的革命,而且,英国率先承认了法兰西第二共和国,故而未能采取行动。后来,由于资产阶级的妥协,各国反动势力向革命进行反扑,尼古拉一世决定向欧洲各国革命动武。

尼古拉沙皇首先于1848年6月和8月派兵,扑灭了多瑙河两公国的革命运动。接着,又应奥地利政府之邀开始了对匈牙利革命的镇压。匈牙利于1849年4月宣布独立,表明欧洲革命在经过一段挫折后又重新走向高涨,尼古拉一世认为匈牙利革命者"是世界秩序和安定的敌人"。所以,他于同年5月8日发表武装干涉匈牙利革命宣言,接着又在27日派出14万大军,同奥地利军队一道夹击匈牙利革命,并在这一年的8月绞杀了匈牙利革命,"从而肯定了欧洲革命的失败"②。俄国也就成为"西欧整个反动势力的最后一根有力支柱"③。随着俄国军事实力的增长,沙皇尼古拉一世的扩张欲望也与日俱增,他甚至狂妄地以"全欧洲的主人"自居,这就势必激化了俄国同欧洲其他列强的矛盾。

第二,东方三君主国之间的矛盾不断加深,导致以它们为主体的神圣同盟彻底瓦解。普鲁士国王腓特烈·威廉四世于1848年12月初镇压了普鲁士革命后,在1849年5月建立了由他领导的德意志联盟,以替代由奥地利领导下的德意志邦联。参加联盟的除普鲁士外,还有汉诺威、萨克森、不伦瑞克和德国北部、中部的一些小邦。奥地利坚决反对普鲁士的德意志联盟,并要求恢复革命前的德意志邦联,双方各不相让。为此,普、奥两国都进行了紧急动员,战争一触即发。尼古拉一世从维持一个分裂的德意志立场出发,为了不使普鲁士过分强大,于是决定支持奥地利,并出面干涉普、奥战争危机。在沙皇尼古拉的干预下,普、奥两国的君主于1850年11月29日签订了《阿罗木茨协定》,普鲁士被迫放弃德意志联盟,奥地利领导的德意志邦联得以恢复。从此,普鲁士对俄国

---

① 马克思、恩格斯:《〈共产党宣言〉1882年俄文版序言》,《马克思恩格斯全集》第19卷,第326页。
② 恩格斯:《俄国沙皇政府的对外政策》,《马克思恩格斯全集》第22卷,第42页。
③ 恩格斯:《〈论俄国的社会问题〉一书导言》,《马克思恩格斯全集》第18卷,人民出版社1964年版,第642页。

怀恨在心。

此外，俄国虽然出兵镇压了奥地利境内的匈牙利革命，又帮助奥地利恢复了在德意志的领导地位，但是，当俄国因此而加强了它在巴尔干的地位时，俄、奥两国在这一地区的争夺便又开始突出起来。这样，俄、普、奥三君主国昔日的"协调一致"消失了，因而以它们为主体的神圣同盟也就宣告彻底瓦解。

第三，沙皇俄国同英、法两国在海峡地区的矛盾日趋尖锐。俄国继1848年6月镇压了摩尔多瓦革命之后，又于10月占领了瓦拉几亚。1849年5月1日，俄国迫使土耳其签订了《巴尔塔—利曼协定》，规定多瑙河两公国的大公应由俄、土两国宫廷协商后任命，俄国军队继续占领两公国至1851年5月。而且，俄国有权随时可将其军队开入两公国。俄国在多瑙河两公国的进一步扩张，加深了它同英、法两国在这一地区的矛盾。尤其是英国在完成工业革命后，其商业利益在巴尔干和中东地区有了较大的发展。所以，英国对于俄国利用镇压革命之机在巴尔干进行新的扩张决不会听之任之。英、法两国同俄国在这一地区的争夺，终于导致了克里米亚战争的爆发。

第五章　18世纪末至19世纪中期的美洲国际关系

第一节　英属北美殖民地独立战争时期的国际关系

英属北美殖民地独立战争与《独立宣言》

1607年5月13日,一支由伦敦公司派出的百名殖民者队伍,带着英王詹姆斯一世的"特许状",在北美洲弗吉尼亚海岸建立了第一块殖民地。为了纪念英王詹姆斯一世,这块殖民地被命名为詹姆斯敦。此后,经过了一个多世纪的野蛮开发,至1733年时,英国在北美大西洋沿岸已先后建立起弗吉尼亚(1607)、马萨诸塞(1620)、马里兰(1634)、罗得岛(1636)、康涅狄格(1639)、北卡罗来纳(1663)、纽约(1664)、新泽西(1664)、特拉华(1664)、南卡罗来纳(1670)、新罕布什尔(1679)、宾夕法尼亚(1681)和佐治亚(1733)共十三块殖民地。

至18世纪中,随着大量欧洲移民的迁入和非洲黑奴的到来,英属北美殖民地的经济已有了较大的发展。七年战争结束后,英国政府为了弥补连年对外作战造成的财政赤字,加强了对北美殖民地的掠夺。1764年,英国政府颁布《糖税法》,对北美殖民地进口的食糖及糖制品征收高额关税;1765年颁布《印花税法》,规定殖民地的债券、公文、契约、票据、报纸及书刊等,必须缴纳印花税;1767年再颁布《唐森德法》,规定对输入北美殖民地的货物征收入口税,并由英国驻美港口官员负责收缴。这些税法的实施,激起了殖民地人民的反抗,并宣布抵制英国货物。

1770年3月,英国政府派当地驻军镇压示威群众,造成"波士顿惨案"。1773年,英国政府又通过《茶叶税法》,将茶叶的运输和销售垄断权授予濒于破产的东印度公司,允许该公司将其积压的大批茶叶免税运往北美殖民地自行经销。1773年12月16日夜,愤怒的波士顿市民将三艘英国船上的342箱茶叶全部倒入海中。为了进行报复,英国政府自1774年3月起陆续颁布了几项被殖民地人民称之为"不可容忍的法令",主要规定:封闭波士顿港口,直至偿付倾茶损失为止；取消马萨诸塞殖民地的自治权；英国军队可在北美殖民地任意驻扎；实施《魁北克条例》，将俄亥俄河以北、密西西比河以东的土地划归英属加拿大魁北克省，禁止殖民地人民向西开发；北美殖民地的英国官员如犯罪，应在英国审理。这些法令，进一步激化了北美殖民地同宗主国之间的矛盾。

1774年9月，北美殖民地的代表在费城召开第一届大陆会议，会议发表《权利宣言》，要求英国政府废除自1763年以来颁布的各项限制殖民地的法令，同时决定在英国政府废除"不可容忍的法令"前，断绝同英国的贸易往来。会议还向英王发出请愿书，希望恢复北美殖民地同英国之间的"一致与和谐"，均遭拒绝。殖民地人民遂于1775年4月19日在马萨诸塞的列克星敦和康科德开始了反英独立战争。

同年5月10日，第二届大陆会议在费城召开。会议决定建立"大陆军"，并任命乔治·华盛顿为总司令。1776年7月4日，第二届大陆会议通过了由托马斯·杰斐逊起草的《独立宣言》，正式宣告北美十三个殖民地断绝同英国的一切政治上的附属关系，成为完全独立的美利坚合众国。《独立宣言》被马克思称之为"第一个人权宣言"[①]。

法美同盟与俄丹等国的武装中立同盟

独立战争开始时，英军虽然只有4.2万人，但以其装备精良和训练有素而占有优势，以民兵为主的北美大陆军接连败退，直至1777年10月中旬萨拉托加大捷后，始扭转整个战局。

在战争期间，美国在加强军队建设及改善供应的同时，还利用英国同欧洲其他国家的矛盾，积极开展外交工作，争取广泛的国际援助。七年战争中，法、西等国被英国打败后，一直在寻机进行报复，因此，它们成为美国争取的主要对象。《独立宣言》发表后，美国立即派遣大陆会议代表迪恩、富兰克林和阿瑟·李为特使，秘密前往法国寻求财政和军事援助，并探讨与法国结盟的可能性。他们通过法国剧作家、著名喜剧《塞维尔的理发师》和《费加罗的婚礼》的作者博马舍的帮助，取得了大量的贷款和价值达600万镑以上的武器，并运回美国，对大陆军在萨拉托加的胜利和转变战局起到了决定性作用。但他们未能实现与法国结盟。因为法国援助美国作战只是为了利用美国尽可能地削弱英

---

① 马克思：《致美国总统阿伯拉罕·林肯》，《马克思恩格斯全集》第16卷，第20页。

国。在不了解美国的真实作战能力及确信有必胜把握之前,法国是不会贸然与美国结盟而公开同英国对抗的。

1777年10月17日,大陆军在纽约州的萨拉托加围歼了自加拿大南下的全部英军,取得了自开战以来的最大的胜利,并开始扭转了战局。此后,英国曾打算以许诺最大限度的自治权为条件,实现与北美殖民地的和平,双方遂开始了秘密的谈判。消息传出后,法国为了破坏和谈以利于继续打击、削弱英国,于1778年2月6日同美国在巴黎缔结了友好通商条约和反英军事同盟条约。

《法美友好通商条约》主要规定:法美两国相互给予贸易最惠国待遇和执行1776年计划的海运原则。①

《法美同盟条约》主要规定:"本防御同盟的基本和直接目的,是要有效地维护美国在政府事务和商业事务上享有绝对的、不受限制的自由、主权和独立";"缔约双方为了达到拟议中的目的,应各自以它认为最适当的方式,做出它力所能及的一切努力去反对它们的共同的敌人";"如果美国认为试图减少英国在美洲北部或百慕大群岛继续保存的权力是适宜的,在获得成功时,上述领土或岛屿应并入美国的联邦或成为它的属地";如果法国"认为进攻在墨西哥湾内或其附近的、目前在大不列颠统治之下的岛屿是适宜的,在获得成功时,这些岛屿应全部归属法兰西王国政府";"缔约双方的任何一方,事先未获得另一方的正式同意,决不与大不列颠缔结休战或和平;双方并相互约定不放下武器,直到美国的独立已由结束战争的一项或几项条约给予正式的或默认的保证为止";法国正式承认并维护美国的独立、自由和主权,美国保障法国在美洲的领地不受侵犯。② 此后不久,法国即派出陆海军开赴北美与美国并肩对英作战。西班牙为了收回直布罗陀,于1779年4月同法国缔结同盟条约两个月后,也参加了对英国的海上作战。

法国和西班牙的参战,对英国造成极大的威胁。英国立即实施海上封锁政策,在公海上拦截中立国的船只,以切断与英国交战国家同外界的联系。同年11月5日,英王乔治三世亲自写信给俄国女皇叶卡捷琳娜二世,请求俄国援助英国在北美的战争。当时,叶卡捷琳娜正忙于镇压波兰的反俄斗争和准备对波

---

① 美国同其他国家签订的友好通商条约中应包括的一些原则。即:自由船舶自由运载货物原则,即中立国船只装载的敌国所有物(非违禁品)不受捕获;中立国家可在交战双方各港口之间自由进行非违禁品贸易的原则;严格限定违禁品范围的原则,即除武器、弹药外,其他如粮食、修造船舶的原材料等都不应列入违禁品范围。

② 《国际条约集(1648—1871)》,第220—223页。

兰的第二次瓜分,而且,她对英国称霸海洋的政策十分不满,所以拒绝了英王的要求。1780年2月28日,叶卡捷琳娜二世发表宣言,提出了在战时保护中立国贸易的原则。

这项被称为"武装中立原则"的主要内容是:(1)"中立国的船只可以自由地航行于交战国各港口之间及其沿海";(2)"除战时违禁品外,中立国的船只可以自由地装载属于各交战国臣民的个人财产";(3)"至于对上述战时违禁品的确定,女皇信守俄英(1766年)贸易条约第10条和第11条的有关规定[①],并将这一承诺扩及一切交战国";(4)"关于什么是对一个港口的封锁,是指进攻的国家在距该港口足够近的水域驻扎了它的舰只,并由此对这个港口造成十分明显的危险";(5)"上述诸原则将作为一种准则,以判定捕获品的合法性"。[②]不久后,丹麦(1780年7月9日)、瑞典(1780年8月1日)、荷兰(1781年1月4日)、普鲁士(1781年5月8日)、奥地利(1781年10月9日)、葡萄牙(1782年7月13日)和那不勒斯王国(1783年2月10日)相继发表声明,赞同上述宣言内容,并缔结了以武力维护上述各项原则不受破坏的协议,从而组成"武装中立同盟"。它对打破英国的海上封锁,援助美国独立战争具有积极意义。

美国独立战争的胜利与《巴黎和约》

美国军队在取得萨拉托加战役胜利后,便由防御转入了进攻。1778年6月,英军被迫退出费城,同时,法国舰队也到来参战。英国企图利用南方的保皇势力挽回败局,战场逐渐移到美国南方。英军于1779年1月占领了佐治亚,次年5月又攻占了南卡罗来纳的查尔斯顿。1781年4—9月,英军在南卡罗来纳虽又几次获胜,但终被游击队击退到海边。与此同时,华盛顿也率军南下弗吉尼亚。同年9月中旬,美法军队协同作战,包围了约克敦的英军。10月19日,英军统帅康华里率领7000余人投降,美国独立战争胜利结束。

1782年3月4日,英国众议院通过了关于停止对美国作战的动议。此后不久,法、西四国的代表在巴黎开始进行有关和平的谈判。在谈判中,法国外交大臣韦尔热讷虽然坚持英国必须承认美国的独立,但是他的真正打算是想乘机由法、西、英三国瓜分除美国十三州以外的北美领土。韦尔热讷支持西班牙关于对佛罗里达和密西西比河以东的领土要求;西班牙外交大臣弗洛里达布兰卡不

[①] 该条约对于战时违禁品的规定,是指武器、军用装备和其他直接用于军事目的的物品。
[②] 〔美〕塞缪尔·F. 比米斯:《美国外交史》,纽约亨利·霍尔特公司1951年版,第39—40页。

希望美国成为一个强大的国家,他宁愿让纽约、查尔斯顿以及其他重要地方仍留在英国手中。但是,英国既不愿意加强法国的势力,更不同意法国扩大在北美大陆的领土。所以,英国设法诱导美国接受单独和谈。美国代表杰伊觉察到法、西两国的意图后,遂决定不顾法美同盟条约关于不单独缔结和约的规定以及大陆会议的指示,并说服其他代表同意撇开法国和西班牙,单独同英国进行和谈。

经过谈判,英美两国于1783年9月3日在巴黎签订了《大不列颠和美国最后和平条约》。和约主要规定:英国承认北美十三州"是自由的、享有自主权的和独立的各州",英国国王"在他自己、他的后嗣和继承人方面,放弃对各州及其每一部分的管辖权、所有权和领土权的一切要求";美国的边界为:北部以五大湖和从圣劳伦斯河向南的议定线为界,东部以大西洋的议定线为界,南部以西属佛罗里达以北的大西洋和密西西比河之间的议定线为界,西部以密西西比河并向五大湖延伸的议定线为界;"双方同意,美国人民继续享有在大沙洲和纽芬兰其他一切沙洲上不受干扰地捕鱼的权利;在圣劳伦斯湾以及两国居民在此以前任何时候一向在海上捕鱼的其他一切地方,也享有同样的权利";英美两国"在海上和陆地上的一切敌对行动自现在起应即停止","双方所有的战俘应予释放",英国"应尽量从速自美国及其境内的每一个军队驻地、地区和港口撤走他的一切陆军、卫戍部队和军舰,不得造成任何破坏,也不得带走美国居民的任何黑人或其他财产";"密西西比河的航行,从它的发源地到它的入海口,对于大不列颠的臣民和美国的公民,应永远自由开放"。①

英美《巴黎和约》缔结的同一天,英国同法国、西班牙在凡尔赛也签订了和约。《凡尔赛和约》规定:英国继续占有直布罗陀,但须将北美的佛罗里达和地中海的梅诺卡岛归还给西班牙;法国收回其在七年战争中失去的西印度群岛中的多巴哥岛和非洲的塞内加尔。

英美《巴黎和约》的缔结是美国外交上的胜利。美国取得独立战争的胜利,一方面是依靠其自身的英勇善战,同时也是善于利用法、西同英国间的矛盾,开展灵活的外交工作,为自己争得了广泛的国际支持的结果。美国既迫使英国承认了美国的独立,又阻止了法、西两国在北美的领土扩张。

---

① 《国际条约集(1648—1871)》,第223—227页。

第二节　美国早期的外交政策与对外关系

建国初期的美国对外政策

美国独立后,国内政局并不稳固。1786 年 9 月,在马萨诸塞州曾爆发了谢斯起义,反对当时过重的捐税负担,后被击败。为了改变邦联制的软弱状态和建立有力的中央政府,美国于 1787 年 5 月在费城召开了制宪会议,并在 9 月制定了联邦宪法。1789 年 4 月初成立了联邦政府,同年 4 月 30 日,乔治·华盛顿就任美国第一任总统。约翰·亚当斯出任副总统,托马斯·杰斐逊任国务卿。由于杰斐逊在内政和外交方面的政见与财政部长亚历山大·汉密尔顿相左,因而形成了以杰斐逊为首的民主共和党和以汉密尔顿为首的联邦党。在外交方面,杰斐逊主张加强与法国的联盟,汉密尔顿则强调应密切同英国的关系。在这两派中,华盛顿总统倾向于后者。

1789 年 7 月 14 日,法国爆发了资产阶级革命,英国于 1793 年初组成第一次反法联盟,以武力干涉法国革命。为了抗击反法联盟,法国革命政府欲将美国拉入对英国的战争,并任命埃德蒙·热内为驻美公使,前往开展工作。广大的美国公众是支持法国革命的,国务卿杰斐逊也认为美法本为同盟国家,应该参战。但是,汉密尔顿则认为,美国于 1778 年与路易十六政府缔结的同盟,因波旁王朝已被推翻而自动废除,不应参与战争。

华盛顿总统考虑到美国建国不久,实力尚弱,而且在经济上对英国尚有诸多的依赖,如此时对英作战,于美国将有害无利,便采纳了汉密尔顿的意见,并于 1793 年 4 月 22 日发表了一项后来被称为"中立宣言"的宣言。但是,华盛顿也顾及了杰斐逊的态度,在宣言中有意回避了"中立"一词,仅宣布:美国将"对交战各方采取友好的和一视同仁的态度"。同时,他还呼吁全体美国公民采取同样的态度,否则,将得不到美国的保护。[①]

热内于 4 月初到美后,便利用美国民众对法国革命的同情,煽动反英情绪,并武装私掠船,以便利用美国港口对北美的英军作战。当时,有数十艘英国船只被捕获。此外,他还组织了以美国为基地的远征军,准备袭击英国和西班牙

---

① 〔美〕朱利叶斯·W. 普拉特:《美国外交政策史》,新泽西普伦蒂斯—霍尔公司 1957 年版,第 73—74 页。

的领土。鉴于热内的活动违反了美国的中立原则,华盛顿总统于同年8月23日要求法国政府召回热内。从此,法美关系出现了不合。

英美《巴黎和约》缔结后,两国间尚未建立起正常的关系。首先,英国不愿认真履行和约,它迟迟没有按和约的规定撤退它在美国领土上的军队。其次,英国于1793年开始对革命的法国作战后,以封锁法国为名,曾多次在公海上拦截美国船只,强行搜查和掠夺货物,并扣留美国船员令其为英船服务。英国的上述行为,在美国引起了普遍的义愤,纷纷要求对英宣战,美英两国间的矛盾急剧激化,战争一触即发。此时,华盛顿总统及联邦党的领导人认为,应争取以和平方式解决两国间的争端,以利于美国的长远利益。由于杰斐逊已于1793年底辞职,华盛顿的上述方针未遇到什么阻力。

1794年5月,美国首席法官杰伊以特使身份赴英谈判,争取和平解决两国争端。同年11月19日在伦敦签订了美英友好、贸易和航海条约,即《杰伊条约》。条约规定:英国承诺于1796年6月1日前将其军队撤出美国西北部地区;赔偿被劫掠的美国船只的损失;密西西比河向英美两国开放;禁止在美国港口装备针对英国的私掠船;美国在英国和英属东印度群岛享有贸易优惠;只准许美国以载重量不超过70吨的船只同西印度群岛进行贸易,但不得进行棉花、可可、食糖等商品的贸易;双方同意成立联合委员会以确定美国同英属加拿大的边界。

由于《杰伊条约》不是一个平等的条约,它在某些方面损害了美国的利益,因而引起了美国公众的不满。民主共和党人称这一条约是"亲英联邦党人的出卖行为"。当时有一幅漫画,画着杰伊一只手托着一架天秤,天秤轻的一端写着"美国自由与独立";重的一端写着"英国黄金"。杰伊的另一只手拿着《杰伊条约》,从他的嘴里说出的一句话是:"按我的要价付款,我将把我的国家卖给你。"愤怒的群众焚烧了他的模拟像,以发泄不满。就连汉密尔顿在为这一条约作辩护时,也被愤怒的群众赶下了台。①

对美国来说,《杰伊条约》的确有不公平之处。但是,若没有这项条约,美英两国将极有可能再次爆发战争,这对新生的美国是十分不利的。所以,在华盛顿及汉密尔顿的游说下,这项条约除了有关西印度群岛的贸易条款外,终于在1795年6月24日被美国参议院批准。

通过建国初期美国在外交事务方面的经历,华盛顿总统意识到,在国力尚

---

① 〔美〕J. H. 拉塔内、D. W. 温豪斯:《美国外交史》,纽约奥德赛出版社1940年版,第93页。

弱的情况下,美国难以在对立的欧洲列强间独立自主地发挥作用。因此,他在1796年9月17日发表的《告别演说》中提出:"我们处理同外国关系的重要准则是,在扩大与他们的商务关系时,尽可能与他们少有政治联系。"在谈到这样做的原因时,他说:"我的主要目的是,竭力为我们的国家赢得时间,以便巩固和完善我们刚刚建立起来的新制度,并使之不受干扰地发展,以达到它应有的实力和强大的地位。"①简言之,力求避免介入欧洲大国的争端,专心致志地加强本国的实力,这就是华盛顿通过实践经验为早期美国提出的一条外交总方针,并成为后来的"孤立主义"的思想基础。

"XYZ 事件"与美法新约

《杰伊条约》的签订,使美英之间的战争得以避免,却恶化了美法两国的关系。法国认为,这项条约没有反映"1776年计划"中所规定的海运原则(自由船舶自由运载货物;中立国有权在交战双方港口间进行非违禁品贸易等),却默认了英国的"1756年法令"②,即美国允许英国从中立国船上捕获敌国货物。所以,法国认为《杰伊条约》违反了1778年的法美同盟条约和友好通商条约,并由此而迁怒于美国。

为了协调两国因《杰伊条约》出现的不和,华盛顿总统召回了因同情君主制而不受欢迎的驻法公使莫里斯,另派出与共和制法国有着较好关系的詹姆斯·门罗③接替他的职务。门罗在法国受到异乎寻常的欢迎,但他却未能很好地为《杰伊条约》进行辩护。于是,华盛顿总统不得不在1796年7月将其召回。与此同时,法国执政府针对《杰伊条约》采取了报复措施,它于7月2日公布了一项法令,宣布法国军舰将对那些允许英国搜查和捕获中立国船只的国家,采取同样的措施。

为了继续协调两国的关系,美国不久又派查理·科茨沃思·平克尼④接替门罗的职务。然而,就在平克尼到达巴黎后,法国督政府却拒绝接受,并令其离开巴黎。于是,许多美国联邦党人便主张对法国宣战。但是,于1797年就任美国第二任总统的约翰·亚当斯认为当时尚不具备作战条件,遂决定通过协商解

---

① 〔美〕拉塔内、温豪斯:《美国外交史》,第99—100页。
② "1756年法令"是指英国在七年战争中于1756年发布的法令。它主要规定:一个在和平时期禁止其殖民地同他国进行贸易的国家,不得在战争时期为了利用中立国的豁免权而改变其平时的规定。
③ 詹姆斯·门罗曾担任弗吉尼亚州议会议员、邦联议会议员、弗吉尼亚州州长等职,1816年当选为美国第5任总统。
④ 平克尼在独立战争时期曾任华盛顿的随从参谋,后升为准将。

决问题。他于同年秋派出由平克尼、约翰·马歇尔①和埃尔布里奇·格里②三人组成的外交使团,继续与法国进行协商。这次,亚当斯总统又指派已被拒绝的平克尼参加使团,其目的就是要争取法国对他的承认。

在美国使团抵达巴黎后,当时任外长的塔列朗故意拖延接见美国使团。后来,法国又先后通过三名被称作 X、Y、Z 的秘密代表,暗示美国使团应向法国提供巨额贷款并付给督政府 24 万美元的礼金,这样便可排除两国协商中的一切障碍。平克尼立即回答说:"不,不,不,就是 6 便士也不给!"③这个后来被称为"XYZ 事件"的消息传到美国后,亚当斯总统立即向国会宣布:在法国未做出保证它将"接待、尊重并承认作为一个伟大、自由、强大和独立国家的代表"之前,他不再向法国派出任何使者。④

随后,美国于 1798 年 7 月宣布废除了 1778 年的美法条约,同时还新建立了一支万人部队,并将已退休的华盛顿召回任司令,汉密尔顿任副司令。1799 年 3 月又设立了海军部,并拨款建造新舰只。这样,在美法两国之间便开始了一场未经宣战的海上作战。战区主要是在大西洋西岸和加勒比海。在 1798 年至 1800 年,法国虽然未攻击美国军事船只,但进攻、捕获了美国商船。在此期间,美国则捕获了大约 80 余艘法国的商船、私掠船,其中还有少量法国海军的船只。

由于美国无法同法国进行陆地作战,汉密尔顿主张同英国合作,进攻法国盟国西班牙在美洲的殖民地。他建议美国兼并西属佛罗里达和新奥尔良,同时帮助西属美洲殖民地建成独立的国家。当时,法国正打算要恢复它昔日在密西西比河流域的殖民地。因此,为了防止佛罗里达和新奥尔良落入美国之手,同时也是为了影响美国即将进行的大选,使主张联法的共和党人获胜,所以,法国决定改变对美国的态度。

1799 年 11 月,拿破仑建立起以他为首的执政府后,塔列朗便向美国传递信息:如果美国向法国派出新使者,他将受到如美国所希望的那样的接待。与此同时,亚当斯总统也想实现同法国的和解。所以,他不顾其他政府成员的反对,于 1800 年春再次向法国派出了三人使团。

---

① 约翰·马歇尔曾是弗吉尼亚州的著名律师和该州联邦党领导人之一,作为使团成员自法国返回后,被选为国会众议员。1800 年曾一度出任亚当斯政府的国务卿,自 1801 年起就任美国联邦最高法院第四任首席大法官。
② 格里是美国独立宣言的签署人,曾任 13 州邦联会议议员、美国国会议员,1812 年当选副总统。
③ 〔美〕拉塔内、温豪斯:《美国外交史》,第 97 页。
④ 〔美〕比米斯:《美国外交史》,第 117 页;〔美〕拉塔内、温豪斯:《美国外交史》,第 97 页。

这次,美国使团在巴黎受到了十分礼貌的接待。在谈判中,美国要求双方共同终止1778年条约,并对美国被劫掠的商船提供赔偿。法国则坚持:"如果你希望获得赔偿,就必须保持(1778年)条约,如果你坚持终止条约,就必须放弃赔偿。"①后经反复争辩,双方终于达成协议,并在1800年9月30日签订了新的法美条约。根据这项条约,双方同意终止1778年条约;有关双方根据该项条约的一切要求,留待日后在适当的时间再做进一步的协商(后来,再未进行这类协商)。此外,还规定:缔约双方彼此在对方的港口将享受有关商业和航行的最惠待遇;自由船舶自由运载货物;中立国有权在交战双方港口间进行非违禁品贸易;食品和造船材料不在违禁品之列等。

1800年条约的签订,对美国的利益是明显的。首先,它终止了法美两国在海上的多年冲突。其次,美国完全摆脱了同法国的联盟关系,从而使它真正可以做到"对交战各方采取友好的和一视同仁的态度"。再次,它既阻止了以汉密尔顿为首的联邦主义者发动反法战争的打算,又保全了美国的荣誉。

路易斯安那的获得,美国领土的扩大

路易斯安那位于美国的中南部。最早到达这里的欧洲人是西班牙的探险者,他们于16世纪40年代首先到达该处的北部地区。17世纪80年代,法国探险家也来到这里,并以当时法国国王路易十四的名字将这块地方命名为路易斯安那,意为"路易的土地"。后来,法国于1731年将路易斯安那划为自己的殖民地。1763年,法国在七年战争中战败。根据《巴黎和约》,法国将东路易斯安那(新奥尔良除外)割让给英国,将西路易斯安那割让给西班牙。1783年,北美独立战争胜利后,密西西比河以东的路易斯安那正式成为美国的领土。

1794年7月,法国经过"热月政变"建立起督政府。此后,法国为了恢复过去它在美洲的殖民势力,便着手进行从西班牙手中收回西路易斯安那的工作。但这项工作,在督政府时期未获成功。拿破仑于1799年11月建立起他的执政府后,更是梦想重建法国在美洲的殖民帝国。所以,他与掌管外交事务的塔列朗继续积极进行收回路易斯安那的工作。

当时,西班牙政府日益感到,自己在管理和保卫路易斯安那这块美洲领土方面,有些力不从心。因此,它打算用路易斯安那来交换法国在意大利境内占领的一块领土。后经过双方多次谈判,终于达成一致。1800年10月1日,法西

---

① 〔美〕普拉特:《美国外交政策史》,第84页。

两国在西班牙小城圣伊尔德丰索签订了秘密条约。条约规定:西班牙将西路易斯安那交还给法国,同时再交给法国 6 艘军舰;法国保证为西班牙国王的女婿帕尔马亲王,设法在意大利的伊特鲁利亚获得一块至少包括 100 万人口的土地,以便在那里建立起由他统辖的伊特鲁利亚王国,并且,法国还将使神圣罗马帝国皇帝及其他有关国家承认这个王国。

圣伊尔德丰索条约签订后,西班牙皇室立即指定帕尔马亲王为伊特鲁利亚国王,但移交路易斯安那的工作被拖延下来。这是因为:首先,法国军队继续占领着伊特鲁利亚地区;其次,法国未能使有关国家承认伊特鲁利亚王国。然而,法国急于拿到路易斯安那。法国自 1795 年占有了加勒比海上盛产蔗糖的圣多明各(今多米尼加)后,渴望使路易斯安那成为它的粮食供应地,同时也有利于对美国的控制。于是法国向西班牙做出两项许诺:一定说服奥英等有关国家承认伊特鲁利亚王国,并撤出自己的军队;保证绝对不将路易斯那安让与第三国。这样,西班牙政府才于 1802 年 10 月 15 日下令将路易斯安那移交给法国。法国原来想使西班牙将佛罗里达与路易斯安那一起让与法国,但未获成功。

法国获得了路易斯安那,使美国感到自己的贸易利益将受到法国的威胁。因为密西西比河和新奥尔良是美国的一条商业命脉。于 1801 年上台的美国总统杰斐逊,对法国一直怀有好感。但是,当他看到法国获得路易斯安那的报告后,却在写给驻法公使利文斯顿的信中说:"世界上有一个地方,谁控制它,谁就自然成为我们的敌人。这个地方就是新奥尔良,我们八分之三的农产品必须经过那里进入市场。"①他还说:"一旦法国人占领新奥尔良……我们必须同英国舰队及其整个国家联合对敌。……这不是我们寻求或希望发生的事情,而是我们在法国一旦购买路易斯安那的情况下被迫选择的唯一道路。"②所以,杰斐逊一定要设法阻止法国获得路易斯安那。

现在,办法只有两个:一是通过战争迫使法国放弃路易斯安那;再有就是从法国手中将路易斯安那买回。权衡之下,后者当然更为合算和可取。于是,杰斐逊在 1803 年 1 月 11 日,提请参议院批准任命詹姆斯·门罗为特使前往法国,协助利文斯顿同法国谈判购买路易斯安那和新奥尔良问题。参议院迅速批准了对门罗的任命,并且国会还拨款 200 万美元,供门罗进行谈判之用。杰斐逊给他们的指示是,力争从法国手中买回路易斯安那,否则,美国将同英国结盟。

---

① 〔英〕温斯顿·丘吉尔:《英语国家史略》下册,第 287 页。
② 同上书,第 286—287 页。

从法国手中购买路易斯安那本不是一件易事,但是,门罗和利文斯顿此行却颇为顺利地完成了使命。其原因是:第一,拿破仑为了恢复法国在美洲的殖民地,于 1802 年 1 月派他的妹夫勒克莱尔率兵镇压圣多明各由杜桑·卢维杜尔领导的奴隶起义。法军虽然在当年底取得了胜利,但不久起义再度爆发,并于 1803 年 11 月迫使法军投降后撤军。法国原想使路易斯安那成为圣多明各的粮食供应地,现在圣多明各既已失去,保有路易斯安那的意义也就相对减弱了。正如美国历史学家亨利·亚当斯所说:"法国殖民体系的中心是在圣多明各岛,失去了这个岛,它的体系仍然有手、脚,甚至头,但没有了身体。"[①]第二,"欧洲的祸患是美国的利益"。[②] 在欧洲,法国同英国虽于 1802 年 3 月签订了《亚眠和约》而停止了作战,然而双方谁也不想真正履行和约,因此,从第二年起两国便又进入了激烈的冲突中。为了专心对付英国,拿破仑不想再损害同美国的关系,于是同意出卖整个路易斯安那。后经双方就售价进行了短暂的谈判,于 1803 年 5 月 2 日签订条约,美国以 27 267 622 美元的代价,购得了面积为 2 144 520 平方公里的路易斯安那[③],每英亩的地价不到 3 美分。由于这次购地,使美国的领土增加了一倍。

美英 1812—1814 年战争

1812 年,无论是欧洲还是美洲,都是不安定的一年。在欧洲,拿破仑在这一年的 6 月 24 日发动了攻打俄国的战争。在此前一周,即 6 月 18 日,美国国会通过对英国宣战的议案,从而开始了 1812—1814 年的美英战争。美国有的史书称其为"第二次独立战争"。这次战争的起因是,美国为维护中立国的权利、反对强迫服役,以及图谋向西部扩张。

上文曾提到,英法两国于 1802 年 3 月签订《亚眠和约》后停止了作战。但是,第二年 5 月英国再次对法宣战。为了从经济上扼杀英国,以迫其降服,拿破仑在 1806 年至 1810 年间先后发布了一系列被称作"大陆封锁政策"的命令,宣布对英国实行经济封锁。针对法国的做法,英国则实行反封锁。首先,它在 1804 年 8 月宣布,所有的法国港口都处于被封锁状态。接着,又发布了一系列进一步封锁法国的议会命令。

---

① 〔美〕普拉特:《美国外交政策史》,第 96 页。
② 〔美〕比米斯:《美国外交史》,第 137 页。
③ 中美联合编审委员会:《简明不列颠百科全书》第 5 卷,中国大百科全书出版社 1986 年版,第 424 页。

对于欧洲的战争,美国仍然坚持华盛顿总统宣布的"对交战各方采取友好的和一视同仁的态度"。于1801年出任总统的托马斯·杰斐逊,在其就职演说中就明确提出,美国对外政策的主旨是"和平、贸易、并同所有的国家维持忠实的友谊,而不与任何国家建立同盟关系"。① 因此,美国继续与交战双方进行着中立的贸易。

平时,法国是不允许任何国家同它的殖民地进行贸易的;现在,为了利用中立的美国打破英国的反封锁,法国同意美国与其殖民地直接进行贸易。美国当然也乐于从事这种有利可图的中立航运。在禁运初期,美国确实从这种中立运输中,获得了巨额的利润。

然而,美国的这种做法却破坏了英国对法国的封锁。所以,英国在1803年6月24日颁布了一项"枢密院令"。该"枢密院令"规定:中立国的船只可以同敌国殖民地进行非违禁品贸易,但不得将敌国殖民地的产品直接运往敌国本土港口。② 同时,英国再次重申其"1756年法令"有关规定,即:一个国家如果在和平时期禁止其殖民地同他国进行贸易,则在战争时期也不得为了利用中立国的豁免权而改变这一做法。据此,英国便在公海上对美国的船只进行拦截。同样,法国为了封锁英国,也对开往英国港口的美国商船进行拦截与扣押。不过,由于法国的海上力量十分有限,它所拦截美国商船的数量远少于英国。所以,真正破坏美国中立贸易的是英国。

当时,有一艘美国商船"埃塞克斯"号,在从法属西印度群岛前往法国运送货物的途中,被英国海军捕获。与此同时,英国还扣押了许多美国其他船只。美国认为,英国的做法侵犯了中立国的权利,遂向英国提出抗议。英国海事高等法院于1805年裁定:"埃塞克斯"号船违反"1756年法令",因而是非法航行。作为报复,美国于1806年4月23日颁布"不进口法案",决定禁止某些英国货物的进口。

与此同时,杰斐逊总统派出一个由詹姆斯·门罗和威廉·平克尼率领的特别使团前往伦敦,准备签订一个有关中立国权利的新条约,以取代将于1807年10月期满的《杰伊条约》。经过谈判,美英双方于当年12月31日签订了新约。在该条约中,英国做出较大的让步。英国承认那些外国殖民地产品在进口到美国后,即成为中立货物,并在征收百分之一的进口税后,可再行出口到欧洲未被封锁的港口。但是,由于这个条约没有规定取消"强迫服役"的条款,所以杰斐

---

① 〔美〕拉塔内、温豪斯:《美国外交史》,第123页。
② 〔美〕比米斯:《美国外交史》,第140页。

逊总统拒绝将它提交给国会进行讨论。

如前所述,"强迫服役"是美英1812年战争爆发的又一个原因。在此期间,英国为了补充自己的海军人员,经常在抓捕英国逃兵的名义下,强迫美国商船上一些美国公民到英国军舰上服役。据估计,在1815年以前,在美国商船上至少有一万人被强行编入英国海军服役。其中,只有大约十分之一的人,是属于那些为逃避英舰上的野蛮服役情况,而到美国商船上寻求庇护的英国人。①

1807年,又发生了一起严重的侮辱美国的事件。这一年6月22日,美国一艘"切萨皮克"号军舰,在驶离位于弗吉尼亚州东南部切萨皮克湾之诺福克港后不久,就被英国"豹"号军舰拦截,并要求登舰搜查英国逃兵,遭拒绝。于是,"豹"号军舰向美舰开火,造成三人死亡,十八人受伤。最后,英国从"切萨皮克"号舰上强行抓走四名士兵。在这四人中,只有一人是英国逃兵,其余三人,都是曾被英国从美国商船上掳走,并令其在英舰上强迫服役,尔后逃回美舰的。②

事件发生后,杰斐逊总统于7月2日发布文告,要求英国军舰撤离美国领海,并禁止向其提供供给物。③ 为了避免美国商船被英国海军拦截和强迫服役,杰斐逊总统又在12月22日颁布了"封港令",禁止美国商船离港驶往欧洲。

杰斐逊总统的"不进口法案"和"封港令",固然给英国带来不小的困难,但是,也封锁了自己。"昔日那些十分繁忙的美国港口,如今那里的街道上,已是野草丛生"。而且,"封港"也并未能完全奏效。日益扩展的陆地边界走私活动,使英国在它控制下的加拿大同样可以得到它所需的美国粮食和其他原料。为了摆脱这种"自我封锁"的不利局面,杰斐逊总统在离任前,于1809年3月1日宣布,以"不往来法案"取代以往的"封港令"。"不往来法案"规定:除英、法两国外,美国恢复同其他国家的商业往来,并禁止英、法两国及其臣民的船只驶入美国的领海。

为了缓解与美国的紧张关系,于1807年出任外交大臣的乔治·坎宁,派遣厄斯金前往美国,并授权他同美国签订一项包括如下内容的协议:(1)英国撤销其涉及美国航运的1807年1月和11月的议会命令,美国也同时废止所有针对英国的"不进口法案"和"不往来法案",以及禁止英国军舰驶入美国水域的规定;(2)立即对法国实施"不往来法案",并由英国海军来执行,英国海军有权

---

① 〔美〕比米斯:《美国外交史》,第145页。
② 〔美〕弗朗西斯·F.贝尔尼:《1812年战争》,纽约达顿公司1949年版,第34—35页。
③ 根据1794年的《杰伊条约》,英国军舰享有自由出入美国港口的权利。

逮捕违反本规定的美国船只；(3) 美国接受1756年规则。①

这位厄斯金使节受他的美国妻子的影响，在一定程度上同情美国并赞同美国的观点，因而热衷于实现英、美两国的谅解。他在与麦迪逊总统(1809年2月就任)会晤时，以英国政府的名义提议，英国撤销其议会命令，美国同时废止对英国的"不往来法案"。麦迪逊当即接受了这一建议，并正式宣布将于1809年6月10日(即预期英国将撤销议会命令的日子)终止对英国的"不往来法案"。是日，大约有600艘满载原材料的美国商船离港驶往英国。

然而，这不过是"昙花一现"的景象。因为厄斯金在会谈时有意回避了上述三项内容的后两项，即英国海军逮捕继续与法国进行贸易的美国船只，以及美国必须接受1756年规则。当然，这是美国政府绝不可能接受的条件。所以，坎宁在得知这一情况后，立即拒绝了这一协议，并将厄斯金召回。而麦迪逊总统则再次宣布对英国实施"不往来法案"，于是，两国的关系又陷入更紧张状态之中。

与此同时，拿破仑也在加紧捕获其水域内的美国商船。其理由是，既然美国对英、法实施"不往来法案"，那些违反这一法案的美国商船，一定是伪装的英国船只，故应予以逮捕。这时，在美国国内各地，也出现了对现状的不满。

为了缓解美国的外贸压力和国内的不满，美国国会又于1810年5月1日通过了"第二号梅肯法案"，规定：(1) 除遇难或负有投送紧急信件的船只外，禁止英、法两国的武装船只驶入美国水域；(2) 美国将撤销"不往来法案"，并恢复同世界各国的贸易；(3) 如果英、法双方在1811年3月3日前撤销或修改它们的法令，不再影响美国的中立贸易，美国总统将做上述宣布。如果其他国家不在三个月内做出同样的表示，美国将对对抗的国家实施"不往来法案"。② "第二号梅肯法案"未能缓和美国的内外处境，却为拿破仑提供了一个骗取麦迪逊总统信任的极好机会。

1810年8月，拿破仑的外交大臣通知美国驻巴黎的使节：影响美国中立贸易的《柏林敕令》和《米兰敕令》，将于1810年11月1日停止生效。其前提是，英国也应立即撤销其议会命令，或者美国将设法使其权利受到英国的尊重。麦迪逊总统轻信了法国政府的许诺，遂于1811年2月2日宣布，对英国继续执行"不往来法案"。一个月后，即3月1日，美国国会正式通过了相应的法案。

事实上，法国根据《柏林敕令》和《米兰敕令》而扣押的美国商船不仅未予

---

① 〔美〕比米斯：《美国外交史》，第153页。
② 同上书，第154页。

释放,而且还在继续逮捕美国商船,同时,拿破仑的上述命令仍继续被看作是国家的法律。英国在一开始就看出拿破仑的行动纯粹是一个骗局,因而拒绝撤销或修改其议会命令。这样,美、英两国之间关于终止"不往来法案"和撤销议会命令之争便陷入僵局。

1811年4月,麦迪逊总统任命詹姆斯·门罗为国务卿。当时,英国向美国派出一名新的驻美公使奥古斯塔斯·福斯特。门罗曾期望通过同这位新公使的谈判,使英国做出一些让步。然而,英国政府授权福斯特可以做出的唯一让步是,英国将就"切萨皮克"号事件向美国提供赔偿,但美国必须停止执行针对英国的"不往来法案"。门罗则坚持如果英国不撤销其议会命令,美国就要对英国继续执行"不往来法案"。结果,英、美两国间的僵局并未能因福斯特的到来而有所缓解。

除了维护中立权利和反对强迫服役外,美国图谋向西部扩张,是1812年战争的又一起因。麦迪逊总统于1811年11月4日,召开了美国第十二届国会特别会议。这次会议受控于一些年轻的共和党人。他们主要是来自美国边境地区的议员,其代表人物有亨利·克莱、约翰·卡尔霍恩、菲利克斯·格伦迪以及彼得·波特等。他们渴望通过征服北部的加拿大和南方的佛罗里达,来为商业活动创造更多的机会。这些人被曾任国会共和党领袖的约翰·伦道夫称为"鹰派"。来自肯塔基的亨利·克莱在这次会上被选为众议院议长后,立即将"鹰派"人物安排在一些主要的委员会里,众议员卡尔霍恩则成为克莱的主要助手。

在这届国会里,来自沿海地区如新英格兰的议员强烈反对用战争手段来维护美国的中立权利,他们认为那样做将会带来更大的损失。但是,他们的力量过于弱小。此外,麦迪逊总统也主张以战争迫使英国放弃强迫服役并承认美国的中立权利。此前,他也曾赞同美国拓荒者有关夺取西佛罗里达的扩张主义要求,而且,他自己对东佛罗里达也有着浓厚的兴趣。

就在国会开会期间,在濒临蒂珀卡诺河的印第安人的都城先知城,爆发了由印第安人肖尼族首领特库姆塞领导的反对白人侵占土地的武装斗争。这次斗争,虽然无法证明英国人在事先参与了策划,但是,它得到英国的赞同与鼓励却是可以肯定的。因为特库姆塞和他的兄弟在阿勒根尼山以西地区正在同英国进行密切的合作。最后,威廉·亨利·哈里森将军在蒂珀卡努战役中,以双方伤亡人数相等的代价,打败了特库姆塞。但是,由此也进一步引起了对英国的愤怒。

所以,在国会里要求对英作战的呼声甚高,并同意采取一项措施:建立一支

35 000 人的正规军、50 000 人的志愿兵和发行 11 000 000 美元的公债。①

就在美国国会和政府稳步走向战争的时候，英国政府也正在准备修改其对中立国家的政策。这是因为同法国的长期对抗使英国的制造业和商业都显得很不景气。英国经济迫切需要美国的原材料和市场。尤其是 1811 年，英国的农业歉收，致使农民以及手工业者陷入困境。所有这些，都迫使英国政府必须改变其政策。所以，英国政府在 1812 年 6 月 16 日终于决定撤销其议会命令。

由于当时的通信条件所限，英国的这一决定未能及时送达美国。而且，就在 5 月底，英国外交部在给美国政府的一封信中，还坚持要维持英国议会命令。这就令麦迪逊总统感到无望通过谈判来解决美英两国的争端。于是，他在 6 月 1 日将战争咨文提交国会讨论。经过辩论，众议院以 79 票对 49 票，参议院以 19 票对 13 票，在 6 月 18 日通过了对英国宣战的议案②，并由卡尔霍恩以对外关系委员会主席的资格发表对英国的宣战书。

美国虽然对英国宣布了战争，但它并未做好打仗的准备工作，而且也没有同盟国家。所以，战争的优势并不在美国一方。所幸的是，战争初期，英国的主要兵力是用来同拿破仑作战，这在一定程度上缓解了美国在战场上的压力，并得以取得一些战绩。

1812 年，美国军队在加拿大安大略省打败了英国和印第安人的军队。1813 年 9 月，在奥利弗·哈泽德·佩里的指挥下，美国海军在伊利湖迫使 6 艘英舰投降，佩里也被晋升为海军上校。10 月 5 日，哈里森将军率军自俄亥俄州北部城市桑达斯基渡过伊利湖，在泰晤士河莫拉维安镇与败退的英军相遇，将其一举击溃，印第安人首领特库姆塞也被杀。这一胜利，削弱了该地区印第安人的势力，并确保了美国对西北部的控制。

1814 年，欧洲战场发生重大变化，拿破仑在被反法联军打败后，被流放到厄尔巴岛。于是，英国得以抽调兵力增强美洲战场，使美国遭到巨大的打击。这一年 8 月，增援的英军来到美洲，8 月 24 日，英将罗伯特·罗斯率军攻入华盛顿，并焚烧了白宫和国会大厦。然后，罗斯移师巴尔的摩。但是，罗斯攻打巴尔的摩的行动遭到彻底失败，他本人也战死在那里。

此外，另一支英军在普雷沃斯特的率领下，由尚普兰湖进攻纽约州。9 月 11 日，在普拉茨堡被托马斯·麦克多诺指挥的美军打败，英军被迫撤回加拿大。普拉茨堡战役的胜利，保证了纽约州和佛蒙特州的安全。更为重要的是，为美

---

① 〔美〕贝尔尼：《1812 年战争》，第 71、73 页。
② 〔美〕普拉特：《美国外交政策史》，第 131—132 页。

国在日后缔结和约时带来重大的影响。

美国同英国的战争在1812年开始后,使俄国感到对自己十分不利。因为,这次战争牵制了英国同法国作战的力量,同时,俄国在1809年退出拿破仑的"大陆制"后,也影响了同美国的贸易。所以,沙皇亚历山大一世决定出面调解。1812年9月,俄国总理大臣正式询问美国驻俄公使约翰·昆西·亚当斯:美国是否接受沙皇的调解?由于当时通信的不便,这一信息直到1813年3月初才送达华盛顿,麦迪逊总统当即表示同意,并指派前杰斐逊政府的财政部长艾伯特·加勒廷和特拉华州参议员詹姆斯·贝亚德前往圣彼得堡,同亚当斯一起作为特命全权特使,准备同英国代表谈判和平问题。遗憾的是,这二人到了圣彼得堡后,得到了英国拒绝调解的信息。

英国不接受调解的理由是,同美国的争执是英国的内政,不允许任何调解者参与讨论。不过,英国外交大臣卡斯尔雷为了恢复同美国的关系,于1813年11月直接写信给门罗国务卿,同意双方可以派代表直接谈判,麦迪逊总统接受了卡斯尔雷的有关建议。为了加强力量,他又加派亨利·克莱和前驻伦敦代理公使乔纳森·拉塞尔二人,参加亚当斯使团同英国代表的直接谈判。

由于当时英国政府正在全力以赴地投入维也纳会议,所以,它指派参加同美国谈判的官员并不是一流人物。虽然他们也被任命为全权特使,但英国政府只给了他们很小的权限,并要求他们在决定任何重大问题前,必须请示政府,而不得擅自做主。英国使团成员有:团长詹姆斯·甘比尔勋爵,他是一名海军军官,因而缺乏外交经验;使团的第二号人物是亨利·古尔本,一位年轻的陆军和殖民地副大臣;第三号人物威廉·亚当斯,是位民法博士和海上法专家。

经过多次协商,英美两国代表最终同意将谈判的地点确定在位于布鲁塞尔西北处的根特市。1814年8月,双方代表来到根特开始谈判。在谈判中,美国代表要求停止强迫服役、赔偿被扣押船只和人员的经济损失,以及割让加拿大领土。英国则要求在美国西北部成立一个印第安人的缓冲国、割让缅因州的一部分以及修改加拿大美国边界。双方各不相让。后来,由于同年9月英军在普拉茨堡战役中遭到失败,同时,威灵顿公爵也主张在战前状态的基础上,尽早实现同美国的和平。所以,英国同意在一些问题上做出让步。

1814年12月24日,在圣诞节前夕,美英两国签订了《根特条约》。条约共十一项条文,主要内容有:(1)在战争期间,任何一方从另一方夺得的一切领土、地区和属地都应立即予以归还,不得延误;(2)任何一方不论在海上或陆上所抓获的全部俘虏,应尽可能迅速地交还对方;(3)英美双方各任命四名委员,组成四个委员会,解决1783年《巴黎条约》中,有关划分美国与加拿大边界的遗留问题;(4)美英双方立即停止与一切印第安部落或种族的敌对行动,并归还在敌对行动前他们所享有的一切占有物、权利和特权。同时,上述部落或种族也应停止对美、英的敌对行动;(5)美、英两国愿继续努力促使完全废除奴隶买卖。

《根特条约》基本上是在维持战前原状的基础上结束了1812年的战争,至于美国最为关注的中立国权利以及强迫服役问题,在条约中根本未予涉及。不过,此后英国在事实上再没有强迫美国水手到英船上服役。这一问题的最终解决,是在1856年4月《巴黎会议关于海上若干原则的宣言》中,对中立国的权利和义务给予了国际保障。

由于英国在谈判中放弃了关于在美国西北部成立一个缓冲国的要求,这就割断了英国与美国的印第安人之间的联系,从而为美国人向西北地区移居和发展提供了有利的条件。

经过这次战争后,"美国从此一直被当作独立的大国来对待",因此,有人认为这场战争是反抗英国专制的第二次美国独立战争。

第三节 门罗宣言与美国南北战争

门罗宣言的发表

19世纪20年代发生在欧洲大陆的革命运动,先后遭到了以俄、奥为首的神圣同盟的镇压。但是,它们却未能阻止革命在拉丁美洲殖民地的发生。

拉丁美洲的大部分地方原为印第安人的居住地,少数地方是玛雅人居住地。自从1492年8月,意大利航海家哥伦布发现美洲新大陆后,欧洲的殖民者蜂拥而至,拉丁美洲逐渐沦为西班牙、葡萄牙等西方列强的殖民地。

在拉丁美洲殖民地国家里,当地的土著农民、印第安人,长期不堪忍受西班牙统治者的高压政策与剥削,都渴望摆脱西方的殖民统治。殖民地内的一些上层欧洲移民,因受到19世纪启蒙政治哲学的影响,以及法国革命特别是美国独立战争胜利的鼓舞,也希望建立自己的独立共和国。所以,大约从19世纪初开始,拉丁美洲各国相继爆发了民族独立运动。

在杜桑·卢维杜尔的领导下,法属圣多明各取得反法起义成功,于1804年宣告独立,并取名海地,成为继美国之后第二个获得独立的美洲国家。西班牙殖民者在墨西哥城建立新西班牙总督区,伊达尔戈神父领导数千农民在1810年举行反西班牙起义,并于1821年建立了独立的墨西哥。在布宜诺斯艾利斯的拉普拉塔总督区,1810年爆发反西班牙的"五月革命",1812年,民族英雄圣马丁发动武装斗争,并于1816年宣告拉普拉塔联合省独立(即阿根廷)。在智利革命领袖贝尔纳多·奥希金斯的指挥与圣马丁军队的帮助下,最终打败西班牙殖民军,于1818年宣告智利独立。

出身于委内瑞拉一个具有西班牙血统的土著贵族家庭的西蒙·玻利瓦尔,早年曾赴欧洲求学,在那里接受了启蒙哲学家的思想,决心要将自己的国家从西班牙殖民统治下解放出来。在他的领导或帮助下,先后使新格林纳达(哥伦比亚,1819)、委内瑞拉(1821)、秘鲁(1821)、厄瓜多尔(1822)、玻利维亚(1825)等国摆脱了西班牙的殖民统治。玻利瓦尔也由此获得"解放者"的称号。

然而,西班牙殖民主义者并不甘心失去它在拉丁美洲的殖民利益,随时准备恢复在那里的殖民统治。以俄、奥为首的神圣同盟国家一方面也不能容忍拉丁美洲的"正统秩序"遭到破坏,同时它们也想乘机以恢复秩序的名义,将自己的势力扩展至拉丁美洲。在1822年10月至12月的维罗纳会议上,神圣同盟国家在讨论镇压西班牙革命问题时,就曾策划对拉丁美洲新独立的国家进行军事干涉。但是,由于英国的坚决反对并以出动海军相威胁,迫使神圣同盟国家放弃了干涉拉丁美洲革命的计划。

在维罗纳会议期间,于1822年9月就任英国外交大臣的乔治·坎宁明确表示:"英国并不是革命的盟友,但她确实同情地坚持,一个国家有权建立他们认为是最好的政权,而不管这个政权是什么形式的。而且,这个国家应该自由地管理自己的事务,只要它不干涉其他国家的内政。"①

英国此举,并非出于对革命的同情,其真实原因是,英国的经济势力早已悄悄地打入了西属美洲殖民地。到1823年,英国对拉丁美洲国家的出口贸易已经超过它对美国的贸易。而且,英国在墨西哥、巴西、哥伦比亚和阿根廷等还获得了采矿权,并向许多拉美国家提供了贷款。此外,英国抵制神圣同盟国家干涉拉丁美洲的独立运动,既可以维护自己在拉美的经济利益,又可以用"支持"拉美各国革命的姿态换取信任,以利于日后进一步向中南美洲扩张。

1823年5月,法国根据维罗纳会议的决定,派兵扑灭了西班牙革命,复辟后的斐迪南七世发出呼吁,要求神圣同盟国家帮助他恢复对原西属美洲殖民地的

---

① 〔美〕海斯:《近代欧洲政治文化史》上卷,纽约1947年版,第776页。

统治。拉丁美洲革命运动又面临神圣同盟武装干涉的危险。

为了维护英国在拉丁美洲的利益,坎宁打算联合美国一起行动。这时,美国已于1822年正式承认了哥伦比亚、智利、阿根廷和墨西哥的独立。于是,坎宁在1823年8月20日写给美国驻英公使理查德·拉什的一封非正式的秘密信件中提出,希望英、美两国政府能在以下原则的基础上,就拉丁美洲问题达成谅解,并发表声明,反对欧洲国家恢复西班牙在拉丁美洲殖民统治的任何企图。这些原则是:

(1)我们确信,西班牙恢复其在拉丁美洲的殖民地是没有希望的。

(2)我们认为,承认它们为独立的国家是一个时间和形势的问题。

(3)但是,我们决不在它们同其母国之间进行友善协商的道路上设置任何障碍。

(4)我们自己不打算占有拉丁美洲任何部分。

(5)对于它们中的任何一部分转让给任何其他国家,我们不能漠然视之。①

坎宁还在信中补充说:如果任何欧洲国家打算代表西班牙或以她的名义强行占有原来的殖民地,或为自己获取那些殖民地的任何部分,我们英、美两国应就上述原则发表一个联合声明,那将是以"最有效和最少刺激的方式"宣示,我们不赞同这样的计划。②

拉什立即将坎宁的信呈报国内。美国总统詹姆斯·门罗收到拉什关于英国建议采取共同行动的报告后,感到事关重大,立即写信征询他的两位前任总统杰斐逊和麦迪逊的意见。这二人深受华盛顿孤立主义思想影响,有着强烈的反英意识,一贯反对将本国与欧洲的事务纠缠在一起。但是,这次却出人意料地主张同英国结盟,共同反对神圣同盟武装干涉拉丁美洲事务。

杰斐逊在1823年10月24日写给门罗总统的信中说:"我们第一个和基本的格言应该是:决不卷入欧洲的争吵中。我们的第二个格言是:决不让欧洲干涉大西洋此岸的事务。""在欧洲正在努力争取成为暴政之家的时候,我们则应该努力使我们这个半球成为自由之家。在我们追求这个目标的时候,一个国家最能妨碍我们;它现在提出要在这方面领导、帮助和伴随我们。如果接受它的提议,我们就可以使它离开这个匪帮,把她的强大力量拉到自由政府这方面来,并且一举解放一个大陆,否则这个大陆也许要长期徘徊在怀疑和困难中。英国比起任何一个国家,甚至地球上的一切国家,是最能损害我们的国家;而如果它

---

① 〔美〕普拉特:《美国外交政策史》,第176页。
② 同上。

在我们这一方,我们就没有必要惧怕全世界。因此我们就应该小心周到地珍惜与它的诚恳的友谊。"①

杰斐逊的上述意见,同门罗总统的思想在某种程度上也相吻合。但是,国务卿约翰·昆西·亚当斯却提出了完全不同的主张。

亚当斯认为,英国反对神圣同盟国家干涉拉丁美洲革命,虽然符合美国的立场,但坎宁的建议却给英国干涉美洲事务提供了机会。它将有利于英国在拉丁美洲捞取政治资本并扩张其经济实力,而且,还将使原西属殖民地逐渐转到英国的控制之下。鉴于英国在政治上承认拉美新独立的国家之前,就急急忙忙地同一些国家签订了经贸协议,亚当斯对英国这种经济渗透活动极为警觉。因此,当国会内多数议员主张与英国联合时,亚当斯十分坚定地主张由美国单独发表宣言,反对欧洲国家干涉美洲事务。他说:在美国看来,"直截了当地"表明它的原则,比"像是尾随英国军舰之后的一条小船那样行事,更正当,也更加体面"。② 在亚当斯的据理辩驳下,他的这种较有远见的主张,终于为门罗总统所采纳。

1823年12月2日,门罗总统向国会提交了一份关于美国反对任何欧洲国家干涉美洲大陆事务的政策咨文,这就是美国历史上著名的"门罗宣言"或"门罗主义"。

门罗总统在咨文中说:"今后欧洲任何列强不得把美洲大陆业已独立自由的国家当作将来殖民的对象。"神圣同盟各国的政治制度与合众国是根本不同的,"我们认为列强方面把它们的政治制度扩展到西半球任何地区的企图,对于我们的和平和安全都是有危害的。我们没有干涉过任何欧洲列强的现存殖民地和保护国,将来也不会干涉。但是对于那些已经宣布独立并保持着独立的,同时它们的独立,我们经过仔细考虑,根据公正的原则,加以承认的国家,任何欧洲列强为了压迫它们或以任何方式控制它们的命运而进行的任何干涉,我们只能认为是对合众国不友好态度的表现。"美国对于欧洲的政策"仍然没有变动,那就是:不干涉任何国家的内政;认为事实上的政府都是合法的政府;和它发展友好关系并且用坦白、坚定和刚毅的政策来保持这种关系"。"但是对于北美洲,情势显然是不同的。(神圣)同盟各国把它们的政治制度扩张到美洲的任何地区而不危害我们的和平与幸福是不可能的;也没有人会相信我们南方各兄

---

① 〔美〕彼得森注释编辑:《杰斐逊集》下,刘祚昌、邓红风译,生活·读书·新知三联书店1993年版,第1744页。

② 〔英〕克劳利编:《新编剑桥世界近代史》第9卷,第832页。

弟国家的人民,如果不加援助,能够建立他们心愿的政治制度,所以让我们坐视欧洲列强对它们进行任何方式的干涉而不加过问,也同样是不可能的。"①

这并不是门罗总统提交给美国国会的咨文的全部,但从上述的简要引文可以看出,门罗总统这样做的真实意图,是通过这篇咨文向欧洲各国宣告两项重要的原则:(1)"不干涉原则"。这是华盛顿总统在 1796 年离任时给他的后任留下的指导思想。门罗总统继承了这一思想,并有新的发展。即美国不干涉欧洲国家的事务,同样,欧洲国家也不得干涉美洲事务。对于美洲国家,美国仍然采取"不干涉"政策。但在局势发生变化的时候,美国将采取相应改变的措施。(2)"非殖民原则"。欧美两个大陆的政治制度完全不同,美国绝不允许欧洲国家将它们的政治制度扩张到美洲的任何地区,更不允许在美洲任何地区进行殖民活动。简言之,"美洲是美洲人的美洲",这就是门罗宣言所要表明的最核心内容。

门罗宣言的发表,是美国外交上的胜利,它既是对神圣同盟的一个沉重打击,也是对英国的一个警告。在当时的历史条件下,门罗宣言的发表,在客观上维护了拉丁美洲新独立国家的利益,具有一定的进步意义,因此,"门罗宣言在拉丁美洲是普遍受人欢迎的。阿根廷宣称美国已成为西半球的保护人;哥伦比亚副总统桑坦德声称这个立场'不愧为美洲自由的模范之邦的行为'。玻利瓦尔接到宣言消息的时候正在他的最后一场大战,即胡宁战役之前,他受到很深的印象。"②

"美洲是美洲人的美洲",对于欧洲国家来说,是不允许它们插足美洲事务。对于美国来说,则暗示了美洲是美国的势力范围,美国是美洲各国的保护者。大约自 19 世纪三四十年代起,随着美国经济的发展与国力的增强,门罗宣言也就越来越成为美国向邻国进行侵略扩张的工具。

美国南北战争与领土扩张

1861 年 4 月 12 日,美国南方联盟进攻萨姆特要塞,由此开始了长达四年之久的美国内战。这次战争又称南北战争。

美国为什么会爆发内战?其根本的原因是什么?对此,马克思曾有明确的说明,他指出:"当前南部与北部之间的斗争不是别的,而是两种社会制度即奴隶制度与自由劳动制度之间的斗争。这个斗争之所以爆发,是因为这两种制度

---

① 谢德风等选译:《一七六五——九一七年的美国》,商务印书馆 1962 年版,第 47—49 页。
② 转引自〔美〕福斯特:《美洲政治史纲》,生活·读书·新知三联书店 1957 年版,第 336 页。

再也不能在北美大陆上一起和平相处。它只能以其中一个制度的胜利而结束。"①

美国独立后,工农经济发展迅速,而且,通过1803年从法国手里购买了路易斯安那,1819年占有了佛罗里达,到1830年,美国的"人口达到1280万人,是1790年的3倍多。美国的面积也扩大了1倍以上,为175.4万平方英里。西部的边界从密西西比河推进到洛基山脉,而南部的国境原来在佐治亚—佛罗里达一线,这时也延伸到墨西哥湾。13个州的联邦已扩大为24个州"。② 即又增加了佛蒙特、肯塔基、田纳西、俄亥俄、路易斯安那、印第安纳、密西西比、伊利诺伊、亚拉巴马、缅因和密苏里11个州。

在北方自由州与南方蓄奴州之间,对于是否应该废除奴隶制早就有着不同的认识。当1817年密苏里地区申请获得州的地位时,首次爆发了公开的冲突。美国国会在接到申请后,于1819年初准备通过立法程序授权密苏里地区制定该州的宪法,以便取得州的地位。但是,纽约州的一位众议员提出一项修正案,主张禁止密苏里运进新的奴隶,同时规定当地原有的奴隶在年满25岁后,就应予以释放。由此,在自由州与蓄奴州之间引发了一场激烈的争论。

这一修正案,在自由州占有多数席位的众议院获得通过,但在参议院讨论时,由于自由州与蓄奴州的势力旗鼓相当,未能获得通过,国会遂告休会。

这一年,国会又接到缅因地区要求获得州地位的申请。同年12月国会复会后,决定将密苏里与缅因问题共同进行审议。由于考虑到自由州与蓄奴州之间的势力均衡,国会于1820年同时批准缅因地区作为自由州加入联邦,密苏里地区作为蓄奴州加入联邦,使自由州与蓄奴州双方在联邦内各有12个州。此外还规定:以北纬36°30′线,作为北方自由州与南方蓄奴州之间的分界线,即此线以北,不准许蓄奴。这就是美国历史上的"密苏里妥协案"。然而,这并没有解决自由州与蓄奴州之间的矛盾。

1853年,民主党参议员斯蒂芬·道格拉斯提出修建一条横贯北美的大铁路方案。这条铁路需要经过堪萨斯和内布拉斯加两个地区。一旦铁路建成,这一片人迹罕至的地方,便会繁荣起来。由于这两个地区都处于北纬36°30′线以北,因此,这两地是不允许蓄奴的。但是,见到这两地到处都是肥沃的土地,所以,蓄奴州的奴隶主便打算将奴隶制引入这两个地区。而北方自由州的广大民

---

① 《马克思恩格斯全集》第15卷,人民出版社1963年版,第365页。
② 〔英〕J. P. T. 伯里编:《新编剑桥世界近代史》第10卷,中国社会科学出版社1999年版,第827页。

众则以"密苏里妥协案"为依据,坚决反对将奴隶制引进这两个地区。双方争论十分激烈。

为了解决双方的矛盾,道格拉斯于1854年1月23日向参议院提交了一项新法案,即《堪萨斯—内布拉斯加法案》。道格拉斯的法案主张,今后,这两个地区如加入联邦,不再按"密苏里妥协案"处理,即这两个地区将来获得州地位后,是否施行奴隶制,由这两地的民众自行决定解决。最后,道格拉斯的法案于同年5月30日以微弱多数获得通过。这成为美国以后在各地区是否施行奴隶制的一次重要转折点。

《堪萨斯—内布拉斯加法案》获得通过后,引起北方民众的强烈不满与抗议,它们称这个法案是向蓄奴州的投降。此后,蓄奴者与反蓄奴者之间的斗争日趋尖锐。1855年12月,堪萨斯的一位反奴隶制人士被杀害。1856年5月,奴隶主纠集一批拥护奴隶制的暴徒袭击劳伦斯城,他们到处放火、抢劫,破坏了无数财产。三天后,废奴主义领袖约翰·布朗率领一支反对奴隶制的部队展开反击。双方的斗争持续了数年,直至1861年1月堪萨斯成为北美联邦的自由州后,斗争才告结束。此即为堪萨斯内战。

《堪萨斯—内布拉斯加法案》的通过,以及堪萨斯内战的发生,给美国国内的政治力量带来较大影响。为了反对奴隶制,特别是反对《堪萨斯—内布拉斯加法案》,一批美国前辉格党人、民主党人和主张禁止奴隶的人士,于1854年7月在密歇根州杰克逊城成立了共和党。在以后的四年里,共和党在北方各州里取代了辉格党,成为民主党的主要对手。

1860年是美国的大选年。这一年,经过激烈的角逐,主张维护联邦统一和逐步废除奴隶制的亚伯拉罕·林肯当选为美国第十六届总统。

林肯当选后,南方各蓄奴州认为对它们不利,于是开始制造分裂活动。1860年12月,南卡罗来纳州率先宣布退出联邦。接着,密西西比、亚拉巴马、佐治亚、佛罗里达、路易斯安那和得克萨斯六个蓄奴州也跟着先后退出联邦。这七个退出联邦的州,于1861年2月4日在亚拉巴马州的蒙哥马利城成立了"南部各州同盟",以及以杰斐逊·戴维斯为首的"独立政府",并将政府所地设在了弗吉尼亚州的里士满。

1861年3月4日,林肯宣誓就职。"南方同盟"随即要求联邦军队撤出位于南卡罗来纳州的萨姆特要塞,在遭到拒绝后,"南方同盟"的军队便在4月12日用炮火猛攻萨姆特要塞,三日后要塞被攻下。南军炮轰萨姆特要塞,标志着长达4年之久的美国内战开始。同年4月15日,林肯总统宣布"南方同盟"叛乱,并号召人民为维护联邦的统一而战,同时下令招募7.5万名志愿兵。

林肯下令征兵后,南方立即又有弗吉尼亚、北卡罗来纳、阿肯色和田纳西4个州脱离联邦。这样,叛乱的邦便增加到11个。然而,优势仍在北方一边。当时,北方共有23个州,人口大约2000多万。叛乱的11个州,人口仅900多万。而且,南方工业薄弱,经济单一(主要是棉花),粮食不足。但是,由于南方有着较好的武装和指挥人员(为了应付时常发生的奴隶暴动),因此在内战初期,南方部队取得了一定胜利。1861年7月21日,发生在距华盛顿不远的马那萨斯城的战争中,联邦军队就遭到失败。

美国内战开始后,英国因需要南方的棉花而同情南方。因此,1861年3月,"南方同盟"派代表前往伦敦等地进行活动,争取外交承认。5月中旬,英国女王发表文告,声明在美国南北交战双方中保守中立。这就表明英国不将"南方同盟"视为叛乱一方。

同年8月,"南方同盟"任命詹姆斯·梅森①为驻英国专员,任命约翰·斯利德尔②为驻法国专员,并命他们分赴英、法两国,以供应棉花为条件,商谈购买武器和争取两国进行武装干涉。这二人先赴哈瓦那,于11月初在那里搭乘英国"特伦特"号邮船赴欧洲。后来,在海上被美国"圣哈辛托"号军舰拦截,并将梅森和斯利德尔予以扣押。

事件发生后,英国立即照会美国政府,要求放人、道歉和赔偿损失,并限七日内做出答复。同时,英国还派出一支庞大的舰队开赴加拿大。美国政府为了避免同时对内外两方作战,于12月27日照会英国政府,说明"圣哈辛托"事件事先未经政府允许,并表示同意释放被扣押的两名南方代表。1862年1月1日,梅森与斯利德尔同时获释,并于月底抵达欧洲。梅森在英国虽未争取到外交上的承认,但也为"南方同盟"争取到大量的武器装备和粮食。尤其是英国还答应为"南方同盟"提供和建造舰船。到1862年夏,英国共向"南方同盟"提供了近300艘各种类型的舰船。"南方同盟"利用这些舰只击沉、击毁联邦船只200多艘。英国为"南方同盟"建造的一艘"亚拉巴马"号巡洋舰,在22个月内就击沉、捕获或烧毁北方船只68艘。直到1864年6月,这艘"亚拉巴马"号巡洋舰,才被北方的"基尔萨季"号军舰击沉。斯利德尔在法国的争取工作,成效不大。

---

① 詹姆斯·梅森在美国南北战争前为联邦参议院外交委员会主席,林肯当选总统后,加入"南方同盟"。

② 约翰·斯利德尔原为美国国会议员,1861年加入"南方同盟"。

在北方作战不利的情况下,林肯总统认定为了赢得战争,就必须废除奴隶制。1862年9月22日,林肯总统发布《解放宣言》,规定自1863年1月1日起,南方叛乱各州的黑人奴隶成为自由人。《解放宣言》的发表,使招募黑人士兵成为可能。在战争后期,大约有18万黑人参加了联邦军队,这对促进北方夺取战争的胜利,起到了不可低估的作用。再有,现在的美国内战,对北方来说不仅是为了维护联邦的统一,而且,也是为了废除奴隶制。因此,英、法等国也就失去了再进行干涉的理由。

此后的战争,逐渐转向有利于北方。1863年7月,联邦军队同时在宾夕法尼亚州的葛底斯堡和密西西比州的维克斯堡发动了两大战役。这两大战役,联邦军队大获全胜,这成为美国内战的转折点。

1864年春,林肯总统命令刚晋升为中将的尤利塞斯·格兰特将军赴东线指挥作战。格兰特于6月中旬开始围攻里士满。经过长达9个月的围攻后,终于在1865年4月2日将"南方同盟"的所在地里士满拿下。在西线,威廉·谢尔曼将军于1864年8月攻占了亚特兰大,12月夺取了田纳西州和佐治亚州。1865年1月,开始向南、北卡罗来纳推进,并于4中旬取得胜利。5月下旬至6月初,路易斯安那州和得克萨斯州的南军先后投降。至此美国内战宣告结束。

持续4年的美国内战,给美国带来巨大的损失。据统计,双方消耗的战费超过150亿美元,联邦军队伤亡63万人,"南方同盟"方面伤亡48万。① 除此之外,尚有无法统计的各种损失。

"南方同盟"的奴隶主不甘心自己的失败,于1865年4月14日晚,将正在剧院看演出的林肯总统刺死。林肯虽然死了,但他开创的解放黑奴的事业却不会停顿下来。1865年12月,美国国会通过第13条宪法修正案,正式废除了奴隶制度。

1844年美国大选时,詹姆斯·波尔克被提名为民主党总统候选人。在竞选期间,他极力鼓吹吞并得克萨斯和占有俄勒冈。波尔克当选总统后(任期为1845—1849),他的政府工作的最大特点就是大规模地扩张美国的领土。

得克萨斯原为墨西哥的一个省,后来,不断有美国人非法移入,并且数量越来越多。1836年,美国移民举行暴动,公然宣布成立独立的"得克萨斯共和国",美国并予以承认。1845年,美国又通过同"得克萨斯共和国"签订合并条约,强行将得克萨斯变为美国的一个州。

---

① 中美联合编审委员会:《简明不列颠百科全书》第5卷,第790页。

美国兼并得克萨斯后,墨西哥立即向美国提出抗议,并于1845年3月同美国断绝外交关系。后来,虽然双方曾试图通过谈判解决争端,但美国还是挑起了对墨西哥的战争。1846年5月9日,波尔克总统向国会提交战争咨文。5月13日,国会批准宣战。接着,美军相继占领了整个墨西哥东北部、新墨西哥和加利福尼亚。1847年9月14日,美军攻入了墨西哥首都,战争结束。1848年2月2日,美墨双方在墨西哥城附近的瓜达卢佩伊达尔戈签订和约。美国以1500万美元的代价,换取了136万多平方公里的土地。这片土地大约包括了现在的新墨西哥、内华达、亚利桑那、犹他、科罗拉多西部和得克萨斯州。这些地区的取得,使美国基本上实现了对邻近地区的领土扩张。

俄勒冈地区原为美英两国共同占有,波尔克总统就任后,重申"门罗宣言",反对欧洲国家在北美进行任何殖民活动,因此要求停止两国对俄勒冈的共同占有。1846年6月,波尔克政府以战争相威胁,迫使英国签订了俄勒冈条约,接受以北纬49°线作为俄勒冈北部的边界。这样就将英国在此线以南的势力全部清除出去。

此外,在林肯总统政府内任国务卿的威廉·西沃德,于1867年以720万美元从俄国手中购得面积为1 518 800平方公里的阿拉斯加。阿拉斯加在1959年1月成为美国第49州后,是美国最大的一个州。

第六章 "东方问题"的发展与克里米亚战争

第一节 希腊独立运动与"东方问题"

希腊起义的发生和列强的基本立场

"东方问题"也称近东问题,即恩格斯所说的"对土耳其怎么办"的问题。随着18世纪后半叶沙皇俄国对奥斯曼土耳其帝国的侵略和扩张,"东方问题"产生了。在一段时间内,"东方问题"主要存在于土耳其和俄国、奥地利之间,还不是让全欧洲关注的国际议题。到了19世纪,庞大的奥斯曼帝国更加衰弱。与此同时,出于与该封建军事帝国相关的政治和商业利益,围绕着土耳其的前途和命运,列强展开了复杂的外交和军事活动。于是,"东方问题"成为欧洲国际关系中的一个主要问题,而希腊起义所引发的国际斗争正是这一转变的标志。

在被土耳其征服和占领的数百年中,巴尔干地区绵延着反抗土耳其统治的斗争。18世纪后期到20世纪初,在很多希腊人身上,民族独立意识已十分明显。共同的语言和共同的东正教信仰塑造了他们基本的民族认同,光辉的古代文明激发着他们的民族自尊和自豪感,海外贸易给希腊带来的商业繁荣、启蒙思想和法国大革命也推动着他们对独立的呼求。对于希腊独立运动,俄国给予了一定的鼓励。巴尔干半岛的居民主要是信奉东正教的基督教徒,在种族上又以斯拉夫人为多。宗教和种族上的亲密关系令俄国人对巴尔干的反土运动不乏感情认同,沙皇政府也想借此扩张在近东的势力。有大批希腊人到俄国黑海沿岸地区经商居住,不少人还到俄国政府和军队中任职,这也加强了希腊和俄国之间的联系。沙皇亚历山大一世的心腹伊昂·卡波迪斯特里亚伯爵就是一位希腊人,也是希腊独立运动中的一位激进分子。与俄国相比,土耳其的另一大邻国奥地利对巴尔干的民族运动有着不同的态度。1788—1791年间与俄国携手进攻土耳其之后,奥地利就放弃了与土耳其敌对的传统政策,愿意它保持完整。它认为,江河日下的奥斯曼帝国不再是对自己的威胁,而其境内民族独立运动的发展势必影响多民族的哈布斯堡帝国的稳定,何况东南欧的一些民族是被奥地利和土耳其分而治之的。

拿破仑战争结束后,希腊独立运动趋于高涨。1814年,在沙皇亚历山大一世和卡波迪斯特里亚的支持下,一些希腊侨民在黑海城市敖德萨建立了一个名为"友谊社"的组织,该社团积极从事反土活动,并于1818年将领导机构迁移到土耳其首都君士坦丁堡。1820年,亚历山大·伊普西兰蒂担任了该组织的领导人。他是俄国军队中的希腊裔少将,颇受沙皇赏识,在希腊侨民中也很有威望。此时,塞尔维亚的民族独立运动正取得重大进展,这对希腊人是一个重大鼓舞。长期以来,塞尔维亚人的反土斗争是巴尔干最重要的民族运动,而且也得到了俄国的支持。虽然1804年发生的卡拉·乔治起义在坚持多年后失败了,但米洛什·奥布伦诺维奇于1815年再举义旗。1817年,在贝尔格莱德召开的塞尔维亚国民议会推举奥布伦诺维奇组织自治政府,土耳其对塞尔维亚的统治大势已去。

1820年,友谊社在比萨拉比亚的伊兹梅尔举行会议,决定在多瑙河地区和希腊本土举行起义。1821年3月6日,伊普西兰蒂率领三千多人度过普鲁特河,进入摩尔达维亚的雅西城,揭开了希腊起义的序幕。4月2日,起义军占领布加勒斯特。土耳其派军镇压,于6月将起义队伍击溃。伊普西兰蒂流亡至奥地利,被奥地利政府监禁,后死在狱中。但是,起义并未终止。3月底,暴动在希腊伯罗奔尼撒半岛的莫里亚展开,并迅速蔓延到其他地区。至年底,起义军已控制了伯罗奔尼撒半岛、希腊群岛和科林斯地峡以北的若干地区。1822年1月,起义者在莫里亚召开会议,宣布希腊独立,并颁布了一部宪法,选举成立了拥有最高行政权的执行委员会。土耳其军事机器的衰败、贾尼那的阿里帕夏(奥斯曼帝国授予军政官员的最高头衔)的独树一帜、波斯和叙利亚等地的暴动以及起义军对海上交通的控制都妨碍了土耳其对希腊起义的镇压。到1823年,起义者已经牢牢握有战争的主动权,控制了希腊广大领土。虽然他们内部成分复杂,派系斗争不断,但希腊的独立正在成为事实。

希腊起义引起了欧洲列强的关注。在维也纳和会上,土耳其的内外问题未被讨论,这既是由于"东方问题"当时尚非欧洲外交的主要问题,也是由于想保持对土耳其的行动自由的俄国不愿这样做。但是,希腊起义导致的近东局势的变化终于使该地区开始成为列强的一个主要竞技舞台。在筹划起义时,伊普西兰蒂估计俄国届时会予以军事帮助。起义开始后,他致函正在莱巴赫出席列强会议的亚历山大一世,请求给予援助。在莱巴赫,奥地利外交大臣克莱门斯·梅特涅强调说,希腊起义是革命危险的又一次体现,土耳其苏丹则是拥有对希腊统治权的合法君主。为维护欧洲体系的稳定,不应支持希腊人的反叛行为,各国君主对此应保持一致。亚历山大一世对希腊人的独立事业不无同情,时任俄国外交副大臣的卡波迪斯特里亚也力主对土耳其采取"积极前进"的政策,但沙皇还是接受了梅特涅的看法。他表示,希腊起义和西班牙、意大利等地的革命都应归咎于巴黎的自由主义者,俄国要遵守与土耳其的条约和神圣同盟的宗旨。他撤销了伊普西兰蒂在俄军中的职务,允许土耳其派军赴起义地区恢复秩序。

但是,沙皇并未真正打消不干涉土耳其事务的念头。1821年3月底,土耳其苏丹马哈茂德二世发布敕令,要求境内的穆斯林团结起来捍卫伊斯兰事业。紧接着,在一些地区发生了穆斯林袭击和屠杀东正教徒的事件。在一定程度上,这是对起义地区的大量穆斯林遭到杀戮的报复。4月22日复活节这天,土耳其人将君士坦丁堡的东正教牧首格里高利五世和阿德里安堡、萨洛尼卡和提尔诺沃的大主教逮捕并绞死,随后抛尸大海。

这类事件令俄国国内的反土情绪不断上升,俄国政府最终也做出了强烈反应。7月,沙皇向苏丹提交了卡波迪斯特里亚起草的强硬照会,要求土耳其停止迫害境内的基督徒并保障他们的权利。自18世纪晚期以来,俄国一直依据1774年的《库楚克·开纳吉条约》声称,它拥有对土境内基督徒的保护权。其实,该条约只是规定:俄国可在君士坦丁堡的加拉塔地区建立一个由它保护的基督教堂,土耳其保护其境内的基督徒和基督教,并允许俄国大使代表加拉塔的教堂出面行事。于是俄国借此声称,自己有代表和保护土境内基督徒的条约权利,土耳其则始终不予承认。这一争执是俄土纷争不断、近东局势不时紧张的一个重要缘由。对俄国而言,干涉土耳其内部的宗教和民族事务不仅是出于种族和文化情结,也是它在近东扩张的基本手段。在19世纪的俄国近东政策中,夺取君士坦丁堡并控制达达尼尔海峡和博斯普鲁斯海峡是一个时隐时现的战略目标。

在俄国规定的期限内,土耳其未对俄国的要求做出答复。7月27日,俄国大使离开君士坦丁堡,俄土外交关系中断。相应地,俄国国内的主战声音更强烈了。经济问题也强化了俄国的反土舆论。希腊起义发生后,土耳其对进出海峡的希腊商船的限制大为增加,这对俄国的对外贸易尤其是南俄与西欧的粮食贸易打击甚大,该贸易的承运者多是挂土耳其或俄国旗帜的希腊船只。亚历山大一世想尽力恪守维也纳会议确立的集体外交原则,主张列强联合采取行动。为了维护欧洲保守的政治秩序,他不打算采取战争手段。

在其他欧洲大国内,也有不少人士由于宗教关系、民族自决思想、对希腊古典文化的尊崇和土境内基督徒遭到的屠杀,对希腊独立事业深表同情和支持,很多人作为志愿军奔赴希腊。英国贵族、著名诗人乔治·拜伦也前往希腊参加反土斗争,于1824年4月19日客死他乡。

但是,各国政府对希腊问题有着不同看法。梅特涅惯于以敌视的眼光来看待任何反对"合法"君主的斗争。他担心,如果具有自由主义色彩的希腊起义不能被很快平息下去,它可能鼓舞欧洲其他地方的革命风潮,破坏维也纳会议确立的欧洲正统秩序的稳定。他还害怕希腊起义助长巴尔干地区摆脱苏丹统治的运动,进而鼓励奥地利境内的民族运动。与此相关,他反对俄国支持土耳其境内的民族运动、吞食土耳其的领土和扩张在近东的势力。这不仅可能加快巴尔干传统政治秩序的瓦解,还可能使欧陆头号强国俄罗斯愈发成为东南欧的主宰和对奥地利的威胁。总之,梅特涅希望保持奥斯曼帝国的稳定。于是,他继续劝说沙皇保持克制,强调苏丹的合法性和亲希腊行为对欧洲政局的消极影响。同时,他敦促土耳其尽快地将起义镇压下去,也要求它节制自己的行为,尊重俄国的条约权利,并给予希腊人一些允诺。

英国不愿俄国采取军事行动,担心这会明显扩大俄国在近东的影响,从而威胁英国在近东尤其是地中海东部的战略和商业利益。从此出发,它倾向于维持土耳其的独立和完整。在1788—1791年的俄土冲突期间,英国首相威廉·皮特就曾谴责俄国对土耳其的进犯,要求保持土耳其的完整,这为以后英国亲土抑俄的政策定下了基调。不过,在自由主义意识形态较浓重的英国,舆论对希腊多有同情。英国外交的主导者、外交大臣卡斯尔雷勋爵不赞成帮助土耳其干涉希腊起义,他一向反对东方君主为维护"合法"君主制而干涉他国内政,为此他已使英国在外交上与俄、奥、普拉开了距离。他也不愿与俄国或更多国家共同实行亲希腊的外交干预。他担心这将有利于俄国在东南欧的扩张,并想保持英国的行动自由。他还认为,列强的共同干涉将被土耳其视作基督教世界的又一反伊斯兰行径,英国若参加之,会削弱它在君士坦丁堡的影响力。另外,包括他在内的不少英国官员认为希腊起义不过是一场骚乱,对冲突双方之间无节制的暴力心存反感。这样,英国对希腊起义持中立立场。

法国波旁王朝则有意与俄国联合向土耳其施压,以拓展法国在近东的利益和提升法国的国际地位,但它不能不考虑英国和奥地利的态度。毕竟,拿破仑战争才结束不久,尚处弱势的法国不能不谨慎行事。再说,巩固自己的国内地位仍然是波旁王朝的头等大事。

至于国力比英、法、俄、奥稍逊一筹的普鲁士,对近东事务没有实质的影响力,其政策更多的是追随奥地利。

尽管如此,沙皇仍在争取与其他大国进行协调。俄国表示,它希望用和平方式解决希腊问题,无意使希腊脱离土耳其,但土耳其须同意保护东正教徒、对起义者实行大赦、从摩尔达维亚和瓦拉几亚两公国撤军,并取消对进出海峡的商船的限制。对此,奥地利敷衍对待,英国无意合作,土耳其和希腊方面也甚感不满。卡波迪斯特里亚也对沙皇很失望,于1822年5月离职。

同月12日,卡斯尔雷自杀,乔治·坎宁接任英国外交大臣。渐渐地,英国的政策在不干涉的范围内表现出了对希腊人的倾向性。1823年2月,英国驻土大使斯特兰福德勋爵告诫土耳其,如果它不能停止迫害基督徒,就难以与英国保持友好关系。3月,英国承认希腊为交战方,虽然这在相当程度上是为了防止希腊的劫掠船对英国商船的袭击。驻近东的英国官员还在未与伦敦通气的情况下与希腊人接触,并提出了自己的和平建议。到1824年,希腊开始获得来自英国的贷款。在坎宁看来,既然希腊人憎恶土耳其的统治,而且在希腊土地上业已存在一个事实上的希腊政府,顺应这一局面更有利于东地中海地区的稳定。他还认为,若英国对希腊表示更多的同情和支持,将便于在希腊削弱俄国的势力和增加英国的影响。不过,坎宁未考虑使用武力,只是欢迎希腊人主要凭借自身力量获得独立。坎宁的亲希腊色彩与英国的自由主义舆论相合拍,而后者也成为他赖以对付内阁和议会中的保守派的力量。巴尔干的民族运动为俄国势力的推进提供了契机,英国若同情或支持该事业,就需要对俄国的政策有某种接受。两者间的调和体现在了未来的英国近东政策上。

《彼得堡议定书》和《伦敦条约》

1824年初,俄国又提出了一个关于希腊问题的方案,并建议就此在彼得堡召开列强会议。该方案是:将希腊分为三个自治的公国,它们每年向土耳其纳贡,土耳其不干涉其内政,但可在指定要塞中驻军。梅特涅表面上予以接受,心里想的却是尽量将沙皇拖住,为土耳其尽快将起义镇压下去争取时间。坎宁已开始考虑与俄国讨论希腊问题,但不急于迈出此步。他担心俄国滑向战争,以俄国使节回归君士坦丁堡作为英国与会的条件。他对方案本身态度暧昧,认为集体的外交压力难以让土耳其屈服。该方案被披露后,希腊和土耳其都表示反对。前者要求真正的独立,后者不满于仅拥有残缺的宗主权。于是,英国以不能赞同一个希腊反对的安排为由正式拒绝了该方案。俄国甚感失望,中止了与英国的外交沟通,想通过冷落英国而促其采取行动。

为了镇压希腊起义,苏丹求援于埃及的穆罕默德·阿里帕夏。穆罕默德·阿里名为苏丹的藩臣,实是割据一方的埃及最高统治者,拥有强大的军事力量。苏丹以克里特和塞浦路斯等地作为报酬,来换取埃及出兵。1825年2月24日,穆罕默德·阿里之子易卜拉欣率远征军在希腊登陆,战场局势随之逆转。在此前后,俄国仍在谋求列强的联合干涉,发起了新一轮的圣彼得堡会议,但依然无甚收获。梅特涅抵制任何有利于起义者的措施,英国也没有正式与会,坎宁认为它不会产生希腊人愿意考虑的方案。对于推行列强集体外交,俄国终于失去了信心和耐心。面对希腊的局势,它决定改弦更张。俄国外交大臣卡尔·涅谢尔罗迭称,"与俄国的盟国就希腊事务进行新的讨论甚无意义","俄国将完全依据自己的看法,将由自身利益所主导"。①

相应地,英国更加担心俄国走向战争。希腊方面也加强了与英国的接触,要求它提供保护。于是,英国对单方面调停冲突变得积极起来。在坎宁看来,该努力若能够成功,这既有助于希腊人的事业,也可防止俄国对土耳其的军事干预,并能提升英国和他本人的威望。埃及军队在希腊的暴行,进一步加强了英国国内同情希腊的舆论。埃及将希腊居民作为奴隶运走并迁入伊斯兰教徒的传言更令群情激愤,要求政府采取更积极举动的呼声也在升高。坎宁也在更多地考虑英俄合作的问题,但一时还是最看重单方面调停。

12月,亚历山大一世去世,即位的新沙皇是尼古拉一世。与亚历山大相比,尼古拉更强调俄国自身的利益而非列强的国际合作。这样,发生俄土战争的可能似乎加大了。同时,英国的调停看来也不易成功。在这种局面下,坎宁对英俄合作变得积极起来。他认为,英俄合作有利于抑制俄国的开战欲望,缓解近东危机,甚至终结俄国与奥普的协作关系。但是,他依然对单方面调停寄予希望。为此,他让表弟斯特拉特福德·坎宁出任驻土大使。

1826年2月,威灵顿公爵奉命出访俄国。除了祝贺新尼古拉一世登基,他还负有与俄国就希腊问题达成谅解的使命。在他出发前,伦敦已从斯特拉特福德·坎宁那里获知,希腊人也许愿意接受土耳其宗主权之下的自治。在圣彼得堡,尼古拉摆出对希腊人的命运漠不关心的姿态,令威灵顿颇感意外。俄国还

---

① 〔英〕安德森:《东方问题(1774—1923)》,第63页。

起草了一个给土耳其的最后通牒,主要涉及两公国和塞尔维亚而非希腊。3月17日,该通牒被送交土方。威灵顿担心俄土战争一触即发,急于与俄国达成协议。除了认为这有助于约束俄国的行为,他似乎还觉得,英俄实现合作可能促使土耳其接受俄国的通牒,这样俄土战争也许不会发生。

4月4日,威灵顿和俄国签订了《彼得堡议定书》。两国同意:英国对希土双方提议由其出面调停;建立一个拥有自治权的希腊国家,它享有完全的精神和商业自由,但仍是土耳其的属国(对希腊的国界未作规定),须向它交纳贡金;对于希腊的统治者的选定,苏丹拥有一份发言权;土耳其从希腊撤军,希腊通过购买而获得土耳其在本地区的财产;英国和俄国都不在希腊谋求领土、排他性影响和商业优势;邀请奥、法、普担保希土之间的最终解决方案。它还规定,若土耳其不接受英国的调停,不论俄土关系是何性质,协议中的安排仍是两国通过共同或单独的干预所实现的解决方案的基础。这意味着,俄国可以对土动武,协议在该情形出现时依然有效。俄国未遵循对威灵顿的口头承诺,将议定书内容提前向各大国公布,并发表在《泰晤士报》上。坎宁不满于俄国保留了开战权利,但也无可奈何。他希望,俄国的通牒能够让苏丹胆怯,使后者对英国的调停抱以积极态度。他还让斯特拉特福德·坎宁对土耳其表示,如果调停活动受阻,英俄可能发起联合干涉。

5月初,土耳其表示接受俄国的通牒。英俄达成一致的消息对它确有影响,各国使节也要求它不要给俄国提供开战的借口。接下来,俄土在双方交界处的小镇阿克尔曼展开谈判。俄国的姿态是,只要土耳其满足自己的要求,它不再拿希腊问题做文章。10月7日,俄土订立了条约。根据该条约,土耳其须恢复摩尔达维亚和瓦拉几亚两公国的自治特权并给予塞尔维亚类似权利,承认俄国在高加索地区所占的土地归其所有,允许挂俄国旗帜的船只在土耳其境内所有水域自由航行。随后,俄国使节回到了君士坦丁堡。

对于英俄《彼得堡议定书》,土耳其表示反对。希腊议会则表示接受,但主张任何起义地区无论是否被征服都属于希腊。俄国仍打算就希腊问题对土耳其施压,甚至是发动战争。坎宁也对希腊局势感到忧虑:起义力量在埃土军队面前岌岌可危,爱琴海上劫掠行为的升级令其贸易大受影响,俄国出兵的危险也依然存在。他希望尽早解决希腊问题,但不愿采取在内阁中得不到有力支持的激进措施,比如封锁在希腊的埃及军队的海外交通。他的想法是,如果单独的或与俄国联合的调停活动失败,就劝说列强从君士坦丁堡撤出使节,并向苏丹威胁说将承认希腊的独立。穆罕默德·阿里向英方表示,如果英国帮助他建设海军,并支持他在地中海东岸的土耳其领地上扩张势力,他愿意从希腊撤军,但英国对他的扩张意图颇具戒心。

英俄希望其他大国接受英俄协议并予以合作。对此,梅特涅无甚兴趣,普鲁士也态度暧昧。法国愿意合作,但为了凸显三国之间的平等,要求将《彼得堡议定书》变为由三国正式签署的条约。1827年4月初,坎宁接替因病去职的利物浦伯爵出任英国首相,这为他处理希腊问题提供了更多便利。此时,俄国对列强拖沓不决愈发不满,称自己将独自行动。于是,英国和法国同意向土耳其施加更多压力。7月6日,英、俄、法在伦敦签署了《伦敦条约》。它的内容与英俄议定书大体相同,但有秘密条款规定,如果土耳其在一个月后仍不接受调停,三国将立即向希腊派遣领事;如果冲突双方中任何一方拒绝停战,三国将联合采取措施以实现该目标,但不参与双方之间的敌对行动。三国商定,如果土耳其拒绝停火,即使用舰队阻止在希腊的埃土军队从海外获得支援,但要极力防止与土耳其陷入敌对状态。但不言而喻的是,海上封锁容易导致冲突的发生。

俄土战争、《阿德里安堡条约》和《伦敦议定书》

对坎宁来说,《伦敦条约》是一项外交成就,它增大了希腊问题获得解决的希望,减小了俄土兵戎相见的危险。然而,他在出任首相后不久即于8月8日病故。希腊方面对《伦敦条约》感到欣喜,于9月3日正式宣布同意停战,土耳其则两次拒绝了英、法、俄联合发出的通牒。9月初,英法在地中海的舰队收到了协助实现停战的指令。英国舰队司令爱德华·科德林顿询问斯特拉特福德·坎宁,怎样才能既拦截增援希腊的土埃舰船,但又不发生敌对情形?坎宁答复说,如果一切手段都无效,那就开火。9月8日,一支埃及舰队躲过了英法舰队的拦截,进入了纳瓦里诺湾,与那里的埃土舰船会合。不久,英法舰队相继抵达港外。10月10日,来自波罗的海的俄国舰队也到达了。科德林顿称埃土军队仍在屠戮和迫害希腊居民,主张联合舰队驶入港内,要求埃及舰队撤离,这得到了俄国舰队司令的支持。当时,科德林顿想诱使埃土舰队首先开火,从而乘机歼灭之。法国与穆罕默德·阿里素有良好关系,法国舰队的司令不想与埃及军队交火,但未反对进港。10月20日,英、法、俄舰队进入纳瓦里诺湾。埃土舰队首先开炮,海战随即发生,法国舰队也卷入了战事。结果,埃土舰队惨败,64艘战舰沉没近半。

纳瓦里诺海战严重恶化了土耳其与英、法、俄的关系。10月31日,土宣布废除阿克尔曼条约。12月8日,英、法、俄使节撤离君士坦丁堡。12月18日,马哈茂德二世号召整个伊斯兰世界对俄国进行圣战。在俄国,战争情绪也达到空前高度。1828年1月,尼古拉一世建议,英、法、俄向海峡进军,迫使苏丹签订城下之盟并同意从希腊撤军。同时,俄国也在准备对土耳其展开陆上进攻。法国同意俄国的建议,英国则拒绝了。此时的英国首相是政治上比较保守的威灵顿,他主张维持土耳其对希腊的宗主权,害怕俄国在近东的扩张,因此,对纳瓦里诺海战颇感遗憾。不过,他不想与俄国分道扬镳,因为这样做只能让俄国更加不受羁绊。面对俄土之间的紧张态势,英国政府觉得,眼下只能让俄国按照自己的意愿行事。

4月26日,俄国对土耳其宣战,战事在巴尔干半岛和高加索地区展开。至1828年底,俄军在高加索取得一定战果,但在多瑙河一线受到顽强阻击,未能实现在冬季之前攻至君士坦丁堡的计划。战争发生后,英国不愿将近东问题的主动权让于俄国,威灵顿对希腊人的要求也有了更多接受。法国则主张,给予俄国在多瑙河地区的行动自由,而由西方负责希腊问题。穆罕默德·阿里也想从希腊抽身,不与列强较劲。英国接受了法国的建议,即在埃及同意撤军后由法军在希腊莫雷亚登陆,以实现停战。英埃双方就撤军进行了交涉,于8月6日达成协议。法军一万余人随即在希腊登陆,埃及军队迅速撤离了希腊。

1829年,俄国加强了对土耳其的攻势。在巴尔干地区,俄军在春夏之际取得了一系列进展。8月中旬,俄军占领阿德里安堡,兵锋直指君士坦丁堡。在高加索地区,俄军也节节取胜。此时,英法已再次向君士坦丁堡派出大使。列强驻土使节十分担心俄国进占君士坦丁堡,害怕土耳其发生内乱并崩溃,力主双方展开和谈。英法使节还向苏丹表示,必要时可让英法舰队进入海峡以提供帮助。苏丹急于求和,沙皇也不想再打下去。因为俄军人困马乏,饱受疫病困扰,先头部队很难得到足够补给,再说俄国不能不顾忌其他大国出兵干涉的可能。更重要的是,尼古拉一世在1829年任命了一个委员会来研究如何处置土耳其,它的基本结论是:保留奥斯曼帝国对俄国更为有利,但它的虚弱令俄国须密切注意其走势。

该委员会认为,若俄国乘势夺取君士坦丁堡和海峡,很可能引起与欧洲大国的战争;若由各大国将土耳其瓜分,即便俄国占有海峡地区,其他强国在东南欧的势力也会大有增长,而俄国将直接面对这些"危险的敌人";若建立一个大的巴尔干联邦或若干独立国家,并不能保证俄国能够对其具有决定性影响;若土耳其解体,各国势必难就君士坦丁堡的归属达成一致,假如将它作为自由市,俄国难以保证它和海峡不被他国控制。该委员会还认为,俄国已经拥有极其辽阔且远未开发的领土,在土耳其也拥有很大的势力,因而可以在保留土耳其的情况下在近东扩张俄国的影响,即便夺取领土也应限于亚洲地区而不针对海峡。所以,俄国应保持土耳其的相对完整。不过,一旦土耳其的崩溃时刻到来,俄国应和其他大国就如何处置它及时做出安排,但要防止海峡落入他国之手。沙皇接受了这一主张,因而,它成为未来二十多年俄国近东政策的基础。

于是,俄国决定与土耳其达成"体面的"和平。9月初,俄土展开谈判。9月14日,双方在阿德里安堡签订了和约,即《阿德里安堡条约》。根据该条约,普鲁特河仍是俄土两国的繁荣边界,但多瑙河河口归俄国所有;在高加索地区,俄国获得格鲁吉亚、东亚美尼亚等地;土耳其用金钱换取俄国从多瑙河两公国撤军,并拆除该地区的堡垒工事;两公国仍处于土耳其宗主权之下,但由俄国保障它们的自治、安全、信仰以及贸易和宗教自由;俄国人在土境内享有充分的贸易自由,俄国商船可自由通行海峡并在黑海地区享有绝对的航运自由。

在该条约中,土耳其还同意接受关于希腊问题的《伦敦议定书》。1829年3月22日,英、法、俄在伦敦达成了该议定书。三国同意:建立一个在土耳其宗主权之下的自治的希腊国家,它每年向土纳贡;由一位不出自三大国的信奉基督教的亲王对希腊进行世袭统治。对于希腊的边界,该议定书也做了规定。1828年12月,英、法、俄驻土使节曾就希腊的边界达成了协议,将希腊的陆上边界规定为自东部的沃洛湾至西部的阿尔塔湾,包括克里特在内的众多岛屿也被纳入了希腊的范围。但是,威灵顿和英国外交大臣阿伯丁伯爵担心未来的希腊国家受俄国左右,反对给予它太多领土。结果,在《伦敦议定书》中,希腊的陆上边界被大大南移,克里特等一些岛屿也不再归属希腊。1829年底,土耳其与希腊达成协议,同意撤军停战。

《阿德里安堡条约》虽然不是那般苛刻,但在英法看来,它还是大大提升了俄国在近东的影响力。另外,土耳其同意希腊自治与俄国使用武力密不可分,而且是在俄土条约中得到确认,这使希腊的自治似乎更多地归功于俄国。英法认为,既然奥斯曼帝国看来前途未卜,它对于希腊也难有真正的权威,不如让希腊获得真正的独立,这将有利于削弱以土境内基督徒"保护者"自居的俄国在希腊的影响,何况希腊人也一直要求获得独立。甚至梅特涅也认为,如果土耳其控制不了希腊,就限制俄国的影响而言,让希腊独立强于仅让它自治。沙皇也不反对让希腊独立,并同意以三国协议的形式对希腊问题做最终规定。

1830年2月3日,英、法、俄再次签订《伦敦议定书》。它宣布废除奥斯曼帝国对希腊的宗主权,让希腊成为由三国共同保护的独立国家。数日后,三国决定由萨克森—科堡公国的利奥波德亲王登临希腊王位,但本已应允的利奥波德最后改变了主意。此时,希腊政府的领导人是从俄国出走的卡波迪斯特里亚。他于1827年受希腊议会邀请来到希腊,后被选为希腊总统,但英法以及希腊的亲西方派别怀疑他是沙皇的工具。这就加剧了本来就矛盾重重的希腊各派别之间的纷争。1831年10月,他遇刺身亡。

1830年11月,威灵顿内阁下野。格雷伯爵组建了新政府,帕默斯顿子爵任外交大臣。在新内阁中,扩大希腊领土范围的主张得到了有力支持。1832年初,英、法、俄将巴伐利亚国王路易一世之子奥托选为希腊国王。5月7日,英、法、俄在伦敦订立了新条约。它确认了《伦敦议定书》的内容,决定向希腊提供六千万法郎的贷款,还将希腊的陆上边界改为沃洛—阿尔塔一线,并将克里特岛等岛屿划给了希腊。7月,土耳其接受了该条约。1833年2月6日,奥托抵达希腊,独立的希腊王国的历史终于开始了。

作为维也纳会议后一个取得重大胜利的民族解放运动,希腊起义动摇了奥斯曼帝国的封建军事统治,鼓舞了巴尔干地区争取民族独立的斗争,打击了以梅特涅为代表的欧洲保守势力,削弱了神圣同盟的力量。列强就希腊问题展开的外交和军事活动表明,"东方问题"已经成为引起全欧关注的一个国际关系问题,各大国围绕它有着复杂的关系。在希腊起义期间,虽然英、法、俄有所合作,但三国之间的分歧和猜忌明显存在,尤其在英俄之间。虽然奥地利反对希腊的独立和俄国的扩张,但其政策总体上缺乏积极主动,这也是此后奥地利近东政策的一个特点。奥地利对民族运动的敌视妨碍它在近东事务上与其他大国相协调,与英、法、俄的实力差距也限制了它在东南欧自主行动的能力。而且,为维持维也纳会议之后欧洲的政治格局,奥地利不能不有赖于俄国,不敢轻易与它翻脸。另外,奥地利对外政策的首要目标是保持对北意大利的控制和在德意志诸邦中的影响,这也制约了它的行动自由。实际上,在意大利获得独立和普鲁士夺取了德意志领导权之后,"东方问题"才在奥地利的外交中上升到优先地位。

第二节 两次土埃战争与列强的合作和冲突

第一次土埃战争和《温加尔·斯克利西条约》

未待希腊问题完全解决,埃及最高统治者穆罕默德·阿里与土耳其苏丹的争斗又激烈起来,并酿成了19世纪30年代的两次土埃战争。相应地,列强在

"东方问题"上又展开了新的外交和军事行动。

1805年,穆罕默德·阿里成为奥斯曼帝国在埃及的总督。在他的统治下,埃及俨然是一个独立国家,君士坦丁堡无力对其发号施令。穆罕默德·阿里谋求在近东进行扩张,取土耳其苏丹而代之,重建一个阿拉伯帝国。为此,他在政治、经济和军事等方面进行了一系列革新,使埃及的实力蒸蒸日上。他也清楚地知道,他的计划离不开欧洲强国的支持。在列强中,法国最重视与穆罕默德·阿里的合作,觉得这有利于加强自己在近东的影响。它帮助埃及扩充实力,对它的扩张计划也予以了一定支持。对于英国,穆罕默德·阿里也尽力拉拢。他多次对英方表示,土耳其的统治摇摇欲坠,如果英国站在埃及一边,他可帮助它抵御俄国在近东的扩张。但是,英国人不希望在近东出现一个新兴强权,并倾向于将穆罕默德·阿里看成法国的伙伴。他们还认为,埃及的扩张将加大奥斯曼帝国解体的危险,令近东动荡不安。

1831年11月,阿里以阿克地区的土耳其总督拒绝交出埃及的"叛乱分子"(实际上是因躲避兵役和重税而逃亡的农民)为由,派其子易卜拉欣率军攻入巴勒斯坦,第一次土埃战争爆发了。由于埃及军队战斗力较强,并且得到了憎恶土耳其暴政的很多民众的支持,他们势如破竹,数月内连克巴勒斯坦、大马士革和阿勒颇等地,攻抵小亚细亚。对于这种局面中蕴涵的风险,比如列强进行军事干涉的可能,穆罕默德·阿里不无担心。1832年夏,他中止了军事进攻,期望通过谈判获得自己所要的东西,法国也站出来进行调停。但是,土埃之间未达成协议。12月,易卜拉欣恢复了进攻。苏丹马哈茂德二世派出最后的主力出战,但六万土军在科尼亚惨败于三万埃军。随后,埃军在小亚细亚不断推进,土耳其已无招架之功。

苏丹早就指望列强予以干预。科尼亚战役后,他更迫切地请求列强施以援手。在法国,以国王路易·菲力普为首的"七月王朝"政府对扶助土耳其没有多少兴趣。梅特涅指责穆罕默德·阿里是反对合法君主的叛乱者,担心埃及的进攻造成土耳其的崩溃,但认为奥地利无力独自解决问题,主张列强采取集体行动。此时,英国正值大选前夕,比利时和葡萄牙也正发生危机,这些内政外交问题使它难有足够精力干预近东事务,连一支有分量的舰队都派不出。首相格雷等一些大臣对拯救土耳其也缺乏热情,认为它迟早要解体。外交大臣帕默斯顿要求捍卫土耳其的完整,主张与东方君主国家合作,但在内阁中未得到有力支持。由于意识形态因素,执行与俄、奥、普相协调的政策在英国素受自由主义舆论的诟病。1830年法国"七月革命"后,俄、奥、普之间的神圣同盟有所强化,它们与英法的意识形态对立则更明显了。对于以维也纳还是以伦敦作为列强协调外交的中心,梅特涅和帕默斯顿也有不同看法。

在援助土耳其问题上,与苏丹长期为敌的俄国最为爽快。对于1829年的近东问题委员会的政策建议,尼古拉一世已大体接受。他认为,土耳其的崩溃只是时间问题,为减少由此而来的动荡和风险,列强应事先就如何处理一个解体的土耳其达成协议,此前则应尽力维持它的存在。沙皇反对由一个新兴的"阿拉伯帝国"取代衰弱的奥斯曼帝国,并认为在后者危难之际相助有利于增强俄国在君士坦丁堡的影响。在科尼亚战役之前,俄国已向土耳其表示,如果它需要,一支俄国舰队招之即来。但是,土耳其踌躇未决,对请俄国出兵有引狼入室之忧。12月底,俄国将军尼古拉·穆拉维也夫到达君士坦丁堡,重申提供军事援助的愿望。虽然土军在科尼亚遭到惨败,英国又表示不能提供援助,土耳其仍对俄国抱有戒心,还试图与埃及议和。1833年1月中旬,穆拉维也夫抵达亚历山大,要求穆罕默德·阿里与苏丹谈判并停止进攻,这被接受了。

但是,易卜拉欣的进军步伐直到2月初才停止。此时,埃及大军已进抵离君士坦丁堡只有150英里的屈塔希亚。在这种危境下,苏丹终于认定,要拯救摇摇欲坠的帝国,只能依靠俄国。2月2日,他请求俄国派遣舰队,并派遣陆军部队经巴尔干向君士坦丁堡进发。16日,穆罕默德·阿里向苏丹通报了议和条件,要求割让整个叙利亚和小亚细亚的阿达纳地区,苏丹拒绝接受。20日,俄国舰队驶抵海峡。

在历史上,俄国经土耳其允许而采取这种行动仅此一次。俄国未就出兵征求列强的意见,但认为奥地利和普鲁士不会反对。对于俄舰的到来,英法驻土使节大为震惊,害怕俄国由此成为土耳其宫廷和海峡的主宰。他们要求苏丹让俄军撤退,并与穆罕默德·阿里达成妥协。法国大使还与土耳其达成了如下协议:前者保证,将促使穆罕默德·阿里将议和条件限于获得叙利亚;后者则同意,在和平实现后要求俄国撤军。对于埃及,英法方面也在不断施压,要它适可而止。但是,穆罕默德·阿里不愿屈服。3月9日,他向苏丹送交了最后通牒,以继续进军为威胁,要求答应全部条件。俄国大军难以及时赶至海峡地区,而且他们的主要任务在于防御而不是进攻。为防止俄国控制海峡,英法使节劝说苏丹接受穆罕默德·阿里的条件。在此情况下,苏丹选择退让。4月8日,在埃军占领的屈塔希亚,土埃签订了条约。苏丹承认穆罕默德·阿里对埃及的统治权,同意由其管辖叙利亚和阿达纳;穆罕默德·阿里则同意从其他地方撤军,并承认苏丹的宗主权。7月,埃及撤军完毕,第一次土埃战争结束。

随着土埃和约的达成,俄军再无理由驻扎于海峡地区,英法也不断要求他们尽快撤退。但是,沙皇不甘心如此收场,想乘机加强对土耳其的影响力。为此,他派黑海舰队司令、援土计划的主持者阿历克谢·奥尔洛夫伯爵出使君士坦丁堡。苏丹对俄国给予的援助不无感激,有意与俄国结成防御同盟,俄国欣然应允。在给予奥尔洛夫的指示中,俄国外交大臣涅谢尔罗迭称:"一旦发生了什么情况,(该条约)将为我们显示和使用武力提供依据,还将使我们在本地区再次成为时局中的首要者和最强者,从而一直是问题的主宰者,无论是同意尽可能地保全奥斯曼帝国,还是最终承认它的解体不可避免。"①7月8日,在温加尔·斯克利西村,俄土签订了同盟条约,即《温加尔·斯克利西条约》,其有效期为八年。双方约定,为使两国领土不受任何侵犯,将相互提供最有力的援助。俄国同意,在各缔约方认为必要时派出陆海军支援土耳其。根据一项秘密条款,在俄国遭到攻击时,土耳其向俄国提供物质援助的义务可予免除,但须关闭海峡,"不允许任何外国军舰以任何借口进入"。

此规定,未违反土耳其在和平时期不向外国军舰开放海峡的传统做法。1809年的一项英土条约也规定,只要土耳其处于和平状态,它不得向任何国家的军舰开放海峡。因此,该款其实未改变海峡的法律地位,俄国未获得进入海峡的特权。但在禁止外国军舰进入海峡问题上,俄国毕竟从土耳其获得了专门保证,这有利于它的安全。由于俄土结成了防御同盟,土耳其至少在理论上成为俄国南翼的安全屏障。

7月,俄军开始撤退。次月,《温加尔·斯克利西条约》的内容在英国被披露,它令英法政府颇为不安。它们担心,该条约将为俄国干涉和控制土耳其提供更多的便利,甚至使后者沦为前者的保护国。帕默斯顿称:"该条约最值得反对的方面在于两国之间相互保证将就各自利益互相秘密磋商,借此,俄国大使成为苏丹的内阁首相。"②还有人认为,俄国暗中获得了一定的进出海峡的权利,甚至是自由进出海峡的权利。这样,黑海将成为俄国舰队的避风港,地中海对它则是非封闭的。于是,英法向土耳其提出抗议,要求取消《温加尔·斯克利西条约》,但未被接受。它们也与俄国进行了交涉,亦无收获。梅特涅也从英法方面听说了该条约,但称事先毫不知情,并表示不相信它的真实性。紧接着,他就陪同奥地利皇帝赶赴明兴格雷茨,去与俄国沙皇和和普鲁士王储会晤。

---

① 〔英〕安德森:《东方问题(1774—1923)》,第85页。
② 韦伯斯特·查尔斯:《帕默斯顿的对外政策,1830—1841:英国、自由运动和"东方问题"》,G. 贝尔出版公司1969年版,第306页。

虽然尼古拉一世执行了保全土耳其的政策,但他相信它的解体不可避免,穆罕默德·阿里的发难更加强了这一认识。他担心土耳其的崩溃会造成对俄国十分不利的局面,认为列强须就如何分割土耳其做出事先的安排,即便它们目前都想维持它。1833年上半年,俄国多次与奥地利交换意见。梅特涅强调要尽最大努力保全土耳其,未就如何分割它提出具体方案。他担心,过早提出这种方案也许会加速土耳其的崩溃。在《温加尔·斯克利西条约》令俄国与英法更加不睦之际,沙皇更希望加强与奥普的合作。1833年9月,在明兴格雷茨会议上,俄、奥、普进行了商谈。9月18日,俄奥就近东问题达成被称为《明兴格雷茨协定》的秘密协定。两国同意,共同反对穆罕默德·阿里对土耳其的欧洲属地的扩张,保证奥斯曼帝国的领土完整;假如该帝国瓦解,两国将就如何分割它进行合作,以维护势力均衡。普鲁士表示,它支持该协定的精神。这样,俄国从奥地利得到了在必要时分割土耳其的正式承诺。奥地利则从俄国得到了保持土耳其的完整的正式保证,但又避免了就分割问题达成具体协议。

于是,俄、奥、普在近东问题上的合作有所增进。对于《温加尔·斯克利西条约》,奥普也为俄国进行辩护,说它有利于保护土耳其。相应地,英法与东方君主国家尤其是俄国的关系更见疏远。在随后的岁月中,由于意识形态和地缘政治方面的纷争,英法与俄国的矛盾更加突出。伦敦和巴黎在30年代则有着经常的外交协作。鉴于俄、奥、普的相互关系以及它们与英法的关系,这两个"自由主义"国家不免靠得较近,虽然彼此间的矛盾和猜忌屡见不鲜。帕默斯顿还认为,与法国协作是牵制与约束它的一种途径。

第一次土埃战争后,英国担心俄国夺取海峡,加强了自己在地中海的舰队;俄国担心英国抢先占领君士坦丁堡,也加强了自己在黑海的军事力量。尼古拉一世不能容忍海峡落到另一个强国手中,但主要是担心这对俄国本土安全的威胁,而非企图通过控制海峡而向地中海扩张。他认为,俄国不能未经列强同意而占领海峡和君士坦丁堡,否则会导致颇具风险的大战。因此,对俄国来说,任何限制列强的舰队进入海峡的安排都是可以考虑的。它也知道,自己难以独自决定土耳其的未来命运,不能不与列强合作。这些都为俄英未来在近东问题上的协作埋下了伏笔。梅特涅也劝说英国人打消对《温加尔·斯克利西条约》的担心。他向伦敦表示,沙皇会尽力保持土耳其的存在,也不想占领君士坦丁堡。如果君士坦丁堡是俄国领土的一部分,它可能成为吸引格鲁吉亚、乌克兰和比萨拉比亚等俄国南方省份的政治重心,从而可能造成俄国的分裂。

第二次土埃战争和伦敦协定

第一次土埃战争之后,马哈茂德二世力图雪耻。他想收回被穆罕默德·阿里夺取的土地,让他俯首称臣。在未能通过谈判促使穆罕默德·阿里让步后,战争成为苏丹的唯一选择。他希望列强支持他这样做,但未得到积极回应。这一时期,蒸汽轮船已在红海和幼发拉底河试航,东西方之间经由近东的交通愈发重要。英国的反埃势力不能容忍穆罕默德·阿里把持这一路线上的战略要地,认为至少应该将他从叙利亚赶走。他们怀疑他是法国的代理人,担心他会向两河流域挺进,甚至向波斯扩张和染指印度洋。帕默斯顿认为,穆罕默德·阿里占据了土耳其的太多地盘,这本身就直接破坏着苏丹对其剩余属地的权威,从而加大了土耳其崩溃和俄国乘虚而入的危险。他还觉得,如果英国有机会帮助苏丹抵抗穆罕默德·阿里,这有助于废除《温加尔·斯克利西条约》。但在他看来,土耳其尚不具备与埃及一决雌雄的力量,若它轻启战端,将可能导致它崩溃或真正成为俄国的附庸。他认为,土耳其问题不可能由英国或俄国独自处理,需由列强的合作来解决。如果土耳其的和平能够得到保障,苏丹又能够认真改革,土耳其就可能成为一个稳定和令人尊重的国家。

英国曾试图以列强对于土耳其安全的集体保证来取代《温加尔·斯克利西条约》,但遭到俄国反对。俄国借该条约将土耳其置于了自己的羽翼之下,俄土关系在战后数年中也有所发展。如果土耳其再次与埃及开战,若取胜,可能弱化它对俄国的倚重;失败,则可能造成它的解体,这都是俄国不愿见到的。奥地利和普鲁士也不愿近东发生新的动荡。至于法国,它与埃及的交往在19世纪30年代更趋密切。巴黎将穆罕默德·阿里视作自身近东利益的重要支撑,不支持苏丹对它发难。它还认为,土埃再战可能导致俄国乘机进军海峡等风险。穆罕默德·阿里也非无欲无求,他的最重要目标是:摆脱对于苏丹的藩属地位而获得真正独立,并使他的家族拥有对所据地区的世袭统治权。英、奥、俄、普对此持反对态度,担心这会加剧土埃矛盾,在近东引发新的危机。① 鉴于情势,法国也主张保持现状。

1839年,苏丹终于下定了开战的决心。趋于恶化的健康状况让他觉得没有时间再等下去了。尽管列强未答应帮助他进攻穆罕默德·阿里,但他相信它们不会弃他不顾。4月,土耳其军队向叙利亚发起了进攻。但是,他们仍然不是易

---

① 英国驻土大使庞森比勋爵怀疑,由于《温加尔·斯克利西条约》将于1841年到期,俄国暗中怂恿穆罕默德·阿里取得独立,以便维持土耳其对俄国的依赖。

卜拉欣大军的对手。在6月24日的尼济普战役中，土军大败，被俘一万多人。通往君士坦丁堡的道路再次向埃军敞开，但后者一时引而未发。在战败的消息传到君士坦丁堡之前，马哈茂德二世于30日撒手人寰，即位者是年仅16岁的阿卜杜勒·梅吉德。7月上旬，土耳其舰队的主力开往亚历山大，叛逃埃及。土耳其宫廷内外交困，不得不与埃及媾和。它同意给予穆罕默德·阿里对埃及的世袭统治权，但对方还要求获得对叙利亚和阿达纳的世袭统治权。

对于土埃的再战，列强不能不做出回应。法国首先进行了干预。5月底，法国首相、昔日拿破仑手下的元帅尼古拉·苏尔特派代表前往近东，要求土埃停止敌对行动，尼济普战役后埃军未大举推进与此不无关系。英法还就如何采取联合措施进行了商讨。它们商定，列强应采取联合行动，两国须做好必要时派遣舰队进入海峡的准备。它们都主张尽早结束土埃战事，并在俄国向海峡出兵时采取同样行动。但是，法国主要关注如何防止俄国染指海峡，英国在此之外还谋求削弱穆罕默德·阿里的势力。

与此同时，梅特涅试图使维也纳再次成为列强集体外交的中心。他认为，俄国不会反对由他主持制定的集体安排，但首先需要争取的是英法的合作，可在磋商有所眉目后再与圣彼得堡通气。他向英法建议，在维也纳就近东危机举行列强的集体磋商。他表示，由于维也纳与近东较近，而且英法与俄国颇为不睦，它是一个方便之地。英法接受了梅特涅的建议。它们认为，俄国不太可能不参加在维也纳建立的联合阵线。于是，梅特涅与英、法、俄、普驻奥使节展开了会谈。因俄国驻奥大使回国未归，俄方参加磋商的是驻奥代办，但他人微言轻。这样，磋商实际上是在梅特涅和英法大使之间进行。7月27日，根据来自维也纳的指示，五大国驻土使节将一份集体照会送交正与埃及谈判的土耳其政府。它称列强正准备干预，要求土耳其不要未获它们的认可即予让步，并等待它们的处置。土耳其接受了该照会，请求列强代表自己与穆罕默德·阿里打交道。

帕默斯顿曾告诉法国，应将穆罕默德·阿里从叙利亚赶出去。巴黎未断然拒绝，路易·菲力普还表示可以接受。但是，穆罕默德·阿里在巴黎颇具影响力，他对数家报纸提供资助，在法国政府中也有不少人替他说话。相应地，法国舆论是亲埃及的，这种态度在尼济普战役后变得更明显了。在这种背景下，法国政府的立场有了变化。它觉得，穆罕默德·阿里取得的胜利令他有理由获得更多的东西，包括对叙利亚等地的永久统治权。至少，它反对用强制手段迫使埃及接受某种解决方案。英国主张英法舰队开往亚历山大，以迫使土耳其舰队返回,但法国不予接受。在 7 月 27 日的照会被送交土耳其之前,法国政府对它并不知晓。在获知其内容后,它不无怨言。不久,法国驻土大使也换成了亲埃人物。

对于马哈茂德二世的求战愿望,俄国本来就不支持。战争爆发时,沙皇正为公主玛丽亚的婚事和王储的情感纠葛伤神,更不愿近东再起波澜。而且,财政状况也令俄国一时难以用兵。因此,沙皇对土耳其重燃战火感到恼怒,无意根据《温加尔·斯克利西条约》出兵相助。他对马哈茂德二世的驾崩则不无喜悦,觉得这为土埃达成和议提供了机会。俄国表示,只要埃及军队不越过小亚细亚西南的托罗斯山脉,列强就不必干涉。甚至,它还主张将若干地区划给埃及。梅特涅以为,他主持的外交活动会得到沙皇的支持。但是,对于梅特涅未与俄国充分磋商就以维也纳为中心展开集体外交,并将维也纳视作圣彼得堡与伦敦、巴黎之间的桥梁,沙皇颇为不满。奥地利还同意派舰队与英法合作,以保卫海峡。在沙皇眼中,这表明它欲与英法携手对付俄国。于是,圣彼得堡对梅特涅的外交活动反应冷漠,这在 8 月初已暴露无遗。梅特涅颇感失望和愤懑,索性前往外地休养,以维也纳为中心的列强外交也走到了终点。

然而,英俄却在靠近。俄国王储在数月前的访英之旅中受到了英方的善待,这增加了沙皇对英国的好感。俄国觉得,英法在近东问题上的分歧和梅特涅的集体外交的破产为俄英接近提供了时机。英国的实力和国际影响远在法、奥、普之上,若俄国与它合作,将便于打击穆罕默德·阿里和保全土耳其,还有利于两国就土耳其的未来命运达成谅解,甚至建立更广泛的合作关系。沙皇还认为,实现俄英协调除了可以教训自以为是的奥地利,还有利于破坏英法协作和孤立法国。在他看来,法国不仅纵容穆罕默德·阿里挑战苏丹,也是对欧洲的君主专制制度和领土格局的最大威胁。法国驻俄大使巴兰男爵一直强调,法国坚决反对俄国舰队单独进入海峡,这强化了沙皇的反法心理。《温加尔·斯克利西条约》是英俄改善关系的一大障碍,但俄国现在不再那么看重它的价值。涅谢尔罗迭向沙皇指出,如果俄国可与其他大国共同保护土耳其的完整,而且土耳其在和平时期不向外国军舰开放海峡的原则得以维系,俄国可以放弃该条约。

8 月 25 日,帕默斯顿建议五大国照会穆罕默德·阿里,要求他将统治区域限于埃及,但同意给予世袭权利。俄国予以了积极回应,并派特使恩斯特·布伦诺夫出使伦敦。9 月中旬,布伦诺夫到达英国。他表示,俄国支持将穆罕默德·阿里从叙利亚驱逐出去,希望英国立即采取强硬行动。他还宣称,如果俄国向君士坦丁堡派遣舰队,这只能是基于欧洲的共同愿望,而非根据《温加尔·斯克利西条约》;在该约于1841年到期后,俄国可以不再延长它;土耳其在和平时期不向外国军舰开放海峡的原则应成为欧洲的国际公法。帕默斯顿颇感满意,但还不想抛弃法国。可是,巴黎依然不愿对穆罕默德·阿里严加限制,并坚决反对使用武力。对于土埃之间的纠葛,法国未提出自己的一套解决方案。简言之,它的想法实际就是:既然埃及未发起进攻,列强可以袖手旁观;若列强要进行干预,不能将某种安排强加于埃及;若埃土通过双边谈判达成了协议,列强应予接受。

帕默斯顿和布伦诺夫都认为,穆罕默德·阿里只能拥有对埃及的世袭统治权,若他反对,就不给予该权利;若他对土耳其发起进攻,就废除他对埃及的统治权;为迫使他就范,即便法国不同意,也可采取军事行动;为抵御埃及的进攻,俄国在必要时可向海峡派兵。对此,奥普驻英使节表示支持。帕默斯顿觉得,既然四大国已达成一致,若法国一意孤行,可以撇开它。但是,他的主张在国内未得到有力支持。在梅尔本子爵领导的英国内阁中,绝大多数成员反对与法国决裂。他们对法国的想法不无接受,认为实施强制性行动离不开法国的协助,并质疑只让俄国舰队在必要时进入海峡的做法。对于抛弃法国而与俄国合作,自由派人士也心存反感。帕默斯顿遂提出,俄国应允许列强的舰队同时进入海峡以保卫君士坦丁堡。布伦诺夫认为需要向沙皇请示,随后离开伦敦。帕默斯顿还对法国作了让步,称可让穆罕默德·阿里担任阿克地区的总督,但未获响应。

沙皇同意了帕默斯顿在海峡问题上的新要求,命令布伦诺夫返回英国。梅特涅也大致接受了帕默斯顿和布伦诺夫达成的意向,但想尽力使法国参与欧洲协调。由于奥地利驻英大使滞留国内,他派诺伊曼男爵前往伦敦参与会谈。12月,帕默斯顿和俄奥代表开始了新的磋商,进而达成了更具体的安排。他还认为,为了体现苏丹的主权,土耳其应参与新协定的订立。1840年春天,土耳其特使也到达了伦敦。但是,法国一直不愿妥协,英国内阁的亲法态度也未见改变,这更使法国有恃无恐。3月,阿道夫·梯也尔出任法国首相,他更加执着地坚持现行的近东政策。虽然帕默斯顿希望早日缔结正式协定,但他只得等待时机。与此同时,土埃之间不时有所接触。以苏丹的母后为首的势力打算接受埃及的要求,但遭到反埃的大臣和外国使节的抵制。尽管如此,帕默斯顿、布伦诺夫和诺伊曼仍担心,一份令穆罕默德·阿里满意的埃土条约将不期而至。为打破外交僵局,梅特涅和诺伊曼提议向法国作出某些让步,但未有收获。

5月，土耳其政府出现了重大的人事变化，主持政务的元老胡斯里夫被解职了。胡斯里夫是穆罕默德·阿里的死敌，他的去职增加了埃及在君士坦丁堡取得外交突破的希望。6月，穆罕默德·阿里再次向土耳其派出特使。另有消息称，法国人正怂恿土耳其与埃及达成和议。帕默斯顿、布伦诺夫和诺伊曼觉得，不能再浪费时间了。反埃暴动此时正在叙利亚发生，帕默斯顿认为，这为打击穆罕默德·阿里提供了可乘之机。诺伊曼还试图用让步换取法国的合作，提出可让穆罕默德·阿里拥有对叙利亚的终身统治权，但法国还是嗤之以鼻。于是，他和布伦诺夫都同意，将尽力帮助帕默斯顿，让英国内阁接受对埃及比较严厉的方案，从而实现至少有四个大国参与的合作。帕默斯顿向内阁力陈己见，还以送交辞呈来施压。他声称，如果内阁游移不决，俄国可能重拾《温加尔·斯克利西条约》，而土耳其可能分裂为两部分：一个是法国的附庸，另一个是俄国的卫星。诺伊曼也表示，奥地利政府同意派军参加针对埃及的强制行动，即便法国置身于外。

7月8日，英国内阁终于接受了帕默斯顿的主张。7月15日，在没有法国参加的情况下，英、俄、奥、普、土在伦敦签订了《解决近东事件协定》，其内容大致是：各国将促使穆罕默德·阿里接受自己的意志，并保留为此而合作的权利；若穆罕默德·阿里拒绝服从，英奥将出兵断绝叙利亚和埃及之间的海上交通；若埃及进攻君士坦丁堡，经苏丹请求，英、俄、奥可出兵保卫海峡，但这只是特例；苏丹将明确宣布，海峡在和平时期对任何外国军舰关闭的古老原则将被保持下去。该协定还有一些附属文件，其重要内容有：穆罕默德·阿里可拥有对埃及的世袭统治权和对阿克地区的终身统治权，若他在十天内不予接受，后一权利将被取消；在另一个十天期限内，若他不同意仅拥有对埃及的世袭统治权，该权利也将被取消；奥斯曼帝国的法律适用于穆罕默德·阿里掌管的任何地区，他的陆海军是土耳其军队的一部分，逃往埃及的土耳其舰队须被遣返；协定在各缔约国批准之前即可付诸实施。

土埃冲突的解决和《海峡公约》

对于四大国撇开法国而订立伦敦协定，法国朝野大加抨击。在巴黎的舆论中，不惜一战的气氛越来越浓。法国政府也试图用战争威胁迫使其他大国退让，摆出了要进攻马耳他或意大利等地的姿态。其实，路易·菲力普和梯也尔不敢让法国与多个大国兵戎相见。他们觉得，四大国即便使用武力也很难让穆罕默德·阿里屈服，势必要向法国示好。伦敦协定未给普鲁士规定出兵义务，俄国只在埃及进攻君士坦丁堡时才可出兵,奥地利的军事作用将只是辅助性的。因此,如果四大国对穆罕默德·阿里动武,重担将落在英国肩上,它能否担当确是一个问题。

　　沙皇未改对法国和埃及的强硬态度,英、奥、普的首脑们则对局势忧心忡忡。与法国妥协的呼声重新主导了伦敦的内阁,维也纳又在打算给予穆罕默德·阿里对叙利亚的终身统治权。帕默斯顿面临着巨大压力,但坚持不让。他不相信路易·菲力普"是一个蛮干的人,尤其是在没有适合目标的情况下"。帕默斯顿还让人以"最友好和最平和的方式"转告梯也尔,"如果法国想决斗,我们不会拒绝它"。① 同时,他期望他的计划能在近东尽快结出果实。伦敦协定签订后,帕默斯顿立即向英国驻土大使庞森比和近东舰队的司令罗伯特·斯托普福德发出了指示。斯托普福德行事谨慎,庞森比则是帕默斯顿的外交路线的坚定支持者。在后者的敦促下,对贝鲁特海面的海军封锁于8月11日开始,这离穆罕默德·阿里听说伦敦协定还没有几天。

　　8月中旬,穆罕默德·阿里正式获知了伦敦协定的相关内容。他与四大国驻亚历山大的领事展开了谈判,但未在规定期限内给予满意的答复。在庞森比的游说下,苏丹于9月14日废除了穆罕默德·阿里对埃及的统治权。在这之前,军事行动已经开始。9月10日,英国舰队炮轰贝鲁特,奥地利舰只也参战了。在英奥军队的协助下,数千土耳其军队在贝鲁特附近陆续登陆。当地民众的反埃活动也重新高涨,英国人向他们分发了大量武器。斯托普福德和负责陆上行动的英国将领查尔斯·纳皮尔相配合,不断地发起攻势,连占贝鲁特等地。11月初,阿克被攻占,易卜拉欣的主力失去了对外交通的要冲,只得困蹙大马士革地区。

　　近东战火的再燃和穆罕默德·阿里的被罢免令法国倍感羞辱,巴黎的愤懑情绪达到了空前高度,梯也尔的语言也越来越有火药味。路易·菲力普害怕法国走向大战,于10月21日迫使梯也尔辞职。苏尔特再次成为法国的首相,但实际的主政者是从驻英大使位置上卸任的弗朗索瓦·基佐。埃及在军事上受挫的消息接连传来,法国人感到灰心丧气。基佐与帕默斯顿有不错的私交,他试图为穆罕默德·阿里争取到不错的待遇,从而给法国挽回一些面子。但是,近东的军事进展令帕默斯顿更加自信,对其政策的批评则日益乏力。梅特涅也一改以往的动摇,主张强硬对待穆罕默德·阿里。随着阿克的被攻克,整个欧

---

① 〔英〕马里奥特:《东方问题》,牛津大学出版社1958年版,第242—243页。

洲都意识到,埃及人对叙利亚的统治已崩溃。

11月下旬,纳皮尔率领一支英国舰队抵达亚历山大,要求穆罕默德·阿里屈服。后者早知大势已去,已无心抵抗。11月27日,双方订立协议。根据之,埃及军队须立即从叙利亚撤军,但在撤退途中不应受到攻击;穆罕默德·阿里须交还土耳其舰队和臣服于苏丹,条件是获得对埃及的世袭统治权。12月9日,穆罕默德·阿里又满足了英国人的新要求,同意无条件地放弃阿达纳、克里特等地和交还土耳其舰队。对于这些,帕默斯顿未加反对。他觉得,剥夺穆罕默德·阿里对埃及的统治权很难得到列强的赞同,英国也难用武力实现该目标。1841年1月,土耳其舰队被交还苏丹。2月,埃及从叙利亚等地撤退完毕。在列强的调停下,穆罕默德·阿里和苏丹于6月最终达成一致。根据之,穆罕默德·阿里的家族作为苏丹臣属可对埃及进行世袭统治,实行长子继承制;埃及须每年向苏丹纳贡;埃及不经苏丹允许不能建造军舰,常备军不能超过一万八千人。至此,土埃之争走到了终点,穆罕默德·阿里政权一蹶不振了。

1840年底,法国政府就已看到,它正遭遇一场重大的外交失败。在大局已定,而自己又无力回天之时,法国感到如继续孤立于列强之外是不利的。英法关系遂有所缓和,帕默斯顿对巴黎也有安抚之意。1841年3月,法国同意与四大国共同签署一个关于黑海海峡的中立地位的新条约。7月13日,英、法、俄、奥、普、土在伦敦签订了《海峡公约》,其主要内容是:土耳其声明,在自身处于和平状态时将坚持永远禁止外国军舰进入博斯普鲁斯海峡和达达尼尔海峡的古老规则。该公约确认了海峡的中立性,将它实际上置于列强共管之下。至此,围绕第二次土埃战争外交折冲的帷幕落下了。1841年秋,《温加尔·斯克利西条约》在到期后未被延长。

奥普对土埃问题的解决和海峡公约的签订大体感到满意,法国则无疑是失意者。对沙皇来说,虽然失去了《温加尔·斯克利西条约》,但他不认为吃了亏。他看到了穆罕默德·阿里的失败和英法协作关系的破裂,并觉得经由海峡的外来威胁被抑制了。英国无疑是第二次土埃战争的最大赢家:穆罕默德·阿里遭到了沉重打击,《温加尔·斯克利西条约》寿终正寝,俄国舰队对海峡和地中海的威胁受到了限制,土耳其的安全和完整得到了维护,英国在欧洲和君士坦丁堡的威望也上升了。而且,俄国在黑海地区的安全并未得到切实保障。如果土俄开战,苏丹有权让外国舰队进入海峡。所有这些也是帕默斯顿个人的胜利,他在这次危机中充分体现了强硬、务实、坚定而又不乏冒险性的外交风格。若无他的坚持,英国的政策将大为不同。事后,帕默斯顿在国内备受赞誉,在全欧洲的声望也空前提高。他的对手梯也尔甚至说,他是"这个时代中并可能是所有时代中的头号政治家"。① 对于帕默斯顿的成功,来自俄国的协作起了关键作用。不过,帕默斯顿对俄国的戒心远未消除。沙皇希望使俄英接近,认为这有利于处理土耳其问题。但从未来发展看,俄国未从英国那里获得它所期望的东西,反而迎来了克里米亚战争的发生。

第三节　克里米亚战争与俄国地位的下降

圣地管辖权问题和缅什科夫使命的失败

第二次土埃战争后,英国和法国之间纷争不断,尤其是在非洲和太平洋等地的殖民竞争中。在英国人的心头上,不时萦绕着英法发生战争的危险。与此同时,英俄关系却保持了上升势头。尼古拉一世不无得意,他一直希望将法国这个对欧洲政治秩序的最大"威胁"孤立起来,并与英国就近东问题达成全面谅解。

1844年5月底,沙皇应邀抵达英国进行访问。他对英国政要大谈对法国的厌恶,主张英俄合作抑法。他还声称,土耳其是一个将死的病人,虽然应该尽力延长其寿命,但俄英应协调立场,充分考虑土耳其解体的可能。结果,英俄就土耳其问题达成如下秘密谅解:两国努力协作,在重大问题上充分交换意见;土耳其的现状应予保持;若将来土耳其的存在明显难以为继,两国应连同奥地利就如何分割它达成初步一致,法国则将被排除在外。该谅解没有体现为一份书面协议,但后来英俄之间来往的外交文件表明,两国间确实有此一项口头协议。该谅解是英俄关系良好的一个标志,但它没有规定何时可以认为土耳其正走向崩溃,也未涉及在土耳其瓦解时如何处置君士坦丁堡和海峡,而后者是英俄最重视的问题。

1846年7月,达成英俄谅解的英国皮尔内阁下野,约翰·罗素领导的自由党内阁上台。在新内阁中,帕默斯顿是外交大臣。对于1844年的谅解,他既未反对,也没有做出俄国所希望的热情反应。保守党于1852年2月再次执政后,英俄关系趋于升温,它们与法国路易·波拿巴政权的不睦是重要原因。12月

---

① 韦伯斯特·查尔斯:《帕默斯顿的对外政策,1830—1841:英国、自由运动和"东方问题"》,第731页。

底,保守党自由派和自由党组成了联合内阁,来自前者的阿伯丁成为英国新首相。阿伯丁在英俄达成 1844 年谅解时任外交大臣。上任伊始,阿伯丁即对俄国表示,英国将遵循 1844 年的口头协议,与俄国合作以维护欧洲的和平。然而,俄国和法国在近东的对抗却导致了英俄关系的逆转和战争的来临。

奥斯曼帝国统治下的巴勒斯坦是基督教、伊斯兰教和犹太教的发源地。耶路撒冷同被三大宗教视为圣地,伯利恒的教堂则是基督徒景仰的耶稣诞生地。这两大宗教圣地曾长期被天主教会管辖。后来,法国逐渐获得了作为土耳其境内基督徒保护者的权利,这进一步巩固了天主教会对圣地的管辖权。

18 世纪中期,土耳其成为俄国的重点扩张对象。1774 年,俄土签订《库楚克·开纳吉条约》,它赋予了俄国不少宗教特权。相应地,土耳其境内东正教的力量迅速增长。18 世纪末,东正教徒拿到了圣地庙宇的钥匙,获得了对圣地的管辖权。但是,天主教派和东正教派围绕圣地管辖权的矛盾一直存在。到了 19 世纪 40 年代,这个矛盾更突出了。法国天主教会加强了在耶路撒冷的传教活动,要求恢复天主教派对圣地的管辖,这得到了法国政府的支持。1851 年 12 月,路易·波拿巴通过政变掌握了法国的最高权力。为提升自己在国内外天主教徒中的威望,他积极支持天主教徒对圣地的要求。

法国以动武作为威胁,要求土耳其让天主教徒享有对圣地的保护权。俄国则表示,若苏丹接受法国的要求,它就出兵多瑙河两公国。无奈之下,土耳其对双方都做了许诺,但这种做法只能糊弄一时。法国将军舰开到土耳其的近海,苏丹只好答应它的要求。尼古拉一世十分恼火,认为这有辱自己和俄国的声望,削弱了俄国在土耳其的影响,也可能助长法国改变欧洲现状的欲求。他一直不信任路易·波拿巴,认为他想改变其叔父在 1815 年的失败给法国带来的命运。1852 年 12 月,路易·波拿巴登基称帝,成为拿破仑三世。沙皇对这位新皇帝十分蔑视,不把他看成君权神授的正统君主。

沙皇决定对土耳其有所动作。他告诉英国人:事端是法国挑起的,俄国可能被迫要对土耳其采取行动,甚至临时性地占领君士坦丁堡和海峡;土耳其很可能解体,俄英到了就如何分割它达成具体谅解的时候了,埃及和克里特岛可让给英国。英国则表示:英国在圣地问题上倾向于俄国,也重视与俄国的外交磋商,但土耳其的解体尚非难以避免,私下达成分割协议可能使局势更加混乱;英国将帮助约束法国的行为,俄国也应有所克制。

沙皇认为,英国不会妨碍他对土耳其施加一定的外交压力,奥地利也会支持自己。在 1848 年的欧洲革命中,沙皇的援军挽救了哈布斯堡帝国,这令年轻的奥地利皇帝弗兰西斯·约瑟夫一世对俄国十分感激。1852年,俄奥皇帝重申了关于近东问题的《明兴格雷茨协定》。在俄土发生争执的同时,土耳其与臣属于己的门的内哥罗也发生了冲突。为此,奥地利在门的内哥罗和邻近奥地利的边境地区采取了军事行动,并向君士坦丁堡施压,俄国也表示支持,土耳其只得屈服。事后,奥地利向俄国表示感谢,并称将在俄土争端中做出回报。尼古拉一世相信,在奥地利的支持下,让土耳其屈服不是难事。

1853年2月28日,沙皇特使缅什科夫亲王到达君士坦丁堡。缅什科夫是一名不懂外交的军人,他在检阅了俄土边境和黑海的俄国陆海军后才抵达土耳其,这预示着俄国对此次交涉的强硬姿态。在君士坦丁堡,缅什科夫蛮横无理,要求苏丹将对法国屈服的大臣解职,在圣地问题上接受俄国的要求。英国驻土代办觉得局势不妙,阿伯丁内阁则不以为然,认为法国更应对局势负责。

拿破仑三世想使法国彻底走出1815年的阴影,重新成为欧洲秩序的主导者。在他看来,让俄国在近东碰壁有益于该目标。不过,鉴于俄英和俄奥关系的良好,他不愿与俄国对抗到底。于是,他任命稳健的德·拉库尔为驻土大使,甚至准备在圣地问题上做全面的退却。同时,他也在尽力加强法国的地位,其中最重要的是拉拢英国。法国向英国建议在近东问题上携手抗衡俄奥,共同维护土耳其的完整,但未获得积极回应。

在近东局势紧张之际,法国和比利时也处于敌对状态。巴黎声称,若俄国侵占土耳其的领土,它也有权对比利时采取行动。3月22日,法国向比利时正式表示,东方战事的爆发就是法比开战的信号。法国这样做是为了迫使英国向自己靠拢,因为英国视土耳其和比利时皆为关键利益所在,它难以忍受近东危机和法比战争一并发生。虽然英国一时未打算改变亲俄政策,但它的态度不是没有变化。俄国一再向英国驻俄大使汉密尔顿·西摩尔表示,土耳其必然要崩溃,两国须早做打算。这令西摩尔愈发怀疑沙皇谋求瓜分土耳其,并担心俄国的向南扩张对印度的威胁。从3月底开始,他不断向国内表达这种看法,这使伦敦的亲俄政策开始动摇。4月5日,长期担任过驻土使节的斯特拉特福德·坎宁到达君士坦丁堡,重任英国驻土大使。他在君士坦丁堡颇有人脉,是一个能够对土耳其当局行使很大影响的人物。他不喜欢俄国人,对俄国的东方政策也深具戒心,主张保持土耳其的完整。在很大程度上,反俄且不失狡黠的坎宁左右着今后英国对俄政策的发展。

在赴任途中,坎宁在巴黎和维也纳稍做停留。拿破仑三世对他说,法国很愿意与英国共同维护土耳其的完整。奥地利外交大臣卡尔·冯·布奥尔也表示,奥地利支持保全土耳其,不会违反该原则与俄国合作。以此为基础,坎宁决意不让俄国从土耳其得到过多的东西。他建议土耳其在不那么重要的圣地问题上作出让步,苏丹同意将圣地主要交由东正教派控制。但是,缅什科夫还要求承认俄国为土境内东正教徒的保护者。坎宁、拉库尔和土耳其政府认为,这是要将土耳其置于俄国权威之下的危险之举。英法使节要求土耳其绝不让步,称它可以得到两国舰队的支持。于是,土耳其一再拒绝了缅什科夫的就保护权作出书面保证的要求,并给予英法舰只临时进入达达尼尔海峡的权利。5月21日,缅什科夫和俄国使馆人员撤离君士坦丁堡,俄土关系破裂。

在沙皇眼中,缅什科夫使命的失败是土耳其对他的进一步羞辱。他决心采取强硬行动,这与其说是为了获得对东正教徒的保护权,不如说是为了自己的面子。5月31日,涅谢尔罗迭照会土耳其,以占领多瑙河两公国为威胁,要求在八日内接受缅什科夫的主张。俄国还要求英国纠正坎宁的错误,并且不与法国合作。但是,英俄关系自四月以来一直在走下坡路。在给伦敦的多次通报中,坎宁对缅什科夫的使命作了敌对性的描述,西摩尔也加强了对俄国政策的批评,这使亲俄政策在内阁中遭到更多质疑。在反对该政策的阁员中,有来自自由党的内政大臣帕默斯顿和不管大臣兼议会下院领袖罗素。这两位强势政治家有很大的影响力,他们在很大程度上与阿伯丁保持一致并左右着联合内阁的命运。原先对俄国比较温和的外交大臣克拉伦顿子爵也在改变立场。他承认,俄国若获得所要求的权利,"1400万希腊正教徒从此将把沙皇视作他们的最高保护者,他们对苏丹的忠诚将不过是名义上的,而他自己将由独立沦为附庸"。[1]在英国公众中,反俄情绪也在上升。英国舆论对专制的沙皇政权素无多少好评,俄国对1848年欧洲革命的干涉加剧了这种情形。如今,俄国对土耳其的颐指气使令其备受英国报章的抨击。此时,英国和印度之间经由近东的交通线对英国更加重要,英国在土耳其的经济利益也已大幅上升。英国对土耳其的贸易额在1829年是140万英镑,到1848年跃至1200万镑。相应地,在英国人看来,俄国控制近东和海峡地区与自己的利益背道而驰。阿伯丁被俄国看成英俄关系的首要依靠,他也表示将确保两国关系的友好,但时局越来越难受其左右。

英法则在靠近,尤其在缅什科夫离开君士坦丁堡之后。法国外交大臣德律安·德·吕重提法英合作的建议,英国也称英法有着一致利益。5月31日,英国内阁经过激烈辩论,决定将地中海舰队置于坎宁的调遣之下,并命其开赴达

---

[1] 〔英〕马里奥特:《东方问题》,第257页。

达尼尔海峡之外。得此消息后,法国命令已归拉库尔调遣的法国舰队和英国舰队协同行动。至此,向土耳其提供保护的英法合作开始建立。英国之所以与法国合作,既是为了制约俄国,也是为了牵制踌躇满志而又多少令人捉摸不定的拿破仑三世。它还担心,如果不把法国拽在身边,法俄有可能就分割土耳其达成一致。帕默斯顿还提出了更激进的要求,比如向土耳其军队派遣外国军官,若俄国侵入两公国则控制黑海,废除俄国在土耳其的宗教权利。以他为代表的反俄势力希望借机驱散君士坦丁堡上空的俄国阴霾,使土耳其受英国人的主导,并削弱俄国为首的东方君主国家对欧洲政治的影响。俄国驻英大使布伦诺夫尽力阻止英俄关系降温,但成效甚微。

在英法支持下,土耳其拒绝了俄国的最后通牒。7月3日晨,俄军开始了占领多瑙河两公国的行动。俄国声称,这不是开战,而是为了获得物质保证,以迫使土耳其接受"正义"要求。沙皇认为,俄军进占两公国有可能在巴尔干引发民族革命,并造成土耳其走向分裂,从而使英国不得不为如何处理土耳其而与自己合作。拿破仑三世强调,土耳其可将俄国的行动视作战争,并请求英法舰队进入海峡。英国内阁中的反俄派持类似看法,但阿伯丁和克拉伦顿的意见占了上风。他们认为,俄国的行为尚不构成土耳其的开战理由,应尽力争取外交解决和避免英俄关系的破裂。坎宁也建议土耳其暂不采取军事行动。

危机中的外交和战争的来临

自缅什科夫使命失败以来,沙皇一直在拉拢奥地利和普鲁士。虽然普鲁士国王腓特烈·威廉四世希望保持与俄国的传统友谊,但他不愿在与己关系不大的土耳其问题上卷入其他大国的争斗。奥地利是俄国争取的重点。沙皇当初决定向土耳其施压,也是因为觉得能得到奥地利的支持。但是,获悉缅什科夫关于保护权的要求后,奥地利十分不安,认为给予俄国该权利将明显威胁到土耳其的完整。

缅什科夫离开土耳其后,沙皇努力推进俄奥合作,要求奥地利帮助自己对土耳其施压,出兵占领波斯尼亚和黑塞哥维那。他还向奥皇建议,若土耳其崩溃,俄奥共同作为巴尔干新独立国家的保护者,君士坦丁堡为双方共管的自由市,博斯普鲁斯海峡和达达尼尔海峡分别由两国派兵驻守。

维也纳对圣彼得堡表达了友谊,但不支持它获得对巴尔干东正教徒的保护权,回避就巴尔干的前途达成具体谅解,称巴尔干的独立对双方都无好处。奥地利反对俄国占领两公国,原因之一是多瑙河是奥地利对外贸易的一个主要通道。奥地利主张维持现状,不希望俄国与土耳其甚至英法开战。

其理由是:土耳其不是俄国的对手,如果俄国和英法打仗而奥地利保持中立,任何一方获胜对后者都未必是好事。如果俄国胜利,巴尔干的命运只能听由俄国安排;如果俄国失败,欧洲可能失去能弹压革命浪潮的一大力量,民族运动也可能再次活跃。再者,采取骑墙姿态也许到不得任何一方的欢心,与它们的战时和战后关系都会成为难题。因此,奥地利希望通过实行集体外交,说服土耳其做出非实质性的让步,使俄国可以保住面子。

由于俄奥关系的密切和意识形态等因素,英国对奥地利不很信任,但也不希望对俄作战,故同意它出面调停。法国也未决心动武,它一面向俄国施压,一面在寻求至少不令自己尴尬的外交方案,它希望乘机使奥地利疏远俄国而靠近自己。为此,法国鼓励奥地利在维也纳召集法、英、奥、普四强会议,再要求俄国接受达成的方案。同时,法国还要求奥地利陈兵两公国附近,以对俄施压。

奥地利主张将外交努力的中心放在君士坦丁堡,由列强驻土使节和土耳其政府决定后者做出多大的步,再由奥地利劝说圣彼得堡接受,但这未得到英法的重视。

7月下旬,土耳其委托奥地利将一份经坎宁授意的新照会转交俄国。它只表示尊重已给予东正教徒的特权,但强烈谴责俄国对两公国的占领。土耳其的强硬不仅是由于坎宁的鼓励,也是由于朝野要求对俄作战的情绪日益高涨。土耳其人认为,即便伦敦和巴黎想避免战争,若土耳其选择开战,它们不可能抛弃自己。

看到君士坦丁堡难以成为所期望的外交场所,奥地利同意在维也纳召开列强会议。7月底,奥地利外交大臣布奥尔同英、法、普驻奥大使展开了会谈。31日,他们签署了一份照会,然后分别送交俄土方面。照会的拟定者希望土耳其对俄国做些善意表态以换取撤军,但无意让它承认俄国是东正教徒的保护者。

然而,照会的措辞有欠清晰。它主张土耳其坚持"《库楚克·开纳吉条约》和《阿德里安堡条约》中有关保护基督教的条款和精神"。土耳其则要求将其改成"为《阿德里安堡条约》所确认的关于土耳其政府保护基督教的《库楚克·开纳吉条约》的规定",旨在明确《库楚克·开纳吉条约》未给予俄国它所要求的保护权。照会还建议土耳其不要在未与俄法达成谅解之前改变境内基督徒的状况,土耳其则主张由列强共同作为该问题上的见证人。土耳其还表示,它不会接受未按其意见修改的照会。坎宁仍是幕后的支持者。

俄国则接受了照会,用涅谢尔罗迭的话来说,照会保证了土耳其境内东正教徒的特权和豁免权。涅谢尔罗迭的本意,是将照会解释为承认了俄国对东正教徒的保护权。对于土耳其的修改意见,俄国拒绝接受。9月初,涅谢尔罗迭明确表示,维也纳照会肯定了俄国所要求的保护权。这一"粗暴解释"很快在欧洲传播开来,并抬升了英国的反俄舆论。

与此相关,英国人对俄国的"伙伴"奥地利的不信任也加强了,他们怀疑照会是俄奥设计的一个陷阱,甚至怀疑它们就瓜分土耳其达成了秘密谅解。君士坦丁堡的反俄情绪也令伦敦更加意识到,土耳其人更倾向于战争而非委屈的和平,即便维也纳照会另附有保证,苏丹也肯定不愿接受。它知道,如果土耳其决心与俄国对抗甚至开战,自己不可能置之度外。但是,如果土耳其在拒绝了俄国表示接受的维也纳照会之后,又拒绝了附有经英国提议和其他大国认可的外交保证的照会,而英国反过来还给土耳其撑腰,它在其他大国面前不能不觉得理亏气短。英国不想被土耳其拖入战争,但如果苏丹不顾国内大众的情绪而接受维也纳照会,土耳其可能发生骚乱或革命,这是英国不希望看到的。而且,一场政治地震也可能导致主战派把持君士坦丁堡。在英国内阁中,对于让土耳其在列强提供集体保证的基础上接受照会原文,罗素是反对最力者。他说这是对土耳其的重大侮辱,甚至要以辞职表示抗议。

在这种情况下,克拉伦顿、帕默斯顿和罗素的主张是:抛弃维也纳照会,与俄奥拉开距离,笼络住法国,明确地站在土耳其一边,即便为此走向战争。由于克拉伦顿已向帕默斯顿和罗素靠近,英国的近东政策遂由这三人左右。这样,英国的政策发生了明显变化,阿伯丁无可奈何。由于英国先前的政策有欠清晰,德律安曾于9月15日问询伦敦:英国究竟是致力于和解,还是要与法国一起不惜代价地保卫土耳其?随着英国政策的明朗化,法国更加热衷于让俄国屈服。

9月23日,英法命令各自舰队驶入海峡。克拉伦顿告诉驻法大使考利勋爵,谈判已经结束,摊牌时刻已经来临。十余天前,土耳其就要求英法将驻扎在海峡之外贝西加湾的舰队开抵君士坦丁堡。当时,伦敦对如此大肆违反海峡公约不无忌惮,担心这破坏正在进行的外交努力。克拉伦顿对外则声称,派舰队进入海峡是为了保护当地侨民和基督徒免受可能发生的骚乱的伤害。面对布伦诺夫的抗议,他一改俄国占领两公国不构成俄土开战理由的说法,称该行为开启了俄土之间的战争状态,土耳其和英国有权决定何时让英国舰队进入海峡。9月26日,土耳其政府决定用战争解决与俄国的争端。28日,俄土之间所有官方联络中断。土耳其宣布,在战争情形下,海峡和黑海将向任何支持苏丹的国家开放。英法可能卷入的俄土战争似已不可避免。

沙皇对事态的发展甚感意外。他低估了英国对俄国要求的反对程度,高估了俄英"友谊"。他期望通过就分割土耳其达成具体一致来推动俄英合作,这反而加剧了英国人的猜疑。英法之间的迅速靠拢也超出了他的预料。沙皇不想与英法开战,但不愿不体面地退却。看到大战的危险日益显露,他加强了争取友邦的行动,在东正教徒保护权问题上也有松动。

9月,俄奥皇帝在奥尔慕茨会晤。俄皇鼓励奥皇坚定地站在自己一边,重提两国合作瓜分土耳其的建议,并否认对维也纳照会的"粗暴解释"。奥地利人仍心存芥蒂,对俄国可能长期占领两公国甚感忧虑,并将普鲁士的参与作为奥俄结盟的条件。稍后,俄、奥、普君主会晤于华沙,沙皇还于10月访问了柏林。但是,普鲁士也不愿与俄国建立军事同盟。它不想卷入一场与自己无甚干系的战争,并面临遭到法国进攻的危险,何况与英法作对会严重损害它的对外贸易。

9月23日,奥地利外交大臣布奥尔根据沙皇的表态,提出了史称"布奥尔计划"的和平方案。在重申维也纳照会内容的基础上,该计划补充有俄国的保证,即不独自对土境内基督徒行使保护,只保留使土耳其严格履行在《库楚克·开纳吉条约》中所承担义务的责任。该计划体现了俄国立场的软化,法国认为可以采纳它,英国则未积极响应。后者依然不信任俄奥,而且,两位皇帝在奥尔慕茨会晤还增加了它的不安。

英国内阁中的主流意见是,既然土耳其已经决心开战,一个令土耳其不满意的方案是不合时宜的。克拉伦顿称,如果英国强迫土耳其接受新方案,"我们将使自己遭到土耳其政府的明确拒绝,并发现自己因为接受了俄国的保证而饱受牵制:我们将表示满意于它,但会看到,若随后采取针对它的措施以支持再次拒绝了我们建议的土耳其人,那是极其困难的"。① 在英国的影响下,法国也拒绝了布奥尔计划。不能说英法寻求与俄国的战争,它们打算迫使它在压力之下作出更有意义的让步。同时,它们也要求土耳其对外交解决有更积极的态度。坎宁也想尽力避免战争和防止君士坦丁堡的战争情绪失控,虽然伦敦命令他将舰队召入海峡,但他迟迟未动。

10月4日,土耳其向俄国宣战。是月下旬,土军在多瑙河一线发动攻击。英法政府对土耳其的决定十分不满,但还是加大了对它的支持。10月8日,英

---

① 保罗·施罗德尔:《奥地利、大不列颠与克里米亚战争:欧洲协调的毁灭》,康奈尔大学出版社1972年版,第80页。

国政府严令坎宁将舰队召入海峡。坎宁还被告知,如果他觉得形势需要,可命令舰队进入黑海以帮助土耳其抵御俄国的进攻。英法舰队很快进入了达达尼尔海峡和马尔马拉海,部分舰只驻扎在君士坦丁堡。英国还警告俄国,不要跨过多瑙河和进攻土耳其的港口,否则英法舰队将进入黑海。

但是,三国都未放弃实现外交解决的念头,俄军在多瑙河地区也只是进行防御。根据英法提出的新方案,俄国必须接受土耳其提出的和平条件,四大国还要签订一个议定书,宣布土耳其的完整和独立符合欧洲的利益,需要保持它的领土现状。但是,一场突如其来的海战加快了英法卷入战争的步伐。

11月30日,俄国黑海舰队攻击了锡诺普港的土耳其舰队,击毁战舰十余艘。消息传到伦敦,反俄声浪达到了高峰。虽然英法舰队近在咫尺,俄国却发动了一场海上"屠杀",这被看成对英国的极大藐视。帕默斯顿要求立即派舰队进入黑海,采取封锁俄国港口和拦截俄国海上运输之类的进攻性行动,这一近似宣战的举措在内阁中遭到很多异议。帕默斯顿于12月14日以议会改革问题为由挂冠而去,不无就近东危机向阿伯丁等人施压之意,舆论也基本上站在他这边。罗素的意见是,若俄军跨过多瑙河,就必须占据黑海。为迫使阿伯丁接受这点,他也以辞职相威胁。拿破仑三世也力促英国控制黑海,称否则法国将单独这样做。克拉伦顿也很快明确了对这一行动的支持。他担心,如果法国得不到英国的合作,它可能寻求与俄国达成交易。他告诉阿伯丁,俄国不值得信任,舆论和帕默斯顿的辞职使政府有必要采取有力行动,舰队进入黑海有利于防止俄土再发生海上战事。22日,英国政府终于向坎宁发出指示,命令将舰队开进黑海,保护土耳其的舰船和领土,迫使在黑海遇到的商船之外的任何俄国船只返回塞瓦斯托波尔,还称英法可能在近期卷入对俄战争。

23日,帕默斯顿重返内阁。"阿伯丁的立场显然是不连贯的。他在保持和平的愿望与……对俄国将攫取君士坦丁堡和海峡的恐惧之间徘徊。……他厌恶土耳其人,不相信路易·拿破仑,对公众、报章和舆论心存畏惧。这种政策造成了很大弊端,并使内阁中的帕默斯顿一伙人能够担当起主要角色。"[①]

1854年1月初,英法舰队进入了黑海,俄国舰队也退居港中。尼古拉一世起先不十分清楚英法舰队的意图,想避免与其发生碰撞。至1月中旬,他终于认识到,这一行动是对俄国的敌对行为,而且英法不惜用武力来拦截俄国舰船。拿破仑三世担心不能顺利赢得对俄战争,还在尝试着谋取外交胜利。29日,他

---

① V. 普耶尔:《英国、俄国与海峡问题:1844—1856》,阿尔科恩图书公司1965年版,第309页。

给沙皇去信,建议俄国和英法分别从多瑙河两公国和黑海撤军,由俄土两国进行直接谈判。

在这之前,土耳其提出的和平条件已被转交俄国。阿伯丁和罗素都赞同通过共同撤军来缓解危机,帕默斯顿和克拉伦顿则无甚兴趣。沙皇也经历着战与和之间的徘徊,但最终选择了前者。在他看来,如果接受土耳其的要求、对英法舰队的封锁忍气吞声和同意从两公国撤军,只能让自己颜面尽失。2月9日,尼古拉一世对拿破仑三世作了轻蔑的驳复。俄国驻英法大使被召回了国内,英、法使节不久也离开了圣彼得堡。2月27日,英法向俄国发出最后通牒,要求立即从多瑙河两公国撤军。英、法、俄离正式宣战已近在咫尺。

英国的反俄势力之所以不惜一战,主要是为了削弱俄国在近东和欧洲的强大影响。帕默斯顿在3月提出了一个削夺俄国控制的大片地区的庞大计划,主张将阿兰群岛和芬兰给瑞典,将波罗的海东岸的日耳曼地区给普鲁士,建立一个波兰王国,将多瑙河两公国和多瑙河口给奥地利,将克里米亚和格鲁吉亚给土耳其。

法国在近东的利益不如英国的广泛,其民众总体上对与俄国开战没有很大热情,觉得法国更多是为英国而战。但拿破仑三世和德律安等人认为,若能与英国携手击败俄国,这将加强法英协作关系,大大削弱俄国在欧洲的威望,空前提高法国在欧洲的地位,结束1815年以来法国在国际上受到压制的局面。

看到俄国有意向多瑙河南岸进军和在巴尔干策动暴动,维也纳忧心忡忡。布奥尔认为,奥地利应向英法靠拢和更多地向俄国施压。他反对俄国在巴尔干扩张和鼓动民族主义情绪,担心它长期占领两公国。他的另一顾虑是,奥地利对俄友好会招致英法的敌视,使它们更积极地支持意大利人、匈牙利人和波兰人的独立运动。这些认识对弗兰茨·约瑟夫有很大影响。

1854年1月中旬,沙皇派心腹顾问奥尔洛夫造访维也纳,要求奥地利保证在俄国与英法开战后保持中立,并就此达成正式协定。奥尔洛夫表示,若中立的奥地利遭到西方的进攻,俄国将给予武装援助。奥皇的回答是,俄国必须正式保证不跨过多瑙河,不在巴尔干鼓动暴动和改变现状,不长期占领两公国。这些是俄国难以接受的,奥尔洛夫使命遂告失败。布奥尔还向奥皇建议:如果俄国不能接受这些要求,就在外交上与英法协作,并对俄国进行军事示威;如果俄国在巴尔干发动革命性战争,就公开加入西方阵营。奥皇接受了该建议,三万奥军也被部署在了毗邻两公国的特兰西瓦尼亚地区。沙皇对奥地利"恩将仇报"愤愤不平,俄奥基于《明兴格雷茨协定》的合作实已瓦解。

布奥尔告诉英法,奥地利支持就撤军向俄国发出最后通牒。他还指出,如果俄国拒不屈服,而英法能够在意大利问题上提供保证,普鲁士又愿意合作,奥地利愿意与英法达成军事协定。这等于说,维也纳绝不会站在俄国一边,甚至可能对俄作战。于是,英法的开战决心更强了。它们还要求普鲁士反俄,但腓特烈·威廉决心保持中立,虽然这可能招致法国的怨恨甚至侵扰。有望继承王位的威廉亲王和首相奥托·曼陀菲乐主张与西方合作,但在国王和亲俄势力的反对下未能如愿,英法对于说服柏林也逐渐失去了信心。3月12日,英法与土耳其订立了反俄盟约。19日,俄国拒绝了英法的最后通牒。23日,俄军渡过多瑙河围攻西利斯特里亚要塞。27日和28日,法国和英国相继向俄国宣战。4月10日,英法正式结盟。

战争初期的外交和"维也纳四点"

拉格伦勋爵率领英军于4月5日在土耳其登陆,阿尔曼—雅克·圣阿尔诺元帅指挥的法军也随后抵岸,但他们未很快与俄军交战。此时,主要战斗仍是俄土在西利斯特里亚要塞的对垒。英法要求奥地利参战,并向多瑙河地区的俄军发起攻击。布奥尔提议与英法结盟,奥军将领们则害怕卷入战争。他们担心,如果奥地利参战,它可能要承担抗击俄军主力的担子。而且,图谋德意志领导权的普鲁士也可能乘机扩张在德意志的影响,甚至从背后对奥用兵,意大利人也可能乘机起事。还有意见认为,即便英法为获得奥地利的帮助而做出一些承诺,也难保它们永不支持欧洲的革命运动,英法操纵欧洲比俄国在巴尔干掀起波澜更加危险。

普鲁士反对奥地利与俄为敌,这不仅会彻底破坏神圣同盟,还会使普鲁士更为孤立和令英法厌恶。它主张缔结普奥防御同盟,以加强自身地位,使奥地利不与英法结盟,并为普奥乃至德意志各邦推行"武装中立"提供可能。所谓武装中立,即不卷入英法与俄国的冲突,但在适当时以自身的军事实力和向背为后盾,迫使冲突双方接受本方的要求,从而实现有利于自己的和平。普鲁士还表示,支持奥地利占领塞尔维亚和波斯尼亚等地。如果奥地利占领这些地区,它势必与英法敌对,也更需要柏林的支持。

在维也纳,若干将领支持占领塞、波等地。他们认为,如果俄国向多瑙河南岸进军,奥斯曼帝国很可能解体,奥地利必须将某些地盘揽入怀中。布奥尔认为这等于与俄国一起瓜分巴尔干,力主谨慎从事。

不过,奥皇、军方和布奥尔都同意建立奥普防御同盟,这有利于在英法和俄国面前加强奥地利的地位,并减轻来自普鲁士的挑战。4月20日,奥普缔结了同盟条约,其主要内容是:两国保证它们的领土完整不受侵犯,共同保卫德意志的利益;奥地利向俄国发出通牒,要求它停止进攻并保证从两公国迅速撤军;若俄国未给予满意答复,两国将积极干预,但普鲁士只在俄国吞并两公国和跨过巴尔干山脉时才发起进攻。该约对奥地利更为有利,普鲁士则承担了卷入对俄战争的风险,但它认为孤立无援的俄国不太可能在巴尔干大举进攻。

在结盟之前,奥普还与英法签订了协定,将保证土耳其的独立和完整作为实现和平的必要条件。6月3日,奥地利向俄国发出最后通牒,要求无条件从两公国撤军。14日,它与土耳其达成协议,后者允许奥军在战争期间进驻两公国。与此同时,英法也决定在克里米亚发动攻势,夺取塞瓦斯托波尔要塞。在这种局面下,沙皇忍气吞声地决定从两公国撤军。

在6月、7月间,英法仍在不断要求奥地利加入反俄联盟和出兵参战。法国尤其积极,它比英国更担心奥地利走向武装中立或摆向俄国,希望彻底拆毁神圣同盟。奥地利希望与英法讨论实现和平的条件,就此取得一致也是它参加英法同盟的基本前提之一,但它不主张对俄严厉。法奥首先进行了磋商,达成了著名的"维也纳四点",即一、废除俄国对摩尔达维亚和瓦拉几亚的保护权,以欧洲列强的保证取代之;二、取消俄国对多瑙河口的控制,多瑙河航行自由;三、修改1841年《海峡公约》,以促进欧洲的力量均衡;四、土耳其境内的东正教徒由欧洲列强共同保护,否定俄国的保护权要求。

这四点旨在削弱俄国在近东的势力,也照顾了奥地利的利益。布奥尔主张奥地利与英法缔结以维也纳四点为基础的同盟条约,奥皇予以支持。他们希望借此迫使俄国尽快从两公国撤军,并接受四点,从而为和谈铺平道路。7月底,英、法、奥大致达成了一项以四点为和平条件的盟约草案。根据之,若俄国拒绝撤出两公国,奥地利参战;若俄国进攻奥地利或向其宣战,英法支援奥地利。

伦敦的强硬派们认为四点要价有限,但决定接受该条约,以将奥地利拖入战争。但是,他们不想很快展开和谈,认为只有取得重大军事胜利才能维护大英帝国的荣誉,迎合公众的反俄情绪,并从俄国那里榨取足够的东西。这令维也纳不满,它不愿卷入一场也许漫漫无期的战争。另有情况表明,俄军正从两公国全面撤退。于是,奥地利决定暂不签署盟约。为了约束英法的战争目标,它建议三大国交换确认维也纳四点的照会。法国担心俄国撤军导致奥地利实行武装中立或亲俄政策,主张接受该建议。英国只得应允,它不想使法国疏远自己而加强法奥合作。

8月8日,三国在维也纳互换了照会。紧接着,奥地利将"维也纳四点"交给了俄国。8月中旬,在俄军撤退完毕后,奥军开始进入两公国。9月3日,俄国驻奥大使亚历山大·哥尔查科夫宣布,沙皇不接受"四点"。14日,英、法、土军队共六万多人(英法军队有五万七千人)在克里米亚半岛登陆,展开了对塞瓦斯托波尔的进攻。联军击垮了缅什科夫所率俄军的阻截,进抵塞瓦斯托波尔城下。拉格伦主张展开急攻,但圣阿尔诺及其继任者弗朗索瓦·坎罗贝尔宁愿先围再打。于是,联军未迅速发动攻势,这为俄军加强防御提供了时间。

与此同时,奥地利又在谋求订立基于"维也纳四点"的三国盟约,以求迫使俄国接受"四点"进而促成和谈,但它想尽力减少自己参战的可能。为向英法示好和向俄国施压,它于10月22日实行了军事总动员。英国不满于奥地利回避进攻性军事义务,对议和依然缺乏兴趣。拿破仑三世也不愿在未获重大军事胜利的情况下议和,但主张先将奥地利攥在手中,再设法将其推向战争。英国人意识到,它是否与奥地利结盟也关系着英法同盟的前途。此时,英法在克里米亚的战事很不顺利。

10月17日,联军炮轰塞瓦斯托波尔,但未取得进展。在塞瓦斯托波尔外围,得到增援的缅什科夫所部也发起了进攻。在10月25日的巴拉克拉瓦战斗中,英军伤亡近三百人。虽然俄军在11月5日的英克尔曼战役中遭到重创,损失了一万多人,但联军也付出了相当代价,一时难以实施猛攻塞瓦斯托波尔的计划。11月14日,一场猛烈的飓风又给联军造成了重大损失。随着严冬的到来,取得速胜对联军更是奢望。在这种战局下,与奥地利结盟对英法不无政治和军事意义。

11月26日,奥普再订协议,普鲁士同意在俄国进攻两公国时支援奥地利。普鲁士的主要目的是让奥地利维持中立,它还劝说俄国接受四点。但是,英、法、奥离结盟越来越近。11月下旬,它们就盟约大体达成一致。奥地利表示,如果和平努力因俄国的原因而失败,它愿意参战,但要求法国在意大利问题上提供正式保证。它如此表态的重要原因是,迹象表明俄国打算无条件接受"四点"。29日,俄国向维也纳明确表达了这点。这令和谈的希望大增,也降低了奥地利卷入战争的可能。虽然英国始终未明确表示,若俄国接受"四点"就同意谈判,但奥地利认为它不敢断然拒绝这样做。对于军事处境不利的俄国来说,英、法、奥加强合作甚为不妙,奥地利参战更是灾难性的,这是它接受"四点"的基本原因。而且,从两公国撤军已使俄国失去对两公国和多瑙河的控制;沙皇早先对涅谢尔罗迭的"粗暴解释"的否认等于是认可了第四点;在英法控制了黑海并围攻塞瓦斯托波尔的情况下,它们在第三点上也处于了强势地位。尼古拉一世其实不想退让,甚至考虑向奥地利开战,但架不住涅谢尔罗迭等人的劝说。

尽管俄国接受了"四点",英、法、奥仍于12月2日签订了同盟条约。它的主要内容是:三国遵守"四点",不单独媾和,但保留提出它们觉得必要的条件的权利;奥地利保卫两公国,英法在奥俄交战时支援奥地利;若不能在年内达成基于"四点"的和平,三国就实现同盟目标的最佳手段进行协商。最后一点的言外之意是,奥地利将在和平努力失败后考虑参战。22日,法国与奥地利签订协议,如奥地利在"东方问题"上予以合作,法国同意在战争期间保持意大利的现状。奥地利的结盟之举招致了俄国和普鲁士的斥责,但后者的政策走向无多大变化。

与此同时,撒丁王国也与西方举行着结盟谈判。早在4月,它就从英国收到了参战建议,但未予应允。11月底,英国再作尝试。它希望撒丁出兵能扭转克里米亚的战局,并改变联军的构成。联军中法军的数量最多,这使英军难以执行自己主张的作战计划,并增加了法国在战时外交中的影响力。撒丁在近东没有多少利益,它梦寐以求的是将奥地利逐出意大利,以自身为核心实现意大利的统一,为此它要努力争取英法的支持。在奥地利已与英法结盟并缔结法奥协定的情况下,撒丁认为参战有利于笼络英法,但要求它们在意大利问题给予回报,包括在未来和会上对该问题予以善意考虑。英国有意答应,法国出于法奥关系加以拒绝。尽管如此,撒丁国王维克多·埃曼努尔和首相卡米洛·加富尔仍然主张参战。于是,撒丁无条件加入了英法同盟,并于1855年1月26日签订了军事协定。4月底,近两万名撒丁军队开赴克里米亚。

由于俄国接受了"四点",奥地利向英法建议举行和谈。英法表面上虽未反对,但并无热情。英国尤其如此,它盘算的不过是如何让谈判失败,并促使奥地利参战。就"四点"的具体含义,英法进行了磋商。第一点、第二点和第四点的含义相对明了,第三点是双方讨论的重点。按照英国的想法,第三点的内容应该是:拆毁包括塞瓦斯托波尔在内的黑海沿岸的俄国要塞,禁止俄国在黑海沿岸保持军火库,只允许俄国黑海舰队拥有四艘舰只。英国主张将此事先明确告诉奥地利,法国不予赞成。它担心直陈这样的激进要求会将奥地利吓跑,主张先秘而不报,再利用某些微妙的外交技巧促使它接受。结果,虽然法国接受了英国对第三点内容的意见,但两国告诉奥地利的对第三点的解释只是:修改1841年7月13日条约的目标是使奥斯曼帝国更完全地与欧洲平衡的存在相联系,并终结俄国在黑海的优势。对此,奥地利表示认可。

英法认为,这样的措辞也很可能不被俄国接受,一旦如此,可将和谈的失败归咎于俄国,并要求奥地利履行同盟义务。1854年12月28日,英、法、奥就对四点的解释签署了联合议定书,并通知了哥尔查科夫。1855年1月7日,俄国表示同意以这些解释作为谈判的基础,这多少出乎英法的预料。俄国的确在意第三点,但决意不接受英法的苛刻条件。奥地利也表示,不会同意有损沙皇荣誉和尊严的过分要求。难以被俄国接受的要求很可能导致谈判破产,并给奥地利带来卷入战争的风险。

英法仍想躲避谈判,甚至图谋以俄军撤出克里米亚作为和谈的条件。此时,在克里米亚的联军军营中,隆冬季节的恶劣气候、给养供应的困难和疫病的流行令大量士兵不战而亡,士气极其低迷。利用电报这种现代通信工具,英国的战地记者们将前线的状况不断地报道给国内。结果,阿伯丁政府从事战争的能力受到了愈来愈多的指责。在这种背景下,它于1月30日倒台。帕默斯顿组建了新政府,克拉伦顿仍任外交大臣,他们打算将战争进行下去。但是,前线的窘境令英国人对战争的厌倦上升了,他们对获得辉煌胜利的信心则在下降,反对战争政策的若干大臣也纷纷从内阁中辞职。相应地,英国政府对谈判的立场不能不有所软化。

法国民众对战争也普遍感到腻烦,但拿破仑三世仍盼望用军事胜利为第二帝国添光加彩,在2月中旬竟宣称要亲临前线指挥。德律安等人颇感不安,害怕法国在皇帝外出期间发生政变。他们觉得,与俄国及时达成和议更为可取。英国也反对拿破仑三世的念头,还担心性格多变的他与俄国私自做交易,这也影响了它对谈判的态度。

3月2日,尼古拉一世死去,即位的新沙皇是亚历山大二世。尼古拉一世是俄国的干涉和扩张政策的化身,他的去世多少弱化了英法的反俄情绪。面对战争造成的愈发严重的经济和社会危机,圣彼得堡也不能不对和谈予以更多关注。在这种情况下,和谈来临了。

维也纳谈判和塞瓦斯托波尔的陷落

3月15日,英、法、奥、俄参加的维也纳会议正式开幕。英、法、俄的主要代表分别是罗素、驻奥大使阿多菲·波昆内和哥尔查科夫,布奥尔则代表奥地利出席并主持会议。由于不愿采取反俄政策,普鲁士被拒之门外。与会者很快就四点中的第一点和第二点达成了协议,到3月26日开始正式讨论第三点。在会议开幕前,奥地利已大体了解英国的要求,它的态度是:俄国对君士坦丁堡和海峡的主要威胁是陆上而非海上的,是经由两公国而非来自黑海。可以采取多种手段来加强土耳其的防御,比如英、法、奥订立保卫土耳其的条约,加强土俄边境的军事防御,将俄土接壤的部分地区中立化。限制俄国黑海舰队的规模但须照顾俄国的尊严,如果它拒绝接受,可采取其他措施来加以"平衡",比如允许土耳其在必要时召入盟国舰队,在土耳其海岸建立盟国海军基地。就压制俄国在近东的势力而言,奥地利的设想似乎比英国的要求更为全面。它也更易于被俄国容忍,因为它未对后者本身施行多少严厉的制裁。罗素本是英国反俄势力的中坚人物,一直支持取消俄国在黑海地区的军事存在,但奥地利的主张对他产生了影响力。作为英国的著名政治家和全权的和谈代表,他也希望能带着和平缔造者的声誉回到伦敦。

尽管如此,罗素仍打算尽力实现英国的要求。他的政府更是坚持不让,认为严厉制裁俄国在黑海的军事力量才能使英国有起码的胜利感,迎合国内的反俄情绪,并有效扼制俄国对亚洲地区的扩张。哥尔查科夫拒绝接受这样的要求。他表示,这是对主权的侵犯,而且俄国的军事处境也未沦落到只能俯首帖耳的地步。他还强调,土耳其迟早要崩溃,俄国不能容忍海峡届时落入他国之手,为此须在黑海保持一支强大舰队。

布奥尔建议俄国"自愿地"将黑海舰队的规模限为当前水平,哥尔查科夫有意接受,但认为须交圣彼得堡裁定。布奥尔表示,根据事先达成的对第三点的解释,不是必须限制俄国黑海舰队,奥地利不会由于俄国拒绝这样做而参战。鉴于俄国拒绝限制黑海舰队,奥地利又不同意为此宣战,在巴黎的德律安拟就了一个"黑海中立化"方案。根据之,所有国家都不得在黑海部署海军力量。实际上,它是以英、法、土等国军舰不进入黑海,换取俄国同意取消黑海舰队。但是,若实施该方案,俄国在黑海几近于不设防,土耳其及其盟国的军舰在必要时却可方便地从其他水域进入黑海。

在3月26日的正式会议上,波昆内提出了"黑海中立化"方案。哥尔查科夫认为,它将解除俄国在黑海的武装,使其无力抵御英法舰队的进攻。奥地利也不支持,理由是它不会被俄国接受,且因有利于土耳其而有欠公平。布奥尔建议俄国就如何实施第三点提出自己的主张,哥尔查科夫称这要请示圣彼得堡。会议遂进入休会期,而沙皇不接受自愿限制的消息也传来了。

德律安打算亲赴维也纳斡旋。在动身之前,他应英方之请赴英,与对方达成如下协议:谈判的目标或是实现对俄黑海舰队的直接限制,或是实现黑海中立化;如果二者均不能实现,则终止谈判。面对德律安和罗素的游说,奥地利仍不愿支持中立化方案,也拒绝以俄国反对限制黑海舰队作为参战的理由,但也在寻找使谈判成功的途径。

4月中旬,布奥尔提出了一份方案,其大致内容是:如果俄国黑海舰队超出现存规模,英法舰队有权进入黑海;如果土耳其苏丹觉得受到了俄国的武力威胁,他可以请求盟国舰队支援,并将海峡对俄国封闭;土耳其的完整由包括俄国在内的各大国保证;奥地利将与英法缔结一个支持土耳其的军事同盟,若俄国进攻土耳其,或其黑海舰队超出1853年的规模,则履行同盟义务;英法可在博斯普鲁斯海峡驻扎舰队。该方案未要求俄国限制黑海舰队的规模,但强调使用多种威慑和制衡手段,来促使俄国自行限制黑海舰队和谨慎对待土耳其。另外,它也给奥地利规定了一定条件下的军事义务。

布奥尔表示,奥地利愿将该方案作为最后通牒送交俄国,若遭拒绝则对俄开战。希望达成和议的罗素和德律安觉得,该方案不无合理和诱人之处,大体可以接受。按照罗素的看法,"'它几乎将实现所有的战争目标',并赐予英国一个现成的联盟,以反击将来俄国的侵略或应付土耳其的解体。如果俄国拒绝它,奥地利就会参战;如果西方对它嗤之以鼻,奥地利就会保持中立,俄国则可将五六万的更多军队派到克里米亚,战争将在拖延未决或漫无目标的情况下继续下去"。① 4月17日,维也纳会议复会。俄方回复说,它不就如何实施第三点提出任何方案。罗素和德律安再提限制黑海舰队的要求,但纯属徒劳。哥尔查科夫只表示,俄国同意将海峡对所有国家的军舰开放,允许苏丹在战时对此予以特殊处置或关闭海峡。在这种局面下,罗素和德律安决定回国,劝说各自政府接受奥地利的方案。

但是,伦敦的鹰派对该方案大加鞭挞,甚至称之为俄奥策划的又一阴谋。在他们看来,该方案未从俄国那里剥夺什么,不能造就可让英国以胜利者自居的"光荣"和平,也不是英国的主流舆论能够容忍的。对于谈判,他们本来就很勉强,现在更是兴趣全无。既然不能在谈判桌上让俄国屈服,他们决心通过军事胜利来获得想要的一切。即便俄国在和谈中满足了英国的主要要求,他们仍认为军事胜利带来的和平最符合自己的利益。

出于类似的原因,拿破仑三世对奥地利方案也不满意。他于4月访问了英国,这次出访加强了他对法英同盟的信心和继续战争的欲望,使他基本放弃了亲征念头,因而也减小了帕默斯顿等人对战争前景的顾虑。为了挽救奥地利方

---

① 保罗·施罗德尔:《奥地利、大不列颠与克里米亚战争:欧洲协调的毁灭》,第272页。

案,德律安提出将英、法、奥对俄动武的底线改为俄国黑海舰队突破现存的而非1853年的规模。在与维也纳磋商之前,他首先劝说拿破仑三世和伦敦接受经修正的奥地利方案。它被皇帝勉强接受,在英国政府中也获得了不少支持。虽然帕默斯顿仍然反对它,但只要奥地利也接受,他便无可奈何了,因为拒绝法奥都赞同的方案可能使英国被孤立甚至抛弃。

这时,也主张对俄强硬的驻法大使考利帮了他一把。在5月4日与拿破仑三世的会谈中,考利竭力劝说他不要接受新方案,称这种不名誉的和平既约束不了俄国,也会损害法国和皇帝本人的威望。法国陆军大臣让-巴蒂斯特·维兰也在一旁帮腔。拿破仑三世终又回到了英国人的战壕中,奥地利方案遂被伦敦和巴黎一同抛弃了。德律安挂冠而去,继任者是驻英大使、拿破仑一世的私生子亚历山大·瓦列夫斯基。奥地利对英法颇感失望和愤怒,维也纳和谈走到了尽头。

6月4日,维也纳和谈以例行公事的最后一次会议作为了自己的葬礼。英法要求奥地利根据盟约对俄宣战,后者则认为,它已经履行了同盟义务,不能把俄国拒绝限制黑海舰队作为开战理由。它还于6月10日起解除动员,以缓和长期的军事动员带来的巨大财政压力。英法与奥地利的关系降到了低点,它们的同盟名存实亡。法国还担心奥地利背离西方,但英国不断给它打气。鉴于在意大利、德意志和巴尔干等问题上的利益,奥地利也不想与英法反目。为了稳住奥地利,英法向它保证将信守维也纳四点,但并不打算受其约束。

在维也纳会议前后,克里米亚的战争一直在进行着。2月17日,俄军四万人对耶夫帕里亚发起猛烈攻击,但被以土军为主的联军击退,损失惨重。3月,俄军成功夺取了马梅隆堡,将防御阵线向前延伸了。5月16日,让-雅克·佩利西埃取代坎罗贝尔出任法军指挥官。与前任不同,他主张对塞瓦斯托波尔展开猛攻,对拿破仑的指手画脚也采取将在外君命有所不受的态度。5月24日,联军舰队占领了刻赤,可供十万人生存四月的俄军给养丧失殆尽。6月中旬,英法军队分别对塞瓦斯托波尔的外围据点雷丹和马拉霍夫发动进攻,但均受挫。6月底,心力交瘁的英军统帅拉格伦因霍乱死去,詹姆斯·辛普森将军接任。不过,形势还是朝着有利于联军的方向发展。8月中旬,撒丁军队在切尔那亚河畔挫败了外围俄军的进攻,使塞瓦斯托波尔彻底失去了解围的希望。9月上旬,联军再攻雷丹和马拉霍夫。在付出了包括十余名将军在内的七千多人的伤亡后,法军于8日攻克马拉霍夫。塞瓦斯托波尔无险可守,俄军被迫撤出。9月9日,在经过349天的围攻后,联军占领了塞瓦斯托波尔。

高加索地区是另一战场,但该地的战事对全局无重要影响。面对穆拉维约夫统帅的占绝对数量优势的俄军,英国将领芬威克·威廉斯指挥的土军坚守卡尔斯要塞达六月之久,11月底因弹尽粮绝而投降。

《巴黎和约》和克里米亚战争的影响

随着塞瓦斯托波尔的攻占,拿破仑三世结束战争的愿望变得明朗起来。他觉得,本着这场军事胜利和作为联军主力的法军所做出的贡献,法国和他本人的威望可得到很大提升。另外,他也不能不考虑国内为时已久的厌战情绪。

奥地利更是希望结束战争,布奥尔又展开了新的外交活动。他与波昆内进行了协商,于11月14日达成了一个得到法奥皇帝首肯的备忘录,其中包括将由奥地利代表英法并作为自己的最后通牒递交俄国的和平条款。它们大致仍以"维也纳四点"为基础,但比英法半年多以前的要求更为苛刻。就第一点而言,俄国须将南比萨拉比亚割让给摩尔达维亚,这将俄国与两公国的边界进一步向北推延了。就第三点而言,黑海须予以中立化,主要是:各国商船航行自由,禁止战舰航行;禁止在黑海沿岸保持军火库;俄土只保持规定数目的轻型舰只用于海岸治安;维持既定的海峡关闭状态,但和约的缔约国有权派遣一至二艘轻型舰只至多瑙河口,以保证多瑙河航行自由。就第四点而言,关于保护土耳其境内基督徒的谈判不许俄国参加。另外,英法还留有提出新条件的权利。

克里米亚战局的发展加强了英法的地位,它们对于和谈的要价自然不会降低。在最重要的黑海问题上,塞瓦斯托波尔的陷落令俄国只能由英法摆布。要将力主宰割俄国的英国拉到谈判桌上,也需要有一个对它有吸引力的方案。不过,割让南比萨拉比亚更多地体现了奥地利的意愿,这符合它在多瑙河流域的利益。根据该备忘录,如果俄国无条件接受该通牒,交战双方就实行停火,并为和谈做准备;如果俄国拒绝,奥地利则与其断绝外交关系。

伦敦的鹰派们对法奥提出的和平条件并不满意,他们还想在克里米亚、黑海东岸和波罗的海等地扩大战争,从俄国攫取更多的东西。但是,拿破仑三世敦促他们接受法奥备忘录。另有迹象表明,俄国也在试图讨好法国。如果伦敦不遵从巴黎的意愿,这可能导致英法同盟的瓦解和英国在欧洲的孤立。帕默斯顿要求修改法奥方案,提出了更多的和平条件,比如将阿兰群岛割给瑞典,让高加索地区的格鲁吉亚和切尔卡西亚独立。他认为,俄国不会接受它们,这样战争必然要进行下去。法奥不同意新增这些条件,但多少做了一点让步。帕默斯顿觉得,割让比萨拉比亚这样的条件也未必能被俄国同意,遂勉强接受了法奥的方案。

随后,奥地利将该方案作为最后通牒交给俄国,并以1月18日为最后期限。此时,俄国已难以将战争继续下去。战争带来的经济和社会危机日益严重,俄国军事机器的低劣更是暴露无遗。11月下旬,英国又将瑞典拉入了英法同盟,这加大了俄国在波罗的海地区遭到进攻的危险。俄国对最后通牒中所列条件提出了修改意见,由哥尔查科夫通报给布奥尔。后者警告说,如果俄国不是无条件接受最后通牒,奥俄关系就会破裂。无奈之下,沙皇于1856年1月16日宣布接受最后通牒。法国建议在巴黎召开和平会议,各国表示同意。巴黎成为欧洲外交的中心,这令拿破仑三世对战争给法国带来的荣光更加心满意足。

2月25日,和会正式开幕。克拉伦顿、布奥尔、加富尔和土耳其首相阿里帕夏都来到了巴黎,俄国派出的代表是奥尔洛夫和布伦诺夫,瓦列夫斯基是会议的主持人。鉴于普鲁士在战争中的立场,英国坚决反对让它参加会议,它只能在协议达成之际前来签字。此时,除英国之外的其他国家都急于实现和平。

拿破仑三世不仅对继续战争已无兴趣,还希望修复与俄国的关系。俄国努力讨好法国,想借助它来谋求一个不那么苛刻的条约。克拉伦顿则提出了更多要求,主要是:修改比萨拉比亚的边界,将亚速海纳入中立化范围内,拆除离海岸有30英里的布格河上尼古拉耶夫港的军事设施,允许黑海东岸的国家独立,波罗的海的阿兰群岛不设防,俄国将卡尔斯交还土耳其。对这些要求,拿破仑三世总体上反应冷淡。他表示,俄国业已接受足够令人满意的条件,难以再作让步,法国不会继续与英国共同作战。这令英国无奈,也加强了俄国人在谈判中的地位。看到法国已经成为俄国的庇护者,孤立无援的英国只好不了了之。

3月30日,与会各国签订了《法国、奥地利、英国、普鲁士、俄国、撒丁和土耳其和平友好总条约》,简称《巴黎和约》。它的主要内容是:苏丹接受六大国的请求,正式同意参与欧洲协调;各大国尊重并集体保证奥斯曼帝国的独立和领土完整;苏丹宣布,出于对臣民福利的关心,将不分信仰或种族来改善他们的状况;各大国认同该表态,不再单独或集体地干涉土耳其内部事务;黑海予以中立化,其水域和港口对所有国家的商船开放,但对军舰永远封闭,黑海沿岸不允许存在军火库;卡尔斯归还土耳其,克里米亚归还俄国;多瑙河处于国际委员会的监督之下,对所有国家的船只开放;俄国将南比萨拉比亚让给摩尔达维亚;土耳其依然具有对多瑙河两公国的宗主权,俄国对两公国的排他性的保护权由各大国的集体保证所取代;两公国享有独立的行政权与充分的信仰、立法和商业自由,可拥有武装力量,并召开议会以决定公国的组织结构。此外,各国还通过了一些关于海战的管理和海洋法的声明。4月16日,会议闭幕。

《巴黎和约》正式终结了克里米亚战争,俄、英、法为这场战争各付出了45万、9.5万和2.2万人的生命,其中死于疫病者比例甚高。俄国无疑是最大的输家。它丧失了在多瑙河流域、黑海和土耳其的重要权益,在近东的势力明显下降,波兰、芬兰等地的民族运动也因俄国的失败而活跃起来。

战败令沙皇政府不得不检讨俄国自身体制的缺陷,并进行了一些社会、政治和军事改革,其中最重要的是在1861年废除了农奴制。由于克里米亚战争令俄国元气大伤,它在战后又比较重视国内革新,加之法国在欧陆政治中占据了主要角色,俄国在战后多年的国际事务中相对低调,未完全走出1856年失败的阴影。普法战争后,德国在欧陆的威势又压过了国力已有起色的俄国。

总之,拿破仑战争后的那个颐指气使的欧陆头号强国已经一去不复返了。但是,废除《巴黎和约》的制裁是俄国战后外交的一大目标。为此,它在巴黎和会后注意维持俄法接近的趋向,但1863年的波兰反俄起义导致双方反目。同时,俄国与普鲁士的关系却在升温。普鲁士为俄国镇压波兰人提供了帮助,还表示支持修改《巴黎和约》,俄国则以不干预俾斯麦在中欧的行动作为回报。俄国最终成功地摆脱了《巴黎和约》的束缚,但它的西境出现了一个强大的德意志帝国。在欧洲的受挫还导致俄国加大了在亚洲扩张的力度,中亚和中国的大片领土相继归入了俄国的版图。

作为主要的战胜国,英法从克里米亚战争中各有收获。对英国而言,土耳其的存在得以为继,英印之间战略交通线的安全得以保障,欧洲舞台上再无俄国这个宪兵。在经济上,英国战后在土耳其的商业影响明显上升,成为地中海东部的商业霸主。帕默斯顿等人认为俄国受到削弱的程度很是不够,但鉴于英军在战争中的不良表现和重大伤亡,英国大众对在英帝国之外进行大规模军事干涉的态度更加冷淡。同时,他们对国内的政治和社会改革的要求更为热烈。相应地,英国逐渐摆向了"光辉孤立",鹰派们难以像以前那般自如地实行炮舰政策了,英国对俾斯麦的战争政策的软弱反应就表明了这点。

在巴黎,拿破仑三世对战争的结果十分满意,虽然法国在近东未取得多少实际利益。俄国曾是拿破仑一世的头号强敌,它在1815年后的显赫地位很大程度上是用拿破仑帝国的肢体铸就的。如今,俄国被以法军为主力的联军击败,还在巴黎签署了城下之约,没什么比这更能让法国扬眉吐气了。携克里米亚战争的胜利之势,凭借法国的欧陆头号经济和军事强国的地位,拿破仑三世在战后十余年的欧陆政治中俨然成为领袖,英俄等大国的相对低调也成全了这点。然而,到了1870—1871年,法国在它平素看不起的普鲁士手中一败涂地,另一个拿破仑帝国的肢体铸就了另一个新兴的欧洲强权。

撒丁也是克里米亚战争的胜利者,但未从巴黎和会上拿到所希望的东西,即得到帕尔马、摩德纳公国和教皇领地。在这次会议上,英法都不想与维也纳决裂。加富尔从巴黎回来后的结论是,意大利问题只有一个有效的解决办法:大炮。拿破仑三世追求扩大法国在欧陆的影响,并以民族自决的支持者标榜,不久又与撒丁结成了反奥阵线。它们与奥地利的战事随即发生,但意大利统一进程的完结是在普法战争之后。

奥地利从巴黎和约中有所收获,俄国在近东一些重要利益的丧失、多瑙河的航行自由和列强对土耳其的集体保证等都符合它的利益。但是,进驻两公国的奥军在1857年3月被迫撤出。另外,维也纳在战争中采取骑墙姿态,这使它在战后外交中显得孤立。俄、奥、普之间的传统协作关系也消失了。这种局面加大了奥地利在意大利问题上的困难,也为俾斯麦实现以普鲁士为中心统一德意志提供了外交空间。普鲁士在巴黎会议上只是一个无足轻重的配角,但会议的结果增加了它在中欧舞台上扮演主角的机会。

至于土耳其,克里米亚战争令其国际处境有所改善:来自俄国的传统威胁大大缓解了,它的独立和领土完整得到了列强的集体保证,它在外交上也成为了欧洲"大家庭"的一员。但是,虽然苏丹在战后多少有所改革,土耳其的国势并未好转,内部的民族和宗教矛盾依然尖锐,民族运动反而更加活跃了。1859年后,多瑙河两公国合并成了统一的罗马尼亚。法俄对此表示支持,英奥则反对,担心这会在巴尔干引发新的动荡。

《巴黎和约》未规定,若俄国违反条约,其他缔约国将如何行动。在英国看来,没有法国的有力支持,要维护《巴黎和约》极其困难。但在巴黎和会上,法国的态度令英国对它没有信心。布奥尔也希望维持《巴黎和约》,但对与俄国作战依然谨慎。在他的提议下,英、法、奥于1856年4月15日缔结条约,称对和约的任何违反都是开战理由,但三国对此可自行解释。显然,这样的协定难以保障《巴黎和约》的效力。帕默斯顿认为,《巴黎和约》对俄国的限制不会维持十年以上。普法战争后,俄国于1870年11月宣布不履行《巴黎和约》中的黑海中立化条款。英国要求召开国际会议讨论该问题,但1871年3月的伦敦会议不过是给俄国的行动盖个图章。在东南欧,俄国也加强了活动,其顶峰是1877—1878年的俄土战争。作为这次战争的一个结果,南比萨拉比亚被重新划归俄国。

第七章 17世纪至19世纪中期列强对印度、印尼、日本和中国的侵略

第一节 英国对印度的殖民化

西方在印度的早期活动

印度的近代史就是一部遭受西方列强殖民和侵略的历史。从6世纪起，南亚次大陆长期处于分裂状态。1520年左右，阿富汗的莫卧儿政权开始向印度扩张。1555—1605年的阿克巴大帝统治时期，莫卧儿帝国十分兴盛，南亚次大陆的中北部地区大都被纳入其版图。莫卧儿皇帝信奉伊斯兰教，帝国境内的大部分民众则信奉以印度教为主的其他宗教。阿克巴大帝实行信仰宽容，在很大程度上避免了宗教矛盾的激化。但是，到1658—1707年的奥朗泽布在位时期，虽然莫卧儿帝国的疆域达到最大，将德干高原的大部分都包括了进来，统治危机却日益明显。

此时，莫卧儿帝国的国家机器愈发衰败，行政和军事效率日趋低下。而且，奥朗泽布对其他宗教采取了不少歧视性做法，招致了非伊斯兰教徒的很大反对。同时，内外频繁用兵等因素使统治者不断增加苛捐杂税，民众的负担越来越难以承受。印度中部的马拉塔人、西部的拉杰普特人和旁遮普的锡克人等都发动或加强了对莫卧儿帝国的武装反抗。奥朗泽布大力镇压，但仍难以控制马拉塔和旁遮普，反而劳民伤财，使国家颓势愈显。在他死后，莫卧儿帝国更是江河日下。宫廷权力斗争频仍，各地强权纷纷拥兵自立，皇帝的权威一落千丈。各种地方势力也相互争斗不断，穷兵黩武的马拉塔人则四处侵袭。

印度走向分裂、动乱和衰微为外族入侵提供了可乘之机。比如，1739年，伊朗纳狄尔汗的军队前来进犯，占领并大肆洗劫了德里城；自1748年起，阿富汗人又数次大举入侵。在这种背景下，西方殖民者逐渐成为全印度的最终征服者。

1498年，葡萄牙航海家瓦斯科·达·伽马率船队绕过好望角，到达印度马

拉巴尔海岸的卡利库特。他带着从印度购买的大批香料返航,所获收入是整个航行费用的 60 倍左右。巨大的利润使更多的葡萄牙人抵达印度海岸,印度和西方的近代贸易关系建立了起来。葡萄牙人在印度海岸建立商站和据点,1510 年占据的果阿成为最重要的基地。同时,他们在东南亚等地也大力扩张。这样,葡萄牙在东方逐渐建立起一个海上商业网络,控制了印度的对外贸易乃至东西方贸易。

当 17 世纪来临时,葡萄牙在东方的势力遭到了新兴的海上强国荷兰和英国的有力挑战。1602 年,荷兰联合东印度公司成立,它成为荷兰在东方进行商业扩张的主要工具,并很快夺取了葡萄牙人在香料贸易中的统治地位。虽然荷兰人更看重控制和经营东南亚的香料产地,但他们在印度特别是南印度的对外贸易中有很大影响,棉布是他们从印度输出的最重要物资。不过,最后主宰了南亚次大陆的却是英国人。

1600 年,英国东印度公司在伦敦成立,125 位股东总共出资 72 000 英镑。伊丽莎白女王赐予它特许状,允许它在 15 年内垄断与"东印度"即好望角和麦哲伦海峡之间地区的贸易。1609 年,詹姆斯一世授予东印度公司永久的贸易垄断权。1608 年,威廉·霍金斯以英王使节的身份,率领东印度公司船队到达莫卧儿帝国的主要港口苏拉特,要求建立贸易关系。由于葡萄牙人的破坏和莫卧儿皇帝贾汉吉尔的冷淡,霍金斯未达到目的。1612 年,另一位英国使节保罗·坎宁前来晋见贾汉吉尔,还是无果而归。同年 11 月 29 日,英国战舰"红龙"号在苏拉特外海击败了一支葡萄牙舰队,这改变了英国人在印度人心目中的地位。1616 年,贾汉吉尔热情接待了英国使臣托马斯·罗,并允许在苏拉特建立一个英国商站。由于在围绕东南亚香料贸易的竞争中不敌荷兰人,东印度公司将印度作为了主要的商业开拓对象。

一开始,苏拉特是东印度公司在印度的主要基地,但它的触角不断向其他地区延伸。1639 年,东印度公司在科罗曼达尔海岸购地建造了后来名为圣乔治的堡垒,该地演变成为英国在印度南部的主要基地马德拉斯(今天印度东南海岸的大城市钦奈)。1668 年,东印度公司在孟买建立了据点,它很快取代苏拉特成为英国在印度西海岸的主要基地。在富庶的孟加拉地区,英国人的势力也在逐渐扩展。1689 年,东印度公司将在印度的地盘分为三个管区。它们分别位于孟加拉、孟买和马德拉斯。虽然此时还只是若干据点,但扩大统治范围的想法已在英国人头脑中生成。

1687 年,东印度公司董事会就致函马德拉斯的主管,要求努力在印度建立

"一个大的、根基扎实和牢固的英国领地"。① 17 世纪末,东印度公司在孟加拉建立了威廉堡,该地发展成为加尔各答,即日后东印度公司在印度的大本营。该公司还从英王查理二世那里获得了更多特权,比如对辖地内英国臣民进行司法管辖、发行货币、拥有军队和与非基督教力量开战或媾和的权力。通过众多的代理商,东印度公司将大量的棉织品、丝织品、靛青、硝石和香料等从印度销往海外,在 17 世纪后 40 年中的平均利润达到了 25%。到 18 世纪上半叶,英国显然已是在印度有着最大商业影响的欧洲国家。1720 年,在英国的总进口额中,来自印度的货物已占了 15%。东印度公司则是英国在印度的主要经营者,它在伦敦的 24 人董事会决定着在印度的行动。

由于东方贸易的不菲利润,英国朝野对东印度公司的贸易垄断权一直不乏反对意见。结果,另一家从事东方贸易的公司在 17 世纪末成立,并与东印度公司展开了商业竞争。根据 1702 年的一项议会法案,两家公司合并成了新的东印度公司,它向政府提供 320 万英镑的贷款,以换取贸易垄断权。按照规定,该特权在政府还清贷款后应被收回。但是,由于东印度公司所能提供的经济利益和在印度的统治需要等因素,英国政府多次延长了东印度公司的贸易特权,直至 19 世纪才予以取消。

到了 18 世纪,英法在全球的战略竞争日益明显。在印度,法国人也成为英国人的主要外来竞争对手。17 世纪初,法国商人也来到了印度。1664 年,法国东印度公司成立。随后,它在印度陆续建立了以本地治里为中心的多个据点,影响稳步上升。1721 年后,法国夺取了印度洋中的毛里求斯等岛屿,必要时它可以从这里迅速地向印度调遣援军。

1740 年,奥地利王位继承战争爆发,英法作为敌对国家卷入了战争。在印度,本地治里的法国总督约瑟夫·杜布雷试图与英国东印度公司保持和平但未成功,双方陷入武装冲突之中。英国人一开始占有优势,但杜布雷得到了来自毛里求斯的法国舰队的增援,并占领了马德拉斯。1748 年 4 月,英国援军到达,重新夺回了主动权,马德拉斯后来根据和约被归还给英国。

在很长时间中,西方殖民者总体上还不敢大肆干涉印度人的内部事务,进行政治控制和军事征服。这种情况最终也发生了改变,印度的分裂、殖民者对利润的追求、他们的相互竞争和在印度立足点的稳固促成了这点。作为英法之间军事对抗的一个结果,两国的东印度公司在印度的军事力量也比以前有较大

---

① P. N. 普拉等主编:《新印度史》,印度普伦提斯—霍尔私人有限公司 1996 年版,第 451 页。

加强,有着更多的人员、更先进的装备和更好的训练。1751 年,马德拉斯的英国人认为,"摩尔人(印度的穆斯林政权)的虚弱现在众所周知,任何决心对他们开战并有一支较好军队的欧洲国家必然可以将他们整个国家踩在脚下"。①

1748 年,德干高原上海德拉巴的统治者死去,其子孙为争权发生了内战。同时,在东海岸的卡纳蒂克也发生了类似事件。为了扩张自己的势力,英法两国的东印度公司卷入了这两场冲突。它们各支持一方,并派兵参战。最后,英国人在卡纳蒂克占了上风,后来夺取孟加拉的将领罗伯特·克莱武从中崭露头角;法国人则在海德拉巴成功扶植起一个由法国军人保护的政权,后者还将沿海数省赠给了法国人。法国东印度公司的董事们对杜布雷在海德拉巴的收获无甚兴趣,对军事行动导致公司贸易的中断则十分不满,将其免职调回。杜布雷的接任者放弃了从海德拉巴获得的土地,和英国人达成了对后者有利的妥协。不过,英法在印度的角逐还未结束,而印度沦为殖民地的进程才真正开启。

印度沦为英国的殖民地

孟加拉是印度最富庶的地区,也是西方殖民者竞争的重点地区。18 世纪中叶,英国东印度公司在这里的势力尤为突出,它有 150 个商站和 15 个大商馆,加尔各答则是主要基地。1756 年,孟加拉的纳瓦布(省督)阿里·瓦迪·汗去世,他的外甥西拉杰·乌德·道拉接任。西拉杰对英国在孟加拉的扩张不无忧虑,德干和卡纳蒂克的事件更加大了他对西方殖民者的警惕。

1756 年 6 月,他出兵占领了加尔各答,指责英国人未经允许就在此设防,滥用从莫卧儿帝国获得的贸易特权。1757 年 1 月,克莱武率军从马德拉斯赶来,夺回了加尔各答。此时,七年战争已在欧洲爆发,英法在印度的斗争又趋激烈,法国人支持西拉杰打击英国的势力。3 月,英国东印度公司夺取了法国在孟加拉的主要据点昌德纳戈尔。面对英国人的军事压力,西拉杰只好缔结和约,但双方之间并无信任可言,很快又兵戎相见。6 月 23 日,克莱武和西拉杰各率大军在普拉西展开决战。东印度公司的军队由数百欧洲人和和两千印度人组成,孟加拉军队则有五六万人,还得到一支法军的支援。但是,英国人事先以孟加拉纳瓦布之位为诱饵收买了西拉杰的主要将领米尔·贾法尔,使后者临阵撤退。结果,孟加拉军队大败,西拉杰被杀。数日后,克莱武将贾法尔扶上了孟加拉纳瓦布的位子,但真正权力在英国人手中。

---

① 彼得·马歇尔:《18 世纪英国在印度的扩张》,载于帕特里克·塔克主编:《东印度公司:1600—1858》第 5 卷,劳特利奇出版公司 1998 年版,第 10 页。

在英国征服孟加拉之后,法国在该地区的势力丧失殆尽。卡纳蒂克成为另一个英法一决雌雄的地方,双方在该地区进行了多次陆上和海上战斗。英国多支援军的到来使形势逐渐对自己有利,1760 年 1 月的文迪瓦什战役更使法国遭到重大打击。1761 年 1 月,在英国的海陆围攻下,本地治里的法国殖民者被迫投降。根据结束七年战争的 1763 年巴黎条约,法国可在本地治里等若干地点通商,但不许设防。法国在印度的势力已变得微不足道,英国取得了全面的胜利。

夺取孟加拉后,东印度公司的雇员在该地巧取豪夺,大发横财。克莱武向国内报告说:"如此一种无政府、混乱、贿赂、腐败和勒索的场景在孟加拉之外的任何国家都未见过和听过,也从未有如此多的财富以如此非正义和贪得无厌的手段被攫取。"[1]其实,他本人也陡然成为英国最富有的人之一,并倚仗从印度攫取的财富成为英国议员。

贾法尔的继任者米尔·卡西姆对英国人的掠夺愤愤不平,走上了反英道路。他从孟加拉出走,向莫卧儿皇帝和奥德的纳瓦布舒贾·乌德·道拉求援。1764 年 10 月,奥德的大军被英国殖民军在巴克萨尔击败。舒贾本人被俘,后虽复位,但实为英国人所左右。这一仗,不仅使东印度公司对孟加拉的控制不可动摇,还使它染指恒河平原上富庶的奥德。对孟加拉纳瓦布统治的孟加拉、比哈尔和奥里萨三省[2],莫卧儿皇室长期以来仅有名义上的权威。1765 年,它将孟加拉、比哈尔和奥里萨三省的民政大权正式授予东印度公司,希望借此从该地多少获得一些实际好处,英国人则答应每年给予皇室 26 万英镑的养老金。这一举动使东印度公司对孟加拉的统治具有了"合法性"。

对于东印度公司很多成员的暴富和该公司股值和红利的上涨,英国国内有着很多批评。它们认为,东印度公司的斩获离不开政府的帮助,它不能拥有独立于英王的领土主权,不能独享印度的领地和财富。东印度公司内部的腐败也饱受指责。但是,英国政府不愿意由自己来直接管辖在印度的领地,它担心负担不起由此而来的行政和军事开支。

克莱武认为,主要是商业机构的东印度公司难以管理广袤的孟加拉,曾建议由英王接受莫卧儿皇帝给予的权力,但首相威廉·皮特不赞成。他担心,正在谋求加强王权的乔治三世如果将孟加拉这个大财源揽入手中,议会对他的控

---

[1] 斯坦利·沃尔佩特:《新印度史》,牛津大学出版社 2000 年版,第 188 页。
[2] 这三省构成了广义上的"孟加拉",它们在英属印度同属孟加拉管区,本节中提到的"孟加拉"一般是指这种广义的孟加拉。

制力就更小了。伦敦倾向于由东印度公司继续管辖在印度的领地,并和它达成某些财政协议。它认为,凭借着商业垄断权和印度本地的财源,东印度公司应有能力承担管辖这些地区的费用。

1767年6月达成的安排是,东印度公司可享有10%的红利;由它掌握属于英王的印度领地,但作为回报须在规定年限内向政府交纳40万英镑的年金;若红利低于6%,则不必交纳年金。它还规定,东印度公司须每年向印度输出达到某个固定数量的英国货物。显然,这是为了减少英国制造商的不满。他们认为,东印度公司的商业垄断权限制了英国产品的出口。

这样,原为商业组织的东印度公司就成为一个殖民统治机构。它的董事会及其任命的孟加拉、孟买和马德拉斯的总督主持着英国的印度事务,来自政府的干预一时甚少。不过,东印度公司对管理印度领地并不卖力。在主要的领地孟加拉,它无心建立各项"新制度",只热衷于如何尽可能地榨取财富。各级雇员依然醉心于中饱私囊和商业投机,腐败如脱缰之马,来自万里之外的伦敦董事会的指示常被置若罔闻。当地传统的各项统治制度还大体保留着,具体事务大多还由印度官吏来操办,贪赃枉法在他们中间也司空见惯。

孟加拉平民的生计十分困苦,在1770—1772年的大饥荒中,死亡人数达到人口的六分之一。孟加拉的天灾人祸和这一时期欧洲的经济萧条,明显影响了东印度公司的商业经营。同时,由于英国在北美殖民地增收茶叶税遭到当地民众的抵制,并导致大量走私茶叶进入北美市场,东印度公司的茶叶在北美的销量大跌。结果,东印度公司根本难以兑现每年向伦敦提供40万英镑收入的诺言,还要求政府贷款以补充它在印度的行政和军事开支,它的很多股东和雇员却依然发了财。

对于这些情况,英国国内颇多指责。不少人主张废除东印度公司的商业特权,并由英国政府直接管理英属印度。但是,与东印度公司关系紧密的利益集团和政客反对这样做,英国官方也担心直接管理所带来的政治和财政挑战。

英国政府采取了一些措施,以帮助东印度公司改善财政状况。1773年,英国议会通过了茶叶法案。借此,东印度公司在向北美出口茶叶方面获得了不少商业便利,还从政府获得了一百多万英镑的贷款。此外,议会在同年还通过了一个印度管理法案。

该法案规定,在贷款还清之前,东印度公司的红利不能超过6%,公司董事的任期限为四年,到期后须经过一年才可再次竞选;由一名总督统辖英国在印度的全部领地,该职位仍由东印度公司任命,但人选须经英王批准;向印度派遣一个议会任命的四人理事会,它可对总督提出建议,也可通过多数票否决总督的决定;须向印度派遣法官建立一个英式最高法院。

该法案虽然未取消东印度公司对英属印度的管辖权,但英国政府显然加强了对印度事务的监督。1773 年,东印度公司的孟加拉总督沃伦·哈斯廷斯成为英属印度的首任总督,孟加拉总督的驻地加尔各答也成为英属印度的首府。哈斯廷斯熟谙印度事务,从 1772 年担任孟加拉总督起就开始进行改革。比如,他任命英国人代替印度人担任收税官,对雇员队伍中的腐败加以整饬,将纳瓦布的一切权力转由英国人直接行使,并终止了给予莫卧儿皇帝的年金和其他类似的开销。应该说,这是哈斯廷斯真正开启了英印殖民政府的建立过程。

与此同时,东印度公司与印度当地政权的对抗也在进行着。1774 年,马拉塔发生内讧,帕什瓦(首相)拉格胡拉特·拉奥被剥夺了权力。马拉塔是多个马拉塔王公结成的一个联盟,长期以来一直拥有印度最强大的军事力量,控制着印度中部的辽阔地区,帕什瓦则是该联盟中最有权势的职位。拉格胡拉特同孟买的东印度公司总督缔结了协议,以金钱和土地为代价,换取英国人支持他恢复权力。但是,拉格胡拉特和英国人的联军被马拉塔王公的联军击败。哈斯廷斯派兵驰援,击败了马拉塔王公中最有实力的马哈达吉·信地亚,稳定了局势。1782 年,东印度公司和马哈达吉签订了《萨尔拜和约》,使马拉塔在接下来的 20 年中不再成为它的劲敌。

哈斯廷斯将印度南部的迈索尔看作最大的敌人。1761 年,海达尔·阿里夺权上台,成为迈索尔的苏丹。海达尔聘用法国军官,组建了一支具有西方特征的强大军队,还建立了一套较先进的行政体制,在数年之内基本上控制了南印度。与印度的其他王公不同,海达尔认为英国人是对全印度的最大威胁,决心将他们驱逐出去。

1767—1769 年,迈索尔和东印度公司发生了第一次战争,后者被迫求和。1778 年,第二次战争爆发。东印度公司处境不利,它在兵力数量上处于绝对劣势,而且须与马拉塔作战。1782 年,卷入北美独立战争的法国也派军前往印度支援迈索尔。但是,萨尔拜和约和 1783 年的英法和约改善了英国人的处境,海达尔也于 1782 年去世。海达尔的儿子提普继承了苏丹之位,继续和英国人作战。1784 年,双方再签和约,但敌对依旧。

哈斯廷斯于 1785 年初辞职,原因是四人委员会的成员和伦敦的政客们指控他受贿和滥用权力(他遭到了弹劾,但多年后被判无罪)。在英国国内,对印度的东印度公司雇员的不信任并未因 1773 年法案的实行而减轻。还有很多人士批评说,东印度公司忽视了印度民众的民生和基本权利。北美的独立也令英国更为重视在印度的殖民事业。在这种背景下,英国议会于1784年通过了第二部印度管理法案。

这个法案规定,在印度的商业活动应与统治事务相分离;在伦敦建立一个向议会负责的六人控制委员会,作为英国政府负责印度的民事、军事和财政事务的主要机构;该委员会有权向东印度公司的董事会发布指令,在紧急时刻可向英印总督直接下令;东印度公司保留对在印官员的任命权,但英王可否决任何任命或将任何官员解职;英国法院可以审判在印度犯法的英国臣民;东印度公司雇员从印度返回英国时都须申报财产。这样,虽然东印度公司的商业垄断权未受触动,但它对英属印度的管辖权受到了政府的更大制约。换言之,东印度公司和英国政府在印度事务上的二元控制局面形成了,但后者掌握了基本的最终决定权。

1786年至1793年出任总督的是查尔斯·康华利,即在约克镇向华盛顿投降的那位英国将领。康华利从未在东印度公司任过职,他的上任也反映了该公司在印度事务上权力的减弱,他本人也认为自己首先代表英国政府。四人理事会的掣肘曾令哈斯廷斯很是头疼,康华利则不会面对这种问题。1786年对1774年法案的一项修正案规定,英属印度的总督可以超越他的理事会行事。这大长了总督的权力,因为远在伦敦的控制委员会不可能在任何事务上都对他及时发出指示,但这并不表明东印度公司的权力回升了。康华利进行了不少改革,以保证东印度公司稳定地从印度获得可观的财富,以支付统治印度所需的军事和行政开支,并满足公司股东和英国政府对利润的需求。

他规定任职于财税和司法部门的东印度公司雇员不得经商,大力提高官员的工资,尽可能地任用欧洲人出任官职,禁止印度人担任年薪在500镑以上的所有职位,在印度初步建立了公务员体制(这是19世纪在英国本土建立的公务员体制的原型)。他用地区收税官来管理地方行政,并将以往由地主行使的基层治安权转给新组建的警察机构。他还建立了地区法官制度,并实行废除了当地非人道成分的传统法律。可以说,在康华利任内,英印殖民政府才真正建立。

他还对土地制度做了重大改革。在印度传统社会中,土地不是私有的。所谓地主拥有的只是土地的全部或部分收益,而非完全的产权。康华利相信,产权的清晰和神圣是繁荣的基础。他在1793年颁布命令,规定了孟加拉乡村土地的私有产权。但是,获得土地产权的印度地主须一直交纳固定的税金,如果不能履行,不论理由如何,其地产将被拍卖。康华利谋求借此改变地主以多种借口逃避或少交税金的局面,"永久解决"土地税的征收问题。他的措施提高了地主对土地经营的兴趣,在一定程度上促进了孟加拉的农业发展,也使东印度公司获得了一个稳定的收入来源,还催生了一个支持英国殖民统治的印度地主阶层。

同时,迈索尔和英国人的对抗仍在继续。东印度公司与马拉塔、海德拉巴结盟打击迈索尔,于1790—1792年发动了第三次战争。提普苏丹战败,被迫同意将大片领地割给三个对手,向英国人支付赔款,并在赔款未交清之前将儿子作为人质。康华利本可灭亡迈索尔,但为牵制马拉塔和海德拉巴而未这样做。1797年,来自伦敦的贵族政客理查德·韦尔斯利出任英属印度总督。与几位前任相比,沽名钓誉的韦尔斯利更为热衷于扩张主义政策,迈索尔则成为第一个目标。在过去数年中,提普一直在积蓄反英的力量。他努力寻求处于大革命之中的法国的援助,为此,甚至建立了一个雅各宾俱乐部,并允许其成员称他为"公民提普"。1798年,拿破仑占领埃及,这令英国人更加担心法国出兵印度,提普对他们更如芒刺在背。1799年,韦尔斯利发动了第四次迈索尔战争,将其完全征服,提普战死。迈索尔的一半土地被划归东印度公司直辖,一小部分给了海德拉巴,剩下的交由迈索尔原来的统治家族统治。

在此前后,东印度公司还和海德拉巴、奥德等地的印度王公签订了一系列的"资助条约"。这是英国在印度实行"间接统治"的主要途径,它在19世纪得到了更广泛的运用。资助条约内容不尽相同,但对签约的印度各邦大体有如下的规定:由东印度公司派军进驻进行保护,该邦承担这些驻军的费用,并将部分土地割给或将部分土地的财税收入让给东印度公司;该邦外交活动受东印度公司监督,不得允许英国之外其他国家的军事人员在境内驻留;接受东印度公司派遣的常驻代表。通过这种条约,英国将签约的印度各邦变成了自己的附庸。借此,它既扩张了殖民势力,又节约了征服和统治成本,还促进了对印度本土政治势力的分化瓦解,减少了大肆的殖民占领促使广大印度王公对自己群起而攻之的可能。与东印度公司签订资助条约的既有经受不住威胁利诱的印度王公,也有被征服后名义上仍保有原先统治地位的统治者,还有英国人在征服的土地上扶植的新政权。

迈索尔被征服后,马拉塔成为东印度公司的主要目标。虽然马拉塔内部绵延的权力斗争和萨尔拜条约减弱了它对英国人的挑战,但它一直被东印度公司看成一个威胁。1800年,马拉塔发生内乱,帕什瓦巴吉·拉奥二世逃到英国人属地上避难,东印度公司乘机迫使他签订了资助条约,但这遭到了马拉塔王公的反对。

1803年8月,东印度公司和马拉塔的战争再次爆发。由于马拉塔王公未能合力抗敌,英国人最后获得了胜利。他们征服了包括德里的大片土地,与一些王公签订了资助条约,德里的莫卧儿皇帝也成为靠他们的养老金过活的傀儡。1805年,韦尔斯利被召回国内。此时,通过征服、占领和签订资助条约,东印度公司已经控制了从东部的孟加拉到西部的孟买、从北部的恒河流域到南部海岸的辽阔土地,英国在印度的殖民帝国大致成形。

韦尔斯利被召回的重要原因,是东印度公司董事会对大规模军事行动带来的开支忧心忡忡。鉴于财政因素,它长期以来对在印度夺取新的领地并不热衷。但是,扩张政策在英国国内获得的支持却在上升。这种意见认为,征服能够带来超过所需成本的财富,也是消除对英属印度安全的威胁的最好方式。

于是,英国在印度的殖民帝国不断扩大。1817年11月,巴吉·拉奥二世在马拉塔首府普那起兵,谋求摆脱英国人的统治。东印度公司动用了12万大军和300门大炮,于1818年彻底征服马拉塔。帕什瓦的权力被废除,巴吉·拉奥二世成为了养老金的领取者。

1824年至1826年,出于商业利益和孟加拉的防御,东印度公司发动了第一次英缅战争,从缅甸夺取了阿萨姆、曼尼普尔和一些沿海地区。此后,沙俄在中亚的扩张使英国担心俄国控制阿富汗,对印度构成威胁。1838年,英印军队入侵阿富汗。他们占领了喀布尔,推翻了阿富汗的多斯特·穆罕默德政权,但受困于阿富汗民众广泛的抗英斗争,不得不在付出重大损失后撤回。

接下来,靠近阿富汗的信德和旁遮普成为英国人的重点目标。它们既是战略要地,又蕴涵着很大的经济利益,旁遮普尤为富庶。尽管东印度公司已迫使信德的各位埃米尔(部落酋长)同意在商业上开放境内的河流和道路,占领了卡拉奇和苏库尔,并派驻了军队,但它并不满足。英国人不断提出无理要求和进行挑衅,迫使埃米尔们起而反抗,继而出兵于1843年征服信德,由自己直接统治。

至于旁遮普,在颇有才干的锡克"大君"兰吉特·辛格的领导下,它长期保持着政治独立,并拥有一支强大军队,东印度公司对其多有笼络。兰吉特·辛格于1839年去世后,旁遮普内讧不已。东印度公司一边挑唆锡克王公相互争斗,一边往旁遮普周围调动兵力。1845年12月,英国人对旁遮普发动了第一次锡克战争,很快取得胜利。1846年3月,双方媾和。锡克人被迫同意解散军队并偿付东印度公司战争费用,将萨特莱查河两岸的土地以及比阿斯河与印度河之间包括克什米尔的山区让给英国人。后来,他们又被迫允许东印度公司派官员和军队驻扎旁遮普首府拉合尔。锡克大君只在名义上统治着余下的土地,英国人还扶植叛投自己的锡克酋长古拉布·辛格在查谟和克什米尔建立了一个新邦。

两年之后,对时局不满的部分锡克军人在慕尔坦发起暴动,英国人乘机发动第二次锡克战争,并在付出重大代价后获胜。1849年3月,英印总督大贺胥勋爵(詹姆斯·拉姆塞)宣布废黜锡克大君的统治,由东印度公司直接管辖旁遮普。在19世纪上半叶,通过签订资助条约,东印度公司还使数百印度王公及其领地成为自己的藩属。同时,随着工业革命后英国产业界废除东印度公司贸易特权的呼声的高涨,该公司的政治和经济地位也发生了重大变化。

1813年,英国议会大体取消了东印度公司的商业特权,只维持了它对于有利可图的对华贸易的垄断。1833年的另一个法案则规定,取消东印度公司的对华贸易特权,从英属印度的收入中向该公司股票持有者支付每一百股每年十基尼的红利。从此,东印度公司主要成为英属印度的殖民统治机构。到1853年,它通过恩惠制任命官职的权力也随着考试录用制度的实行而完结了

在吞并旁遮普后,英国几乎已将整个印度次大陆收入囊中。其中,东印度公司直接管辖三分之二的土地和四分之三的人口,其他地区是作为附庸的土邦。它们分布零散,便于殖民者控制。在很大程度上,印度各种政治势力之间的复杂矛盾造就了英印殖民帝国。如印度独立运动活动家毛拉纳·穆罕默德·阿里对英国人所说:"'分而治之'是一句古语,但在这里有一个分工。我们分裂,而你们统治。"① 在接下来的岁月中,英印殖民当局又吞并了整个缅甸,并将中国西藏和印度之间的喜马拉雅山南麓地区纳入了自己的势力范围。

英国殖民扩张主义者认为,扩大统治范围更有利于保护和增加英国在印度的经济利益,它能带来更稳定的边界和新的商业机会、税收和贡金来源。但是,军事开支的上升往往快于收入的增长,这导致他们将财政好转的希望寄托于进一步的征服。同时,他们也将征服事业的进展看成给英国和个人增光添彩的机会。

总体而言,汹涌的扩张浪潮使英印政府的财政赤字不断累加。英印政府的公共债务在1784年是800万英镑,到1854年达到了5000万英镑;该年,英印政

---

① S. 伯克、萨利姆·库赖希:《英国对印度的统治:历史评论》,牛津大学出版社1995年版,第1页。

府的军费开支是1200万英镑,占政府开支的56%。① 在这种情况下,殖民政府忙于摆脱财政窘境,对民生甚不关心,著名的印度民族大起义则在1857年来临了。

印度民族大起义及其影响

19世纪初,英国的工业革命几近完成,这一变革极大地促进了英国制造业尤其是棉纺织业的发展。在东印度公司依然具有商业特权时,大量英国工业产品就进入了印度市场。这一特权于1813年基本解除后,英国产品进入印度市场的道路更为畅通。英国工业产品在生产成本上低于印度同类手工产品,在英属印度销售还可享受减免税的待遇,印度本土的手工业却要承受不合理的赋税。

在这种背景下,印度本土的一些手工业日益陷入困境,棉纺织业遭受的打击尤其严重。棉纺织业是印度最重要的传统手工业,棉产品在很长时间内是印度的主要出口货物。早年,价廉物美的印度棉布在英国十分畅销。在英国纺织业者的强烈要求下,英国政府在18世纪禁止在英国销售和穿用印度的棉布产品,但不禁止从印度进口原棉和为再出口目的而进口棉布。在某种程度上,这一禁令促进了英国本土棉纺织业的进步和工业化。从18世纪后期起,新兴的英国棉纺织业开始向印度大量出口棉纱和棉布,印度的棉纺织业却根本无望获得殖民当局的保护。孟加拉的棉纺织业在印度最为发达,但到19世纪30年代已经崩溃。19世纪50年代,英国出口的棉织品有25%输往印度,1857年英国输入印度的棉纺织品比1832年增加了14倍。相应地,成千上万的印度手工业工人失业,生活困苦。印度农民的状况也呈恶化。

1833年,殖民当局开始在印度推行新的地税改革,以谋求更多的地税收入。1800—1801年东印度公司征收的地税总额是420万镑,到1857—1858年时增至1560万镑。过重的纳税负担加重了农民的贫困,助长了土地兼并,导致农业生产的衰退。19世纪上半叶,印度发生了七次大饥荒,造成150万人死亡。② 印度社会的经济危机加剧了大众对殖民统治的不满,是1857年大起义的重要根源。

在英国主宰印度次大陆已成定局的背景下,对殖民当局的一些实权人物来

---

① 罗德里克·卡瓦列罗:《土地上的陌生人:英属印度帝国的兴衰》,I. B. 陶里斯出版公司2002年版,第140页。
② 这些数据摘自陈传金、吴瑞主编:《近代国际关系》,江苏教育出版社1993年版,第245—246页。

说,很多印度土邦作为附庸而存在已不具多少政治价值,将它们纳入英国的直接统治之下既有利于稳固英国对印度的统治,还能带来诸如更多的财政收入和更广阔的工业品市场等经济利益。于是,东印度公司开始兼并依附自己的土邦,这在1848—1856年大贺胥任总督期间达到高峰。大贺胥宣布,如果土邦王公没有自己亲生的继承人,东印度公司和该土邦签订的条约在其死后不再有效。借此,东印度公司将萨塔那、贾伊普尔、桑巴普尔、巴盖特、拉杰普特、詹西、那格普尔等一些土邦相继改由自己直辖。殖民当局还以其他借口侵吞土邦的领地。1853年,它以海德拉巴欠税为由吞并了它三分之一的领地。

1856年,东印度公司指责奥德王公统治无方,将奥德变为自己的直属领地。印度王公还遭到了其他方式的打压。历史上,在取消印度王公对领地的管辖权但未剥夺王公名号时,东印度公司通常要给予他们及其继承人长期性养老金作为补偿。大贺胥剥夺了一些印度王公的名号和养老金待遇。他甚至想对莫卧儿老皇帝巴哈杜尔·沙二世也如此行事,因伦敦的保守派要求保持皇族的尊严而作罢。这些做法激化了殖民者和印度王公以及忠于后者的民众之间的矛盾,不少王公阶层的成员正是后来大起义的参与者和领导者。

英国的殖民活动也带来了印度当地文化和西方文化之间的碰撞,造成了印度大众在文化上对于殖民者的不满和警惕。19世纪上半叶,殖民当局对印度社会采取了一些与传统风俗相抵触的社会政策,比如禁止将寡妇烧死以为丈夫殉葬、允许皈依基督教的当地人继承财产和允许寡妇再婚。这类政策在印度社会中遭到了强力反对。西方传教士的活动、西式教育的开展和一些西方科学技术的引入也加强了印度人的文化抵触情绪。在他们中间,逐渐形成了这样一种广泛的担心:英国人阴谋清除他们的传统信仰和准则,代之以西方的基督教文明,他们面临着在文化上被灭绝的危险。这是促成大起义的大众反英情绪的重要内容。

大起义以殖民当局雇用的印度士兵的暴动为开端。由于难以建立一支以英国人为主而数量上又足敷需要的军队,东印度公司长期以来招募大量印度人服役。1857年,东印度公司的军队中有四万多英国人,印度人则有23万多。印度部队分为孟加拉军、孟买军和马德拉斯军,孟加拉军在数量上占绝对多数。到了19世纪50年代,印度士兵的反英情绪愈发明显,尤其在孟加拉军中间。东印度公司在1856年吞并了奥德,奥德君主瓦吉德·阿里先后前往加尔各答和伦敦申诉,均未有结果。对此,作为孟加拉军主干的奥德士兵十分不满。

1856年,新任总督查尔斯·坎宁颁布法令,要求印度士兵同意到任何地区服役,其主要目的是从孟加拉军中调遣更多的印度士兵前往缅甸。先前,曾有属于高级种姓婆罗门和沙帝利的印度士兵拒绝渡过印度语中被称为"黑水"的大海开赴缅甸,他们认为这一行为将玷污他们的高级种姓身份。坎宁的法令在孟加拉军中遭到广泛反对。更有士兵称,英国传教士和英国官员密谋要把印度所有的高级种姓都送到海外去,使他们由于受到了永久玷污而只得皈依基督教。

1857年,孟加拉军开始使用新式的后膛装弹的恩费尔德步枪。它所用子弹的弹头和火药装在纸制弹壳中,英国军官要求士兵在装弹前将弹壳咬开,以将火药填充进枪管。但是,弹壳上涂有动物脂肪,而印度教徒视牛为圣洁之物,伊斯兰教徒则忌食猪油。结果,信奉印度教或伊斯兰教的印度士兵抵制使用这种子弹。他们还广泛相信,英国人之所以发放这种子弹,是企图玷污他们并使其皈依基督教。早先,就曾发生印度士兵拒绝穿戴牛皮制品而发动兵变的事件。英国人意识到问题后做了一些变通,比如使用其他脂肪或更改射击规范,但印度士兵对这种子弹以及他们的英国上司依然充满不信任。殖民者试图迫使印度士兵屈服。他们令一团又一团的印度士兵在外列队,练习使用这种枪弹,还常在周围高地上架起大炮对准他们。但是,广大士兵仍拒不听从英国军官的口令,一些人遂遭开除。甚至有传言说,英国人向印度士兵供应浸过死猪的水和混有牛骨粉的糖。在恒河流域的不少军营中,反英情绪骤然上升。在军营之外,对英国殖民者的愤恨也达到了高峰。

在这种背景下,印度大起义在德里附近米鲁特的军营中拉开了序幕。1857年5月9日晨,在印度士兵的众目睽睽之下,英国军官命令将85名拒绝使用新子弹的士兵钉上镣铐关押起来。次日,米鲁特的三个印度团揭竿而起,随即向德里进军。德里的印度守军开城响应,德里迅即被起义力量控制,早已有名无实的莫卧儿皇帝巴哈杜尔·沙被拥立为帝。其他地区相继发生暴动,起义风潮席卷印度中北部广大地区,参加者来自士兵、农民、城市贫民和王公贵族等阶层,恒河平原心脏地带的德里、勒克瑙、坎普尔和詹西成为起义的中心。勒克瑙是奥德的首府,詹西是被东印度公司兼并的土邦,坎普尔的起义领导人纳那·萨希布则是被剥夺名号和养老金的马拉塔前帕什瓦的继子。

应该说,各地起义的领导者都没有现代的政治理念,他们所希望的不过是恢复从前的某种传统秩序。而且,各支起义力量大都构成复杂,组织松散,缺乏明确统一的战略,在控制所在地区后即消极防御,相互之间也没有形成有效的联合。这样,起义虽给英国殖民者造成了极大恐慌,但未予其致命打击,包括三大殖民基地加尔各答、孟买和马德拉斯在内的广大地区仍为英国人牢牢控制。英国人集聚力量进行反扑,开往波斯、缅甸和中国的军队都被召回,旁遮普的锡克军队也前来相助。划地为营、各自为战的起义力量看来避免不了被英国殖民者各个击破的命运。

6月初,殖民军开始围攻德里,在付出伤亡5000余人的代价后于20日占领之。随后,殖民军相继攻占坎普尔、勒克瑙和詹西。至1858年底,印度民族大起义已基本被英国殖民者镇压下去。巴哈杜尔·沙被流放到缅甸,后来死在那里,他的儿子们则被英国殖民者杀死,莫卧儿帝国正式灭亡了。

印度的大起义震惊了英国朝野,对统治印度的方式加以变革被认为是当务之急。1858年8月2日,英国议会通过了新的印度治理法案。根据之,东印度公司对印度的管辖权被废除(1873年,东印度公司不再作为一个法律实体而存在),由英国政府对印度实行全面的直接统治;在内阁中设立一位负责印度事务的国务大臣,作为政府中主管印度的头号实权人物;建立一个15人的印度理事会,成员由印度事务大臣任命,它可在所有关于印度的问题上向国务大臣提出建议,对英属印度的财政收入的任何处理都须经其认可;英印总督作为英王的个人代表管理印度,称为"viceroy"①,由印度事务大臣任命。到了1876年,英国女王维多利亚被加冕为印度女皇。

此外,1861年的一项法案将英印总督的行政理事会变为了一个小内阁,其成员分别专门负责内政、财政、司法和军事等事务。总督可以否决理事会的意见,他还兼管外交,负责与土邦以及邻近国家打交道。从1854年起,该理事会也具有了某些立法功能。它可以吸纳一些额外成员来讨论立法事宜。1861年的法案扩大了这些额外成员的数量,忠于英国的若干印度上层人士后来也出现在了该理事会中。英国人还放弃了借继承人问题兼并土邦和打压印度王公的政策,表示尊重有关的条约,同意王公过继任何继承人,只要他忠于英国。这样,在英属印度保留下了由土邦构成的560多块飞地。对印度社会的传统习俗信仰,英国人也避免干涉,基本上执行了自由放任的社会和宗教政策。

在军事方面,殖民者将英印军队中印度人和英国人的比例变为了二比一或三比一,1863年的英印军队中有14万印度人和6.5万英国人。印度兵只从对英国人比较忠诚的族群中招收,锡克人、廓尔喀人和帕坦人等构成了印度士兵的主体,孟加拉和马拉塔地区的人被排斥在外。而且,每个印度团由来自不同

---

① 来自西班牙美洲殖民地总督的称呼"virrey",指代表君主进行统治的代表,时常被译为"副王"。

地区、有着不同信仰和语言的士兵混编而成,炮兵和其他技术部门完全由英国人控制。

殖民者还为印度地主的利益提供了更多保障。比如,在1857年起义的中心地区,地主对土地的永久所有权得到了确认(某种意义上是将康华利早期实践的推广),地主可以出任地方上的行政和司法官,遇到经济危机时还可得到贷款和法律援助。这些政策有利于在地主阶层中培养对英国殖民统治的支持。

在大起义之后,英国人还允许印度人参加英印政府公务员考试。但是,应试者只能在英国参加考试,年龄须在17—22岁之间(最大年龄后来又减到了19岁),还须能够骑马跨越几个障碍!直到1869年,才有一个印度人成为英印政府的公务员。这种苛刻甚至可笑的规定反映了英国殖民者对印度民众的疑惧和警惕,这是大起义之后他们中间普遍存在的心态。相应地,就活动空间和心理而言,在印度的英国人离印度社会更为疏远。

大起义之后数十年中,印度的经济呈现出新的面貌。外来投资大幅上升,商业和为世界市场提供原料的种植业增长较快,工业化进程拉开了序幕,铁路和电报业务也发展迅速。但是,印度经济也存在着严重问题。比如,经济作物种植的大幅增长令印度农业深受世界市场的影响,还严重影响了粮食生产,导致饥荒不时发生。印度本土的纺织工业虽有所发展,但也长期受制于殖民当局对它的歧视和对英国纺织品进口的优遇。与此同时,在大起义之后的印度社会,对于殖民统治的不满和反抗一直存在,而近代民族主义思潮也破土而生。

第二节 荷兰在印度尼西亚的殖民活动

西方对印尼侵略的开端

"千岛之国"印度尼西亚是东南亚一个幅员广阔、物产富饶的国家,也有着源远流长的文明。当16世纪来临时,在印尼群岛各地存在着多个政权,伊斯兰教也具有很大影响。此时,西方人到达了东南亚地区,印尼长达四个世纪的遭受西方殖民侵略的历史也拉开了序幕。

葡萄牙人是首先抵达印尼群岛的欧洲人。达·伽马的海上探险开辟了从欧洲经好望角到东方的航路,随后葡萄牙人在印度建立起了果阿等据点。以这些据点为基地,葡萄牙人进一步向东南亚和远东地区扩张。1511年,葡萄牙人打败当地的穆斯林苏丹,夺取了马来半岛上的港口城市、东南亚主要的贸易枢纽马六甲。以此为依托,葡萄牙的船队继续向东扩张,抵达了"香料群岛",即今天印尼东部的马鲁古群岛。葡萄牙人在这里建立了若干据点,将豆蔻、丁香、胡椒等源源不断地销往欧洲和其他地区,成为东西方香料贸易的主宰。不过,由于力量所限,葡萄牙人在与东南亚地方政权的政治关系中更多地处于防御地位,即便对香料群岛也未建立起真正的军事统治。

16世纪行将结束之际,葡萄牙人在香料贸易中的地位开始遭到荷兰的挑战,这与荷兰和西班牙的关系不无关联。16世纪,欧洲低地地区拥有欧洲最发达的工商业,它的商人主宰着欧洲内部的贸易。该地区长期处于西班牙的控制之下,但在16世纪后半叶掀起了争取独立的斗争,并建立了尼德兰联合省,又称荷兰共和国。西班牙力图恢复自己的统治,和荷兰长期处于对抗状态,双方时战时停。西班牙对荷兰的商业进行打压,比如限制它的商船到西班牙所属港口进行贸易。长期以来,葡萄牙运到欧洲的香料主要是通过荷兰商人来进行中转和销售的。

1580年,葡萄牙被西班牙所吞并,葡荷之间的香料贸易关系开始受到很大抑制。荷兰人决定到东方去直接参与香料贸易,这不仅可带来巨大利润,也可在商业上打击西班牙。对于有关东方贸易的航海资料,葡萄牙人一直藏而不露。后来,荷兰人让·范·林绍滕作为果阿的葡萄牙大主教的秘书来到东方。回到欧洲后,他将所见所闻写成了两本书,它们对于荷兰和英国开拓东方贸易起到了很大作用。1596年,德·霍特曼率领一支荷兰船队到达爪哇岛的万丹等地。虽然此次航行有诸多的不顺,但运回荷兰的大量香料仍赚取了巨大利润,这促使更多的荷兰船队开往东方。

1599年3月,范·内克的船队成为第一支抵达马鲁古群岛的荷兰船队。当时,有多个荷兰商业团体参与东方贸易,它们相互间的竞争不利于荷兰在东方的扩张。荷兰议会倾向于将它们合为一家,1600年成立的英国东印度公司则成为重要借鉴。1602年3月,荷兰联合东印度公司成立。出资至少6000盾的人组成了该公司在荷兰各个地区的董事会,它们再选派60人组成一个总董事会,以它为基础再建立一个17人的管理委员会,作为公司的领导机构。

根据荷兰议会给予的特许状,该公司不仅垄断荷兰的东方贸易,在好望角和麦哲伦海峡之间地区还具有进行司法和行政管辖、拥有军队、修建堡垒、宣战和缔约等权力。从建立之时起,荷兰联合东印度公司就不完全是贸易组织,也是荷兰在东方的权力机构。它谋求将其他欧洲国家从东方贸易中排挤出去,在东方建立荷兰人的商业帝国。

1603年,联合东印度公司在爪哇岛西北端的万丹建立了在印尼群岛的第一个永久商站。马鲁古群岛是荷兰人的扩张重点。1605年,荷兰人占领了长期为葡萄牙人控制的安汶岛,这是丁香的最重要产地。1606年,他们将西班牙人从盛产胡椒的特尔纳特赶走。若干年后,他们又控制了盛产肉蔻的班达列岛。在一定程度上,荷兰人在东方的攻势促使西班牙于1609年与荷兰停战,这正反映了联合东印度公司扩张目标的政治内涵。

由于阿姆斯特丹和东方相距遥远,信息传递缓慢,联合东印度公司设立了一位常驻东方的总督,由他具体负责在该地区的行动。虽然总督由管理委员会任命和领导,但他具有很大的专断权。在联合东印度公司早期的各位总督中,让·皮特松·昆是最重要的人物。他于1612年被派到亚洲担任要职,于1717年升任总督。昆为联合东印度公司获得了更多的贸易特权,进一步加强了它对印尼群岛的香料贸易的控制。

他善于利用当地王公之间或他们与其他欧洲殖民者的矛盾谋利,这也是西方殖民者在亚洲常用的扩张方式。昆还建立了著名的巴达维亚城,即今天印尼首都雅加达的前身。该地原是万丹苏丹的属地,原名贾亚卡尔塔,荷兰人在1610年就在此建立了据点。昆有意将此地作为联合东印度公司在东方的总部,当地的王公却想驱逐荷兰人。结果,双方于1618年发生了战事,万丹苏丹随即派兵接管了贾亚卡尔塔。昆逃到安汶岛调集军队,于1619年夺取并焚毁了贾亚卡尔塔,在此建立了一座名为巴达维亚(荷兰人祖先的名称)的新城,它很快成为联合东印度公司在东方的大本营。

昆还极力主张参与并控制亚洲各个地区之间的贸易。他甚至认为,与控制欧洲和东方之间的香料贸易相比,更为重要的"是需要将敌人从'比欧洲的香料贸易更为有利可图的'亚洲内部贸易中排挤出去"。① 他将贾亚卡尔塔作为总部的一个重要原因就是,该地适于成为亚洲内部贸易的一个中转枢纽。17世纪20年代,昆还策划了对中国台湾的入侵,其原因也与该地区在亚洲转口贸易中的意义有关。这一贸易也的确很快成为联合东印度公司的一个主要的财富来源。

英国人也参加到东南亚的香料贸易中来。1577—1580年做环球航行的德雷克船队曾抵达马鲁古群岛,并运载香料回国。1591年,两支英国船队开赴东南亚,但以失败告终。1602年6月,詹姆斯·兰开斯特率英国东印度公司船队

---

① 乔治·马塞尔曼:《殖民主义的摇篮》,耶鲁大学出版社1963年版,第308页。

抵达印尼，在万丹建立了第一个英国商站，并满载香料而归。1604年，英国船队首次抵达香料群岛。

英国在该地区商业势力的增长引起了荷兰人的不安，双方之间遂争斗不已。在贾亚卡尔塔的战事中，英国船舰就曾援助当地的王公。1620年后，荷兰与西班牙的战事又起。荷兰人觉得同时与西班牙人、葡萄牙人和英国人为敌对己不利，荷英两国在反对西班牙方面也有着共同利益，两国的东印度公司遂有所合作。双方共同采取了一些针对西葡的军事行动，对各自的势力范围作了一些划定，荷兰人还准许英国人在自己控制的一些地点开展贸易。但是，这种关系很快就破裂了。

1623年，安汶岛的荷兰总督认定在岛上的一些英国商人阴谋夺取该岛，将他们逮捕，并处死了11个人，此即所谓的"安汶岛屠杀"。荷英再次陷入对抗之中，英国东印度公司明显处于劣势，他们在印尼群岛的贸易空间不断遭到荷兰人的压缩，在巴达维亚的商站于1624年被迫撤除，在万丹的商站到1682年也丧失了。英国人不得不将更多的精力转用于印度。荷兰人则主宰了东南亚与欧洲之间以香料贸易为主的商业关系，还支配了从日本到阿拉伯半岛的亚洲内部贸易。与此同时，他们在亚洲尤其是印尼群岛所控制的地盘也不断扩大。为了维护商业利益和对付各种敌对力量的挑战，从事贸易扩张的西方殖民者不可避免地会进行领土征服和占领，但由此而来的巨大军事和行政支出，也是不时困扰他们的一个问题。

联合东印度公司在印尼的进一步扩张

在17世纪初叶，荷兰人已经初步建立对马鲁古群岛香料贸易的控制。此后，他们不断加强在该地区的权威，排斥来自欧洲的其他竞争者，阻止当地人从事独立的香料贸易，以图实现对这一贸易的垄断。由于班达列岛不顾荷兰人的反对而继续将香料卖给他人，昆带领荷兰舰队于1621年初远征该地。结果，他们将此地的所有居民或处死或迁移出去，从其他地方输入奴隶从事种植园劳动。

1623年，英国东印度公司被逐出安汶岛，它在马鲁古群岛的势力到30年代已不值一提。1646年，联合东印度公司将安汶岛北部希杜人长达十余年的反抗彻底镇压了下去。1656年，荷兰人占领了塞兰岛西部重要的丁香产地霍阿莫阿尔，将该地的丁香树全部销毁，将居民迁往外地。在盛产胡椒的蒂多雷和特尔纳特，西班牙人的挑战到了17世纪60年代也瓦解了。在印尼群岛的其他香料贸易要地，比如苏门答腊和苏拉威西，联合东印度公司也在不断扩张自己的控制范围。此外，荷兰人还于1641年占领了东南亚的香料集散中心马六甲。这样，在17世纪中期以后，联合东印度公司已牢牢把持了东南亚的香料贸易。它对香料贸易的控制不仅涉及销售，也涉及生产领域。它会"为了维持价格而管制生产，……并将特别有价值的香料的生产局限于被自己所控制的地区"。①

在印尼群岛的其他地区，联合东印度公司也在扩张自己的地盘和影响，爪哇岛则是重点。在17世纪初，马塔兰是爪哇岛中部最强大的国家。1613年，阿贡成为马塔兰的君主，他大力进行扩张。到20年代后期，马塔兰在爪哇岛中部和东部的霸权已经确立。由于联合东印度公司不顾阿贡的警告，占领了贾亚卡尔塔，并拒绝和马塔兰结盟反对其他政权，阿贡在1628—1629年对巴达维亚发动了两次进攻，但以失败告终。此后，双方之间维持了相对的平静，马塔兰将主要力量用来加强在中爪哇和东爪哇的统治。

1646年，阿贡死去，即位者是阿曼库拉特一世。阿曼库拉特一世力图加强马塔兰帝国的中央集权，大肆镇压不顺从的贵族，使国内的愤懑日益加深。他还谋求将马塔兰的对外贸易完全置于自己的控制之下，这令联合东印度公司很是不满。1671年，在一位叫特鲁诺佐约的当地贵族的领导下，马都拉岛发生了反马塔兰的暴动。1675年，马都拉军队在爪哇登陆，暴动也在马塔兰境内四处蔓延。1676年10月，马都拉军队在戈戈多格大败马塔兰军队。

在统治摇摇欲坠的情况下，阿曼库拉特一世向联合东印度公司求援。在同意负担军事费用并给予贸易特权的条件下，荷兰人答应出兵相助，但特鲁诺佐约的军队还是攻占了普列列德的马塔兰宫廷。阿曼库拉特一世逃到联合东印度公司的领地上避难，于1677年7月死在那里。其子即位，成为阿曼库拉特二世。这位新君请求荷兰人继续给予军事援助，同意给予它对马塔兰境内蔗糖、大米、鸦片和纺织品贸易的垄断权，在还清军费之前给予沿海港口的收入，并割让三宝垄和勃良安高原等地区。特鲁诺佐约终被打败，阿曼库拉特二世的统治于1681年真正确立，他在卡尔塔苏拉建立了新宫廷。

与此同时，联合东印度公司又介入了万丹的内部争端。万丹的对外贸易十分兴盛，也是荷兰人在东南亚的第一个永久商站所在地。联合东印度公司从万丹手中夺取贾亚卡尔塔之后，双方之间的关系就恶化了，冲突时有发生。1651年，反荷的阿庚成为万丹的苏丹，与荷兰人的战争于数年后再次爆发。双

---

① 约翰·帕里：《欧洲霸权的建立：1415—1715》，哈珀兄弟公司1949年版，第160页。

方于1659年达成了和约,但敌对依旧,荷兰人仍将万丹视作对巴达维亚的近在咫尺的威胁。在马塔兰发生内乱之际,万丹站在反叛者一边,并有意进攻巴达维亚。1680年,阿庚苏丹向荷兰人宣战。但是,早有篡位之心的王储阿蒲加哈发动政变,将阿庚软禁。这一行为在万丹招致强烈反对,阿蒲加哈向荷兰人求助,并接受了对方开出的苛刻条件。荷兰人遂派兵开进万丹,帮助他稳固了统治。新的万丹政权实际上处于联合东印度公司的控制之下,它给予了后者在万丹的贸易垄断权,将其他的欧洲商业势力都赶走了。

阿曼库拉特二世没有完全履行对荷兰人的许诺,这令后者很不满。在卡尔塔苏拉的宫廷中,反荷情绪也不断上升。此时,在爪哇出现了一位名叫苏拉巴迪的著名人物,他是爪哇历史上的一位民族英雄。苏拉巴迪原为巴达维亚的一名奴隶,后投身绿林,一度率部加入联合东印度公司的军队,但不久即发动了抗荷武装斗争。作战失利后,苏拉巴迪率众来到卡尔塔苏拉,被当地反荷势力接纳。1686年,联合东印度公司派军前往卡尔塔苏拉,要求阿曼库拉特二世解决双方之间悬而未决的问题,并交出苏拉巴迪。在阿曼库拉特二世的暗中支持下,苏拉巴迪率众袭击了这支殖民军,打死多人。随后,他们来到东爪哇的帕苏鲁安,建立了一个有很大影响的独立政权。

1703年,阿曼库拉特二世去世,其子即位,成为阿曼库拉特三世。阿曼库拉特二世的弟弟普格尔和新君发生冲突,他逃到荷兰人的地盘上,称阿曼库拉特三世要驱逐荷兰人,请求支持自己取而代之。1704年,联合东印度公司承认普格尔为帕库布沃纳一世,第一次爪哇王位继承战争随即开始,荷兰人出兵对阿曼库拉特三世作战。1705年9月,卡尔塔苏拉被支持普格尔的联军占领,阿曼库拉特三世逃到了苏拉巴迪那里。10月,联合东印度公司和帕库布沃纳一世签订条约。后者同意:联合东印度公司可在爪哇的任何地区建立堡垒,可在卡尔塔苏拉王宫驻扎一支由王室支付费用的联合东印度公司军队;承认荷兰人对井里汶的保护权和对三宝垄的统治权,将马都拉岛的东部割让给它;常年向巴达维亚供应大米,为期25年;不许爪哇的船只到龙目岛以东或爪哇海之外航行。1706年,苏拉巴迪阵亡,帕苏鲁安随后也被攻陷。1708年,阿曼库拉特三世被俘获并流放到锡兰。

帕库布沃纳一世的政权有赖联合东印度公司的保护,它须向荷兰人支付出兵相助和驻军的费用,这是一个长期的重负。1719年2月,帕库布沃纳一世死去,即位的是其子阿曼库拉特四世。不久,国王的两个兄弟发动了叛乱,并和一些地方势力联合起来,第二次王位继承战争开始了。荷兰人再次出兵,于1723年将反叛力量镇压下去。1726年4月,阿曼库拉特四世去世,新君是16岁的帕库布沃纳二世。10余年后,他和荷兰人发生了冲突,而这以1740年对华人的屠杀为开端。

华人到东南亚谋生和经商的传统源远流长。从17世纪起,来到爪哇的华人大幅度增加。至18世纪上半叶,巴达维亚已成为中国人在东南亚的一个重要聚集地。"他们作为商人、熟练工匠、榨糖厂工人和店主在那里积极活动。1740年在巴达维亚城内有2500户华人住宅,而该城及其郊区的华人居民大概不少于15 000人。这个数字是当时总人口的至少17%。"①

荷兰殖民者担心大量华人聚居巴达维亚会威胁自己的统治,他们对华人移民规定限额,但收效不大。另外,华人居民也承受着殖民者严酷的殖民压迫。因此,双方之间有着明显的对立。1740年,联合东印度公司开始把一些"过剩的华人"运往锡兰或南非。有传言说,一旦船只到了海上,华人就被扔到海里。这引起了巴达维亚的华人的愤怒,一些冲突事件也出现了。7月,荷兰殖民当局借口华人将要发起暴动,下令对华人的住宅进行搜查。但是,在殖民当局的纵容下,事态很快发展为对华人的大屠杀。约一万名华人被欧洲人和本地人杀害,华人聚居区被焚毁。巴达维亚的红溪都被鲜血染红了,故这一大屠杀也称"红溪事件"。

大屠杀激起了华人的强烈反抗,逃离巴达维亚的华人对其他地方的荷兰殖民据点展开进攻,很多爪哇人也参与进来,并逐渐成为抗荷武装的主力。出于对荷兰人的巧取豪夺和盛气凌人的不满,帕库布沃纳二世也加入了反荷阵营,并派军参战。马塔兰的藩属、马都拉的扎克拉宁格拉特四世向联合东印度公司表示可出兵相助,但要求承认他是独立的君主,并同意他在东爪哇自由行动。荷兰人不愿接受这些条件,扎克拉宁格拉特四世自行采取了行动。他杀死了在马都拉的所有华人,并向东爪哇进军。同时,联合东印度公司也在战场上居于上风。帕库布沃纳二世后悔与荷兰人为敌,遂与其媾和。于是,共同抗荷的华人和爪哇人将帕库布沃纳二世也视为敌人,拥立阿曼库拉特三世的12岁孙子苏南·库宁为君。

1742年6月,他们占领了卡尔塔苏拉,帕库布沃纳二世逃走。12月,卡尔塔苏拉落到扎克拉宁格拉特四世的军队手中。扎克拉宁格拉特四世主张杀掉帕库布沃纳二世,但看到荷兰人不打算撤换马塔兰的君主,只好将卡尔塔苏拉

---

① 梅·李克莱弗斯:《印度尼西亚史》,商务印书馆1993年版,第127页。

还给帕库布沃纳二世。同时,抗荷力量也大体被镇压下去。在1743年11月的新条约中,帕库布沃纳二世同意将北部海岸的主要地区和马都拉岛西部割让给联合东印度公司,并在任命重臣时征得其同意,还给予了大量其他权益。扎克拉宁格拉特四世要求荷兰人承认他对于东爪哇众多地区的权利,但遭到拒绝。他与荷兰人兵戎相见,不久即被击败,本人被俘后被流放到了南非。

帕库布沃纳二世将宫廷从破败的卡尔塔苏拉移到了苏拉卡尔塔(梭罗),但其政权并不稳固,一些贵族仍在拥兵反抗。帕库布沃纳二世的兄弟、曾经起兵反对荷兰人和国王的庞格兰·曼库布美击败了他们,但帕库布沃纳二世未履行赐予大量封地的许诺,这得到了联合东印度公司的支持。曼库布美对此甚为不满,他也反对帕库布沃纳二世将未割让的沿海地区都租借给荷兰人。

1746年5月,曼库布美再次起兵,第三次爪哇王位继承战争爆发。曼库布美与帕库布沃纳二世的侄子玛斯·赛义德结为同盟,力量十分强大。1749年12月,帕库布沃纳二世病危,他和联合东印度公司签订条约,授予它马塔兰的全部权力。① 荷兰人认为自己缺乏直接掌管这一大片地区的条件,还是倾向于采取间接统治。数日后,帕库布沃纳二世死去,荷兰人让其子即位,即帕库布沃纳三世。此时,曼库布美已自立为君主。双方混战不已,但难分胜负。马塔兰几十年的频繁战事,在很大程度上由内部的权力之争引起。联合东印度公司为此耗费了大量财力,遂考虑将马塔兰分而治之。

1754年,荷兰人和曼库布美开始谈判,此时后者与玛斯·赛义德的关系正趋于破裂。1755年2月,双方签订基安地条约。联合东印度公司同意将马塔兰的一半土地归曼库布美统治,承认他为苏丹哈蒙库布瓦纳一世。曼库布美在日惹卡尔塔(日惹)建立了自己的宫廷。两年后,玛斯·赛义德也与联合东印度公司、帕库布沃纳三世和哈蒙库布瓦纳一世达成协议,从帕库布沃纳三世那里获得大片封地,成为庞格兰·曼库尼加拉一世。这样,马塔兰实际上分裂成了三个中爪哇的宫廷。这一局面长期存在,大体的和平也维持了几十年。

联合东印度公司在中爪哇拥有很大影响力,在各个宫廷都驻有代表和军队,但这些宫廷名义上还不是它的附庸。至于爪哇的其他地区,它们在18世纪实际上都成为荷兰人的领地(万丹在1753年被荷兰人吞并)。在这些领地上,联合东印度公司向当地人征收实物税,或要求种植并交纳某种作物。但是,荷兰人在领地上并未建立自上至下的行政机构,被称为"布帕蒂"(州长)的地方

---

① 有观点认为,帕库布沃纳二世的本意不是将马塔兰给予联合东印度公司,而是授权它在他死后主持马塔兰宫廷的权力交接,但荷兰人将此曲解成他们被授予了马塔兰的统治权。

贵族拥有很大的自治权。在爪哇传统社会中，布帕蒂是君主们设立的地方行政长官，他们的职位可以世袭，辖地内的民众还须向他们提供贡物和劳役。对于自己领地上的布帕蒂，联合东印度公司通常不触动他们的权力和特权，但要求承认自己的宗主权、不和外部势力接触、维护治安，并替自己征税和收集作物。它觉得，通过在地方上有传统权威的布帕蒂来"间接统治"基层民众更为妥当。在很大程度上，殖民当局和布帕蒂之间是一种"合作"关系。

虽然联合东印度公司控制了爪哇全岛，但就广袤的印尼群岛而言，它控制的广度和深度在18世纪尚属有限。不过，所谓的荷属东印度已经初具规模。就商业和财政状况而言，联合东印度公司在17世纪可以说春风得意，到18世纪则颓势日显。

庞大的军事和行政开支耗费了联合东印度公司的大量财力，它的海外机构和雇员中也充斥着管理混乱和中饱私囊的现象。更为重要的是，联合东印度公司来自香料贸易的利润大幅减少。其他欧洲国家尤其是英国和法国在自己的殖民地加强了香料生产，削弱了荷兰在香料贸易中的地位。欧洲农业的发展使牲畜的过冬饲料大大增加，也降低了欧洲地区对香料的需求。以前，由于严重缺乏过冬饲料，欧洲地区的大量牲畜不得不在冬季或冬季到来之前宰杀，造成需用大量香料腌制肉类。

郑成功对台湾的收复、英法在印度的扩张等因素也严重打击了荷兰人在亚洲内部贸易中的地位。与香料贸易相比，咖啡贸易变得日益有利可图。17世纪末，荷兰人开始将咖啡种植引入爪哇。从18世纪早期起，咖啡就成为爪哇最赚钱的产品，但这也不能扭转联合东印度公司的经营。从印度输出棉布本是联合东印度公司的重要利润来源，但这一贸易到18世纪40年代已被英国东印度公司主宰。中国政府于1684年取消海禁后，欧洲人开始到广州等地进行贸易，中国的产品尤其是茶叶运到欧洲后能带来丰厚利润。由于种种原因①，联合东印度公司直到1729年才开展对华直接贸易，而且在对华贸易的竞争中也处于下风。

在17世纪，荷兰人频繁使用军事手段来攫取贸易空间，但到18世纪，财政状况令他们越来越难以这么做了。结果，联合东印度公司的经营在18世纪江河日下，1780—1784年的第四次英荷战争更令其雪上加霜。1789年，该公司亏损7400万盾，同年发生的法国大革命则促成了它的灭亡。

---

① 比如，海禁解除后，有很多中国商船载运中国货物到巴达维亚进行贸易，这给联合东印度公司带来了不少收入，减少了它参与对华直接贸易的积极性。

19世纪荷兰对印尼的统治

1795年1月,大革命中的法国占领了荷兰,将其改名为巴达维亚共和国。1796年3月,联合东印度公司被交给巴达维亚共和国政府的一个东印度事务委员会管理。1798年,该政府废止了联合东印度公司的商业特权,决定将它控制的领土由自己接管,并继承它所有的财产和债务。1800年1月,荷兰东印度公司正式解体。1806年,拿破仑·波拿巴将巴达维亚共和国改为荷兰王国,其弟路易·波拿巴成为荷兰国王。

1808年1月,路易·波拿巴任命的总督赫尔曼·丹德尔斯抵达巴达维亚。他受过法国革命思想的感染,厌恶封建贵族,注重政府的权威和效能,力图革新荷属东印度的面貌,但目的是改进而非废除殖民统治。到任后,丹德尔斯将中爪哇宫廷领地之外的爪哇其他地区分为九个省,各设有由欧洲人担任的省长。他还力图使布帕蒂真正成为殖民当局的下属官员,规定他们由省长任命,拥有固定的薪酬,但没有世袭特权,不得通过征税和接受献纳而获得额外收入。他还援引1749年联合东印度公司和帕库布沃纳二世的条约,将中爪哇的各位君主看作巴达维亚的附庸,要求当局派驻宫廷的代表和他们在礼仪上平起平坐。丹德尔斯还加强爪哇的军事防御,修建道路,对巴达维亚进行市政改造,并在该城周围开辟新的办公和住宅区。

但是,他发起的公共工程尤其是横贯爪哇的公路的建设夺去了大量当地劳工的生命,导致怨声载道。在爪哇王公贵族的眼中,丹德尔斯的改革显然触犯了自己的利益。1810年,日惹卡尔塔的苏丹哈蒙库布瓦纳二世的内弟拉登·朗加起兵反抗,丹德尔斯将其镇压下去。随后,他迫使哈蒙库布瓦纳二世让位给王储,还削减中爪哇宫廷的领地,并停止支付沿海地区的租金。

此时,英国人正谋求夺取爪哇。法国占领荷兰后,逃到伦敦的荷兰执政奥兰治亲王给各殖民地的总督去信,要求向英国人投降,荷属东印度的总督未予接受。英国人采取了军事行动,占领了巴当、马六甲、安汶和特尔纳特等地。后来,英国根据1802年的亚眠条约将这些地区大都归还,但不久又因局势的变动而重新占领。法荷将爪哇作为基地,袭击从事对华贸易的英国商船,这促使英国人决定占领该岛。

1811年5月,丹德尔斯由让·威廉·扬森斯接任。8月,英属印度总督吉尔伯特·明托率军在爪哇登陆,扬森斯于9月18日投降。明托宣布其助手托马斯·莱弗斯为爪哇的副总督(未设总督一职),随后返回印度。莱弗斯也主张削弱爪哇王公贵族的权势,加强殖民当局的行政权力。他还信奉自由主义的经济原则,认为扩大农民的经营自由并减轻其负担可以推动爪哇的经济增长和社会进步,给当局带来更多收入,并为英国产品创造更大的市场空间。他的不少做法是丹德尔斯的政策的延续,但一些动作前所未有。

英国人占领爪哇后,已经乘机恢复王位的哈蒙库布瓦纳二世和苏拉卡尔塔的帕库布沃纳四世谋求收回失去的领地,与莱弗斯发生了争执。1812年6月,英国殖民军攻占日惹卡尔塔,很多珍宝财物被掠走。他们还将哈蒙库布瓦纳二世流放,再立王储为苏丹哈蒙库布瓦纳三世,并从其领地中分出大片给予哈蒙库布瓦纳二世的弟弟、亲英的邦格兰·纳塔库苏玛,立其为巴库阿兰一世,中爪哇一些贵族的领地也被剥夺了。莱弗斯在给明托的信中说,欧洲人此时才在爪哇具有至高无上的权威,才可以称自己是富饶的中爪哇的主人。

但是,英国人的所作所为加剧了中爪哇的王公贵族对欧洲殖民者的不满,更被日惹的很多上层人士视为耻辱。莱弗斯还重新划分了爪哇的行政区域,进一步削弱了布帕蒂的权力,将一些地方事务交给其他低级官员去处理,甚至力图使用欧洲官吏直接从各村收税。他宣布,禁止奴隶贸易和废除奴隶劳动,允许农民自主决定种植何种作物。他还规定,所有土地都属于政府,农民要使用土地,只需每年根据土地的数量和价值向政府交纳租金,除此不必向谁交纳任何贡赋。

拿破仑退居厄尔巴岛后,英国于1814年8月13日与荷兰王国签订伦敦协定,同意将1803年1月1日依然由巴达维亚共和国所有但后来被英国夺取的领地归还荷兰。伦敦如此决定的主要原因是,它觉得保证彼岸荷兰王国的生存对英国的安全至关重要。虽然莱弗斯坚决反对归还爪哇(未从该地获得多少财富也是英国愿意放弃之的原因),但到了1816年3月也不得不卸任回国。

丹德尔斯和莱弗斯都想祛除爪哇社会的"封建"特征,造就一个活力和秩序并存、既能保障殖民利益又可兼顾民生的局面。但是,他们的措施过于简单化且不无自相矛盾,任职时间的短暂也使他们难以按部就班地推行、检验和修正它们。他们在任时,爪哇的经济状况一直在走下坡路,中爪哇尤其如此。马塔兰在18世纪中期分裂后,中爪哇出现了较长期的和平、经济增长和人口上升。但到了后来,土地资源的有限、贵族官僚群体的扩大和宫廷开支的上升导致税赋不断增加,农民的境况趋于恶化。

丹德尔斯和莱弗斯任职期间,时局的动荡和当局的政策加剧了民众的经济困境。比如,莱弗斯规定农民只需交纳地租,不用向布帕蒂等上层阶级交纳贡赋,这看似对农民有利,但由于地租占收成的很大份额,在现实中又难以禁止权贵阶层继续维持各种课征,农民的负担其实没有减轻甚至加重了。

在对中爪哇宫廷用兵之后,为解决殖民当局的财政困难,莱弗斯还设立了市场税和过路税,并将它们包给华人征收。这一做法也明显加重了民众的负担,妨碍了地方贸易的进行。很多贵族还将领地租给欧洲人和华人,专门种植用于出口的经济作物。这些土地上的农民或者因此而无地可种,或者沦为报酬很低的苦力,粮食的生产和供应也受到了影响。不仅广大平民的生活每况愈下,不少贵族的境遇也大不如前,对时局的失望和外族的不满则不断集聚。

1816 年,荷兰人重返巴达维亚。他们保留了英国人的一些做法,包括征收令人憎恨的市场税和过路税,还增加赋税。爪哇的经济状况更趋恶化,旱涝、歉收和霍乱又接踵而至。在中爪哇,十多年来的困顿和动荡令人心思变,对外族的愤懑有增无减,越来越多的人啸聚山林,揭竿而起的事件不时发生。1822 年底,日惹附近的默拉皮火山大喷发,这被看作厄运的征兆。鉴于欧洲人和华人租地建立种植园带来了不少弊端,荷兰总督范·卡佩伦于 1823 年下令禁止这一做法,还要求出租人退回租金,并补偿承租人对土地的投资。许多出租土地的贵族遭受了重大的经济损失,对殖民政府的不满愈加强烈。在这种局面下,邦格兰·蒂博尼哥罗亲王领导的爪哇大起义到来了。

蒂博尼哥罗生于 1785 年,是苏丹哈蒙库布瓦纳三世的长子。他自幼生活在乡间,在祖母的身边长大。他受过很好的传统教育,熟谙伊斯兰经典和爪哇的历史典籍,身上洋溢着伊斯兰和神秘主义的精神,时常处于宗教玄思之中。据说,他在 1805 年后有过不少宗教体验,包括在印度洋岸边遇见了"南海圣母"。他笃信,神祇们将自己选定为爪哇的未来统治者,赋予了涤荡旧世界的污秽和创造正义的新世界的使命。哈蒙库布瓦纳三世于 1814 年去世,但蒂博尼哥罗未能即位,他 13 岁的异母兄弟由于母亲的权势而登基,成为哈蒙库布瓦纳四世。①

新君母后身边的一班人掌握了实权,为首者是首席大臣庞格兰·达诺雷迪约。他们出于自己的私利而讨好荷兰殖民者,甚至在生活方式上模仿欧洲人,这令蒂博尼哥罗十分愤怒。1822 年 12 月,哈蒙库布瓦纳四世突然死去,围绕其死因的猜测加剧了日惹社会的不安和躁动。新的苏丹是年仅三岁的哈蒙库布瓦纳五世,蒂博尼哥罗被尊奉为新君之"父",但宫廷大权还由他的政敌达诺雷迪约把持着,他与荷兰人依旧过从甚密。蒂博尼哥罗憎恨宫廷的腐败堕落和殖

---

① 历史学家尚在争议,究竟是蒂博尼哥罗希望即位但遭到阻拦,还是他决心放弃王位而从事宗教活动?

民者的统治,伺机发动改天换地的变革。他既是王族的主要成员,在宗教文化界也很受尊敬,与平民们亦有不少接触,这令其在日惹社会中颇具威望。

1825年5月,驻日惹的荷兰代表决定改进该地区的道路交通,并让达诺雷迪约具体负责。有一条拟建的道路要经过蒂博尼哥罗的领地,但根据达诺雷迪约划定的路线,它要穿越领地上一块被视为圣地的墓地。这遭到蒂博尼哥罗及其支持者的坚决反对,他们和达诺雷迪约的手下发生了争斗,并要求荷兰人解除达诺雷迪约的差事。荷兰人拒绝这样做,并派遣蒂博尼哥罗的一位叔父前去谈判。此时,蒂博尼哥罗决心不再与荷兰人来往,他的叔父也加入了他的阵营。7月20日,荷兰人派兵前去逮捕蒂博尼哥罗,双方发生了战斗,爪哇大起义由此而开端。

蒂博尼哥罗出走到外地,继续进行武装斗争,决心将荷兰殖民者赶出爪哇。越来越多的爪哇民众投奔到他的义旗之下,大批贵族也参加进来,其中有日惹29位亲王中的15位,88位布帕蒂中的41位。他们普遍相信,起义是对异教统治者的圣战,蒂博尼哥罗是上苍派来拯救民众的"正义之王"。起义风潮遍及中爪哇和东爪哇,荷兰殖民者和亲荷势力四处受到围攻,很多华人也遭到攻击,尤其是那些包税人。殖民当局任命德·科克率军镇压起义,并得到了不少爪哇王公贵族的支持,但起义军避免与殖民军进行正面决战,他们灵活的游击战术令敌人焦头烂额。殖民者将蒂博尼哥罗的祖父、早被废黜的哈蒙库布瓦纳二世从流放地接回并重立为苏丹,以求削弱蒂博尼哥罗的影响力,但亦属徒劳。

到了1827年,德·科克改进了战术。他将殖民军分成多支,每支约有700人,既机动又有独立作战能力。他还在各地建立很多堡垒,以此为基地来加强对地方的控制。结果,虽然蒂博尼哥罗在1828年3月被起义者拥立为全爪哇的苏丹,但义军战事屡屡受挫,补给日益困难,很多骨干相继被俘或投降。1830年2月,蒂博尼哥罗提议和谈,他提出的和平条件是承认他是爪哇的苏丹和伊斯兰领袖。德·科克同意谈判,并允诺保证蒂博尼哥罗的安全。3月28日,双方举行谈判,但德·科克背信弃义地逮捕了蒂博尼哥罗,绵延五年的大起义走到了尽头。

在这场起义中,有15 000名殖民军丧生,有20万爪哇人死亡。蒂博尼哥罗被流放到苏拉威西岛的万鸦老,后又被流放到望加锡,1855年在那里去世,他被后世的印尼人尊为伟大的民族英雄。

爪哇大起义的领导者主要来自王公贵族阶层,他们要求摆脱殖民者的控制,恢复自己的权威,在爪哇重建传统的社会秩序。这次大反抗不是一场现代的反殖民族主义运动，而是爪哇贵族精英捍卫传统的最后一次重大尝试。在大起义之后，荷兰殖民者加强了对爪哇的殖民化。他们大大缩减了中爪哇宫廷的领地，并使它们真正成为自己的附庸。在行政体制上，各行政区的长官和高级职位都由欧洲人担任，布帕蒂在地方上依然发挥着重要作用，但身边通常有荷兰官员"协助"，丹德尔斯开启的将布帕蒂纳入殖民行政系统的进程仍在延续。但是，荷兰人并不想摧毁爪哇的封建制度，他们需要获得爪哇贵族的支持，认为以他们为中介来实行间接统治仍是最好的策略。

在经济利益上，殖民者的政策对爪哇的权贵阶层也有所照顾，所谓的"种植制度"更给他们带来了很多财富。耗资巨大的爪哇战争令殖民当局在财政上更加窘迫，债务达到4000万盾。同时，荷兰王国政府在财政上也捉襟见肘，它要求海外领地贡献更多的收入。1830年1月，新任总督约翰尼斯·范·登·波施到达爪哇，开始推行他积极倡导的种植制度。它的基本内容是：农民须将五分之一的土地用来种植出口作物（咖啡、甘蔗、烟草和靛青等），收成按固定价格卖给殖民当局；或者每年在属于殖民当局的种植园内劳作66天，并获得一定的"种植费"。同时，农民仍须交纳地租。如果种植出口作物的收入超过应纳地租，他们可以保留余下部分；若有差额则须补齐。

随着种植制度的实行，荷属东印度的热带作物出口额迅速上升。到1840年，它已从1830年的1300万盾上升到7400万盾。这一贸易由"荷兰贸易公司"垄断，它是荷兰政府于1824年为振兴东印度贸易而发起成立的。种植制度给荷兰殖民者带来了巨大财富，在19世纪30年代至1860年间，荷兰国家收入的19%—32%来自于此。相应地，荷兰政府和东印度殖民当局的财政状况大有改善，阿姆斯特丹重新成为欧洲主要的热带产品集散地。

殖民地的贵族和乡村领袖也从种植制度中获益匪浅。为获得他们对种植制度和殖民统治的支持和协助，波施给予了他们不少优遇。比如，就布帕蒂而言，他允许他们从属民那里获得服务，同意他们由子孙世袭职位，确认了他们的传统特权。除了以土地作为保证的薪酬，布帕蒂还可从本地种植制度的产出中获得一定比例的提成。在出口作物生产发达的地区，这是一笔丰厚的收入。这种提成的做法也适用于荷兰殖民官员，以鼓励他们更卖力地推行种植制度。生产、加工和运输等环节的承包商和其他商业势力也从种植制度中获益甚多。

波施声称，农民也可从种植制度中受益，他们可以获得收入以交纳地租，还有可能获得盈余。但普遍的看法是，广大农民备受种植制度之苦，尽管爪哇的人口在这一制度的全盛时期有较大增长。首先，种植条件和技术知识的缺乏常常严重影响收成。其次,由于种植制度是强迫性的,当权者还时常违反关于种植面积和劳动时间的限制,加之一些劳动环节的劳作强度很高(比如甘蔗的收割和运输),农民难以保证用于粮食生产的时间和精力,粮食短缺问题逐渐显露。再者,即便农民出卖出口作物的收入增加了,地租和其他税赋也在上升。另外,权贵阶层的贪污腐败和敲诈勒索也使农民饱受盘剥。

  荷兰国内对种植制度不乏反对之声,它到19世纪60年代趋于强烈。前荷属东印度官员爱德华·德克尔撰写的小说《马克斯·哈沃拉尔》深刻揭露了爪哇农民所受到的压榨,助长了人道主义者对种植制度的谴责。私人企业也不断批评这一在政府主导下广泛推行、垄断色彩严重的制度,它减小了他们在荷属东印度的投资和经营空间。

  在压力之下,荷兰殖民当局从19世纪60年代起逐渐废除强迫种植制度,一开始是针对那些利润最少的作物,最有利可图的咖啡直到1919年才从强迫种植的名单上完全消失。同时,它逐渐实行了一些具有自由主义色彩的经济政策。在19世纪后期,荷属东印度的外来私人投资有了很大增长,私人出口也迅速增加,私营企业取代政府商业而成为中坚经济力量。农民的处境在某些方面或许有所改善,但总体上并未好转。

  爪哇贵族群体的面貌则在大起义之后的几十年中发生了很大变化。中爪哇的王公们日益远离政治,专注于享乐、文学艺术、宗教和领地的经营。布帕蒂的地位虽然在种植制度推行过程中有所加强,但由于所承担的殖民行政职责的增加等因素,他们的独立性继续下降。他们最终成为听命于殖民当局的官员,一些权力和特权后来也被削弱或废除了。

  相应地,殖民者的权力在爪哇牢固地确立了。与此同时,荷兰在爪哇之外岛屿的殖民扩张一直在持续。不过,扩张高潮的到来是在19世纪后期。到20世纪初,苏门答腊、加里曼丹大部、苏拉威西、西伊里安和努沙登加拉等地才真正成为荷属东印度的一部分,后来的印度尼西亚共和国的版图大体形成。

第三节 日本的开国和变革

《神奈川条约》和《安政条约》

  从16世纪起,欧洲的商业和殖民势力开始大规模进入亚洲地区。在此背景下,偏处东亚一隅的日本也与西方世界有了较多接触。1543年,几名葡萄牙人乘坐中国船只到达日本九州外海的种子岛，成为到达日本的首批欧洲人。

葡萄牙人占据澳门后，以此为基地的对日贸易开始发展。西班牙人自1584年起也与日本建立了贸易关系，英国人和荷兰人则在17世纪初来到日本通商，九州南部成为日本对外交往的主要基地。欧洲的火器传入了日本，并在日本国内绵延不绝的诸侯混战中扮演了重要角色。天主教在日本也得到了迅速传播。耶稣会传教士弗兰西斯·哈维尔于1549年来到鹿儿岛传教，更多的传教士接踵而来。

外国天主教势力还将贸易用为传教手段。比如，如果哪位诸侯反对传教活动，他们就不到其领地进行贸易，这促使日本的地方诸侯为了获得贸易利润和欧洲的火器而支持传教。传教士从事的社会救济和治病活动也推动了天主教的传播。结果，天主教在日本的影响逐步扩大，几十年时间内信徒发展到数十万人。他们涵盖从诸侯到农民的各阶层，从九州到本州都有分布，个别诸侯甚至向罗马教廷派遣了使节。

日本与西方世界的交往很快被德川幕府打断。德川幕府的建立者德川家康原是一名地方诸侯，后来先后跟从织田信长和丰臣秀吉参与日本的内战。1598年，掌握全日本最高权力的丰臣秀吉死去，身为其重臣的德川家康又与其他势力发生战争。1600年，德川家康在关原（今岐阜县境内）之战中大获全胜，成为日本的主宰。1603年，他从天皇那里获得"征夷大将军"称号，在江户（今东京）建立了军事封建政权，即存在了260多年的德川幕府。

幕府的将军是日本实际的最高统治者，由德川家族世袭，住在京都的天皇只是日本名义上的至尊。幕府并未直接统治日本全国，地方上依然存在着被称为"藩"的两百多个诸侯领地。但是，幕府直辖日本全国四分之一的耕地，还拥有众多城市和森林矿山，并具有挟天子以令诸侯的政治权威，任何一藩都难以与其抗争。各藩的领主称为"大名"，他们必须宣誓效忠将军，听其调遣，向其纳贡，每隔一年到江户"参勤"一次，还须将妻儿留在江户作为人质。各位大名与幕府有着不同的亲疏远近，幕府倚重出自德川家的大名和"谱代"大名，对"外样大名"则防范有加①，尽量将他们安排在边远或不重要的地区。

将军和大名都拥有称为武士的家臣，他们是拥有佩刀特权的职业军人，杀死平民可不受惩罚，普通百姓则分属"农、工、商"阶层。幕府建立之后，它对外部世界尤其是西洋与日本的交往感到忧虑，担心大名们通过贸易获得先进武器

---

① 关原之战前就归顺德川家的臣属称为"谱代"，战后归顺的称为"外样"。

和经济利益而增强实力,害怕天主教势力与国内的反幕势力相结合,也认为天主教威胁到自己宣扬的封建秩序规范。从1612年起,幕府开始禁止天主教和整肃天主教徒,加强对海外贸易的限制。1623年,西班牙船只被禁止前来日本。

最终,幕府选择了闭关锁国政策,尽管它从对外贸易中获得了大量好处。17世纪30年代,幕府颁布了多个"锁国令",禁止日本人前往海外或从海外回国,取缔传教活动和严格监管外国船只和对外贸易。1639年,与葡萄牙的贸易往来也被断绝。由于信奉新教的荷兰人没有从事传教活动,对幕府的统治亦有支持,他们成为仅存的可与日本通商的欧洲人(英国人在17世纪20年代就退出了对日贸易)。在此后的漫长岁月中,幕府只在直辖的长崎一地与中国、朝鲜和荷兰维持着受严格限制的商业关系。

到19世纪,西方列强在东方的扩张势头咄咄逼人。在中国被迫开启国门的前后,日本也面临着来自西方的诸多挑战。欧美人数十次侵入日本海岸,提出了建交、开港和传教等要求。幕府则坚持锁国政策,并加强了海岸防御。此时,美国对打开日本国门最为积极。随着美国远东贸易的开展、西北太平洋捕鲸业的兴起和对北美太平洋沿岸地区的占领,美国日益关注在东方的商业活动。它看重日本在交通和商业方面的重要价值,尤其希望从日方获得船只补给和失事船只救助方面的便利。

从19世纪30年代起,美国政府开始尝试与日方接触,但一时未有像样的行动。1846年7月,美国海军将领詹姆斯·毕德尔率舰抵达日本江户湾的门户浦贺(今横须贺),但幕府拒绝了他的订约要求。毕德尔只好空手而归,他带来的两艘军舰并未强大到足以突破江户湾的防御。有传闻说毕德尔曾遭日人推搡,美舰则被日船拖至海上。美方视此为耻辱,决定采取更强硬的态度。1849年,詹姆斯·格林驾舰抵达长崎,他以武力相威胁,迫使日方释放了十几名从失事的捕鲸船逃生后被日方拘捕的美国水手。这一行动增加了美国政府的信心,它于1851年决定再派舰队赴日,以实现那些更为重要的目标。海军将领马休·佩里最终成为这一任务的执行者。

佩里于1852年底从美国出发,次年春抵达香港。7月,他率领包括两艘蒸汽舰在内的四艘军舰抵达浦贺。这些军舰看上去火力强大和来意不善,再加上黑色的船体和烟囱冒出的黑烟,日本人惊恐地称之为"黑船"。佩里要求日皇派员接受美国总统米勒德·菲尔莫尔的国书,其主要内容是要求日本开放港口、向美国船只提供补给并向遭遇海难的美国船员提供救助。日方要求佩里前往长崎议事,佩里称若不就地接受国书,将诉诸武力,还闯入江户湾进行测量,日方只得让步。

7月14日，佩里耀武扬威地带兵上岸，向幕府的代表递交了国书。佩里表示，他将离开日本，但明年会率更多军舰前来听取答复。随后，美国舰队撤至中国海岸。1854年2月，佩里率七艘军舰再次出现在江户湾。幕府以将军德川家庆的去世为由来拖延答复，还要求美国人撤至他处谈判。佩里断然拒绝，并以武力相威胁。美国舰队也进一步驶近江户，当地的民众惊恐不已，十分担心遭到炮击。经过谈判，幕府接受了美方提出的条约。3月31日，双方在神奈川签订《日美友好条约》，又称《神奈川条约》。

根据该约，日本须开放下田和箱馆（今函馆）两港，供美国船只停泊和获得由日本官方提供的煤、水等补给，美船则以金银币偿付，并可根据日方的有关规定用金银和货物交换其他货物；若美船在日本海岸失事，日船须予救助，所救船员不得监禁，须送至下田和箱馆转交美方负责之人；美国享有最惠国待遇，一旦日方将未给予美国的权利给予他国，美国可同样享受；美国可在下田派驻领事。虽然该约未规定日本须开放通商，但日本锁国体制的崩溃由此开始。

俄国对开拓俄日关系也十分积极。得知美国将遣使赴日后，沙皇于1852年派遣埃费米·普提雅廷率舰出使日本。普提雅廷在佩里首航日本之后不久抵达长崎，要求商谈通商、划界等事。幕府中有人主张联俄制美，两名代表被派往长崎接待俄使。在幕府使节到来之前，普提雅廷曾前往上海面见佩里，建议俄美联手向日本施压，未获接受。年底，普提雅廷和幕府代表展开谈判，但未达成一致。因英法与俄国在近东陷入对抗，普提雅廷率舰队离开日本以躲避英法舰队，后来又回到日本。此时，《神奈川条约》已经签订，这对俄日谈判不无推动。1855年2月7日，《日俄友好条约》在下田签订。

在这之前的1854年9月7日，英国海军将领詹姆斯·斯特林也率舰队抵达长崎。10月14日，《日英友好条约》缔结。1856年1月30日，《日荷友好条约》也签署了。这些条约涉及日本开放港口和给予最惠国待遇等，但不含有通商条款，俄日条约还对海洋领土的划分作了一些规定。日本的国门进一步被打开了。

日美条约签订后，美国外交官唐森德·哈里斯到达日本，成为驻下田的首任美国领事，他决心为美国获得更多的利益。1857年6月17日，日美条约在下田签订。它规定：日本对美国开放长崎港；美国可在下田、箱馆都派驻领事，美国人可在两地居住；在日美国人享有领事裁判权。哈里斯还就通商和美国使节进驻江户等要求而积极游说，并与日方达成了一项新条约，但幕府对是否签署不无犹豫。不久,中国清政府和列强签订《天津条约》消息传来。哈里斯警告幕府,若不签约,英法可能用武力迫使它接受更苛刻的要求,幕府遂决定退让。

1858年7月29日,《日美友好通商条约》在江户外海的美国军舰上正式签署。其中的重要规定有:日本相继对美国开放神奈川、长崎、新潟和兵库通商;神奈川开放半年后,下田港不再开放;美国可在江户派驻外交使节,在开放港口派驻领事,他们可在日本任何地区自由旅行;美国人可在各开放港口居住和租地建屋;美国人可分别从1862年和1863年起因经商目的而居于江户和大阪的指定地域;日本可对进出口货物征收关税,已纳既定关税的美国进口货物可运至日本各地而不用承担任何其他税费;美国人所纳关税不得高于对日船或他国船只所载同样货物所征的关税;在日美国人犯法由美国领事法庭审判,有罪者根据美国法律处罚,日本人对美国人犯罪则由日本当局根据日本法律审判;在日美国人可以自由习教和建立教堂,其教堂不得遭到破坏,信仰不得遭到侮辱,美国人也不得破坏日本的庙宇,或破坏、侮辱日本的宗教仪式和信奉对象;日本可从美国购买任何船只和军火,可雇用美国技术人员、工匠、军人和海员为其服务。美国还有意对日本的外交施加影响,条约中规定,若日本与欧洲任何国家发生纠纷,美国总统可应日本政府之请居间调解。根据该约所附的贸易章程,日本的关税税率也被确定了,很多重要的进口商品的税率被定为5%。

在接下来的三个月中,日本与荷兰、俄国、英国和法国也相继签署了友好通商条约,内容与日美条约大致相同。这些都是日本被迫签订的不平等条约,因它们订立于日本安政年间,统称为《安政条约》,日本的锁国状态因此而结束。

"开国"对日本的影响

在《安政条约》签订后的岁月中,"开国"给日本带来的变化日益显现。为便于与外国打交道,幕府于1859年设立了隶属"老中"(幕府中常设的最高级行政长官,通常有四、五名)的外国"奉行"(处理某一方面事务的行政官)一职,并任命多人同时担任。他们具体负责涉外事宜,手下有包括翻译在内的办事人员。

1860年,幕府向美国派遣了首个出访使团。这个有80人的使团经夏威夷、旧金山抵达华盛顿,和美方交换了友好通商条约的文本,作了一些参观游历。此后,幕府又多次遣使海外,还派团参展1867年的巴黎万国博览会。1862年,幕府开始向海外派遣留学生,并开办了教授外语和西学的学校。以个人身份前往海外的日本人也逐渐增加,幕府于1866年正式允许国人到海外经商和学习。

对于行政制度，幕府也有改革。到60年代中后期，它建立了类似西方内阁各部的行政体制，设有陆军总裁、海军总裁、国内事务总裁、会计总裁和主管外交的外国事务总裁等职。幕府还仿照西方军队编建了步、骑、炮三个军种，聘用外国教官，从国外购买枪炮舰船，并开始建立自己的制铁厂、造船厂和军工厂。

尽管如此，幕府统治下的日本与列强的关系明显是不平等的。列强不仅通过条约获得了大量特权，还以武力为后盾，不断谋求更多利益。1861年3月，看重对马岛的战略意义的俄国以停泊修船为由，派军舰进驻此地，并上岸建造军营，打算长期占领。在英国干预之下，俄国才只好撤退。1863年，英法以保护侨民为由，迫使幕府同意它们在横滨驻扎军队。1865年底，英、法、美、荷联合舰队开赴大阪近海，要求日方满足由天皇"敕许"《安政条约》（这些条约由幕府订立，但一时未获天皇朝廷的正式认可）和改订税率等要求。结果，条约得到了敕许，关税谈判也在江户展开。1866年6月，《江户协约》签订，它规定所有进出口商品的基本税率都是5%。

日本近代对外贸易的大门也因开国而开启。从1859年到德川幕府倒台的近十年间，日本的进出口增长20余倍。日本输出的是生丝、茶叶、海产品、棉花、油类等，生丝最为重要，进口货物有棉毛织品、棉纱、机器、砂糖、船舶等，取代神奈川成为通商口岸的横滨成为日本最大的贸易港口。日英贸易占日本对外贸易额的一半以上，其次是日美贸易和日荷贸易。对外贸易的增长对日本经济起到了促进作用。豪商巨贾不断涌现，一些港口城市繁荣起来，一些产业由于机器的运用也提高了生产率。但是，很多经济问题也随之出现。

比如，大量外国廉价商品的涌入威胁到了本土某些产业的竞争力，棉布棉纱的输入就明显冲击了传统棉织业；大量原材料的出口造成了国内市场某些供求关系的失调，像丝织业就受到了生丝短缺的困扰；生丝、茶叶等货物出口的看好使越来越多的土地被用于生产它们，粮食产量因而下降。与此相关，虽有外国廉价商品的输入，日本的总体物价水平在60年代却大幅上升。而且，由于日本的金银比价是1比5，而国际上是1比15，外国商人和投机家大量收购日本金币倒卖到国外，这迫使幕府降低金币的含金量，而货币贬值又促进了价格上涨。相应地，在日本开港通商后的十年中，广大农民和城市贫民的境遇反而恶化了，这些阶层的暴动次数也不断上升。下层武士也日益贫困化，对现实愈发不满，要求进行社会变革成为他们中间的普遍呼声。

在这种背景下，列强对权益的攫取和开国带来的各种社会问题，削弱了幕府的国内政治地位。在佩里到来之时，"幕府不再是控制着压倒性军事力量的军事专制政体,它已变成被成员之间的政策分歧所分裂的松垮的官僚政权。它缺乏一位不容挑战的领导人,所依靠的是家臣们的'公议'……在向西方开放日本这样的极具争议的问题上,不可能期望这一集团在该国余众面前呈现一致立场。"①

就如何回应佩里的要求,幕府曾向天皇的朝廷、大名甚至平民咨询,这在幕府的历史上是破天荒的。幕府的虚弱由此被展现在大众面前,要求改变政治现状的力量则看到了时机。虽然朝廷和诸侯的意见更倾向于拒绝佩里的要求,慑于武力威胁的幕府还是开启了国门,这使它备受指责,接下来的其他条约尤其是下田条约令其愈受非议。虽然幕府声称,它暂时屈服于外是为了赢得时间来加强军备,它在政治上仍面临着前所未有的质疑和挑战。相应地,倾向于"攘夷"的朝廷不再如同摆设,而是趋于活跃,更多地表达了对内外政策的看法,幕府也希望从天皇那里获得支持。

与此同时,"尊王攘夷"派也在日本出现。这一政治派别认为,西洋势力的入侵破坏了日本传统的社会秩序和伦理规范,侵犯了日本"神国"国体的尊严,与列强缔约的幕府罪不容恕。天皇当初设立"征夷大将军"就是为了抵御外侮,既然幕府背叛了它的职责,就应使大政还朝,将天皇奉为真正的最高权威,恢复皇权统治,并使日本免受外族的侵扰。

尊攘派是反幕的,但就攘夷而言不都是极端排外者,也有在不同程度上赞成开国的人。日本开国之际最著名的"尊王攘夷"思想家是吉田松阴。他于1830年生于长州藩,自幼聪颖好学,饱读经典,对了解外部世界也有着浓厚兴趣。21岁时,他来到江户,师从于著名的兰学家佐久间象山。② 佐久间象山肯定东方道德伦理之优,但主张开国和学习西方的科学技术,强调加强海防。佩里叩关之际,吉田松阴深感面对西洋强敌的日本急需变革。为更多地了解西方,他曾暗中登上美舰,请求允许他搭船远游,但未被佩里同意。

后来,他在长州开办了松下村塾,讲授天下大势。他主张复兴天皇权威,建立一君万民的体制,学习西洋之技,实现富国强兵,然后向朝鲜、中国等地扩张,进而折美挫欧,日本后来所走道路即是如此。吉田松阴的门生高杉晋作、桂小五郎(木户孝允)、伊藤俊辅(伊藤博文)、井上闻多(井上馨)和山县有朋等日后都成为倒幕和维新的主将。

---

① 〔美〕费正清、埃德温·赖肖尔、阿尔伯特:《东亚:传统和变迁》,霍顿·米夫林公司1989年版,第202页。

② 幕府时代的"兰学"是对经荷兰人传至日本的所有西洋学术的总称。

日本开国之后,尊攘派在数年中有了很大发展,其成员来自各个社会阶层,但主干是下级武士。他们憎恨幕府的统治,很多人有着激进的排外情绪。1858年,谱代大名井伊直弼成为幕府的"大老"(在特定情况下任命并由一人担任的幕府最高行政长官),掌握了幕府的实权。他力图维护幕府的专权统治,对外则以妥协为上,并不顾朝野反对签订了安政条约。这些做法遭到了广泛抨击,井伊直弼则大加镇压。结果,不少大名和公卿遭到处分,一些人士则被处死,其中包括吉田松阴。

1860年,井伊直弼遇刺身亡,日本政治的天平更多地向诸侯和朝廷倾斜。1862年中,九州南陲萨摩藩中以年幼藩主监护人身份主政的岛津久光、本州岛西端长州藩世嗣毛利定广和其他一些强藩的藩主纷纷进京,向朝廷提出国策建议,而幕府原先一直是禁止这些强藩的大名进京的。尊攘派的影响也在不断扩大。在各强藩之中,尊攘派在长州的发展最为突出,并逐渐控制了藩政。其中,高杉晋作、久坂玄瑞、木户孝允等藩士是代表人物。在京都的朝廷之中,也有三条实美等尊攘派贵族公卿。

与尊攘派相对的是"公武合体"派。该派主张实行"公"、"武"两家之间的协作和联合,"公"指天皇的朝廷,"武"指幕府和强藩。感到自身权力日益不稳的幕府也宣扬公武合体,但主旨不过是巩固自己对大政的把持。在各强藩中,尤其在上层,也有很多人支持公武合体。其中不少人是亲近幕府的,如会津藩主松平容保。不过,还有很多人虽未主张废除幕府,但反对幕权过大,认为朝廷应拥有更大权威,并希望借公武合体加强强藩在中央政权中的影响力,萨摩的岛津久光和主要藩士西乡吉之助(西乡隆盛)、大久保一藏(大久保利通)等就是如此。

在朝廷中,孝明天皇和不少公卿贵族都是公武合体派,但对于幕府和强藩的公武合体主张有着不同的倾向性。在攘夷问题上,公武合体派的态度不尽相同。幕府对开国一向保守,但反对采取容易激怒列强的做法,以避免给自己惹麻烦。强藩中的公武合体派则支持排外和开国者兼有。孝明天皇对激进的攘夷主张不无支持,但立场易受身边政治势力的左右。

尊攘派和公武合体派的斗争不断进行着。尊攘派在长州的得势和公武合体派在萨摩的主政都是两派斗争的结果。随着毛利定广的进京,长州对朝廷政务的影响也上升了。到1863年初,尊攘派在京都的朝廷中已取得优势,该派贵族公卿左右了朝政,来自长州的藩兵也成为宫廷的重要守卫力量。在尊攘派影响下,孝明天皇一再要求幕府攘夷,还发出了攘夷亲征诏。为抑制尊攘派在京城的势力,幕府的将军德川家茂和一桥庆喜等重臣也来到京都,但一时未扭转尊攘派主政的局面。

同时,支持公武合体的萨摩和会津也在积极活动。1863年秋,二藩在京发动政变(文久政变),公武合体派遂取代尊攘派控制了朝政,天皇命令幕府和若干公武合体派强藩的首脑共同主事。由于各方政见不一,而且朝廷后来再次将庶务委任给将军,这一公武合体政局不久就结束了。

文久政变后,长州的尊攘派试图通过进军京都和发动政变来恢复对朝廷的控制,但种种尝试在1864年6—7月间均遭挫败,不少尊攘派骨干丧生。幕府决定征讨长州,要求各藩出兵协助,对幕权又趋强大的担心和财政问题令不少藩国态度消极。幕府表示,只要长州认罪,可予宽大。此时,主张对幕府恭顺的保守派已在长州得势,他们与幕府达成了和议。长州的一些尊攘派被处死或被逼自尽,藩主毛利父子向幕府书面谢罪,文久政变后逃到长州的尊攘派公卿也被迫离开长州。到1865年初,反幕力量又以武力为后盾重新掌握了长州藩政,幕、长之间又趋紧张。

在开国之后,日本发生了不少攘夷势力袭击外国人的事件,这些行为的背后既有排外的动机,也有给幕府制造麻烦的考虑,其中一些事件还引发了列强与萨摩、长州二藩的军事对抗。1862年9月14日,萨摩的武士在神奈川的生麦村路遇数名英国商人,将其中三人杀死杀伤。英国要求幕府谢罪赔偿,还要求萨摩赔偿和惩办肇事者。幕府接受了英国的要求,萨摩却拒绝了。

1863年初夏,英国舰队驶抵鹿儿岛湾,向萨摩发出最后通牒,但未得到满意的答复。英舰开始捕获萨摩船只,萨摩则予以炮击,战事发生。萨摩的街镇和炮台遭到很大损毁,英方也有一些损失。英舰退回横滨,扬言将再次进击,但双方很快开始了谈判。最终,萨摩同意一旦抓获生麦事件中的凶手,即予惩办,并答应给予若干赔偿。

长州则从1863年6月起封锁了下关海峡,并炮击经过海峡的外国舰船。1864年9月初,英、法、美、荷联合舰队对下关炮台展开攻击,并全部占领之。结果,长州接受了外国船只自由通过下关、进行赔偿和停止加固炮台等要求。

通过萨英战争和长州的战事,萨、长二藩深刻感受了西方列强的强大,更多地认识到日本尚无实力驱除外侮,西乡隆盛、大久保利通、高杉晋作和木户孝允等重要人物都对通过开国实现富国强兵更为积极。因赴英留学而成为开国的坚定支持者的伊藤博文和井上馨也回到长州,力主开国。相应地,开办产业、拓展贸易、购买西洋军备、改革军制和派遣留学生等做法在二藩有了更多的推行。

此外,二藩之间的对立也在消除。萨摩多年来支持的公武合体其实有着反幕倾向,它要求加强以萨摩为首的各强藩对中央权力的控制,改变幕府大权独揽的局面。1865 年底,以讨论列强的敕许条约和修改税则等要求为由,大久保利通和西乡隆盛召集了一次强藩会议,谋求将幕府的权力转交给强藩的联合体,但未成功。看到幕府依然竭力维护自己的专权地位,而它又无力领导日本富国强兵和抵御外侮,萨摩趋于支持倒幕。对于开国和倒幕有类似要求的萨摩和长州逐渐靠拢。1866 年初,木户孝允和西乡隆盛等在京都缔结密约,二藩结成了反幕联盟。

1865 年,幕府积极策划再次征长。但是,各藩和上次一样有很多异议,首次征长时曾协助幕府的萨摩也予反对。幕府内有人主张对长州宽大处理,但实权人物一桥庆喜主战。1866 年夏,战事爆发。长州方面士气高昂,武器和战法也比幕军先进,连战连捷。此时,年仅 20 岁的将军德川家茂病死,幕府不久只得停战。属于德川家族的一桥庆喜继承了将军之位,成为幕府的末代将军德川庆喜。稍后,孝明天皇也死去了,征长行动遂告终止。

幕府的军事失败进一步暴露了它的虚弱,折损了它的声名,反幕势力却受到了更多鼓舞。在新君睦仁即位后,主张天皇主政和反幕的势力在宫廷中又开始占据上风。幕府为筹集征长的军费曾大肆搜刮财富,导致物价和赋税都有大的增长,这加剧了对幕府的怨恨。在江户、大阪、兵库等地都发生了比往年更为频繁的贫民暴动。这样,幕府面临着更大的政治危机。

戊辰战争和明治维新

德川庆喜维系着幕府专权的做法,这使萨、长决心以武力倒幕。在另一西南强藩土佐,前任藩主山内容堂和藩士后藤象二郎等主流派则主张和平地实现公武合体。1867 年 6 月,后藤象二郎和土佐出身的著名政治活动家坂本龙马从长崎乘船前往京都。途中,坂本龙马提出了八条改造日本的政治主张:"(1)大政奉还,政令归于朝廷;(2)设置上下议政局,万机决于公议;(3)录用人才,裁减冗官;(4)和外国的交际,要基于公议订立最合理的规约;(5)折中自古以来的律令,撰定永远的大典;(6)扩充海军;(7)设置亲兵守卫京都;(8)使金银货和物价与外国平衡。"①此即著名的"船中八策",乃日后明治政府的施政基础。

---

① 〔日〕安冈昭男:《日本近代史》,中国社会科学出版社 1996 年版,第 95—96 页。

后藤象二郎对它们作了变通，提出了"大政奉还"的建议，主张幕府将所持权力还给天皇，同时建立以将军为首、其他诸侯参与的公议政体，朝廷、幕府和诸侯合力捍卫"皇国"，这得到了山内容堂的赞同。

萨摩暂且接受了土佐的"大政奉还"建议，同时又与长州、艺州二藩达成了举兵协定。1867年10月底，土佐向幕府提交了建议书。倒幕派也在积极活动，萨、长、艺三藩开始向京都地区增调军队。在岩仓具视等反幕的贵族公卿的协助下，萨、长都获得了讨幕密敕。

正当倒幕派准备起兵之时，德川庆喜采纳了"大政奉还"建议，并于11月9日上表朝廷，表示要"改历来之旧习，政权奉还朝廷，广尽天下之公议，仰承圣裁，同心协力，共保皇国"。① 不久，他又上表请辞将军一职。这些都是以退为进、先发制人之策。德川庆喜依然有着很大势力，他未交还领地，仍拥有不可小觑的军事力量，并得到不少藩的支持，还有意通过担任未来"上院"的领袖而继续把持国务。

朝廷接受了"大政奉还"，但倒幕派不愿就此止步。在他们的主持下，天皇睦仁于1868年1月2日发布"王政复古大号令"，宣布允准将军先前的两份上表，实行王政复古；废除幕府等设置，设立总裁、议定和参与三职处理国事。它还任命来自皇族、公卿、诸侯和藩士阶层的数十人出任三职，德川庆喜及佐幕派则被排除在外。大政奉还后的首届新政府从此建立，其中既包括倒幕派，也有不少赞成与德川家族达成妥协的人物。

当晚，天皇召集各位总裁、议定和参与在宫内的小御所举行会议。岩仓具视和大久保利通等倒幕派提出，应命令德川庆喜辞去内大臣职务和交还领地。山内容堂等人则称，德川氏有保天下两百余年太平和奉还大政的功绩，对其要讲德义，须让德川庆喜到会。最终的决定采纳了倒幕派的主张，然后被传达给了德川庆喜。德川庆喜一时未明确拒绝，但身边的强硬派十分愤怒，要求清君侧。

与此同时，倒幕派也在为武力倒幕创造时机。萨摩指使很多浪士在幕府控制的关东地区不断制造事端，以诱其作出激烈回应，从而为起兵开启方便之门，这一计策获得了成功。1月中旬，作为对江户城所受骚扰的报复，幕府摧毁了江户的萨摩藩邸。消息传到在大阪的德川庆喜那里，他周围的强硬派坚决要求立即讨萨除奸。德川庆喜遂于1月25日正式举兵，京都成为首要目标。

---

① 万峰、沈才彬编：《日本近代史讲座》，甘肃人民出版社1987年版，第40页。

1月27日，包括会津、桑名藩兵在内的幕府军开始进攻京都城南的鸟羽、伏见地区，与以萨、长藩兵为主的政府军展开激战，天皇也宣布讨幕。政府军数量上只有幕军的三分之一，但士气更高，装备和训练也更胜一筹。一些佐幕或观望的地方势力突然倒向朝廷一边，令幕军措手不及。结果，幕军经三日战斗即溃败至大阪。鸟羽、伏见之战的胜利巩固了倒幕派对朝政的控制，并使包括西南各藩的更多诸侯加入朝廷阵营。

1月30日，德川庆喜离开大阪前往江户。朝廷宣布解除其职位和收回其领地，继续追讨。不久，政府军开始东征，德川庆喜表示愿意归顺朝廷。经谈判，德川庆喜同意让出江户城。政府军于4月兵不血刃地进入江户，关东各地的骚乱也逐渐平息。被朝廷免除死罪的德川庆喜回到老家水户藩闭居，德川氏仍可保有地方诸侯的身份。

东北部的会津藩是政府军的另一重要目标。朝廷命令仙台、米泽等东北各藩协助征讨，后者不愿采取武力，被拒后遂结盟对抗政府军。数月后，该同盟被击败，会津藩也被占领，这被称为"东北战争"。另外，在江户开城之日，幕府海军副总裁榎本武扬率多艘军舰出逃，途中又收留了一些残兵败将，最后在北海道建立了政权。1869年中，榎本政权被政府军击破。至此，新政权平定日本全国的战争全部结束，幕府时代完全终结。这一战争主要在1868年即农历戊辰年进行，史称"戊辰战争"。

1868年9月3日，江户被改名为东京。10月12日，年满17岁的天皇睦仁举行即位大典。10月23日，根据《易经》中"圣人南面而听天下，向明而治"之语，天皇睦仁将庆应四年改为明治元年，并规定了一代天皇只用一个年号的制度。次年，东京最终成为日本的新首都。

在戊辰战争中，西方列强大体持中立立场。日本开国后，列强主要通过与幕府打交道来处理对日关系，与各藩一时没有多少直接来往，何况地方上的攘夷势力也较强大。萨英战争和列强远征长州事件发生后，萨、长对开国更为积极，与外国的贸易和人员往来不断扩大，也注意搞好与列强尤其是英国的关系。

列强对朝廷、幕府和强藩之间的关系也愈加关注，英、法公使还造访了萨、长等藩。虽然英、法、美、荷一致决定不干涉日本内政，但英国暗中倾向于萨、长等藩，法国则为幕府强化自身和打压强藩出谋划策，与幕府的关系也最为亲密。戊辰战争爆发时，幕府实际上还把持着日本的外交权，它要求列强对倒幕力量实行武器禁运，等于是要求承认幕府是日本的合法政府。天皇政府的代表则在兵库会见了各国使节，表示"内外政事将由天皇亲裁，以前的条约中皆用大君

(将军)之名称,今后更换成天皇的称谓,诸国交接之职,将任命给政府的有司们"。① 新政府还表示,并要根据"宇内之公法"实行开国和亲之策,尊重以前的各项条约。

1868年2月8日,英、法、美、荷、普、意宣布保持局外中立。法国公使实际上还站在幕府一边,鼓励德川庆喜积极抵抗,但意见未被接受,一些法国军人还卷入了榎本武扬的军事行动。在战事基本告终的情况下,列强于1869年2月9日宣布结束中立。在此前后,列强相继承认了日本新政权。新政府建立了专门的外交机构,它在1869年变成了以外务卿为首的外务省。次年,明治政府开始向外派遣常驻使节。

在倒幕战争进行的同时,日本近代史上著名的"明治维新"也拉开了序幕。1868年4月6日,日本天皇发布了《五条誓文》,主要内容是:(1)广兴会议,万机决于公论;(2)上下一心,盛行经纶;(3)官武一途以至庶民,各遂其志,务使人心不倦;(4)破历来之旧习,基于天地之公道;(5)求知识于世界,大力振兴皇基。这五条远非以西方为样板来改造日本的施政纲领,所谓"广兴会议,万机决于公论"也非指实行西方的代议制政体,主要指要倾听诸侯和各藩的意见。但是,五条誓文提出要"破历来之旧习"和"求知识于世界",这反映了日本新政府学习外国经验和革新国家的志向,也为日本选择发展资本主义的政策埋下了伏笔。

日本新政府逐步建立了一套新的中央官僚体制。1868年6月,它颁布"政体书",建立了三权分立的太政官制,设有议政、行政、神祇、会计、军务、外国和刑法七官。议政官分上下两局,上局是政府的权力中枢,掌管"创立政体、造作法制、决定机务、诠衡三等官以上人选,以及明确赏罚、签署条约等事"②,其成员"议定"和"参与"由皇族、公卿、诸侯和藩士组成。下局由地方上选拔的贡士组成,供上局咨询。行政、神祇、会计、军务和外国各官掌管行政,刑法官执掌司法。这一体制不断变化,到70年代,太政大臣、左右大臣和若干参议构成了日本中央政府的权力核心,另有各司其职的外务、大藏、兵部、司法、文部、宫内、神祇等省。这样,日本建立了一套便利于有效管理全国政务的中央机构,其中占据要职的又是革新派人士,这为各项改革的进行提供了重要保证。

废藩置县是明治政府的另一项更为重大的变革。戊辰战争结束时,各藩划地而治的局面依然存在,中央政府的威望和权力都还有限。很多革新派重臣要

---

① 〔日〕安冈昭男:《日本近代史》,第134页。
② 万峰、沈才彬编:《日本近代史讲座》,第48页。

求实现天皇政府领导下的真正统一,主张各藩向中央"奉还版籍",即上交所辖领地和人口。在大久保利通、木户孝允、板垣退助(来自土佐)和大隈重信(来自肥前)的劝说下,萨、长、土、肥四强藩的藩主于 1869 年 3 月 2 日联名上书,称"自天祖肇始,开国立基尔来,皇统一系,万世无穷,普天之下莫非王土,率土之滨莫非王臣,是为大体也。……臣等所居,即天子之土,臣等所牧,即天子之民,安敢私有?今收束版籍奉上,愿朝廷相宜处置,当予者予之,当夺者夺之,凡列藩封土更宜下达诏命改之"。① 其他各藩随后也顺从了这一做法。

接受版籍的天皇政府一时未取消藩的设置,原来的藩主被任命为了"藩知事",他们依然是各藩的直接统治者,对藩务拥有很大权力。1871 年 8 月,日本政府又推行"废藩置县"。在这之前,它从萨、长、土征调了一万藩兵作为御辖亲兵,这为改革提供了武力后盾。到 1871 年底,日本全国被分为了三府(东京、京都和大阪)和 72 县,各府县的长官"知事"由中央政府直接任命,原来的各位藩知事则迁居东京,由中央提供俸禄。至此,日本建立起了从中央到地方的近代行政体制,真正实现了政治统一。

革新派重臣的协力、中央政府措施的得当、强藩的带头响应、皇统思想的影响和很多藩的财政困难等是这一改革得以成功的重要原因。

1871 年底,出于修改不平等条约和考察欧美各项制度的目的,日本政府派出一个庞大的使节团出访欧美。它以右大臣岩仓具视为正使,故称"岩仓使节团"。该团成员有 50 人左右,包括有岩仓具视、木户孝允、大久保利通和伊藤博文等革新派重臣和政府要员,几乎是日本政府骨干力量的一次大出动。

该团于 1871 年 12 月 23 日出发,访问了欧美 12 个国家,其成员至 1873 年中才陆续回国。这次访问并未实现修改不平等条约的目标,但令使团成员因亲睹欧美各国的方方面面而大开眼界。他们对西方国家的产业文明颇感钦佩,大久保利通的心得是:"大凡国之强弱,系于人民之贫富;人民之贫富,则系于物产之多寡,而物产之多寡,又起因于是否鼓励人民之工业。因此,归根到底是依靠政府官吏诱导奖励之力。"②

他们对西方各国的政治模式也不乏留意和比较,其中最感兴趣的是德国的君主政体。使团回国后,在大久保利通、木户孝允等人的积极倡导下,日本政府实行了大量资本主义性质的改革措施。它大力殖产兴业,推行地税改革,兴办教育,并开始参照西方经验来完善天皇制政体。至此,明治政府才真正走上发

---

① 万峰、沈才彬编:《日本近代史讲座》,第 53 页。
② 米庆余:《明治维新:日本资本主义的进步与形成》,求实出版社 1988 年版,第 34 页。

展资本主义的道路。

在此前后,日本政府还进行了其他一些改革,包括建立普遍兵役制、建立警察体制、改造和消化武士阶层(戊辰战争之后称为"士族")、准许土地私有和自由买卖,允许农民自由择业、允许各阶层通婚、禁止人身买卖,等等。

这些措施遭到了保守势力的反对,有革新思想的主要大臣西乡隆盛也主张保留武士的某些特权,实行重农政策,反对内治优先,鼓吹立即征韩。由于与大久保利通等"内治"派政见相左,而后者在政府中取得了主导地位,西乡隆盛于1873年10月退归乡里。尤其是在1872年以后,由于对改革士族俸禄制、实行征兵和废除士族佩刀特权等新政的不满,士族的叛乱不断发生。1877年2月2日,鹿儿岛的士族拥立回乡的西乡隆盛为首领,发动了最大规模的士族叛乱,史称"西南战争"。日本政府费时七个多月,将叛乱镇压下去,西乡隆盛自杀。次年,大久保利通遭反对派刺杀,但日本的维新之路已不可逆转。

经过明治维新,日本成为东亚的新兴强国,并逐步摆脱了列强强加的不平等条约。但是,崛起的日本奉行了积极对外侵略扩张的国策,成为东亚局势动荡的一大根源。

第四节 列强对中国的侵略

鸦片战争和《南京条约》

从16世纪起,中国与西方有了更频繁的接触,贸易往来也有一定的发展,后因满人入主中原而受到了很大抑制。为了打压郑成功在台湾建立的郑氏政权,并防止国内反清力量从海外获得支持,清廷从顺治12年起实行海禁政策,"严禁商民船只私自出海",海外的对华贸易也几乎断绝。1683年夺取台湾后,康熙帝于次年解除海禁,允许民众出海经商,并将广州、漳州、宁波和云台山(今江苏连云港)开放为对外通商口岸。对于来华的天主教传教士,清廷则一直多有优待,康熙帝甚至在1692年允许民众习教。

随着大量民众的远赴海外,居留南洋者也越来越多,清廷担心他们成为威胁自身统治的力量,于1717年下令严禁臣民至南洋经商,只许外商来华贸易。该禁令虽在1727年被雍正帝废除,但在1747年又被乾隆帝恢复,随后长期维持下去。由于礼制和政治方面的原因,天主教传教活动从康熙晚年起也被完全禁止。清廷对西洋各国来华通商也无热忱,除了认为"天朝"地大物博,无须与外互通有无,也担心自身统治受到外来威胁。

四口开放通商之后,中西贸易主要在广州进行。通商时日一长,广州互市的流弊也越来越多,如苛捐杂税繁重和拖欠外商货款等。另外,广州距茶叶、丝绸和瓷器等货物的主要产地较远,这无疑抬高了这些货物在广州的交易价格。外商希望更多地前往北方口岸,宁波作为物产丰饶的江浙地区的门户更受他们的重视。

18世纪50年代,英国商船多次抵达宁波和舟山水域,这引起了清廷的很大不安,它担心宁波成为另一个澳门,害怕外来势力渗入至关重要的江浙地区。1757年,清廷决定只将南陲的广州开放通商。乾隆帝曾谕令两广总督苏昌:"国家四海之大,何所不有,所以准通洋船者,特系怀柔远人之道。"①清廷之所以没有完全断绝中西贸易,由此可见一斑。

1760年,清廷在广州设立"公行",只有公行内由官方指派的行商才可与外商进行贸易,外人和清政府之间的交往也须以行商中介。因此,半官方性质的公行不仅是一个贸易垄断机构,也是中外交往的一大渠道。公行制度早先曾短暂实行过,后予废止,此时起则大体长期存在。对于外商在中国的居留和活动,清政府还先后设有很多其他约束。比如,只能在5月至10月的贸易期中前来广州;只能居于由公行设立和监管的"夷馆";不得进入广州城;不得向华商贷款;不得雇人传递消息至内地;通过公行向中国官员转递的文书须以下至上的"禀贴"为形式;不得携带妇人;不得乘坐肩舆。对外商在华所购货物的种类和数量,也有着不少限制。这些做法既反映了清廷对于西洋势力的政治疑惧,也反映了它自视为高高在上的天朝大国的心态。

这一时期,清廷与西洋各国并无官方意义上的直接来往,但与俄国之间的关系则大为不同。16世纪、17世纪,沙俄在亚欧大陆上不断向东扩张,并于17世纪中期侵入了中国黑龙江地区。沙皇多次遣使来华,要求建立外交和通商关系,但因俄国侵占中国领土等问题而遭拒绝。17世纪80年代中期,清廷对黑龙江地区的俄国据点雅克萨采取了有力的军事行动。俄国因内外问题一时无力在东方大规模用兵,遂希望议和,被清廷接受。

1689年,中俄订立了《尼布楚条约》。根据该条约,额尔古纳河、格尔必齐河和直达于海的外兴安岭为中俄边界,外兴安岭和乌第河之间土地的归属另行议定。这样,黑龙江和乌苏里江流域的广大地区被确认为中国的领土。此后,

---

① 《清高宗实录》卷六四九。

俄国多次派遣使节和商队来到北京,清廷还在北京建立俄罗斯馆供俄人居住。

1727年,在清廷作了大量让步的情况下,中俄又签订了《布连斯奇界约》。《布连斯奇界约》中对边界的划定,规定了边界上的通商地点和逃犯的引渡事宜。在该约中,中方还允许俄国每三年派遣一个最多两百人的商队来到北京,派遣俄国学生来华,并在俄罗斯馆内设立东正教堂。为促进中俄关系,雍正帝还打破礼仪成规,于1729年派遣托时出访俄国,以祝贺沙皇彼得二世登基,并劝说俄国在准噶尔战争中保持中立。这是中国第一次向西方国家正式遣使。

在海路方面,虽然清政府限制甚多,中西贸易仍有所发展,中英贸易尤其突出。1637年,英国商船第一次来到中国。清廷开放四口通商后,中英贸易持续开展起来。到18世纪末,中英年贸易额已达中国对欧美贸易额的80%以上,到广州的外船也大多是英船。1833年以前,英国的对华贸易一直由英国东印度公司垄断,它在广州派驻有以"大班"为首的商务人员。英商从中国输出的商品有茶叶、丝绸、土布、瓷器等,茶叶在英国尤其受到欢迎。相应地,英国人养成了饮茶的习惯,茶叶的销售也成为英国政府的一大财源。

英国人需要大量的中国商品,他们的商品在中国却难有广阔市场。拿英国的主要产品棉毛织品来说,由于自给自足的小农经济在中国的强势地位,以及中国土布的价廉物美,它们在中国市场上没有很好销路。结果,英国在中英贸易中长期处于逆差地位,英商不得不主要依靠对华输出白银来维持这一贸易。

随着英国工业革命的完成,英国纺织品在中国的销量亦有上升,但英国工商业界拓展中国市场的需要更加迫切,对中方对中西贸易施加的诸多限制愈发不满,要求废除东印度公司对华贸易垄断权的呼声也在升高。从18世纪末起,英国政府曾先后派遣马戛尔尼和阿美士德率使团访华,以求扩大在华商业权益,但均未成功。1833年,英国政府废除了东印度公司的对华贸易垄断权,并决定向中国派遣商务监督。首任英国驻华商务监督律劳卑(威廉·纳皮尔)于1834年7月抵华,但数任商务监督都未能改变中英之间的传统贸易规范,也不能作为英国驻华官员直接与中国官员打交道。最终,围绕鸦片贸易的冲突使英国政府决定用武力使中国屈服。

中国人很早就知道从罂粟果实中提炼出的鸦片,但长期以来只将其用作药材,用量也十分有限。17世纪中后期,将鸦片和烟草混合吸食的做法由东南亚传入中国。到了18世纪,吸食鸦片的习惯在中国开始流行,对华鸦片贸易日渐兴旺,印度则成为了鸦片的主要来源。印度鸦片由葡萄牙人首次贩至中国,英国商人则于18世纪20年代加入这一贸易,并逐渐成为主宰者。

孟加拉地区是印度的主要鸦片产地,英国东印度公司于1773年垄断了该地的鸦片销售,后来又控制了该地区的鸦片生产。它不仅直接从事鸦片的对华贩运,还将大量鸦片拍卖给经其许可而从事对华贸易的散商,由其卖到中国。它利用出售鸦片所得的贵金属,从中国购入茶叶等商品销往欧洲。鸦片实际上成为英方购买中国商品的重要交换物和消除对华贸易逆差的重要工具,也成为英印殖民政府的重要财政支柱。

雍正帝曾于1729年下令禁止贩卖鸦片和开设烟馆,但无甚效果。而且,鸦片仍可作为须课税的药材进入中国口岸。1796年,嘉庆帝下令禁止输入鸦片。1800年,他再下禁令,并禁止在国内种植罂粟。但是,利用走私、行贿等非法手段进入中国的鸦片还是越来越多。东印度公司虽宣布不再从事对华鸦片贸易,仍在印度大量生产鸦片,并分销给众多散商(1800—1837年间,加尔各答鸦片拍卖的平均利润约为465%)。该公司失去商业垄断权后,英国政府依然纵容这一利润巨大的肮脏营生。

美国商人也成为从事非法鸦片贸易的重要势力,他们将产于土耳其、波斯湾等地的大量鸦片运往东方。

结果,输入中国的鸦片在1800—1801年约为4570箱,到1830—1831年是19 956箱,到1838—1839年猛增到40 200箱。① 鸦片在中国的泛滥严重侵害了民众的身心健康,加剧了统治阶级的腐朽堕落。中国的白银也大量外流,导致银价走高、物价上升、政府白银储备短缺和按白银计算的赋税负担加重等一系列问题。中国在中英实际贸易中也由出超方变为了入超方。根据公行的统计,1812年中国进出口总值分别是白银1270万两和1510万两,1813年进出口总值分别是1260万两和1290万两。② 鉴于这一统计未涵盖非法鸦片贸易,中国对外贸易的逆差此时大概就已出现。

19世纪30年代,鸦片问题已成为清政府的当务之急,以湖广总督林则徐为代表的禁烟派主张严禁鸦片的吸食和贩卖。道光帝接受了他们的主张,并于1838年12月派遣林则徐为钦差大臣到广州禁烟。1839年3月,林则徐达到广州,在两广总督邓廷桢等人协助下开始履行使命。他命令外商将所携鸦片全部交出,并就今后永不贩运鸦片作出具结。外商认为中国官员做事都是虚张声势和虎头蛇尾,故而敷衍搪塞,拒不交出泊于外海趸船上的大量鸦片。林则徐下

---

① 〔美〕马士:《中华帝国对外关系史》第1卷,生活·读书·新知三联书店1963年版,第238—239页。一箱所装鸦片平均有125磅左右,约57公斤。
② 郭廷以:《近代中国史纲》,中国社会科学出版社1999年版,第48页。

令中止贸易,撤退外国商馆中的中方雇员,并断绝它们与外界的往来。

英国商务监督义律(查尔斯·埃利奥特)甚感不满,但见情势难违,遂要求英商将鸦片由自己经手交给中方。他声称,自己是代表英国政府接受这些鸦片,英国政府会"补偿"他们的损失。此时,建议伦敦对华使用武力已在他的考虑之中。英商只得依照义律的意见而行,美商也随之而动。1839年6月,收缴的两万余箱鸦片在虎门海滩被全部销毁。

林则徐对交出的每箱鸦片给予五斤茶叶的补偿,对具结的外商则恢复贸易往来。他甚至写有一封给英国维多利亚女王的信件。该信虽仍用天朝大国对外夷的口吻写就,但不无礼貌,所言所论也在情在理。它的大意是:贸易应该是互惠的,不应拿害人之物牟利。既然英国在本国禁止吸食鸦片,就不应听任烟毒流入中国。贵国国王存心仁厚,只是因为来华英船甚多,对鸦片走私未加察觉,希望能够查办贩卖烟毒的邪恶之徒,并停止印度的鸦片种植。①

尽管英商交出了鸦片,义律反对他们按中方规定的措辞具结,写明"嗣后来船永远不夹带鸦片;一经查出,货尽没官,人即正法,情甘服罪"。在他授意下,英商从广州撤至澳门等地,也不到中方指定港口领取所补偿的茶叶。这样,中英贸易依然处于停顿。

7月7日,英国水手在九龙行凶,一中国村民伤重而亡。中方要求义律交出肇事者,但一再遭拒。义律称英国臣民只受英国法律管辖,将当事人交英人法庭作了审判。林则徐下令切断英船的补给,并要求葡萄牙人将英人逐出澳门,英船遂集中于香港等地水域。9月4日,英人欲在九龙登岸获取食物,遭中国兵船拦阻,英国舰船开炮轰击,双方发生战斗。

林则徐仍努力争取和平解决争端,以英方具结、交出新到鸦片和肇事水手作为重开贸易的条件。困居珠江口外的英商对义律的做法也颇有微词,林则徐曾派人直接与他们沟通,鼓励具结通商。义律表示,中英双方可共同查验英船有无鸦片;英商可具结保证,若携带鸦片,中方可没收货物和驱逐烟商;英人在华犯罪只能根据英国法律审判。这与中方的要求有很大距离,双方依然僵持,但已有个别英船与中方具结并恢复贸易。

11月初,义律将仅有的两艘军舰派到虎门附近的穿鼻洋,以阻止英船进入中国口岸,并就允许英人登岸和获得补给等与中方交涉。中国水师拒绝了英方要求,并出海探察英舰拦阻英国商船的行为。英舰再次发炮攻击,战事又起。

---

① 该信件曾发表在澳门的报章上,但很可能并未传至维多利亚女王那里。英译稿可见马克·基什兰斯基主编:《世界历史资料》第2卷,哈珀·科林斯出版公司1995年版。

获知穿鼻海战的消息后,正对英人愈发不耐烦的道光帝下令,停止中英贸易,将所有英船逐出口岸,不再要求具结和交凶。英国舰船仍滞留在中国海域,林则徐并无军力将它们赶走,只能尽力切断供给。与此同时,他也在不懈地了解国外情形和加强武备。

在中国发生的事件陆续传到了英国国内,并成为一个关注焦点。虽然英国舆论总体上羞于为鸦片贸易进行辩护,但中国在禁烟过程中采取的措施却遭到了敌视性的渲染。一种流行的看法是:即便中国政府有权禁止不道德的鸦片贸易,但它未事先知会英国政府,就将法令强加于与其没有条约关系的英国的臣民,剥夺了他们的财产,使其遭受拘禁、饥饿和处死的威胁,从而粗暴地侵犯了英商的权利,污辱了大不列颠的荣誉,对其不能不有所惩戒。甚至有传言说,中国之所以禁止输入鸦片,是为了通过自行生产而独占其利。

在工商业界,关心对华贸易的势力也普遍鼓吹乘机采取军事行动,迫使中国更加开放。义律向国内提交的报告也主张采取强有力措施。1839年10月,英国内阁决定对华使用武力,以推行炮舰政策闻名的外交大臣帕默斯顿是首要的支持者。

次年2月,英国内阁宣布,海军少将懿律(乔治·埃利奥特,义律的堂兄)和义律作为正副全权代表率远征军前往中国。帕默斯顿交给他们一份致中国宰相的照会,其中指责广州的官员迫害英人和污损英国的尊严,要求中方予以昭雪,并赔偿烟价、按文明国家的规范与英国官员相往来、割让海岛、偿付行商拖欠英商债务和军费。帕默斯顿还指示懿律和义律,如果中国同意开放多个口岸、让英人在各口岸自由居住和经商、废除公行制度、给予英人领事裁判权并议定税则等条件,可以放弃割地要求。

出兵决定在英国议会中引发了激烈辩论,很多议员指责政府纵容鸦片贸易,认为使用武力是非正义的。但是,反对战争的议案终以262票对271票被否决。表面上看,出兵主要是为了报复中国对英人尊严和权利的"侵犯"和获得更多的商业利益,但实际上也是对鸦片贸易的支持。在后来的中英谈判中,英方的要求就包括赔偿烟价和承认鸦片贸易合法。即便这些都不存在,如果中国政府因禁烟而招致严厉的军事打击,它今后对于制裁外国烟贩也不能不畏惧三分。帕默斯顿和义律都曾表示对鸦片贸易的反感,但英国政府无意禁止这一利润极大并左右着英属印度财政的肮脏行当,否则难以解释英国对鸦片贸易的态度,包括为什么它直到20世纪初才禁止这一贸易。

对于战争决定的出台,鸦片商们也在推波助澜。比如,最大的鸦片贩子之一威廉·渣甸从远东回到英国,大力宣扬中国对英商的虐待,鼓吹用武力开拓商业空间,还就如何进行战争和索取权益向政府出谋划策。

1840年6月,由40多艘舰船和4000名海陆军人组成的英国远征军到达广东海域。他们的计划是封锁珠江口,再北上占领舟山,然后开抵天津外海同中国政府交涉。在封锁珠江口之后,英军于7月初攻占舟山的定海,并大肆劫掠。

林则徐早就将英军即将犯华的传闻禀告道光帝,但后者不屑一顾。除了林则徐在广东和调任闽浙总督的邓廷桢在福建做了一些战备部署外,其他沿海地区对英军毫无防范。定海之陷和英军的船坚炮利震动了清廷,道光帝下令严加剿堵,但不久即倾向于息事宁人。他告诉直隶总督琦善,如果夷船进抵津门,应相机处理和接受所递文书,不可骤然开炮。

英军于8月抵达大沽口,通过琦善向清廷递交了帕默斯顿的照会。道光帝以为英人兴兵全因对林则徐等人的愤懑,遂令琦善转告英方,将查办林则徐和派遣钦差前往广州"代申冤抑",但英军须退回南方。对于照会中的其他要求,他未予应允,大概糟糕的中文译文也妨碍了他的理解,英方则在琦善面前坚持不让。琦善极力敷衍应付,使英方以为清廷愿意积极考虑所有条件,加之北方气候渐冷,占据定海的英军中又流行疫病,英军于是南撤,在广州等待继续谈判。道光帝不明缘由,以为他既已答应惩办林则徐等人,"英夷"自然撤兵以示恭顺(有奏报称英船撤离时"向岸罗拜")。9月,他任命琦善为钦差大臣前往广州,林则徐、邓廷桢则被撤职查办。

12月,琦善在广州与义律展开谈判,后者已接替因病离华的懿律担任全权代表。义律坚称,中国政府须接受照会中的全部要求,或以增开口岸换取割地,否则不仅不还定海,还要再启战端。道光帝颇感意外和愤怒,求战意愿又强烈起来。琦善不敢接受英方的要求,失去耐性的英军遂于1841年1月初攻占大角和沙角炮台,进逼虎门,琦善急忙再与义律商谈。

20日,义律单方面公布了所谓的初步协定,即所谓的《穿鼻草约》。其主要内容是:中国割让香港岛、赔偿600万元(西班牙银元)、同意两国平等往来和恢复广州贸易,英方归还两炮台和定海。26日,英军进占香港,并张贴告示,称琦善已将此地让给英国,该地居民皆为英国臣民。其实,琦善未与英方达成明确一致,更谈不上签约。在割地问题上,他只是同意奏请朝廷允准英人借居香港一隅。

道光帝获知英军进攻的消息后,决定"痛加剿洗"。1月30日,他任命御前大臣奕山为靖逆将军、户部尚书隆文和湖南提督杨芳为参赞大臣,派他们率大军赴粤。在广东,琦善也拒绝与义律签约。2月下旬,英军恢复军事行动。26日,虎门各炮台失守。英军继续推进,广州告急。3月5日,杨芳到达广州主持军务。此前,道光帝已收到广东巡抚怡良的密奏,其中提及了英军在香港的公告。他怒责琦善割地辱国,下令将其革职拿问并抄家。

有名将之誉的杨芳也无法抵御英军的进攻。他见英舰在波涛之中仍能发炮中的,认为其中必有邪术,竟令搜集妇女所用马桶陈于河边"镇邪"。考虑到兵力不足等因素,义律建议停战和恢复贸易,被杨芳接受。4月14日,奕山、隆文率军到达广州。奕山无心抗敌,反而认为广东商民与外人交往密切,防民甚于防寇。

道光帝指责杨芳剿伐不力,要求奕山积极进兵。5月21日晚,清军突袭英军,但战果甚微,一些商馆也遭劫掠和破坏。次日,英军2000多人大举反击。清军溃败,近两万人退入广州城内,该城遂遭英军包围。奕山竖起白旗,派人出城求和。义律鉴于情势,觉得不如先获得一些现实利益,然后再图进取。27日,双方签订《广州和约》。奕山同意在六日内将外省军队撤至广州城60英里以外地区,在一周内缴纳"赎城费"600万元,并赔偿英国商馆的损失,英方则同意在款项结清后从虎门撤军和交还各炮台(但在中英交涉未决之前不得重新武装)。

英军在广州周边无恶不作,导致民愤极大。29日,三元里的村民打死了数名前来骚扰的英军,该地103乡的民众随即迅速组织起来。他们与从四方炮台出动的大量英军发生了战斗,并会合来自其他地区的大量民众包围了该炮台。英军请出清朝官员向民众施压,才摆脱窘境。6月初,英军撤出虎门等地。在给朝廷的奏折中,奕山无耻地谎称取胜,把自己乞降说成英人哀求归还商欠和恢复通商,把赔款说成偿欠,说清军退出城外是为了弹压土匪和躲避湿热。道光帝不明情况,以为"夷乱已平",遂准许恢复贸易,下令撤兵裁防,对于香港则欲另行定夺。

1841年4月,英国政府收到了义律关于《穿鼻草约》的报告。它对该约很是不满,认为它未给英国带来足够的利益,何况也未得到中国皇帝的批准。伦敦决定召回义律,由为英国在印度的殖民事业立下很多"功劳"的璞鼎查(亨利·珀廷格)接替,对中国采取新的军事行动。8月,璞鼎查到达澳门,随即率军又沿中国海岸大举进攻。至10月,英军连陷厦门、定海(因疾病流行,先前占领定海的英军已于1841年2月底撤出)、镇海和宁波。

道光帝任命吏部尚书和协办大学士奕经为扬威将军,主持东南战事。奕经乃膏粱子弟,毫无统兵之才。他一路花天酒地,数月后才抵达浙江前线。在他的胡乱指挥下,清军于1842年3月发起反攻,以大败告终。5月中旬,得到增援的英军发动新的攻势。6月中旬,英军攻占吴淞,并逆长江而上。璞鼎查认为,要使中国政府屈服,进攻乃其经济命脉的长江下游富庶之地是一良策。7月21日,英军攻占镇江,随后进逼江南第一重镇南京。自去年8月兴兵以来,他们一路烧杀淫掠,恶行无数。

镇江失陷后,道光帝已完全丧失抵抗意志,他任命杭州将军耆英和与英人打过交道的前两江总督伊里布为钦差大臣,具体办理议和事宜。8月中旬,中英在南京展开谈判。29日,《南京条约》签订,清廷几乎接受了英方的全部要求。该约的重要内容是:英人可在广州、福州、厦门、宁波、上海五处港口居住通商,英国可在五口派驻领事等官员;中国将香港岛割让英国;中国赔偿英方烟价600万元,军费1200万元和行商债务300万元,废除行商制度;"两国属员往来,必当平行照会";英商进出口货物的税收"秉公议定"。

次年,中英又签订了《五口通商章程》和《五口通商附粘善后条款》(《虎门条约》),作为对《南京条约》的补充。其中的重要规定是:英人可在五口租地造屋(这种条款成为列强后来在中国建立租界的借口);若英人和中国人发生诉讼,首先由英国领事调停,若不成再由中英官员合审,对英人的定罪由英方根据英国法律决定;可在五口各停泊英舰一艘;一般货物的海关税率是5%(比以前大幅度降低);对于中国将来给予他国的新权益,英国一体均沾。与英国当初的战争目标相比,这些条约给予的利益有过之而无不及。对于鸦片贸易,双方未做约定,但英方对鸦片贸易的袒护一览无遗。璞鼎查表示英国"无力"帮助中国禁烟,主张允许鸦片进口但对其征税。中方表示,不宜取消烟禁,但对各国贩运鸦片不予过问,这等于默许鸦片贸易的进行,英方未予反对。

《南京条约》是中国近代史上第一个丧权辱国的不平等条约。通过该条约,英国侵略者打破了清王朝闭关自守的局面,从中国攫取了包括割地、赔款、开港、协定关税、领事裁判权和片面最惠国待遇在内的大量权益,以备受列强欺凌和丧权失地为特征的中国近代史由此开端。

《南京条约》签订后,美国和法国也不甘落后。1844年2月,美国专使顾盛(卡莱布·库辛)率多艘舰船到达澳门,向清政府提出进京议约要求,清廷又派耆英为钦差大臣前往处理。7月3日,中美在澳门附近的望厦村签订了《五口通商章程》,即《望厦条约》。借此,除了割地赔款,英国从中国攫取的其他权益也为美国所享。该约还有着有利于美方的更详细规定,或者可以说给了美方更多利益。比如,美国侨民可在五口建立医院、教堂和墓地;中国若想改变税则,须与美国官员商议;中国官员不得过问美侨之间以及美侨与他国侨民之间的诉讼。它也规定,美国人不得携带鸦片至华,否则由中国官员自行治罪,但这实为空文。

法国专使西奥多·剌萼尼也于8月率舰队来到澳门,对清政府进行恫吓。10月24日,耆英与他在广州附近的黄埔签订了《中法五口通商章程》,即《黄埔条约》,法国获得了与英美同样的权益。剌萼尼还要求清廷废除对天主教的禁令,道光帝于1846年2月同意。葡萄牙、西班牙、比利时、荷兰、瑞典、普鲁士等国也先后对清廷提出利益要求,后者也大体允准。

第二次鸦片战争

鸦片战争结束后十余年内,列强在华势力有了明显上升。地理位置优越的上海超过广州,成为中国的最大港市。英、法、美还在该地强租大片土地,建立了所谓的租界。1844年,清廷设置了负责"夷务"的"五口通商大臣"一职,由驻在广州的两广总督兼任。

但是,欧美驻华使节都远离北京,最多只能直接和两广总督等地方官员打交道,还常常不得谋面。对于外人可在五口居住通商的约定,列强解释为可以进城。在广州,这一局面由于民众的极力抗拒一直未实现。在清政府内部,天朝大国心态和闭关拒夷倾向也还明显存在。年轻的咸丰帝于1850年即位后,对"抚夷"做法愈加疏离。五口通商之后,虽然鸦片走私更为肆无忌惮,一般的外国商品也大量偷税漏税,但洋货在中国的销售未有明显增加。列强对于这些情形甚为不满,谋求进一步使中国屈服于自己的意志,获取更多的在华权益。到50年代初,作为侵华先锋的英国已在考虑再次发动对华战争。

太平天国起义发生后,英方有人建议乘机对中国政府采取行动。太平军攻入湖北、安徽境内后,英方又盘算进行干涉,以保护自己在长江流域的现实和潜在利益,并借此从清廷取得报酬。1853年3月,太平军占领南京,将其改名为天京,作为自己的都城。此时,英人的想法又有变化。他们认为,太平天国已控制中国南方大片地区,且势头正猛,有可能取代清政府,在这种局面下进行干涉很不明智。由于太平天国信仰上帝和所辖地区秩序良好,很多外人对它也有不同程度的好感。

4月底,英国驻华公使文翰(乔治·博恩厄姆)乘舰造访天京,表示英国将在中国内战中保持中立,并打探太平天国对外人的态度和对苏沪一带的行动计划。他还送交了一份《南京条约》文本,以通报英国的条约权利。东王杨秀清回答说:"尔远人愿为藩属,天下欢乐,天父、天兄亦欢乐。既忠心归顺,是以降旨尔头人及众兄弟,可随意来天京,或效力、或通商,出入城门,均不禁阻,以顺天意。另给圣书数种,欲求其真道,可以诵之。"①文翰认为此言无状难解,称将以武力对付破坏商务者。返航途中,他接到镇江太平军守将罗大纲来函,其中称太平天国愿与英国友好相处,但要求英国不要援助清军和贩卖鸦片。

法国公使阿尔封塞·布尔布隆和美国公使麦莲(罗伯特·麦克雷恩)也先后抵达天京打探虚实,但所得答复也让其不得要领。相应地,列强不看好太平天国领袖们对外人的态度,认为他们倨傲自大和不谙世情,无尊重外国条约权利之意,严禁鸦片与己利相违,所信之宗教与基督教也是两码事。不过,它们打算暂且保持中立,借机向中国的朝廷索取新的权益。到1854年,中国的战局渐呈僵持,清廷不再那般岌岌可危,列强的"修约"活动也活跃起来。

《望厦条约》中有言:"和约一经议定,两国各宜遵守,不得轻有更改;至各口情形不一,所有贸易及海面各款恐不无稍有变通之处,应俟十二年后,两国派员公平酌办。"②《黄埔条约》中也有类似规定。英国借口最惠国待遇称自己也可依此而行,在1853年后发起"修约"活动。它的主要要求是:开放更多乃至全部中国城市,或开放长江;废除进出口货物的内地税;将鸦片贸易合法化;英国使节驻京;地方督抚不得拒见英使。因此,所谓"修约"其实是从中国捞取大量的新权益,与望厦和黄埔两条约中的有关条文完全背离。

法国和美国也谋求扩张在华利益,遂与英国携手。1854年4月,英国新任驻华公使包令(约翰·鲍林)和美使麦莲要求会见两广总督叶名琛,遭到拒绝。他们又先后北赴上海,与两江总督怡良和江苏巡抚吉尔杭阿就修约晤谈。麦莲还称,若中国接受修约,美国可帮助剿灭太平军,否则即"自行设法处理"。两位大员未予响应,仍要求返回广州与叶名琛商议。事后,吉尔杭阿建议朝廷不妨允许开放长江,以防外人滋事添乱,但遭到申斥。咸丰帝担心,外人进入太平军势力强大的长江流域会导致"匪夷勾结",在华外国官民与太平军的来往更增加了他的疑惧。

回粤后,包令和麦莲再与叶名琛交涉,依然未果。9月,二人乘舰启程北上天津,布尔布隆也派代表随行。10月,他们到达大沽口,清廷只好派员接洽。虽然它忙于对付太平军,不愿激怒列强,但仍将所提修约要求斥为荒谬至极。包令和麦莲只得南撤,均向国内建议对华采取强硬行动。虽然时任英国首相的帕

---

① 郭廷以:《近代中国史纲》,中国社会科学出版社1999年版,第97页。
② 王铁崖编:《中外旧约章汇编》第1册,生活·读书·新知三联书店1957年版,第56页。

默斯顿有意发动新的对华战争,但正处克里米亚战争之中的英国一时无暇在远东用兵,势单力孤的美国也不愿这样做。1856 年 5 月,美国新任公使伯驾(彼得·帕克)和英法驻华代表再向叶名琛发出修约照会,仍属徒劳。伯驾只身前往福州和上海交涉,失意而归,包令则早已认定只有动武才能达到目的。

1856 年 3 月,克里米亚战争结束。9 月,杨韦事件发生,太平天国元气大伤,清军加强了军事反攻。在这种背景下,"亚罗"号事件引发了第二次鸦片战争,"对该船遭到搜查的反应是'对(英国)政府数月来一直暗中准备战争的公开证明'"。①

1855 年起,港英当局允许属中国人所有的船只在香港注册和悬挂英旗。这类船只以"英船"身份为掩护(往往还雇用外人担任船长),时常卷入走私和抢掠勾当。港英当局这样做,一大目的正是向从事走私的中国船只提供庇护。根据《虎门条约》,往来于五口和香港的中国商船,必须先在五口领取牌照,港英当局须对这些牌照严加稽查,以防"走私偷漏各弊"。根据英国政府在 1854 年颁布的商船条例,只有属英国人所有的船只才是英国船。因此,港英当局的做法明显违反了条约和英国法律。

1856 年 10 月 8 日,泊于广州水域的船只"亚罗"号上的 12 名水手因有海盗嫌疑被清兵捕走。该船曾在香港注册,船长也是英国人。事发后,"亚罗"号的船长报告了英国领事馆,还称中国兵勇扯弃了船上的英国国旗(他当时并不在船上,与该船相邻的外船的船员也称未见悬挂英旗)。英国驻广州领事巴夏礼(哈里·帕克斯)致函叶名琛,称中方违背条约,要求放人和道歉。

根据《虎门条约》,若中国官员欲捕拿避匿于英船的不法华人,首先须照会英国官员。叶名琛很快答复说,"亚罗"号在中国制造,船东也是中国人,属中国船只,中国兵勇上船缉捕罪犯未违反条约。他还欲交出九名水手,只留下须审讯的三人,但被巴夏礼拒绝。

同时,巴夏礼也与在香港的包令通气。包令表示,"亚罗"号确在香港注册过,但其有效期在 9 月底已截止,英国在法律上无权保护该船。但他诡称,中国人当时并不了解此点,也无根据断定"亚罗"号不受英国保护,因此他们的行为还是与条约不符。包令打算借机大做文章,在他授意下,巴夏礼再次照会叶名琛,仍称"亚罗"号受英国保护,要求释放全部水手、尊重英旗、正式道歉和保证不再有此类行为。他还威胁说,若在 48 小时内得不到满意答复,即令英舰扣押

---

① J. Y. 翁:《致命之梦:鸦片、帝国主义和中国的亚罗战争》,剑桥大学出版社 1998 年版,第 29 页。

中国的官船。

在回复中,叶名琛坚称"亚罗"号是中国船只。他还指出,事发时船上根本未挂英旗;而且,英船根据惯例须在落锚时降旗,在起锚时再升起。英方劫持了一艘中国货船,并于21日发出最后通牒,以进攻广州作为威胁,强令中方在24小时内交还全部水手和赔礼道歉。在通牒到期前一小时,叶名琛被迫将全部被捕水手送交巴夏礼,并保证今后必就搜捕英船之上华人知会英国官员,巴夏礼仍以未获正式道歉等理由拒绝接受。10月23日,英舰闯入珠江,向广州发动进攻,第二次鸦片战争拉开了序幕。

叶名琛是一位保守的旧派官僚,对外人素来鄙夷,但处理外事不免刚愎自用和迂腐,甚至迷信扶乩(请神仙下界出主意)。英军发起进攻后,他以为敌人搅闹一下就不得不收场,有意避战以示容让,后才组织民团和中止贸易,鼓励杀敌。29日,英军攻入广州,由于兵力有限很快撤出。英方又多次提议就道歉、入城等问题谈判,叶名琛拒绝接受,还力言中方所为在情在理,英方则滋事妄为。

英军恣意挑起战端,又大肆劫掠炮击,毁坏民房、船只无数,令中国军民无比愤慨,他们焚毁了广州的外国商馆,不断袭击英军。1857年1月底,英军被迫退出珠江。由于帕默斯顿内阁已表示支持在广州的军事行动,包令向国内请求增兵。叶名琛则愈发自大,向北京报告说"水陆获胜,夷情穷蹙"。

在伦敦,英国内阁力主以武力同中国交涉,但遭到很大非议。鉴于"亚罗"号事件的很多事实,很多人士不能不承认英方的理屈。英国议会中也展开了辩论,著名自由主义者理查德·科布登2月26日的长篇演说批判英国对华政策尤为有力。它以不少文书为依据,雄辩地证明了包令等人的行径是恃强凌弱的无理之举。① 3月3日,英国议会下院通过动议,认为出兵中国缺乏依据。帕默斯顿遂解散下院,另行选举。重新选出的下院以85票的多数通过了帕默斯顿内阁的战争政策,额尔金勋爵(詹姆斯·普鲁斯)则被任命为率军赴华的专使。

法国也委任让·葛罗为专使,与英国联合出兵,这与1856年2月的"马神甫事件"不无关系。当时,闯入广西西林县活动的法国神甫马赖被当地官府处死。根据中法条约,传教士是无权前往五口之外地区的。法方曾要求叶名琛惩凶赔偿和保证永不再犯,遭到驳回,以天主教保护者自居的拿破仑三世则不甘罢休。英法还邀请美国一同出兵,美国的回答是愿意在不参战的情况下与英法合作。这既与当时美国保守的外交传统有关,也体现了借英法之力扩张在华权

---

① 理查德·科布登:《理查德·科布登议员公共政策问题讲演集》,T.费希尔·安文公司1908年第三版。

益的企图。

俄国也卷入了这场侵华行动。随着俄国国力的上升和清王朝的衰败,沙俄对黑龙江流域的扩张从19世纪40年代起又活跃起来,它无视中国主权和《尼布楚条约》,在此派驻军队,建立据点和安置移民。在克里米亚战争中失败后,俄国更多地将扩张矛头指向东方。英国对俄国在亚欧大陆的扩张一直心存戒心,担心它笼络清廷来对付自己,表示欢迎它与己共同行动。俄国同意合作,但不欲与英法联合出兵。它还致函中国,称英法将要进犯,企图以助华为诱饵,使中国割让东北大片土地。随后,俄国特使埃费米·普提雅廷到达天津欲求谈判,清廷要求他转往黑龙江地区商议,普提雅廷则远赴香港会晤他国使节。俄国的政策实际是,与英法有所合作,同时在黑龙江地区相机采取独立行动。

1857年5月发生的印度反英起义使英国不得不推迟对华用兵。11月,英法大军近6000人才在珠江口集结完毕。美国新任公使列维廉(威廉·里德)和在天津遭拒的俄使普提雅廷也到达香港,与英法磋商。美俄的伎俩是,在"中立"和"调停"的幌子下配合英法的行动,并乘机向中国政府欺诈勒索。叶名琛认为英法是黔驴技穷和虚张声势,接其奏报的咸丰帝也以为胜算在握。12月中旬,额尔金和葛罗分别向叶名琛发出照会,提出进入广州城、商议修约、赔偿损失和为西林教案"昭雪"等要求,对纯属英方无理取闹的"亚罗"号事件则未再提。

同时,英法联军侵入珠江,逼近广州。叶名琛对英法的要求一一据理驳斥,但仍不事抵抗,还听信据称两国无心大动干戈的传言。24日,联军发出最后通牒,限广州守军在48小时内撤至城外。叶名琛照旧稳坐泰山,根据扶乩断定15日(公历12月30日)后便可无事。28日,联军向广州发起进攻。30日,广州失陷。叶名琛遭俘,被押往加尔各答。他自比海上苏武,于次年4月逝于异国。

占领广州后,英法侵略者命令投降的广东巡抚柏贵出面主持政务。身为傀儡的柏贵不向北京报告实情,还说自己是"苟且忍耐,曲为羁縻"。1858年2月,咸丰帝才从湖南巡抚骆秉章那里获知广州实已沦陷,但他以太平天国为心腹大患,对外仍以"怀柔"为上。2月中,英、法、美、俄使节通过上海方面向清廷发出照会,提出大量利益要求,包括公使驻京、增开口岸、外人至内地游历和修订税则等。英法还威胁说,若中方在3月底之前不派遣钦差大臣赴上海谈判,即举兵北上。随后,他们乘舰前往上海。他们在此得到的答复是,英法美使臣应回广东商谈,俄使则应前往黑龙江。四国使节不予接受,于4月中率舰抵达大沽口,要求与清廷的全权代表在北京或天津谈判。

清廷派仓场侍郎崇纶前去交涉,英法代表因其级别低和没有全权而拒绝会见。清廷又以直隶总督谭廷襄为钦差,额尔金和葛罗认为他须获全权,谭称中国并无此种办理,双方的谈判遂迟迟未启。谭廷襄与列维廉和普提雅廷有所接触,他知道美俄皆有渔利之心,但仍存望其调停之意。对咸丰帝来说,所能作出的最大让步不过是减税和增开闽粤小口岸各一,他还要求英法先交还广州。一事无成的额尔金和葛罗决定采取强硬行动。5月20日上午,英法联军向大沽炮台发动攻击,两小时后即占领之。数日后,侵略军进抵天津城郊。惊恐的咸丰帝急忙派大学士桂良和吏部尚书花沙纳赴津交涉,还任命僧格林沁为钦差大臣,负责加强京畿防务。

6月初,桂良、花沙纳与四国的代表分别展开谈判。因英法坚持中方代表须有全权,咸丰只好准许桂良、花沙纳"便宜行事",实际上他们仍须不断征询北京的意见。与英法的谈判是交涉的重心,中英谈判则是重中之重。英方索要的权益最多,对一些重点要求的坚持也最力。对于很多权益,其他国家乐于先由英人逼迫清廷让与,再凭最惠国待遇坐享其成。对开放长江、允许英人到内地游历和准许英使驻京这三项要求,清廷很难接受。它担心开放长江和内地造成外人势力深入腹地,并与内地"乱党"相联合。它最不愿看到北京驻使,害怕这严重损害朝廷的威望,更便于外人向己施压,并使反清力量和外人在京城危险地联成一气。英方以进军北京相威逼,清廷只得屈服。

1858年6月26日,《中英天津条约》签订。它的重要内容是:两国"交派秉权大员"至两国首都,英国驻华官员及眷属可长期居住或随时出入北京,可租地租屋和雇用仆役,英使觐见清帝之礼与觐见欧洲君主时相同;中方委派一名内阁大学士尚书办理与英使文移、会晤等事;日后中方派使赴英,享有同等优待;英人可持由领事发放和地方官盖印的执照往内地游历和通商,"江宁等处,有贼处所,候城池克复之后,再行给照";开放长江口岸,镇江在一年后开埠,其余"俟地方平靖"由双方后商议,自汉口以下至海共选择不超过三处长江口岸开放(后定为汉口、九江和镇江);增开牛庄(后改营口)、登州(后改烟台)、台湾(后改台南)、潮州(后改汕头)、琼州为口岸;中方保护基督教的传授习学者;双方尽快于上海会商新税则;公文叙及英国官民,不得使用"夷"字。该约专条规定,中方赔偿英国商民损失和军费共白银400万两,赔款付清后英方交还广州。

次日,《中法天津条约》签订,重要内容是:法国公使可进入北京办理要务,若别国公使获准常驻北京,法国也享此待遇,中国派往法国使节可与他国使节享受同样待遇;增开琼州、潮州(后改汕头)、台湾(后改台南)、淡水、登州(后改烟台)、江宁六口;法人可凭执照去内地游历;中方对持执照赴内地的天主教传教士厚待保护,对信崇天主教而循规蹈矩的中国人免于惩治。该约补遗规定,中方将西林知县革职和永不叙用,赔偿法国商民损失及军费200万两,赔款付清后法军退出广州。这两个不平等条约使中国的利权再受严重侵害,为列强势力进入中国内地敞开了大门,令清政府的闭关锁国堡垒坍塌殆尽。

中美、中俄谈判与中英、中法谈判同时进行着。列维廉和普提雅廷以代向英法"说合"为幌子,诱使清廷接受本国的要求。清政府对俄美的调停不无幻想,认为先将这两国打发也可削弱英法的气焰,还觉得它们的索求远非那般"苛刻",遂于6月13日轻易缔结了中美和《中俄天津条约》。

中美条约对最惠国待遇做了更详细的规定,另有如下重要内容:美使可至北京办理要务,但每年不得超过一次,到京后须尽快办理;若中方同意他国公使驻京,美国也享有该权利;增开潮州(后改汕头)、台湾为通商口岸。

中俄条约的重要内容是:中国开放上海、宁波、广州、福州、厦门、台湾(后改台南)、琼州为通商口岸,俄国可在各口岸派驻领事、停泊军舰、买地造屋,还享有最惠国待遇、领事裁判权和自由传教权。它还规定两国派员查勘未定之边界,显现了俄国夺取中国领土的企图。

此前,沙俄已利用清廷的内外交困在黑龙江地区采取了行动。5月底,曾在广州苟且乞降的清朝黑龙江将军奕山与俄国东西伯利亚总督尼古拉·穆拉维约夫在瑷珲会晤。穆拉维约夫要求订立新的界约,奕山不从,但俄方稍行军事恫吓即令其屈服。5月28日,双方签订了《中俄瑷珲条约》,黑龙江以北60多万平方公里的大片中国领土被划归俄国,乌苏里江以东40万平方公里的中国领土也被定为中俄共管。《中俄天津条约》签订时,桂良等人尚不知道这个《瑷珲条约》。清廷获知该约后,将奕山处分,对条约也未批准。

10月,桂良、花沙纳等在上海与英方就修订税则展开谈判。11月初,双方订立了新的通商章程。新的中法和中美通商章程也随后签订,内容与前者大体相同。它们的重要内容是:对进出口税中的多数予以削减,少数略有增加,对进口的烟、酒、化妆品等消费品免税,对未列入税则而又不免税的货物实行5%税率,洋货运销内地或输出土货,一律只征2.5%的子口税;外国人"应邀"帮办中国海关税务;鸦片贸易合法化,改其名为"洋药",每百斤征税30两。

咸丰帝还想取消外使进京、开放长江和外人至内地游历等约定,要求桂良等与英方磋商,甚至愿以免征外国货物关税为交换。桂良等对此并不积极,这无异于与虎谋皮,免除关税在财政上也很难成立。在咸丰帝逼迫之下,他们才正式提出使节驻京问题。经反复劝说,额尔金有所松动,称英使可以进出北京办理公务,但不在北京长住。到了1859年,清廷须与列强交换经各国政府批准的条约了,中英、中法、中俄条约皆有届时至北京换约的规定。4月,中俄在北京完成换约。自清初以来,俄使至京已有多次。对于其他国家,咸丰帝则希望在上海换约,但也做了在北京换约的准备。

6月初,英美新任驻华公使弗雷德里克·普鲁斯(额尔金之弟)、华若翰(约翰·沃德)和再任法国驻华公使的布尔布隆在上海会合,桂良劝其不要北上,英法使节以武力相威胁,坚持进京换约。6月20日,三国公使乘舰到达大沽口,欲经白河入京。僧格林沁已加强当地的防御,英方则要求中方撤除航道上的障碍物。中方回复说,大沽口设防颇多,不便进入,请各使在稍北的北塘登陆入京(这是传统的贡道)。中方的安排无可非议,傲慢专横的普鲁斯则决意要走大沽口。

6月25日上午,英法军队(主要是英军)向大沽炮台发动进攻,中国守军奋力抵抗,僧格林沁亲自督战。战至夜晚,侵略军遭到重创,有10艘左右的军舰被击沉击伤,数百人死伤,守军只有直隶提督史荣椿以下32人阵亡。在战斗中,美舰不顾本国一直标榜的"中立"姿态,给予了英军一定协助。事后,普鲁斯和布尔布隆退回上海。华若翰则同意按清廷指定路线进京,最后在北塘完成了换约。

大沽之役获胜后,担心"兵连祸结"的咸丰帝欲安抚英法,仍许进京换约,但对条约无意全盘接受。两江总督何桂清遂在上海与英法使节接触,华若翰也应允出面调停,但均无效果。虽然普鲁斯的所作所为在英国国内颇受非议,帕默斯顿内阁还是支持对中国增兵讨伐,巴黎也再次与伦敦合作。1860年2月,额尔金和葛罗重被任命为赴华特使。随他们侵华的是18 000名英军和7200名法军,分别以詹姆斯·格兰特和夏尔·孟陶班为总司令。3月,普鲁斯和布尔布隆发出照会,以举兵北上、截断漕运和停付关税为威胁,要求中国政府就大沽事件道歉、允许外使自白河进京、完全履行天津条约和增加赔款。英法大军也陆续抵达上海集结,并开始行动。

咸丰帝一心盼和,只求降低要价,见外人不依不饶,又陡作强硬。在4月的一份上谕中,他声称唯有决战,并将"所有前议条约,概作罢论"。英法军队于4月占领定海,在5月和6月间又进占大连和烟台,将这两地分别作为英军和法军的前哨基地。5月初,江南大营也被太平军攻破。咸丰帝又指望何桂清等对外人"反复开导",并同意除外使驻京和开放长江之外的其他各款约定。

何桂清素来亲近列强,是上海买办集团利益的代表,他主张全部接受英法的要求,并请其帮助攻打太平军。咸丰帝反对这样做,又逢太平军连克常州、苏州等地,遂于6月将何桂清革职,由苏沪的另一著名买办官僚薛焕接任。面对英法舰队即将再犯天津海口的局势,薛焕力主妥协求和,称英法是和是战依中国举动而定,咸丰帝打算在两国代表抵达天津海口时再加"开导"。

但是,英法联军无意提供被"开导"的机会,决心一开始就用炮弹说话。7月,额尔金和葛罗分别到达大连和烟台,英法大军也准备完毕。他们决定从未设防的北塘登陆,再抄袭大沽炮台。8月1日,联军开始在北塘登岸,10余天后大举进攻。僧格林沁的蒙古骑兵虽然骁勇,也无法抵挡西洋的枪炮。清廷派员欲护送英法使节进京换约,亦遭拒绝。

8月21日,英法联军攻陷大沽北炮台。24日,天津失守。咸丰帝立即委任桂良和直隶总督恒福为钦差大臣,赴天津谈判。英法方面提出开放天津通商、增加赔款、同意以往条约各款和使节带兵进京换约等要求,咸丰帝拒绝全部接受,尤惧外兵进京。9月初,联军向北京的门户通州前进。咸丰帝决定"剿抚并用",派怡亲王载垣、军机大臣兼兵部尚书穆荫为"便宜行事钦差大臣"再去议和,还宣布要"御驾亲征",但也在考虑逃往热河。

14日,载垣在通州与造访的巴夏礼达成协议,同意了英法在天津提出的各款。此前,载垣与英法方面接洽并不顺利,又闻联军仍在前进,遂以为和局难成,并奏报京师。咸丰帝接报后,决定迎战。获知巴夏礼前来后,他认为在广州挑起事端、在历来交涉中态度强横的巴夏礼是英方的主谋之人,下令可将其扣押"以杜奸计"。这道旨意到达通州时,载垣和巴夏礼已达成和议。17日,巴夏礼又来通州,要求允许英法使臣亲向皇帝递交国书,载垣认为事关"国体",断不能应允。巴夏礼坚持不让,载垣觉得和议濒临破裂。18日,巴夏礼等英法人员共39人被扣押。

联军于当日大举进攻,大败僧格林沁所部于张家湾,攻占通州。21日,清军又惨败于八里桥,受伤的清将胜保将被扣的英法军官各一斩首以泄愤。咸丰帝任命异母弟恭亲王奕䜣督办和局,自己于22日逃往热河。奕䜣照会英法,要求停战,表示接受先前达成的和议。额尔金等坚持先释放被扣人员,再谈停战订约,对于向皇帝亲递国书则无强求之意。由于联军索人甚急,一时也未进攻北京(是在进行军事准备),奕䜣以为他们因为顾忌巴夏礼等才未轻举妄动,更视这些人为筹码,主张歇兵签约之后再放人。

联军以攻城相威胁,要求放人。10月6日,联军进至德胜门和安定门外,并尾追溃败的清军至圆明园。他们闯入园中,将珍宝财物洗劫一尽。此时,一直避居城外的奕䜣同意放人。虽然各地勤王之师正在赶来,在人心惶惶的北京城中,留守官员也无心御敌。8日,巴夏礼等数人被释放。英法方面又威逼交出安定门以保证进城谈判代表的安全,并释放所有被拘人员。

在前一问题上,奕䜣打算拖延,城中的王公大臣不以为然。13日,安定门被交由联军占领。同时,从不同地点找到的被拘外人也尽被释放,但当初遭扣的39人中有20人因被杀、饥饿和受虐而死。对此,额尔金和葛罗各要求赔偿"恤金"白银30万和20万两,但这远不令额尔金解气。他认为:"若单要求赔款,在这种扰乱的情形中,中国政府,除了民脂民膏以外,也付不出大笔款项。其次,或是要求清政府交出那般苛待英人和破坏和约的人们,一些可怜的属员,也许要呈现出来,做替身了。"①他要求将圆明园毁为平地以作惩罚,该地也被认为是部分"英法侨民所受痛心疾首惨刑而死之地"。葛罗反对这样做,但未力阻。

对于英人不待清廷同意即要焚园,奕䜣也未及时获悉。10月18日,英军在圆明园内大举纵火,将这一园林艺术的瑰宝化为灰烬。这一骇人行为无论有何理由,都不能不说是一桩野蛮暴行。事后,奕䜣依然接受了包括恤金要求在内的全部议和条件。10月24日和25日,他分别与英法代表就天津条约换约,并签订续增条约,即中英、中法《北京条约》。

中英条约的重要内容是,当年桂良等人在上海与额尔金就英使驻京问题所定之议无效,英使是否常驻北京由英国决定;赔偿英国白银800万两;天津开放为通商口岸;凡有情愿出国做工的华人,俱准与英人立约,可单身或携带家属赴通商各口出洋;京外英军开赴天津、大沽、登州、北海和广州等处,赔款交清后撤离;中国割让广东九龙司地方给英国。

中法条约也规定赔款800万两,在开放天津、允许华民出国做工和法军撤退问题上的规定与英约相同或相似。它还规定:清帝宣布任各处军民人等传习天主教,滥行查拿者将予处分;赔还先前从天主教徒那里没收的教堂、田地和房舍等。在谈判中充当翻译的法国神甫还在中法条约中文本中私自加入了"并任法国传教士在各省租买田地、建造自便"一款,清廷竟未发觉。

与此同时,俄国的侵华步伐也未停止。《瑷珲条约》墨迹未干,穆拉维约夫又侵入了乌苏里江以东地区。在1859年4月交换《天津条约》之际,俄方提出以黑龙江和乌苏里江为中俄边界,清廷加以拒绝,称黑龙江以北之地也仅借俄

---

① 中国史学会编:《第二次鸦片战争》(二),上海人民出版社1978年版,第403页。

人暂住。大沽之役后不久,俄国使节尼古拉·伊格那提耶夫又为边界一事来到北京。他在北京居留颇长,但终未如愿。

1860年5月,伊格那提耶夫前往上海,欲借英法之力达到目的。他为英法出谋划策,提供了京津地区的大量情报。英法大军进逼北京之际,伊格那提耶夫也重返故地。他借调停之名,诱使奕䜣接受俄方的要求。奕䜣对他并不信任,但怕俄人趁乱惹是生非,以息事宁人为本。结果,中俄于11月14日也签订了续增条约,即《中俄北京条约》。

根据之,中俄东段边界以黑龙江、乌苏里江为界,黑龙江以北、乌苏里江以东划归俄国。这确认了《瑷珲条约》中中俄以黑龙江为界的条款,但将其中定为中俄共管的乌苏里江以东大片土地也划归了俄国。该约还对中俄西部边界的走向作了大致规定,即沿山岭、大河的走向以及中国常驻卡伦而行,从沙宾达巴哈界牌起,经斋桑湖、特穆尔图淖尔至浩罕。这不仅使一些中国领土被划入俄境,还为俄国日后侵吞更多的中国西北领土埋下了伏笔。该约还规定,俄国还可在伊犁、塔尔巴哈台、喀什噶尔设领事官,中俄东部边界地区则实行免税贸易,等等。

这样,第二次鸦片战争以清廷的彻底失败而告终,中国丧失了大量领土和权益,闭关自守局面完全终结。

19世纪60年代的中外关系

对于太平天国与北京朝廷之间的战争,英法在第二次鸦片战争中大体维持了中立,但与太平军也有所冲突。1860年5月,太平军在苏南势如破竹,逼近上海。何桂清请求英法方面出兵相助,后者也绝不允许太平军占领它们在中国的大本营,同意派兵把守上海城区。上海的官僚和买办还聘用美国人弗雷德里克·华尔组成了一支外国雇佣军,即所谓的洋枪队,与太平军作战。8月中旬,太平军进攻上海县城,遭英法军队阻击而受挫。这只表明英法不容太平军涉足上海,尚不意味它们要进攻太平军,或与清王朝建立镇压太平天国的联合阵线。

《北京条约》签订之后,镇压太平天国重又成为清廷的头号大事。法俄均表示愿意"助剿",力量最强和在华利益最多的英国未如此表态。它对干涉的代价和结局不乏顾虑,其中一点是,在长江中下游的商务利益可能受到打击,上海也可能遭到更猛烈的围攻。为防止法俄利用"助剿"牟利和削弱英国在华影响,它还要求清廷不要接受它们的建议。它与天京方面也多有接触,实是以中立为条件,要求满足自己的很多要求。

1861年3月1日,英方要求太平天国同意英船航行长江、由英方处理在岸上犯法的英人、进攻汉口和九江时不损害英人生命财产等,天京方面许以有保留的合作。22日,巴夏礼又警告英王陈玉成不要进攻汉口,被英王接受。英方旋又表示,太平军不得进入离上海百里之地,也不许清军以上海为基地攻打太平军,洪秀全同意在年内不攻上海。此时,湘军反攻甚厉,太平天国对外多有妥协,也是想避免另树强敌。

但是,英方的政策还是开始转向。英国在华官员对太平天国多无好感,对太平军在苏浙的军事行动多有疑惧。他们也不喜欢清廷,但认为若天京不与西方真心合作,保持与己有条约关系的北京政权更为有利。1861年中,太平军在浙江加强了攻势,英方愈发警惕。公使普鲁斯和驻华海军司令詹姆斯·贺布等人进行了更多的政策讨论,他们主张守卫通商口岸,帮助洋枪队扩军,还考虑了进攻天京的可能。

9月,安庆失守,天京门户洞开。太平天国面临危境,于是加快了英方向清廷的倾斜。此外,在清政府内部,对于请求列强帮助对付太平军,苏浙的买办官僚一直主张最力。咸丰帝则总是犹豫不决,担心出现引狼入室或"匪夷"联手之类的后果,英方对"助剿"的态度及其与天京的往来也增加了他的疑虑。1861年8月,咸丰帝在热河病死,年幼的皇太子载淳即位,成为同治帝。11月初,同治帝的生母那拉氏联合奕䜣等人发动政变,清洗了载垣、端华、肃顺等实权人物,掌握了朝政,奕䜣为首的一些受列强青睐的贵族官僚成为主要大臣。普鲁斯向国内报告说:"大家认为最可能和外国维持友好关系的那些政治家掌握政权了。"①随着他们的上台,清廷对请求列强"助剿"也积极起来。

在太平天国西线吃紧的情况下,忠王李秀成的战略是:先尽占苏浙富庶之地,取用这里的经济资源,消除天京的后顾之忧,再回头对付湘军。攻取上海也在他的计划之内,他认为这座重镇不可不夺,何况外人的中立日益不可靠。

1861年12月中旬,太平军占领宁波,杭州也指日可下,他们年内不攻上海的承诺亦即将到期。12月27日,英方再向天京提出多项要求,包括英船可在太平天国地域内河流自由航行,太平军不得进入上海、吴淞、汉口和九江周边百里之内,结果全遭驳复。英方称,将相机采取必要措施。

1862年1月,太平军开始进攻上海。上海的官绅和英法势力组成了"中外会防局",清军、洋枪队(2月改称"常胜军")和英法军队合力抵抗太平军,英法

---

① 王绍坊:《中国外交史(鸦片战争至辛亥革命时期 1840—1911)》,河南人民出版社 1988 年版,第 101—102 页。

军队的作战范围也扩大至上海周边地区。太平军累月作战不利,李鸿章的淮军也于4月被英船从安庆运至上海。李秀成亲赴前线指挥,至6月战局颇有改观。此时,天京因遭湘军围攻而告急,李秀成只得撤军回援。

通过上海之战,清廷认为英法对己"真心和好",也更多地看到了它们对于镇压太平军的作用。2月8日,那拉氏以同治帝的名义发布上谕。它表示,对于请外人相助,"但于剿贼有神,朕必不为遥制。其事后有必须酬谢之说,亦可酌量定议"。① 这表明,清廷已采纳向列强请援的方针。同时,英国在华官员决定帮助清政府进剿太平军,虽然这尚未获得伦敦的正式认可。

到了7月,英国政府终于公开宣布,要帮助中国的朝廷镇压太平天国,这也是法国赞成的做法。这样,在1862年中,英法终与清廷建立了绞杀太平天国的同盟。英法提供有军火供应、军队训练和护航等方面的很多协助,也允许包括军人在内的本国人员受雇于清廷,但动用本国陆海军参战的程度应属有限。

配合清军四处征战的其他军队主要是"常胜军"和"常捷军"。"常胜军"的统领后来是英国军官查尔斯·戈登,"常捷军"则由法国人所建,它们是由中国人和外人混编的雇佣武装。1862年底,太平军被逐出上海地区。次年,淮军和常胜军从上海向天京大举进击,左宗棠部则在常捷军协助下在浙江反攻。1864年7月,天京被湘军攻陷,洪秀全自尽,这标志着太平天国的最终失败。清王朝的统治得以维系,它将继续代表中国与西方列强打交道。

此时,清政府对列强的态度已发生明显变化。在不少贵族官僚看来,与西洋各国进行长期和频繁的往来不可避免,闭关锁国实难采行。他们普遍认为,除了俄国,英、法、美对中国皆以通商牟利为重,而无吞土之心,也无意颠覆清朝的统治,做事也不无规矩。朝廷无力也不应抗拒与它们交往,与之保持正常关系是可能的。

他们中的多数人并未抛弃中国乃制度文化胜于他人的天朝大国的观念,但对外国的船坚炮利留有深刻印象,主张引进西方军事装备,建立军事工业和进行军事改革,以图自强。这些人即所谓的"洋务派",其中既包括奕䜣、文祥这样的朝廷大员,也有曾国藩、李鸿章和左宗棠这样的封疆大吏。在清朝实际的最高统治者那拉氏那里,洋务派的观点也得到了一定程度的接受。

同时,列强对清廷的影响力也大大上升。一个新的特征是,它们在相当程度上控制了清政府的财政,这主要表现为对海关事务的把持。1853年9月,在

---

① 王绍坊:《中国外交史(鸦片战争至辛亥革命时期 1840—1911)》,第102页。

太平天国运动的影响下,上海发生了小刀会起义,上海海关陷于瘫痪。英国领事遂宣布,由英美领事代中方收税。后来清政府欲在上海重新行使海关职权时,却遭到了英、法、美领事的抵制。

1854年6月,上海道台吴健彰只得与他们达成一个协议。它声称"过去海关监督所遇到的主要困难,为无法获得严格遵守条约和海关章程所必需的廉洁、认真及懂外国文等必要条件的海关关员。唯一有效的补救办法,似乎只有在海关机构中引用外籍人员"①,规定三国各派一名司税官参与上海海关的管理。这样,上海海关恢复了运转,但这一最重要海关实为外人所控制。

1858年底,清廷与英、法、美签订了新的通商章程,其中有邀请外人帮办税务和对各口划一办理的规定。借此,列强将不少外人安插进各口海关担任税务司和其他职务,掌握了中国海关的行政权,英人的权势尤盛。由于这些海关能够向清政府持续提供比以往大为增加的收入,其中的外籍管理人员得到了洋务派官员的信任。1859年,两江总督兼五口通商大臣何桂清委派英人李泰国担任总辖海关事务的"总税务司"。1861年,清廷正式授予李泰国对各口岸海关的总辖权。1863年,罗伯特·赫德接替李泰国担任总税务司。

1865年,总税务司由上海移至北京办公,总税务司署也设立了。总税务司虽隶属总理衙门,权力也由清廷授予,实则不受中方辖制。虽然清廷能从总税务司获得正常的海关收入,但中国海关主权的丧失却是不争的事实。

赫德长期担任总税务司,对清廷颇具影响。朝廷大员们不仅在海关问题上对其十分信任,在其他问题尤其是涉外问题上也时常咨询。赫德和列强驻华官员不断敦促清政府实行新政,维护列强的条约权利,按照西方的规则处理国际关系和扩大中国对外部世界的开放,并将以往的战争作为教训而告诫。

列强从中国谋取更多权益的活动也一直在进行着,最重要的莫过于沙俄又强夺中国西北的大片领土。1862年8月,清政府与俄国在塔尔巴哈台开始了勘分中俄西部边界的谈判。俄方对北京条约对中俄西界走向的规定肆意曲解,将不少明显不属于俄国的中国领土也划入俄境。同时,俄国还出兵进占一些地区,以造成既成事实。中方拒绝接受俄方的无理要求,俄方遂中止谈判,并向中国西部纵深地区进军,清廷只好屈服。1864年10月7日,中俄签署了《中俄勘分西北界约记》。借此,俄国夺取了巴尔喀什湖以东以南约44万平方公里的中国领土。

---

① 姚贤镐编:《中国近代对外贸易史资料》第1册,中华书局1962年版,第487页。

另外,《天津条约》规定十年之后可以修约。到了 1867 年,中外各方已经着手处理修约问题。致力于扩展在华商业权益的英国提出的修约要求最多,包括进一步削减对货物的各项税收、开放中国全境供外人居住、允许外船在内河航行和外人修铁路、开矿山、贩盐和在内地开设旅栈等。1869 年,中英签订新约。虽然英方在一些问题上未对清政府逼迫太甚,但在增开通商口岸、减免税收、内河航行和开矿等方面,还是在不同程度上索取到了新利益。美、法、俄等通过签订新约或享受最惠国待遇等途径,也获得了新的好处。

从 19 世纪 60 年代起,洋务派发起了洋务运动。洋务运动持续了数十年,主要内容是引进西方工业机械和科学技术,建立本土的军事、民用工业和发展近代交通、通信设施,创建使用西方军事装备的军队。在洋务运动的前期,发展军事工业是重心所在。曾国藩、李鸿章、左宗棠和崇厚等人先后创办有安庆军械所、江南制造总局、金陵机器局、福州船政局和天津机器局等军工产业,其中江南制造总局规模最大。这些工厂是中国现代工业尤其是重工业的前身,它们通常雇有外国的管理和技术人员,与外国企业和商人也多有来往,但封建衙门风气浓厚,效率低下。

同时,清政府的对外交往体制也发生了重大变化。鸦片战争之前,清朝中央政府内有礼部和理藩院两个机构管理与藩属的关系。南京条约签订后,清廷设置了负责处理与西洋各国关系的"五口通商大臣"一职。该职原由两广总督兼任,到 1859 年又转给了两江总督,旋由江苏巡抚承接。1861 年 1 月,根据奕䜣等人的建议,清廷还在北京建立了"总理各国事务衙门",这是中国第一个近代意义上的中央外交机构。总理衙门长期由奕䜣主持,它的实际职权范围甚广,涵盖通商、海关、教务、海军、厂矿、铁路、电报等等有涉外内容的领域。

总理衙门设有"同文馆",它先后开设了外文和自然科学课程,聘请外国人任教,专门培养洋务人才。鉴于通商口岸数量的大幅度增加,清政府还设置了南北通商大臣两职代替原先的五口通商大臣,它们后来分别专由两江总督和直隶总督兼任,通称南洋大臣和北洋大臣。

随着对外关系的开展,清廷向西洋派遣使节也日益显得必要,但它觉得缺乏合适的人选,对清使觐见外国君主时行何礼节也不无顾虑。"行跪拜礼则有碍尊严,不行跪拜礼又将予外使将来见清帝时拒行跪拜以借口。"[①]1866 年,清廷派遣总税务司文案斌椿带着若干同文馆学生,随赫德赴欧。他们游历了数

---

① 王绍坊:《中国外交史(鸦片战争至辛亥革命时期 1840—1911)》,第 115 页。直到 1873 年,外国使节才得以免跪觐见清帝。

国，亲眼看见了西洋各国的一些情况。斌椿对所见所闻有着详细记载，但他并非一名使节。

1867年，面对列强的又一次修约要求，清廷认为有必要派使出洋，但人选和礼仪等问题依然令其困扰。这时，美国公使蒲安臣（安森·伯林盖姆）正要卸任回国。他表示愿意代表中国出使海外。清廷遂任命蒲安臣为钦差大臣，又委派英人和法人各一以及两名总理衙门官员协助，组成了所谓的"蒲安臣使团"。该使团的任务是向列强说明：中国政府正在实行对各国友好的新政，在修约问题上有些困难需要它们的理解和包涵，将来会向各国派遣常驻使节以便沟通。该使团于1868年2月25日启程，先后到访欧美多国。

在出访中，蒲安臣对清廷的考虑做了一些说明，但也借机为美国的利益服务。1868年7月，他越权与美国国务卿西华德签订了中美续增条约，即"蒲安臣条约"，它后来为清廷所承认。该约规定，任由两国国民随时来往或常住入籍，这使美国更便于从中国获得急需的劳动力。它还规定，美国优待进入本国国立学校学习的中国人，美国人则可在中国的外人居住地建立学校，这反映了美国有意通过文化教育扩大在华影响。该约还承认中国在本国领土上拥有财产征用权，给予了中国在美国各港口派驻领事的权利，规定两国国民在对方国家均不得因宗教信仰遭到迫害。该使团于1870年8月回到中国，蒲安臣本人则中途逝于俄国。直到70年代后期，清廷才实现对外派遣常驻使节。

总体而言，在第二次鸦片战争后的十年中，清廷未与列强出现严重的对抗。这一期间的中外纠纷中，很多与传教活动有关。清廷在《天津条约》中同意外人在内地传教，后来法国人又迫使它承认传教士有权在内地买地置产，这为外国传教士的在华活动大开方便之门。由于基督教与中国社会的传统伦理不免有冲突之处，一些传教士和所谓的"教民"也仗势欺人，多有不法行径，中国民众与基督教势力的冲突即所谓"教案"不断发生，最著名的是1870年的天津教案。对于这些事件，清政府的基本做法是惩办当事民众和官员，并向列强道歉赔偿。

总之，在19世纪60年代，清廷剿灭了太平天国和捻军，稳定了国内的统治局面，实行了一些新变革，与列强的关系也大体平稳，迎来了所谓的"同治中兴"。但是，这只是国势的虚假上扬，清王朝的颓势没有真正扭转，行政和军事体制的腐败也未有改观。到了19世纪80年代，作为西方各国深刻的经济和社会变化的结果，列强争夺殖民地和势力范围的竞争趋于激烈。在东方，经历明治维新的日本则向一个新兴强国迈进，近在咫尺的朝鲜和中国被它视作了主要的扩张目标。古老的中国即将遭遇更严重的危机。

第八章　意大利统一时期的欧洲国际关系

第一节　撒丁王国和法国的反奥战争

意大利的分裂局面

如梅特涅所说,19世纪上半期,意大利仍然"仅仅是一个地理上的名词"。在意大利的土地上分散着王国、公国和教皇领地,政治上互不统属,外来势力的影响随处可见。意大利北部和中北部地区为奥地利哈布斯堡王朝所控制。其中伦巴第和威尼西亚两地是奥地利帝国的组成部分,中北部的三个公国则由奥皇宗室统治:奥国公主、拿破仑的妻子玛丽·路易丝掌管帕尔马公国,她的儿子掌管摩德纳公国,奥皇弗兰茨一世的弟弟掌管托斯卡纳。横贯亚平宁半岛中部的是教皇领地和教会领地,由身居罗马的教皇统治,因而也被称为教皇国。南部为两西西里王国,由西西里岛和半岛上的那不勒斯地区所组成,统治者为波旁王室的斐迪南一世。西北部的撒丁王国以都灵为首府,控制着与法国接壤的皮埃蒙特地区和撒丁岛,由萨伏伊王室统治。

应该指出,意大利四分五裂的政治局面已经延续了上千年。即便在文艺复兴时期,亚平宁半岛上也是邦国林立。各个城市国家在经济文化发展上领先全欧,力量足以自保,相当珍视其独立自治的地位。由此而来的地区差异和分立自治倾向对意大利的政治传统产生了深远的影响,而法国、西班牙、奥地利等外来势力的侵入又使得这种割据局面进一步固定化。直到法国大革命爆发,意大利的政治风气才为之一变。两个新的理念——民族主义和民主宪政很快获得各阶层的认同,激发了意大利人的热情和向心力。而随着拿破仑的军事扩张,意大利旧有的各个邦国被打破,归入拿破仑帝国的统一治理之下。这种状况虽然为时不长,但半岛上一度出现了相同的政治、经济制度,使意大利人对统一有了切实的感受。

因此,当维也纳会议根据正统原则将意大利重新分裂为若干小国,又把它们作为奖品分给对拿破仑作战获胜者的时候,意大利人普遍感到失望。而各个复辟王室和北部的奥地利统治者一样,把取消自由宪政、恢复绝对君主制作为第一要务。他们的高压政策乃至特务统治更激起了民众的强烈不满,使意大利各地的局势动荡不宁。1820年在那不勒斯、1830年在摩德纳和帕尔马先后爆发了起义,起义民众一度迫使当地的执政者接受自由宪法,但在神圣同盟各国的干预下,这些起义均以失败告终。意大利人认识到,自由民主制度的建立必须以民族统一为前提。1831年,朱塞佩·马志尼创立了秘密组织"青年意大利",宣扬和鼓动民族主义思想,号召通过民族革命建立统一、独立的意大利共和国。马志尼的宣传获得了惊人的成功,不仅使民族主义意识在意大利各地深入人心,而且使意大利统一事业在英法等国赢得了广泛的同情和支持。1848—1849年,撒丁王国、教皇国、托斯卡纳公国和两西西里王国联合行动,共同支持伦巴第和威尼西亚反抗奥地利统治。虽然它们在对奥作战中败下阵来,但意大利统一运动的声势已经震动了欧洲。

加富尔统一意大利的计划

1852年11月,撒丁国王维克托·伊曼纽尔二世任命卡米洛·加富尔为王国首相,意大利统一运动最关键的人物出场了。英国作家乔治·梅瑞狄斯曾形象地说:"加富尔、马志尼、加里波第三人,等于意大利的头脑、灵魂和利剑。"19世纪30—40年代,马志尼完成了教育民众、争取国际支持的任务,加里波第则在1848—1849年革命中初露锋芒,显示了高超的战争技巧。而最后出现的加富尔凭借敏锐的观察力和冷静的头脑,在欧洲的政治和外交角力中巧妙周旋,为意大利找到了通向统一的途径。他是意大利统一当之无愧的设计师。

加富尔清醒地认识到,实现意大利的统一主要面临着三个障碍。其一是意大利各地分立自治的传统。虽然民族主义的传播已经多少改变了这种倾向,但各王国和公国的统治者仍不免相互猜忌,指望他们真诚合作或自动放弃权利是不现实的。其二是教皇势力的存在。1849年罗马共和国的遭遇证明,教皇国本身也许不足以自保,但欧洲各国的天主教势力却不容忽视。在护教的口号下,法国居然可以无视共和原则,充当进攻罗马共和国的主力。可见在收回教皇和教会领地时如果操之过急,有引发外来干涉的风险。最后一个,也是最严重的障碍是奥地利势力的存在。在维也纳会议上,奥地利主动放弃奥属尼德兰(比利时),以换取威尼西亚。梅特涅公开表示,奥地利认为自己的发展方向在亚平宁半岛。奥地利不仅将半岛的北部视为自己的势力范围,而且不希望半岛上出现可以与它抗衡的强国,更不会容忍统一的意大利的出现。此前的起义和革命都被奥地利扑灭,显示了它在半岛上的军事优势。尽管奥地利的实力在1848

年革命中有所削弱,但它仍然是意大利统一运动最强大的敌人。

作为撒丁的首相,加富尔自然支持由撒丁王国主导统一运动。因为在维也纳会议上得到了热那亚共和国和原属法国的尼斯和萨伏依,撒丁王国实力大增,的确是半岛各国中的最强者。加富尔就任首相后,在国内进行了面向自由宪政的稳健改革,建立了现代化的财政和税收制度,对外奉行自由贸易政策,使撒丁的国力明显提高,进一步确立了在意大利诸邦中的领先地位。但1848—1849年的奥撒战争表明,撒丁王国仍无法独自对抗奥地利。加富尔决心在国内和国外寻找一切可能的同盟者。他会见了加里波第,向加里波第阐明民族统一的紧迫性压倒了民主革命,而奉行君主立宪制度的撒丁王国是意大利统一最大的希望。加里波第终于被说服,同意支持撒丁主导下的统一运动。1857年,在加富尔的全力支持下,意大利民族协会成立。共和派领导人曼宁出任主席,加里波第出任副主席,意大利人内部空前团结。

相比之下,更为重要的是为意大利统一寻找国外的支持者。意大利人通过团结合作,可以克服统一路上的第一道障碍,但另外的两道障碍牵动着欧洲政治秩序的全局,只依靠意大利自己的力量去清除它们,等于独自挑战整个欧洲,成功的希望很小。奥地利在亚平宁半岛的优势地位和教会势力的存在都得到了维也纳会议的确认和保证,只有削弱和动摇维也纳会议的安排,意大利统一才有可能达成。也就是说,维也纳体系的挑战者是统一运动的天然盟友。而加富尔敏锐地发现,刚刚建立法兰西第二帝国的路易·拿破仑是维也纳体系最雄心勃勃的挑战者。

拿破仑三世一直渴望重绘欧洲地图,再现祖先的光荣。第二帝国建立以后,法国的工业、交通、财政经济迅速发展,农村地区的现代化进程加快,国力明显提升,使得他更加踌躇满志。按照他的意愿,法国外交改变了1815年以后谨慎自制的风格,日益积极大胆。拿破仑三世所追求的是摆脱维也纳体系的束缚,重建法国在欧洲大陆上的优势地位。为此,必须削弱俄国和奥地利,这与意大利人的要求是一致的。所以,尽管拿破仑三世曾出兵镇压罗马共和国,加富尔仍视其为意大利统一运动的潜在盟友而非敌人。他的外交战略的原则就是争取法国的支持,争取英国的好感,孤立和打击奥地利。

同时,加富尔也清醒地认识到,拿破仑三世对意大利未来的设想与意大利民族主义者的主张存在重大分歧。拿破仑三世打算以法国控制下的意大利代替奥地利控制下的意大利。他设想在驱逐奥地利势力之后,由教皇出面领导一个松散的意大利联邦,在地方一级维持原有的王国、公国、领地结构。这样的安排,表面上满足了意大利统一运动的要求,但实际上没有改变意大利内部分裂的局面,使它在国际舞台上必须仰赖法国的支持和保护。法皇并不希望出现强大、自行其是的意大利,甚至不希望撒丁王国在亚平宁半岛居主导地位。加富尔认为,拿破仑三世的如意算盘并无成功的把握。法国虽已具备实力成为现行秩序的破坏者,但未必能把自己的意愿强加于人。实力相对弱小的撒丁也没有更好的选择,不妨暂且搁置对结局的忧虑,先同法国配合把序幕演好。

所以加富尔以为在外交上首先要做的,就是接近英法,使法国逐渐习惯于视撒丁为可靠盟友。如他对友人表示的:"不管我们喜欢不喜欢,我们的命运依赖法国。在欧洲迟早要举行的竞技大会上,我们一定要同法国在一起。"

撒丁王国参加克里米亚战争

很快,加富尔的外交战略就在 1854 年的克里米亚战争期间经受了检验。这场战争可以被视为拿破仑三世挑战维也纳体系的一个重要尝试,他也确实做到了使俄国和奥地利兵戎相向,从而彻底瓦解了神圣同盟。

按照加富尔的预先设想,在这种关键的时刻撒丁必须毫不犹豫地同法国站在一起。在战争初期,他的确试图这样做。当时,英国出于自身战略利益的考虑,积极支持法国在近东挑战俄国势力,但苦于自己的陆军实力平平,难以有效地配合法军作战。1854 年 4 月,它向撒丁提出建议,希望撒丁派兵支持法军。法国也附和这个提议,因为此时它正游说奥地利参战,而一旦撒丁出兵近东,奥地利在亚平宁半岛无后顾之忧,就很有可能同意法国的要求。加富尔认为,英国的提议是难得的机会。他很快回复对方,如果奥地利向俄国宣战,撒丁将立即派出三分之一的兵力赴近东,与英法共同对敌。

不料,加富尔的决定在撒丁王国内部引起广泛的批评。以撒丁外相为首的反对者认为应该利用这个机会,同英法讨价还价,削弱奥地利在亚平宁半岛的势力。撒丁出兵不能仅仅换来英法的所谓好感,而必须有实实在在的利益收获。由于他们的干预,撒丁与英法的接触停顿下来。他们没有像加富尔一样,既看到维也纳体系崩溃为意大利提供的机会,也看到其中隐藏的变数和风险。法国承担着主要的陆上作战任务,它愿意接受撒丁军队的帮助,但更希望看到奥地利站到自己一边,施加决定性的干预。弱小的撒丁并没有多少谈判的空间。

1854 年 12 月,英法再次要求撒丁参战。加富尔敦促内阁立即接受,而反对派坚持对英法提出先决条件:同意在战后和会中讨论意大利问题,迫使奥地利停止迫害伦巴第难民。正在与奥地利接洽的法国立即拒绝与撒丁谈判,明确提出撒丁王国应无条件地提供支援。撒丁与英法的协商再次陷入僵局。此时,加富尔一直担心的事情终于发生,英法同奥地利签署了针对俄国的盟约,随后奥法又签订了秘密条约,规定在近东开展合作的同时,在意大利保持两国军队的合作。

局势向着不利于撒丁的方向迅速变化。法奥已经走到一起,借列强大战之机削弱奥地利、改变亚平宁半岛的力量对比被证明是虚幻的目标。而英法得到奥地利的协助之后,在近东战场上占据主动,它们已不急于拉拢撒丁参战。如果撒丁继续置身事外,不仅将失去接近英法的机会,而且战后在意大利问题上没有发言权,并有被操纵和牺牲的危险。在这种情况下,加富尔作出了果断的决定。他亲自兼任外相,在伊曼纽尔国王的支持下宣布无条件地加入英法联盟。1855年1月,撒丁与英法签订了军事协定,派出王国三分之一的兵力(1.5万人)参加对俄作战。

在历尽周折之后,撒丁终于能够以胜利者的身份参加1856年的巴黎和会,但其地位是相当脆弱的。加富尔不得不依靠自己的机智和口才实施既定战略:接近法国,笼络英国,孤立奥地利。尽管和会的主题是近东安排,但加富尔成功地使会议对意大利问题的讨论成为最引人注目的内容。他提出了一系列改变意大利政治现状的建议,主旨是缩小奥地利在半岛的势力范围,同时扩大撒丁的影响。① 不出所料,这些建议引起奥地利的强烈抗议,而被一一否决。不过加富尔依然达到了他想要的效果。失去俄国支持的奥地利已是色厉内荏,其主宰亚平宁半岛的合法性遭到普遍质疑。其他国家虽未赞同立即作出领土调整,但承认意大利的分裂局面难以为继。英国代表在大会上公开抨击奥地利和教皇在意大利的统治。而加富尔经过试探,确信拿破仑三世将在意大利问题上大做文章,甚至不惜与奥地利作战。这使他与法国结盟反奥的决心更加坚定。

普隆比耶尔秘密协定

巴黎和会之后,法撒同盟迟迟没有进展,而奥撒关系不可避免地恶化了。1857年1月,伦巴第首府米兰的市民向都灵赠送纪念碑,表示对撒丁阵亡将士的怀念。奥地利指责撒丁王国鼓动伦巴第的分离情绪,奥撒随即中断了外交关

---

① 加富尔的建议包括奥皇宗室将摩德纳公国和帕尔马公国的统治权交给撒丁王国,作为补偿,他们可以转任摩尔达维亚和瓦拉几亚的君主。参见〔英〕A. J. P. 泰勒:《争夺欧洲霸权的斗争(1848—1918)》,商务印书馆1987年版,第111页。

系。撒丁再次单独面对奥地利的压力,但加富尔对与法国结盟、共同反奥的战略仍然充满信心。一方面,拿破仑三世在克里米亚战后的自信高度膨胀,他甚至以欧洲新霸主自居。对他而言,此刻如能乘胜前进,打破维也纳体系对法国的约束,实在是难以抵挡的诱惑。另一方面,法国在1857年发生了经济危机,反对第二帝国的势力重新抬头。拿破仑三世需要在国际舞台上取得新的胜利,以证明其专制统治的合法性,压制国内的反对派。对法国来说,解决意大利问题成功的把握最大,而且有望获得实际收益,是惠而不费的事情。而欲驱逐奥地利势力,法国必然要同撒丁合作。

1858年1月发生的奥尔西尼事件意外地为法撒结盟提供了契机。费利切·奥尔西尼等四名意大利共和派成员在巴黎行刺法皇,失手被擒。① 法国上下为之震动。奥尔西尼在狱中致信拿破仑三世称:"意大利一日不统一,则欧洲的安宁以及陛下的性命也一日得不到保障。"②拿破仑三世对此事的反应相当微妙。他一方面对撒丁提出措辞强硬的要求,勒令其严格管制报刊宣传,威胁要同奥地利联手镇压意大利民族主义。另一方面,他又主动对撒丁方面表示:"在与奥地利开战时,我将去与我忠实的盟友并肩作战。"③

加富尔很快看清了拿破仑三世的复杂心态。奥尔西尼事件把法皇最害怕的两个敌人——民族解放和民主革命一并摆到了他面前,使他感到既难以同时招架,也不能再拖延下去了。加富尔相信拿破仑三世会选择支持民族解放运动,以缓解革命压力,而撒丁能够做的就是向法皇陈明利害,促使他下定决心。加富尔向法国方面指出,撒丁难以改变其相对自由的政治制度,意大利统一事业越是无法取得进展,民族主义者的情绪越难以控制,撒丁政府也是无能为力。根本的解决办法只能是法撒结盟,驱逐奥地利势力,满足意大利人的民族愿望。如果法国出面相助,撒丁准备放弃萨伏依,支持法国恢复自然疆界。加富尔还提议让伊曼纽尔国王的女儿克罗蒂尔德公主嫁给法皇的堂弟拿破仑亲王,在萨伏伊王室和波旁王室之间建立牢固的纽带。拿破仑三世对加富尔提出的报偿感到满意,终于决定与撒丁结盟对奥作战。

1858年7月20—21日,拿破仑三世与加富尔在法国的避暑胜地普隆比耶尔秘密会面,全面讨论了法撒结盟的安排。拿破仑三世提议法国出兵20万,撒

---

① 他们谋刺法皇的理由是法国自1849年革命后陈兵保护教皇国,阻挠意大利的统一。
② 王绳祖主编:《国际关系史》第2卷,世界知识出版社1995年版,第301页。
③ 〔英〕詹姆斯·汤普森:《路易·拿破仑与第二帝国》,纽约哥伦比亚大学出版社1983年版,第178页。

丁出兵10万,共同对付奥地利。他承诺向撒丁提供军需物资和开战所需的财政支持。作为回报,撒丁除了保证放弃萨伏依、与波旁王室联姻之外,还应将尼斯归还法国。在彻底清除奥地利势力之后,法皇认为意大利应当成为由四方组成的联邦:教皇出任联邦首脑,但他实际控制的地区将缩小到罗马周边的传统教皇领地;大部分教会领地与托斯卡纳合并,组成中意大利王国,由波旁王室成员统治;两西西里王国领土不变,但应由法国缪拉元帅之子继任国王[①];撒丁可以兼并伦巴第、威尼西亚、摩德纳及其余的教会领地,组建"从阿尔卑斯山到亚得里亚海"的上意大利王国。

法皇提出的战后安排与撒丁方面追求的统一目标相去甚远,但加富尔并未多加争辩。他认为只要走出关键的第一步,与法国结成反奥同盟,就是撒丁的重大成就。其他问题可以在军事和外交折冲中随机应变,争取有利的解决方案。法国的实力并不足以划定战后格局,他不反对拿破仑三世沉溺于一厢情愿的幻想当中。加富尔只是说服法皇接受一项原则,即允许根据战争进程对上述安排进行调整。于是双方顺利地达成了协议。表面上看,法国予取予求,既恢复了领土,又扩张了势力范围,收获丰富。但撒丁在战略上的收益更大。加富尔终于达到了既定的外交目标,借助法国的力量摆脱维也纳体系的束缚,为意大利统一运动争取到有利的国际环境。因此,普隆比耶尔协定被视为弱国外交的成功典范。

法撒奥战争的爆发

普隆比耶尔会谈之后,法撒开始筹备对奥地利的战争。1859年1月,拿破仑亲王与克罗蒂尔德公主举行了婚礼,并代表法国与撒丁王国签订条约,正式确认普隆比耶尔协定。按照约定,法国负责争取其他欧洲列强的支持,撒丁负责制造开战的借口。最初看来,撒丁的任务比较棘手。因为德意志邦联宪法规定,其成员遭受侵略时,有权要求其他各邦出兵援助。为防止德意志各邦,特别是普鲁士卷入战事,必须诱使奥地利主动对撒丁宣战。但随着法撒同盟的公开化,奥地利的态度日益谨慎,要想诱使它首先开战,确实不是一件容易的事情。

出乎拿破仑三世和加富尔意料的是,法国与俄英普的磋商同样进行得不顺利。英国对法撒摧毁维也纳体系的企图表示强烈质疑,不赞成通过战争改变欧洲大陆的均势。英国外交大臣致函法国政府,称奥地利在意大利的地位,是得

[①] 拿破仑帝国时期,拿破仑一世的妹夫约阿希姆·缪拉被任命为那不勒斯国王。梅特涅也一度支持缪拉留任,但因后者在百日政变期间追随拿破仑,两西西里王国统治权遂依正统原则交还斐迪南一世。

到 1815 年条约保证的,如强行改变它只能引起保守势力的坚决抵抗。英国极力呼吁各方,在维也纳体系的框架内,通过谈判而不是以战争手段解决意大利问题。如果法撒执意开战,英国无法予以支持,而只能保持"公正的中立"。

一贯与奥地利不和的普鲁士,此时却摆出了与奥同仇敌忾的姿态。自 1858 年 11 月起担任普鲁士摄政的威廉亲王正在寻求与英国结盟,以抵制法国和俄国,因此乐于在意大利问题上与英国保持一致。他大谈所谓德意志的民族感情,表示愿意与奥地利团结一致,对抗法国的压力。在普鲁士的鼓动下,德意志其他各邦公开保证将遵守邦联宪法的规定,共同抵御对奥地利的进攻。威廉亲王则示意,如果奥方同意由普鲁士担任邦联军队的统帅,普鲁士军队也将积极赴援。

俄国始终是拿破仑三世全力争取的对象。他希望俄国能够签约,保证一旦普鲁士援助奥地利,俄国将站在法国一边参战。如此则普鲁士不致轻举妄动,在加里西亚的奥军也会受到牵制,可以减轻法撒军队的负担。而俄国最关心的是修订 1856 年《巴黎条约》。如果法国不同意改变近东的安排,俄国也无意支持拿破仑三世在意大利的冒险。在法国一轮又一轮的外交攻势下,1859 年 3 月 3 日,俄国接受了一项秘密协议,保证在意大利战事中"采取最适于表现对法善意中立的政治和军事态度"。[①] 如此含混的措辞意味着俄国仍然不愿承担任何实质性的义务,对期待支持的法国而言只是聊胜于无。

即便是如此虚弱的承诺,沙皇亚历山大二世也很快懊悔了。3 月 18 日,他突然建议召开国际会议解决意大利问题。通过这个姿态,他表示俄国更倾向于外交和解,而不是武力对抗。拿破仑三世颇感狼狈,而一直呼吁和谈的英国则更加活跃。它提议法国、奥地利和撒丁全面解除武装,自边境地区撤退军队,作为它们参加会议的先决条件。

面对英俄的压力,拿破仑三世开始犹豫不决。他感到难以拒绝召开国际会议的设想,否则将难逃主动挑起战争的责任,使自己的欧洲领袖形象受损。而且他始终担心普鲁士趁法奥交战之机,从背后攻击法国,没有俄国的支持他没有把握同时击败普奥。他在公开场合一再强调自己的和平意愿,并接受了英国的裁军建议,准备参加和会。

加富尔对法皇的退缩极为不满。撒丁对英俄的和平倡议一直予以拒绝,但以撒丁的实力,他无法消除法国对两线作战的担心。似乎只有一个办法能够维

---

① 〔英〕泰勒:《争夺欧洲霸权的斗争(1848—1918)》,第 132 页。

持法撒联合对奥作战的计划,那就是尽快完成撒丁承担的任务,引诱奥地利发起攻击,给法国及时找到开战的借口。为此,加富尔不断制造假情报,夸大法撒之间的分歧,声称撒丁政府内部意见不一、撒丁军队尚未做好战争准备等等,企图以此让奥方以为撒丁是软弱孤立的。① 一度看来,加富尔的努力已经来不及扭转局面。4月18日,法国命令撒丁方面接受英国的裁军倡议,准备参加和谈。愤怒且失望的加富尔不得不接受法国的意旨,他以为对奥作战的时机已经丧失了。

然而,在这个关键时刻,奥地利政府却突然吞下了加富尔抛出的诱饵,从而铸成大错。它判断法国已经抛弃撒丁,撒丁不仅外交上空前孤立,而且军队外强中干,奥军可以轻易地战而胜之。据此,它拒绝考虑与普鲁士结盟,决定利用这个难得的机会,独力击溃撒丁,巩固自己在意大利的主宰地位。4月19日,奥地利匆忙宣布进行战争动员。23日,它向撒丁王国发出最后通牒,要求撒丁在三天之内同意解除武装、停止反奥活动,否则将面临战争。

如此戏剧性的变化令加富尔喜出望外,也解决了困扰拿破仑三世多时的难题。法国不用再担心普鲁士的干预,而且可以理直气壮地站在撒丁一边抵御侵略。两人在普隆比耶尔的预想终于成为现实。4月26日,撒丁拒绝了最后通牒。28日,奥地利对撒丁宣战。次日,奥军攻入撒丁境内,撒丁对奥宣战。5月3日,法国宣布与撒丁联手对奥作战。撒丁、法国对奥战争终于爆发了。②

奥军战败与维拉法朗卡预备和约

法撒奥战争开始之后,胜利之窗曾一度向奥军开启。当时进入皮埃蒙特地区的是14万奥军精锐部队,而他们面对的撒丁军队总计不到7万人。如果奥军迅速挺进都灵,是有可能利用人数上的优势在法军赶到之前摧垮撒丁的。但奥军战地统帅弗朗茨·吉乌莱的行动过于迟缓,用了10天的时间仅前进了50英里。此时,拿破仑三世已亲率法军开赴意大利战场,法撒联军在人数上已超过奥地利军队。吉乌莱接到这个消息后,马上掉头回撤,奥军从此失去了在战场上的主动权。

拿破仑三世与伊曼纽尔国王会师后,被推为联军的统帅。他决定由撒丁军队在正面佯攻,牵制奥军。他自己率法军主力利用半岛北部已建成的铁路线,向北迂回奥军侧翼。此时,吉乌莱又判断法撒联军将向南迂回,因而把注意力

---

① 参见〔苏〕鲍爵姆金主编:《世界外交史》第2分册,五十年代出版社1950年版,第190页。
② 此战亦被称为第二次意大利统一战争,1848—1849年的革命与起义为第一次意大利统一战争。

放在完全错误的方向上。使交战双方都感到意外的是,在正面战场的接触战当中,人数和装备都居劣势的撒丁军队竟然重创奥军,迫使其后撤。此时法军也完成迂回,进入伦巴第境内,奥军的士气开始动摇。

6月4日,拿破仑三世的先头部队在马詹塔与奥军遭遇,双方都立刻派出增援部队,从而演变成一场大战。在马利·德·麦克马洪的指挥下,5万法军击败了人数近6万的奥军。吉乌莱无心恋战,主动放弃米兰,退入四边要塞地区固守。自开战以来,加里波第率领的志愿军不断袭扰奥军并在各地发动起义。此时在志愿军的支持下,米兰市政委员会宣布加入撒丁王国。跟随奥地利军队作战的托斯卡纳大公和摩德纳公爵不敢离开四边要塞的保护,帕尔马女公爵也在起义军的威胁下弃国出逃,奥地利势力对这三个公国的控制遂告瓦解。

6月下旬,得到增援的吉乌莱从索尔费里诺出击,试图乘法撒联军战线过长之机取得一场胜利,夺回战争的主动权。不料联军主力迅速回师并马上加入战斗,索尔费里诺战役演变成13.7万联军对12.8万奥军的会战。奥军企图从右翼突破并围歼法军的计划未能成功,联军集中兵力于中部,但也迟迟不能夺取索尔费里诺。直到拿破仑三世将他的皇家卫队投入战场,联军才占据了优势,将奥地利军队逐回四边要塞地区,并牢牢控制了伦巴第。此役奥军伤亡2.1万人,而法撒联军虽然获胜,也付出了伤亡1.7万人的代价。

此时,连战皆胜的拿破仑三世突然做出了一个惊人的决定。7月6日,他未与撒丁君臣商议,即派出自己的侍从武官卡多林公爵造访奥军大本营,建议双方停战。据他自己后来说,他在索尔费里诺战役后视察战场时,为惨烈的伤亡景象所震撼,所以作出这个戏剧性的决策。但没有人天真到相信他的解释。一般认为,他是在两个刺激下采取突然行动的。其一,是他一直担心的普鲁士干涉的可能性又增大了。奥军一败再败使德意志各邦舆论哗然,普鲁士政府也感到不安,它们不愿看到法国在对奥作战中占尽上风。尽管奥地利一直拒不承认普鲁士在德意志邦联的主导地位,摄政王威廉还是决定不能坐视奥地利惨败。6月24日,普鲁士政府下令军队动员,宣布依据1815年条约武装调停意大利问题,警告法撒联军不要进攻威尼西亚。拿破仑三世立即同俄国接触,希望根据法俄秘密协定的精神,俄国陈兵边境震慑普鲁士。但俄方根本不认为它有此义务,反而劝说拿破仑三世适可而止,以防战事失控。拿破仑三世感到虽然联军屡战屡胜,但未能决定性地击溃奥军主力。如果此时普鲁士真的在莱茵河上发起攻击,法国无力应付,他长期以来的噩梦将成为现实。

另一个刺激则来自意大利民族主义者,拿破仑三世发现自己远远低估了他们的能量。他们不仅使伦巴第各城市望风影从,而且完全依靠自己的力量驱逐了中北部三公国的统治者。在他们的鼓动下,教会领地也发生了起义。起义者建立的临时政权相继宣布效忠伊曼纽尔国王,加富尔已经派遣行政官员接管三个公国和教会领地。而按照法皇在普隆比耶尔勾画的地图,托斯卡纳和大部分教会领地应组成中意大利王国,属法国势力范围,不容撒丁染指,他本来打算是让堂弟拿破仑亲王统治这一地区的。更糟的是,面对既成事实,他还难以对撒丁方面提出有力的抗议,因为普隆比耶尔协定允许"根据战争进程对安排进行调整"。此时,加富尔已经在描绘按种族、语言、历史传统统一起来的意大利了。随着战场上的胜利,法国主宰亚平宁的希望却日益暗淡下去,法军似乎只是在为撒丁火中取栗,这是拿破仑三世所不能接受的。

在复杂的心态下,拿破仑三世主动提出议和,奥皇欣然接受。7月8日,法奥签署了停火协议。11日,两国皇帝在维拉弗朗卡会晤,并达成了预备和约。双方商定奥地利可以保留在伦巴第的曼图亚和佩斯奇埃拉两个要塞,但须将其余地区交给法国,法国再将其转交撒丁;威尼西亚仍属于奥地利;中北部三公国的统治者可以复国,但不得使用武力。法皇还将他对意大利最终安排的一贯设想塞进了和约,称应当组成意大利联邦,由教皇任首脑,威尼西亚也可加入,还应召开欧洲大会予以确认。

在谈判停战和预备和约的过程中,法国一直将撒丁抛在一边。拿破仑三世最后接受的条件根本没有达到他在普隆比耶尔许诺的目标——将奥地利势力从意大利的每一寸土地上永远驱逐。他允许战败的奥地利保持对四边要塞的完整控制,同意奥皇宗室的统治者重新掌握三公国,从而暴露了自己对撒丁势力扩张的猜忌。显然,在无法制造法国主宰意大利的局面的情况下,他退而求其次,宁愿让奥地利和撒丁在亚平宁半岛继续对峙下去,以避免自己身边出现一个新的强国。加富尔得知拿破仑三世的背叛后"发狂地咆哮",但撒丁不可能单独继续作战,他只有辞去首相职务。法撒奥战争结束了。

第二节 意大利王国的建立

中北部意大利的归属问题

法奥维拉弗朗卡预备和约停止了战争,但并不能划定战后意大利的政治地图。没有法军的支持,意大利人无法继续攻击四边要塞、夺取威尼西亚,但他们已经事实上控制了中北部公国,决不愿将它们交还奥地利统治者。撒丁政府做出与法皇保持一致的姿态,向派驻该地的行政官发出指令,要求他们撤出。但以路易吉·法里尼为代表的行政官员拒绝执行,声称撒丁并不是预备和约的签字国,因此不应承担条约义务。他们自行其是,组成托斯卡纳、摩德纳、帕尔马、罗曼纳四邦军事同盟,兴兵自保,拒绝原统治者复国。

意大利共和派人士的反应则更加激烈。他们指责法皇背信弃义,认为拿破仑三世的行为再次证明法国是意大利统一的敌人。他们决心将攻击目标扩大到法国庇护下的教皇国。流亡英国的马志尼回到托斯卡纳,策划在教会领地发动起义。加里波第率领志愿军逼近教皇领地,准备直取罗马,四邦联军也打算配合他的行动。

法皇自以为可以玩弄奥撒于股掌之中,但还是低估了民族主义的冲击力。他急忙向撒丁王国施加压力,以保护教皇国。撒丁政府不愿与法国决裂,解除了加里波第的指挥权,并警告四邦联军不要轻举妄动。教皇领地暂时安全了,意大利人的注意力又集中到中北部公国的最终归属上面。1859年9月,中北四邦自行组织了公民投票,赞成与撒丁合并的主张获得一致支持。它们随即派代表前往都灵请愿,正式要求加入撒丁王国。法国以为此举完全违背维拉弗朗卡停战协定,威胁撒丁政府不得接受。伊曼纽尔国王只好拒绝了中北四邦立即归并的请求。但当地居民已经显示了自己的真实意愿,并且在英法等国得到舆论的普遍同情。

在法撒奥谈判正式和约的过程中,撒丁方面明确表示,不能接受维拉弗朗卡预备和约对中意大利归属的决定。由于预备和约规定不能以武力帮助各国的原统治者复国,奥地利只有不断地向法皇施加压力,要他迫使撒丁政府允许奥皇宗室成员恢复统治。而撒丁辩称中北四邦人民有其独立意志,撒丁政府无法代替他们做出决定。拿破仑三世陷入窘境,和约谈判迟迟不能得出结论。法皇权衡利弊,最终决定放弃在预备和约中对中意大利问题的承诺。1859年11月10日,法撒奥签署了正式结束战争的《苏黎世和约》。和约分奥法和约、法撒条约、法国—撒丁—奥地利和约三部分。

和约规定奥地利将伦巴第地区交给法国,法国将其转交撒丁,但奥方保留曼图亚和佩斯奇埃拉两要塞;威尼西亚仍归奥地利所有。关于中北部意大利问题,和约称"鉴于未参加最近一次战争的意大利独立诸邦的领土疆界,须经主持划定这些疆界并承认其存在的诸大国同意方能更改,因此托斯卡纳大公、摩德纳公爵和帕尔马公爵的权利,明确地留待缔约国审议。"法奥还在和约中表示要敦促教皇"推行那些公认为必不可少的改革",以安抚意大利人的情绪。在中北意大利问题上深感受挫的法皇迫使撒丁政府支付6000万法郎,以补偿法国的战争费用。①

法撒奥战争是一场半途而废的战争,《苏黎世和约》同样令各方都感到不满意。对撒丁而言,任何阻止中北部各邦归并的安排都是不可接受的。奥地利则发现拿破仑三世在维拉弗朗卡的许诺毫无诚意,它已经失去了对中北部意大利的控制,对法皇的愤怒情绪又高涨起来。拿破仑三世既无法如自己所愿划定意大利的政治地图,也没有得到他所渴望的尼斯和萨伏依。因为法国没有如约彻底清除奥地利势力,撒丁自然回避讨论法撒之间的领土变更。尽管经历了一场战争,意大利问题从总体上看依然悬而未决,其中北部的权力真空状态尤为刺目。

《都灵条约》

为了解决中北部各邦的归属问题,法国和撒丁很快展开了新的一轮外交活动。拿破仑三世的方案仍然是通过召开国际会议确认他有关意大利联邦的设想。他联合奥皇发出了在1860年1月召开关于意大利问题的国际大会的倡议,撒丁王国、教皇国、两西西里王国当然应邀出席,英俄普等国也在被邀请之列。列强都同意与会,但对会议的设想却大相径庭。英国对拿破仑三世以武力打破维也纳体系的行为一直耿耿于怀,试图借多边协议约束法皇的野心。俄国则期待英法奥之间出现裂痕,给自己改变近东安排创造机会。普鲁士已经向沙皇亚历山大二世做出保证,同意在意大利问题上保持中立②,但仍然希望寻机削弱法国的实力。

由于各国的钩心斗角,会议的筹备一直为阴谋气氛所笼罩。1859年12月22日,法皇的一个文学侍臣出版了一本小册子——《教皇和大会》,鼓吹在即将召开的国际会议中严格限制教皇和教会的世俗权力,迫使教皇国放弃罗曼纳等等。时人普遍认为小册子是拿破仑三世授意发行的,目的在于让意大利人注意到:他愿在教皇国和中北部各邦问题上妥协,只要对方接受意大利联邦,同意调整法撒边界。教皇自然对此表示震怒,奥地利也做出强烈反应。维也纳要求拿

---

① 王绳祖、何春超、吴世民主编:《国际关系史资料选编(17世纪中叶—1945年)》,法律出版社1988年版,第111—112页。

② 这项约定是1859年10月沙皇与普鲁士摄政王会晤时达成的。作为交换,俄国方面许诺将反对法国攻击普鲁士。

破仑三世澄清他的态度，公开批驳小册子的论调。法皇拒绝了奥方的要求，奥地利政府随即宣布将抵制国际大会，教皇也决定不出席会议。拿破仑三世的国际会议计划再次失败。

与此同时，撒丁政府一直没有放弃努力，希望列强能够接受意大利中北部各邦的政治现实，允许它们并入撒丁王国。为此，它一方面加强与中北部各邦的实质性关系，加紧制造既成事实，争取使统一成为定局。另一方面不断试探各国的态度，争取外交承认。1860年1月6日，加富尔再次出任首相，使撒丁的外交活动更加活跃起来。

加富尔仍然认为法国的态度是意大利统一问题的关键。尽管奥地利威胁要以武力阻止中北部四邦加入撒丁，但在奥普、奥俄和解均未实现，奥法之间又摩擦不断的情况下，奥地利不大可能再度挑起战争。法皇自以为在意大利问题上握有主动权，但机关算尽的结果是使自己骑虎难下。经过普隆比耶尔会谈和维拉弗朗卡预备和约之后，加富尔对拿破仑三世志大才疏、优柔寡断而又多疑善变的性格有了更清楚的认识。为了促使他下决心接受撒丁势力扩张的事实，加富尔准备双管齐下。一是以法皇渴望的战利品——尼斯和萨伏依引诱他，二是借英国之手向他施加压力。自法撒奥战争后，英国对拿破仑三世的戒心越来越重，因而不反对出现一个强大的意大利以牵制法国。在战争期间上台的帕默斯顿内阁本来就倾向自由派，肯定愿意劝说法皇接受意大利的统一。在最理想的情况下，加富尔还指望借英国的压力在尼斯和萨伏依问题上与法国讨价还价，甚至抵制法皇的领土要求。

加富尔的设想很快成为现实。1860年1月，英国驻法大使提出了解决意大利问题的四点建议：(1)法奥承诺不使用武力干涉意大利内部事务；(2)法皇和教皇一同安排法军从罗马以及意大利北部撤出；(3)威尼西亚内部行政问题不再列入国际谈判；(4)除非中意大利居民投票表决赞成与撒丁合并，撒丁军队不得进入中北部各邦。① 这其中的第一和第四点结合起来看，意味着允许中北部意大利各邦通过公民投票决定归属，而根据1859年它们自行组织的投票结果，它们显然会选择加入撒丁王国。英国的方案实际上是正式给予其国际承认而已。

法皇此时终于认识到，不仅不会出现他在普隆比耶尔设想的法国主宰下的意大利，也不会出现他在维拉弗朗卡设计的撒奥对峙局面，撒丁王国势将在半

---

① 王绳祖主编：《国际关系史》第2卷，第318页。

岛上一家独大。既然战略意图已无法实现,他也只有满足于获取实际利益——收回尼斯和萨伏依,这样还可以压制国内对其意大利政策的批评。法国驻都灵公使奉命与撒丁政府联系,要求立即恢复关于尼斯和萨伏依问题的谈判。法国方面的提议很简单,撒丁割让尼斯和萨伏依,换取法国同意中北部各邦与撒丁合并。

法国恢复"自然疆界"的企图公开之后,果然引起英普等国的反对。加富尔乘机拖延与法国的谈判,同时加快与中北部各邦的合并进程。但这一次拿破仑三世摆出了破釜沉舟的姿态。他向撒丁方面表示,即使遭到列强的一致反对也要得到尼斯和萨伏依,如果撒丁拒绝领土变更,单方面统一中北部各邦,法国将不惜使用武力。英国在此时退让了。帕默斯顿质疑法皇的意图,并私下对撒丁使节说:"这位皇帝有许多宏大的想法要实现,这些想法将迫使我们诉诸战争。"但是他未采取任何实际行动与法国对抗。普鲁士也援引与俄国的约定,表示在意大利问题上保持中立。加富尔此时已没有回旋余地,只得接受法国的要求。

1860年3月18—22日,撒丁国王先后颁布谕令,根据此前的公民投票结果,正式接纳托斯卡纳、摩德纳、帕尔马、罗曼纳四邦为撒丁王国组成部分。3月24日,法国与撒丁签署《都灵条约》,规定在"毫无强制居民意志的情况下",将尼斯和萨伏依地区并入法国。至此,撒丁王国终于统一了意大利中北部除威尼西亚之外的地区,成为亚平宁半岛上占据优势的强国,为统一运动的进一步开展奠定了基础。但它为此也付出了高昂的代价。

拿破仑三世虽以高压手段得到尼斯和萨伏依,但他谋求恢复"自然疆界"的动向引起其他大国的警惕,法国的战略处境开始恶化。《都灵条约》公然改变了维也纳会议确定的领土安排,为列强在中欧和近东的角逐打开了大门。

加里波第进军两西西里

法皇巧取豪夺的行径招致欧洲国家的猜忌,更引起意大利人的强烈愤慨。以尼斯地区代表身份出席撒丁议会的加里波第,发表了措辞激烈的讲话,抨击加富尔对法软弱妥协,反对将自己的家乡割让给法国。马志尼领导的共和派则把矛头指向君主制度,他认为事实证明,国王在关键时刻不能维护民族利益,不能为统一事业提供坚强的领导。他们坚决要求将统一运动继续进行下去,即便与奥地利和法国开战也在所不惜。

在激进派的压力下,加富尔感到必须为意大利统一找到下一个目标。否则撒丁在统一运动中的领导地位可能不保,他所推崇的君主立宪制度也将面临革命者的挑战。他不希望激进派对威尼西亚或教皇国发动攻击,因为那势将引起奥地利或法国的武力干涉,而撒丁在中北部四邦立足未稳,无力与法奥进行正面冲突。于是,南部的两西西里王国成为唯一可以接受的目标。自 1848—1849 年革命之后,西西里岛上反对波旁王室统治的起义此起彼伏,而一直遭到那不勒斯军队的镇压。起义领袖久闻加里波第的军事才能,力邀他到西西里主持全局。加富尔怂恿加里波第接受这一邀请,并暗中为他提供必要的装备和给养。共和派对进攻两西西里王国也很感兴趣。马志尼撰文号召意大利人加入这一民族解放事业,并声称:"这已经不再是共和国与君主制之争,而是事关民族团结的问题,是在生存和毁灭之间的抉择。"在进军西西里的旗帜下,意大利各派再次取得一致。

1860 年 5 月 11 日,加里波第率领 1000 多名志愿者在西西里岛的马尔萨拉登陆,开始了富于传奇色彩的远征行动。从军事上看,他接受的是不可能完成的任务,远征军几乎得不到后方支援,而且在人数上居于绝对劣势——仅西西里岛上的波旁守军就达 2.4 万人。加里波第所能依靠的只有自己的指挥技巧和远征军的战术素养。参加远征的志愿者来自意大利各地和匈牙利、英国、阿尔巴尼亚等欧洲国家,其中很多人曾经跟随他在南美民族解放运动中作过战,具有丰富的游击战经验。因此尽管对手人数众多,他们依然保持了高昂的士气。登陆后不久,他们就以弱胜强,彻底击败了一支 2000 人的那不勒斯部队。

初战告捷使加里波第立刻赢得了当地居民的信任乃至崇拜。因远征军士兵普遍身着红色军服,它被冠以"红衫军"的称号。西西里人从各地赶来加入这支传说中的神奇部队。两周之后,当加里波第抵达西西里首府巴勒莫城下的时候,他的部队已经扩大到 3000 人。尽管如此,相对于 1.5 万名那不勒斯守军来说,远征军的实力仍然相差悬殊。但出乎所有人意料的是,加里波第不经任何调整即下令攻城,红衫军立刻不遗余力地投入战斗。猝不及防的守军很快陷入混乱,失去战斗意志。西西里总督不得不请求停战,加里波第于 5 月 27 日占领了巴勒莫。他一面分兵前往全岛各地驱逐波旁军队、接管政权,一面着手准备渡海,发动对那不勒斯地区的攻势。

加里波第势如破竹的胜利使欧洲列强感到震惊。它们纷纷向撒丁施加压力,要其约束加里波第的行动,制止革命在意大利南部的蔓延。在战场上遭到沉重打击的两西西里王国也展开紧张的外交活动,呼吁各国武力干预,阻止加里波第及其远征军跨越墨西拿海峡,与波旁王室素有渊源的法国自然成为它主要的求助对象。拿破仑三世不愿看到撒丁势力的进一步扩张,但也不想独自对抗意大利统一运动。法国试探性地向英国提出建议,由两国共同组织联合舰队,封锁墨西拿海峡,迫使加里波第停战。英国的态度此时成为关键,事实上也只有英国动用其海上优势,才有可能将加里波第的活动限制在西西里岛上。

可是拿破仑三世没有想到,他的建议却帮助举棋不定的英国政府判明了形势,决意站到意大利人一边。在此之前,帕默斯顿内阁一直怀疑法撒围绕加里波第远征进行了秘密交易。他们猜测加富尔可能同意将热那亚地区交给法国,以换取法皇支持撒丁合并两西西里。那将意味着法国势力的重大扩张,而改变欧洲大陆的均势,这是英国所不能接受的。所以英国一直在向撒丁施加压力,要求它公开承诺不放弃热那亚,不进攻威尼西亚。加富尔反复解释,也未能消除英国的疑虑。此时,法国提议联手对付加里波第,才使帕默斯顿确信自己的担心是多余的,在决定政策时也不再左右为难。英国舆论普遍支持意大利统一运动,"自由党"政府更不愿保护两西西里国王的专制统治,它不仅回绝了法皇联手干预的建议,而且还进一步表示反对法国单方面干涉。

一番交涉之后,两西西里国王还是得依靠自己的舰队防守墨西拿海峡。而在加里波第看来,突破这样的防线轻而易举。8月18日深夜,他率领4000人的远征军绕过海峡中的那不勒斯舰队,选择在有重兵把守的加拉勃利亚登陆。接下来的战局发展有如西西里岛战役的重演。经过两天激战,红衫军战胜了人数和装备均优于自己的守军,控制了加拉勃利亚,并以此为据点开始向那不勒斯城进军。各地的意大利志士赶来加入加里波第的队伍,士气低落的波旁军队则节节败退。两西西里国王主动放弃了那不勒斯城,率领5万军队向北退却。9月7日,加里波第顺利地夺取了两西西里王国的首都。

意大利王国的建立

在加里波第的连续打击下,两西西里王国已经难以支撑下去。撒丁君臣认定是亲自出马收拾局面的时候了。加富尔始终认为,意大利统一事业成功的关键在于保持有利的外部环境,避免列强的干预,否则只会重蹈1848—1849年革命的覆辙。为山九仞,功亏一篑。在他看来,如果任由加里波第乘胜前进,战火将很快烧到罗马和威尼斯,那么法国和奥地利就不会再对出兵干涉犹豫不决,目前对意大利人有利的局面可能马上逆转。只有由撒丁国王出面才有把握安抚欧洲的保守势力,控制战争的范围。

不过加里波第的辉煌战绩已使他成为意大利首屈一指的民族英雄,伊曼纽尔国王必须取得与之旗鼓相当的统一业绩,才能顺利接管两西西里,而不被斥责为篡夺胜利果实。加富尔为撒丁王选择的攻击目标是教会领地。为了解放教会领地而又不招致法国的反对,加富尔设计了一套复杂的理由,颇有假虞灭虢的味道。撒丁特使专程晋见法皇,称加里波第的胜利已经在意大利南部点燃了革命的火种,撒丁军队必须迅速南下,从他手中接管两西西里,才能使统一运动保持"民族的和君主的性质"。而撒丁军队南下的捷径是穿过教会领地,鉴于教皇国与撒丁长期敌对的关系,撒丁打算控制教会诸邦,以保证军队顺利通过。拿破仑三世很快听懂了其中的潜台词,他对加富尔的计划表示默许,唯一的条件是不得触动罗马周围的教皇领地。他对撒丁使节说:"外交界会大叫大嚷,但还是让你干的。"①

撒丁君臣对法皇的态度心领神会。他们随即鼓动教会诸邦起义,反对教皇的统治。9月11日,撒丁军队以帮助恢复社会秩序为理由进入教会领地,并轻而易举地粉碎了教皇国军队的抵抗。欧洲列强纷纷对撒丁政府提出抗议,法国也随声附和,并撤回了驻都灵的公使,但并未采取任何实际行动牵制撒丁。伊曼纽尔国王在意大利人中的威望果然迅速提高。

然而此时,一帆风顺的加里波第远征军在与两西西里国王交手时受挫。撒丁方面乘机宣布进军那不勒斯,以彻底制服波旁军队。事实上,对波旁军队的致命一击仍是加里波第独自完成的。他在10月1日指挥2万名远征军再次以少胜多,击败3万人的波旁军队主力,使对手从此无力反击。此时,撒丁军队还没有进入那不勒斯地区。尽管如此,统一运动的主导权却滑落到撒丁君臣手中,加里波第本人也无意争执。10月26日,远征军与撒丁正规军会师。加里波第随即签署命令,将西西里岛和那不勒斯地区的控制权无条件地交给伊曼纽尔国王。两西西里地区按计划举行了公民投票,决定加入撒丁王国。伊曼纽尔二世随后宣布对该地区行使主权。

意大利统一的迅速进展使欧洲列强感到措手不及。当它们还在考虑要不要干预、以什么借口干预的时候,一个基本统一的意大利已经悄然成形了。英法等国准备接受既成事实,而倾向保守的奥普俄仍心有不甘。它们指责撒丁政府违背正统原则、事实上支持革命,奥俄据此召回了驻都灵的使节。奥地利更

---

① 〔英〕泰勒:《争夺欧洲霸权的斗争(1848—1918)》,第146页。这是法皇最初的措辞,后被传为:"干吧,但要快干。"

是将军队调入威尼西亚地区,扬言要阻止革命的蔓延。10月25—27日,奥普俄三国君主在华沙举行会晤,商讨拯救两西西里国王的办法。但是这个针对意大利革命的"神圣同盟"从一开始就是显得动力不足。直接面对意大利统一压力的是奥地利,普俄固然对弹压革命有兴趣,但毕竟身处二线。奥地利要想说服它们与自己共同行动,必须许以足够的实际利益。沙皇期待的是改变近东局面,而威廉亲王的开价仍然是奥地利承认普鲁士在德意志邦联中的领袖地位。可是对这两个要求,奥方均无意满足。

相反,制约保守同盟形成的因素却很活跃。法国在会前向俄国递交备忘录,阐述自己在意大利问题上的立场:如果撒丁进攻威尼西亚,而普鲁士等德意志诸邦保持中立,法国愿保持中立;未来战争不得改变法撒奥战争的结果,即撒丁王国拥有伦巴第,法国拥有尼斯和萨伏依。备忘录包含的潜台词是,如果奥普联手对付意大利、如果奥地利主动攻击撒丁、如果保守同盟企图恢复两西西里王国或教会领地,法国不排除干涉的可能。英国的表态则更加明确。10月27日,英国公开发表了外交大臣约翰·罗素勋爵致英国驻都灵公使的急电,将撒丁出兵比喻为英国光荣革命时期奥兰治亲王登陆英伦,称它们都证明了"当一个民族有正当的理由拿起武器反抗压迫者时,支持勇敢的人民捍卫其自由,恰恰是正义和慷慨的行为"。英国政府认为意大利人民是其自身事务最好的仲裁者,撒丁国王支持意大利南部人民的行为无可指责。[①]

英法的态度产生了关键性的影响。因为俄国视法俄关系为其外交的核心,而普鲁士正极力与英国接近。沙皇和普鲁士摄政王很快在会议上表示,他们无意参与镇压意大利革命,只要意大利统一不危及奥地利在威尼西亚的利益,他们宁愿保持中立。奥皇发现自己孤立无援,对阻挠意大利统一失去了信心。会议毫无结果而散,复苏神圣同盟的企图落空,在最后时刻干涉意大利统一的努力失败了。

1861年3月17日,第一届意大利议会在都灵召开,宣布在撒丁王国的基础上成立意大利王国,伊曼纽尔二世出任国王,加富尔任首相。在历经数年的战争和革命之后,亚平宁半岛上有史以来首次出现了一个统一的民族国家。新国家涵盖了半岛的大部分地区,只有两个地区尚游离在外,即奥地利占领的威尼西亚和法国保护下的教皇领地。

---

① 王绳祖、何春超、吴世民主编:《国际关系史资料选编(17世纪中叶—1945年)》,第114—115页。

第三节　意大利统一的完成

威尼西亚的归并

意大利王国建立伊始，加富尔首相就计划借助统一运动的势头，着手解决威尼西亚和教皇领地问题。他的设想是先接管教皇国，后收回威尼西亚。因为他判断只有在奥地利空前孤立的情况下，意大利才能够迫使它放弃威尼西亚。而意大利作为新生国家，甚至还没有完全得到列强的承认，在国际舞台上的活动能力极其有限，无法主动发起反奥联盟，只有等待时机，特别是等待奥普决裂的时刻。

相形之下，教皇国问题则有迅速突破的可能。拿破仑三世对教会领地的态度清楚地表明，他颇为意大利人的民族主义情绪所震动，而对教皇执意不肯放弃世俗权力、不肯推行自由改革感到不满。加富尔打算利用法皇的心态，劝说他放弃对罗马的保护。在加富尔的操纵下，意大利议会通过决议，宣布罗马为意大利王国首都。他以此作为意大利民族情绪高涨的证据，劝说法皇不要同民族主义正面冲突。拿破仑三世一度接受了加富尔的提议，准备将法军撤出罗马。但就在一切顺利发展的时候，加富尔于1861年6月突然逝世。

意大利统一运动失去了不可或缺的关键人物，其消极影响立刻显现。法皇收回了撤军承诺，转而要求意大利割让撒丁岛，作为法国放弃教皇国的条件。① 继任意大利王国首相里卡索利认为迅速解决教皇领地问题的机会已经丧失，于是他调整了统一方案，决定优先考虑威尼西亚，而暂时搁置教皇国问题。他利用英国提出的方案，向奥地利表示愿出巨资购买威尼西亚，但奥皇根本不予以考虑。意大利君臣试图利用民族革命力量震慑奥皇，促使他改变态度。1862年，他们与加里波第联系，要他率领志愿军进攻威尼西亚，还表示要在近东挑起事端以吸引奥军兵力，配合加里波第行动。

可是在加里波第做好出征准备后，他们又拒绝兑现承诺。加里波第随即将矛头指向教皇国，率领志愿者向罗马进军。这与里卡索利设想的统一步骤刚好相反。伊曼纽尔国王不得不亲自出马，与加里波第兵戎相见，阻止他攻击驻守罗马的法军。意大利舆论为之哗然。1864年9月，意大利政府又接受了法皇的

---

① 王绳祖主编：《国际关系史》第2卷，第329页。

建议,签署了关于罗马地位的协定。法国同意在两年之内将军队撤离罗马,而意大利保证不进攻教皇领地,并同意以佛罗伦萨为王国首都。意大利公众再次议论纷纷。在他们看来,这样的安排意味着长期搁置教皇领地问题,而购买威尼西亚的打算又屡屡碰壁,统一进程停顿下来。

意大利人没有注意到的是,加富尔期待的奥普对峙早已在发展中。1865年,普鲁士主动提议与意大利结盟,共同对付奥地利。普鲁士首相俾斯麦使用各种手段,使奥地利陷于孤立,解决威尼西亚问题的条件迅速成熟。因为对与奥作战缺乏信心,意大利政府做了最后一次努力,要求购买威尼西亚,却仍然为奥皇所拒绝。意方又提出支持奥地利夺取罗马尼亚,作为它放弃威尼西亚的补偿,但又一次被奥方拒绝。意大利感到别无选择,终于下决心通过意普同盟夺取威尼西亚,并于1866年4月与普鲁士订立了攻守同盟条约。①

6月17日,意普同奥地利的战争爆发。在南线作战的意大利军队因指挥不一、后勤工作混乱而屡遭败绩。其陆军尽管占有人数上的优势,却在库思托查战役中被击败,而且丧失了斗志。海军舰队战斗得要顽强得多,在利萨海战中付出了惨重代价,却只给奥地利舰队造成轻微损失。不过意大利参战毕竟起到了牵制作用,保证普鲁士军队在北线取得决定性的胜利。而再次率领志愿军参战的加里波第也顺利地攻入了南提罗尔。意大利君臣开始得陇望蜀,故意拖延停战谈判,企图完全控制南提罗尔地区。俾斯麦却无意节外生枝。他毫不迟疑地抛开盟友,同奥地利单独媾和。意大利无力单独面对奥军的全部压力,只好命令加里波第退出南提罗尔。8月10日,意奥达成停战协定。10月3日,两国正式签署《维也纳和约》,威尼西亚终于脱离奥地利的统治,归入意大利版图。

罗马问题的解决

威尼西亚归并之后,收回罗马附近的教皇领地成了意大利统一运动的最后一个目标。意大利君臣普遍抱着乐观的态度,认为可以顺利解决这个问题。因为根据1864年法意达成的协定,法军已经在1866年撤离罗马。虽然协定载明意大利不得进攻教皇国,且应防止对教皇领地的外部侵略,但意大利政府以为那不过是拿破仑三世为体面撤军而设计的门面话。法国好不容易摆脱了罗马这个包袱,就不会再轻易卷入。

根据这个判断,意大利首相拉塔齐决定仿照两西西里模式解决教皇领地问

---

① 有关条约的内容和详细背景参见本书第十章第二节。

题。他默许加里波第发动对罗马的进军,准备在加里波第重创教皇军队之后,以维持秩序的名义出动意大利军队,顺势接管教皇领地。1867年10月,加里波第率领志愿者进攻教皇国。但出乎意大利政府意料的是,法皇很快做出了反应,紧急派遣军队登陆亚平宁半岛,保护教皇领地。拉塔齐急忙声明意大利政府与加里波第的行动毫无关系,称志愿军为"叛军"。志愿者的士气大受影响。11月3日,加里波第的部队在门塔纳与法军和教皇国军队展开激战。法军装备了新式步枪,火力密集,士气低落的志愿军未能再次创造以少胜多的奇迹,被彻底击溃了。罗马被重新置于法军的保护伞下,教皇领地问题又回到了起点。

意大利王国既不敢与法国直接冲突,便在外交活动中寻找机会,尝试通过和平交易收回罗马。他们向法皇提议组织法奥意同盟,共同对付普俄。意大利愿派遣20万军队参加对普俄的战争,条件是法军立即撤离罗马。接着,他们又同奥匈帝国谈判,保证在奥普冲突时支持奥匈,条件是奥匈支持意大利对罗马的要求。这些漫无目的的接洽都没有产生什么结果。

最终是普法战争替意大利人解决了难题。1870年9月1日,法军在色当大败。驻守罗马的法军被召回国,以保卫本土。第二帝国的崩溃震动了欧洲,列强瞩目于拼凑新的均势格局,相形之下,罗马的归属成了枝节问题。9月11日,意大利军队大举进入教皇领地,很快粉碎了教皇国军队的抵抗,并占领罗马。通过公民投票,教皇领地正式并入意大利。教皇庇护九世退居梵蒂冈,拒不承认意大利对罗马的主权。为了安抚各国的天主教徒,意大利政府通过法律,承诺保障教皇和教会的特殊权利。1871年7月,意大利王国正式迁都罗马,意大利的统一终于完成。这个新兴国家很快以强国的面貌出现在政治舞台上,给欧洲大国之间的角逐增添了变数。

第九章　德国统一时期的欧洲国际关系

第一节　普奥对丹麦的战争

19世纪中叶的德意志统一运动

意大利统一的迅速进展激发了欧洲各国民族主义者的热情和斗志,与其处境相似的德意志反应尤其强烈。因为就19世纪中叶的情况而言,德意志统一的基础条件要远远优于意大利。首先,德意志各邦的经济实现了高速成长。1800—1820年,德意志邦联的工业总产值从6000万英镑增加到8500万英镑。1800—1830年,其矿业产出增长50%,金属加工业增长了3倍,消费品生产增加近8倍。[①] 1848年革命之后,资本主义发展更加顺利,各邦国都加快了从农业国向工业国的转变,实力明显提升。其次,德意志各邦已经实现了初步的经济和贸易一体化,其核心是1833年3月成立的德意志关税同盟。关税同盟最初由普鲁士关税同盟、中德关税同盟和南德关税同盟合并而成,发展到50年代已经包容了除奥地利之外的几乎所有德意志邦国。关税同盟对内实行自由贸易,免除一切关税;对外遵行统一关税制度,从而充分发挥了市场一体化效益,在促进各邦国工业化进程的同时,加深了它们在经济上的相互依赖。再者,与意大利相比,德意志邦国的社会文化水准较高,政治风气相对开明。19世纪中叶,意大利北方的文盲率为59%,南方则高达84%。而德意志此时已经开始推行义务教育,成效显著。1841年文盲率即降至9.3%,1865年进一步下降到5.52%。[②] 教育程度的提高有效地推动了社会进步,也促使各邦统治者采纳政治改良建议,以安抚民众。这为民族意识的形成和传播提供了良好的环境。

总之,无论是在物质方面,还是精神方面,德意志为统一所作的准备都更充分。而意大利的实践表明,维也纳体系正在瓦解过程中。既然意大利的分裂状态可以改变,德意志的政治地图也就有了重画的可能。那么为什么意大利统一

---

① 王绳祖主编:《国际关系史》第2卷,第391页。
② 曹孚主编:《外国教育史》,人民教育出版社1979年版,第94页。

已接近完成,而德意志统一却迟迟没有取得突破呢？其主要原因是德国人对民族统一的方案议论纷纭,争执不下。其中最关键的争论有两个：大德意志与小德意志之争;宪政道路与王朝道路之争。

所谓大德意志与小德意志之争简单地说就是普鲁士和奥地利对统一主导权的竞争。普鲁士和奥地利无疑是德意志诸邦中最强大的两个,它们凭借各自的实力,都已经跻身于欧洲强国之列,都认为自己最有资格担当德意志统一的领袖。哈布斯堡王室的理想是建立从北海到地中海的大德意志,不仅包括德意志诸邦,还要包括比利时、荷兰、匈牙利、罗马尼亚等地,即涵盖曾在哈布斯堡统治下的所有欧洲地区。大德意志派比较有代表性的计划是激进派领袖弗勒贝尔对法兰克福邦联议会提出的建议:将德意志邦联改造为德意志帝国,统一行使外交、经济和军事权力,而未来的帝国应保证奥地利属国的安全,且允许维也纳保留独自宣战的权利。很明显,大德意志方案是企图借统一的德意志的力量,支撑奥地利帝国。而且希望维持邦联的框架,因为普鲁士在邦联议会中一直势单力孤,延续这一框架可以继续将其压制在次要地位。

小德意志方案则是普鲁士霍亨索伦王朝的主张。普方指责奥地利自身定位模糊,既想加入德意志,又想用强硬手段维持多民族的大帝国。哈布斯堡王朝的政策频频失误,内部民族关系复杂而紧张。德意志统一事业要想获得成功,不仅不能奉奥地利为首,而且必须将其排除在外,避免分担维也纳制造的民族矛盾。普鲁士鼓吹以权力集中的德意志联邦取代邦联,因为后者是维也纳会议强加给德国人的,是分化德意志力量的安排。按照普鲁士国王腓特列·威廉四世的设想,联邦应排除奥地利,以普王为首脑,再选择六个邦的君主组成诸侯顾问团,协助普王治理国家;联邦议会应采取普鲁士的三级选举法产生。

如果说大德意志与小德意志方案分歧在于谁来领导,宪政道路与王朝道路的分歧则在于统一的方式。一方主张通过发展议会政治,以自由主义改革创造有利于统一的国内外环境。支持这种方案的人设想以德意志议会代替邦联议会,制定自由宪法,保障普选权、出版自由等基本政治权利,并设置责任制政府。以民主宪政方式自下而上地完成民族统一。与此相对的一方则主张依靠现有的强邦,如普鲁士或奥地利,利用它们积累的经济和军事实力,以自上而下的方式实现统一。为此,应当维护现有的君主政体,强调权力集中和意见一致,以便在条件许可时毫不犹豫地使用武力。

从某种意义上说,意大利的统一进程为这些长期存在的争论做了裁决。撒丁君臣节节胜利,使德意志人普遍倾向王朝统一的道路。而奥地利在与法国、撒丁交战中的失败暴露了它的种种弱点,使德意志人感到"在奥地利保护下的统一是一种浪漫的幻想"①。相应地,经济更发达、军力也更强大的普鲁士获得了一致的期待。而 1850 年普王颁定宪法、接受君主立宪制度,也使普鲁士的政治形象大为改观。因此,尽管奥地利继续掌握着邦联议会主席的地位,但统一运动的重心已经转移到了柏林。

俾斯麦掌权

1862 年 9 月,47 岁的奥托·冯·俾斯麦被任命为普鲁士首相。接着,他又在 10 月 8 日兼任外交大臣,全面掌握了普鲁士的内政和外交权力。事实证明,他是德意志统一的缔造者,也是 19 世纪最杰出的外交家之一。在他的操控下,以普鲁士为核心的统一运动势如破竹地获得了成功,德国作为一个实力超群的强国出现在欧洲大陆的中心,从而改变了欧洲的政治格局。而他所奉行的现实政治理念也改变了欧洲列强的行为模式,对此后的国际关系发展产生了深远的影响。

俾斯麦就任首相一周后,即在普鲁士议会直言不讳地谈及统一问题。他声称:"普鲁士必须积聚自己的力量并将它掌握在手里以待有利时机。……这种时机已被错过好几次。维也纳条约所规定的普鲁士国界是不利于健全的国家生活的。当代的重大问题不是通过演说与多数决议所能解决的——这正是 1848 年和 1849 年所犯的错误——而是要用铁和血来解决。"②这通言论明确表示了他在统一方案之争中的立场,即排除民主宪政方式,依靠普鲁士的力量、依靠王朝战争来解决问题。这个演讲被公之于众并引起很大轰动,俾斯麦也因此被称为"铁血宰相"。这多少出乎他的意料,因为他在演讲中谈到的既不是核心的政治原则,也不是整体的统一方略,而只是根据原则和战略所得出的部分结论而已。

在俾斯麦看来,现实政治原则是决定内外政策唯一的出发点。它要求国家决策者排除意识形态因素的干扰,冷静地判断国家利益之所在,对俾斯麦来说就是普鲁士利益之所在。他以为普鲁士的发展需要统一和强大的德意志,而德意志统一的前提是彻底摧毁维也纳体系对中欧的安排。根据这个理由,他把统一和重塑欧洲均势作为自己的目标,把普鲁士的经济实力和强大军队看作是达

---

① 恩格斯:《暴力在历史中的作用》,《马克思恩格斯全集》第 21 卷,人民出版社 1985 年版,第 478 页。

② 〔英〕艾伦·帕麦尔:《俾斯麦传》,商务印书馆 1982 年版,第 98 页。

到目标的有力手段。现实政治逻辑是排斥个人感情和倾向的,这在俾斯麦身上体现得淋漓尽致。他轻视自由宪政,并不是因为他自己是个保守派。正如他追求统一,并不意味着他是民族主义的信徒一样。他强调铁和血,是因为他相信这些是普鲁士的强项,而并不代表他醉心于使用武力。

俾斯麦的统一战略其实更均衡也更实用。在普王威廉一世邀他出任首相的时候,他就一针见血地批评以往的执政者在国内过于自由,在国外过于保守。① 鲁士要想领导统一运动必须反其道而行之,在国内推行保守政治,强调纪律严明、团结一致;在国际舞台上应当大胆灵活,使外交政策保持最大的弹性。

俾斯麦上台伊始,即展现了他强硬的国内政策手段,帮助威廉一世渡过宪法危机。当时普鲁士政府奉国王的旨意发起军事改革,准备扩大常备军而取消国民后备军,将常备军服役期限从2年延长到3年,并更新部队装备,为此需增税25%。普鲁士众议院借机要求严格预算审议和财政控制,遭到国王拒绝,议会随即否决了军事改革提案。威廉一世进退失据,一度考虑将王位让给其继承人。俾斯麦认为扩军对普鲁士至关重要,因为到19世纪50年代末,普军在人数上已远不及俄法奥三国②,其作战能力受到局限。而俾斯麦一直声称没有强大的普鲁士军队,就不会有德意志民族的统一。他立即打消威廉一世的退位念头,主张越过众议院,强行完成军事改革。在俾斯麦的操纵下,政府径自执行未经众院批准的预算,批评政府的自由派报纸遭到查封,反对派议员被撤销资格。1863年10月,俾斯麦甚至下令解散议会。他以铁腕压制了国内的不同声音,不仅完成了扩军计划,而且树立了国王的绝对权威。

如果说俾斯麦的国内政策引起很多争议的话,他在外交中自由行事的权力则没有遇到多少质疑,因为当时几乎没有人能了解其外交战略的全貌,更难以窥视其奥妙。俾斯麦考虑外交的思路远非"分清敌我友"那么简单,因为对地处欧陆中心的普鲁士而言,每个国家都可能是敌人,同时每个国家又都可能是潜在的朋友。如果普鲁士为某些僵硬的原则所左右,一厢情愿地去寻找盟国的话,它很难获得真诚的支持,倒是肯定会引起敌意和觊觎之心。比如普鲁士王室和容克保守派倾心正统原则,在他们看来俄国和奥地利是天然盟友,他们总是尝试恢复神圣同盟,而遇到与俄奥利益发生冲突时又不免缩手缩脚。议会中的自由派则对英国素有好感,认为沙皇和拿破仑三世的统治都是沙上城堡,梦

---

① 孙炳辉、郑演达编著:《德国史纲》,华东师范大学出版社1995年版,第154页。
② 威廉一世接任时,普鲁士常备军为14万,奥军为31万,法军为42万,俄国兵力达99万。同前注。

想结成英普奥联盟以打击法俄,对英国、奥地利的真实战略意图视而不见。俾斯麦对这些预设结果的外交政策一概嗤之以鼻。

俾斯麦追求的外交风格强调灵活、弹性、自由。以基辛格的话讲,是全方位地与各国结盟、建立关系,但一定要使普鲁士同各国的关系比那些国家彼此之间的关系更密切。① 只要普鲁士坚持自由行事,尽量保持各个外交渠道的畅通,它就可以处于最有利的地位。列强之间的猜忌和敌意是永不休止的,左右逢源的普鲁士自然会成为各方求助的对象,于是就可以不断地从中选择出价最高者,利用每一次冲突最大限度地扩张国家利益,逐步接近统一的目标。

因此,与普遍的印象相反,俾斯麦在追求德意志统一的过程中,手里并没有事先确定的路线图。他的准则是尽可能地保持行动自由,使政策具备最大的弹性,不到最后一刻绝不以对他国的承诺束缚自己。这样的外交可谓"运用之妙,存乎一心",但实施的难度相当大,要求决策者充分了解自己的对手,敏锐把握其心态的变化,准确判断其真实意图。而俾斯麦的前半生似乎一直在为此做训练和准备。1851—1858年,他连续担任普鲁士在法兰克福议会的全权代表,对德意志各邦的特点和倾向有充分的了解。奥地利君臣当然是他的重点关注对象,他还利用1852年临时代管维也纳使馆的机会,切身体验了奥地利的政局,并且欣慰地发现梅特涅式的密室外交后继无人。1859—1862年,他又担任了驻俄大使,与沙皇亚历山大二世和外交大臣戈尔恰科夫交往频繁,从而得以洞悉克里米亚战争给俄国留下的后遗症,对俄国内政与外交的焦点问题形成了自己的看法,并且对沙皇重视同普鲁士王室的亲属关系留下了深刻印象。② 1862年5月,他又转任驻法大使。在此之前,他也曾多次访问巴黎,与拿破仑三世进行会谈。在欧洲国家普遍将法皇视为杜伊勒里宫之谜的时候,俾斯麦已经看清了谜底:拿破仑三世的善变不是机智灵活的表现,而是因为他无力确定法国的国家利益和根本目标。第二帝国已是外强中干,而法皇还在外交上多处出击。他视自己为解放者,实际上却没有能力控制被他释放出来的能量。俾斯麦有充分的把握使其为己所用。

由于俾斯麦长期积累的外交经验,他在外交事务中得到了威廉一世的充分授权。普王甚至默许俾斯麦把自己当作谈判中的筹码和挡箭牌。大权在握的俾斯麦得以充分施展权术,调动列强为己所用,在时机到来的时候又能够独断独行,将乱中取胜的技巧发挥到极致,引导德意志统一事业渡过一道道关口。

---

① 〔美〕亨利·基辛格:《大外交》,海南出版社1998年版,第102页。
② 亚历山大二世的母亲在出嫁前为普鲁士的夏洛特公主,因此亚历山大二世称威廉一世为舅父。

波兰问题与普俄接近

俾斯麦的外交才能很快就得到了施展的机会。1863年1月,沙皇俄国控制下的波兰王国爆发了起义。华沙成立了临时民族政府,宣布波兰独立,波兰和立陶宛各地的民众纷纷响应。俄国在1861年废除农奴制后,亚历山大二世曾一度以进步和仁慈专制标榜自己,但此时却决意出兵镇压。根据维也纳会议的规定,波兰王国附属于俄国,因此俄国政府视波兰问题为自己的内政,希望它不要干扰与列强的关系。而法奥等国起初也的确保持缄默。拿破仑三世不愿因插手波兰而破坏法俄友好。奥皇担心起义蔓延到自己控制的加里西亚地区,不愿反对俄国的镇压。但是,因为怕引起英法同情民族解放的人士的抨击,又不敢公开支持俄国。英国虽然有意与俄国为难,但是在法奥袖手旁观的情况下,自觉鞭长莫及。于是列强大多对波兰问题视而不见,摆出似乎什么事情都没有发生的样子。

俾斯麦却决不愿意让事情就这样过去,他急忙抓住这个机会做两方面的试探。一是推动普俄接近,二是设法拉开俄国同其他强国的距离。他调动4个团的普鲁士军队封锁与波兰的边境,表示要坚决阻止起义扩展到普鲁士控制下的波森地区,坚决反对波兰人的民族吁求。接着他在2月初派遣普王的侍从官古斯塔夫·冯·阿尔文斯勒本将军造访彼得堡,向俄方提议联手压制波兰起义。沙皇的弟弟、担任波兰总督的康斯坦丁亲王认为应当坚持波兰问题为俄国内政的主张,婉拒普方的试探。但亚历山大二世和戈尔恰科夫却对俾斯麦的亲善举动感到满意,同时对他出使俄国期间流露的反波情绪记忆犹新,认为他的确是担心波兰起义蔓延才与俄国接近,于是决定接受普鲁士的建议。

2月8日,双方在彼得堡签订协定。协定规定:两国军队在镇压行动中相互协助,且"在必要的情况下有权越过国境以追捕由一国逃往另一国之暴动者"。由于当时起义在俄国控制的地区发生,俄军是这条规定的主要受益者,俄国君臣因此颇为自得。在普鲁士方面进而要求签订一个秘密条款,规定两国相互交流有关波兰民族运动的情报时,俄国爽快地同意了。戈尔恰科夫没有仔细考虑为什么普方要将这个无关痛痒的安排保密,因而正中俾斯麦设计的圈套。不久,俾斯麦就利用阿尔文斯勒本签订的这个协定中的秘密条款大做文章。他在外交场合故作神秘地提及秘密条款,对其主要内容却闪烁其词,刻意制造一个印象,即协议中还包含更重要、牵涉面更广的秘密条款。

这时,其他欧洲大国不能再无动于衷了。阿尔文斯勒本协定已经把波兰起义变成了一个国际问题,它们必须表明自己的态度。在英法两国,由于舆论普遍同情波兰民族解放运动,要求政府采取行动的呼声高涨。拿破仑三世采取了自认为高明的对策,他准备联合英奥向普鲁士提出抗议,这样即可以对国内民众有个交代,又不会影响法俄的亲密关系。但英国立即表示拒绝。帕默斯顿对拿破仑三世强取尼斯和萨伏依仍耿耿于怀,现在更怀疑法国想趁乱打击普鲁士,占领莱茵兰。英国声称,英法奥应当联手干预波兰问题。但是,俄国是主要当事方,抗议应针对彼得堡而不是柏林。奥地利也附和英国的意见。

法皇此时进退两难,找不出冠冕堂皇的理由可以既拒绝英奥提议、又不激怒国内同情波兰的人士,结果只有与英奥共同行动。4月17日、19日,英法奥先后向俄国发出抗议照会,要求沙皇"停止波兰境内的流血事件"。意大利、西班牙、荷兰等国也表达了同样的立场。一时间,俄国在欧洲陷于孤立。

俄国君臣看到英法奥的"克里米亚联盟"有复活的趋势,自不免忧心忡忡。沙皇亚历山大仍希望通过法俄友好来分化对手,以求改变被围攻的态势。戈尔恰科夫奉命拒绝三国照会,但对法国格外假以辞色,表示不反对按法皇的提议召开欧洲大会讨论波兰问题,前提是所有其他欧洲问题也要被列入议程。但此时俄军残酷镇压起义的消息不断传到巴黎,法国上下对俄国的反感日益强烈,拿破仑三世非但不能接受俄方的示好,反而身不由己地趋向更强硬的立场。

6月17日,英法奥向俄国提交了第二次照会,不仅要求在波兰停火、实行大赦,而且提出允许波兰王国高度自治,采取建立波兰国民议会、由波兰籍官员主持行政、在政府机关和教育机构中以波兰语为唯一官方语言等等措施。接受这些条件意味着俄国结束在波兰的统治,俄国政府自然坚决拒绝。

事态发展至此,下一步应当是英法奥考虑以武力支持自己的波兰政策。但是,三国谁都没有真的打算对俄作战。三国在相互试探和推诿了一番之后,它们干预波兰问题的行动就偃旗息鼓了。英奥本来就是公开反俄、暗中牵制法皇,所以没有多少受挫的感觉。只有法国不甘心接受这样的外交失败,于是在8月初单独照会俄国,声称鉴于俄国无视英法奥三国的意见,法国将"恢复在作出判断和采取行动中的充分自由"。①

法国外交部的这个举动,给了法俄友好关系致命的一击,使俾斯麦大为高

---

① 〔英〕泰勒:《争夺欧洲霸权的斗争(1848—1918)》,第166页。

兴。因为法俄联手，足以制止任何改变德意志政治格局的努力，而它们之间出现裂痕，则为普鲁士发起统一行动创造了必要的条件。但俾斯麦所求还不止于此。他很快又抓住一个机会，继续发展普俄接近的态势。

1863年8月，奥皇提议德意志各邦君主在法兰克福聚会，讨论邦联的改革计划。俾斯麦立即看出奥方是想借这个时机，迫使普鲁士接受奥地利在邦联中的领导地位。因此尽管威廉一世颇为动心，俾斯麦还是极力阻止普王与会。与此同时，他郑重其事地向俄国求援，把奥地利的倡议描述为对普鲁士的公然压迫和威胁。他谈到在波兰危机达到高潮的时候，亚历山大二世曾致信威廉一世要求支援，现在是普王期待沙皇的支持，推己及人，相信俄方不会置之不理。俄国方面答复说，因为纠缠于波兰问题，无力对普鲁士作出什么具体承诺，但对其反对奥地利压迫抱同情态度。

俾斯麦本来就是借题发挥，当时既未与奥地利陷入真正的危机，也没有指望得到俄国什么实质性的帮助。他所关注的，是俄方立场的微妙变化：即从支持维也纳会议安排、希望奥普相互制约，到乐于看到奥地利实力削弱，到现在明确地倾向普鲁士。尽管俄国表面上仍对德意志问题保持中立，但实际上与普奥的关系已经有了亲疏之分。

这样，在列强围绕波兰问题的外交活动告一段落之后，俾斯麦的意图也基本实现了。普俄开始接近，法俄友好终结，俄奥之间的距离则日益扩大。普鲁士自此有了一个稳定的后方，可以致力于德意志统一的活动了。

石勒苏益格—荷尔斯泰因问题

波兰危机刚刚有所缓和，1863年11月15日丹麦国王弗里德里希七世病逝，围绕着石勒苏益格—荷尔斯泰因问题的争执迅速发展为又一场国际危机。当然，对普鲁士君臣和德意志统一运动而言，这意味着一个新的行动机会。

石勒苏益格、荷尔斯泰因两公国地处易北河下游地区与日德兰半岛的交界处，曾经是神圣罗马帝国的组成部分。数百年来，该地为丹麦人与日耳曼人混居，其管辖权究竟应该属于何人一直是众说纷纭。大体上讲，北边的石勒苏益格居民中丹麦人居多，南边的荷尔斯泰因日耳曼人占多数。而中世纪以来的大部分时间里，两公国都在丹麦控制之下。维也纳会议承认了这个既成事实，认定两公国归丹麦管辖，但德意志人拒不接受这个裁决。

为了解决丹麦与德意志之间的争端，1852年5月，英、法、俄、普、奥及瑞典6国签订了伦敦议定书，再次确认丹麦对两地的管辖权，但也规定丹麦政府必须保证两公国——特别是德意志人占多数的荷尔斯泰因——的传统特权不受侵犯。伦敦议定书暂时平息了事态,但没有从根本上解决问题。在民族主义风行全欧的背景下,丹麦和德意志内部都有人就两地的归属做文章。德意志一方要求收回"德意志人居住的土地",丹麦一方则打算把两公国完全并入丹麦王国。1863年3月,弗里德里希七世颁布了全国通行的新宪法,决定取消石勒苏益格的传统权利,同时限制荷尔斯泰因的特权。此举立刻使石勒苏益格—荷尔斯泰因问题回到一触即发的状态。德意志各地纷纷举行公民集会,指责丹麦违反伦敦议定书,故意割裂两公国之间的联系,打算实质上吞并石勒苏益格。丹麦则批评德方企图干涉邻国内政,丹麦议会在德意志的反对声中批准了新宪法。

在双方的敌对情绪达到高潮时,弗里德里希七世去世,使情况变得更加复杂。由于他没有男性继承人,丹麦根据本国的继承法选择其堂妹继位,是为克里斯蒂安九世。石勒苏益格、荷尔斯泰因引用古老的法兰克人法典,声称"土地遗产不得传给妇女",拒绝向新任女王效忠,主张以奥古斯滕堡公爵为两公国的继任君主。① 奥古斯滕堡家族现居德意志,丹麦人自然不会同意他来统治两公国。荷尔斯泰因随即向德意志邦联求助。

一时间,易北河两公国的命运成为全体德意志人关注的焦点。俾斯麦当然不会放过这个树威服众的机会,去确立普鲁士在统一进程中的领袖地位。当时德意志各邦普遍的立场是支持两公国对继承权的解释,拒绝承认克里斯蒂安九世,以迫使丹麦接受奥古斯滕堡公爵入主两公国。德意志邦联议会和普鲁士众议院都通过决议,称奥古斯滕堡公爵为两公国的合法继承人,并呼吁列强予以确认。俾斯麦则对这个流行的方案嗤之以鼻,认为它一方面太鲁莽,另一方面又太软弱。他向普王建议谨守伦敦议定书的规定,承认丹麦新女王,然后再向她要求恢复两公国的传统自治权利。这样,普鲁士就是从维护条约权利的立场出发,其行动完全合乎国际法,列强不但没有理由反对,而且不得不承认普方有权与丹麦交涉。如此,普鲁士在外交上先立于不败之地。

其实俾斯麦早已决心使用武力解决石勒苏益格—荷尔斯泰因问题。在外交上站稳脚跟,是为猛烈攻击做准备。他认为邦联议会围绕继承权采取的行动是不会有效果的,自由派只是在追逐虚幻的民族声望。普鲁士此时果断出击,

---

① 他们的理由是奥古斯滕堡公爵的直系祖先克里斯蒂安三世在16世纪为丹麦国王,依男系继承法他不但拥有两公国的继承权,而且有权继承丹麦王位。

为德意志统一立下首功,可以一劳永逸地解决王朝战争与自由宪政谁更有效的争论。不过,此时的内外环境仍不利于普鲁士单独行动。仅以普军的实力而言,由于刚刚完成扩军和装备更新,且自1815年之后从未卷入对外战争,其作战能力究竟如何仍有待检验。于是,俾斯麦为普鲁士选择了一个出人意料的同盟者——奥地利。

当俾斯麦向普王建议与奥地利结盟时,威廉一世的确感到意外。因为仅仅几个月之前,俾斯麦还坚决阻止他参加奥皇发起的诸侯会议,将自己对奥地利的敌视情绪公之于众。但普王又不得不承认俾斯麦的建议是明智的,如果普奥联手接管两公国,列强会视之为全体德意志人意愿的体现,而无法指责普鲁士意在扩张自己的势力。即便哪个大国有意援助丹麦,面对普奥联手的实力也会三思。在说服了普王之后,俾斯麦向奥方提出联手对付丹麦的建议。维也纳君臣在吃惊之余,发现自己别无选择,只能和普鲁士一道行动,否则就等于将德意志统一的领导权拱手相让。1863年11月18日,普奥共同呼吁丹麦遵守伦敦议定书,放弃一元化的新宪法。石勒苏益格—荷尔斯泰因问题再次演变为国际争端。

由于两公国地遏北海和波罗的海的通行要道,拥有海上霸权的英国一直对其十分关注。英国宁愿让弱小的丹麦,而不是野心勃勃的普鲁士控制这一地区。帕默斯顿公开表示:企图否定丹麦权利、干涉丹麦内政的人会发现,他们因此必须应付的对手将不仅是丹麦。① 受到英国态度的鼓舞,克里斯蒂安九世于11月18日正式批准了新宪法。但英国在试图寻找盟友、共同对付普奥时,才发现自己遇到前所未有的困难。

俄国在波兰危机发生后,已经倒向普鲁士一边。此时,俄军尚未全面平息波兰的起义浪潮。俄国将普鲁士看作英法与东欧之间的屏障,因此相当重视与普王的亲善关系,对于英国的试探,根本不予考虑,戈尔恰科夫反而劝说丹麦向普鲁士让步。法国对于英国在波兰危机时期阳奉阴违的态度也感到不满。尤其是罗素勋爵在11月初刚刚拒绝了法皇召集欧洲大会的倡议,而且声称这样的会议将不是缓和而是增加紧张局势,其尖锐的措辞使拿破仑三世大为恼火。英法同盟已是貌合神离。而普奥联合行动为拿破仑三世提供了拒绝干涉的借口,他称其为民族解放战争,说他自己一贯避免与民族主义为敌。

英国此时才发现自己无法在行动上支持丹麦。没有法俄参与,以英国陆军

---

① 〔英〕泰勒:《争夺欧洲霸权的斗争(1848—1918)》,第174页。

的实力,根本不能与普奥对阵。俾斯麦早已看到了这一点,而英国人在四处碰壁后才如梦初醒。帕默斯顿不得不向丹麦表示,他本人支持丹麦的决心不变,但内阁拒绝批准其政策。丹麦人只有独自面对普奥的挑战。

普奥对丹麦的战争

1863年12月7日,普奥向德意志邦联议会提出派军接管荷尔斯泰因,以履行伦敦议定书的规定。议会中的自由派当然同意出兵,但对普奥的出兵借口则不以为然。他们认为这意味着承认克里斯蒂安九世的继承权,是对丹麦示弱。邦联议会经过激烈辩论才勉强批准了普奥的提议。1864年1月,以普鲁士、汉诺威、萨克森部队为主的邦联军队开进了荷尔斯泰因。丹麦政府认为该公国德意志人占多数、地位特殊,所以对德方的军事行动未做反应。1月14日,普奥又向邦联议会提议进军石勒苏益格,以保证伦敦议定书的贯彻执行。这一次在议会辩论中,自由派占了上风。他们坚持邦联军事行动应以支持奥古斯滕堡公爵统治两公国为目的,而不应受伦敦议定书束缚。俾斯麦于是向奥地利建议抛开邦联,单独行动。

奥地利此时已是身不由己地被普方拖着前进,只有同意与普鲁士正式结成军事同盟。当时的一则评论嘲讽说:人们都以为"维也纳的内阁设在柏林威廉街"。奥国君臣聊以自慰的是,他们还可以在同盟中设法牵制普鲁士的行动。在谈判中他们要求普鲁士支持奥地利对威尼西亚的权利,俾斯麦回应说他不要求奥地利接受普鲁士的军事领导权,希望奥方也不要提出使他为难的条件。他还给维也纳留下这样的印象,既然普奥已联手开展王朝战争,普鲁士将来会顺理成章地承认奥皇对威尼西亚的统治。奥地利方面又提出应明确规定除非双方一致同意,否则不应放弃伦敦议定书的各项规定。俾斯麦却声称普王不愿提及他憎恨的1852年条约(指伦敦议定书)。最后普奥只是含糊地约定:两公国的归属由普奥协商解决。俾斯麦如愿以偿地使奥军为己所用,同时自己又保持着充分的行动自由。

1864年1月16日,普奥联合向丹麦女王发出最后通牒,要求她在48小时内取消一元化宪法,交出石勒苏益格作为执行伦敦议定书的担保,否则普奥将使用武力。克里斯蒂安九世予以拒绝。2月1日,普奥联军6万余人在普鲁士元帅弗兰格尔指挥下开始进攻石勒苏益格,普奥对丹麦的战争爆发。

由于丹麦军队力量弱小,战事的发展是一边倒的。2月6日,普奥军队就控制了石勒苏益格城,并继续向日德兰半岛北部挺进,攻入丹麦境内。丹麦政府向伦敦议定书的其他签约国发出照会,请求紧急援助。2月19日,英国呼吁停火,建议召开国际会议讨论石勒苏益格—荷尔斯泰因问题。但对于是否武力调停,英法两国内部都出现了分歧。罗素勋爵主张干预,并自作主张与法俄接洽。法国政府内也有在莱茵河发动攻势的呼声,但拿破仑三世决意按兵不动。他不愿在普奥联合、俄国置身事外的情况下开战,而主张等待德意志两强重新处于分裂状态,再伺机利用普奥的冲突。英国内阁也很快否决了罗素勋爵的意见,认为没有法军和俄军的陆上行动,仅凭英国的海上力量无济于事。

列强作壁上观,丹麦军队在普奥的联合打击下节节后退。4月19日,普奥联军在居培尔要塞之战中大败丹麦军队,取得决定性的胜利。普鲁士军队在战役中担任主攻,其战斗力令列强刮目相看,赫尔穆特·毛奇将军及其领导的参谋本部也在这一战中初露锋芒,获得了空前的声望。在完全控制战局的情况下,俾斯麦决定接受英国的调停建议。

4月25日,英、法、俄、普、奥、瑞典6国再次聚会伦敦,商讨石勒苏益格—荷尔斯泰因问题。英国提出维持1852年《伦敦议定书》的安排,但无人响应。普奥先是提出两公国政治上完全独立、只是其统治者仍与丹麦王室保持亲缘关系,遭到丹麦政府的拒绝。普奥随即要求两公国完全脱离丹麦控制。法皇此时提出他的折中方案,建议按民族原则划定德意志邦联与丹麦的分界线,即两公国的大部属德意志,石勒苏益格北部并入丹麦王国。英、俄、瑞典也支持这个建议,而丹麦政府仍拒绝让步,国际会议以失败告终。

6月25日,战争重新开始。丹麦未能扭转在战场上的劣势,如果它希望列强这次能出兵支援的话,它只有再次失望了。法国仍无意参战。英国内阁也以8票对6票再次否决了武力干涉的动议。帕默斯顿表示,归根到底,普鲁士势力的扩张并不危及英国的重大利益,英国此时担心的还是法俄两国会对欧洲均势构成威胁。俄国倒是曾敦促俾斯麦适可而止,以免招致英法的联合干预。俾斯麦对戈尔恰科夫反唇相讥,称即便法国在莱茵河发起进攻,俄国也必须站在德意志一边,以免法军出现在波兰。他抓住这个机会再次提醒俄国君臣,俄普接近和俄法关系破裂都是难以改变的趋势了。也正因为如此,他才敢于在易北河大胆行事。

7月20日,已无力支撑的丹麦政府终于向普奥求和。8月1日,普奥与丹麦签订预备和约,10月30日又在维也纳缔结了正式和约。丹麦同意放弃对石勒苏益格—荷尔斯泰因的一切权利。战争以普奥大获全胜而宣告结束。

第二节　普奥战争与北德联邦的成立

《加斯泰因公约》

对丹麦的战争刚刚结束,普鲁士与奥地利就因为如何瓜分战利品的问题发生了争执。1864年8月,普王威廉一世与奥皇弗兰茨·约瑟夫一世在申布伦会晤,商讨最终如何处理石勒苏益格—荷尔斯泰因的问题,俾斯麦和奥地利外交大臣雷希贝格也参加了会谈。俾斯麦提议两公国归普鲁士所有,作为交换条件,普鲁士愿保证在其他地区支持奥地利的利益。奥方不相信俾斯麦会兑现他的承诺,因为此前当奥地利在威尼西亚和近东问题上要求支持时,普鲁士总是设法逃避。

于是,俾斯麦又提出另一个方案:两公国暂时归普奥共管,普奥寻找机会发动对意大利的战争,在奥地利夺回伦巴第之后,普鲁士再正式吞并两公国。奥地利君臣觉得这个计划的可行性更差,因为它意味着破坏《苏黎世和约》,肯定会导致同法国的冲突。而且,他们也明白地看出,威廉一世不肯为了北意大利问题同法国交战。于是,奥皇提出进行简单而直接的交易:他愿意放弃在易北河的权益,而得到普鲁士位于西里西亚地区的格拉茨省。普王对此也予以拒绝。

由于双方始终找不到一致同意的方案,申布伦会谈只形成了一个含糊的约定:石勒苏益格—荷尔斯泰因两地归普奥共同所有。与丹麦达成的正式和约中也使用了这样的表述,石勒苏益格—荷尔斯泰因问题仍然没有得到彻底解决。普奥仓促组建的同盟很快就难以维持了。

对俾斯麦而言,这当然不是什么意外的事情。他追求的是普鲁士领导下的德意志统一,其中根本没有奥地利的位置。普奥两强不能并立,这正如他所言,"德意志诸邦相互关系间的戈尔迪之结不能用脉脉含情的二元办法解开,只有用军刀斩开"。[①] 既然普奥迟早要一决高下,那么关键就是选择对普鲁士有利的时间和地点。普丹战争中普奥两军的表现证明,普鲁士在整军经武的道路上领先了一步,尽早用兵于普方有利。而且,石勒苏益格—荷尔斯泰因与普鲁士相

[①] 〔德〕奥托·冯·俾斯麦:《思考与回忆》第1卷,东方出版社1985年版,第234页。据西方传说,弗里基国王戈尔迪向众神献祭的马车上打了一个极其复杂的绳结,多年无人能解。据称谁能解开此结,谁就能统治世界。亚历山大大帝东征至此,用剑斩断了绳结,遂成霸业。

邻,对奥地利来说未免有鞭长莫及之感。俾斯麦自然要抓住这个题目不放,以便争取在对自己有利的条件下击垮奥地利,迫使它退出对德意志领导权的竞争。

所以,当奥地利试图搬出奥古斯滕堡公爵、打破两公国归属的僵局时,俾斯麦故意提出苛刻的条件:(1) 两公国部队应听从普鲁士指挥,士兵应宣誓效忠普王;(2) 两地重要的港口和要塞应由普鲁士控制;(3) 普鲁士有权在两公国土地上修建一条运河,以连接北海和波罗的海。对此,奥方评论说,奥古斯滕堡公爵在这样的条件下治国,还不如去种红薯。①

由于与普方的接触不得要领,奥地利违背在申布伦的约定,鼓动德意志邦联议会插手,支持奥古斯滕堡公爵获得统治权,然后让两公国加入邦联,以求摆脱普鲁士的控制。俾斯麦随即在御前会议上向普王指出,维也纳的行为不仅破坏了双方在申布伦的约定,同时也违反了普奥1864年1月结盟时达成的协议。俾斯麦认为,由于事关普鲁士在德意志的威信,普方决不能退让,而应当考虑与法国结盟,对奥作战。于是,普奥之间一时剑拔弩张。

1865年8月,俾斯麦陪同威廉一世到奥地利的加斯泰因温泉度假。他利用这一时机继续渲染紧张气氛。他通过当地邮局发电报给意大利政府,探讨两国结盟的可能性。同时,他又与巴黎联络,谋求法国在普奥冲突中保持善意中立。奥地利政府此时正面临财政困境,又被匈牙利的地位问题弄得焦头烂额,感到自己难以应付同普鲁士的冲突,于是决定退让。

奥皇派遣使节拜访普鲁士君臣,提出对易北河两公国"共有分治"的方案。俾斯麦原则上表示接受,然后把自己此前提出的一些要求设法添加进去。8月14日,普奥签订了《加斯泰因公约》。公约规定:(1) 两公国归普奥共同所有,行政治理由两国分担,石勒苏益格由普鲁士掌管,荷尔斯泰因由奥地利掌管;(2) 普鲁士获准在荷尔斯泰因境内修建连接北海与波罗的海的运河,荷尔斯泰因首府基尔港的防务由普军承担,其军事重镇鄂尔登堡由普奥军队共同控制,普鲁士还有权使用和维护该公国境内的两条军事公路,并有权在其境内铺设电缆;(3) 奥皇以250万塔勒,将他分得的那部分劳恩堡卖给普鲁士。②

《加斯泰因公约》因其安排复杂、内容烦琐,被维也纳方面称为"没有谜底的谜语"。两公国名义上实现了分治,但实际上其行政和安全事务更加错综复杂地纠缠在一起。俾斯麦则直言不讳地称公约为"一张遮盖裂缝的糊墙纸"。石

---

① 〔英〕泰勒:《争夺欧洲霸权的斗争(1848—1918)》,第186页。
② 劳恩堡为荷尔斯泰因南边的一个小公国,在丹麦战败后一并交给普奥处置。

勒苏益格—荷尔斯泰因的归属似乎有了定论,但是它的结论却是漏洞百出。俾斯麦随时可以选择其混乱之处挑起争端,在他看来公约不过是提供了"只要欧洲的政治形势许可便随时可用来发动战争的借口"。①

比亚里茨会晤

普奥之间的对决,不仅将决定这两个国家的命运,而且将决定德意志的未来,并将改变中欧地区的均势。它对欧洲国家的关系,也将产生深刻的影响。因此,能否避免欧洲列强的干预,诱使它们坐视奥地利的失败,默许德意志走向统一,这就成为对俾斯麦外交技巧的最大考验。自普丹战争结束后,他的主要精力也就放在营造有利的外部环境上面。其中,英俄法三国的态度,更是他关注的焦点。

1815年之后,英国的一贯立场是要维持欧洲大陆的势力均衡,普鲁士企图强行改变中欧局面与英国的原则立场是存在矛盾的。但在波兰危机和石勒苏益格—荷尔斯泰因危机之中,英国的干涉努力屡屡受挫,其干预欧陆事务的态度也转向消极。英国人不得不承认在没有陆上强国支持的情况下,英国独自去平息冲突要冒极大的风险,而且,也难于保证可以收到令人满意的效果。英国政府在估价了整体局势之后,认定普鲁士的势力扩张尚不足以破坏整个欧洲大陆的均势,毕竟还有法俄两个大国对其形成威慑。况且,在英法关系日益疏远的情况下,崛起的普鲁士倒可以成为制约拿破仑三世的一个因素,这对英国来说未尝不是好事。

俾斯麦对英国的这种态度感到欣慰,并采取战术动作继续培养这种"柏拉图式的友好感情":普鲁士同英国签订了关税协议。由于英国工商阶层的利益得到保障,也就进一步促使英国政府在未来的普奥冲突中选择了袖手旁观。

对于俄国的态度,俾斯麦感到更有把握。在波兰危机过程中产生的普俄亲善关系仍在不断发展,俾斯麦小心地利用一切机会巩固两国交好的态势。1865—1866年,罗马尼亚的政局出现动荡,俾斯麦爽快地向戈尔恰科夫表示,普鲁士愿支持俄国关于罗马尼亚问题的任何建议,只要它不会导致同法国的冲突。亚历山大二世对普鲁士的好感的确有增无已。虽然俄国政府内仍有少数人对普鲁士的扩张持戒备心理,但他们也承认镇压波兰起义已经使俄国兵疲财尽,法俄关系出现无法弥补的裂痕,英奥在近东问题上依旧虎视眈眈,俄国无力

---

① 外交学院编译室译:《近代国际关系史参考资料》,世界知识出版社1957年版,第119页。

干预德意志事务,也不能再恶化同普鲁士的关系,造成自己在外交上的彻底孤立。通过与戈尔恰科夫在柏林的几次会晤,俾斯麦确认俄国将在普奥冲突中保持善意中立。

唯一使俾斯麦感到担忧的是法国的态度。法国外交大臣德律安·德·吕一直对普鲁士怀有戒心,他在普丹战争过程中屡次建议法国应在莱茵河上先发制人。拿破仑三世否决了他的意见,理由是应等待普奥分裂,自相残杀,法军可坐收渔人之利。俾斯麦对这些动态相当了解,因而清楚地知道争取法国支持普鲁士未免所望过奢,说服它在普奥之争中保持中立也相当困难,拿破仑三世等待的机会就在眼前,他岂能无动于衷。普鲁士能够取得的最好结果,就是尽可能地推迟法国介入的时间,同时避免法国与奥地利正式结盟。

抱着这样的打算,俾斯麦在《加斯泰因公约》签订后立即展开对法外交。他对法国驻柏林使馆的官员表示,法国在"世界上所有讲法语的地区"扩张势力,普方都会予以承认。在做了这个铺垫之后,1865年10月3日,他亲自到法皇的海滨度假地比亚里茨晋见拿破仑三世,试探法皇的态度。拿破仑三世此时已接到柏林使馆的报告,于是在第二天就欣然会见了俾斯麦。两人在交谈中都企图摸清对方的意向,掩盖自己的真实目标,同时避免承担任何实质性义务,因而使整个会晤笼罩在含混暧昧的气氛当中。① 俾斯麦先是谈到如果法国在未来冲突中保持中立,可能会得到"不求自来的好处",比如卢森堡。拿破仑三世回应说,相比之下比利时似乎更有可能。然后双方把话题转到《加斯泰因公约》,拿破仑三世想知道其中是否涉及威尼西亚问题。俾斯麦称普鲁士向来不愿对威尼西亚做出什么保证。法皇则暗示法国也无意与奥地利结盟——"我不会去站在一个靶子旁边"。

会晤之后,双方都颇为自得。拿破仑三世觉得自己没有中俾斯麦设下的圈套。因为法国强行夺取卢森堡或是比利时都会引起英国的不满,俾斯麦企图制造英法摩擦,以便让普王放手对付奥地利。拿破仑三世顺水推舟,渲染法国中计的假象,来加速普奥冲突的爆发,届时他就可以追求自己确实有把握的目标——莱茵兰地区。其实真正有所收获的是俾斯麦。他得以确认:第一,拿破仑三世不愿与奥地利结盟;第二,法皇最担心的是威尼西亚;第三,法皇认为他会从普鲁士身上得到战利品,这意味着他判断奥地利将在战争中获胜。拿破仑三世的想法证明他既不知己,又不知彼,不了解法国的利益究竟何在,也不清楚

---

① 由于这个原因,解读此次会谈中双方言论的真实意图有一定的困难。学术界至今仍存在分歧。

普奥的实力对比已发生重大变化。而法皇的错误判断对普鲁士有利,俾斯麦只需继续施放烟幕,鼓励法皇坚持自己的想法即可。

在接下来的会晤中,俾斯麦强调普鲁士不会在威尼西亚问题上支持奥地利,并努力给法皇留下这样的印象,即未来的普奥冲突将是残酷和旷日持久的,普军没有胜利的把握,只是觉得现在作战比拖下去要好,他自己则在担心两败俱伤的前景。不出所料,这使得法皇更加轻视俾斯麦含糊其词地提到的那些好处,拿破仑三世宁愿在战后予取予求,而不是现在同普方做交易。他最后大度地向俾斯麦表示:"对于普鲁士的扩大,我们没有反对意见。"[①]在拿破仑三世看来,这是对根本不可能发生的事情的空口承诺,意在推动普奥交战。在俾斯麦看来,他又一次成功施展了外交手腕,在没有使普鲁士遭到任何束缚的情况下,确保了法国的中立。

普 意 同 盟

俾斯麦已经基本完成了针对奥地利的外交部署,但在争取德意志和普鲁士内部舆论的支持问题上,他却连连受挫。对丹麦的战争胜利后,德意志民族主义的激情喷涌而出,呼吁民族团结的声音随处可闻,俾斯麦挑动普奥冲突的做法引起普遍反感。1865年5月7日,普鲁士的资深政治家利奥波德·冯·格拉赫发表文章,公开指责俾斯麦的外交政策不负责任,把德意志引向内战的边缘。格拉赫是俾斯麦的恩师,就是他将俾斯麦引入外交界,并介绍给王室,提携唯恐不力。他的批评代表了眷恋正统原则的保守派的意见,反映了他们对俾斯麦的现实政治主张的强烈不满。次年5月,一名刺客在俾斯麦离开皇宫时伏击他,但没有得手。自由派的报纸抱怨说"这个国家的手枪实在太差"。而在德意志各邦中,普鲁士的支持者依然是寥寥无几。经过一番试探,俾斯麦发现南德意志四邦——巴伐利亚、巴登、符腾堡、黑森—达姆施塔特不会改变追随奥地利的传统政策,紧邻普鲁士的萨克森和黑森—卡塞尔也很可能站在奥地利一边。这些不同意见和不利因素在普鲁士政府内部多少产生了影响,但俾斯麦在军方的支持下决意前进。

1866年2月28日,威廉一世召集御前会议,讨论对奥地利的政策。王储、内阁所有成员、总参谋长、国王军事顾问等亲贵大臣全体出席。俾斯麦在会上长篇大论,全面回顾了自1815年以来普奥之间恩怨纠结的关系,称普鲁士有担

---

① 王绳祖主编:《国际关系史》第2卷,第411页。

当德意志领袖的天然资格,但一直被奥地利自私自利的政策所压制,始终不得一展抱负。他介绍了自己的外交活动,认为对普鲁士来说,欧洲的形势还从未如此有利过,机会不容错失。总参谋长毛奇和陆军大臣罗恩也发言支持俾斯麦的看法,指出奥地利正为宪法危机和财政危机所困,而普军在组织和装备上占据优势,有望速战速决、夺取胜利。

俾斯麦随即提议同意大利结成反奥同盟。这样,一来可以迫使奥军两线作战,增加速胜的把握;二来可以通过支持意大利对威尼西亚的要求,取悦法皇,巩固法国的中立。只要在法国清醒过来之前击溃奥军,普鲁士就可以一举夺得德意志的领导权。德意志领导权是威廉一世多年以来梦寐以求的,文臣武将的分析促使他下定决心挑战奥地利,甚至不惜一战。除王储之外的与会者都赞同普王的决定。俾斯麦得到授权,立即着手与意大利结盟。

俾斯麦向意方发出的信号很快收到了积极的回应。但是,起初意大利并不是真心谋求与普鲁士的同盟,他们此时仍希望以购买或交换的和平方式收回威尼西亚。做出与柏林协调的姿态是为了对维也纳施加压力,迫使奥方让步。可是奥地利始终不为所动。失望的意大利人这才开始认真地同普方谈判。3月27日,俾斯麦提出了结盟条件:在盟约签订后三个月内,如果普鲁士与奥地利开战,意大利应立即参战,支援柏林;但如果是意大利与奥地利之间爆发战争,普鲁士并不相应地承担义务。普方能够允诺的就是支持意大利对威尼西亚的要求。这种安排体现了俾斯麦一贯的方针,即尽一切可能保持自己自由行事的权利。

意王伊曼纽尔不满意如此不对等的安排,同时也对意军的作战能力缺乏信心,一时委决不下。俾斯麦立刻软硬兼施。一面强调无论战争结果如何,普鲁士将力保意大利收回威尼西亚。另一面又威胁如果意大利政府不敢挑战奥地利,他打算直接向意大利人民发出呼吁,看看加里波第和马志尼会有什么反应。此时,拿破仑三世也劝告伊曼纽尔国王接受普方的条件,并承诺如果普意结盟引起奥地利进攻意大利、而普鲁士拒绝发兵,法国将出面干预。伊曼纽尔国王终于下决心同普鲁士结盟。4月8日,普意签署了同盟条约。

此时,奥地利君臣才惊恐地发现普鲁士不仅决意同奥地利作战,而且已经完成外交和军事上的准备工作。他们赶忙采取行动,企图在最后一刻避免战争。他们先是拿威廉一世及普鲁士保守派的德意志民族感情做文章,主动向柏林保证奥军不会开始针对普鲁士的军事动员,希望柏林作出对等的承诺。威廉一世大为难堪,他无法拒绝维也纳的建议,否则会背上主动挑起德意志内战的罪名。俾斯麦在普王的压力下,无奈地表示接受奥方的提议。

但恰在此时,维也纳收到情报,称意大利已做好战争准备。4 月 27 日,奥地利仓促决定开始针对意大利的军事动员。俾斯麦立刻把这一动作描述为奥地利君臣的诡计。他使威廉一世相信奥皇从一开始就是想欺骗普方,奥地利的动员根本就是既针对意大利也针对普鲁士,普鲁士决不能束手待毙。他还利用报刊把奥军动员的消息大肆宣扬,从而把挑起内战的责任完全推给了维也纳,同时也压制了国内对他好战立场的指责。5 月 7 日,普军也开始动员。战事一触即发。

别无选择的奥地利政府终于接受现实,决定放弃威尼西亚,以分裂普意同盟,争取法皇的支持。但他们仍不愿将威尼西亚直接交给意大利,不愿鼓舞意大利人的民族主义情绪。他们提出把威尼西亚交给法国,再由法皇转交意大利,条件是意大利宣布在普奥争端中保持中立。意方回答说他们须遵守同普鲁士的盟约,至少在三个月内不能考虑这样的交易。

拿破仑三世倒是对奥地利的妥协颇感兴趣。他始终认为普奥之战将以奥地利的胜利告终,所以不妨对奥地利先加约束,以免它在德意志称霸。6 月 12 日,他说服奥方同他签订密约:法国严守中立,并将力求使意大利保持中立;奥地利同意在它获胜的情况下,将威尼西亚割让法国,再由法国转交意方;奥地利承诺不反对在莱茵河创建"一个新的独立的德意志国家"。所谓莱茵河新国家是拿破仑三世打算在普法之间设立的缓冲国,也是他真正中意的战利品。① 经此一番安排,法皇认为他为自己、也为意大利的战争收益加了双保险。法国君臣唯一还担心的就是普鲁士被击溃后、遭受的羞辱过于严重,他们准备到时候要及时介入,以维持德意志的势力均衡。② 当然,战事的发展将使他们大吃一惊。

普意对奥战争

获悉法国的意向之后,奥地利政府的信心有所提升,对于普鲁士在易北河两公国问题上的种种挑衅举动开始反击。6 月 1 日,它声称因无法与普鲁士达成一致,要求德意志邦联议会裁决普奥关于易北河两公国的种种争端。此言一出,俾斯麦立刻指责奥方破坏《加斯泰因公约》。6 月 7 日,普军开进荷尔斯泰因,但奥军未做抵抗即撤离该公国。俾斯麦没有获得开战的机会,颇感懊恼,只

---

① 〔英〕泰勒:《争夺欧洲霸权的斗争(1848—1918)》,第 195—196 页。
② 〔美〕亨利·基辛格:《大外交》,第 95 页。

好继续向维也纳寻衅。

10日,普鲁士在邦联议会提出改革纲要,主张将奥地利排除在邦联的各种事务之外。奥地利借助它在邦联议会中控制的多数否决了这个计划,但也对普鲁士独霸德意志的野心感到忍无可忍。维也纳号召组织邦联军队制裁普鲁士,并于12日率先召回驻柏林大使,断绝了与普鲁士的外交关系。14日,邦联议会通过决议,同意各邦军队动员讨伐普鲁士。普方代表立刻发表声明,宣布德意志邦联已瓦解,呼吁各邦追随普鲁士组织新的德意志联邦。在德意志各邦中,巴伐利亚、巴登、符腾堡、黑森—达姆施塔特、萨克森、黑森—卡塞尔、汉诺威这些中等邦国几乎全部站到了奥地利一边,支持普鲁士的只有几个北部小邦和自由市。

普鲁士向汉诺威、萨克森和黑森—卡塞尔发出最后通牒,要求允许普军通过其领土,但遭到一致拒绝。6月15日,普军开进萨克森,次日进入汉诺威和黑森。6月17日,奥地利对普鲁士宣战,18日普鲁士对奥地利宣战,20日意大利对奥宣战。普意与奥地利的战争爆发了,一些德意志邦国也卷入了战斗。

双方的战斗在三条战线上全面展开。北线是普鲁士军队与倾向奥地利的邦国——其主力是汉诺威——的交火。普军在此占据压倒性的优势,6月27日即击败汉诺威军队的主力,迫使其投降,基本结束了北线的战事。西南线是意大利与奥地利对阵,而意军明显处于下风。6月24日在库思托查战役中意军战败,士气遭受沉重打击。奥地利抓住这个时机,立即与法国联络,请求拿破仑三世居间调停,说服意大利退出战场,奥方愿交出威尼西亚作为回报。但法、意此时都还在观望战局的变化,无意商谈这笔交易。结果在东南线的主战场上,奥军仍以开战时的兵力与普军主力对垒。

双方在这一线上集结的部队人数相当,奥军甚至略占优势。但自战事开始之后,普军却凭借指挥组织、情报和装备上的领先地位,处处占得先机。普王威廉一世亲临战场,全面掌握指挥权。而他在决策时完全依靠参谋本部的建议和计划行事,这样实际上形成了以毛奇为核心的统一指挥系统,能够有效地协调全军的行动。参谋本部一方面利用普鲁士境内发达的铁路系统,按照预先制订的详尽计划,精确地集结和调动部队,大大提高了普军的运动速度。另一方面,他们充分发挥了电报系统的功能,准确及时地了解军队的部署情况和敌情的变化,做到了逐日甚至逐时更新情报,可谓战争史上的创举。加之普军此时已全面使用来复线后膛枪,便于士兵隐蔽和自我保护,而且射击速度明显提高,在近战中有一定的装备优势。①

6月22日,普军兵分三路攻入波希米亚,连战皆捷。奥军统帅路德维希·冯·贝德克认为获胜无望,向维也纳建议尽早谋和。奥皇则希望能在主力会战中使普军的运动优势无从发挥,从而击败敌人。7月3日,23.8万奥军与25.5万普军在波希米亚的萨多瓦村进行了决战。俾斯麦陪同普王在距主战场不到12公里的小山上督战,普军三个军团由毛奇统一指挥。战役开始时,双方旗鼓相当,奥军在前几次战斗中作战相当顽强,战局似乎并不明朗。在外交活动中游刃有余的俾斯麦,对战争总感到缺乏把握。正如他日后的自述那样,当时的心情好像将不属于自己的百万塔勒丢上牌桌,不知结局会怎样。

在战事呈胶着状态时,普鲁士王储率第二军团击溃了奥军右翼,贝德克率骑兵发动的正面冲锋也被击退,奥军遂土崩瓦解。此时距开战不过8个小时。毛奇向普王报告说:"陛下不仅赢得了这个战役,而且也赢得了战争","维也纳将俯伏在陛下面前。"

萨多瓦战役中,奥军伤亡和被俘总数超过4万,普军伤亡人数在1万人左右。整个欧洲都对这一结果感到意外,法国君臣尤为吃惊。拿破仑三世在接到战报后,赶忙宣布出面调停。奥皇此时承认贝德克的判断是正确的,普鲁士在军事上完全占据上风,于是立即接受了法皇的和谈建议。

此时,普鲁士大本营则是群情振奋。曾对这次战争犹疑不决的威廉一世,现在也一改初衷,谈论着以"拿破仑式的凯旋进入维也纳"。军方将领则设想吞并萨克森和黑森,打开通向巴伐利亚的走廊。只有俾斯麦仍保持着清醒的头脑,力主接受法皇的调停。他在同法方的接洽中提出了非常宽厚的和平条件:奥地利不必割让固有领土,只需交出威尼西亚,退出德意志事务;普鲁士将领导美因河以北的诸邦国,包括易北河两公国在内,但南部诸邦仍可保持"国际性的独立存在"。

拿破仑三世对此非常满意。普鲁士领导北德意志是他愿意接受的,而他将南部各邦的独立存在视为划分出第三个德意志地区,既可作为普奥之间的缓冲国,又可作为法国莱茵河边界的屏障。所以他欣然认可了俾斯麦的提议,并将之转达奥方。维也纳君臣对如此温和的条款自然是求之不得。

但在本方阵营里,俾斯麦的态度引起了轩然大波。意大利人深受萨多瓦大捷的鼓舞,斗志又起。而加里波第率领的志愿军成功地突入南提罗尔境内,激

---

① 〔美〕威廉·麦尼尔:《竞逐富强:西方军事的现代化历程》,学林出版社1996年中文版,第255—263页。

起了伊曼纽尔国王的领土野心。他希望在威尼西亚之外获取更多的战利品,不愿在此时停止战斗。至于普军则在会战全胜后迅速推进,已经顺利抵达维也纳所在的平原地区,哈布斯堡王室的宫殿已经在望。上至普王及王储,下至全军将领,都不愿放弃唾手可得的荣誉。他们对俾斯麦谨小慎微的外交策略极为不满,指责他拱手交出"普鲁士利剑所得"的胜利果实。①

对于意大利人的反对,俾斯麦可以听之任之。因为普意同盟条约并未束缚他的手脚,必要时完全可以单独媾和。他倒是乐于看到意军继续作战,以促使奥地利尽快接受他的和平条款。但是对于普王和军事将领的狂热情绪,俾斯麦不得不调动全部精力去应付。7月23日,在维也纳郊外尼科尔斯堡的普军大本营中举行了会议,研究进军维也纳的决定。俾斯麦因坚决反对夺取奥地利首都而陷入孤立。

但是,俾斯麦据理力争。他说:"我是大本营里唯一负有政治责任的大臣,我必须对形势进行判断。"他陈述了自己要求停止进军,对奥地利采取宽大政策的理由。其一,杜绝法国插手的危险。事实上,法国外交大臣德律安·德·吕已经向法皇建议陈兵示威,要么与奥结盟,要么向普鲁士要求"领土补偿",将莱茵河左岸的巴伐利亚和黑森领土让与法国。拿破仑三世尚未完全领会普军胜利的意义,又为普方宽厚的和平条件所惑,因此压制了他的意见。但如果战事拖延,普方继续扩大战果,他可能随时改变态度。其二,保存奥地利实力以维持欧洲均势。俾斯麦分析说:"假如奥地利遭受严重损失,那么它可能成为法国和我们任何一个敌国的盟友","无论如何要把奥地利这个国家看作是欧洲棋盘上的一个棋子,而同它恢复良好关系就是我们应该公开拿在手中的一着先手棋。"②所以必须避免严重损害其国力,避免不必要地羞辱它。其三,防止德意志各邦革命势力抬头。如果哈布斯堡王室的统治不能维持,各邦国君主的权威可能同样遭到质疑。无论上述哪一种情况出现,普鲁士已经到手的胜利都会大打折扣。俾斯麦斥责乘胜进军的主张为军人的本位主义政策。他打算以辞职相威胁,要求威廉一世接受自己的意见。

在俾斯麦的力争之下,威廉一世勉强决定立即停战媾和。心有不甘的普王在俾斯麦的呈文上写了一道批注,大意为:我的首相在敌人面前弃我不顾,我不得不痛苦地在我军取得如此辉煌胜利之后去尝苦果,接受如此可耻的和约。③

---

① 〔苏〕鲍爵姆金主编:《世界外交史》第2分册,五十年代出版社1950年版,第220页。
② 〔德〕奥托·冯·俾斯麦:《思考与回忆》第2卷,东方出版社1985年版,第35页。
③ 同上书,第38页。

他扬言要把这份文件存入国家档案馆,让后人了解俾斯麦的行径。但是历史证明了,对奥停战是俾斯麦所作的最具远见和胆识的决定之一,充分体现了他过人的整体观和炉火纯青的外交技巧。

《布拉格和约》与北德意志联邦的建立

1866年7月26日,按照俾斯麦提出的宽大和平条件,普奥签订了《尼科尔斯堡预备和约》。意大利政府惊讶地发现,普鲁士当真抛下他们单独媾和,他们有独自面对奥军全部压力的危险,因而不得不放弃对南提罗尔的领土野心。8月10日,意奥也签订了预备和约,意大利得到了孜孜以求的威尼西亚,但没有其他的战利品。

没有参与战争的俄国和法国此时却与普鲁士接触,试图参与战后格局的安排。戈尔恰科夫向柏林提议召开国际会议,以决定德意志的前途。俾斯麦当然不肯节外生枝,使普鲁士独霸德意志的权力受到制约。他看出俄国的真实意图仍是抓住一切机会在近东问题上做文章,而不是反对普鲁士的壮大。于是他要言不烦,立刻表明普鲁士的态度:"在黑海继续对俄国施加限制对我们是毫无利益的",并指出普鲁士可以将法国牵制在西欧,从而改善俄国在近东的处境。同时他又强调,普奥战争并非解决黑海问题的好机会,如果俄国执意纠缠,普鲁士政府不惜"动用德意志及其邻近国家的全部民族力量"与俄周旋,也就是说要重新挑起波兰问题。①

彼得堡本来是抱着姑且一试的态度,但在普鲁士的利诱威胁之下很快偃旗息鼓了。相比之下,法国提出的要求更具实质意义。它要求普王承诺,在法国获取卢森堡和比利时的时候,持友善的旁观态度。在战前,俾斯麦本来是准备付出代价,以保证普鲁士的胜利的。但法皇迟疑观望,与奥地利而不是普鲁士达成战前协定,俾斯麦也就乐得不受约束。在战事结束、和局已定的情况下,普鲁士已没有必要再接受法方的敲诈。俾斯麦的应对办法是拖延谈判,把对奥媾和与同法国的交涉分开处理。

8月23日,普奥在布拉格签订了正式和约。和约规定:第一,解散德意志邦联,建立"没有奥地利参加的新的德意志组织";第二,普鲁士有权决定美因河以北的政治安排,奥地利放弃它在石勒苏益格—荷尔斯泰因的所有权利;第三,南德意志各邦——包括萨克森在内——成为"独立的国际存在";第四,奥地利赔

---

① 〔英〕泰勒:《争夺欧洲霸权的斗争(1848—1918)》,第204页。

偿普鲁士军费 2000 万普鲁士银圆（约合 300 万英镑），普军在和约批准后三周之内全部撤出奥地利。① 10 月 3 日，意奥也签订了《维也纳和约》，奥地利正式将威尼西亚交给意大利。

普奥之战与《布拉格和约》根本改变了德意志的政治地图，也改变了中欧的力量对比。普鲁士吞并了北部四邦——汉诺威、黑森—卡塞尔、拿骚和法兰克福，将其领土连成一片，并着手建立完全受其掌控的新联邦。一贯顺从普鲁士的北德小邦国自然唯命是从。1867 年 2 月，北德意志联邦议会诞生，北德 21 个邦和 3 个自由市全部推举代表与会。会议顺利通过俾斯麦一手制定的联邦宪法，宪法规定普鲁士国王为联邦元首，兼任军队最高统帅，并掌握所有外交权力。普鲁士宰相为联邦总理大臣，全权处理所有政务。以国家议会和联邦议会为立法机关，前者的代表经普选产生，后者的代表由各邦任命。在联邦议会的 43 个席位中，普鲁士单独占有 17 席。国家议会通过的决议须经联邦议会批准方可成为法律。7 月 1 日，联邦宪法生效，普鲁士控制下的北德意志联邦正式成立，其面积和人口约占整个德意志地区的三分之二。德意志的统一向前跨进了一大步。

与此同时，普鲁士也开始对南德各邦——巴伐利亚、巴登、符腾堡、黑森—达姆施塔特和萨克森进行渗透。对奥停战后不久，俾斯麦即迫使它们签订秘密协定，与普鲁士结成关税同盟，并且订立防御条约，规定一旦发生对外战争，各邦须将其军队交给普鲁士指挥。1867 年 7 月，这些协议正式公布，欧洲列强吃惊地发现南德各邦既不会回归奥地利的势力范围，也不会像拿破仑三世想象的那样，成为法普奥之间的缓冲地带，而是德意志统一的下一个目标。实力强大的德意志国家已经在中欧崛起，而且它不会止步于美因河。

第三节 普法战争与德国统一的完成

卢森堡问题与普法交恶

普奥战争之后，法国内部对拿破仑三世处理德意志问题的政策出现了越来越多的非议。批评者指责法皇错误估计了普奥的力量对比，面对出乎意料的战争结局又迟迟不能调整政策，导致普鲁士势力迅速膨胀，而法国却一无所获。

---

① 王绳祖、何春超、吴世民主编：《国际关系史资料选编（17 世纪中叶—1945 年）》，第 124 页。

在国内舆论的压力之下,拿破仑三世急于在普法关系上得分,以维持自己的威望。1866年8月,他亲自草拟了普法盟约,提议两国建立攻守同盟。法国愿承认普鲁士吞并北德邦国的合法性,承认正在筹建的北德意志联邦。作为回报,普鲁士应帮助法国获得卢森堡,且在法国决定武力夺取比利时的时候出兵相助。法皇的设想只能说明他对普奥战争给中欧格局带来的深刻变化缺乏认识,对普鲁士的政策走向再次判断失误。奥地利彻底退出对德意志霸权的竞争,北德邦国已成为普王的囊中之物,普鲁士已无求于法国。普法尖锐的利益矛盾已经开始浮现,外交斡旋也许可以延迟或避免双方的冲突,但谈不到缔结同盟的可能。俾斯麦收下了这份草约,但根本未做答复。

全面协调的试探没有结果,法国的外交活动开始集中到具体问题上,希望多少有所斩获,以维持普法之间的势力均衡。巴黎选择的目标是吞并卢森堡。卢森堡的主权归荷兰国王所有,但它同时又曾是德意志邦联的成员。它在传统上是重要的军事要塞,有北方直布罗陀之称,所以普鲁士受邦联的委托在卢森堡驻军,帮助防守。在普奥战争中,卢森堡选择中立,因而在战后免于被普鲁士吞并。卢森堡居民虽然使用德语,但其文化传统和社会习俗与德意志人有明显差异,结果在北德意志联邦成立时,卢森堡并未参加。法国政府对卢森堡提出要求,并非基于历史或法律上的理由,而是将其视为夺取比利时的垫脚石。谋取比卢的意图如果能够实现,就足以平息国内舆论的不满了。

俾斯麦当然了解法皇的打算。在比亚里茨会晤中,他自己也曾经拿卢森堡做诱饵,争取法国的中立。但战胜了奥地利之后,可谓是此一时也、彼一时也。法国要想得到卢森堡,必须谈判新的条件。俾斯麦所瞩意的是法国承认普鲁士在南德意志的特权。但稍加试探,他就意识到拿破仑三世是不会放弃以南德为缓冲地带的幻想的。于是,俾斯麦继续在谈判中采取拖延态度。他对法方表示:愿意看到卢森堡归属法国,但普鲁士不能出面协助,以免引起德意志舆论的抨击和列强的责难。如果法国解决了卢森堡主权问题,造成既成事实,该地的普鲁士驻军将不成其为障碍。

由于与普方的谈判始终不得要领,法国开始直接向荷兰国王提出交涉,要求他转让卢森堡。荷兰国王难以抵制法国的压力,同意将卢森堡卖给法国,但坚持要在签约之前通知普鲁士。1867年3月,法荷交易的消息传达给柏林,普鲁士军方将领立即表示反对,俾斯麦自然也不愿接受,但又不愿直接加以否决。他精心设计了一场政坛风波来解决自己的难题。在他的安排下,出卖卢森堡的消息被透露给汉诺威民族自由党的领袖鲁道夫·冯·贝尼格森。贝尼格森立即在北德意志联邦议会提出质询,称卢森堡是德意志的古老领土,法国无权索取,政府必须坚定立场。德意志的舆论大哗,北德联邦内随即爆发了爱国热潮,其矛头直指法国。俾斯麦据此向法国表示,他无法违背德意志的民族感情,不能支持法荷的交易。荷兰国王也以普鲁士的反对为理由,宣布原来的协议作罢。

拿破仑三世自然大呼上当。他承认自己已无法获得卢森堡,但坚持普鲁士亦无权在该地继续驻军。卢森堡问题遂演变成一场国际危机。普法都做了一些尝试,争取英俄奥站到自己一边。但此时奥地利正为匈牙利的分权自治要求所困扰,在解决宪法危机之前无暇他顾。俄国的注意力被吸引到同时发生的近东危机上,它宁愿看到普法和解,以便共同支持它在巴尔干与英奥对峙。英国出于对自身安全的考虑,倒是对卢森堡和比利时的命运相当关注,提议召开国际会议解决争端。1867年5月7—11日,关于卢森堡危机的会议在伦敦召开,普、法、英、俄、奥、意、荷的代表与会。因为其他大国纷纷保持中立,普法两国都没有压倒对方的把握,因此愿意接受妥协方案。会议决定卢森堡成为中立国,普鲁士军队撤离该地,由与会国共同保证其独立与安全。

经过一番忙碌之后,拿破仑三世非但没有在外交上得分,反而在众目睽睽之下遭到挫败。不过这一番周折也使他终于看清了普奥战争后的地缘政治格局,认识到普鲁士已经不是法国可以操控的棋子,而是法国最危险的对手。反观普鲁士方面,通过危机前后的舆论准备也达成了共识,即普法冲突在所难免。不管培养这种舆论是不是俾斯麦的本意,他对于民众心态的变化有充分的认识。他声称:"我们的民族自尊感正迫使我们去从事战争。如果我们不能估计这种情感的要求,那么我们势必要失去1866年我们在完成民族发展道路上所取得的一切优势。"①"……我确信,我们祖国在历史发展过程中由于不同朝代、不同种族在感情和生活习惯上的差别而形成的南北方之间的鸿沟,只能通过反抗数百年来对我国进行侵略的邻国的全民族战争来有效地填平。"②普法对决的局面已经形成了。

法国的孤立与战争准备

随着普法敌意的公开化,拿破仑三世开始一心一意地筹备反普同盟。刚刚败于普鲁士之手的奥地利自然成了他的首选目标。尽管俾斯麦在普奥战后对

---

① 〔德〕奥托·冯·俾斯麦:《思考与回忆》第2卷,第68页。
② 同上书,第69页。

奥地利采取了宽厚的政策,但法国人相信维也纳君臣不会甘于退出德意志事务,也不会忘记萨多瓦的耻辱,特别是在阻止南德诸邦为普鲁士所控制的问题上,法奥的立场肯定是一致的,两国联手反普应当是水到渠成的事。可是拿破仑三世没有充分认识普奥之战给奥地利的内政和外交带来的深刻变化。

1867年6月,奥地利帝国正式改组为二元制的奥匈帝国,匈牙利贵族在国家政治中占据了重要地位。奥、匈各设政府和议会,国家财政支出由双方分担,共同事务——当然也包括外交事务——由双方派代表讨论决定。这标志着奥匈帝国政治和外交的重心决定性地转向东南欧方向。即便是弗兰茨·约瑟夫一世急于向普王复仇,即便是奥地利人对南德意志恋恋不舍,以安德拉西为首的匈牙利贵族也会坚决地打消他们的幻想。事实上,在二元帝国成立之后,哈布斯堡王室及其亲贵重臣的注意力都很自然地投向巴尔干半岛,他们考虑的是如何与宿敌俄国周旋。法国人设想的天然盟友其实是不存在的。因此,尽管法奥皇帝进行了会晤,两国外交使节不停地交换着各种方案,但法奥反普同盟始终没有形成。

1869年秋,拿破仑三世将结盟的重点转到俄国。他任命自己的亲信弗勒里将军为驻俄大使,在彼得堡四处煽动对德意志崛起的猜疑情绪,声称普鲁士扩张是对两国共同的地缘威胁。亚历山大二世受到一些影响,抱怨威廉一世的野心"稍微大了一点"。戈尔恰科夫也谈到应当重建法俄友好关系。可是俄国与奥地利一样,最关心的是近东问题。除非法国愿意首先在巴尔干和黑海支持俄国,否则俄国无意卷入莱茵河地区的冲突。弗勒里的活动没有取得实质性结果,俄国对普法冲突仍保持中立,而且还暗中倾向普鲁士一边。

1870年初,英国又成了法国外交争取的主要目标。法国外交大臣达律大谈自由主义原则,企图赢得英国舆论对第二帝国的好感,同时反衬俾斯麦保守的国内政策,使英国产生制约普鲁士的想法。但对英国政府而言,实际利益毕竟比政治原则更有说服力。自比亚里茨会晤后,英国就对拿破仑三世吞并卢森堡和比利时的打算深感不安,伦敦不会容忍低地国家被大陆强国所控制,使英国的安全受到持续的威胁。而且就在达律鼓吹英法亲善的同时,一家法国公司取得对比利时一条重要铁路的控制权,英国怀疑这是法国势力渗入比利时的前奏,极力加以反对。在这种气氛下,英国自然不会接受法国的拉拢去反对普鲁士。它到宁愿看到普鲁士壮大,以制衡法国。

结盟尝试的处处碰壁,反映了法国在外交上的孤立。但拿破仑三世已不能再等待了。工业革命的进展使法国的社会结构发生重大变化,各阶层参政呼声高涨。法皇采取的政治改革措施只是释放而不可能压制这些力量,自由反对派、共和派等反对势力在政治生活中日益活跃。他们不仅要求进行国内改革,而且对法皇外交政策的种种失当发表了激烈的批评,坐视普鲁士扩张是他们最喜欢的攻击的靶子。帝制派对于皇室威信的低落忧心忡忡,不断怂恿拿破仑三世对普鲁士采取强硬立场,以对外政策的胜利巩固第二帝国。法皇及他周围的亲信都认为法军的战斗力在欧洲大陆依然首屈一指。在普奥战争后,法军及时进行了装备更新,普遍配备比普军武器更优越的后膛来复枪,并开始使用新式机关枪。法国职业军人的战斗作风在欧洲也一贯为人称道。法国君臣相信法军可以轻易摧毁普鲁士军队。所以,即便没有找到共同反普的盟友,只要其他大国保持善意中立,法国完全可以凭借自己的力量,以枪炮解决问题。抱着这样的信念,拿破仑三世积极寻找机会与普鲁士摊牌。

西班牙王位继承问题

1868年9月,西班牙发生革命,属于波旁王室的女王伊莎贝拉二世被迫放弃王位,逃亡法国。西班牙临时政府及议会通过决议,采用君主立宪制度。选择谁来继承王位成为各方关注的问题。西班牙临时政府最终选择霍亨索伦王室的利奥波德亲王作为继承人。利奥波德亲王属于霍亨索伦家族中的西格马林根系,是普鲁士霍亨索伦王室的远亲。普王威廉一世现为家族领袖,自然可以利用家族关系影响未来的西班牙王室。

消息传出之后,俾斯麦力劝威廉一世支持这一决定,因为这与他为普法冲突所做的准备是相互配合的。在这个阶段,俾斯麦在外交活动中以静制动,一面注视法皇徒劳地寻求反普盟友,一面把主要精力用在德意志内部事务上。他采取的措施除了巩固北德联邦、促进与南德各邦的一体化之外,还有重要的一部分即提高普鲁士霍亨索伦王室的威望,因为他始终坚持通过王朝战争道路完成德意志的统一。在他看来,西班牙王位是从天而降的礼物,他敦促威廉一世"为了王室与政治的原因,请用最大的热诚接受"。并且指出:"如果在法国的背后有一个对普鲁士友好的国家,它的政治价值是不可估量的。"[①]

威廉一世对西班牙方面的提议却反应冷淡。他担心西班牙民众会把利奥波德亲王视为外来势力的代表,觉得霍亨索伦家族不应接手一个不稳的王位,以至于卷入革命和内战当中。但是在俾斯麦的怂恿鼓励下,西班牙临时政府一

---

① 转引自袁明主编:《国际关系史》,北京大学出版社2005年版,第48页。

再坚持其请求,普王只得让步。1870年6月19日,利奥波德亲王接受了西班牙临时政府的邀请。7月1日,这一消息被报界披露,引起了法国朝野的强烈抗议。法国人普遍相信这是普鲁士的阴谋,企图从背后威胁法国,使法国陷于战略上的被动地位。法国外交大臣安托万·格拉蒙宣称,法国决不容忍"一个外国把自己的一名亲王捧上查理五世的王位",并且威胁说如果谁企图危害法国的利益和荣誉,"法兰西将立即与它作战"。法国舆论同声附和,坚决要求对普鲁士采取强硬立场。拿破仑三世也决定抓住这个时机打击普鲁士,提高自己的声望。他指示法国驻柏林大使绕开俾斯麦,直接向威廉一世发难。7月9日,法国大使贝内德蒂赶到普王的疗养地埃姆斯,向威廉一世提出了抗议。普王本来就对霍亨索伦家族继承西班牙王位不感兴趣,更无意为此同法国开战。他很快就同意改变继承决定。7月12日,利奥波德亲王之父代表他发布声明,宣布放弃西班牙王位。

　　普方出乎意料地迅速妥协,使法国君臣大为兴奋,他们下定决心要利用这个机会好好羞辱普鲁士一番。7月12日,法皇召集御前会议,与会者一致认为不能让事情就这样了结,应当迫使普鲁士做出进一步保证,否则就兵戎相见。陆军大臣勒伯弗宣称:"我们的军队一切就绪,一直到最后一个士兵的鞋套上的最后一个纽扣。"次日,贝内德蒂再次紧急求见普王,转达了巴黎的意见:普王须保证在将来永远不支持霍亨索伦家族成员登上西班牙王位。根据拿破仑三世的特别指示,贝内德蒂有意选择了带有侮辱性的强硬措辞。威廉一世当然不能接受这种最后通牒式的要求,但他尽量以和缓、委婉的外交辞令应付对方。在贝内德蒂纠缠不已的情况下,威廉一世说:"大使先生,我已无更多的话要讲了,请允许我告辞。"当晚,贝内德蒂又请求晋见,威廉一世派侍从副官挡驾,称国王认为这件事已经结束,现在没有更多要说的。威廉一世的冷静态度,使法国的刺拳犹如打进了棉花里,似乎可以平息事态了。他遂命令属下将交涉的经过电告在柏林的俾斯麦。

　　俾斯麦对于普王放弃西班牙王位的决定是不赞成的,但他对在埃姆斯进行的交涉鞭长莫及。而这份来自埃姆斯的电报给他提供了左右事态发展的机会。他询问毛奇,普军是否准备好应付突然来临的战事。毛奇答复说,立即开战比拖延对普方更有利。于是,俾斯麦对电文重新进行了编辑,将普王与法国大使的交涉描述为针锋相对、相互折辱的过程,其结局是"国王陛下拒绝以后再接见法国大使,并且吩咐值日副官转告法国大使说,国王陛下再没有什么可说的了"。这样看起来,双方的会晤是以破裂告终。俾斯麦把修改后的电文念给毛奇和陆军大臣罗恩听,毛奇评价说:"原来听起来是退却的信号,现在是回答挑战的号角。"俾斯麦则成竹在胸地表示,埃姆斯电报一经公开,将起到"红布对高卢牛的作用"。

果然,埃姆斯电报成了普法战争的导火索。莱茵河两岸的敌对情绪被点燃了,战争叫嚣不绝于耳。法皇周围的亲信立刻决定抓住这个借口开战,而根本不愿等待贝内德蒂汇报埃姆斯会晤的真实情形。7月15日,法国元老院和立法团召开会议,两院一致同意诉诸武力,并批准了战争拨款。19日,法国正式向普鲁士宣战。

普法战争与德意志帝国的建立

战争开始的时候,法国政府充满信心地认为自己在军事和外交两方面都占据上风。法军将领一再声称要再现耶拿之战的辉煌,甚至估计可以在一个月内攻占柏林。外交大臣格拉蒙则估计奥匈和意大利会追随法国对普宣战,英俄将持善意中立的态度,南德各邦也将保持中立。但格拉蒙的期待很快就全部落空了。

首先,南德各邦遵守1866年攻防协议的规定,加入普鲁士一方,共同对法作战。因为普法战争爆发的形式使这场冲突成了法兰西与德意志两个民族之间的较量,即便是一贯倾向对普保持独立的巴伐利亚也选择了为本民族而战。接着,奥匈帝国宣布保持中立。维也纳估计法国会在战争中取胜,但奥匈军队不必、也不应卷入莱茵河的苦战,它决定仍将注意力放在近东与俄国的对峙上面,待胜负已决再伺机夺取战利品。意大利倒是表示愿意参战,但它索要罗马的教皇领地作为酬谢,而这是巴黎不能接受的,结果意军也一直徘徊在战局之外。俄国很快宣布中立,但它申明自己的中立是以奥匈的中立为前提的。这意味着它不允许奥匈出兵支持法国,这当然使巴黎感到气恼。更令法国狼狈的是,英国在俾斯麦的巧妙活动下借机与法国为难。俾斯麦将法皇1866年草拟的普法盟约交《泰晤士报》发表,证明了拿破仑三世吞并比利时的野心,引得英国朝野大哗。英国政府要求普法两国签署条约,保证比利时在交战期间的中立地位。柏林对此毫无异议,法国则心有不甘。英法关系趋向冷淡。

同样,法国军方的盲目乐观情绪也很快遭到了打击。仅在动员和调遣部队阶段,双方在组织和指挥能力上的差距即暴露无遗。在两周的时间里,法国动员了26万人,而普军集中了45万人的兵力。而且普军供应充足,运动迅速,在士气上也占据了优势。法方此时只能寄希望于迅速推进到美因河一线,切断德意志南北方之间的联系,以促使南德各邦退出战斗,并争取奥匈参战。

法国准备分南北两线进攻,分别由马利·德·麦克马洪和弗朗索瓦·巴赞指挥,拿破仑三世亲赴南线参加作战,并自任前线总司令。8月2日,法军进入普鲁士境内,并占领萨尔布吕肯。普军则兵分三路应战,威廉一世也亲临战场。双方一经接触,法军即接连败退。南线军团被迫撤出法国的阿尔萨斯地区,北线军团因行动迟缓被围困在梅斯要塞。麦克马洪不得不率军回援,但遭到普军的阻截和迂回包围。他边战边退,最终在色当要塞被24万普军团团包围,被迫进行决战。法军在装备上与普军不相上下,但使用装备的能力却远远逊于对手。毛奇及其手下参谋人员针对新式武器的使用制定了相应的战术,普军中下级军官均已轮流接受培训,因而能够合理地应对战局变化。相反,以职业军人自命的法军仍在追求以密集纵队展开白刃战。加之普军吸取1866年作战的经验,在敌方集结部队准备进攻时即使用大炮发动远距离打击,使法军伤亡惨重。拿破仑三世目睹了法军处处被动、死伤狼藉的情景后,决意投降。9月2日晚,他致信威廉一世称:"因为我未能死在军中,只得把自己的佩剑献给陛下。"色当残余的8.6万多法军官兵随即放下武器。

两天后,色当大败的消息传到巴黎,第二帝国的统治被起义群众推翻,成立了以特罗胥为首的国防政府。它向普鲁士提议模仿1866年的方式立即媾和,实现不割地的和平,但遭到拒绝。普军兵分两路长驱直入,于9月18日开始围困巴黎。10月27日,巴赞率领的北线法军在梅斯向普军投降。至此,法国正规部队已土崩瓦解,南部地区组织的新军也无力突破普军对巴黎的围困。1871年1月5日,普军开始炮轰巴黎,国防政府决定放弃抵抗。1月28日,双方签署了停战协定。普法战争以法国的全面失败而告终。

一举击败法国,使德意志人喜出望外,民族主义情绪高涨,并进而要求尽快实现全德的统一。1870年11月,南德各邦的代表晋见威廉一世,要求加入北德意志联邦。经过谈判,普鲁士先后同它们签订了联合条约,从而完成了德意志的统一。俾斯麦继而说服威廉一世,趁个人威望达到顶峰之时加冕称帝。1871年1月18日,威廉一世在设于巴黎郊外凡尔赛宫的普军大本营接受了德意志皇帝的称号,德意志帝国宣告成立。根据同年4月通过的帝国宪法,德意志帝国由22个邦和3个自由市组成①,德意志皇帝由普鲁士国王兼任,在拥有58个席位的联邦议会中,普鲁士占据17席。在不到10年的时间里,德意志摆脱了

---

① 阿尔萨斯和洛林被吞并后,单列为帝国直辖区。

四分五裂的状态,崛起为经济和军事实力超群的强国,从而彻底改变了欧洲的政治格局。

《法兰克福和约》与《伦敦海峡公约》

普法战争的结局,与其他欧洲大国的预想大相径庭。它们原本以为法国将是胜利者,所以,对于同统一的德国打交道缺乏心理准备。这些国家,要判断均势格局的变化,并调整自己的外交战略,都需要一些时间。当时,只有意大利和俄国采取了行动,试图借法国实力削弱之机得到一些实际的好处。

1870年9月20日,意军进入罗马,收复了教皇领地,从而完成了意大利的统一。10月31日,戈尔恰科夫照会1856年《巴黎和约》的签字国。他在列举了历年来该条约条款遭到破坏的事例后,指出条约生效的条件已不复存在,因此应宣布废除该条约关于黑海中立化的规定,即取消限制沿岸国家在黑海的军舰数量与规模的条款。

英国政府立刻对俄国的单方面决定表示反对,并重申其一贯立场:任何条约只有经国际协议方可改变。格莱斯顿内阁把这个争端看成与德国接近的机会。法国战败使克里米亚战争形成的反俄联盟出现了一个缺口,如果能够说服德国接替法国的角色,对英国而言就再理想不过了。因为英德接近、俄德疏远的意义绝不仅限于近东。它意味着欧洲大陆仍可维持基本的势力均衡,而英国不仅不必担心德国的崛起,还可以使这个新兴的国家为己所用。俾斯麦对英国联手抗俄的提议一笑置之,他不可能为了英国的如意算盘而破坏至关重要的德俄友好关系。但是他也敏锐地看到,如果听任英俄在近东问题上发生冲突,可能危及德国外交的全盘部署。因此,他提议召开国际会议讨论黑海问题。

1871年1月17日,俄、英、德、法、奥匈、意大利和土耳其的代表在伦敦集会,讨论俄国的修约要求。由于德国支持俄国的主张,英奥被迫同意取消黑海中立化条款,但他们仍极力活动,争取限制俄国舰队通过海峡的权利。经过一番舌战之后,与会国在3月13日签订了《伦敦海峡公约》。公约正式取消了《巴黎和约》有关黑海中立化的条款,恢复了俄国在黑海部署舰队的权力。但公约同时重申1841年《伦敦公约》和1856年《巴黎和约》的规定,即黑海海峡对一切外国军舰封闭的原则依然有效。英国和奥匈帝国还特意提出补充解释,强调土耳其有权在和平时期对"友好和同盟国家"的军舰开放海峡。它们企图借此确保自己对海峡的控制,继续阻止俄国进入地中海。因此黑海问题了犹未了,仍然是近东对峙的焦点之一。

在伦敦会议期间,法国代表曾四下活动,试图将德法媾和问题国际化。但俄英等国都希望在近东问题上争取德国的支持,因而对法国的呼吁置之不理。法国国防政府只好单独面对德国的强大压力,接受了停战协定的苛刻条件:交出巴黎的所有炮台;巴黎守军除一个师之外全部放下武器,作为战俘听候处理;两周之内预付2亿法郎的赔款。2月13日,按照停战协定的规定,选举产生了新的法国国民议会。路易·梯也尔被任命为共和国行政首脑,负责同德国谈判和约。法方此时已不指望按1866年或1814年的模式求得和平,但他们还是对俾斯麦提出的严酷条件感到吃惊。德国要求得到阿尔萨斯和洛林,其中包括梅斯要塞和贝尔福要塞;法国须在3年内交付60亿法郎的战争赔款;在赔款付清之前,德军控制法国近三分之一的领土,法国须向占领军提供给养。

俾斯麦在对奥媾和与对法媾和中的表现之所以判若两人,是因为他把前者视为一场内战,而把后者看作是地缘政治冲突。兄弟阋墙之争是可以和解的,而法德之间的实力较量会长时间地持续下去。他不认为采取宽容姿态能减轻法国人的敌意:"即使他们结束战争并不割地,法国人的怨恨将同样程度地存在。……即使是我们在萨多瓦的胜利也会在法国引起怨恨,我们战胜了他们,他们又该产生多少倍的怨恨呢。"①

俾斯麦把1870年的战争看成一系列交锋的开始,因此保证德军在未来冲突中的战略优势成了优先考虑的问题。索取阿尔萨斯和洛林,既可以使德军控制通向巴黎的"孚日空隙"——位于孚日山脉和阿登山脉之间的平原地带,又为南德意志地区赢得了纵深防御的空间,从军事意义上讲是攻守兼备的妙招。而且,俾斯麦估计法国人根本无力支付巨额赔款,于是德军就可以长期占领法国要冲,随时压制对方的复仇企图。因此,尽管梯也尔进行了努力,俾斯麦拒绝作出实质性的让步,只是同意把赔款额减少到50亿法郎,并允许法方保留贝尔福要塞。2月26日,德法在凡尔赛签订了预备和约。

3月1日,设在波尔多的法国国民议会批准了预备和约。同日,3万德军开进巴黎,耀武扬威地驻扎在香榭丽舍街区。割地赔款的预备和约及德军的挑衅行为极大地刺激了法国民众的情绪,直接促成3月18日巴黎公社起义的爆发。俾斯麦既惧怕革命,因而支持梯也尔政府对巴黎公社的镇压。但是,他也乘机向梯也尔施压,要求法国尽快达成正式和约。5月10日,法国外长法弗尔与俾斯麦在法兰克福签订了正式和约。和约规定:(1)法国将阿尔萨斯、东部洛林

---

① 〔英〕泰勒:《争夺欧洲霸权的斗争(1848—1918)》,第252页。

及梅斯要塞割让德国;(2)法国分期赔偿德国50亿法郎战争费用,在梯也尔政府收复巴黎后30天支付5亿,1871年底前支付10亿,其余款项须在1874年3月前支付完毕;(3)赔款付清前德军继续占领部分法国领土,其给养费用由法方支付;(4)法德相互给予最惠国贸易待遇。

《法兰克福和约》意在使德国崛起、法国削弱的局面固定化。也许俾斯麦的辩解有一定的道理,单凭一纸和约无法化干戈为玉帛,但以屈辱性的条件不断刺激法国的民族情绪,恐怕也不是明智之举。事实证明,割地赔款并未从根本上削弱法国的实力,而只是给巴黎提供了复仇的动力。德国盛气凌人的姿态也使其他欧洲国家侧目。一个传诵一时的比喻是:"从此欧洲少了一个女管家,来了一个男主人。"信奉实力的现实政治原则,成为外交活动的基调,欧洲列强的关系开始了新的一轮调整。

第二编

普法战争后至第一次世界大战结束时期的国际关系
（1871—1918）

第十章　近东危机与柏林会议

第一节　普法战争后欧洲格局的新变化

普法战争后的德法关系

普法战争与德意志的统一是近代国际关系的转折点,改变了欧洲大陆的国际格局。长期雄踞欧洲大陆的法国遭到了削弱,丧失了在欧洲大陆的优势地位。与此同时,位于欧洲中心的德国迅速崛起,成为欧洲大陆的新强国。从此,德法力量对比发生了有利于德国而不利于法国的变化,形成了德强法弱的局面。

1871年1月18日,普鲁士国王威廉一世在凡尔赛宫镜厅宣告成立德意志帝国并加冕称帝。同年4月16日通过的帝国宪法确定德意志帝国是联邦国家,由22个邦和3个自由市组成,其中普鲁士是最大的邦,占帝国总面积的55%和人口的61%,居支配地位。宪法授予皇帝以最大的权力。皇帝有权指挥帝国的全部武装力量,"以帝国的名义宣战与媾和,同外国缔结同盟及其他条约",并任免国家官吏。帝国宰相由皇帝任命,只对皇帝负责。[①] 第一任帝国宰相是奥托·冯·俾斯麦。

统一后的德意志帝国是容克地主和资产阶级专制的国家。容克地主和军阀在帝国中占据全部军队要职,操纵德国的政治,具有强烈的普鲁士军国主义传统。正如马克思所指出的,德意志帝国实质上是一个"以议会形式粉饰门面、混杂着封建残余、同时已经受到资产阶级影响、按官僚制度组织起来、以警察来保护的军事专制国家"[②]。

德意志帝国的建立,改变了长期以来的分裂割据局面,为形成统一的国内市场创造了条件,促进了资本主义经济的迅速发展。特别是根据1871年5月10日签订的《法兰克福和约》,德国从法国夺得了拥有150万人口和发达的纺

---

① 蒋相泽主编:《世界通史资料选辑(近代部分)》下册,商务印书馆1964年版,第36—39页。
② 马克思:《哥达纲领批判》,《马克思恩格斯选集》第3卷,人民出版社1995年版,第315页。

织业的阿尔萨斯全省和洛林的一部分,并把其蕴藏丰富的铁、钾矿同鲁尔的煤矿区结合在一起,构成了重工业发展的重要基地。德国还把从法国索取的50亿法郎的赔款投入自己的工业和军事部门,加速了工业化的步伐。1870年以后,德国工业生产的增长速度远远超过英法两国,居欧洲之冠。至1910年,德国工业已跃居世界第二位,仅次于美国。

由于德意志统一是在普鲁士容克地主阶级领导下的统一,这就使反动的普鲁士军国主义势力得到加强。帝国宪法规定,"在全帝国内,应立刻全部采行普鲁士的军事立法"①,结果普鲁士义务兵役制推行到全国各地。德国还不断扩大军事支出,从法国赔款中直接拨军费修筑要塞和扩大陆海军。庞大的军队和军事机构及其地缘战略优势构成了对邻国和欧洲和平的重大威胁。

法国在普法战争中遭到严重削弱,政治、经济、军事和战略等方面均受到损失。战争期间,国民经济受到严重的破坏,损失约130亿法郎。战败后,又付出了50亿法郎的赔款,并将拥有丰富煤铁资源的阿尔萨斯和洛林割让给德国,致使法国丧失了145 000平方公里的土地和约占全国1/4的纱锭及其他多种工矿企业。② 在军事上,1870年9月2日色当战役的惨败,使法军元气大伤。在战略上,由于法国将阿尔萨斯和洛林连同麦茨和斯特拉斯堡两要塞一起割让给德国,使它丧失了重要的战略屏障,极易再次遭到德国的入侵。这就使法国丧失了克里米亚战争以后在欧洲大陆的优势地位。

《法兰克福和约》只是结束了法德两国的战争状态,没有也不可能缓解两国的尖锐矛盾,反而为两国关系深深埋下了民族仇恨的种子。如同马克思和恩格斯所说:"用这种强力手段来压服一个具有生命力的民族,其结果将和预期的目的刚刚相反。而法国,即使在失去亚尔萨斯和洛林之后,都不是提尔西特和约以后的普鲁士可与相比的!"③法国虽然战败仍是欧洲大国,它不会容忍强加在头上的《法兰克福和约》。战后,法国压倒一切的战略目标,就是伺机对德复仇,收回失地,恢复其在欧洲大陆的优势地位。

为完成这一战略目标,法国政府需要做三件事。一是恢复实力,重整军备。1872年,梯也尔政府实行普遍义务兵役制,扩充兵力,使现役军人达到67.5万人,与德国几乎相等。二是偿还战争赔款,尽快结束德国对法国北部边境的占

---

① 蒋相泽主编:《世界通史资料选辑(近代部分)》下册,第39页。
② 参见樊亢等主编:《外国经济史(近代现代)》第二册,人民出版社1981年版,第142页。
③ 马克思、恩格斯:《给社会民主党委员会的信》,《马克思恩格斯选集》第2卷,人民出版社1972年版,第317页。

领。根据《和约》,50亿法郎的赔款分三次付清。1871年支付15亿,1872年支付5亿,1874年3月2日支付30亿。可是,梯也尔政府通过发行国债的办法筹措资金,提前于1873年还清赔款,德国不得不于同年9月6日从法国撤出了全部军队。三是寻找盟友。法国清楚地认识到,如果没有盟国的支持和帮助,法国不可能单独战胜德国。法国想同俄、英、奥结盟,特别想争取俄国的友谊。在签订和约之后不久,法国外长法尔夫就通过正式外交途径向俄国表示:法国在恢复自己的地位后,仍将是那些以均势原则为基础的和平国家的天然盟国。当然,在法国刚刚战败,实力尚未恢复之前,结盟只能是一个长期的外交目标。

德国原来想以普法战争及《法兰克福和约》"使法国流尽了血"①,不再成为它的强邻。可是俾斯麦没有估计到法国迅速恢复,提前付清了战争赔款,从而摆脱了德国的军事占领,并准备对德国进行报复。1873年5月,梯也尔政府下台,极力主张复仇的保皇党执政,更使德国感到不安。俾斯麦以为,对付法国的最好办法是在外交上孤立法国,防止欧洲其他大国与法国结盟,并在法国羽翼未丰之前策划一次新的战争,以期彻底打倒法国。可见,法德之间尖锐而深刻的矛盾是难以调和的。马克思和恩格斯当时就尖锐地指出,有人以为兼并阿尔萨斯和洛林"是永远防止德国同法国作战的办法。恰好相反,这是把这场战争变成欧洲的经常性事务的最可靠的办法"②。

德国通过普法战争的胜利掠夺和宰割了法国,并得意扬扬地宣布自己是"满足"的国家。但是,"历史将来给予报应的时候,绝不会是看你从法国割去了多少平方英里的土地,而是看你在19世纪下半叶重新推行掠夺政策的这种罪恶有多大"。③

三 皇 同 盟

普法战争后德法的外交政策重点都是放在结盟上,而且双方争取的主要对象均是俄国、奥匈和英国。法国清醒地认识到,鉴于德国巨大的人力资源、军事能力、工业潜力和战略优势,在未来的对德战争中无法单独取胜,必须争取同盟者,以借助盟国的力量联合打败德国。德国的崛起改变了欧洲的政治和军事格局,它实际上已构成对欧洲和平及其他大国利益的威胁。沙皇俄国对于军国主义的德国在欧洲的出现和发展抱有极大的戒心,为确保其西部边境的安全,普

---

① 张铁生:《近代国际关系史》,生活·读书·新知三联书店1949年版,第177页。
② 马克思、恩格斯:《给社会民主工党委员会的信》,《马克思恩格斯选集》第2卷,第317页。
③ 《国际工人协会总委员会关于普法战争的第二篇宣言》,《马克思恩格斯选集》第2卷,第347页。

法战争后它把相当一部分兵力调到西部,以防范德国。法国梯也尔政府的外交部长法尔夫明确指出,俄德之间"未来冲突的种子无疑是存在的。普鲁士势力的异常迅猛的发展迟早会使冲突骤然爆发,因为新兴的德意志帝国若不威胁俄国的安全就再也不能扩张"。① 奥匈帝国对于1866年普奥战争中的失败以及普鲁士强加给它的耻辱难以忘却,同法国具有相同的命运。英国这时虽仍在奉行"光荣孤立"政策,但它不希望欧洲大陆出现一个过分强大的国家,以危及欧洲的均势。可见,从长远看,法国的结盟政策并非一厢情愿,它确实存在着潜在的盟国,但从现实看,在法国的武装力量尚未恢复元气之前,它的结盟计划是很难实现的。

法国的外交动向和强烈的复仇意识,使俾斯麦坐立不安。一旦出现法、俄、奥结盟,甚至英国也加入其中,就会陷德国于极其孤立的困境。这种"结盟的噩梦"一直困扰着俾斯麦。为了解决这一外交难题,最佳方案是彻底孤立法国,防止法国同其他国家结盟,并把可能与法国结盟的国家争取到自己方面来。

德国争取的对象是英、俄、奥。早在普法战争还在进行时的1870年11月,俾斯麦就曾向英国驻德大使做出过英德结盟的表示,但英国为保持"行动自由",极力避免承担同盟义务,俾斯麦的努力无果而终。这样,德国就把俄、奥两国作为争取的重点。

俄国在普法战争中采取了有利于普鲁士的中立立场,俾斯麦为做出"回报"和拉拢俄国,支持俄国废除了1856年《巴黎和约》中黑海条款对其主权的限制,使俄国摆脱了克里米亚战争以后在欧洲的孤立局面,有利于俄国重新在欧洲发挥大国作用。俄国在普法战争后虽然对德国有所戒备,但这时俄国面临的主要问题还是在近东和中亚同英国的利益冲突与争夺,为集中力量对付英国,俄国需要继续巩固同德国的友谊。

奥匈帝国在1866年被普鲁士打败之后,国内在对外政策上形成两个不同的政治派别。一派以奥地利封建贵族和天主教会等为首的政治势力,他们不甘心失败,主张接近法俄,共同反德。另一派是以奥地利的资产阶级和匈牙利的封建贵族为代表的政治势力,他们对俄国泛斯拉夫主义势力在巴尔干半岛的活动特别敏感,担心一系列亲俄的斯拉夫人脱离奥匈独立建国,主张放弃复仇打算,拉德反俄,以维护奥匈帝国的完整。普法战争的结局,使奥匈已清楚地意识到,联法抗德已是镜中之花。从此,奥匈外交转上了与德和解之路。

---

① 《法国外交文件(1871—1914)》第1辑第1卷第151号,巴黎1929年版。转引自〔苏〕B. M. 赫沃斯托夫编:《外交史》第2卷(上),生活·读书·新知三联书店1979年版,第37页。

1871年10月，奥匈执行敌视德国政策的内阁倒台，接着亲德的匈牙利贵族安德拉西出任外交大臣。他的外交方针是联合德国和英国，反对俄国，并依靠德国之力向巴尔干扩张。安德拉西在就任外交大臣前不久的1871年8月，曾陪同奥皇弗朗茨·约瑟夫到加斯泰因同德皇威廉一世和俾斯麦会晤。在此会晤期间，安德拉西曾试探联德反俄，但遭到俾斯麦的拒绝。因为俾斯麦的外交构想是既要联合奥匈，又要保持同俄国的"传统友好关系"，以防止法俄甚至法奥俄联盟。为此，他劝导奥匈与俄国改善关系。

　　安德拉西联德反俄计划受挫后，转而同英国联合，试图实现联英反俄。但英国仅仅是"同情"奥匈，并不愿公开同奥结盟，以避免承担条约义务，只想利用俄奥在巴尔干的矛盾，以奥牵俄，从中渔利。在这种情况下，安德拉西只得按照俾斯麦的建议，与俄接近。19世纪70年代初，奥匈同俄国在巴尔干的争夺暂趋缓和。俄国为防止奥、英接近或奥、德结盟，危及自己西部的安全和巴尔干的利益，也愿意同奥匈接近。这样，在俾斯麦的外交斡旋和协调下，俄奥关系得到改善，从而为他精心策划的德奥俄三皇同盟打下了基础。

　　1872年9月，奥皇弗朗茨·约瑟夫访问柏林，与德皇威廉一世会晤。俄国担心德奥结盟，造成对俄国的威胁，沙皇亚历山大二世亲自向德国大使暗示，他有意与威廉一世会晤。俾斯麦认为，接待沙皇来访可以增加对法国的压力，使那些"威胁和平"的分子"泄气"。① 同年9月6—12日，三皇会晤于柏林。但是，谈判实际上只是在三国外交大臣俾斯麦、安德拉西和戈尔恰科夫之间进行，并且基本上是双边谈判，三国外交大臣几乎没有在一起开过会。其间，俄奥接触最为频繁。这时俄英正在中亚展开激烈争夺，俄国希望奥匈在俄英冲突中不要助英反俄，也不要同英结盟。奥匈担心俄国支持大塞尔维亚运动，因为该运动危及奥匈帝国的利益。俄国为改善同奥匈的关系，明确表示不支持大塞尔维亚的宣传，并对巴尔干半岛的现状感到完全满意。双方最后达成协议，维持巴尔干现状。

　　俾斯麦的主要目的是利用三皇会晤孤立法国，但进一步削弱法国就意味着增强德国在西欧的霸权地位，这对俄国是一种潜在的威胁。俄国的方针是既要保持同德国的友谊，又要加强同法国的关系，以便利用法国牵制德国。为此，戈尔恰科夫在柏林同俾斯麦会谈的同时，也会见了法国驻德大使贡托—比伦，并明确表示，如果德国人想要阻挠法国人重建自己的陆军，俄国是不会支持德国

---

① 〔苏〕赫沃斯托夫编：《外交史》第2卷（上），第42—43页。

反对法国的。可见,俄德在对法政策上各有打算,没有达成协议。三皇会晤最终没有签订任何协定,但它却象征着德奥俄的接近和亲善,也起到了俾斯麦所希望的向法国示威和施压的作用。

1873年初,俄国根据陆军元帅贝尔格的意见,向德国建议订立一个军事协定,目的是巩固同德国的友谊,以便集中力量同英国在中亚争夺。德国考虑到即将从法国撤回占领军,这时同俄国签订军事协定有利于加强对法斗争的地位。同年5月,威廉一世在俾斯麦、毛奇的陪同下,到彼得堡回访亚历山大二世。经协商,5月6日,毛奇同贝尔格签订了一项《德俄军事协约》。该协约共有三条,主要是第一条,即"如果两帝国之一遭到任何一个欧洲国家的攻击,另一帝国应立即以精锐部队二十万人予以协助"。① 这一带有军事同盟性质的协约,显然是指向德俄两国各自的主要对手法国和英国的。同日,两国皇帝随即批准了这项协约。

1873年6月,沙皇亚历山大二世率外交大臣戈尔恰科夫访问维也纳,劝说奥匈加入《德俄军事协约》。奥匈害怕由此而卷入俄英冲突,便以宪法手续困难为由婉言拒绝,并提出与俄国单独缔结一项协定。经协商,于同年6月6日,俄奥两国皇帝在维也纳郊区申布伦签订了一项协定,史称《申布伦协定》。协定主要内容是:(1)如果两国"利益在某些特殊问题上出现了一些分歧",两国皇帝"要进行磋商,使这些分歧不致压倒他们心中原已具有的更高的考虑";(2)"遇有第三国的侵略有损害欧洲和平的危险时,两国皇帝陛下相互约定他们不需要寻求或缔结新的同盟,他们之间应立即进行商谈,以便议定他们所应采取的共同的行动方针";(3)"如果由于本项协议而有采取军事行动的必要,两国皇帝陛下应缔结特殊协约予以规定"。② 1873年10月22日,德皇威廉一世访问维也纳,也正式以"文书"的形式加入了《申布伦协定》,因而形成"三皇协定",也就是所谓"三皇同盟"。

三皇同盟本质上是以维护君主之间的协作原则、敌视民主力量、镇压革命运动为目的反动联盟,同过去俄普奥三国所缔结的"神圣同盟"具有同样的反动性质,是"神圣同盟"的再版。该同盟可以使俄国集中力量在中亚同英国争夺;德国也可以利用同盟孤立法国,扩大其在欧洲大陆的霸权地位;奥匈加盟得到德国的支持,缓和了同德国的关系,加强了在巴尔干的地位。但是,同盟并没有

---

① 王铁崖、王绍坊选译:《1871—1898年的欧洲国际关系》。转引自《国际关系史资料选编》上册(第1分册),武汉大学出版社1983年版,第139页。

② 同上书,第141页。

消除三国之间的矛盾和猜疑,实际上,三皇是各怀鬼胎,同床异梦,它的基础是脆弱的、不稳定的。

1875 年德法战争危机与俄英的干涉

在俾斯麦为孤立法国精心策划三皇同盟时,法国也在积极恢复战争创伤,摆脱孤立争取同盟者。1873 年 5 月,力主对德复仇的极端保皇派麦克马洪上台。麦克马洪作为正统的天主教徒,比较容易同奥地利宫廷中的教权派达成协议,作为保皇派又比共和派更能取得俄国的信任,因此,法国增强了结盟能力。这使俾斯麦感到十分不安,为防止法、俄、奥结盟,德国准备在法国实力尚未恢复之前对它再一次进行打击,使法国永远不敢发动反德的复仇战争。

1873 年 8 月,南锡市主教发表了一封《牧师的信》,号召信徒们为阿尔萨斯和洛林回到法国的怀抱而祈祷。俾斯麦借此大造舆论,谴责法国准备复仇,要求惩办发表公开信的主教,并积极扩军备战,准备通过军事手段把法国的一切复仇欲望消灭在萌芽状态。1874 年 4 月,德国国会通过了增加军事拨款和确定 7 年军事预算的军事法案。从当时德法实力对比来看,德国占有绝对优势,但问题在于,一旦战争起来能否保证欧洲其他大国保持中立,这是俾斯麦最感头疼的事。正如英国驻巴黎大使莱昂斯所说:"挑动法国并把它打垮,这并不困难,但是,要做到这一点,能够不在其他国家引起风暴吗?"[①]

法国新任外长德卡兹清楚地看到,无论奥匈、俄国或英国,没有一个国家希望德国通过新的对法战争而进一步强大起来。于是,德卡兹采取大胆的外交手腕反击德国的威胁。他向俄、英、奥明确表示,德国有意发动对法战争,希望予以援助。这时,正值奥皇约瑟夫偕同外交大臣安德拉西访问彼得堡。在这里,奥俄两国外交大臣安德拉西和戈尔恰科夫采取了声援法国的联合行动,他们一起访问了法国大使,并表示两国政府将谴责俾斯麦的行径。稍后,英国维多利亚女王也写信警告德皇威廉一世:如果德国发动新的反法战争,就可能造成悲惨的后果。在俄、奥、英的联合压力下,俾斯麦被迫于 1874 年 2 月 17 日下令平息了围绕南锡事件所引起的政治风波。

这次外交挫折,使俾斯麦感到三皇同盟是靠不住的。要孤立法国,还需另谋新策。1875 年 2 月俾斯麦派其亲信拉多维茨以驻俄临时代办的身份到彼得堡,试探能否用德国在近东支持俄国,以换取俄国在法国问题上支持德国或至

---

① 牛顿:《莱昂斯勋爵》,伦敦 1913 年版。转引自〔苏〕B. M. 赫沃斯托夫编:《外交史》第 2 卷(上),第 49 页。

少采取中立态度。可是,这次俄国没有上钩,沙皇亚历山大二世对拉多维茨明确表示,他愿意维持近东的现状。这就意味着以近东为筹码的交易难以达成。同年2月27日,俾斯麦指示拉多维茨采取新步骤,发表了一个精心策划的声明:"我们十分关切的不是塞尔维亚,甚至也不是波兰,而是使欧洲受到战争威胁的地方,即西方。"①暗示德国可以在俄国感兴趣的地方做出让步,并向俄国政府建议,不要援助法国。戈尔恰科夫在同拉多维茨会谈时,否认在法国存在着"特殊的反德宣传",并直言不讳地说,他自己就是"同情法国"的。结果,拉多维茨之行并未改变俄国对德法关系的政策。

1875年初,法国拟从德国购进1万匹马。同年3月,法国议会通过扩充军队的法案,决定每个团由3个营增加到4个营。该法案实施后,法军和平时期的总数增至14.4万人。俾斯麦利用这两件事在国内大肆制造战争舆论,掀起一场反法运动。3月4日,德皇发布了禁止马匹出口的命令。4月初,德国报刊猛烈抨击法国新的军事法案,说法国正在加紧进行反德战争的准备。4月8日,柏林《邮报》刊登了一篇题为"战争在望?"的文章,肯定了法国采取威胁立场的消息。德军总参谋长毛奇以带有威胁性的口吻说:"如果法国不限制自己的军务,战争就不可避免。"他还提出了"先发制人"的战争理论,公然宣称:"发动战争的国家并不是希望战争的国家,而那个预先采取措施迫使别的国家不得不发动进攻的国家才是希望战争的国家。"②

法国并没有被德国咄咄逼人的战争叫嚣所吓倒,德卡兹力图借用俄、英的力量牵制德国。他把德国准备战争的消息尽量收集起来,及时提醒欧洲各大国注意。1875年4月21日,在英国驻德大使罗素举行的宴会上,刚从彼得堡回来的拉多维茨对法国大使贡托—比伦威胁说:鉴于法国的军事准备,德国的许多政治家认为必须发动一场先发制人的战争。法国立即把这次谈话的内容印发给俄、英等国大使,并通过英国《泰晤士报》驻巴黎记者,在英国报刊上报道,立即在欧洲各国政府和舆论界引起了一场猛烈的反德运动。

英国担心德军可能通过比利时入侵法国直接到达加来海峡岸边,构成对英国的威胁,更担心它一向珍视和力求维持的"欧洲均势"再遭破坏。英国首相迪斯累里说:"俾斯麦是个地地道道的新波拿巴,对他应当加以遏制",并表示,"俄

---

① H.霍尔博恩:《七十年代初俾斯麦的欧洲政策和拉多维茨的使命》,柏林1925年版。转引自〔苏〕赫沃斯托夫编:《外交史》第2卷(上),第54页。

② 《红色文献》,1938年第6(91)卷。转引自〔苏〕B.M.赫沃斯托夫编:《外交史》第2卷(上),第57—58页。

国和我们为了这个目的可能结成同盟"①。英国外交大臣德比指示驻柏林大使罗素,在俄皇访问柏林明示反对德国进攻法国时,"您就应当全力支持他"。②俄英还通过外交途径协调了彼此的立场,奥匈也向俄国表达了"维持和平的愿望"③。

1875年5月10日,亚历山大二世由戈尔恰科夫陪同到达柏林。戈尔恰科夫在同俾斯麦会谈时强硬表示,俄国难以容忍德国发动新的对法战争。俾斯麦公然否认有侵略意图,说传闻德国要进攻法国的消息纯属"谣言",是"热衷于交易所买卖"的德卡兹玩弄的花招。他说,毛奇声称的先发制人的战争不值得重视,因为在政治上,此人不过个"黄毛小儿"。戈尔恰科夫似乎从俾斯麦那里索取到和平的保证。他在离开柏林之前,向俄国所有驻外使节发了一份电报,电文给人的印象是,仿佛全靠俄国的影响才使法国免遭第二次打击,这使俾斯麦大为光火。

战争危机的结束表明,俾斯麦孤立和进一步削弱法国的外交受到一次大挫折,根本原因在于,欧洲其他大国都不希望德法关系继续朝着有利于德国的方向转化,他们力图维持《法兰克福和约》之后的现状,法国正是利用列强之间错综复杂的矛盾才赢得了这次外交的胜利。这次危机不仅使俾斯麦看到三皇同盟的脆弱性,而且也使他清楚地认识到俄国是德国建立欧洲霸权的主要障碍,从而加深了德俄之间的裂痕,并客观上促使法俄的接近,由此引起了国际关系的新变化。

第二节 近东危机

黑塞哥维那反土起义与列强的态度

1875年德法战争危机刚刚过去两个月,又爆发了引起欧洲普遍关注的近东危机。近东危机发生的主要原因是:奥斯曼帝国逐渐衰落及其内部矛盾的日益尖锐化;巴尔干各被压迫民族在意大利和德国统一的影响下民族独立意识增

---

① W. F. 莫尼彭尼和G. 巴克尔:《本杰明·迪斯累里·贝肯斯菲尔德伯爵的生平》,伦敦1920年版。转引自〔苏〕赫沃斯托夫编:《外交史》第2卷(上),第60页。

② H. 坦佩尔莱和L. M. 彭森:《从皮特到索尔伯里时代的英国对外政策的基础》,剑桥1938年版。转引自〔苏〕赫沃斯托夫编:《外交史》第2卷(上),第61页。

③ 王绳祖主编:《国际关系史》第3卷,世界知识出版社1995年版,第14页。

强,反对奥斯曼帝国统治的民族解放运动高涨;欧洲列强为争夺和瓜分奥斯曼帝国的"遗产"而展开的争霸斗争,以及由此引发的大国之间错综复杂的矛盾和冲突。

克里米亚战争以后,土耳其进一步衰落,财政枯竭,外债高筑,象征着主权的关税和其他重要财政收入均被外国控制,半殖民地化程度进一步加深。土耳其苏丹为维护垂危的封建专制帝国的统治,残酷压榨和掠夺其境内的各族人民,引起阶级矛盾、民族矛盾和宗教矛盾的全面激化。这种情况在巴尔干地区表现得尤为突出。

1875年夏,黑塞哥维那和波斯尼亚因发生旱灾而庄稼歉收,但封建什一税税款却大为提高,从而激起人民的强烈不满。7月,在奥斯曼帝国最西北部的斯拉夫人居住的地区,首先在黑塞哥维那爆发了信仰基督教的农民反抗土耳其的封建专制和民族压迫与宗教压迫的起义,起义者奋斗的目标是争取民族独立,要求重新获得被伊斯兰教地主霸占的土地。8月、9月间,起义扩展到波斯尼亚。这次起义得到邻近的塞尔维亚和门的内哥罗的热烈同情和支持。南部斯拉夫人早就企盼着摆脱奥斯曼帝国的统治,以建立斯拉夫人自己的民族国家。土耳其政府对起义者进行残酷的镇压,企图用武力维持自己的反动统治,但起义规模却越来越大,极大地冲击和动摇了土耳其封建统治的根基。

巴尔干的紧张局势,立即吸引了欧洲各大国,特别是俄国、奥匈和英国的注意。

俄国积极干预由奥斯曼帝国统治危机所引发的紧张局势,支持巴尔干斯拉夫人的反土起义,其主要目的是:第一,通过支持巴尔干斯拉夫民族解放斗争,一方面可以笼络斯拉夫人,赢得斯拉夫人"保护者"和"解放者"的美誉,另一方面可赶走土耳其势力,加强自己在巴尔干的扩张地位。第二,打击和削弱土耳其,进而控制两海峡,占领君士坦丁堡,实现南下地中海的战略。第三,打通南方海上贸易通道,为俄国农奴制废除后资本主义经济的发展寻求国外市场,特别是乘机夺取巴尔干市场和控制黑海的贸易。但是,俄国的扩张意图是同欧洲其他大国,特别是英国和奥匈帝国的利益相冲突的。

奥匈帝国担心巴尔干斯拉夫人的反土起义会导致奥匈境内数百万斯拉夫人的解放运动,直接威胁其统治地位,因此主张暂时保持奥斯曼帝国的现状,支持土耳其镇压斯拉夫人的民族解放运动,并反对俄国以支持斯拉夫运动为名向巴尔干扩张势力。奥匈帝国也一直有向巴尔干扩张的野心。自19世纪70年代起,它就想夺取波斯尼亚和黑塞哥维那,然后合并巴尔干西半部的斯拉夫人居住区。但是奥匈帝国苦于实力不足,不愿同俄国发生正面冲突,企图通过同俄国"合作"达到占领波斯尼亚和黑塞哥维那的目的。由于奥匈的扩张目标局限于巴尔干,不涉及英国所特别关注的两海峡,所以英奥在巴尔干问题上可以形成某种合作。

英国为了维护它在近东的利益和地中海霸权,主张保存奥斯曼帝国。自苏伊士运河于1869年开航以后,沟通了地中海到红海的航线,开辟了从英国到印度的最短航路。地中海的战略地位更加突出。同时,英国在地中海具有重大的经济利益,它几乎垄断了地中海市场并占有土耳其商品贸易的一半份额。为了防止苏伊士运河和埃及免受俄国的威胁,保护在近东的既得利益,英国坚决反对俄国势力伸向巴尔干和土耳其本土,更不允许俄国占有君士坦丁堡和控制两海峡。因此,它反对俄国以支持巴尔干斯拉夫人的解放运动为名扩充自己在该地区的势力,鼓励土耳其用一切残酷的手段把起义镇压下去,以免引起国际的武装干涉。

德国这时在巴尔干没有直接利益,不愿挤进矛盾的漩涡中。但是,俾斯麦却敏锐地抓住这次外交机会,试图利用俄奥和俄英在近东问题上的尖锐矛盾,把大国的注意力都吸引到近东去,不让它们过问中欧的事情,以便德国实现孤立法国和巩固在欧洲的优势地位。为此,德国极力挑动俄奥和俄英之间的矛盾,但又不愿使矛盾发展到无法收拾的地步。因为一旦发生俄奥战争,奥必求助于其他大国,这时德国如站在奥匈一边,法国则可能会利用机会联俄攻德,置德国于东西两面作战的困境。为避免出现此种情况,俾斯麦权衡利弊,宁愿先当调停人的角色。

法国在普法战争后力量尚未恢复,在这场大国角逐中很难有所作为,但它还是尽量维护在近东的既得利益。

可见,在近东危机问题上,大国利益交织,矛盾错综复杂,围绕巴尔干民族解放运动和奥斯曼帝国命运问题,列强展开了一场激烈的明争暗斗。

安德拉西照会与《柏林备忘录》

在欧洲列强中,俄国是最想利用巴尔干斯拉夫人起义的机会,打着支持斯拉夫人的旗号,以便把巴尔干变成自己的势力范围。但俄国由于受自身力量的限制,顾忌其他列强的抵制和反对,不敢轻举妄动。它希望利用三皇同盟的关系,取得德国的谅解和支持,调解与缓和同奥匈的矛盾。

1875年8月,戈尔恰科夫在维也纳向奥匈提出了共同保护斯拉夫人的问题,他建议应当给予起义的各省以广泛的自治权,实际上是让波斯尼亚和黑塞哥维那获得独立。但安德拉西不仅反对波黑独立,甚至也反对他们享有自治权,因此不赞成戈尔恰科夫的主张。为防止俄国包揽巴尔干问题,安德拉西以解决巴尔干冲突为由,先联合俄、德,然后又取得三个欧洲强国英、法、意的同意,建议土耳其政府向起义地区派遣一个由上述六国领事组成的国际委员会,以调停土耳其政府与起义者之间的关系。但由于冲突双方的尖锐对立,这一国际调停活动并未达到使双方和解的目的。

1875年12月30日,安德拉西向1856年《巴黎条约》各签署国政府发出照会,即"安德拉西照会"。照会提出了在波、黑地区实行改革的方案,其主要内容是:宗教信仰自由;取消包税制度;把地方税用在地方上;改善农业居民的土地状况;设立由基督教徒和穆斯林组成的混合委员会监督改革等。照会还邀请各大国采取共同行动,以促使土耳其政府和起义者都接受这一方案。列强均表示同意安德拉西的建议,但奥、俄两国对实现改革方案的目的有着完全不同的想法。奥匈把要求改革看作是恢复奥斯曼帝国统治的途径;而俄国则希望通过改革来实现波、黑自治,并成为进一步实现独立的一个步骤。

1876年1月31日,安德拉西照会由《巴黎条约》各签字国大使分别递交土耳其政府。土耳其政府同意照会的建议并答应实行改革,但起义领导人拒绝接受这一方案。他们郑重声明:在土耳其军队尚未撤出各起义地区,土耳其政府的改革诺言还没有得到列强的事实上的保证之前,他们决不能放下武器。这样,安德拉西的外交斡旋再次遭到挫折。

1876年4月,起义蔓延到保加利亚。同时,塞尔维亚和门的内哥罗也准备对土宣战,危机进一步加剧。俄国以寻求危机解决办法为由,提议三皇同盟成员国举行大臣会议,在征得德、奥同意后,三大臣会议于5月在柏林举行。在会上戈尔恰科夫支持起义者的要求,主张土耳其政府应让巴尔干半岛斯拉夫人居住的所有地区实行自治。安德拉西既不愿看到斯拉夫人自治,也不想让俄国扩大在巴尔干的影响。他一方面称赞戈尔恰科夫的自治方案是"外交艺术"的"杰作",另一方面却提出了大量的修正意见,致使自治方案实质上变成了改革方案。

5月13日,俄、德、奥三国通过了《关于巴尔干事件的备忘录》,即《柏林备忘录》。其主要内容是:冲突双方停火两个月;土耳其军队须"集中于若干应该集中的一定地点";起义者可以保存武器;各国领事或代表监督土耳其苏丹实行改革;如果停火期满而未达到预期目的,各大国将采取具体措施,以"防止战祸进一步发展"。① 备忘录实质上是要通过某些改革达到维持土耳其现状的目的,它不过是安德拉西照会的放大本,只是在这个放大本上加盖了戈尔恰科夫的印记。

1876年5月14日,在俾斯麦邀请英、法、意三国大使通告《柏林备忘录》时,在座的戈尔恰科夫申明:三国皇室的目的在于保持奥斯曼帝国的完整,但这要以改善基督教徒的处境为条件。法、意两国同意备忘录内容,但却遭到英国的拒绝。英国反对的理由是:备忘录是俄、奥、德三国政府未和英国商量的片面行动,其内容有些偏袒起义者一方,无正当理由要求土耳其政府予以接受。英国的真正担心是,一旦斯拉夫人获得独立,就会扩大俄国在巴尔干的影响,从而威胁英国在近东的利益。

正当《柏林备忘录》出笼时,土耳其政府用最残酷的手段镇压保加利亚起义,仅几天时间就在普罗夫迪夫行政区杀害了1.5万人,制造了骇人听闻的惨案。英国迪斯累里政府为土耳其政府的暴行辩护,甚至把此类事件的报道称为"咖啡馆的闲扯"。为支持土耳其对抗俄国,英国派遣一支舰队开往海峡,停泊在离达达尼尔海峡不远的贝吉克湾。土耳其政府依仗英国的支持,拒不接受《柏林备忘录》。这样,三皇同盟成员国的外交干涉又一次遭到失败。

塞土战争

土耳其对保加利亚起义的血腥镇压,激起了斯拉夫人的强烈反抗。1876年6月30日,塞尔维亚大公米兰对土耳其宣战。7月1日,门的内哥罗大公尼古拉也对土宣战。塞、门两国在俄国的斡旋下缔结了同盟条约,携手对土作战。俄国派遣约4000名志愿军到塞尔维亚参战,其中切尔尼亚也夫将军被米兰大公任命为塞尔维亚军队的总司令。同时,俄国还向塞提供了大量的经济援助。

俄国的援塞行动,有可能引起与欧洲各大国的冲突。因为在塞土战争中,如果土耳其获胜,俄国势必为援助塞尔维亚而进行公开的武装干涉,这就要冒同奥匈帝国发生冲突的风险;如果塞尔维亚获胜,可能会导致奥斯曼帝国的崩溃及由此引发的列强为争夺土耳其遗产的全欧战争。可是,俄国并没有为发生这种大规模军事冲突做好物质和军事方面的准备。俄皇亚历山大二世对此非常担心,他对陆军大臣米柳亭说:可能发生克里米亚战争时的情况——整个欧

---

① 王铁崖、王绍坊选译:《1871—1898年的欧洲国际关系》。转引自《国际关系史资料选编》上册(第1分册),第146—147页。

洲会再一次向我们猛扑过来。

俄国为避免同奥匈发生冲突,主动协调双方立场。1876年7月8日,俄皇亚历山大二世偕同戈尔恰科夫与奥皇弗朗茨·约瑟夫和安德拉西在波西米亚的赖希施塔特举行会谈。这次会谈没有签署任何正式文件,只是达成了根据双方大臣口授记录的非正式协定。双方记录既有相同点,也有不同点。相同点是:双方约定,"当前"应当遵循"不干涉原则",如果局势需要采取行动,可按照相互间达成的协议来处理。如果土耳其获胜,两国"将要求恢复塞尔维亚战前的现状";如果塞尔维亚获胜,"两大国对成立大斯拉夫国家一事将不予以协助"。[①] 不同点是:根据俄国记录,当塞尔维亚获胜后各方对成果进行分配时,波黑两省的大部分应划归塞尔维亚和门的内哥罗,奥匈仅可得到波斯尼亚的小块领土,而根据奥匈的记录,它应该得到波黑两省的大部分领土,塞尔维亚和门的内哥罗只能得到一小部分。此外,按照俄国的记录,如果土耳其欧洲部分瓦解,保加利亚和鲁梅利亚应建立独立的公国,而按照奥匈的记录,它们只能组成自治省。协议还规定,奥匈同意俄国得到罗马尼亚的比萨拉比亚西南部和巴统。双方认为,君士坦丁堡可以成为自由市。

《赖希施塔特协定》反映了俄奥瓜分巴尔干的企图。但是,塞土战争的结果,塞尔维亚战败,两国的瓜分计划随之告吹。1876年8月26日,塞尔维亚请求列强出面调停。英国等欧洲列强建议双方停战一个月,并立即开始和谈。土耳其政府虽同意和谈,但却提出了一些极其苛刻的和平条件。其中包括:让塞尔维亚归还给土耳其四个要塞,把塞的武装力量限制在一万人之内,并增加贡赋。在俄国的带头反对下,列强拒绝了土耳其政府的要求。

在欧洲列强斡旋和平受挫的情况下,俄国准备出兵援助塞尔维亚,并占领保加利亚。为避免重蹈1853—1856年克里米亚战争的覆辙,俄国不得不谨慎地事先探询德、奥等国的意见。1876年9月初,亚历山大二世在给威廉一世的信中说:"虽然他满心希望在东方问题上支持列强为奠定和平而达成的意见,但是,他可能被迫采取特殊的立场。"[②] 9月中旬,俄国驻柏林大使奉命请求德国政府回答:如果土耳其政府拒绝接受列强的建议,而"俄国的尊严迫使它必须对苏丹帝国采取单独行动的话,那么德国将采取何种立场?"[③] 德国政府对俄国的一

---

① 〔苏〕赫沃斯托夫编:《外交史》第2卷(上),第117页。
② 〔苏〕赫沃斯托夫编:《外交史》第2卷(上),第124页。
③ 俄罗斯对外政策档案,秘密档案第19号卷。转引自上引书,第125页。

再询问却采取回避的态度。在此情况下,亚历山大二世不得不超越一般的外交方式,直接去找德国驻彼得堡的军事全权代表韦尔德将军。他向韦尔德明确提出:一旦俄奥发生战争,德国是否会采取俄国在普法战争期间所保持的那种立场?他还请这位将军催促德国政府尽快做出正式答复。

当时,俾斯麦所希望的是发生俄土战争,进而引发英俄战争,以便把俄国吸引到东方,从而使德国在对付法国时减少东顾之忧。他最担心的是发生俄奥战争,因为一旦出现这种情况,德国将陷于两难境地。如果德国支持俄国或中立,俄国势必打败奥匈并加强其在欧洲的地位和影响;如果支持奥匈同同俄国发生冲突,法国可能会趁机卷入对德战争,使德国面临东西两线作战的不利局面。在俄奥两个盟国中,俾斯麦必须权衡利弊做出选择。他认为,奥匈是德国的重要盟友,俄国则是德国进一步削弱法国的障碍。因此,德国不能容忍俄国打败奥匈。

1876年10月23日,德国驻彼得堡大使施魏尼茨奉命向俄国政府答复德国的立场。主要内容是:鉴于三皇的友好关系,我们将尽力保持俄奥之间的友谊。如果俄奥之间不能维持和平,那么我们不能容忍两者任何一方受到严重损害而影响其作为独立大国的地位,因为这是不符合德国利益的。这个答复实质上是说德国不允许俄国击败奥匈。施魏尼茨还谨慎地向俄国暗示,如果俄国以条约的形式保证德国占领阿尔萨斯和洛林,德国可以改变立场。戈尔恰科夫坚决拒绝了这一要求,他说:"这对你们没有多大好处,在我们这个时代,条约的价值是微乎其微的。"①结果,双方都没有从对方得到想要的东西。俄国在谋求德国的支持受挫后,便希望同奥匈达成某种程度的妥协。

事实上,俄国在同德国接触的同时,也在同奥匈交涉。1876年9月26日,苏马罗科夫受命出使维也纳,带去了沙皇致奥皇的一项建议。主要内容是:让土耳其起义各州实行自治;由俄国暂时占领保加利亚,奥匈占领波斯尼亚;列强以保护基督徒为名共同派军舰进驻海峡。这项建议遭到奥匈政府的拒绝。10月3日,奥皇在给沙皇的回信中明确表示,反对让斯拉夫人居住的各州实行自治的主张,并认为占领这些地区没有好处。但是,他暗示可在赖希施塔特协定的基础上进行商谈。10月10日,亚历山大二世再次致函弗朗茨·约瑟夫,表示同意按照《赖希施塔特协定》的谅解达成协议。

---

① 《施魏尼茨将军大使回忆录》第1卷,柏林1927年版。转引自〔苏〕赫沃斯托夫编:《外交史》第2卷(上),第127页。

在俄奥交涉期间，土耳其政府于10月初恢复了对塞尔维亚的军事行动。10月底，塞尔维亚局势十分危急。10月31日，俄国驻君士坦丁堡大使伊格纳切夫向土耳其政府递交了最后通牒，要求立即签订为期六周至两个月的停战协定，限48小时内予以答复，否则，俄国将立即断绝与土耳其的外交关系。土耳其政府被迫接受了这一要求。

欧洲列强为了寻求解决危机的出路，在俄国的推动下，经英国提议，欧洲各大国于1876年12月23日至1877年1月20日在君士坦丁堡召开了大使级会议，即君士坦丁堡会议。在正式会议召开之前，与会国在12月11—22日举行了预备性会议。由于英俄两国首席代表索尔兹伯里和伊格纳切夫的共同努力，列强达成了初步协议：给予波斯尼亚、黑塞哥维那和保加利亚以自治地位，且把保加利亚分为东西两部分，由各大国任命行政委员会监督波、黑、保三地自治制度的实行。该协议遭到英国政府内部强硬派的反对，他们认为大国方案会给俄国侵略土耳其涂上一层欧洲集体意志的油彩，因此指使其第二代表埃里奥特（英驻土大使）私下怂恿土耳其政府拒绝接受大国协议。

12月23日，当宣布会议正式开幕时，出席会议的土耳其外交大臣萨菲特—帕沙突然宣布：土耳其已从存在六百年之久的皇权统治改变为立宪政权，等苏丹一颁布宪法，一切改革要由依宪法产生的议会来决定，因此，现在的国际会议已无必要，土耳其将拒绝会议做出的决定。面对这一突如其来的变化，俄国建议用武力迫使土耳其接受列强的决议，但英国拒绝对土耳其施加任何压力。最后，列强仅以召回各自驻君士坦丁堡大使的外交行动，表示不满和抗议。

在君士坦丁堡会议毫无进展的情况下，俄国决心对土耳其采取军事行动。为了使奥匈在俄土战争中保持中立，俄国不惜对奥匈做出重大让步。1877年1月15日，俄奥签订《布达佩斯条约》。其主要内容是：奥匈在俄土战争中保持中立，其条件是：奥匈有权占领波斯尼亚和黑塞哥维那，但不得向罗马尼亚、塞尔维亚、保加利亚、门的内哥罗扩大军事行动；奥匈同意塞尔维亚和门的内哥罗参加俄国一方作战，但俄国不得向波斯尼亚、黑塞哥维那、保加利亚和门的内哥罗扩大军事行动。3月18日，双方又签订了一项补充协定，规定奥匈将来可兼并波、黑，俄国可收回比萨拉比亚西南部，但不在巴尔干建立大斯拉夫国家，保加利亚和阿尔巴尼亚可以独立，君士坦丁堡成为自由市。补充条约签订后，俄国又从各方面做了战前的准备工作。1877年4月16日，俄国同罗马尼亚签订了允许俄国军队过境的协定，从而铺平了对土战争之路。

第三节　俄土战争与柏林会议

俄土战争

1877年4月24日,俄国对土耳其宣战。从军事力量对比看,优势明显在俄国方面。从国际环境看,总体上也是有利于俄国的。奥匈因同俄国有《布达佩斯条约》需保持中立;德国因希望把俄国的注意力引向东方而保持善意中立;法国考虑对德斗争的需要,正在争取俄国的友谊。上述欧洲三个大国对俄国的军事行动都不大可能进行干涉和阻挠,只有英国对俄国的宣战进行了公开的谴责。

迪斯累里本想趁俄土战争爆发之际占领达达尼尔海峡,以防止俄国攫取君士坦丁堡。但是,这一计划由于遭到英国内阁中一些有影响的阁员反对而被搁置。5月6日,英国外交大臣德比交给俄驻英大使舒瓦洛夫一份照会,其主要内容是:不允许俄国封锁苏伊士运河;不允许占领埃及,即使是在战争期间也不允许;不允许夺取君士坦丁堡和改变海峡现状;不允许向波斯湾推进。[①] 俄国为避免同英国发生冲突,采取了不激化矛盾的方针。6月8日,舒瓦洛夫向英国递交了俄国政府对英国照会的答复。俄国保证不会威胁和损害英国在埃及和苏伊士运河的利益,也无意占领君士坦丁堡和改变海峡现状,如果战争的进程导致俄国军队占领君士坦丁堡,那么也只是暂时的,至于海峡的命运,只能根据大国的友好协商,共同确定。同时,俄国政府也要求英国恪守中立,不得占领君士坦丁堡和海峡地区。英国对俄国在复照中的答复表示不满,它认为即使是俄国军队暂时出现在君士坦丁堡,也是不能容许的。

英国为加强同俄国抗衡的地位,早在收到俄国复照前的5月19日就开始同奥匈谈判建立反俄同盟问题。英国提议,如果俄军越过巴尔干山脉,英国即派军舰到加利波利半岛,奥匈则应出兵罗马尼亚。奥匈不愿冒同俄国作战的风险,不打算采取行动阻止俄军越过巴尔干山脉,它希望通过与俄国签订的《布达佩斯条约》取得已经得到许诺的巴尔干领土,因此,无意与英国结盟,只表示可以在未来对近东问题做最后安排时进行合作。

1877年6月23日,俄军渡过多瑙河。7月19日占领巴尔干山脉的希普卡

---

① 〔苏〕赫沃斯托夫编:《外交史》第2卷(上),第146—147页。

山口，但西线俄军却在普列文受阻，且两次遭受惨败。在此情况下，俄国不得不求助于罗马尼亚。8月28日，俄罗缔结军事合作协议，罗军参加对土战争，扭转了战场局势。12月10日，俄罗联军攻陷了普列文这一战略要地，从而奠定了对土战争胜利的基础。

在普列文陷落前不久，俄国就已经将其拟定的未来和约的条件通知了德国和奥匈，其主要内容是：建立一个大保加利亚公国；波黑两省实行自治，如奥匈愿意可以由它管理；塞尔维亚、门的内哥罗和罗马尼亚完全独立；俄国占领比萨拉比亚西南部；卡尔斯、巴统、阿尔达汉和巴亚济特并入俄国；土耳其将偿付战争赔款；调整海峡通行规则，黑海沿岸国家，特别是俄国军舰，有权在必要时经过苏丹的特别许可通过海峡。①

英国未收到俄方的通知，只是从报端了解到议和的条件。它对条款中规定海峡应向俄国军舰开放最为不满。12月13日，英国政府表示，希望俄国不要占领君士坦丁堡，即使是暂时的占领也会迫使英国采取"预防性措施"。俄国政府随即答复说，由于军事行动的进程不能保证不暂时占领君士坦丁堡。

12月24日，土耳其请求列强出面调停，以阻止俄军的继续推进。英国政府迅速响应，把土耳其的请求转告俄国。俄国外交大臣戈尔恰科夫回答说，如果土耳其要求停战必须接受未来和约的各项条款，并直接向俄军总司令提出请求。1878年1月8日，土耳其政府向俄军总司令请求停战。经过谈判，土耳其政府被迫接受了缔结和约的各项先决条件，双方于1月31日在阿德里安堡签订了停战协定。

奥匈反对俄国强加给土耳其的缔结和约的先决条件，因为其中有建立大保加利亚公国的条款，该条款违背了俄奥签订的《赖希施塔特协定》和《布达佩斯条约》中不许在巴尔干建立大斯拉夫国家的规定。2月5日，奥匈提议把将要订立的俄土和约的各项条款提交国际会议讨论。英国为防止俄军进入君士坦丁堡，于2月8日决定派停泊在地中海的军舰开进达达尼尔海峡，2月13日英舰迅速进入海峡，开到距离君士坦丁堡大约1小时航程之内。俄军针锋相对地向君士坦丁堡推进，占领了离该城仅12公里的小镇圣斯特法诺。双方形成了对峙之势。

英国政府以威胁的口吻对俄宣布，如俄军占领君士坦丁堡，就同俄国断绝外交关系。奥匈政府也声明，若君士坦丁堡被俄军占领，就召回其驻彼得堡大

---

① 参阅〔苏〕赫沃斯托夫编：《外交史》第2卷（上），第150页；王绳祖主编：《国际关系史》第3卷，第33—34页。

使。俄同英、奥的关系顿时紧张,面临爆发战争的危险。然而,这时俄、英、奥三方都未真正做好打一场新战争的准备。特别是俄国,不敢冒同欧洲两个大国冲突的风险,只能对君士坦丁堡望而却步。

《圣斯特法诺和约》

俄国为巩固已经取得的胜利成果,争取在主要问题上按照俄国意图签订和约,特派前驻土耳其大使伊格纳切夫作为全权代表,向土提出了议和条件。土耳其无力再战,只得被迫接受。

1878年3月3日,俄土签订《圣斯特法诺和约》。其主要内容是:(1)建立一个大保加利亚公国,其版图东起黑海,西至阿尔巴尼亚山脉,南到爱琴海,超过了君士坦丁堡会议所拟定的疆界。它虽仍隶属于苏丹,但由俄军占领两年。(2)塞尔维亚、门的内哥罗、罗马尼亚三国完全独立。(3)塞、门二国领土略有扩大,罗获得北多布罗加。(4)波斯尼亚和黑塞哥维那实行改革。(5)俄国占有比萨拉比亚西南部及卡尔斯、阿尔达汉、巴亚济特和巴统。(6)土耳其向俄国赔款14.1亿卢布,其中绝大部分由土耳其割让的领土作为抵偿,实际赔款3.1亿卢布。(7)博斯普鲁斯海峡和达达尼尔海峡平时或战时均允许来往于俄国港口的商船自由航行。

《圣斯特法诺和约》遭到英、奥的强烈反对。英国认为,俄国把保加利亚置于自己的控制之下,实际上就成了一个地中海大国,可以直接威胁君士坦丁堡和两海峡,俄国在高加索夺取的新领土对英国的中亚利益构成威胁。英国政府3月9日发表声明,要求召开欧洲会议审议和约所有条款,并在国内掀起反俄浪潮。英国内阁3月27日做出决定,将召集两个军团的预备队和从印度派遣一支远征军开往地中海,准备用武力抵制《圣斯特法诺和约》。奥匈认为,建立大保加利亚公国损害了它在巴尔干的利益,也违背了《赖希施塔特协定》和《布达佩斯条约》的规定,奥匈对和约中没有明确把波斯尼亚和黑塞哥维那划归给它也十分不满。因此,奥匈提出召开欧洲会议讨论和约条款,同时在达尔马提亚和多瑙河沿岸各州开始了军事动员,对俄施加压力。

德国也不赞成《圣斯特法诺和约》中关于建立大保加利亚的规定,因为这会破坏俄奥在巴尔干的现有均势,加深俄奥的矛盾和对立,并影响俾斯麦所热衷推行的三皇同盟政策,所以俾斯麦声明,在东方问题上他愿充当"诚实的掮客",并劝告俄国同意召开欧洲会议,以便利用会议孤立俄国,使俄国看到自己孤立无援的软弱地位及今后在重大国际问题上依靠德国的重要性。

俄国面临英、奥的压力,又得不到德国的支持,只得同意召开欧洲会议,让欧洲列强讨论和"裁决"和约的全部条款。为了打破列强可能在会议上形成一致对俄的局面,特别是防止英奥结盟,3月底,伊格纳切夫被派到维也纳去同奥匈政府谈判。安德拉西提出,不仅要占领波黑两省,而且要通过某种方式控制巴尔干的整个西部地区,为此,奥匈不能接受把新帕扎尔行政区划归塞尔维亚和门的内哥罗,以确保自己有一条到萨洛尼卡和爱琴海沿岸的走廊。否则,奥匈不能在即将举行的欧洲会议上支持《圣斯特法诺和约》的其余条款,也不能保证一旦出现英俄战争时持中立立场。俄国显然不能接受奥匈控制整个巴尔干半岛西部的要求。结果,伊格纳切夫无功而返。

在俄奥谈判失败后,俄国驻伦敦大使舒瓦洛夫同英国政府进行谈判。双方就修改《圣斯特法诺和约》问题进行了激烈的讨价还价。1878年5月30日,双方签订《英俄协定》。主要内容是:缩小保加利亚的版图,以巴尔干山脉为界把保加利亚一分为二,马其顿地区归土耳其;英国不反对俄国收复比萨拉比亚并占领卡尔斯、阿尔达汉和巴统;俄国同意不占领巴亚济特。《英俄协定》缓解了英俄矛盾,为国际会议的召开奠定了基础。

英国在与俄国谈判的同时,还以保护土耳其的亚洲领土为借口,迫使土耳其于1878年6月4日在君士坦丁堡签订了《英土防御同盟条约》。主要内容是:"如果巴统、阿尔达汉、卡尔斯或者其中任何一个地方落入俄国之手",英国必须以武力帮助保卫土耳其的亚洲领土;土耳其"为了向英国提供保证所履行其义务所需要的条件","同意由英国占领并管理塞浦路斯岛"。① 实际上,英国从此占领了塞浦路斯岛。

英奥谈判是与英俄谈判交叉进行的,由于英奥两国在修改《圣斯特法诺和约》方面具有不同的目标,所以谈判颇费周折。英国的目标是希望奥匈在修改《圣斯特法诺和约》中关于保加利亚疆界问题上,采取相同的立场;而奥匈则想争取英国支持它有关巴尔干西部诸问题的立场。为此,在谈判中奥匈提出了一揽子方案,即两国如果在未来的会议上采取联合行动的话,缩小保加利亚疆界的问题必须与波黑两省的地位、塞门两国边界安排等问题联系在一起考虑。英国不愿意在巴尔干西部诸问题上做出更多的承诺,以免影响同俄国的谈判。当《英俄协定》签订后,奥匈已失去进一步讨价还价的筹码。

1878年6月6日,双方签订《英奥协定》。两国政府约定在即将召开的会议

---

① G. 诺拉顿裹:《奥斯曼帝国国际文件汇编》第3卷,巴黎1902年版。转引自〔苏〕赫沃斯托夫编:《外交史》第2卷(上),第161页。

上采取一致的行动。奥匈支持英国提出的不允许把保加利亚的领土扩大到巴尔干山脉以南的主张,英国则同意支持奥匈对波斯尼亚的要求。《英奥协定》加强了两国在即将召开的欧洲会议上的外交地位,也使双方走上了联合制俄的道路。

柏林会议与《柏林条约》

德国为了提高自己在欧洲的地位和通过外交调停人的角色捞到政治上的一些好处,邀请欧洲列强到柏林开会,以讨论尽快结束近东危机和《圣斯特法诺和约》引起的有关争议问题。

1878年6月13日,柏林会议开幕。参加会议的有俄、奥、英、德、法、意、土七国。巴尔干的一些小国塞尔维亚、门的内哥罗、希腊和罗马尼亚等也参加了会议,但没有表决权。列强出席会议的首席代表都是政府首脑或外交大臣,主要的首席代表有俄国外交大臣戈尔恰科夫、奥匈外交大臣安德拉西、英国首相迪斯累里、德国宰相俾斯麦。副代表中地位最重的是英国外交大臣索尔兹伯里和俄国驻英大使舒瓦洛夫。这次会议是继维也纳会议之后在欧洲召开的又一次大型国际会议。会议的主要任务,实质上是俄、英、奥三国瓜分土耳其的"遗产"。

大会完全受列强操纵。俾斯麦被推举为会议主席,他极其藐视土耳其和巴尔干各小国的代表,竟然毫不掩饰地对土耳其代表说,土耳其的命运是无足轻重的。在这样炎热的夏天,如果他将在会议上耗费时间的话,那也只是为了防止列强之间发生冲突。① 小国的命运受大国摆布,一切重大的问题都由大国决定。强权政治在这次会议上表现得淋漓尽致。

大国之间的矛盾和斗争也十分突出和尖锐,各国都想在这次瓜分中取得更多的份额。英国的目标是要在《英俄协定》的基础上继续扩大战果,取得更多的利益。俄国的目的是尽量保留《圣斯特法诺和约》所得到的东西,避免做出更多的让步。奥匈的意图是想让列强确认它占领波黑两省。整个会议进程表明英俄矛盾最为突出。年已80高龄的戈尔恰科夫同身患疾病的70岁的迪斯累里,不顾年迈体弱在会上唇枪舌剑,激烈争吵,甚至以退出会议相威胁。会上争论的主要问题有下列三个:

第一,关于《圣斯特法诺和约》中的大保加利亚问题。英、奥一致阻止俄国

---

① 〔苏〕赫沃斯托夫编:《外交史》第2卷(上),第163页。

大保加利亚计划的实现,以防止俄国势力进逼君士坦丁堡,主张缩小保加利亚疆界。尽管在《英俄协定》中,双方已同意以巴尔干山脉作为南北保加利亚的分界线,可是,关于这条边界的具体走向及土耳其对南保加利亚的控制权问题没有做出明确的安排。在英、奥、俄的谈判中,奥匈明确支持英国,俄国被迫让步,同意土耳其在南保加利亚拥有驻军权。

第二,关于波黑两省的地位问题。这个问题本来在俄奥《布达佩斯条约》中已经达成谅解,俄国同意奥匈占领波黑以换取奥在俄土战争中保持中立,可是在俄土《圣斯特法诺和约》中没有相关规定。奥匈要求这次会议决定由它占领波黑。奥的要求不仅得到英国,而且得到德国的支持,但遭到土耳其的反对。俾斯麦说:"欧洲已经讲话了。土耳其应该感谢会议为它收复了若干失去的省份,现在必须接受大国的所有决定而不是挑挑拣拣。大国达成的协议是不可改变的。"①

第三,关于巴统地位和海峡通行规则问题。在《英俄协定》中,英国同意俄国占领巴统。为防止俄国利用巴统加强其在黑海的军事地位,索尔兹伯里在会上要求俄国对巴统的地位做出某种中立性的安排,否则英国军舰有权通过海峡进入黑海。俄国为了保证获得巴统,宣布将巴统作为自由港。英国为平衡俄国占领巴统后其黑海地位的变化,希望改变海峡对战舰封闭的规则。索尔兹伯里在会上宣称,关于封闭海峡的原则,英国所承担的义务仅限于对土耳其苏丹负责,尊重苏丹的"独立决定",而不受其他国家约束。舒瓦洛夫反驳说,封闭海峡是一个欧洲列强共同遵守的原则,不仅是向苏丹承担的义务,也是列强相互之间必须承担的义务。虽然会议最后通过了承认过去海峡通过原则依然有效的条款,但英俄两国之间的矛盾和分歧并没有解决,双方都尽量做出对自己有利的解释。

1878年7月13日会议结束,签订了《柏林条约》。条约的主要内容是:(1)大保加利亚分为三部分:巴尔干山脉以北组成保加利亚公国,在保留土耳其宗主权的形式下实行自治,由俄军占领9个月,沦为俄国的势力范围;巴尔干山脉以南部分组成一个自治的东鲁美利亚省,由土耳其管辖;马其顿仍归土耳其。(2)波斯尼亚和黑塞哥维那由奥匈占领和管理。奥匈有权在新帕扎尔地区驻军,并有权支配波斯尼亚到萨洛尼卡的交通要道。这样,巴尔干的西部几乎被奥匈所控制。(3)承认塞尔维亚、门的内哥罗和罗马尼亚的独立,但要分

---

① 〔英〕赛顿·沃森:《迪斯累里、格拉斯顿和东方问题》。转引自王绳祖主编:《国际关系史》第3卷,第47页。

担土耳其苏丹的债务。塞尔维亚得到尼什和皮罗特,门的内哥罗得到安特巴鲁姆港(今巴尔港),罗马尼亚得到北部多布罗加,但要把比萨拉比亚南部割让给俄国。(4)俄国在亚洲得到卡尔斯、阿尔达汉和巴统。巴统成为商业性自由港。俄国将巴亚济特归还土耳其。(5)英国占领塞浦路斯岛。(6)会议重申1856年的《巴黎条约》和1871年的《伦敦条约》所规定的海峡通行条款"均仍保留",即商船自由航行,军舰禁止通过。

　　柏林会议实质上是欧洲列强掠夺和瓜分土耳其帝国"遗产"的会议。通过《柏林条约》,俄国虽然吐出了在《圣斯特法诺和约》中所取得的一部分赃物,但它仍然在欧亚扩大了大片领土,加强了在巴尔干和黑海的地位,建立了向君士坦丁堡前进的基地。英、奥非交战一方,没放一枪一炮,也"和平"地参与了对土耳其的瓜分。英国取得了塞浦路斯,奥匈则占领了波斯尼亚和黑塞哥维那。德、法虽未直接参与对土的瓜分,但也在别的方面得到"补偿"。德国利用东道主的身份提高了国际地位,仿佛成了欧洲问题的仲裁者。会议期间,俾斯麦为了转移法国的视线,引诱法国利用土耳其危机向突尼斯扩张,以缓解德法矛盾。

　　《柏林条约》虽然标志着1875—1878年的近东危机已经结束,大国关系也做了一些调整,但它并没有解决列强的根本矛盾,也没有真正解决巴尔干的民族问题,反而孕育了一些新矛盾。英国在会前迫使俄国丧失了大部分"胜利果实",招致了俄国的不满。会议期间双方在海峡问题上的激烈争论和利益冲突,进一步加深了两国之间的矛盾。俾斯麦名为"诚实的掮客",实际上是助奥抑俄,引起了俄国的愤怒与仇恨。奥匈不仅占领了波黑,而且实际控制了巴尔干西半部,超越了俄奥协定的范围,加深了两国在巴尔干的对立。巴尔干各国人民为摆脱土耳其的统治进行了艰苦的斗争,虽然取得了一些成果并为《柏林条约》所确认,但它们在会议上仍然是欧洲列强宰割的对象。由于大国的渗透、插手和对立,巴尔干问题将更加复杂。

第十一章　三国同盟与俄法同盟的形成

第一节　德奥同盟与德奥意三国同盟的建立

德俄矛盾与德奥同盟的建立

19世纪70年代中后期,德俄矛盾主要表现在下列三个方面:

第一,两国在对法政策上的矛盾。普法战争后,德国一直奉行孤立和打击法国的政策,并伺机发动新的对法战争,企图进一步削弱法国,以巩固和提高德国在欧洲的地位。但是,德国称霸西欧的企图,是俄国等欧洲大国所不能允许的。俄国在1875年和1877年两次德法战争危机中,都是站在法国一边,明确反对德国的对法战争意图。这使俾斯麦意识到,俄国是德国通向反法战争道路上的严重障碍。

第二,柏林会议引起的矛盾。在柏林会议期间,俾斯麦名为"诚实的掮客",实为助奥反俄,剥夺了俄国对土战争的部分成果,引起了俄国的强烈不满。俄国报刊怒骂俾斯麦忘恩负义,说他忘记了俄国在普法战争期间给予普鲁士的援助。亚历山大二世也指责柏林会议是"一次俾斯麦领导下的欧洲反俄大联合"。俾斯麦对此反唇相讥,说他在柏林会议上为俄国所做的事情,比所有俄国外交官所做的总和还要多,但遗憾的是没有得到善意的回报。他指示巴尔干划界委员会中的德国代表在划界问题上采取反俄立场。1879年8月15日,亚历山大二世写信给德皇威廉一世,抱怨德国在落实与《柏林条约》有关问题上的偏袒做法,并警告说:"此事后果可能对贵我两国都是极其有害的。"①

第三,两国在经济上的矛盾。长期以来,德国是俄国粮食和原料出口的重要市场。据统计,1879年,德国占俄国对外商品销售额的30%,仅次于英国,位居第二。② 然而,从19世纪70年代开始的世界农业危机,大大加剧了各国争夺

---

① С.С.塔季谢夫:《亚历山大二世皇帝》第2卷。转引自〔苏〕赫沃斯托夫编:《外交史》第2卷(上),第175页。
② 〔苏〕赫沃斯托夫编:《外交史》第2卷(上),第171页。

农产品市场的斗争。1879年1月,德国以俄国一些地区兽疫流行为借口,采取严格的检疫措施,几乎完全禁止了俄国牲畜的进口。俄国报纸对此进行了强烈谴责。德国驻俄大使施魏尼茨对此评价说,防止兽疫措施在俄国引起的仇恨,超过了包括柏林会议在内的"其他一切所引起的仇恨"。① 同年,德国又对进口谷物实行征税,使俄国农业受到更严重的打击。与此同时,两国争夺工业品市场的斗争也日趋激烈。俄国原本是德国工业品的重要销售市场,但随着俄国工业的发展,越来越需要保护国内市场。从1876年起,俄国开始提高工业品进口关税,使德国商品在俄国受到很大限制。这样,两国的经济矛盾愈演愈烈。

俄德关系的恶化使俄德双方都面临着外交政策的调整。从俄国方面看,俄奥争夺巴尔干的矛盾,经过俄土战争和柏林会议变得更加尖锐了。俄国与英国一直对立,双方互为对手,在中近东展开激烈角逐。现在俄德关系又急剧恶化,使它有可能在欧洲大国中几乎陷于完全孤立。为摆脱孤立地位,俄国势必同法国接近。从德国方面看,俄法结盟一直是它竭力要防止的。但是,俄德关系的破裂确实出现了俄法结盟的可能性。一旦俄法结盟,德国就会面临两线作战的不利局面。为对付这种危险,德国把奥匈作为争取的主要对象,因为柏林会议后,奥俄矛盾进一步加深,而德国在柏林会议上支持奥匈,拉近了双方的距离。德国可以利用奥俄矛盾,与奥结盟,加强它在欧洲的地位。奥匈为加强同俄国在巴尔干争夺的地位,也需要得到德国的支持。

1879年8月27—28日,俾斯麦在加施泰因与传说即将卸任的、亲德的奥匈外交大臣安德拉西会晤。会晤中,安德拉西同意建立反俄的德奥同盟,但反对俾斯麦提出的建立普遍性联盟的计划。对于反俄同盟,奥皇持赞成态度,但德皇威廉一世则反对联奥反俄。为协调德俄关系,9月3—4日,威廉一世与亚历山大二世在俄边境城市亚历山大罗夫举行会谈,俄皇表示真诚希望俄德友好,德皇愿恪守双方的传统友谊,气氛颇为融洽。这次会谈使德皇感到,实无联奥反俄的需要。俾斯麦认为这是"感情用事",他一面声称如不同奥匈结盟,德国就会单独面临两线战争的危险,一面又疏通皇帝的近臣一致进言,同时以内阁总辞职相威胁,最终迫使威廉一世做出让步。

1879年9月21日,俾斯麦到维也纳同安德拉西举行正式会谈。俾斯麦提出同奥匈缔结既反俄又反法的同盟,但安德拉西不愿承担反法的义务,认为这不符合目前奥匈同英法的友好关系,他只愿不多不少的签订一项共同反俄的同

---

① H. L. 施魏尼茨:《回忆录》第2卷。转引自〔苏〕赫沃斯托夫编:《外交史》第2卷(上),第172页。

盟条约。尽管俾斯麦使用激烈的言辞进行威胁,但安德拉西不为所动。俾斯麦只得做出让步,双方于1879年9月24日签订了关于缔结盟约的初步秘密议定书。

1879年10月7日,安德拉西与德国驻奥大使赖斯在维也纳签订了《德奥同盟条约》。主要内容是:(1)如两帝国之一遭到俄国的进攻,"两帝国有义务以其帝国的全部军事力量实行互助",并不得单独媾和;(2)如果缔约国一方遭到另一国进攻,缔约国另一方应对其盟国"采取善意中立的态度",但是如果进攻的国家得到俄国的支持,"缔约国双方应共同作战,一直到共同缔和为止";(3)本条约有效期暂定为5年,经双方协商可延期和修改;(4)缔约国双方"对本条约应保守秘密,只有经双方共同协议并按照一个特别协定的规定,才得通知第三国"。[①]

德奥同盟的主要锋芒是指向俄国的,加强了双方对抗俄国的地位。同时,它也是间接指向法国的,因为一旦爆发德法战争,如果俄国援助了法国,奥匈就要支持德国,德国自然就避免了单独对抗法、俄的孤立局面。所以,俾斯麦格外重视德奥同盟,把它看成是德国对外政策的重要基础。奥匈从中也得到好处,改善了它在欧洲比较脆弱的大国地位。但是,该同盟也导致了德国所不愿意看到的结果——法俄同盟的形成并由此在欧洲出现了两大对立的军事集团。

俄英矛盾与三皇同盟的恢复

柏林会议后,俄国面临着不利的外交形势,它不仅加剧了同英、奥的矛盾,也恶化了同德国的关系。但是,俄国的主要对手是英国而不是德国,也不是奥匈。俄英矛盾广泛而深刻,主要表现在中亚和海峡问题上。直到1879年春季以前,英国舰队仍继续留驻马尔马拉海,实际上控制了君士坦丁堡和两海峡,对俄国南部造成了严重威胁。经过双方的艰苦谈判,英国舰队终于在春天撤出了达达尼尔海峡,但是,英国的海军在地中海东部仍占据支配地位。一旦俄英发生新的矛盾和冲突,英国可以利用苏丹的"邀请"为借口,将舰队通过两海峡开进黑海。可是,这时俄国在黑海没有舰队,要建立一支足以同英国抗衡的舰队并非一朝一夕的事情。这就意味着在相当长的时间内,俄国在黑海的漫长海岸线随时可能暴露在英国海军的炮口之下。也就是说,俄国面临的安全威胁主要来自英国。

---

① 王绳祖主编:《国际关系史资料选编》上册(第1分册),第165页。

俄国为了集中力量对付英国，不得不缓和同德国的关系。当时，俄国的地主阶级为了在德国市场上推销自己的农产品，防止德国在贸易上采取新的敌对措施，也希望改善同德国的关系。同时，在《柏林条约》规定的划界委员会中，俄国也希望得到德国的支持，以摆脱孤立的局面。俄国还想争取德国在俄英冲突中支持俄国或至少保持中立，以保证自己西部边界的安全。

俾斯麦虽然同奥匈缔结了反俄的德奥同盟，但并未打算同俄国反目为仇，也不愿全力支持奥匈的反俄政策，主要的战略目的是利用同盟条约控制奥匈，并利用俄国的孤立困境拉住俄国，防止它同法国接近，以避免出现使德国陷于东西两面夹击的不利局面。

俄国为恢复同德国的正常关系，选派主张同德和好的萨布罗夫（俄国前驻雅典公使并准备出任驻柏林大使）作为特使访问柏林。他在同俾斯麦进行会谈时提出了缔结俄德双边安全协定的建议。其主要内容是：当俄英发生战争时，德国保持中立；当德法发生战争时，俄国保持中立；俄国尊重奥匈的领土完整及其从柏林条约中获得的权利，但当俄英发生冲突时奥匈不能站在英国一边。俾斯麦赞成德俄修好，但提出必须缔结一项三国协定，即除德俄之外，还应有奥匈帝国参加。由于俄奥在巴尔干存在着尖锐矛盾，俄方并未立即同意奥匈参加。俾斯麦极力说服俄方，并反复强调重建三皇同盟对确保欧洲和平与稳定的意义，终于使俄国的态度有所改变。

但奥匈对重建三皇同盟并不感兴趣，它希望联英抗俄，以阻止俄国势力在巴尔干的扩张。1880年4月，英国内阁的更迭使奥匈的联英政策化为泡影。以格莱斯顿为首的自由党政府上台后，改变了前任迪斯累里保守党政府的对外政策，在巴尔干问题上放弃了联奥反俄和支持土耳其的方针，以避免承担可能使英国卷入纷争的不必要义务。格莱斯顿说："认为英国的利益要求以武力支持奥斯曼帝国的想法，并不是我们政策的基础或我们政策的一部分。"[①]于是，英国的对土政策开始同俄国进行了一些调整。1880年秋和1881年初，两国共同迫使土耳其把色萨利让给希腊，并根据柏林条约的规定修改了门的内哥罗的边界。英国政策的转变使奥匈不得不转而谋求同俄国妥协，以维护自己在巴尔干的利益。1881年3月，亚历山大二世遇刺身亡，新皇亚历山大三世继续推动恢复三皇同盟的谈判。同年5月，俾斯麦向奥匈保证，在三皇同盟恢复后，德奥同盟继续有效，这实际上是给奥匈一个定心丸。

---

① H.坦珀尔利、L.彭森：《英国对外政策的基础（1792—1902年）》。转引自〔苏〕赫沃斯托夫编：《外交史》第2卷（上），第199页。

1881年6月18日,俾斯麦与俄奥两国驻德大使在柏林签订了"三国协定"。该协定意味着1873年三皇同盟的恢复,因此被称为新的三皇同盟。协定的主要内容是:(1)"如果缔约国之一与第四大国作战,另外两个缔约国应对它保持善意中立",此项规定同样适用于三国之一与土耳其之间的战争,但以三国对于战争结局事先取得协议为限。(2)德俄两国"尊重由于'柏林条约'保证给予奥匈的新地位而产生的利益",即承认奥匈占领波斯尼亚和黑塞哥维那。(3)三国一致承认两海峡不准军舰通过的规定是欧洲各国必须共同遵守的原则。如果土耳其违反这一规定,允许他国将海峡作为军事活动之用,即认为土耳其与"受害国处于战争状态"。① 协定有效期为3年。

"三国协定"还另有附加议定书,其主要内容是:奥匈"在它认为适当的时机"随时可以兼并波斯尼亚和黑塞哥维那;缔约各国要劝阻土耳其政府不要出兵占领东鲁梅利亚;三国不反对保加利亚同东鲁梅利亚"实行合并",但保加利亚不得对马其顿有任何侵略行为。

以"三国协定"为内容的新三皇同盟,使俄国取得了在同英国发生冲突时德奥持中立立场的保证,改善了俄德关系,缓和了俄奥在巴尔干的冲突,俄国也暂时摆脱了孤立困境。德国取得了在德法战争中俄国守善意中立的保证,从而把俄国拉到自己一方,防止了俾斯麦最为担心的俄法接近。奥匈取得了俄德承认它有权占领波斯尼亚和黑塞哥维那,并在适当时机可以兼并波、黑两地。但三皇同盟不可能从根本上缓解三国之间的矛盾,从性质上看,它不是一个军事同盟。"三国协定"也只是一个中立协定,1884年曾续订一次,到1887年没有再续订,三皇同盟也随之瓦解。

意法矛盾与德奥意三国同盟的建立

意法矛盾主要表现在两国对突尼斯的争夺上。

突尼斯位于北非,与西西里岛隔海相望,是由直布罗陀经地中海通往苏伊士运河的必经之路,具有重要的战略地位。19世纪60年代,英、法、意等欧洲列强入侵突尼斯,并在那里展开了激烈的争夺。其中,法意矛盾最为突出。这时,法国已占领阿尔及利亚,准备再占领突尼斯,以便把突尼斯同阿尔及利亚连成一片,以加强其在地中海和北非的地位。如果意大利占领了突尼斯,就会威胁法国经地中海通往苏伊士运河到印度支那和远东的航路。

---

① 王绳祖主编:《国际关系史资料选编》上册(第1分册),第166—167页。

在柏林会议期间，法国利用报刊揭露的英土塞浦路斯专约一事对英国施加压力。英国政府为了保住这块到嘴的肥肉，就拿突尼斯同法国作交易，答应不阻挠法国吞并突尼斯。俾斯麦为把法国的视线引向海外，以减少它对欧洲特别是阿尔萨斯和洛林问题的关注，也支持法国占领突尼斯。但他同时又狡猾地指使其下属去答应意大利人占领突尼斯，以挑起法意冲突，这样既可增大对法国的压力，又可使意大利向自己靠拢。

法国在英、德的支持下，于1881年4月24日派兵侵占了突尼斯。5月12日，双方签订《巴尔杜条约》，突尼斯承认法国的武装占领及对其外交政策的决定权。突尼斯虽然名义上还享有主权，但实际上受法国总督管理。

法国抢先占领突尼斯，激化了法意之间的矛盾。意大利亲法内阁被迫下台，然而，财政经济状况十分困难的意大利是无力同法国单独竞争的。它只能转而谋求同德国结盟，以便利用德法矛盾牵制法国。意大利谨慎地向德国进行了试探，但俾斯麦明确表示，从罗马到柏林的道路要经过维也纳。意大利正确解读了俾斯麦的暗示，尽管它同奥匈有领土争端，不大愿意同奥结盟，还是从战略全局考虑，于1881年1月秘密派代表到维也纳。奥匈为了在同俄国的争夺中解除后顾之忧，也愿意同意大利结盟。于是，从1881年底到1882年5月，德、奥、意三国进行了长达半年的谈判。

1882年5月20日，德奥意《三国同盟条约》由奥匈外交大臣与德意两国大使在维也纳签订。条约的主要内容是：(1)"缔约国相互承允彼此和平友好"，不参加敌对的同盟，相互就共同关心的问题进行协商；(2)"如果意大利未有直接挑衅行为而遭受法国进攻"，其他两缔约国"必须以它们的全部军队"予以援助，"如果德国未有直接挑衅行为而遭受法国侵略，意大利也负担同样的义务"；(3)"如果缔约国一方或两方未有直接挑衅行为"而遭受两个以上大国进攻时，三缔约国应协同作战；(4) 如果缔约国之一的安全受到某一大国的威胁，因而导致战争，其他两缔约国应"采取善意中立"。条约有效期为5年，各缔约国应对本条约内容保守秘密。①

三国同盟是一个针对法、俄两国的军事同盟。德国通过《三国同盟条约》不仅拉住了意大利，排除了法意结盟或妥协的可能性，而且当德法发生战争时，意大利还要参加对法作战，这显然是进一步孤立了法国而加强了德国的地位。奥匈从条约中获得的主要好处是，当同俄国发生战争时不再有西顾之忧，而且暂

---

① 王绳祖主编：《国际关系史资料选编》上册（第1分册），第171—172页。

时缓和了同意大利的领土争端。意大利同德奥结盟俨然以平等的大国身份出现于欧洲舞台,摆脱了困难的孤立境地,一旦受到法国进攻可以得到德奥的援助。但总体看,三国同盟是德奥同盟的扩大,是俾斯麦构建以德国为中心的同盟体系的一个环节。

德奥同盟的扩大经历了几个不同的阶段。早在三国同盟建立前,德国就通过奥匈拉拢塞尔维亚,塞也希望同奥匈接近,主要原因是它对俄国在巴尔干袒护保加利亚表示不满。1881年6月16日,奥匈同塞尔维亚签订了同盟条约。条约规定:奥塞之间"应有稳固的和平和友谊,两国政府约定相互采取友好的政策";缔约一方与一个或一个以上的国家作战时,另一方应"采取友好中立";塞尔维亚不得容忍在其领土上进行任何反奥活动,在未经奥匈事前谅解不得与别国政府谈判或订立任何政治性条约,并不得允许外国武装部队"进入其国境";奥匈"应施用它对其他欧洲政府的影响"以支持塞尔维亚的利益,在特殊的"情势"下,如果塞尔维亚在南部边界扩展领土,"奥匈不加以反对"。条约有效期为10年,缔约国应对本条约的内容保守秘密。①

三国同盟建立后,俾斯麦又唆使奥匈拉拢罗马尼亚。罗对俄国偏袒保加利亚也心存怨恨,并且对俄国割去南比萨拉比亚表示不满,因此希望联奥抗俄。1883年10月30日,奥匈与罗马尼亚在维也纳签订同盟条约。条约规定:如果罗马尼亚遭受进攻时,奥匈必须及时予以援助;如果奥匈各邦与罗马尼亚毗连的部分遭受进攻时,罗马尼亚承担同样的义务;两国约定在发生上述情况时,将就统一作战行动和通过彼此的领土问题取得协议。条约有效期5年,缔约国应对本条约内容保守秘密。同日,德国声明加入。1888年5月15日,意大利也加入了这个条约。

德奥同盟、奥塞同盟、德奥意三国同盟和奥罗同盟的建立,构成了俾斯麦精心策划的庞大同盟体系。这个体系的主要目的是彻底孤立法国,并在时机成熟时发动新的对法战争,从根本上摧毁法国,以建立德国的欧洲霸权。但该体系包含着复杂而深刻的矛盾,其致命弱点是:在俄奥争夺巴尔干的斗争中,德国必须站在奥匈一边,这就势必恶化德俄关系,促使俄法接近,其结果必然是德国孤立法国的政策破产。该同盟体系的危险后果还在于,它为欧洲两大对立军事集团的形成奠定了初步基础,也为第一次世界大战埋下了祸根。

---

① 王绳祖主编:《国际关系史资料选编》上册(第1分册),第169—170页。

第二节　保加利亚危机与三国同盟体系的加强

保加利亚危机

俄土战争和柏林会议后，保加利亚一度受到俄国的控制。保加利亚大公亚历山大·巴滕贝格亲王原是德国贵族的后裔，又是沙皇皇后的侄子，曾参加俄军对土作战。1879 年 4 月，他在沙皇政府的扶植下登上保加利亚王位。这位亲王执政后，逐渐对俄国驻保官员的傲慢与蛮横干涉感到不满，企图利用奥匈的力量摆脱俄国的控制。

奥匈为维护其巴尔干的利益反对俄国在保加利亚势力的扩张。它利用经济手段对保加利亚进行渗透。为了夺取保加利亚市场，奥匈计划修建一条连接维也纳、贝尔格莱德、索非亚到君士坦丁堡这样一条横贯巴尔干半岛的铁路。这条铁路在维也纳银行直接参与下，由东方铁路公司承建。它不仅具有明显的经济效益，而且还有利于扩展奥匈在巴尔干的政治势力。这一计划得到了同奥匈有密切经济联系的保加利亚资产阶级的支持。1880 年，奥匈与塞尔维亚达成了修建贝尔格莱德至保加利亚边境的铁路。1883 年，又同保加利亚和土耳其达成了把这条铁路线延伸到保加利亚境内的协议。虽然俄国曾想修一条从多瑙河经索非亚到保加利亚南部边境的铁路加以对抗，但终因资金缺乏和保加利亚的抵制而告吹。亚历山大大公的疏俄亲奥政策，加剧了保俄矛盾。

1885 年 9 月 18 日，东鲁梅利亚首府普罗夫迪夫爆发了反对土耳其统治的起义，人民赶走了土总督及其属下的官吏，宣布东鲁梅利亚合并于保加利亚公国。亚历山大大公开始对"合并"一事有些犹豫不决，最后还是"接受"人民的要求，出任统一的保加利亚大公。

俄国曾在柏林会议上极力主张"大保加利亚"方案，即支持东鲁梅利亚与保加利亚实行合并，但这时由于俄国在保地位的削弱，转而反对合并，指责保加利亚违反《柏林条约》，要求恢复合并前的原状，并以撤出俄国所有驻保军官相威胁。同时，俄国要求欧洲大国对保施加压力，特别希望德、奥予以合作，迫使亚历山大大公撤销对东鲁梅利亚的合并。

1885 年 10 月，在君士坦丁堡召开了欧洲六大国大使会议。俄国在会上提出的方案是：恢复《柏林条约》规定的现状，并在土耳其行政长官的领导下在东鲁梅利亚实行法律改革。德国为维护同俄国的关系，以免干扰其联俄反法政策,明确表示支持俄国。奥匈虽然与俄国有矛盾,但其境内的马扎尔贵族激烈反对保加利亚的统一,因此在会议上采取了与俄德一致的立场。法国和意大利也支持俄国的方案。唯独英国则持相反的立场。它希望借机扩大俄保矛盾,支持大保加利亚计划,以阻止俄国向君士坦丁堡扩张。由于英国反对,会议没有达成协议。

君士坦丁堡会议后,塞尔维亚在奥匈的支持下,借口保加利亚的合并破坏了巴尔干半岛的均势,因而提出了领土补偿要求。1885年11月14日,塞向保宣战,进兵保加利亚,但很快被保加利亚击败。保军乘胜反击,占领了塞境内的一些重镇,并且直逼贝尔格莱德。奥匈急忙出面干预,以最后通牒的方式要求保立即停止进攻,否则,奥军将参与对保作战。奥匈的介入促成了保塞停火并使双方在维持现状的基础上签订了和约。塞保战争中保加利亚的胜利加强了亚历山大的抗俄地位。

英国乘保俄关系继续恶化之机,竭力在保排挤俄国。它答应在土耳其同希腊的冲突中支持土耳其,以此要求土耳其同保加利亚和解。1886年2月,土保双方签订协定,该协定明确规定,东鲁梅利亚仍是土耳其的一个省份,受苏丹任命的总督管辖;土耳其苏丹则任命保加利亚大公为东鲁梅利亚总督。可见,这个协定只是在表面上遵守了《柏林条约》的条款,实际上,东鲁梅利亚已成为保加利亚的一部分。1886年4月6日,君士坦丁堡大使会议通过了这一协定。这意味着俄国丧失了在保加利亚的控制权,并确定了英奥在保加利亚的优势地位。

俄国不甘心它在保加利亚的失败,于1886年8月21日支持一部分亲俄军官绑架了亚历山大大公,并迫使其在9月7日发表退位声明,随后该亲王就永远离开了保加利亚。9月25日,俄国派考尔巴斯将军为特使到保加利亚,要求保摄政当局拥立一位亲俄分子为大公,遭到拒绝。11月下旬,考尔巴斯和其他俄国驻保官员撤离回国,俄国宣布断绝与保加利亚的外交关系,并扬言要出兵占领保加利亚。英、奥迅速做出反应,宣称如俄国出兵保加利亚,就会对俄国宣战。

德国一方面为英俄矛盾火上浇油,企图挑动英俄战争,以便使俄国陷在近东危机中,无暇干涉德法关系,为其反法行动取得较大的自由;一方面又警告奥匈,不要对俄国轻举妄动,以防止俄奥冲突,维系脆弱的三皇同盟。但是,俄奥在巴尔干利益的冲突是难以调和的,保加利亚危机充分显示了两国在三皇同盟架构下的合作关系已经走到尽头。1887年,《三皇同盟条约》期满时没有再续订。

德法战争危机与三国同盟续约

德法战争危机与保加利亚危机几乎同时发生显然不是偶然的。这场危机与其说是法国民族复仇主义者所煽动的,不如说是俾斯麦利用保加利亚危机所引起的欧洲国际关系变化,妄图对法国发动先发制人的战争,迫使法国至少"再保持30年的沉默"。

1886年1月,以鼓吹对德复仇而闻名的布朗热将军出任法国陆军部长。他上任后一方面利用阿尔萨斯和洛林问题进行复仇主义宣传;另一方面千方百计地加强陆军,他不仅从海外调回部队扩充国内陆军规模,而且积极改善武器装备和进行军事演练。

对法国出现的布朗热复仇主义运动,德国保持高度警惕,也为俾斯麦再次拉响"战争警报"提供了契机,他毫不掩饰地说:"我不能发明一个布朗热,但他的出现正好适合我的需要。"①俾斯麦一方面利用外交手段进一步孤立法国,另一方面通过增强军事力量迫使法国却步。

德国要孤立法国必须拉拢俄国,防止法俄接近。俾斯麦趁俄国在保加利亚问题上陷入困境之机,百般向俄国示好,一再表示支持俄国的巴尔干政策,要与俄国一起迫使土耳其以宗主国身份反对保加利亚大公亚历山大复位。俄皇亚历山大三世对德国政策的改变表示欢迎。

1887年1月,俄国为进一步取得德国的支持,派前驻英大使彼得·舒瓦洛夫非正式访问柏林并同俄现任驻德大使、他的兄弟帕维尔·舒瓦洛夫一起,与德国外交秘书、宰相俾斯麦的儿子赫伯特·俾斯麦举行会谈。谈判涉及三皇同盟的续约问题,因为该同盟于1884年续约到1887年即将期满,舒瓦洛夫兄弟表示愿与德国单独续约,不希望因保加利亚危机而同俄国关系恶化的奥匈参加。两兄弟提出的条约草案是,俄国在未来的法德战争中严守中立,甚至表示:"无论是法国进攻德国,或者是你们发动对法战争并使它支付一百四十亿赔款,或者甚至委派普鲁士将军充任巴黎总督,——这对我们都是无关重要的。"②俄国还保证不侵犯奥匈帝国的领土,并承认塞尔维亚是奥匈帝国的势力范围。作为交换条件,德国承担不阻挠俄国占领海峡和恢复俄国对保加利

---

① 〔美〕奥托·弗莱茨:《俾斯麦与德国的发展》第3卷,新泽西1990年版,第228页。转引自王绳祖主编:《国际关系史》第3卷,第75页。
② 《重大政策》第5卷第1062号,第212—213页。转引自〔苏〕赫沃斯托夫编:《外交史》第2卷(上),第314页。

亚政府影响的义务。

俾斯麦对双方会谈的情况表示满意,他长期追求的让俄国在法德战争中严守中立的外交目标得以实现,从而消除了进攻法国的顾虑。

1887年1月11日,俾斯麦在国会发表演说,大谈与俄国的友谊并鼓噪对法战争。他声称:"对我们来说,俄国的友谊比起保加利亚的友谊以及保加利亚在我国的一切朋友的友谊更为重要。"①在谈到对法战争作战的可能性时,俾斯麦故意渲染说:谁也无法知道这场战争何时发生——也许要过10年,也许只过10天。显然他重点强调的是战争的紧迫性。1月28日,俾斯麦在会晤法国大使时威胁说:"一旦布朗热当上内阁总理或共和国总统,那就会发生战争。"②1月31日,柏林《邮报》赫然发表了题为《在刀刃上》的文章,煞有介事地说布朗热在巴黎已经成为左右局势的人,法国正在进行疯狂的备战。1月底,德国政府决定征召7.3万名后备军人并在极富敏感的洛林进行集训,实际上是向法国炫耀武力。2月间,法国人获悉,德国已决定开战,只是在等待俄国发表保持中立的声明。3月中旬,德国国会通过了加强德国陆军的七年军事法案。

但是,德国企图通过战争手段摧毁法国是俄国所不能容忍的。俄皇亚历山大三世和外交大臣吉尔斯都认为,舒瓦洛夫兄弟在柏林的谈判让步过大,使俄国付出的代价太高,因而没有批准俄德协定草案,并命令帕维尔·舒瓦洛夫停止与俾斯麦进行的关于签订俄德条约的谈判。当法国外长通过外交渠道询问一旦德国进攻法国能否得到俄国道义支持时,亚历山大三世做出了明确的肯定回答。

由于俄国不愿做出中立保证,俾斯麦不敢冒险,被迫在德法战争边缘退缩了。

德法战争危机消失后,俾斯麦为孤立法国希望加强与意大利的联系,以巩固三国同盟。该同盟于1887年5月到期。续约谈判恰逢保加利亚危机和德法战争危机时,意大利敏锐地意识到三国同盟对德奥,特别是对德国的价值,因此提高了要价。俾斯麦从孤立法国的战略需要出发,几乎答应了意大利的全部条件,不仅支持意大利在地中海和北非同法国对抗,而且同意它在巴尔干问题上享有发言权。但是,奥匈不愿承担过多的义务,只同意按1882年条约原样续

---

① 《俾斯麦全集》第13卷,柏林1930年版,第212页。转引自〔苏〕赫沃斯托夫编:《外交史》第2卷(上),第315页。

② 《法国外交文件》第1辑第6卷第415号,第426页。转引自〔苏〕赫沃斯托夫编:《外交史》第2卷(上),第316页。

订。为照顾各方的意见,条约的续订采取了折中的方式。

1887年2月20日,三国同盟续约在柏林签字,它有三部分内容。一是三国共同签字的总括性文件,决定将1882年在维也纳订立的条约延长至1892年。二是《奥意条约》,该条约规定,双方尽可能维持近东"领土现状",如果"情势的发展"使该地区现状不能维持时,双方应按照"互相给予补偿的原则",取得协议后才能实行占领。① 条约没有涉及奥匈反法或意大利反俄的问题。三是《德意条约》,该条约规定,双方尽可能维持近东领土现状,但该规定"不适用于埃及",对于埃及问题"各自保留行动自由";如果法国占领的黎波里或摩洛哥,意大利为"保障它在地中海上的地位"采取军事行动或甚至进攻法国,德国应给予军事援助;如果双方共同对法作战,意大利为其"边境及海上的安全"而对法国提出领土要求,"德国不得有所阻挠"。②

三国同盟续约的内容同原条约相比,增加了相互军事援助的内容,主要表现在德意之间,既满足了意大利的侵略性要求,又加强了俾斯麦以孤立法国为中心的联盟体系。这就充分暴露了三国同盟具有侵略性军事集团的性质。

两次《地中海协定》

俾斯麦在其孤立法国、防止俄法接近的欧洲外交大棋局中,不仅在欧洲大陆构筑复杂的同盟体系,而且希望把孤立于欧洲大陆之外的英国也拉进体系中来。他利用英国在海外殖民扩张中与法、俄的矛盾,积极推动意奥同英国结盟。意大利为实现在北非的扩张、维护其在地中海的利益,奥匈为保持巴尔干的现状、防止俄国在近东的扩张,都希望与英国结盟。

英国在同法国争夺埃及、同俄国争夺近东的斗争中存在着深刻的利益冲突,它希望利用三国同盟国家作为对付法俄的抗衡力量。但是,这时的英国仍然奉行"光荣孤立"政策,它拒绝签订任何具有军事义务的同盟条约,以免约束其在欧洲大陆的行动自由。因此,在同意、奥共同对抗法、俄的问题上态度极为谨慎。

俾斯麦深知英国外交的老练与圆滑,它软硬兼施,诱迫英国卷入欧洲大陆事务,甚至威胁说:"如果英国总不参与欧洲政治,我们就没有理由不鼓励法国对埃及的愿望,或俄国对东方的愿望,尽管这些愿望是如何野心勃勃的。"③

---

① 王绳祖主编:《国际关系史资料选编》上册(第1分册),第179页。
② 同上书,第180页。
③ 王铁崖等编:《1871—1898年的欧洲国际关系》,商务印书馆1983年版,第63—65页。

1887年2月初,俾斯麦明确告诉英国首相索尔兹伯里,如果英国不同意、奥签订协定,德国在埃及问题上将不再支持英国。在此情况下,英国勉强做出让步,同意缔结约束性不大的协定。

1887年2月12日,意大利和英国互换了照会。意大利照会的主要内容是:(1)"地中海以及亚得里亚海、爱琴海和黑海的现状应尽可能予以保持。"因此,必须防止在兼并、占领、保护或任何其他方式下的任何变化,以致对目前局势产生不利于两国的影响。(2)如果维持现状成为不可能,"两国必须使任何改变非经两国间事先获致协议不得发生"。(3)意大利支持英国在埃及的活动,英国则在北非沿岸地区,特别是在的黎波里和昔兰尼加,支持意大利的活动。(4)双方"对它们之中的一国与第三国之间发生的任何分歧,互相约定在地中海上彼此支援"。① 英国照会表达了"在两国共同利益的问题上实行全面合作的愿望",但是,"这种合作的性质必须由他们在需要进行合作时根据具体情况来决定"。照会还表示,"黑海、爱琴海和亚得里亚海沿岸地区及非洲北岸现在属于何国即应仍属何国。如果因为某种不幸的事件而不可能绝对维持现状,两国都希望任何大国不得向上述沿岸地区的任何部分扩张统治"。②

3月24日,奥匈也以照会的形式参加这项协定,照会指出,"虽然地中海的问题一般地不影响奥匈的根本利益,本国政府相信,就整个东方问题而言,英国和奥匈是具有同样的利益的,因而都需要尽可能地维持东方的现状,和阻止任何一国实行不利于他国的扩张,也因而都需要行动的一致以保证它们的政策中这些基本原则"。③

由于英、意、奥三国互换照会所涉及的主要是地中海问题,因此该协定被称为第一次《地中海协定》。协定的矛头主要是针对法国的,但由于在奥匈照会中包含东方问题的内容,因而该协定也具有反俄的性质。

俾斯麦为促成第一次《地中海协定》发挥了重要作用,其目的是通过加强意、奥同英国的联系,使英国在未来的欧洲事务特别是可能出现的反法甚至反俄斗争中,承担某种义务。英国签订《地中海协定》改善了它在同法、俄斗争中的地位,但却保持了对义务承诺的灵活性。索尔兹伯里首相在给女王的信中说:"在拟定英国照会时保留了判断在各该场合是否需要与意大利政府合作以

---

① 王绳祖主编:《国际关系史资料选编》上册(第1分册),第175—176页。
② 同上书,第176页。
③ 同上书,第177页。

致给予军事援助的绝对自由。"①

在第一次《地中海协定》中,英国的照会并没有明确涉及东方问题,这恰恰是奥匈最为关心的。1887年7月,保加利亚议会选举了德国一个小邦的贵族斐迪南为君主,这表明保加利亚对德、奥的依附日益加深。俄国对此极为震怒,声称要出兵占领保加利亚。俾斯麦借机鼓动奥匈同英国达成一项协议,以共同对付俄国。1887年12月12日,英奥以互换照会的形式签订了一个协定,四天后,意大利也加入了该协定,这就是第二次《地中海协定》。

协定涉及的主要是土耳其和巴尔干,矛头是针对俄国的。协定规定:(1) 三国共同维持"以条约为根据的东方现状",反对"外国"在土耳其建立优势;(2) 土耳其不得把在保加利亚的宗教权利"委托给其他国家",也不得允许在保加利亚"建立外国行政";(3) 如果土耳其抵抗其他国家破坏现状的"非法举动"时,"三国将立即就应采取的措施取得协议";(4) 如果土耳其"纵容"这种"非法举动",三国将有理由"临时"占领它的一些领土。②

第二次《地中海协定》既反映了奥俄在巴尔干矛盾的尖锐化,也反映了英俄在东方问题上的利益冲突。俾斯麦企图利用英俄矛盾和由此而产生的英奥意协定,把英国推向反俄斗争的第一线,以坐收渔人之利。索尔兹伯里却利用协定的签订激化奥俄矛盾,以便使奥匈单独或同意大利一起对俄作战,并把德国拖入战争,自己可借协定所具有的义务的不明确性,从战争的边缘溜掉。

德俄《再保险条约》

三国同盟续约和《地中海协定》,对德国来说,都包含着孤立法国的意图。然而俾斯麦外交的基本思路,不仅要孤立法国,而且要中立俄国,旨在使俄国在未来的德法战争中保持中立,为此,他尽量设法拉拢俄国。俄国这时在近东与英国,在巴尔干与奥匈帝国都存在着深刻的矛盾,它需要同德国保持一定的联系,但又不愿意过分地依靠德国,而希望利用动荡的局势乘机谋利。德国投其所好,明确表示:只要"在法国进攻德国时俄国严守中立",德国愿意在东方给予俄国以充分的行动自由。"这是宰相的真正信念和基本的政治理论"。③

---

① 《维多利亚女王书信集》第3辑第1卷,第272页。转引自〔苏〕赫沃斯托夫编:《外交史》第2卷(上),第323页。

② 王绳祖主编:《国际关系史资料选编》上册(第1分册),第183—184页。

③ 俄罗斯对外政策档案,驻君士坦丁堡大使馆档案1887年,第83号卷,第129页。转引自〔苏〕赫沃斯托夫编:《外交史》第2卷,第325页。

俾斯麦为实现中立俄国的目标,利用三皇同盟条约即将期满而又不可能续订之机,提出了缔结德俄双边协定以取代三皇盟约的建议。1887 年 5 月 11 日,俄驻德大使帕维尔·舒瓦洛夫奉命把俄国拟订的协定草案交给了俾斯麦。草案第一条规定:"缔约国一方如与第三大国处于战争状态,另一方应对前者保持善意的中立。"但俾斯麦表示德国不能接受这一条款,他顺手拿出了 1879 签订的《德奥同盟条约》文本读给舒瓦洛夫听,并遗憾地表示,当时的局势使他不得不缔结这项条约,现在受到条约的约束,俄德协定的中立条款不能适用于俄国进攻奥匈的情况。舒瓦洛夫对此感到震惊,并针锋相对地提出了相应的保留条件:"对俄国而言,德国进攻法国的情况也应排除"在外。俾斯麦对大使的强硬态度极为不满。

经过反复磋商,德俄于 1887 年 6 月 18 日签订了《再保险条约》。条约的主要内容是:

第一,如果"缔约国一方与第三个大国作战,缔约国另一方应对缔约国这一方保持善意中立,并且应尽力使冲突局部化"。但如果对奥战争或对法战争是由缔约国首先发动进攻所引起的,则不受本条约约束。

第二,"德国承认俄国在历史上在巴尔干半岛所取得的权利",特别是俄国在保加利亚和东鲁梅利亚享有绝对优势的"合法性"。两国宫廷约定,未经它们事先协议,"不允许对该半岛的领土现状有所改变"。

第三,两国宫廷承认,封闭黑海海峡是"涉及整个欧洲"的具有约束性的原则,"务使土耳其不得为了任何政府的利益"将该地区交外国使用。

本条约有效期为 3 年。

该条约附有"秘密补充议定书"。这项议定书规定:德国协助俄国在保加利亚重建"合法"政府,并答应决不支持重新起用前大公亚历山大复位;如果俄国认为有必要采取措施保卫黑海的入海口,德国承允"采取善意中立"并"给予道义上的和外交上的支持"。①

从条约内容看,俾斯麦为了孤立法国和尽量消除对法战争中的国际干预,不惜牺牲别国的利益,以换取俄国的中立。由于德奥同盟已经保证奥匈帝国于德法战争时保持中立,而新签订的德俄条约又企图保证俄国的中立,因而这一条约在历史上被称为《再保险条约》。

但是,《再保险条约》并没有真正给德国"再保险"一次。在条约中,德俄双

---

① 王绳祖主编:《国际关系史资料选编》上册(第 1 分册),第 181—182 页。

方都做了明确的保留:德国不允许俄国侵犯奥匈帝国,俄国也不允许德国侵犯法国。也就是说,俄国在未来的德法战争中保持善意中立只适用于法国进攻德国的情况,如果俄国认为德法战争中德国是进攻者,便没有遵守中立的义务,显然德国在这个条约中得到的不是绝对中立的保证。俾斯麦对此是不满意的,并在条约签订后不久,便利用一切手段对俄国施压,妄图造成对德国更有利的形势。

第三节 法俄结盟

俾斯麦去职后德国的"新路线"

普法战争后,俾斯麦外交的主要目标是:进一步孤立法国并准备发动新的对法战争,以便彻底制服法国。为此,他精心策划,耗费了近 20 年的时间,编织了以孤立法国为中心的复杂的同盟体系。在这个庞大的体系中,俄国居于关键地位。因为一旦爆发德法战争,俄国的态度极其重要,如果俄国出兵援法,就会置德国于东西两线作战的不利境地。俾斯麦为避免出现这种情况,竭力拉拢俄国,三皇同盟和《再保险条约》的重要目的就是联俄反法,使俄国在德法战争中至少保持中立。

1888 年 3 月,德皇威廉一世去世,其子腓特烈在位仅 98 天便病故,由腓特烈之子威廉二世继位。这位年轻的君主野心勃勃,刚愎自用,经常与被视为功高震主的俾斯麦在政策上发生争执。1890 年 3 月,俾斯麦被迫辞职。

继任的新宰相卡普里维奉行一条与俾斯麦不同的"新路线"。他认为,俾斯麦联俄反法的外交路线是不现实的,法俄结盟难以避免,因此,德国的外交政策应立足于直接针对法俄同盟进行战争准备。为了保证使两线作战的准备工作有获胜的把握,一要加强和巩固同奥、意盟国的关系,二要力争英国加入德、奥、意三国同盟,以便形成一个包括英国在内的新的大国集团。

卡普里维继任正值德俄《再保险条约》即将期满。这个条约有效期为 3 年,按规定应于 1890 年 6 月 18 日到期。俄国希望续订该条约。1890 年 3 月 17 日,俄国驻德大使帕维尔·舒瓦洛夫正式提出续约 6 年的建议。卡普里维新内阁认为,《再保险条约》并不能阻止俄法接近,还可能会对德奥关系和德英关系造成不利影响,因此决定不予续订。3 月 28 日,德国政府以委婉的口气告知俄国:两国关系虽然友好如故,但是这个条约不能续订了。俄国对此深为不满,但它同时也摆脱了条约的约束,可以自由行动了。

卡普里维在疏远俄国的同时,竭力拉近同英国的距离。为了缓和两国在东非的矛盾,1890年7月1日与英国签订了《赫耳果兰条约》。德国把东非的许多重要属地包括通往尼罗河上游的维都让给英国,承认英国对桑给巴尔和乌干达的保护权。英国则把北海上的赫耳果兰岛让给德国。卡普里维借此向英国示好,目的是希望它能参加三国同盟,但实际上这是一厢情愿。英国虽然愿意维持与三国同盟友好,但并不需要参加该同盟。它尽力避免受条约的束缚,以保持独立行事的自由。

三国同盟是卡普里维推行"新路线"的基础,但这个同盟并不是十分稳固的。法国对意大利不断施加种种压力,企图使它脱离三国同盟。卡普里维为巩固和加强三国同盟,于1891年5月6日提前续订了《三国同盟条约》,即第三次《三国同盟条约》。条约对意大利做出了实质性让步。依据该条约,如果北非地区已不可能维持现状,"德国承允,在事前取得正式协议后,对意大利以占领方式或意大利在这些地区内为着均势和正当补偿的目的以其他取得担保的方式而采取的任何行动,都予以支持"。① 这显然是为了拉拢意大利而支持它在北非的扩张。英国虽然拒绝参加三国同盟,但为了表示友好,在条约续订时,派舰队访问了意大利和奥地利的港口,受到了隆重而热烈的欢迎。

卡普里维并不满足于英国的一些友好表示,他希望并多次要求英国加入三国同盟,但都遭到了拒绝。"新路线"实行的结果是,德国失去了俄国的友谊,但并未换得英国加盟,而且促进了法俄迅速靠近。同时,"新路线"在国内也受到强烈的批评与抵制。1894年,"新路线"的执行者卡普里维获准辞职。

法国舰队访俄与法俄"政治协定"的签订

德国拒绝《再保险条约》的续订,英德接近、三国同盟续约和英、意、奥的友好交往,说明德、奥、意、英相互靠拢,而俄国却失去了德国的友谊。对法俄两国来说,形势十分严峻。法俄要摆脱各自的孤立状态,急需加强合作。

1891年7月,法国舰队应邀访问了俄国军港喀琅施塔得。这次访问是在《三国同盟条约》续订之后不久进行的,目的是显示法俄的友好和团结。沙皇亚历山大三世亲自登上法国的旗舰,还脱帽聆听了以前在俄国禁止演奏的马赛曲。这件事在当时引起很大轰动,法国人为此"感到兴奋"不已。与此同时,俄

---

① 王绳祖主编:《国际关系史资料选编》上册(第1分册),第188页。

国外交大臣吉尔斯在彼得堡与法国前任大使拉布拉伊举行会谈,双方"就三国同盟的公开续订和英国对三国同盟所追求的政治目的某种程度的附和所造成的局势"①交换了意见。吉尔斯说:"就我们之间的关系而言,我正在考虑,我们是否应该在走向协商的道路上迈进一步。"②

1891年8月21日,俄国外交大臣吉尔斯致函俄国驻法大使莫伦海姆,并令其转交法国外交部长里博。该大使在转交信函时说:"我最近奉本国君主之召,回到圣彼得堡,在圣彼得堡逗留期间,皇帝给我以特别训令,这些训令载在外交大臣吉尔斯阁下给我的信中。"③吉尔斯在信函中就俄法关系指出了两点:"(一)为了要给予两国联合起来的真诚谅解以明确的陈述和尊严的地位,并且希望共同一致对它们所最诚恳希望的目标——维持和平——有所贡献,两国政府声明,它们将对任何具有威胁普遍和平的性质的问题举行商谈。(二)如果和平真正遭到威胁,特别是两国之一方有被侵略的危险,双方约定应就两国因发生此种情况而必须立即同时采取的措施的问题获致谅解。"④

1891年8月27日,法国外交部长里博在给俄国驻法大使莫伦海姆的复函中说:"共和国政府对三国同盟的续订所造成的欧洲局势只能和帝国政府抱着同样的见解,并与帝国政府一致认为,时机已到,应就在目前形势下和在发生某种情况时两国政府应采取的最适当态度予以确定,两国政府都同样愿意对维持欧洲的均势所产生的和平予以保证。"⑤他表示"完全赞同"吉尔斯先生所提的两点原则意见,并提议委托专门代表进行"具体研究"。

俄国驻法大使与法国外长来往的信函构成了法俄协商公约,也被称为法俄"政治协定"。这个协定尽管没有采取正式条约的形式,内容也比较含糊,但它实际上已初步奠定了法俄同盟的基础。

法俄"军事协定"与法俄同盟的建立

法国希望在成立"政治协定"之后能尽早同俄国签订一项军事协定,因为法国的主要敌人是德国,要想打败德国夺回阿尔萨斯和洛林,没有俄国的帮助是不可能的。但俄国的主要敌人在巴尔干是奥匈,在近东是英国,尽管它同德国

---

① 王绳祖主编:《国际关系史资料选编》上册(第1分册),第191页。
② 王绳祖主编:《国际关系史(十七世纪中叶——九四五年)》,法律出版社1986年版,第172页。
③ 王绳祖主编:《国际关系史资料选编》上册(第1分册),第190页。
④ 同上书,第191页。
⑤ 同上书,第192页。

的关系变冷,但仍不愿同德国闹翻,更不愿因支持法国的复仇政策而卷入对德战争。因此,双方签订军事协定之事延宕了一段时间。

1892年8月,法国副总参谋长到达圣彼得堡,向俄国总参谋部通报法国所拟订的军事计划,主张法俄应同时动员大部分军队参加对德作战。17日,两国总参谋部代表签订了"军事协定"草案。协定主要内容是:(1)"如果德国或意大利在德国支持下进攻法国,俄国应使用它的所有的军队进攻德国。如果德国或者奥地利在德国的支持下进攻俄国,法国应用它的所有的军队和德国作战"。(2)"如果三国同盟或者三国同盟的国家之一动员了它的军队,法国和俄国一经接到这件事情的消息,不需要任何事先的协议,应立即同时动员它们的全部军队,并将这些军队调到尽可能靠近边界的地方"。(3)"法国用于对付德国的军队应为138万人,俄国用于对付德国的军队应为70万人或80万人。这些军队应尽速全部参加战斗,使德国不得不在东西两线同时作战"。[①]

协定还规定,两国总参谋部应保持经常性合作,并就有关三国同盟的军队情报互相通告;两国都不得单独媾和;协定的有效期应与三国同盟相同;双方应对协定内容"严格保密"。

沙皇亚历山大三世憎恨德国,他当时曾说:"一旦法德交战,我们必须全力以赴打击德国,不让它有时间先摧毁法国,然后又来对付我们,我们必须纠正过去的错误,要一有机会就摧毁德国,一旦德国垮了,奥国也就不敢动弹了。"[②]因此,他赞成俄法军事协定,并命令外交大臣办理协定的核准手续。但是吉尔斯担心这会给法国挑起对德冲突的行动自由,造成对俄不利的局面。他以巴拿马丑闻[③]使法国国内局势动荡为由,将协定草案束之高阁。

1893年7月,德国通过加强军事实力的扩军方案,常备军增加了7万人,并同时对俄国发动了关税战,提高了俄国粮食的进口税,这种火上浇油的措施推动了法俄结盟的进程。1893年10月,俄国舰队示威性地访问了法国军港土伦,受到空前热烈的欢迎。法国抓住这一有利的机会,催促俄国批准军事协定。同年12月15日,俄国外交大臣致函法国驻俄大使,信函中说:"我奉最高当局的命令研究了俄国和法国参谋本部1892年8月所拟订的军事协议草案并将我对该草案的意见向皇帝报告后,认为有责任通知阁下,这一协定的约本在原则上

---

① 王绳祖主编:《国际关系史资料选编》上册(第1分册),第193—194页。
② 〔英〕兰格:《帝国主义外交》第1卷,纽约1935年版,第32页。转引自王绳祖主编:《国际关系史》第3卷,第88页。
③ 法兰西第三共和国时期的大贪污贿赂案。

已由皇帝陛下批准",自此以后,两国参谋部"即有权定期会商,并彼此交换有益的情报"①。法国对此表示欢迎,并迅速做出回应。1894年1月4日,法国驻俄大使致函吉尔斯,告知法国政府也已批准双方签订的军事协定。至此法俄同盟正式成立。

法俄同盟不是维持欧洲和平、友好与安全的同盟,而是一个军事同盟,实际上是准备战争的。法俄结盟是德国新外交付出的沉重代价,俾斯麦用了近20年构筑的网式外交联盟体系被打破了。欧洲大陆上形成两大军事阵营。恩格斯指出:"大陆上的大的军事强国分为相互威胁的两大军事阵营:一方是俄国和法国,另一方是德国和奥地利。较小的国家不得不集结在这一或那一阵营周围。"②

在欧洲大陆国家形成两个对立的阵营时,英国却置身于大国集团之外,奉行所谓"光荣孤立"政策。它不愿同任何大国订立同盟,避免受条约的约束,以保持自己的行动自由。它灵活而圆滑地利用欧洲大国之间的矛盾,让它们互相牵制,相互对抗,以便自己操纵欧洲政治。它根据欧洲形势的变化,随时调整自己的政策取向。在19世纪中期以前,英国的主要竞争对手是俄国和法国,这时它虽然拒绝与德国结盟,但其对欧政策是倾向德国的,而且与三国同盟保持着较为友好的关系。但在19世纪中期以后,随着德国实力的增长和对外扩张步伐的加快,德国成了它主要的竞争对手,英国这块巨大的砝码也随之移向欧洲大国天平的另一端。

---

① 王绳祖主编:《国际关系史资料选编》上册(第1分册),第194页。
② 《马克思恩格斯全集》第22卷,第49页。

第十二章 19世纪70—90年代列强夺取殖民地高潮时期的国际关系

第一节 列强在西亚及中亚的争夺

列强在土耳其的争夺

19世纪最后30年,是资本主义从自由竞争向垄断阶段过渡的时期。列宁说:"毫无疑问,资本主义向垄断资本主义阶段的过渡,即向金融资本的过渡,是同瓜分世界的斗争的尖锐化联系着的。"[①]70年代以后,资本主义列强为争夺原料产地、销售市场和投资场所展开了激烈的瓜分世界的斗争。亚洲和非洲是它们争夺的主要地区。

列强对西亚的争夺主要集中在奥斯曼帝国的亚洲领土部分。

克里米亚战争后,英法加紧了对土耳其的掠夺,土耳其政府被迫全面地向欧洲资本敞开大门,致使外债直线上升。1854年,土欠债仅0.75亿法郎,到1870年,就增至25亿法郎。关税及其他财政收入都交给外国债权人作为抵押品。

1877—1878年俄土战争后,土耳其的财政已濒临破产。欧洲列强除继续分割奥斯曼帝国的领土外,还不断加强对土耳其财政经济的控制。1881年,英法等国迫使苏丹同意成立监督土耳其财政的"奥斯曼国债管理处"。该机构由英、法、德、奥、意代表组成,英法两国轮流担任主席。"管理处"控制了土耳其财政收入的主要来源,包括烟草、食盐专卖、酒税、印花税和其他捐税。土耳其实际上已沦为半殖民地。

自1878年的柏林会议后,德国势力迅速渗入土耳其,土也逐渐倾向于亲德,希望借德国之力对抗英法的控制。1883年,土耳其政府聘请德国军官哥尔兹为军事顾问兼君士坦丁堡军官学校校长。哥尔兹按照普鲁士军队的模式训

---

① 列宁:《帝国主义是资本主义的最高阶段》,《列宁选集》第2卷,人民出版社1995年版,第641页。

练和改编土耳其军队。随后,德国的工业、商业、金融业等纷纷拥入土耳其,其商品推销员的足迹遍布土耳其的大小城镇。德意志银行还在君士坦丁堡设立了一个分行。

1888年,当从柏林到君士坦丁堡的铁路完工后,德意志银行同土耳其政府原则上达成协议,取得了修筑巴格达铁路的特许权。这条铁路从博斯普鲁斯海峡经小亚细亚、美索不达米亚直达波斯湾。它一旦建成,即可把柏林和巴格达连接起来,这样就会出现一条从汉堡经柏林、维也纳到君士坦丁堡,再经巴格达到波斯湾的巴士拉的横跨中欧和西亚的铁路线。这条铁路线具有重要的经济、政治和战略意义。它不仅能加强对土耳其的控制,而且可以挺进波斯湾,直接威胁英国在印度的统治地位。一位德国殖民政策的鼓吹者毫不掩饰地说:"巴格达铁道将替我们开辟到波斯和阿富汗的道路,而成为架在英属印度上面的一把利剑。"①同年10月4日,苏丹又特许德国的一家公司修筑一条从君士坦丁堡到安卡拉的铁路,目的是便于从较远的内地各省扩大财政收入,并在战略上把奥斯曼帝国更紧密地联系在一起。1889年,德皇威廉二世到君士坦丁堡访问,同苏丹哈米德二世共同强调双方的友谊与合作,进一步加强了德土关系。1892年,从君士坦丁堡到安卡拉的铁路建成。

在这段铁路修筑的过程中,德国又同苏丹就延长安卡拉到巴格达的铁路特许权问题进行了谈判。1892年,双方基本上达成了协议。但是,英国立即就此事向苏丹提出抗议,认为德国人延长修筑铁路损害了它在土耳其的利益。德国政府对此十分恼火,指责英国在外交上无理干预它在土耳其的商业利益,这是绝对不能接受的,并威胁要中止支持英国对埃及的政策。英国被迫让步。

1893年2月15日,德国的安纳托利亚铁路公司与土耳其政府签订了租让条约。条约规定,安纳托利亚公司在土耳其修建两条铁路:一条路从安卡拉到厄斯基色希尔,再延伸到科尼亚;另一条从安卡拉到开塞利,再经锡瓦斯和迪亚巴克尔,最后到巴格达。实际上,该公司并没有修筑后一条路线,只是修建了前一条更有利可图的路线,这条路线于1896年完成。

1898年,德皇威廉二世第二次访问土耳其,并到耶路撒冷"朝圣",宣称自己是土耳其苏丹和三亿穆斯林的可靠朋友,试图以友好姿态博得苏丹的信任。他在访问期间,向苏丹提出了修筑从科尼亚到巴格达再到波斯湾的铁路租让权问题。1899年12月23日,德国得到了从科尼亚修筑铁路到巴格达的最初特许

---

① 张铁生:《近代国际关系史》,生活·读书·新知三联书店1949年版,第241页。

权。1903年3月5日,它又得到了从科尼到波斯湾巴士拉的最后特许权。

德国势力在土耳其的不断进展,触动了其他欧洲列强在土的利益。英国最为担心的是,巴格达铁路一旦建成,德国的势力就会到达波斯湾,这不仅会影响它在波斯、阿富汗的利益,而且还会严重威胁它在印度的殖民统治。因此,英国千方百计地要把德国势力阻挡在波斯湾地区以外。1899年1月23日,英国与土耳其的属国科威特签订了一项秘密协定,规定科威特酋长不能把其土地割让给任何一个强国,非经英国同意,不能与其他外国政府进行接触;英国则承诺每年给科威特一定的津贴。这个协定引起德国的强烈不满。1901年,德国怂恿土耳其出兵科威特,以制裁当地酋长。英国立即作出反应,把军舰开往波斯湾。同年9月6日,英土达成妥协,双方都不向科威特派兵。

俄国从一开始就坚决反对德国修筑巴格达铁路,因为它不仅威胁俄国在黑海沿岸地区的利益,而且有切断黑海出海口和挡住俄国南下道路的危险。俄国当然不能听任德国在土耳其势力的不断扩大和加强,它多次要求与德国缔结瓜分土耳其的协议,妄图以支持德国在小亚细亚的行动,换取德国承认俄国在波斯湾的利益。德国则以两国的利益各不相同为由,拒绝了俄国的建议。

俄国在同德国交涉失败后,转而对土耳其施压。1900年3月31日,俄国迫使土耳其正式承担义务:如果土耳其政府"认为在小亚细亚,在与黑海毗邻的地区修建铁路是切合时宜的,如果它自己不着手修建铁路时,则将这些铁路的租让权给予俄国资本家"[①],其租让条件将与巴格达铁路租让权"完全相同"。同年4月5日,俄国外交大臣在发给驻外大使的通令中明确提出:"帝国政府应当关心的是:不容许任何一个外国强国在小亚细亚范围内确立政治优势。"[②]

德国向西亚扩张是其夺取海外殖民地,建立全球霸权的"世界政策"的重要步骤。它的战略意图是通过土耳其进抵波斯湾,直指亚洲的心脏地区,这不能不引起英、俄的恐慌,从而加剧了英德和俄德矛盾,推动英国向俄法靠拢,使欧洲格局朝着不利于德国的方向发展。

英俄在阿富汗和波斯的争夺

19世纪70年代以后,英俄这两个疯狂对外侵略扩张的国家,在中亚展开了激烈争夺,争夺的主要对象是阿富汗和波斯(今伊朗)。当时,英国正以印度为基地向东、西、北三个方向拓展其殖民帝国领土,其向北的一路是试图通过阿富

---

① 〔苏〕赫沃斯托夫编:《外交史》第2卷(上),第606页。
② 同上书,第606页。

汗向中亚渗透。但是,俄国早就对中亚的广大土地垂涎欲滴。1861年农奴制改革后,俄国为取得资本主义发展所需要的市场和原料,加紧向中亚扩张。这时在中亚存在的许多封建汗国中,较大的是浩汗、布哈拉和基发。俄国于1865年侵占了浩汗、1868年征服了布哈拉、1873年又攻占了基发。从此,俄国的势力逼近了阿富汗和波斯边境。

面对俄国南下的趋势,英国加快了侵略阿富汗的步伐。在此之前,英国的势力早已渗透到阿富汗。1839—1842年,英国曾发动侵略阿富汗的第一次战争,由于遭到阿富汗人民的激烈反抗而以失败告终,但英国殖民者仍不死心。1863—1869年,阿富汗发生了争夺王位的内战,英国趁机插手,竭力用金钱和军火收买阿富汗国王舍尔·阿里,以便使他成为英国在阿富汗的代言人。

舍尔·阿里试图联合英国阻挡俄国南下。当俄国于1873年占领基发后,舍尔·阿里要求同英国建立联盟关系,防止俄国向阿富汗扩张。英国非但不愿明确承担援阿义务,而且要求舍尔·阿里同意英国派官员进驻赫拉特和坎大哈。这时,赫拉特长官是国王的儿子雅库布汗,此人一直在觊觎王位。舍尔·阿里担心英国驻扎官到赫拉特支持雅库布汗,因此拒绝了英国的要求。英国对此十分恼火,不断对阿施加压力,并从1876年起,在印阿边境集结军队,从而造成对阿富汗南部的威胁。

面临英国入侵的现实危险,舍尔·阿里转而与俄国接近,希望俄能助阿反英。俄国为应付英国可能发动新的侵阿战争,做出如下按排:一方面于1878年4月调3万军队进抵阿富汗北部边境;另一方面于同年6月派以斯托莱伊托夫将军为首的军事代表团前往喀布尔,以显示俄国支持阿富汗的决心。

当俄国代表团到达喀布尔后,英国于1878年8月14日通知舍尔·阿里,英国将派遣以尼维尔·张伯伦为首的军事代表团,前往喀布尔与他就紧急的问题进行谈判。舍尔·阿里以国内正在为王储办理丧事为由拒绝了英国的要求。9月21日,英国代表团强行进入阿境,遭阿富汗军队拦阻。11月2日,英国政府发出一份最后通牒,要求舍尔·阿里向英国代表道歉,并立即接见英国代表团,限令他11月20日前必须答复。在英国的强大压力下,舍尔·阿里只得向俄国求援,然而俄国不但没有作出明确的援助保证,反而要求舍尔·阿里向英国"伸出橄榄枝"。这位国王对此十分失望,尽管没有得到俄国的援助,他还是婉言拒绝了英国的最后通牒。

1878年11月20日,英国派遣3.6万军队入侵阿富汗,发动了第二次侵阿战争。阿军装备落后,一触即溃,英军迅速占领了坎大哈和贾拉拉巴德,逼近喀布尔。舍尔·阿里要求俄国出兵援助,但俄国这时不愿同英国发生武装冲突,只答应通过外交手段对英国施压。12月9日,戈尔恰科夫电告驻英大使,让他转告英国政府:俄准备劝告舍尔·阿里"尽力结束目前同英国发生的冲突",但是,只有在英国"尊重阿富汗独立"的条件下,才能做到这一点,并说如果这个建议被采纳,俄国代表团将立即离开喀布尔。① 翌日,英国政府明确拒绝了俄国的建议,并表示反对俄国干涉英阿冲突,要求俄代表团"毫不迟疑地"撤离喀布尔。俄驻英大使强硬表示,英国的这种态度可能迫使俄国把军队开到靠近阿富汗边境的地方。

英国担心俄军进入阿富汗,只得寻求同俄妥协。双方经过谈判,于1878年12月19日达成一项协议,其主要内容是:两国政府迄今实行的政策都是旨在维护阿富汗的领土完整;阿富汗是不在俄国势力范围之内的独立国家;俄国代表团离开喀布尔。

在英俄达成协议之前,舍尔·阿里决定将王位让给其子雅库布汗,自己则匆匆逃往俄国。雅库布汗即位后,无力抗击英军的进攻,只得与英国谈判。1879年5月26日,阿英双方签订了《甘达马克条约》。条约规定:阿富汗除非得到英国政府的同意,不得和外国有任何往来;阿富汗把南部一些地方交由英国政府保护和管理;英国向喀布尔派遣拥有武装卫队的驻扎官;阿富汗每年则可得到英国一定数量的金钱和军火援助。这个条约实际上使阿富汗沦为英国的保护国,是阿富汗历来签署的最屈辱和最苛刻的条约。

《甘达马克条约》遭到阿富汗人民的强烈反对。1879年8月,驻扎在喀布尔的阿富汗地方部队发生反英暴动,并由此引发了人民起义。起义者包围了英国使馆,杀死了在使馆工作和在喀布尔的所有英国人。英印当局闻讯后急派军队前往镇压,雅库布汗乞降。10月,英军进占喀布尔,对起义者进行残酷的镇压,并废黜了雅库布汗的王位。

阿富汗王位的空缺,给俄国提供了一个插手的机会。它选中了侨居在俄国的舍尔·阿里的侄子阿卜杜尔·拉赫曼,让他率领一支由俄国人武装起来的队伍,回到阿富汗进行抗英斗争,以便夺取王位,在喀布尔建立一个亲俄政府。拉赫曼在阿富汗拥有很大的势力,他回国后得到广大群众的热烈拥护,很快就在阿富汗北部展开了反英斗争。

英国为了粉碎俄国的计划,决定把拉赫曼拉到自己一边。1890年春,英国

---

① 俄罗斯对外政策档案、办公厅档案,1878年第81号卷第2部。转引自〔苏〕赫沃斯托夫编:《外交史》第2卷(上),第246页。

驻喀布尔代表格里芬在给拉赫曼的信中表示,英国政府决定由他继承阿富汗王位,条件是俄国不能充当阿方的保护者。拉赫曼为了取得王位,接受了英国的条件。7月22日,拉赫曼同英国代表签订了一项新条约。其主要内容是:英国承认拉赫曼为阿富汗国王,并为其提供财政援助;英国在喀布尔不再保留拥有武装卫队的驻扎官,改由从印度穆斯林中委派一名驻喀布尔代表;阿富汗的对外关系仍要受英国的监督。

拉赫曼投靠英国继承王位后,舍尔·阿里的次子阿尤布汗仍以赫拉特为基地进行反英斗争。1881年,拉赫曼在英国的支持下打败了阿尤布汗,收回了赫拉特和坎大哈。这时,拉赫曼统治下的阿富汗实际上已经成为英国的保护国。

俄国为加强与英国在中亚的争夺,于1881年攻占了土库曼北部以及南部的重要城市阿什哈巴德,1884年又占领了谋尔夫,形成进攻阿富汗重镇赫拉特之势。这时,土库曼同阿富汗之间并无明确的边界线。英国为防止俄国继续南下,提出俄阿划界问题。俄国一方面表示同意,一方面借故拖延谈判,以便为继续南下赢得时间。1885年3月,俄军逼近彭狄绿洲,英国怂恿阿富汗派兵抵抗。3月底,俄军打败了阿富汗军队,占领了彭狄绿洲。

英俄在阿富汗的争夺达到白热化程度,几乎引发一场战争。英国首相格莱斯顿谴责俄国的行动是极端的侵略行为,要求国会拨款1100万英镑用作战备费用,并准备征召7万名预备役兵员,计划派军舰由黑海进攻俄国。俄国闻讯后,力图通过外交手段挫败英国的军事计划,它要求德、奥履行"三皇协定"的义务尽力予以援助。德、奥拉拢法国和意大利,共同对土耳其施压,迫使其遵守海峡封闭的原则。英国发现自己已陷于孤立,只得寻求同俄国妥协。1885年9月10日,英俄两国签订了《伦敦议定书》,它规定将俄阿之间有争议的、包括彭狄绿洲在内的一万多平方英里的地区划归俄国。

英俄除争夺阿富汗外,还在波斯进行激烈的角逐。自19世纪70年代起,两国在波斯竞相争夺租让权。1872年7月25日,英国大银行家、世界最早的通讯社之一"路透社"的创办人路透与波斯政府签订了一项租让协议。协议规定路透享有下列租让权:波斯境内煤、铁、铜及其他矿产资源和森林资源的开采权;由黑海南岸至波斯湾的铁路修路权和城市电车线路修路权;修筑堤坝和各种水利工程的租让权;兴办工厂和开设银行、邮局及其他公用事业的权利。租让期为70年。波斯政府允诺路透可以从他的投资中每年得到7%的收益和一定的折旧费,并以波斯的海关收入作担保。这项内容广泛的协议如付诸实施,波斯就有可能成为英国的殖民地或半殖民地。

与波斯毗邻的俄国显然不能容忍它身边的肥肉落入英国之口。1873年春，在波斯国王访问圣彼得堡时，俄国外交大臣戈尔恰科夫直言不讳地对这位国王说：如波斯政府不立即中止给予路透租让权的协议，俄波关系必将受到严重影响。同时，俄国驻德黑兰使馆还鼓动波斯一些有影响的上层人士抵制和反对英国对波斯的经济侵略。在这种情况下，波斯国王以路透没有在合同规定的期限内开工为由，于1873年10月23日宣布废止了这项协议。此后，俄国也加快了在波斯争夺租让权的步伐。1874年初，俄国提出要取得修筑从俄国高加索的第比利斯到波斯的大不里士的铁路租让权，波斯国王担心这条铁路可能成为俄国南下侵波的通道，因而婉言相拒。1878年，俄国公司取得了位于德黑兰以东不远的地方塞姆南地区的石油开采权。1879年，俄国资本家又取得了在波斯北部修筑电报线的租让权。

为扩大在波斯的影响，俄国于1879年以帮助波斯训练军队为名，派出军事教官赴德黑兰，组建了波斯哥萨克骑兵团，并为该部队配备武器弹药。这个骑兵团后来扩充为骑兵旅，成为波斯唯一具有较强战斗力的正规部队。它名义上属于波斯国王，实际指挥权却操纵在俄国军官手中，成为俄国控制波斯的工具。进入19世纪80年代以后，英俄在波斯的争夺更加激烈。1882年，俄国建成了从土库曼的阿什哈巴德至波斯库昌的公路。这条公路保证了俄国商品源源不断地进入波斯北部，使波斯逐渐成了俄国纺织、制糖、石油等工业的重要市场。从此，俄波贸易迅速发展，双边贸易额很快跃居波斯对外贸易的首位。1888年，俄国资本家利安诺佐夫又取得了在黑海波斯沿岸捕鱼的特权。

英国为了抵消俄国在波斯北部的优势，于1888年取得了在卡隆河上的航行权以及从卡隆河畔的舒尔特尔城到德黑兰的公路租让权。从此，卡隆河及其沿岸的道路成了英国商品进入波斯市场的重要渠道。1889年，波斯政府给予英国大银行家路透在波斯开设帝国银行的租让权，以补偿他在1873年被取消租让权所蒙受的"损失"，租期为6年。这家银行代行波斯中央银行职责，有权发行货币，规定外汇牌价，波斯的国税、关税都要存入这家银行。这就意味着，波斯的金融和财政控制权落入了英国人手中。

在修筑铁路租让权问题上，双方也各不相让。1889年3月，俄国从波斯政府获得了为期5年的制订在波斯修建铁路计划的特权。俄国企业家对此极感兴趣，积极谋划修建一条纵贯波斯南北的铁路。英国担心这样一条铁路一旦建成就会加强俄国在波斯南部的影响，因此极力反对。恰巧在这时，俄国筹划已久的西伯利亚大铁路即将开始修建，在俄国政府看来，这条铁路远比在波斯兴建铁路重要,资金应该集中在国内使用,而且俄国一些有影响的资本家也害怕波斯铁路建成后,英国可能借此通道把它的商品从南部运往北部,造成对俄国商品的冲击。因此,俄国决定停建波斯铁路,但也不允许别人兴建。1890年10月28日,俄国迫使波斯政府签订了"关于铁路的协议",规定在10年内不允许别人(包括波斯人)在波斯建造铁路,也不许可或批准任何一公司或其他人享有租让权。

19世纪90年代,英俄在波斯争夺的形势逐渐明朗。俄国在政治和军事上对德黑兰有很大影响,经济上在波斯北部也占有举足轻重的地位。英国则在波斯南部、东南部和中部的一部分地区占有明显优势。这样,波斯的南部就成了英国的势力范围,而其北部则成了俄国的势力范围。

第二节 列强对中国及东南亚的侵略

马嘉理事件与中英《烟台条约》

自19世纪70年代起,西方列强加强了在中国的争夺。英国为了保持其在华的优势,一方面力图保持和扩大既有的市场和特权,另一方面则企图在中国内陆开辟新的市场,特别是想涉足长江上游的四川和云南。它早在侵占下缅甸之后,就开始寻找一条通往云南的路线。1868年,英国派驻缅官员斯莱登少校率探路队,对从上缅甸的八莫到中国腾越的路线,进行了实地勘察。1869年,英国在缅甸境内开辟了从仰光由伊洛瓦底江北上,经曼德勒至八莫的定期航线。从而,把英国的侵略触角从缅甸伸向云南。

1874年,英印当局派柏郎上校率一支"探路队",从缅甸的曼德勒经八莫前往云南。英国驻华公使威妥玛为配合这一行动,选派熟悉中国情况的使馆翻译马嘉理前去迎接。马嘉理于1875年1月从云南到达八莫,同柏郎会合。同年2月16日,马嘉理引领"探路队"从八莫向云南进发。这支"探路队"除4名英国人和一些随员之外,还有15名印度护卫以及150名缅兵,并配备各种武器,俨然是一支前来进犯的军队。云南边境居民听说英人强行来滇通商,并意图进攻腾越,便准备起而自卫。柏郎率领的"探路队"闻讯不敢继续前进,遂派马嘉理先去侦察情况。2月21日,马嘉理和几名随行人员在蛮允附近被杀。次日,"探路队"在中国境内的麻如山遭到500人的袭击,被迫匆匆逃回八莫。这就是所谓"马嘉理事件",也称为"滇案"。

马嘉理事件是由于英国图谋侵略云南引起的,责任完全在英方。但英国却借此事对清政府进行外交讹诈。1875年3月19日,英国驻华公使威妥玛照会清政府,蛮横地提出六项要求:(1) 中国需派专人去云南调查,而且要有英国官员参加;(2) 应允许英印政府再派第二次探路队赴云南;(3) 须赔偿白银15万两;(4) 1858年《天津条约》第四款所规定的对于外国公使的"优待",应解释为皇帝应予合适的接见;(5) 商定办法以"保证英国贸易得免除关税及半税以外一切课征"①;(6) 解决各地历年来的未结案件。3月22日,清政府拒绝了英方上述无理要求。威妥玛对此十分恼火,他在3月24日至31日的短短一周内,连向总理衙门发出10余次照会,勒逼清政府至少先接受前三项要求,并以对华绝交相威胁。总理衙门被迫妥协,原则上接受了前三项要求。

但威妥玛并不以此为满足,他不断对清政府施加压力,动辄以"下旗离京"相要挟,力图扩大在华特权。1876年6月,威妥玛以清政府无彻底解决问题的诚意为由,离京前往上海,以示决绝。清政府害怕事态扩大,急请总税务司英人赫德出面调解。赫德赴沪同威妥玛会商后,致书总理衙门,建议派全权大员前往烟台与威妥玛进行正式谈判,并指名要李鸿章作为全权代表。7月28日,清政府委派李鸿章为钦差大臣,前往烟台谈判。

李鸿章受命的当日,即上奏陈述他的谈判主张。他说:"此事究因滇案而起,似不值竟开衅端。且时势艰难,度支告匮,若与西洋用兵,其祸患更有不可测者。"因此,他希望西太后"扩怀柔之大度,屏悠谬之浮言,委曲求全,力持定见"。② 西太后实际上采纳了李鸿章的意见,指示他"斟酌情形,妥为筹办"。这样,就为即将开始的谈判,定下了妥协退让的基调。

1876年8月21日,中英谈判在烟台正式举行。当时,英俄在近东的矛盾十分尖锐,俄土战争即将爆发,为集中力量对付欧洲突发事件,英国当局指示威妥玛要"从速了结"滇案。同时,威妥玛在中国也面临其他列强的外交压力,美、德、俄、奥各国公使对他在华的独行其是深为不满,纷纷要求介入中英谈判。在此情况下,为了迫使清政府迅速就范,威妥玛一方面调军舰停泊大连湾,实行武力威胁;另一方面提出将云南巡抚岑毓英提京审讯的苛刻条件。李鸿章遵奉清廷的指示,以取消提岑到京为条件,愿意接受其他条款。1876年9月13日,李鸿章与威妥玛签订了中英《烟台条约》。

---

① 王绍坊:《中国外交史(鸦片战争至辛亥革命时期1840—1911)》,第159页。
② 《清季外交史料》第6卷,第23页。转引自刘培华:《近代中外关系史》上册,北京大学出版社1986年版,第268页。

《烟台条约》共三部分十六款,附有《另议专条》。

第一部分是"昭雪滇案",即关于解决马嘉理事件的办法。主要内容是:所有在滇被害人员家属,应给恤款;偿银共20万两,由威妥玛随时兑取;清政府钦派出使大臣赴英道歉。

第二部分是"优待往来",即关于驻京大臣及各口岸领事与中国官员往来之礼仪,以及两国审办案件的交涉事宜。条约规定:两国官员的往来,应由总理衙门照会各国驻京大臣,请其会同商定礼节条款,并议定章程;凡中国内地各省或通商口岸有涉及英人生命财产的案件,英国公使可以派员前往该处"观审",倘观审之员以为办理未妥,可以逐细辩论;凡涉中外之间的民刑案件,"视被告者为何国之人,即赴何国官员处控告",由被告所属国家的官员"各按本国法律审判"①。这一"被告原则"的确认,严重侵犯了中国的司法主权。

第三部分是"通商事务",即关于扩大英国在华贸易特权的规定。主要内容是:增开宜昌、芜湖、温州、北海四处为通商口岸,大通、安庆、湖口、武穴、陆溪口、沙市等处"暂准英船停泊",其上下客商货物皆用民船起卸;洋货运入内地,"不分华、洋商人",都可领请半税单照,这样就把原来仅限洋商享有的特权扩大到一切洋货;新旧各口岸,凡未划定租界者,都要由英国领事会商各国领事,与中国地方官员商议,"将洋人居住处所划定界址",从而,使外国在中国的"租界制度"披上了"合法"的外衣。

《另议专条》规定,允许英国于1877年派员由北京经甘肃、青海一带地方,或由四川等地进入西藏,以抵印度;也可由印度与西藏交界地方入藏。这就为日后中英西藏纠纷埋下了祸根。

中英《烟台条约》扩大了英国在中国的政治、经济和司法特权,实现了英商多年来要求长江开放的愿望,并为英国侵略我国的西南边境特别是云南和西藏开辟了道路,进一步加深了中国的半殖民地化,从而为英国侵华史又留下了罪恶的一页。

英国吞并缅甸

早在17世纪,英国和法国就侵入缅甸,在缅建立贸易据点。1688年,英国通过收买、威胁的手段,攫取了在尼格莱斯岛居留和通商的权利。接着法国迅速跟进,它和英国都在沙廉设立了商站。英、法商人贪婪地掠取缅甸的丰富资

---

① 王铁崖编:《中外旧约章汇编》第1册,生活・读书・新知三联书店1957年版,第348页。

源,他们廉价购买大量的硝石、柚木、象牙、珠宝等,运往海外获取高额利润。两国竭力争夺对缅甸贸易的主导权,同时积极插手缅甸国内政治,以实现更大的侵略野心。

这时,在缅甸国内存在着缅甸人和孟族人的民族矛盾和冲突。英国支持缅甸人,而法国则支持孟族人。1743年,孟族人占领沙廉,他们愤怒地捣毁英国的商站,驱逐了英国殖民者。此后,英国支持的缅甸人在雍笈牙的领导下,反对孟族人取得胜利,建立了新王朝。1756年,雍笈牙率军攻占沙廉,又赶走了法国殖民者。英国乘机同雍笈牙订立条约,取得了在尼格莱斯岛永久居留、自由通商和免税的权利。条约签订后,英国又居心叵测的出售武器给孟族人,并阻挠缅甸同别国通商,妄图垄断缅甸的对外贸易。1759年,雍笈牙下令摧毁英国在尼格莱斯岛上的商站,并把英国殖民者驱逐出境。

18世纪中叶,雍笈牙王朝逐步统一了缅甸,建立了中央集权的封建国家。1782—1819年,缅甸在孟云统治时期,国力日盛,疆域扩大,合并了与印度毗邻的阿拉干王国。这时,英国正忙于征服印度,无力发动侵缅战争。为了恢复在缅甸的影响和取得通商特权,自1795年后的15年间,英国曾六次派代表到缅甸,妄图迫使缅甸政府签订奴役性条约,但均遭拒绝。于是英国就改变手法,策动阿拉干封建上层分子制造分裂活动,破坏缅甸的统一,它还竭力挑拨曼尼坡和阿萨姆同缅甸的对立。在这种情况下,1813—1822年,缅甸先后合并了曼尼坡和阿萨姆。

1824年3月,英国以曼尼坡和阿萨姆事件为借口,发动了第一次侵缅战争。缅甸军队虽进行了英勇抵抗,但终因兵力悬殊而失败。1826年2月,英国迫使缅甸签订和约,缅甸割让阿萨姆、曼尼坡、阿拉干和丹那沙林等地给英国;赔偿一千万卢比;准许英国派遣外交常驻代表和英国船舰在缅甸港口自由航行。同年11月,英国又迫使缅甸签订了不平等的通商条约。这些奴役性的条约遭到缅甸人民的强烈反对。1837年,国王孟坑宣布不承认这些条约,并封闭了英国在缅甸的外交机构。

1852年4月,英国以缅甸逮捕两名英国违法商人为借口,出动军舰封锁仰光,发动了不宣而战的第二次侵缅战争。战争持续了近一年,英国占领了缅甸南部的大片国土,从而把下缅甸变成自己的殖民地。

1853年,曼同即位国王,他拒绝承认下缅甸归英国所有。为了同英国对抗,他采取多种措施促进工业和农业的发展,并通过建立兵工厂和内河舰队,增强抵抗侵略的能力。曼同去世后,新国王锡袍继续实行曼同的抗英政策。

英国占领下缅甸后,在消化和巩固既得侵略成果的同时,积极谋划侵占上缅甸。这时法国势力已侵入越南北部,并把触角伸向上缅甸。锡袍欲借法之力,牵制英国。1885年5月,缅甸同法国签订协定,法国取得了修建从曼德勒到东吁的铁路线和开设法缅银行的权利。对此,英国极为不满,力图抢在法国之前占领上缅甸。

1885年10月,英国借口缅甸政府处罚孟买缅甸贸易公司隐报外运柚木事件,向缅发出最后通牒,强硬要求:派使节进驻曼德勒,且可随时面见国王;孟买缅甸贸易公司柚木案交英印总督裁决;缅甸外交归英国管理;缅甸应协助英国开辟从八莫到中国云南的通商路线。

面对英国的压力,缅甸政府被迫作出让步,表示可以撤销柚木案,但其外交是否交由英国管理则应由第三国仲裁。英国不满意缅甸的答复,遂按既定的方针于1885年11月发动了第三次侵缅战争。英印士兵一万人乘船沿伊洛瓦底江溯流而上,攻占曼德勒,俘虏了国王锡袍并将他押往国外囚禁于孟买。1886年1月1日,英国宣布上缅甸并入不列颠帝国,这样整个缅甸完全沦为英国的殖民地。

英国吞并缅甸后,采用"以印治缅"的手法,把缅甸变成英属印度的一个省,并雇用印度兵对缅甸人民进行统治。缅甸人民不仅受到英国殖民者的掠夺,还受到印度买办高利贷者的剥削。双重的民族压迫不断激起缅甸人民的反抗斗争,这种斗争一直持续到20世纪20年代。

法国侵略越南与中法战争

自19世纪中叶起,法国对越南的侵略活动日益猖獗。1858—1859年,法国联合西班牙进攻越南,先后占领了安海、莫海和西贡。1862年6月,越南被迫同法国签订了第一次西贡条约,越南把南部的边和、嘉定、定祥三省和昆仑岛让给法国;赔偿400万法郎;此后越南与别国交涉必须通过法国。1867年,法国又以武力吞并了永隆、昭笃、河仙三省,从而占领了整个南圻(越南南部)。

法国侵占南圻后,即以此为基地,向中圻和北圻进攻,企图囊括整个越南。1873年11月,法国为取得在红河航行的特权,派兵攻占河内。越南当局为收复失地,向刘永福领导的黑旗军求援。黑旗军于同年12月在河内大败法军,击毙侵略军头目安邺,迫使法军自北圻撤退。但是,越南的封建统治者非但不许黑旗军乘胜追击,反而迫于法国的外交压力,于1874年3月15日,同法国签订了第二次西贡条约,承认法国占有南圻;开放红河和河内、海防、归仁三港;外交受法国监督;法国在越南享受治外法权。

1882年初,法国驻南圻总督派李维业率兵进攻北圻。4月,法军攻占河内。刘永福领导的黑旗军再次应邀抗法。1883年5月,黑旗军围攻河内,在城外纸桥大败法军,击毙李维业。同年8月,法国派一支包括海陆军在内的部队进入越南。这支侵略军兵分两路:一路向北圻黑旗军发动进攻,一路进攻中圻,直逼越国王所在地首都顺化。8月20日,法军占据顺化外围的堡垒,同时向顺化朝廷发出最后通牒,限24小时接受法军要求,承认法国保护。越国王被迫于1883年8月25日同法国签订了《顺化条约》。其主要内容是:越南承认并接受法国保护;越南一切对外交涉由法国管理;北圻由法国总督代表管辖;法军可在红河一带构筑炮台。这样,越南实际上已成为法国的保护国和殖民地。

《顺化条约》签订后,法国即按既定的部署把侵略矛头指向中国。在此之前,清政府应越南朝廷的要求,派兵进驻越南北部,以防备法国进一步扩大侵略。1883年10月底,法国总理费理公然宣称,将以武力抢占红河三角洲上的一些主要城市,而当时在这些地方都驻扎着中国军队,这显然是向中国挑战。当时清政府内主战声浪颇高,对法态度渐趋强硬。为防备法军的侵犯,清廷一面颁谕褒奖刘永福,并令给刘军以军火援助;一面于11月初命令两广军政当局,若法军来犯,应予以抗击。

1883年12月11日,法军向驻守在山西的中国驻军发起进攻,挑起了中法战争。清军和刘永福领导的黑旗军对侵略者进行了坚决的抵抗,但由于清军将领畏首畏尾,指挥欠当,致使战事接连失利。12月16日,法军攻占山西。翌年3—4月间,法军又先后攻陷北宁、太原、兴化等地,红河三角洲落入侵略者之手。紧接着,法国利用军事胜利的机会,展开了频繁的外交诱和活动。它试图使清政府承认既成事实,迫使其把驻军撤出越南,并允许法国商人由越南进入云南经商。

1884年4月17日,法国海军舰长福禄诺通过粤海关税务司德璀琳向李鸿章提出议和。条件是:(1)中法订立云南通商章程;(2)承认法国保护越南,但措辞可以顾全中国体面;(3)中国驻法公使曾纪泽"办事未妥",应调离巴黎;(4)早日议和,兵费可"极力相让"。李鸿章认为条件可以接受,遂于4月18日电告总理衙门。清廷接到李的报告,认为法方所提条件"均尚无伤国体,事可允行",并令李鸿章与福禄诺谈判。为了表示求和的诚意,清政府下令撤换了一贯对法持强硬立场的曾纪泽。

1884年5月11日,李鸿章与福禄诺在天津签订了《简明条款》。其主要内容是:法国应"保全助护"中国和北圻的边界,中国"将所驻北圻各防营即行调回边界,并于法越所有已定与未定各条约,均置不理";法国"不向中国索取赔偿",中国允许在云南边境通商;法国在"现与越南议改条约之内,决不插入伤害中国威望体面字样",并将以前与越南所订有关北圻的条约"尽行销废"。①

《简明条款》签订后,清政府内反对声四起,纷纷奏折要求弹劾李鸿章。清廷虽有意为李掩护,但也不得不命令驻越各军"按兵不动",听候吩咐。1884年6月23日,当法军进兵北圻准备"接收"防地到达北黎(观音桥)时,同中国守军发生冲突,结果法军战败,被迫后退。北黎事件成了法国扩大侵略的借口。8月4日,法国海军进犯台湾基隆,被中国守军击退。8月23日,法国海军偷袭驻福州马江内的中国海军,并炮轰马尾船厂,击沉中国军舰11艘,商船19艘,马尾船厂也被摧毁。8月26日,清政府下令滇桂各军迅速进兵,沿海各地严防法军侵犯。1885年3月,法舰队侵扰浙江镇海,被中国守军击退。同年3月下旬,清军老将冯子材率军在镇南关(今友谊关)大败法军,并乘胜收复了谅山。法军战败的消息传到巴黎,引起法国国内的巨大震动。在一片强烈的谴责声中,茹费理内阁轰然倒台。

但是,这一有利形势并没有改变清政府妥协求和的政策。李鸿章公然鼓吹:"谅山已复,若此时平心与和,和款可无大损,否则兵又连矣。"②清廷西太后支持李鸿章言和。1885年6月9日,李鸿章与法国驻华公使巴德诺在天津正式签订了《越南条款》。主要内容是:越南境内由法国"自行弭乱安抚",中国"不派兵前赴北圻";"凡有法国与越南自立之条约、章程,或已定者,或续立者,现时并日后均听办理";中国与北圻陆路交界,"允准法国商人及法国保护之商人并中国商人运货进出",通商处所在中国边界者,"应指定两处:一在保胜以上,一在谅山以北";北圻与中国云南、广西、广东各省陆路通商章程,应于此约签订后三个月内"另定条款";中国日后拟创建铁路时,应向法国经营此业者商办;此约签订一个月内,"法兵必当从台湾、澎湖全行退尽"。③

中法《越南条款》的签订,使法国完全达到了侵略目的。它不仅夺得了对越南的保护权,使越南成为日后侵略中国的基地,而且打开了中国的西南大门,并刺激了帝国主义列强侵略中国的野心。

---

① 王铁崖编:《中外旧约章汇编》第1册,第455页。
② 《李文忠公全书》第5卷,第24页。转引自王绍坊:《中国外交史(鸦片战争至辛亥革命时期1840—1911)》,第190页。
③ 王铁崖编:《中外旧约章汇编》第1册,第467—468页。

俄国侵略中国新疆

俄国在向中亚扩张的时候,就对中国的新疆抱有侵略野心。1865年,中亚浩罕汗国头目阿古柏入侵新疆,夺取了喀什噶尔及其邻近地区。1867年,阿古柏在喀什噶尔建立了非法的外来政权。

阿古柏政权的出现,给当时正在中亚进行激烈争夺的俄、英两国提供了插手中国新疆的机会。1868年,英驻印官员访问喀什噶尔,与阿古柏政权建立了联系。之后,在英国的支持下,阿古柏攻占了阿克苏和库车。1869年,他又攻陷了库尔勒和喀喇沙尔。1870年,阿古柏入侵北疆,攻占了吐鲁番和乌鲁木齐,从而控制了新疆的大部分地区。

俄国对阿古柏势力渗入北疆十分警觉,它担心英国通过阿古柏加强在新疆的影响,从而威胁其在该地区的扩张。俄国为了扩大它在新疆的影响,竟不顾清政府的反对,于1871年夏出兵强占伊犁。在此之后,它又假惺惺地向中国清政府表示:"占领是临时性的,一俟中国政府在该地区有维持治安的能力,就把所占领的土地归还中国"。① 可是,俄国占领伊犁后就撤销了原当地政府的一切机构,并把伊犁划归阿拉木图管辖,根本没有归还的意思。

1872年5月,清政府派伊犁将军荣全前往新疆收复伊犁。荣全到达后多次与俄方代表据理交涉,但俄方不仅拒绝交还,还提出了重新划界、赔偿俄出兵新疆的"损失"和增开商埠等无理要求。结果,谈判毫无进展。荣全在收复伊犁无望的情况下,向清廷报告说,俄不仅想把伊犁占为己有,而且有"得陇望蜀之心",希望采取措施预先"防患"。

清政府于是命总理衙门与俄新任驻华公使进行交涉。俄方坚持所谓"先议后交",即先解决中俄边界等问题,然后再交伊犁。中方则主张先交伊犁,再议其他事宜。双方坚持不下,于是俄代表粗暴地说,那就等你们收复新疆以后再议吧。

清政府在同俄代表交涉中认识到,收复伊犁"断非空言所能有济,必须中国兵力足以震慑,先发制人",消灭盘踞在新疆的阿古柏政权,恢复对新疆的统治,才能剥夺俄方之遁词,以"挽回大局"。② 1873年底,左宗棠率领的湘军镇压了

---

① 〔美〕马士:《中华帝国对外关系史》第2卷,商务印书馆1963年版,第364页。转引自陈文艺编著:《近代国际关系史》,河南大学出版社1986年版,第288页。

② 《筹办夷务始末》同治朝第88卷,第37—38页。转引自王绳祖主编:《国际关系史》第3卷,第203页。

陕甘地区的少数民族起义,由内地通往新疆的道路已经打开,从而为收复新疆巩固西北塞防创造了现实条件。

可是,这时位于中国东南沿海的台湾,遭受了日本的侵略。1874年10月,清政府被迫同日本签订了屈辱的《北京条约》。为防备日本新的侵略,清政府开始感到有加强海防的必要。这样,中国同时面临着筹办东南海防和西北塞防的双重课题。海防、塞防究竟孰轻孰重,在清政府内部引发了一场激烈的争论。

负责对外交涉的直隶总督兼北洋大臣李鸿章认为,重点应在海防,不在塞防。他在《筹设海防折》中说:中国之有新疆,"徒收数千里之旷地,而增千百年之漏卮,已为不值。且其地北邻俄罗斯,西界土耳其、天方、波斯各回国,南近英属之印度。外日强大,内日侵削,今昔异势。即勉图恢复,将来断不能久守"。"况新疆不复,于肢体之元气无伤,海疆不防,则腹心之大患愈棘"。因此,他建议对新疆"不必急图进取",借以移塞防之费,"匀作海防之饷"。①

李鸿章的主张遭到了湖南巡抚王文韶和主持西北军务的左宗棠的反对。他们认为,为对付俄国的威胁,应加固西北塞防。左宗棠主张:"东则海防,西则塞防,二者并重。"他在一个奏折中分析西北形势时指出:"若此时即拟停兵节饷,自撤藩篱,则我退寸,而寇进尺,不独陇右堪虞,即北路科布多,乌里雅苏台等处恐亦未所晏然。是停兵节饷,于海防未必有益,于边塞则大有所妨。"②因此,他力主规复新疆。当清政府面对两种不同的意见难以决断时,身兼大学士、军机大臣和总理各国事务衙门大臣的文祥站出来极力支持左宗棠的意见,"力主进剿"。于是清政府在1875年3月19日,任命左宗棠为钦差大臣,督办新疆军务,负责规复西北边疆。

1876年夏初,左宗棠率数万大军分三路进兵新疆,阿古柏所部迅速败退。11月,清军攻下乌鲁木齐。阿古柏十分恐慌,急向英国求救。英国为挽救阿古柏政权的命运,赶忙出面"调停"。它向清政府建议,可让阿古柏政权作为属国,但"只隶版图,不必朝贡"。英国的目的是通过维护阿古柏傀儡政权,分割中国新疆领土,实现它对南疆的控制。这种图谋遭到左宗棠的揭露和反对而未能得逞。

---

① 《筹办夷务始末》同治朝第99卷,第23—24页。转引自刘培华:《近代中外关系史》上册,第273页。

② 《清光绪朝中日交涉史料》卷二。转引自杨公素:《晚清外交史》,北京大学出版社1991年版,第148页。

1877年春,清军分三路向吐鲁番地区进攻,歼敌二万余人。阿古柏见大势已去,在库尔勒服毒自杀。1878年初,阿古柏残余势力全部被赶出中国领土。在左宗棠平定南北疆之后,新疆的规复就剩下伊犁问题了。

　　1878年6月,清政府派吏部左侍郎崇厚为全权大臣,赴俄索还伊犁。崇厚在谈判中"不辨事理之轻重",对俄方提出的种种无理要求,统统视为"无甚关系"。在俄政府的威胁和利诱下,崇厚竟不顾总理衙门的指示,擅自同俄国代表于1879年10月2日在克里米亚签订了《利瓦吉亚条约》。条约规定:俄国交还伊犁,中国要偿付俄国"代收、代守"费500万卢布;伊犁以西以南的大片领土割让给俄国;允许俄国在乌鲁木齐、嘉峪关等七处设领事馆;俄商在天山南北路和蒙古免税贸易,并可经张家口、嘉峪关赴天津、汉口等处销售。

　　《利瓦吉亚条约》丧权辱国的条款,遭到国内的强烈反对,连总理衙门也认为这样"收还伊犁与不收同,或尚不如不收之为愈"。①在舆论的强大压力下,清政府以崇厚"奉命出使,不候谕旨,擅自起程回京"的罪名,下令将崇厚"严加议处"。1880年2月19日,清政府正式声明,崇厚所议条约"多有违训越权之处",难以执行,拒绝承认和批准该条约。

　　1880年2月,清政府任命驻英公使曾纪泽赴俄谈判。俄政府在谈判中坚持原约不能更改,并以武力相威胁。曾纪泽据理力争,"百折不回",经过反复的外交折冲,于1881年2月24日与俄代表签订了《中俄伊犁条约》。通过这个条约,中国收回了一些俄国在《利瓦吉亚条约》中夺取的一些权益。条约规定:俄国将特克斯河一带地方与伊犁九城一并交还中国,但仍割占了霍尔果斯河以西的中国领土;中国偿付的费用增至900万卢布;俄国只在嘉峪关、吐鲁番及中俄旧约所规定的地点设领事馆,其余地方以后再议;俄商陆路贸易可到嘉峪关,但不得前往西安、汉口等地;俄商在新疆贸易由"免税"改为"暂不纳税"。

　　《中俄伊犁条约》虽然比《利瓦吉亚条约》减轻了一些对中国造成的严重损害,但毕竟还是基本上满足了俄国的侵略要求,因此对中国来说还是一个侵犯中国领土主权的不平等条约。

　　《中俄伊犁条约》签订后,俄国又利用该约中"会同堪改"界约的词句,迫使清政府在1882—1884年间签订了《伊犁界约》、《喀什噶尔界约》、《科塔界约》、《塔尔巴哈台西南界约》和《中俄续堪喀什噶尔界约》等五个子约。结果,俄国通过伊犁条约和五个子约,共侵占了中国西部七万多平方公里的领土。1891—

---

　　① 《清季外交史料》第16卷,第27页。转引自王绍坊:《中国外交史(鸦片战争至辛亥革命时期1840—1911)》,第167页。

1892年，俄国又违背1884年《中俄续堪喀什噶尔界约》，派兵强占了帕米尔地区萨雷阔勒岭以西两万多平方公里的中国领土，对此历届中国政府都未予承认。

第三节　列强对非洲的瓜分

英法在北非的扩张

地处北非的埃及战略地位十分重要，一直为英法殖民者所垂涎。19世纪中期，英法势力已渗入埃及。1856年，法国取得了开凿苏伊士运河的特许权。英国对法国承建这一具有重大经济和战略意义的工程表示坚决反对，并唆使土耳其苏丹拒绝批准这一合同。但法国人主持的"国际苏伊士运河公司"没等苏丹批准就于1859年抢先动工。在施工中，埃及无偿提供所用土地和劳动力，经过约10年时间，苏伊士运河于1869年建成通航。

运河的通航大大缩短了欧亚间的航程，形成了一条从欧洲经地中海、苏伊士运河和红海通往印度和远东的新航线。这条航线不仅具有重要的交通和商业价值，而且对西方列强扩大对东方的侵略和掠夺具有重要的战略价值。这时，英国已经占领了直布罗陀和亚丁，即控制了地中海和红海的出口，但从地中海到红海的苏伊士运河却掌握在法国手中，这是英国所不能容忍的。

1875年11月25日，英国政府利用埃及的财政困难，以400万英镑廉价地从埃及总督伊斯梅尔手中购买了他所掌握的全部苏伊士运河股票176 602股，占运河公司全部股票的44%。这样，英国就基本上控制了苏伊士运河公司，并为在经济上和政治上控制埃及奠定了基础。

伊斯梅尔依靠卖股票的收入暂时缓解了一些困难，但无法偿还长期积累起来的巨大债务。1875年11月，他要求英国政府派两名财政专家帮助解决埃及财政问题，英国借机派了一个专门代表团赴埃，企图利用伊斯梅尔的财政困难，以提供贷款为条件，迫使埃及接受英国的控制和保护。法国闻讯也迅速派出自己的代表，表示愿意提供条件略宽的财政援助，并提出一份整顿埃及财政的方案。英国为破坏法国方案的实施，故意把它所掌握的埃及财政的巨大困难和赤字泄露出去，迫使埃及政府于1876年4月8日宣布财政破产，停止偿还债务。

英法两国是埃及的主要债权国，在它们的策划下，成立了由英、法、意、奥和埃及代表组成的债务委员会。该委员会将埃及的全部债务整理为九千一百万英镑，规定利息为7%。为保证埃及偿付利息，债务委员会设两个总监督：英国派一名官员监督埃及的国家收入，法国派一名官员监督埃及的国家支出，即所谓"双重监督制"。监督委员会掌握了埃及的海关、港口、铁路和电报等关键部门的收入和支出，实际上控制了埃及的经济命脉。

1878年8月，英法迫使埃及成立了一个有外国人参加的内阁制政府，该政府由西方资本家的代理人努巴尔任首相，英国人威尔逊任财政部长，法国人德·布里尼叶任公共工程部长，意大利人和奥地利人分任副部长。威尔逊和德·布里尼叶在内阁中拥有否决权，实际上掌握了内阁大权，因此被称为"欧洲人内阁"。

"欧洲人内阁"在埃及横征暴敛，一方面对农民强征捐税，对地主提高地税，甚至企图侵夺伊斯梅尔的田产；另一方面在许多重要部门大量使用欧籍人员，并解除2500名埃及军官的职务。1879年2月18日，被解职的军官举行示威游行，并逮捕了首相努巴尔和财政部长威尔逊。之后，这两人在伊斯梅尔的干预下得以获释。

1879年4月7日，伊斯梅尔根据由伊斯兰教领袖、地主和爱国军官组成的"名流会议"的要求，罢免了欧籍部长，任命宪政主义者谢里夫组织内阁，并授命他召集国会，制定宪法。英法对伊斯梅尔的决定极为不满，纠合德、奥、意、俄等国向土耳其苏丹发出强硬照会。1879年6月26日，土耳其苏丹废黜伊斯梅尔，任命他的儿子杜菲克为新的总督。杜菲克上台后，迫使谢里夫辞职，恢复英法的"双重监督制"，甚至规定两位监督人有权参加内阁会议。这样，杜菲克实际上成了英法的傀儡。

英法两国对埃及的财政控制和政治干涉，激起了埃及各阶层人民的不满和反抗。1881年9月9日，由爱国军官和知识分子组成的"祖国党"领袖阿拉比率军在开罗起义。起义者包围王宫，要求撤换内阁，召开国会。1882年2月，杜菲克被迫任命了以祖国党人为主的内阁，阿拉比任陆军部长。新内阁颁布宪法，规定内阁对议会负责，议会有权讨论通过国家预算，这就剥夺了英法对埃及的"双重监督"权。

英法企图收买阿拉比，但遭到拒绝。法国希望同英国采取联合干预行动，而英国企图单独占领埃及，拒绝了法国的要求。法国为避免英国的单独行动，利用1882年6月在君士坦丁堡召开的国际会议，通过了各大国"不在埃及占领土地"的决议，借此以约束英国。但是，英国却以"特殊情形"为借口，对埃及进行挑衅。1882年7月10日，英国海军上将西摩尔向埃及发出最后通牒，限

24小时内停止修建亚历山大港炮台,以免威胁英国在附近海域的舰队。对此,阿拉比断然予以拒绝。7月11日,英国舰队以密集的火力炮轰亚历山大,并以2.5万军队登陆,占领海港。阿拉比领导爱国军民坚决抵抗,但由于军力对比悬殊,英军于9月15日攻占开罗,阿拉比和他的战友不幸被俘,这位民族运动领袖随后被放逐到锡兰。从此,埃及被英国全部占领。

英国占领埃及后,顾及其他列强的反对,一直没敢宣布对埃及实行公开的吞并。这样,埃及名义上仍是奥斯曼帝国的一部分,实际上已成为英国的殖民地。

英国占领埃及,法国虽然不满但没敢冒险出兵,主要原因是:法国的军力特别是海军力量明显弱于英国,同时由于法德对抗的战略考虑,法国不敢动用法德边界的兵力。但这并不表明法国收敛了侵略野心,它的锋芒指向了北非的另一个重要目标突尼斯。

突尼斯位于非洲北部的最突出部分,与意大利的西西里岛隔海相望,是直布罗陀海峡通往苏伊士运河的必经之路,对争夺地中海霸权具有重要的战略意义。因此,早在19世纪70年代以前,法国等欧洲列强的势力就已侵入突尼斯。1863年,法国银行向突尼斯贷款3500万法郎,条件极为苛刻。1865年,法国又给突尼斯贷款1500万法郎,以关税收入作为担保,并且规定每100法郎的贷款实际只支付72法郎。合同还规定,贷款要在15年内还清本息。结果,突尼斯债台高筑,不堪重负。1868年,它在巨大的经济困难重压下宣布国家财政破产。法、英、意三国趁机成立了国际财政委员会,对突尼斯实行联合财政监督。该委员会将突尼斯的债务清理为1.25亿法郎,其中借自法国的占80%。这样,突尼斯每年仅所付利息就占国家收入的半数,经济上已经丧失了自主权。

1878年柏林会议时,英德两国出于本国利益的考虑,诱使法国占领突尼斯。英国的目的是以支持法国占领突尼斯为条件,换取法国不反对英国占领塞浦路斯岛。德国为了将法国的视线从阿尔萨斯和洛林问题上引开,也鼓励法国去摘取突尼斯这只"已经成熟的梨子"。法国在得到英、德的默许之后,积极准备占领突尼斯。

1881年4月,法国借口突尼斯的边境部落侵入阿尔及利亚,派兵向东侵犯突尼斯,同时派海军从比塞大港登陆,直逼突尼斯首都,并迅速包围了巴尔杜王宫。5月,法国迫使突尼斯政府签订了《巴尔杜条约》。条约规定,突尼斯由法军占领,并由法国管理其外交、军事和财政。

1883年,法国又强迫突尼斯签订了新的奴役性条约。依据条约,法国任命的总督实际上成了突尼斯的最高统治者,突尼斯的陆军部长由法国远征军司令担任。这样,突尼斯完全失去了自主权,成了法国的保护国和事实上的殖民地。

列强在刚果河流域的争夺

刚果河流域位于非洲中西部,濒临大西洋,这里热带森林茂盛,雨水充沛,自然资源丰富,战略地位十分重要。19世纪中叶以前,欧洲殖民者涉足这一地区的只有葡萄牙和法国。70年代以后,这里成了资本主义列强争夺的重要对象。

1874—1877年,美籍英国人斯坦利对刚果河流域进行"探险"活动,从刚果河源头直达出海口,获得了大量有关这一地区的地形、资源、社会及风土人情等资料。这次活动引起了比利时国王利奥波德二世的注意。这位欧洲小国君主却有很大贪心,他企图把刚果河流域据为己有。

1876年9月,利奥波德二世倡议在布鲁塞尔召开了所谓"国际地理学会议",参加的有比、英、法、德、意、美、俄、葡、奥匈等国的代表,会议决定成立"考察与开化中非国际协会",并选举利奥波德二世为会长,总部设在布鲁塞尔,各国可设立分会。1878年11月,利奥波德二世成立了比利时分会,名为"上刚果研究委员会",后改称"国际刚果协会",直接由他指挥。1879年1月,利奥波德二世派斯坦利率一批比利时殖民者,以国际刚果协会的名义,前往刚果河流域进行侵略活动。斯坦利在1879—1884年间,用欺骗、收买和威胁的手段,同当地酋长签订了450多个"保护条约",建立了22个商站,占领了刚果河流域的广大地区。

斯坦利的活动引起了欧洲列强的注意。这时法国早已占领加蓬,它对与加蓬毗邻的刚果河流域当然不愿放过。1879年,法国派海军军官布拉柴以"考察与开化中非国际协会"法国分会的名义,率一支"探险"队从加蓬向刚果河流域推进。他所到之处,就强迫当地酋长签订保护条约,建立据点,占领了刚果河西北岸大片土地。1880年9月,布拉柴到达刚果河下游北岸,与当地酋长签订"保护条约",抢先控制了刚果河出海口。当斯坦利到达刚果河口南岸时,发现北岸已飘扬着法国国旗,那里已被法国人控制。斯坦利宣布,布拉柴签订的条约无效,又迫使当地酋长签订了类似的保护条约。

葡萄牙早就占据着安哥拉。1882年,它宣布对刚果河河口两岸拥有"历史权利",并向比利时提出抗议。1884年2月26日,英国同葡萄牙签订条约,英国承认葡萄牙对刚果河口的"主权",葡萄牙承认英国在该地区享有同等的贸易权利。这个条约如实施,就会把比利时和法国封锁在刚果河内陆地区,切断它们与海上的联系,因此比、法表示强烈抗议。比利时为阻止《英葡条约》的实施,向法、德求助。法国为反对英国,转而支持比利时对刚果河口的领有权。德国也借机向英国施压,支持比利时。美国采取与法、德相同的立场。在它们看来,与其让英国控制刚果河口,不如让小国比利时占有,以便有利于自己的势力渗入。在这种形势下,英国被迫让步,没有将条约交议会批准就宣布放弃。

1884年11月15日,德国宰相俾斯麦在法国的支持下在柏林召开国际会议,调解列强在刚果河流域的争端。参加会议的有英、法、德、比、美、俄、葡、奥、意、西班牙、丹麦、瑞典、挪威和土耳其14国。国际刚果协会派观察员列席会议。俾斯麦主持会议。各大国都想染指刚果,或借机谋取利益,因此会上斗争十分激烈。利奥波德二世充分利用列强的矛盾,在会上进行了大量的秘密外交活动,使会议最终于1885年2月26日签订了有利于自己的总议定书,即《柏林会议议定书》。

《柏林会议议定书》的主要内容是:利奥波德二世以个人名义领有"刚果自由邦",包括刚果河河口地区;各国"在刚果河流域、河口和附近地区"的贸易,"均将享受绝对自由";"刚果河的航行,包括任何一个支流和河源,应对各国商船完全自由开放";今后任何国家在非洲取得领地,必须分别通知本议定书其他缔约国,而且取得的新领地应足以认为是实际"有效占领"。[①]

柏林会议是一次瓜分非洲的分赃会议,它不仅划分了欧洲列强在刚果河流域的势力范围,而且制定了瓜分非洲的新"规则",它标志着列强瓜分非洲的斗争进入了新阶段。

英法意在东非的角逐

自1869年苏伊士运河通航以后,红海沿岸地区的经济和战略地位日益凸显,阿比西尼亚(今埃塞俄比亚)和苏丹成为欧洲列强争夺的重要目标。意大利在与法国争夺突尼斯失利之后,便把视线转向"非洲之角"的东非。1882年,意大利占领了阿比西尼亚沿海的阿萨布港。1885年,在英国的支持下,它又占领了厄立特里亚,并在阿比西尼亚以南的索马里设立定居点,企图以这些地区为基地侵占阿比西尼亚,进而实现其建立红海帝国的夙愿。

1887年,意大利派军入侵阿比西尼亚,遭到阿军民的迎头痛击而败退。但

---

① 蒋相泽主编:《世界通史资料选辑(近代部分)》下册,商务印书馆1964年版,第265—266页。

在此之后,阿皇约翰四世仍面临内外交困的处境,外有意大利的威胁,内有南部的曼涅里克王公同他争夺皇位。1889年3月,约翰四世在英国的怂恿下,率领大军攻打苏丹,结果战败阵亡。曼涅里克继承皇位。

1889年5月,意大利乘曼涅里克寻求帮助之时,迫使他签订了意阿"永久友好条约",即《乌西阿利条约》。根据条约,阿比西尼亚割让北部的一部分领土给意大利,意大利则提供一定数量的武器作补偿。更为恶劣的是,意大利还企图利用篡改条约文字的手法来达到吞并阿比西尼亚的目的。条约第17条原文为:"埃塞俄比亚皇帝陛下在其与其他列强或政府所发生的一切交涉中,可以借助于意大利国王陛下的政府。"① 条约的意大利文本竟将"可以"改为"必须"。1890年2月,意大利根据这种单方面的解释通知西方列强,宣布阿比西尼亚是意大利的保护国。对意大利的这一欺诈行为阿比西尼亚人民表示极大的愤怒。曼涅里克公布了条约第17条原文,并向意大利提出强烈抗议。

意大利的侵略活动得到了英国的支持,因为英国认为意大利占领阿比西尼亚可以牵制法国从东面向苏丹扩张,有利于自己实现从开普敦到开罗的所谓"C-C计划"。1891年,英国同意大利签订了瓜分东非的协定,英国承认厄立特里亚和索马里的大部分是意属领土,阿比西尼亚是意大利的保护国;意大利则承认埃及和苏丹是英国的属地。法国为了同英国争夺苏丹,实现自己的从佛得角到索马里的所谓"V-S计划",决定帮助阿比西尼亚反对意大利,从而破坏英国的"C-C计划"。1891年,曼涅里克宣布废除《乌西阿利条约》,并向法国靠拢。法国向阿提供军火,并乘机取得了修建从吉布提到亚的斯亚贝巴铁路的特许权。

1894年7月,意大利出兵再次入侵阿比西尼亚,妄图用武力使阿比西尼亚变成它的殖民地。曼涅里克积极准备抵抗侵略,他在1895年9月17日发布的"告全国人民书"中,号召人民团结在他的周围,共同保卫国家。人民群众热烈响应,纷纷捐款捐物,积极参战。曼涅里克迅速组成了一支拥有11万多人和44门大炮的军队。1896年3月1日,双方在阿杜瓦决战中,阿军大获全胜,意军1.7万人,死伤1.1万人,被俘4000人。意大利只得乞和。同年10月26日,双方签订《亚的斯亚贝巴条约》,意大利承认阿比西尼亚作为一个主权国家享有"绝对的无保留的独立",并赔款1000万里拉。

意大利侵阿的失败,使它已不能如英国所希望的那样阻挡住法国向苏丹和

---

① 王绳祖主编:《国际关系史资料选编》上册(第1分册),第219页。

尼罗河上游的扩张。这样,英国必须亲自出马,抢先控制苏丹。1896年3月12日,即阿杜瓦战役结束仅11天,英国就再次派兵入侵苏丹。

法国当然不能坐视英国在占领埃及之后又占领苏丹。早在19世纪90年代初,法国就派了许多由军官率领的"探险队",从非洲西海岸向非洲腹地进军。法国的行动引起英国的密切关注。1895年3月28日,英国外交副大臣格雷向法国发出警告,如果法国人出现在尼罗河上游,英国就认为是"不友好的举动"。法国对这一警告作出强硬的回答:它只承认苏丹是奥斯曼帝国的属地,在那里法国与英国有同等的权利。

1896年2月,法国派马尔尚上尉率领由100多人组成的远征队,从法属刚果的乌班吉河溯流而上,向尼罗河上游进发。经过两年多的长途跋涉,马尔尚远征队于1898年7月10日进入苏丹,占领了尼罗河左岸的法绍达村,在一座荒废的埃及古堡的塔顶上升起了法国国旗,并强迫当地酋长签订了接受保护的条约。9月19日,英军将领克其纳率领由5艘炮舰组成的舰队驶入尼罗河上游的法绍达地区,升起了英国国旗,并令马尔尚退出。马尔尚强硬表示,不接到法国政府的命令决不撤出。英法两军紧张对峙,战争一触即发,酿成了轰动一时的"法绍达危机"。

法国外长德尔卡赛表示,希望两国之间的分歧通过友好的方式解决。他提出以占领法绍达的事实为谈判基础,在别处给英国以相应的补偿。但英国坚持独占尼罗河流域,要求法国无条件撤出法绍达。这时,法国军力远赶不上英国。法国在法绍达仅有百余人的队伍,英国则有5艘炮舰,而且有在苏丹的两万多军队作后盾。英国海军也比法国海军强大的多。英国在1898年时拥有34艘装甲舰,而法国像这样的舰只仅有10艘。如双方发生战争,显然对法国不利。这时,作为法国盟友的俄国不愿介入英法冲突,规劝法国向英国作出让步。德国则表示可以向法国提供合作,但以法放弃收回阿尔萨斯和洛林为条件。法国担心一旦英法爆发战争,它取胜的机会很小,而且还可能遭到德国的进攻,造成两线作战的困境,因而被迫让步。1898年11月3日,法国政府以法绍达的环境卫生不佳为由,下令马尔尚撤出。

1899年3月21日,英法签订了瓜分中非的协定,规定以尼罗河与刚果河上游的中间地带为分界线,以西属于法国,以东属于英国。英国占领了整个尼罗河流域,并取得了对苏丹的控制权。法国也得到一定补偿,从而把法属北非、西非和中非的领土连成一片。

第十三章　19世纪末至20世纪初的国际关系

第一节　英德矛盾成为国际关系中的主要矛盾

帝国主义各国实力对比的变化

19世纪末到20世纪初,自由资本主义完成了向垄断资本主义的过渡。欧洲、美国和日本进入了帝国主义的发展时期。欧洲仍处于世界的优势地位。其一,欧洲是世界的工业工场。1870年,欧洲的工业产量占世界总量的64.7%,1913年仍占47.7%。其二,欧洲是世界的银行家。英法是对外投资的主要国家,伦敦是世界金融中心。其三,欧洲具有军事优势。俄国和法国是陆军大国,而英国则是海上大国。其四,欧洲集中了主要殖民大国。在列强瓜分世界的斗争中,英国、俄国和法国是最大的殖民大国,夺取了大量的殖民地。

在发展不平衡规律的作用下,美国和德国的发展尤为突显。它们要求得到与其实力和地位相当的势力范围,积极投入到了重新瓜分世界的斗争中。这些后起的国家对英国、法国、西班牙等老牌殖民主义国家提出严重的挑战,英国更是首当其冲。英国在1860—1880年间共占领了面积为770万平方英里(约1994.3万平方公里)的海外殖民地,人口有26 790万。19世纪90年代,英国的殖民地进一步扩大。1899年英国的殖民地面积达到930万平方英里(约2408.7万平方公里),人口30 900万。同期,法国也加快了殖民的速度。它的殖民地由原来的70万平方英里(约181.3万平方公里),人口750万,扩大到370万平方英里(约958.3万平方公里)和5640万人口。德国、美国、日本也都加入了瓜分世界的行列。1899年,德国已占领的殖民地有100万平方英里(约259万平方公里)和1470万人口。① 到1914年第一次世界大战前,德国的殖民地面积达290万平方公里。同期美国和日本的殖民地面积,分别为30万平方

---

① 列宁:《帝国主义是资本主义的最高阶级》,《列宁选集》第2卷,人民出版社1995年版,第640页。

公里、970万人口和30万平方公里、1920万人口。①

美国在南北战争后,资本主义得到了迅速的发展,成为现代国家。铁路、电报遍及全国,海底电缆和高速邮船缩短了同外部世界的距离。1890年到1900年,美国的工厂数量、产值、雇佣工人数量都有大幅增长。工厂总数(年产值500美元及以上)由355 405个增加到512 191个,产值由937 237.9万美元增加到1 300 014.9万美元,雇佣工人由4 251 535人增长到5 306 143人。1900年,美国的工业产值超过农业产值的一倍,成为资本主义的工业大国。美国的经济总量超过英国,位居世界之首。1913年,它的铁、钢、煤产量分别达到3146万吨、3180万吨和5.17亿吨,等于英国、法国和德国铁、钢、煤产量的总和。农业生产发展快,主要农作物产量的增长幅度大。1900年美国的小麦产量达6.2亿蒲式耳(1蒲式耳约合36.36市升)玉米28.52亿蒲式耳、棉花2200万包、羊毛产量3.2亿磅。工业和农业的发展,为扩大对外贸易提供了条件。1900年美国输出5亿美元的资本。② 1900年的经济危机,加速了生产和资本集中的进程。美国出现了像洛克菲勒,摩根等垄断财团。1904年,美国产值在100万美元以上的大企业为1900个(占企业总数的0.9%)拥有工人140万(占总数的25.6%)产值为56亿美元(占总产值的38%)。5年之后的1909年,相应数量如下:3060个企业(占1.1%)、200万工人(占30.5%),产值90亿美元(占43.8%)。③ 到1910年企业的规模在扩大,其数量比1900年减少,产值和雇佣工人都在增长,分别为264 826家(不包括年产值500美元的手工业工厂)1 994 524.9万元和6 262 242人。④

此时,美国的资本扩张欲望迅速膨胀,随着国家实力,特别是经济实力的激剧增长,美国要重新估计国家的目标以及如何达到这些目标。由于在美洲大陆的扩张基本完成,美国急切需要向海外扩张,即争夺殖民地,建立自己的势力范围,扩大海外贸易,掠夺海外资源,抢占战略地带。

在美国,为侵略扩张张目的理论应运而生,一批狂热的扩张主义者粉墨登场。他们鼓吹重新瓜分世界是为了尽到自己的历史责任,作为一个强国有义不容辞的责任"帮助""落后民族"建立秩序,使他们享受到"自由和自治"。美国

---

① 列宁:《帝国主义是资本主义的最高阶级》,《列宁选集》第2卷,人民出版社1995年版,第800—801页。

② 黄绍湘:《美国通史简编》,人民出版社1979年版,第364—369页。

③ 《美国统计摘要》1912年,第202页。转引自列宁:《帝国主义是资本主义的最高阶段》,《列宁选集》第2卷,人民出版社1995年版,第585页。

④ 《美国统计摘要》1948年,第825页。转引自黄绍湘:《美国通史简编》,第373页。

认定这是上帝安排的不可推卸的道义责任。1885 年,美国牧师约西亚·斯特朗发表了《我们的国家》的小册子,宣扬种族优越。他说盎格鲁撒克逊民族是"优秀种族",具有崇高的文化,是受上帝之托去统治世界。布鲁克斯·亚当斯鼓吹用征服手段去建立美国的文明。① 贝弗里奇参议员在鼓吹侵略扩张有理时说:"美国工厂制造的东西多于美国人民能够使用的;美国的土地生产的东西多于他们能够消费的。命运为我们拟定了我们的方针:世界的生意必须是我们的,而且一定是我们的。我们将按照我们的母亲(英国)教我们的那样做成生意。我们将在全世界建立贸易站,作为美国产品的集散地。我们的商船将遍布海洋。我们将建立一支和我国的伟大程度相符合的海军。我们的贸易站四周将发展成飘扬着我们的国旗和我们做生意、实行自治的大殖民地。在商业的翅膀上,我们的国旗插到哪里,我们的制度也跟到哪里。美国的法律、美国的秩序、美国的文明、美国的国旗,将在岸上扎根,那些地方迄今为止一直是凶残和黑暗的,但是在上帝的福佑下,今后将会变得光明美丽。"②阿尔弗雷德·马汉鼓吹"海上武力论",为美国争夺海上霸权制造舆论和理论根据。

美国为了实现其海外扩张目标,同西班牙开战。美国以援助古巴和菲律宾的独立运动为名,夺取了西班牙的这些殖民地,抢占了萨摩亚、夏威夷、波多黎各、关岛、巴拿马运河区以及维尔京群岛。美国提出"门户开放"政策,把侵略的矛头指向中国,分享各列强瓜分中国势力范围所获取的利益,实现"利益均等"或"利益均沾"。在拉丁美洲,美国继续推行门罗主义,并实施"大棒政策"与"金元外交",加强对其后院的控制。

1870—1890 年间,德国从一个以农业为主的国家发展成重要的工业国。1900 年,德国在世界工业生产中跃居第二位。工业和银行高度集中,煤炭、冶金、机电、化学工业出现了大的垄断集团。1902 年,德国大企业(工人 50 人以上)占全部企业的 0.9%,拥有的工人占 39.4%,使用的蒸气动力的占 75.3%,电力动力的 77.2%。其中雇员千人以上的企业 586 家,占用工人的十分之一,动力的三分之一。③ 1893 年采煤业已有 86%—87% 掌握在莱茵和威斯特里亚煤业辛迪加手中。1910 年生铁辛迪加组成的德意志铁业协会几乎掌握了全国的生铁工业。银行业也完成了集中垄断的过程。德国的对外贸易和资本输出都得到了迅速的扩展。从 1880 年到 1890 年,德国资本输出由 30.9 亿马克增加到

---

① 参见黄绍湘:《美国通史简编》,第 348—349 页。
② 参见查尔斯·A. 比尔德:《美国政府与政治》上,商务印书馆 1987 年版,第 352—353 页。
③ 列宁:《帝国主义是资本主义的最高阶段》,《列宁选集》第 2 卷,第 584—585 页。

34 亿马克,增长 10%,而后的 10 年猛增到 46 多亿马克,增长 36%。① 资本输出也有了长足的进展。1902 年,德国在国外的投资为 125 亿金法郎,1914 年增加到 440 亿法郎,增长 2.5 倍。其增长速度已经超过英国和法国。英国 1902—1914 年海外投资从 620 亿法郎增加到 750 亿—1000 亿法郎,增长 21%—61%,法国从 270 亿—370 亿法郎增加到 600 亿法郎,增长 0.62 倍到 1.22 倍。②

  德国以先进的技术赢得了国家的迅速而全面的发展。20 世纪初,德国几乎在各个领域都超过了英国,成为欧洲的第一大强国。德国要求扩大自己的市场,原料来源和势力范围,强烈主张重新瓜分世界。德国提出了扩大"生存空间"的极富侵略扩张的要求。1891 年在德国成立了泛德意志协会。它的宣言称:"由于我们缺乏自己的幅员足够大的殖民地,所以我们还没有在任何条件下都可以使我国工业得到保障的市场。"该协会主张:(1)鼓吹日耳曼人优越于其他民族,称日耳曼文化是世界上最高的文化;(2)重新瓜分殖民地,在非洲和南美洲建立殖民帝国;(3)把奥斯曼帝国变为自己的殖民地,使斯拉夫人,特别是巴尔干半岛各族人民沦为奴隶;(4)兼并斯堪的纳维亚、荷兰、丹麦、瑞士,建立中欧帝国;(5)掠夺和肢解俄国,占领波罗的海沿岸地区以及乌克兰和高加索。泛德意志协会崇尚"实力政策",无须顾及国际法那类"不值得理睬的东西",鼓吹积极扩张。③

  1897 年 12 月 6 日,德国外交大臣比洛(此人 1900 年担任德意志帝国首相)在帝国议会发表关于外交政策的演说,称"德意志人把领土让给这个邻邦,把海洋给那个邻邦,而自己留置于纯粹空谈的天空里,但那个时代已一去不复返了","我们自己要求在太阳下的地位"。12 月 11 日这位外交大臣更是明确要求重新瓜分世界。他说:"我们不能容忍任何外国,任何国外的主神向我们说道:'怎么办?世界已经分割完了!'我们不愿阻挠任何人,但我们也不容许任何人妨碍我们的道路。我们不愿消极地站在旁边……而让他人分割世界。""我们在全世界各地有着自己的利益。如果英国人谈论建造大不列颠帝国,法国人谈论建造法兰西帝国,俄国人谈论占领亚洲领土。那么,我们要求建造大德意志帝国。"他还特别强调,"没有巨大威力,没有强大陆军,没有强大海军","那是万万办不到的"。④ 德国公开走上了同其他帝国主义国家瓜分世界的角逐。这

---

① 〔苏〕赫沃斯托夫编:《外交史》第 2 卷(上),第 354 页。
② 列宁:《帝国主义是资本主义的最高阶段》,《列宁选集》第 2 卷,第 625 页。
③ 〔苏〕赫沃斯托夫编:《外交史》第 2 卷(上),第 364—368 页。
④ 蒋相泽主编:《世界通史资料选辑(近代部分)》下册,商务印书馆 1964 年版,第 44—45 页。

种争夺主要在英、德之间进行。这是因为,英国拥有最多的殖民地和势力范围,而国力相对德国而言又处于弱势。

帝国主义各国军备竞赛与海牙和平会议

19世纪末,帝国主义国家之间展开了一场激烈的军备竞赛。究其主要原因,第一,帝国主义瓜分世界需要有强大的军事力量。以军事优势来谋取更多的殖民地和更大的势力范围,是军备竞赛的直接的动因。同时,军事力量又是扩大海外贸易和经济活动的坚强后盾。各列强为了扩大帝国利益而推动了军备竞赛。特别是同盟国与协约国这两大军事集团之间,开始了激烈的军备竞赛。第二,各国不断发展、增强的经济实力,为军备竞赛提供了现实的物质基础。据1913年的统计,英、法、俄三国的煤产量为3.69亿吨,铁产量为2020万吨,钢产量为1860万吨。与之相对立的奥匈帝国和德国分别为3.31亿吨、1920万吨和1830万吨。美国的钢铁产量在1900年就已经超过了英法德之和。第三,科学技术的发展为军备竞赛提供了可能,并加强了这种竞赛的激烈程度。战前已经出现了重机枪、轻机枪,大炮也增加了种类,提高了发射速度和射程。英国首先制造了坦克和装甲车。德国、法国、俄国和其他一些国家开始研制飞艇。1903年,美国人莱特兄弟制造了世界上第一架飞机。后来各国开始研制各种轰炸机、战斗机和侦察机。另外,潜水艇和新型战舰也已经研发成功。1906年英国造成了无畏舰。海军军备竞赛则正是围绕制造无畏舰而展开。①

欧洲列强为了推行本国的战略设想,利用经济实力和先进的科学技术开展了激烈的军备竞赛。主要表现在三个方面:其一,各国大幅增加军费开支。1874—1896年,欧洲大国的军费开支大约平均增长50%以上。其中,德国增长79%、俄国为75%,英国为47%,法国43%、奥匈最低为21%。② 20世纪初,上述国家的军费开支又有了进一步的提高。英国的军费支出最多,1902年是121 830万马克,为俄国的127%、德国的139%、法国的147%、奥匈的303%,比意大利多3.3倍。军费开支增长最快的是意大利,由十年前的28 257.3万马克增加到47 258.3万马克,增长67%。其次是德国,增长44%,以下依次是奥匈帝国(增长37%)、俄国(增长34%)、法国(增长27%),增长最慢的是英国(增长19%)。协约国的军费开支始终超过同盟三国,1902年和1911年分别为193%

---

① 王绳祖主编:《国际关系史》第3卷,第353—357页。
② 〔英〕F. H. 欣斯利编:《新编剑桥世界近代史》第11卷,中国社会科学出版社1987年版,第336页。

和166%。同盟三国的军费开支在十年间的增幅大于协约的三国,前者为46%,后者则为26%。协约国对同盟国年军费开支的优势在逐渐缩小,从1902年的193%下降到1911年的166%。即使如此,协约国的优势依然明显。

其二,各国在发展重工业的基础上,建立了强大的军火工业。大战前,德国拥有军火工厂30家,从事军工生产的人员为18万。其中著名的克虏伯军工厂,1913年雇员多达8万。英国有19家大型造船厂和机器制造厂,能够建造无畏舰等各类舰只,工人18万。沙俄有军工厂20余家,工人8万多。这些军火工厂能够提供充足的军事装备和军火物资。

其三,各国建立了庞大的军队。在欧洲大陆,俄国、法国、奥匈帝国和德国竞相建立一支强大的陆军。俄国拥有欧洲最大的陆军。1904年俄国陆军人数为104.4万,1912年增加到138.49万人。1913年俄国实施新的扩军计划,到1917年再增加48万。法国在1913年8月颁布法令,使常备军增加到52万。德国的陆军在1890年就已经达到了51万人。奥匈帝国陆军在1912年扩充到20万人。1914年世界大战爆发时,俄国有107个师,144万人;法国54个师76.7万人;德国和奥匈帝国分别为51个师75.4万人和50个师44.5万人。从陆军来说,协约国拥有对同盟国的优势。英国拥有海军和海上优势,德国加紧海上扩军,但仍处于劣势。各列强颁布和实施兵役制,加大兵源的储备,一旦战争需要则可动员大量人力投入战场。①

美国为了对外侵略的需要,也在不断增加军费开支。1891—1898年,美国陆军军费由4872万美元增加到9199.2万美元。海军军费由2611.3万美元增加到5882.3万美元。美国早在19世纪80年代开始兴建新军,1883—1889年美国建造4艘钢制军舰;1885—1889年国会通过预算,建造30艘战舰,总排水量为10万吨;1895—1896年拨款建造了3艘甲级战舰和10艘鱼雷艇。美国的海军力量世界排名上升到第五位。②

帝国主义的扩军备战和侵略政策引起了各国人民的普遍和强烈反对。为了平息人民的反战情绪和运动,欧洲列强在加速军备竞赛的同时,打出了和平的旗号,鼓吹裁军。1898年8月24日和1899年1月11日,沙皇政府先后向各国政府发出了举行和平会议的呼吁。其用意在于:其一,俄国的财政困难,不能投身于无止境的耗费巨大的军备竞赛。此时俄国已经有强大的陆军,但缺少现代化武器装备。裁军或限制军备都对俄罗斯都有利。因为这样可以减轻财政

---

① 王绳祖主编:《国际关系史》第3卷,第358—359页。
② 黄绍湘:《美国通史简编》,第350页。

负担,同时也可以限制别的国家用先进武器来装备其军队,继续保持俄军尚存的某种优势。其二,军备竞赛为各国设置了安全困境,影响和加剧了国家之间的互相猜疑与矛盾。俄国想通过和平会议增加了解,减少对立情绪。其三,服务于俄国的外交需要。此时俄国外交的重心是处理同日本和中国的关系。军备竞赛主要在欧洲展开,沙俄指望通过裁军减轻在西部面临的压力,同时在东方的争斗中能够得到来自欧洲的支持与谅解。外交大臣穆拉维约夫称:只有同各列强搞好关系,才能达到自己的目标,特别是获得在远东和太平洋地区的利益。对于沙皇政府的和平呼吁,各相关国家都作出了"积极"反应。军国主义日益膨胀的德国也作出了肯定的答复:"俄国的那套苦心构造的计划","隐藏着一个鬼把戏,谁要拒绝邀请,谁就是破坏了和平"。① 欧洲列强纷纷摆出和平姿态,表示愿意接受俄国的建议。

1899年5月18日至7月29日,举行了第一次海牙和平会议。参加这次会议的共有来自欧洲、亚洲和美洲的26个国家。会议的任务是限制军备和保障和平。沙俄政府在会上提出了8项建议,其中包括不增加陆海作战力量和军事预算、研究将来削减军备的措施、禁止使用新式武器(例如新式火器、爆炸物、爆炸性子弹、潜水艇、鱼雷艇)、修订1864年日内瓦会议规定的海战条例和1874年布鲁塞尔制定的战争法,以及确立斡旋、调停和仲裁的统一原则等。

在长达40天的会议上,各国代表就裁军问题发表了许多冠冕堂皇的大话、空话,夸夸其谈,不涉及具体,只是希望"限制现时成为世界重大负担的军费,尤其希望就使用新式武器及海炮口径问题达成协议","并希望限制陆海军军力及军费预算"。因此,海牙和平会议在裁军方面没有取得实质性进展。会议最终发表了三个宣言:《关于禁止从气球上投抛炸弹和爆炸物宣言》、《关于禁止使用专为宣泄毒恶气质的炸弹的宣言》、《关于禁止使用人体膨胀或易成扁形的子弹的宣言》。会议签订了《关于和平解决国际争端公约》、《关于陆地战争的法规和惯例公约》和《关于海上战争采用1864年8月22日内瓦公约原则的公约》等三个公约。

海牙和平会议之后,军备竞赛仍在紧张激烈进行,战争也频繁发生。如1899年10月开始的英布战争、1900年八国联军侵略中国的战争,以及四年后爆发的日俄战争。所以,"和平解决"国际争端只是一种外交辞令,战争才是列强得心应手的可靠工具。

---

① 王绳祖主编:《国际关系史》第3卷,第363页。

1904年，美国总统西奥多·罗斯福建议举行新的海牙会议，请沙皇尼古拉二世负责筹备与召集。后因日俄战争爆发，中断了会议准备进程。1906年，沙俄重新提出召开和平会议。1907年6月15日至10月18日，44个国家的代表参加了第二次海牙会议。在会上仍然是慷慨陈词替代了切实可行措施。会议没有解决普遍关心的裁军和维护和平的问题。与会各国投入更多的时间和精力来讨论日益临近的战争问题。会议确认了上次会议表达的关于限制军费负担的希望，重新审订了它所通过的三项公约，通过了有关中立问题及海战法等十项新的公约。[①] 1907年签署的《关于和平解决国际争端公约》分为三部分共36条。第一部分"普遍和平的维持"："为尽可能避免在国际关系上使用武力起见，各缔约国同意尽其最大努力保证国际争端之和平解决"；第二部分"斡旋与调停"："遇有严重争议或争端时，各缔约国同意在诉诸武力以前，在情况许可的范围内，要求一个或数个友好国家出面斡旋或调查"；第三部分"国际调查委员会"："凡遇有国际争端无关荣誉或根本利益而只起于对事实的意见分歧者，各缔约国认为，如争端当事国不能以外交手段解决，则于情况许可范围内，设立国际调查委员会，依公正认真的调查，辨清事实，以促进争端之解决是有用或适宜的。"[②]

英德矛盾激化与英德海军军备竞赛

德国走上重新瓜分世界之后，对最老和最大的殖民帝国英国发起了冲击。英德争斗主要围绕两个方面展开：其一，争夺殖民地和势力范围；其二，争夺海上优势。德国作为新兴的帝国主义国家，对英国的固有利益和霸权提出挑战。

德国向英国传统的殖民利益发动攻击，主要表现为在中非、南非、近东、远东及太平洋的争夺。德国在中非地区使英国的殖民利益遭到严重打击。英国政府为了巩固对埃及的统治，竭力侵占尼罗河上游地区。英国的侵略行动遭到

[①] 10月18日所审定与签订的13个公约，在国际实践和国际文献中引用的顺序是：（一）和平解决国际争端公约(重新审定)；（二）限制用兵索债公约；（三）关于战争开始公约；（四）陆战法规和惯例公约；（五）陆战时中立国及其人民之权利义务公约(重新审定)；（六）关于战争开始时敌国商船地位之公约；（七）关于商船改充战舰之公约；（八）敷设自动水雷公约；（九）战时海军轰击公约；（十）日内瓦公约诸原则适用于海战的公约(重新审定)；（十一）海战时限制行使捕获权的公约；（十二）关于设立国际捕获物法庭公约；（十三）海战时中立国权利义务公约。在这些公约中，第十二个公约没有生效，其余都是为大多数国家承认的国际法文献。

[②] 北京大学国际政治系编：《国际关系史资料选辑（近代部分）》下册，北京大学1979年校内印刷，第148—157页。

法国的抵制。英国拉拢意大利和德国以对抗法国。1893年11月15日,英德签订条约,将北迄乍得湖的喀麦隆领土和沙里河流域划归德国的势力范围。① 英国原打算挑动德、法冲突,从中渔利。但几个月之后,德国于1894年3月15日同法国签订相关协定,划定了两国之间的势力范围:德国的领土只到喀麦隆,法国在喀麦隆以东的整个地区享有行动自由。英国为了挡住法国通往尼罗河的道路,同比利时签订协定。法国和德国更加接近。德国支持法国反对英、比协定。德国同时表示可以同英国做交易,这就是要求英国在萨摩亚群岛上作出让步。英国没有满足德国的要求。于是,德国总在寻找机会向英国施加压力,不断制造麻烦。

英德瓜分南非的斗争十分激烈。1886年,德兰士瓦发现金矿。英国资本加速向该地渗透。塞西尔·罗得斯的金融集团获取了对大部分金矿的控制权。英国殖民者大批涌入。1890年罗得斯担任开普殖民地总督。他准备夺取德兰士瓦,一方面安插间谍在内部进行破坏活动,另一方面采取孤立政策,使之与外界隔绝。此时,德国加强了对南非的扩张,并取得了绕过英国领土修建一条把德兰士瓦和海洋联结起来的铁路的权利,并积极发展同德兰士瓦的贸易。德国为了保障在南非的经济利益,支持布尔共和国对抗英国。英国对此十分恼怒,对德国进行严重交涉和抗议。1895年12月27日,罗得斯策动在德兰士瓦的暴乱,南非公司经理詹姆森趁机率领警察队入侵。德国对此作出强烈反应,称必须抑制"英国人贪得无厌的欲望"。德皇威廉二世甚至提议宣布德兰士瓦为德国的保护国,并向此地派遣军队,不惜同英国开战。但是,德国最终排除了极端和冒险的主张,决定由德皇打电报,祝贺德兰士瓦抗击詹姆森入侵的胜利。电报祝贺德兰士瓦总统和人民能够"不求助于友邦"而用自己的力量"恢复"被"武装匪徒"所破坏了的"和平",并"捍卫了国家的独立"。② 电报还表示,布尔人可指望在反英斗争中得到来自德国的帮助。德国的举动,在英国掀起了一场抗议运动,在伦敦还发生了针对德国商店的暴力活动。

挑战并取得对英国的海上优势一直是德国的战略目标。扩充海上实力是德国谋求和维护海外利益、夺取世界霸权的关键。1897年德皇称"德国的未来在海上",等德国建立起强大海上力量后,他"将用另一种语言讲话"。③ 德国海军大臣蒂皮茨海军上将在国会说:"随着帝国的建立,德国海上利益增长得十分

---

① 〔苏〕赫沃斯托夫编:《外交史》第2卷(上),第361页。
② 同上书,第374页。
③ 王绳祖主编:《国际关系史》第3卷,第360页。

出人意料。保持这些利益成为德国的生死问题。如果德国这些海上利益受到阻碍或严重损害,那么德国就是要在经济上趋于衰落,而后在政治上趋于衰落。不管你提政治问题、经济问题或者谈保卫德国臣民和国外商业利益,这一切都只有在德国海军里才能找到支持。"①德国的大资产阶级特别热衷于海军的扩展,竭力要求扩充海军实力。第一,垄断利润的驱使。军火工业均有厚利可图,而且是摆脱和克服经济危机的途径;第二,海军是进行殖民扩张,掠夺,保障海外利益的主要手段,是重新瓜分世界争夺势力范围的工具。

德国利用英布战争之机加速自己的海军建设,同英国展开了海军军备竞赛。1898年3月德国制定了《海军法》。它规定在6年内建造11艘装甲舰、5艘大型装甲巡洋舰、17艘有装甲甲板的巡洋舰和63艘驱逐舰。同时德国组织了一场声势浩大的宣传运动。这种宣传主要是通过泛德意志协会、殖民协会,特别是海军协会进行的。1899—1900年冬季,海军协会在德国各地举行了三千场公开演讲会,竭力鼓吹建立强大的海军。其目的是要人们相信德国必须有一支强大的海军,而且要强大到连英国也不敢轻易发动对德国的侵略。这些宣传称,德国没有强大的海军,就不可能有保障的海外贸易,德国也必然要受英国的任意摆布。因此,建立一支强大的海军是当务之急。德国海军建设的宣传确实带有浓厚的反英性质。1900年6月12日,德国通过的新法案称:"德国必须保持这样的海军力量,当和最大的海军国家作战时,能够威胁到那个国家的优势。"法案规定扩大海军编制和造船计划。根据这项法案,德国海军应拥有34艘主力舰,11艘重巡洋舰,34艘轻巡洋舰和近100艘驱逐舰。此外,还应有由4艘装甲舰、3艘重巡洋舰和4艘轻巡洋舰组成的后备分舰队。②

英国认为德国1900年的扩军法案是对自己海上优势的严重侵犯,这是决不容许的。英国同时也意识到这是德国在为彻底重新瓜分世界所作的准备。面对德国的加速扩军,英国并未等闲视之。英国在维护超强的海军力量的基础上,不断加强其海军军备建设。

英德激烈对抗不仅表现在军备竞赛,而且还在贸易方面进行竞争。1900年的经济危机加剧了这种竞争。英德的贸易竞争包括争夺海外市场和国内市场。德国在资本积累、集中以及商品倾销等诸多方面都超过了英国。英德的双边贸易和进出口都朝着有利于德国方向发展。德国黑色金属对英国的出口额由1899年的429.8万马克增到1902年的4936.1万马克,增长10多倍。相反,英

---

① 北京大学国际政治系编:《国际关系史资料选辑(近代部分)》下册,第36—37页。
② 〔苏〕赫沃斯托夫编:《外交史》第2卷(下),第640页。

国对德国的出口由 1385.5 万马克减少到 722 万马克。同期,德国运往英国的铁制品由 2726.8 万马克增加到 4591.2 万马克,英国则从 1385.5 万马克降到 794.5 万马克。英国对德国的无情竞争耿耿于怀,寻找机会以图报复。

第二节 美国的殖民扩张

美西战争

美国在完成北美大陆扩张之后,立即把扩张的矛头指向拉丁美洲,首先是已经衰落的西班牙的原有殖民地,如古巴和菲律宾。对于美国海外扩张而言,夺取古巴和菲律宾具有极为重要的地缘政治和经济价值,是美国通向世界的起点。其一,古巴同波多黎各控制着进入加勒比海的门户,以及从美国大西洋海岸进入巴拿马地峡的航路。美国一直谋求通过巴拿马地峡开凿运河,缩短到太平洋区域的航程。这不但具有巨大的经济意义,而且还有更重要的军事意义。因为它可以把美国在大西洋和太平洋的海军力量联系起来。菲律宾则是美国向东亚扩张和瓜分中国的战略据点和踏脚石。其二,古巴和菲律宾都是西班牙的殖民地,而西班牙处于国力衰弱之中。美国在挑战西班牙时明显处于优势地位,容易达到目的。其三,美国在古巴有重要的经济利益。19 世纪 90 年代中期,美国在古巴的投资约有 5000 万美元,对古巴的贸易额达 1 亿美元。[①] 美国在古巴的经济扩张遭到西班牙的遏制。西班牙采取提高税率的办法来限制美国对古巴的出口,招来美国的报复。食糖是古巴向美国出口的主要产品,1894 年美国实行威尔逊税率,对从古巴进口的食糖半成品征收其价格 40% 的高额关税。并对精制糖块规定了比食糖半成品更高的关税。这样,实际上废除了美古之间的互惠原则,导致了古巴经济的破产。巨大的商业利益成为美国从西班牙手中夺取古巴和菲律宾的动力。其四,实施门罗主义。支持古巴反对西班牙殖民统治的斗争,扮演解放者的角色,得到道义上的满足。古巴和菲律宾先后在 1895 年和 1896 年爆发了反抗西班牙殖民统治的运动,为美国进行干预提供了契机。

1895 年 2 月 24 日,古巴再次爆发了反对西班牙殖民统治的起义,争取民族解放与独立。美国克利夫兰政府发表正式声明,称美国将采取"中立"政策。实

---

① 〔苏〕赫沃斯托夫编:《外交史》第 2 卷(上),第 498 页。

际上,美国实行的是为我所用的政策,对古巴革命者购买武器实施限制阻拦甚至进行迫害,但为了对西班牙施压有时也视而不见。对于是否要进行干预、是否要通过武力夺取古巴,美国政要存有分歧。众议院议长、共和党人托马斯·里德认为:除非美国受到直接威胁,否则不能"流一滴美国人的血"。克利夫兰和1896年上台的共和党人麦金利都打算不使用武力从西班牙手中夺取古巴。助理海军部长西奥多·罗斯福则坚决主张进行干预,用武力夺取古巴。他的主张得到了相当一部分人的支持,其中包括在古巴投资经营的美国资本家以及政界上层。

美国的政策和古巴事态的发展是沿着强硬派的思路和轨迹进行的。共和党人要求加强海军、保障美国对未来沟通大西洋和太平洋的运河的控制权,以及占领西印度群岛军事基地,积极向外扩张。① 美国在支持古巴反对西班牙统治的民族解放运动的旗号下,加紧准备并寻找机会进行武力干预。1896年2月,美国国会提出武装干涉古巴的主张,要求总统不承认古巴政府。美国准备同西班牙合谋恢复在古巴的和平,以便取得在西班牙之后处理古巴问题最大的主动权。1896年4月4日,美国国务卿奥尔尼建议承认古巴"自治",保持西班牙主权,以此为基础恢复和平并作为美、西合作的基础。西班牙拒绝美国的建议,要求它履行严守"中立"的诺言。美国广泛开展外交活动,争取国际支持,以便对西班牙施加压力。

1897年3月就职的麦金利总统对古巴起义者采取仇视态度,继续同西班牙"斡旋",建议西班牙通过"体面"的协议恢复在古巴的和平。美国的倡议遭到了西班牙的拒绝。麦金利在1898年的新年咨文里公开谈到了对古巴进行干预的可能。美国在舆论上、外交上和军事上都在加紧备战,寻找机会同西班牙开战。恰在此时,一位西班牙记者在一封被曝光与炒作的私信中,使用了不尊重美国总统的语言,并对英国进行了准备战争的指控,称它是乐意看到发生战争的。美英两国借此大肆渲染,制造战争气氛。美国还为此同西班牙进行严重交涉。

1898年1月25日,美国麦金利政府以保护侨民为由,派"缅因号"战舰驶往古巴哈瓦那。2月15日,"缅因号"爆炸沉没,美军死亡266人,受伤者约100人。美国舆论大哗,要求政府立即对西班牙宣战。3月9日,国会决定拨出补充军费。美国陆海部队采取备战措施。3月20日,美国国务院电告驻西班牙

---

① 〔美〕普拉特:《美国外交政策史》,第368页。

公使伍德福德,称西班牙必须采取措施恢复古巴的和平,否则美国将采取行动。23日,美国要求西班牙立即停止在古巴的战争。28日,美国公布了单方面的调查报告,称"缅因号"舰的沉没是外部因素所造成。美国向西班牙发出照会,必须要对此负完全责任。① 29日,美国驻西班牙公使发出最后通牒,要求在10月1日缔结停战协定,并限两天之内作出明确答复。

西班牙不愿意美国出面调停,但又迫于美国的压力,提出由教皇调停。此时美国已经做好了战争的充分准备。西班牙积极寻求欧洲国家的支持来应付美国的巨大压力。但是,欧洲的一些大国出于自身利益的考虑,都不愿意公开站在美国的对立面,以免引火烧身。它们对西班牙外交努力采取冷处理。因此,西班牙不能指望来自英国和俄罗斯的支持。法国虽然是西班牙最大的债权国,但它不愿也不敢进行有利于西班牙的干预。奥匈帝国于4月2日呼吁欧洲大国共同干预美国的行为。4月5—6日,英、法、德、奥匈、俄罗斯等驻美大使拟订对美国联合照会草案,"恳切呼吁总统和美国人民采取仁慈的和克制的态度"同西班牙谈判解决古巴问题。美国婉拒了这些国家的善意。

西班牙在美国的压力下,又不能得到来自欧洲大国的支持,只得屈服。它接受了美国方面的绝大部分要求:在古巴停火,同古巴进行谈判。但令美国最为不满的是西班牙竟然拒绝美国进行调停和"斡旋",因为只有通过"斡旋"才能名正言顺地干涉古巴。

1898年4月11日,美国总统麦金利发表同西班牙关系的咨文,提出美国必须立即采取恢复和平的措施。他阐述了美国有权干涉古巴的四点理由:(1)必须制止在美国大门口发生的暴行;(2)保护在古巴的美国公民及其财产;(3)维护美国贸易和个人做生意的利益;(4)维持确保美国的国家安全,因为古巴事件危害了美国的安全,并使美国消耗财力。麦金利请求国会授权使用武装力量来恢复古巴的和平。4月19日美国国会两院就总统的咨文通过联合决议:(1)要求西班牙立即放弃对古巴的主权及管理权,并从古巴岛及其领海撤出它的武装力量;(2)授权总统动用美国陆海军来执行这项决议;(3)承认古巴人民有独立的权利,声称美国"除了进行和解的目的外",没有在古巴设立司法管辖权或监督权的任何意图。

4月20日,麦金利批准了国会决议,这就意味着美国正式启动了战车。同

---

① 西班牙调查的结果称爆炸是内部原因引起的,1911年该舰打捞出来后证实西班牙的结论是正确的。美国历史学家约翰逊认为,这次爆炸很可能是那些主张同西班牙交战的人所为。参见〔美〕W. F. 约翰逊:《美国的外交关系》第2卷,纽约1916年版,第251页。

时,美国国务院向驻西班牙公使发去明码电报,令其转告西班牙政府,如果在4月23日中午前美国国会决议中的要求得不到满意的答复,总统将按照国会的授权,动用美国的武装力量恢复古巴和平。

西班牙于4月21日通告美国公使:鉴于美国总统已经签署了"等于宣战"的国会决议,西班牙决定断绝同它的外交关系。4月22日,美国舰队对古巴进行封锁,美国军舰扣留西班牙商船。4月23日和25日,西班牙和美国先后宣布进入战争状态。

美西战争历时约4个月。美国赢得了这场战争。战争在古巴和菲律宾同时进行。4月27日,杜威率领的美国舰队离香港驶向菲律宾群岛,并于5月1日全歼西班牙舰队,进入马尼拉港。6月3日,美军在古巴圣地亚哥附近击溃西班牙舰队。随后美军登陆古巴。7月21日,美军在波多黎各登陆并占领了这个岛屿。8月14日,美军占领马尼拉。

在战争中,西班牙拒绝英国插手而求救于法国。法国开始为美、西举行停战谈判进行调停活动。7月26日,法国驻美国大使朱尔·康邦应西班牙政府的请求,将建议缔结和约的照会转交美国国务卿。但此建议只限于解决古巴问题,并要求保障西班牙对菲律宾的统治。7月30日,美国正式答复康邦:西班牙应放弃对古巴的一切权利;应将波多黎各以及西印度的所有小岛让给美国,以作为对美国的军费开支和美国公民在古巴起义时期所遭损失的赔偿;在和约未确定将来"控制、占领和管理"菲律宾群岛的性质之前,美国要求在菲律宾取得占领马尼拉及其海湾的权利。①

8月7日,西班牙政府接受美国的条件,但声明它不放弃对菲律宾的主权。美国为了加强同西班牙在谈判中讨价还价的地位,开始准备夺取马尼拉。8月12日,美国和西班牙在华盛顿签署了停战协议。西班牙满足了美国的条件。但在有关菲律宾问题上,协议书称对菲律宾的"控制、支配和管理"将由和约加以决定。美国兼并菲律宾的决心已定。麦金利总统是这样表述的:我们不能把这些岛屿交还西班牙,也不能把它们交给我们在东方的贸易竞争者法国或德国,"我们对于菲律宾不能放任不管,因为菲律宾还没有成熟到可以实行自治的程度,在那里会出现无政府状态,而且会建立起比西班牙更糟的管辖制度";因此,"我们没有别的办法,只得把它完全占领,并且教育菲律宾人,使他们文明起来,信奉基督教,在上帝的帮助下,就像对待自己同胞一样为他们做一切最有利的事"。②

---

① 〔苏〕赫沃斯托夫编:《外交史》第2卷(上),第542页。
② 同上书,第544页。

美国和西班牙的和会于 1898 年 10 月 1 日在巴黎举行。双方代表各 5 人。古巴和菲律宾没有代表出席专门讨论它们未来地位与前途的会议。美方代表根据政府的训令，坚决主张占有菲律宾群岛中最重要的吕宋岛。后来美国提出向西班牙支付 2000 万美元来换取整个菲律宾群岛。12 月 10 日，美西签署了结束两国战争的《巴黎和约》，其主要内容：第一，西班牙放弃对古巴的一切主权和权利之要求。因该岛在西班牙撤出后归美国占领，美国将随占领之始终，按国际法承担并履行由于占领之事实所导致的义务，以保障生命财产的安全。第二，西班牙将波多黎各岛和西印度群岛中目前属于西班牙的其他岛屿，以及马里亚纳群岛之关岛让与美国。第三，西班牙将通称菲律宾群岛的所有岛屿让与美国……美国在本约批准书交换后三个月内，偿付西班牙 2000 万美元。① 美国参议院于 1898 年 2 月 4 日以 57 票对 27 票批准了《巴黎和约》。美西条约断送了古巴和菲律宾争取民族独立与解放的斗争。美国在古巴和菲律宾建立了军事占领制度。

在美西战争中，美国为了利用菲律宾人民起义打败西班牙，曾经信誓旦旦承认与保证让菲律宾独立。但是美国在取得战争胜利后背弃自己的诺言，窃取了菲律宾人民的胜利成果。美国从西班牙手中夺取了对菲律宾的统治权。1899 年 1 月，菲律宾代表曾三次向美国国务院提出要求承认其独立，警告美国不经菲律宾的同意任何协议都不具约束力。在菲律宾的强烈要求下，美国同菲律宾代表于 1 月 11 日开始举行谈判。双方争论的焦点是，美国坚持对菲律宾的主权，菲方要求独立。菲方承认美国的保护，但必须以承认菲律宾国家为前提条件。美国予以坚决拒绝。谈判在 1 月 31 日宣告破裂。

2 月 4 日菲律宾人民开始了抗美战争，争取自由独立。美国进行了一场真正的殖民战争。美国通过军事压力和分化瓦解，挫败了菲律宾人民反对美国侵略与兼并的武装斗争。1902 年 7 月 1 日，美国国会通过了《菲律宾政府法案》：规定美国掌握菲律宾的行政、立法和司法大权；美国国会有权改变、补充和取消菲律宾立法会议通过的任何法律；美国任命菲律宾的最高法院的法官，美国最高法院拥有最高决定权。7 月 4 日，西奥多·罗斯福总统宣布美菲战争结束。就这样，美国在解放菲律宾的借口下扼杀了菲律宾人民争取独立的斗争，并把它变成了自己的殖民地。

美国根据巴黎和约对古巴实行军事占领。1900 年 11 月 5 日，美国驻古巴

---

① 北京大学国际政治系编：《国际关系史资料选辑（近代部分）》下册，第 75—76 页。

的军事长官在哈瓦那召集制宪会议。次年 2 月,美国强行在古巴宪法中加进不得同外国缔结侵犯其独立的条约、不得举借超过其通常收入的债务等内容。美国提出有权对古巴进行干涉的权利,并在古巴设立海军基地。1901 年 3 月 2 日,美国参议员奥维尔·普拉特将上述内容作为陆军拨款法案的补充条款提交国会审议,最后形成《普拉特修正案》。根据该修正案,古巴不能推行独立外交,其财政、金融和防务由美国控制。美国享有干涉古巴内政的广泛权利。

1903 年 5 月 22 日,美古在哈瓦那签订了《古巴和美国关于确立关系的条约》。条约共 8 条,重申了上述美国的要求与权利。第一条规定:"古巴政府不得与任何将损害或势将损害古巴独立的一个或几个外国签订条约或其他协定,也不得以任何方式或批准或允许任何一个或几个外国通过殖民或由于军事或海上军事等目的而进占或控制上述岛屿的任何地区。"第三条规定:"古巴政府同意,美国有权进行干预,以维护古巴的独立,并维持一个足以使人民的生命财产和个人自由得以保障,并能履行巴黎条约赋予美国对古巴的义务(这项义务现由古巴政府在承担)的政府。"第四条规定:"美国在古巴军事占领期间制定的一切法令应予批准和生效,根据上述法令取得的权利应受到维护和保护。"① 7 月 2 日,美古又在哈瓦那签署了《古巴和美国关于在关塔那摩和翁达湾建立海军基地和运煤站的条约》。② 美国通过这些条约,获取了对古巴进行干涉的广泛权利,并控制了古巴的政治、经济、外交和防务,其中包括直接出兵占领。从 1906 年到 1922 年,美国 3 次对古巴出兵,占领长达 8 年之久。

美国在古巴建立直接控制的同时,加紧在中美洲地区建立自己的势力范围。1900 年 4 月 12 日,美国国会通过《福拉克法》,正式在波多黎各建立殖民统治。1903 年 11 月 18 日,在华盛顿签订了《美利坚合众国和巴拿马共和国关于建造一条连接大西洋和太平洋的通航运河的专约》。美国取得运河的修建和对运河两边各宽五英里地区的"永久使用、占领和控制"③。

美西战争是第一次帝国主义战争,是由美国和西班牙"两个强盗瓜分赃物所引起的"战争。④ 其一,美国利用古巴和菲律宾的民族解放运动,达到了从西班牙手中夺取土地实行海外扩张的目的,并在古巴和菲律宾建立起自己的统治;其二,美国加入重新瓜分世界的行列,加剧了帝国主义国家之间的矛盾;其

---

① 《国际条约集(1872—1916)》,世界知识出版社 1986 年版,第 221—224 页。
② 同上书,第 225—227 页。
③ 同上书,第 227—237 页。
④ 列宁:《统计学和社会》,《列宁全集》第 28 卷,人民出版社 1988 年版,第 368 页。

三,美国摆脱孤立主义而走向世界扩张,并试图按自己的意志来建立新的世界秩序。美国占领了古巴和菲律宾、夏威夷等战略要地,为美国推行侵略扩张政策创造了有利的条件。

美国侵略中国的"门户开放"政策

美国进入帝国主义阶段后,公开走上了重新瓜分势力范围的扩张道路。美国通过美西战争掠夺了战略要地,扩展了海外市场。美国一直对中国抱有侵略野心,视中国为其资本输出与商品贸易的巨大市场。

1899年,美国提出"门户开放"政策,获取和维护其在中国的势力范围和利益。9月6日,美国国务卿约翰·海要美国驻英、德、法、俄、日、意大使向驻在国政府递交一份照会,要求各相关政府同意"门户开放"原则。美国政府"切望美国公民的利益不因任何强国在其所控制的在华势力范围内之排他性待遇而受损害",要求各列强不得干涉美国在中国"任何势力范围"或租借地内的既得利益。美国"希望为世界商业保留一个公开市场,消除国际摩擦的危险根源"。

美国政府希望有关国家政府发表正式宣言,在其势力范围内承认下列原则:其一,各国对于其在中国任何所谓"势力范围",或租借地内之任何条约口岸,或任何既得利益,不得干涉;其二,中国现行的约定关税率,对于运往在前述"势力范围"内一切口岸,除非是"自由港"之所有货物,无论属于何国,均应适用,其税款一概归中国政府征收;其三,各国在其"范围"内之任何口岸,对他国船舶,不得课以高于该国船舶之港口税,并在其"范围"内所建筑、控制或经营的铁路上运输属于他国公民或臣民的货物通过此种"范围"时,所收运费不得较高于本国国民运输同样货物所收之运费。① 这位国务卿还宣称,实施门户开放政策将会"为中国带来持久的和平与安全,维护中国的领土和行政的完整,保障条约和国际法赋予友好国家的一切权利,并保证全世界与中华帝国一切地方进行公平公正通商的原则"。

美国提出"门户开放"政策,参与瓜分中国有着深厚的历史渊源和广泛的国际背景。美西战争以前的较长时期内,美国对华推行同其他列强的"合伙"政策。美国跟随英国等列强瓜分中国。1894年中日甲午战争之后,列强加速了瓜分中国的步伐。英、法、德、俄、意、日都在中国获得了势力范围,获取了对中国领土的租借权。此时,美国国力得到了发展,并公开走上海外扩张的道路,于是

---

① 《中美关系资料汇编》第1辑,世界知识出版社1957年版,第449—451页。

决定在瓜分中国中扮演重要角色。美国意识到,如果继续对列强瓜分中国的举动采取放纵态度,"我们就会失去世界上最大的市场"。① 1898年底,麦金利总统在国情咨文中强调:在对待中国的问题上,美国要"采取与我国政府的一贯政策相适宜的一切手段,维护我们在那一地区的巨大利益"。② 美国总统所谈的"适宜"政策就是第二年由国务卿约翰·海宣布的"门户开放"和"利益均沾"。

美国其所以强调要推行"门户开放"政策,取决于本身的实力和对国际环境的认识与把握。其一,美国尚不具备直接干预中国、挑战其他列强的军事实力。美国有正规军10万,但在美西战争中战胜西班牙更多是借用古巴和菲律宾的起义力量。美国对古巴和菲律宾的军事占领又要分散军力。美国面对的是已经瓜分中国的列强,它们具有多倍于美国的军事力量。美国要在同这些国家的军事较量中获取势力范围只能是痴心妄想。其二,美国已经具有了超强的经济实力,相信通过资本和商品能够打开列强在中国所构筑的势力范围,通过竞争实现在中国扩张的目标。美国称要在中国为自己的国民寻找投资市场,面对竞争者的压力必须在夺取领土和保护经济机会均等之间进行选择。美国的最佳选择是坚持经济机会均等,划出自己投资权利的范围使其他列强保持"门户开放"。其三,列强在中国瓜分和保持势力范围时已经势均力敌,互不相让。美国相信利用它们之间的矛盾可以捞取更多的好处和更大的利益。英国和日本对沙皇俄国在中国东北的扩张感到忧虑,表示反对沙俄的对华政策。其四,中国清政府推行"以夷制夷"的政策。美国可以指望得到来自中国政府的支持,甚至某些优惠,增加政策成功的把握。清政府以国家的主权来换取列强之间的互相牵制维护自己的统治,确实为美国推行"门户开放"政策提供了舞台,打开了方便之门。其五,英国支持美国的政策。此时英国人看到在争夺中国势力范围的斗争中,俄国占有明显的优势。英国要准备英布战争,无力扩大在中国的侵略,指望美国的政策能够维持瓜分中国的势力均势,维护自己的既得利益。

其实,英国最早向美国推荐"门户开放"政策。1898年3月,英国建议英美发表联合声明,宣布在中国实行贸易机会均等。当时美国正准备同西班牙的战争,无暇顾及对中国事务的干预。1899年4月,英国再次向美国倡议,但此时美国已经取得了美西战争的胜利,获取了通往全球和东亚的战略要地。美国要扮演主导角色,不愿同英国"合伙"。

"门户开放"政策是美国海外扩张政策的体现,是门罗主义在亚洲的延伸,

---

① 转引自杨生茂主编:《美国外交政策史(1775—1989)》,人民出版社1991年版,第216—217页。
② 同上书,第217页。

是后来称为"金元外交"的一个组成部分。"门户开放"政策的原则,是在承认各国在中国享有特权和占有势力范围的前提下,保证美国应有的权益。美国的"门户开放",主观上并不是像美国所宣称的那样"为了中国的完整",而是对中国的干涉与侵略扩张。这是因为美国要求享受同其他帝国主义列强一样的在中国的特权。但是,在客观上由于美国的实力与地位,"门户开放"政策也具有制约其他列强的某种作用。鉴于各列强处于均势状态,维持各自既得利益的现状,是各国可供选择的最佳方案。对于美国提出的"门户开放"政策,各列强原则上给予了赞同与支持,但又都提出了自己的特殊要求与条件。

英国第一个做出反应。一周之后,英国通知美国,声称它"一贯主张的政策是保持各国臣民在华贸易的机会均等",但要求把租借地排除在外,并"以其他各有关大国发表同样声明为条件"。12月6日法国发出照会称:"希望此项政策得以实现于中国全境,并决意在其租借地内,对于一切国家之人民均予以关税、航海税及铁路运费之平等待遇。"①第三个做出答复的是日本。此时日本正在同俄国争夺朝鲜、需要美国和英国的支持,故对美国的建议做出积极的回应。接下来是意大利(1900年1月7日)和德国(1900年2月19日)。俄罗斯在中国的东北夺取了许多特权,受到"门户开放"政策的冲击最大。在美国的催促下,俄罗斯于1899年12月30日作出回答:愿意把大连辟为自由港;该港与其他地区之间如设置税卡对外国货物平等课税;中国政府在租借地以外建立的商港俄罗斯不谋求税费的优惠。但俄罗斯对美国提出的一些原则避而不谈,实际上对"门户开放"政策采取了拒绝的态度。美国政府却称"俄罗斯接受了我们的建议而没有做许多保留"。

美国为了国内选举的需要,国务院对各国答复中包含的保留条件宁愿视而不见,向公众表白相关国家都已经表示同意。1900年3月20日,约翰·海指令美国驻上述六国的公使与大使通告驻在国政府:美国已经收到它们的复照,并声明他把这些复照看成是彻底地、完全地同意"门户开放"政策。沙皇尼古拉二世认为,"约翰·海的草率做法是难以容忍的"。②

1900年中国爆发了义和团反帝运动,遭到了八国联军的残酷镇压。美国积极参与了对义和团的围剿,但害怕因此破坏各列强在中国已经建立起来的均势。这年7月3日,约翰·海再一次向各列强发出照会,重申"门户开放"的原则。这次照会要求各国保持中国的"领土与行政实体",同时要求中国切实履行

---

① 杨生茂主编:《美国外交政策史(1775—1989)》,第223页。
② 〔苏〕赫沃斯托夫编:《外交史》第2卷(下),第652页。

不平等条约。

美国的"门户开放"政策,提倡自由贸易以扩大在中国的利益,并试图通过均势外交达到目的。西奥多·罗斯福在1901年的一份总统文件中称,"由于我们在太平洋的力量和利益的迅速增长,在中国发生的任何事情都必然和我们有着最强烈的民族利益关系"。美国认为发展对华贸易至关重要,甚至视之为决定着20世纪的美国是否占有经济优势的问题。美国对华贸易具有鲜明特点:其一,增长快。1899年比1895年增长约2倍。1899—1900年度名列中国对外贸易第三,直逼日本。其二,集中在东北地区。20世纪初美国在各列强中已经名列首位。其三,挑战主要来自俄国。1900年俄军入侵中国东北,试图建立自己独家势力范围,不许别的列强染指。1903年5月,俄国提出东北的"新方针",不许别的列强进入以及把统治扩展到朝鲜。面对俄国咄咄逼人的态势,美国准备作出妥协,只要求俄国"已经保证给予我们的自由进入的权利和商业机会",美国"不会为满洲打仗"。

"大棒政策"与"金元外交"

美西战争的结果是美国控制了古巴、波多黎各、巴拿马运河地区。但是,美国在拉丁美洲的扩张遭到了英国和德国的挑战。早在1895年,英国和委内瑞拉之间的边界争端处于危险之中。美国国务卿理查德·奥尔尼说,美国不会帮助一个拉丁美洲政府逃避国际法规定的对任何一个欧洲国家应尽的义务,但它也不会允许任何一个欧洲国家或几个国家联合起来"强制剥夺一个美洲国家实行自治以及决定它自己的政治命运的权利和权力"。他称,美国的话就是美洲的法律。美西战争后,英国在对抗德国的斗争中需要得到来自美国的支持。面对日益增长的德国挑战,英国承认门罗主义,承认美国在美洲的特殊地位和利益。

进入20世纪后,美国利用门罗主义积极干预拉美事务,在拉丁美洲进行帝国主义的侵略扩张,并先后提出了"大棒政策"和"金元外交"。

西奥多·罗斯福在1901年9月因麦金利总统遇刺身亡而成为美国总统,时年42岁。罗斯福信奉弱肉强食的理论,并崇尚强权政治,强烈要求美国向外扩张。他继承和发展了门罗主义,并以西半球的警察自居。罗斯福在阐述他的外交政策时,强调"说话温和,但带根大棒"。1901年12月3日,罗斯福在第一份国情咨文中说:"如果一个国家行为失当,我们不能保证该国不受惩罚,但有个条件:除美国以外的大国不得以获取领土的方式进行惩罚。"① 这就是说,任何"行为不当"的美洲国家都会受到惩罚,只有美国有权实施这种惩罚。罗斯福的大棒政策和在美国外交政策中的实施,主要表现在以下两个方面:

第一,夺取巴拿马运河区。

早在 1846 年,美国就巴拿马运河的修建问题同哥伦比亚政府签订了条约。1850 年美英签订未来运河中立化和自由通航的《克莱顿—布尔沃条约》。1869 年美、哥签订新约,美国租借巴拿马运河区 100 年。但新约未获哥伦比亚议会批准。1856—1903 年,美国根据 1846 年条约先后 14 次对巴拿马运河区实行军事占领。美西战争后,美国加速修建运河,并不断向哥伦比亚施加压力,同时加强协调与英国和法国的立场。1900 年 4 月 5 日美英签订关于运河的新条约,由美国完全管理运河,但在战时或平时都对各国自由开放,收费平等。1901 年 11 月 18 日美英修改条约,美国取得了对运河的绝对控制权,所谓运河的中立化已荡然无存。1902 年 6 月 28 日,美国参议院通过了建造巴拿马运河的决议,即《斯普纳法》,授权总统以四千万美元收买法国公司开凿运河的权利,并同哥伦比亚进行"永久占有"的谈判。1903 年 1 月 22 日,美国国务卿约翰·海同哥伦比亚政府代表在华盛顿签订《巴拿马运河条约》。美国得到了宽六英里的运河区,以及建造、控制和防守的特权,租期为 99 年。该条约被哥伦比亚议会以侵犯主权为由于 1903 年 8 月 12 日否决。

罗斯福对此极为震怒,"决心建议国会不论采取什么样方式也要立即占领地峡以便动工开凿运河"。② 美国决定对哥伦比亚采取一系列报复行动,诸如中断哥伦比亚同美国和欧洲的电报通信,策动巴拿马政变以脱离哥伦比亚。1903 年 9 月 13 日,约翰·海向罗斯福建议:"我们等待着在地峡发生反哥伦比亚的叛乱,立即进行事先做好准备的武装干涉来支持叛乱者。"③11 月 2 日晚,美国军舰"纳什维尔号"驶抵巴拿马,阻止哥伦比亚的"进攻"。

11 月 3 日,哥伦比亚发生政变。巴拿马宣布独立成立共和国。美军登陆并占领哥伦比亚军队驻扎地。美国承认巴拿马政府。11 月 18 日,约翰·海和巴拿马全权代表比诺瓦里亚在华盛顿签订《美利坚合众国和巴拿马共和国关于建造一条连接大西洋和太平洋的通航运河的专约》。专约共 36 条,其主要内容有:

(1)"合众国保证并将维护巴拿马共和国的独立"。(2)"巴拿马共和国给

---

① 〔美〕托马斯·佩特森:《美国外交政策》第 1 卷,莱克星顿 1988 年版,第 229 页。
② 〔苏〕赫沃斯托夫编:《外交史》第 2 卷(下),第 660 页。
③ 同上书,第 661 页。

予合众国一段陆上和水底土地的地区，供其为上述运河的建造、维持、经营、卫生和保护而永久使用、占领和控制。该地区宽十英里，从拟建的运河所经路线的中央线起算，两边各宽五英里"。"巴拿马共和国在上述地区以外，又另外给予合众国可能为上述运河的建造、维持、经营、卫生和保护所需要并为其提供便利的任何土地和水域，或为上述企业的建造、维持、经营、卫生和保护所需要并为其提供便利的任何附属运河或其他工程，供其永久使用、占领和控制"。"巴拿马共和国还以同样方式永久给予合众国上述地区范围内的一切岛屿。除此之外，还将把巴拿马湾内的一群小岛，即佩里科、纳奥斯、库莱布拉、弗拉门科等岛给予合众国"。(3) 巴拿马共和国将第二条提及的地区和一切附属土地和水域范围的一切权利、权力和权限给予众国。合众国将一如它是上述土地和水域所在的领土的主权者一样拥有和行使一切权利、权力和权限，完全排除巴拿马共和国对任何上述主权权利、权力或权限的行使。(4) 巴拿马共和国给予合众国在航行供水及水力或为其他目的而永久使用其境内的河流、水流、湖泊及其他水域的权利，但以为上述运河的建造、维持、经营、卫生和保护所需要并为其提供方便者为限。(5) 巴拿马共和国给予合众国在横贯加勒比海和太平洋之间的巴拿马共和国的领土上建造、维持和经营一条运河或铁路的交通系统的永久垄断权。①

美国支付巴拿马 1000 万美元补偿金和 25 万美元年租金。1904 年美国开始建造运河，1914 年 8 月 15 日正式交付使用。

第二，介入欧洲同拉丁美洲的债务纠纷。

1901 年底，加勒比沿岸发生一系列欧洲列强卷入的国际冲突，引起了美国的关注。英国、德国和意大利要求委内瑞拉赔偿内乱期间三国公民遭受的损失。欧洲国家在拉丁美洲进行武力索债。1902 年 12 月 7 日，英国和德国为向委内瑞拉索取债务，宣布同该国断绝外交关系。20 日英德宣布封锁并炮击委内瑞拉主要港口。意大利随之加入封锁行动。美国出面调停。美国指责英德意破坏委内瑞拉的独立，提出用仲裁的方式解决危机。美国领导一个混合委员会审议和确定委内瑞拉用 30% 的关税偿还债务。委内瑞拉、英国和意大利均表同意。德国表示拒绝，并在 1903 年 1 月 21 日再次实施炮击。罗斯福深表关注，并提出严重警告。美国担心欧洲列强用武力索债再度进入拉美。罗斯福决定根据门罗主义扮演拉美警察的角色，提出建立"保护制度"。

---

① 《国际条约集（1872—1916）》，第 227—237 页。

1904年12月6日,出现了英、德向多米尼加武力索债的危险。罗斯福重申美国对美洲国家的责任:如果一个国家表明它知道怎样在工业和政治事务方面循规蹈矩,如果它维持秩序并且付清债务,那就不用担心美国会对它进行干涉。但如果胡作非为,或者软弱无能,致使文明社会的联系全都松掉,那么,到头来就需要有一个文明国家对它干涉,美国不能忽视它的西半球的责任,不得不"行使国际警察权利"。① 这是罗斯福对门罗主义的延伸,它赋予了美国任意干涉美洲国家事务的权利,为门罗主义增加了"军事利爪"。美国控制了多米尼加海关,成了它的"保护人"。美国先后对尼加拉瓜、海地和圣多明各进行了这种干涉,逐步把整个加勒比海地区纳入了美国的主权范围。

20世纪初,美国的垄断资本得到迅速发展。1909年美国的大公司的产值占全国产值的79%。垄断资本急切需要寻找和扩大海外投资,以获取更大的利益。1909年3月上台执政的塔夫脱组成了具有浓厚经济色彩的行政班子。国务卿菲兰德·诺克斯强调外交为贸易服务,称"每一个外交官都是一个商人",鼓吹美国要推行"勇敢的扩大对外贸易政策"。塔夫脱继续罗斯福的大棒政策,并提出了以金元代替枪弹的政策,即"金元外交"。他说"金元外交"是为使"我们的资本家获取赚钱的投资机会而积极干预"。1912年12月3日,塔夫脱在最后一个国情咨文中对他的外交政策作出了这样的概括:"现政府的外交一直是以金元代替枪弹为其特征的。"

美国推行的"金元外交"具有以下的一些特征。其一,金元作为"武力的先驱",不是代替枪弹,并不排除武力干预。"金元外交"与"大棒政策"同时或交替使用。1909年尼加拉瓜爆发了反对何塞·塞拉雅专制统治的起义。此人不听美国的指挥棒,并试图成为加勒比地区的主人。12月1日,美国同尼加拉瓜断绝外交关系。美国支持的起义者取得了胜利。尼加拉瓜新政府成立后,美国以拒绝承认为要挟,迫使尼政府以关税为抵押换取美国的巨额贷款。美国从而取得了在该国建立银行和修建铁路的权利。1911年美国同尼加拉瓜签订条约,美国控制了该国的关税和举债权以及修建运河的特权,并且租借海湾和岛屿99年。从1912年开始,美国在尼加拉瓜驻有军队。其二,主要对象和目标在拉丁美洲,尤其是中美洲。塔夫脱政府先后对尼加拉瓜、洪都拉斯、哥斯达黎加、危地马拉、海地等国家进行经济和武力的干预。洪都拉斯是英国的债务国,到1909年欠英国的债务累计1.2亿美元,而该国年收入只有165万美元。英国以

---

① 〔美〕詹姆斯·理查森:《历届总统咨文及文件汇编》第16卷,纽约1911年版,第7053页。转引自杨生茂主编:《美国外交政策史(1775—1989)》,第241页。

索债为要挟,获取对铁路的控制权。美国立即作为反应,以控制关税为条件向洪都拉斯提供贷款,偿还英国债务。1911年1月10日美国同洪都拉斯签订条约。1912年美国海军陆战队进驻洪都拉斯。其三,将"金元外交"推向中国。

美国在中国继续鼓吹和推行"门户开放"、商业均等、投资均等政策。塔夫脱当政时期,英、俄、日、法联合起来对付美国在中国的扩张。美国决定利用金融优势大举进入中国。清朝政府也想利用美国资本,这样为美国实施"金元外交"提供了难得的机会。美国强行加入湖广铁路借款是推行其"金元外交"的重大举措。1909年,清政府为修筑湖广铁路同英、法、德达成借款合同。美国财团一心加入向中国借贷的行列,遭到英、法、德的反对。塔夫脱和国务卿写信给清政府进行劝说和威胁,称没有美国的加入不能在借款合同上签字。1910年5月23日,英、法、德、美在巴黎达成协议。11月四国银行团组成,平均分配湖广铁路借款以及将给中国的一切贷款。1911年5月20日,清政府同上述四国组成的国际财团正式签署了《湖广铁路借款合同》,总金额为3000万美元。

塔夫脱的"金元外交"是"利用金融势力获取战略据点"的一种政治工具。美国建立了对中美洲地区的控制和实际上的占领,扩大了在中国的存在与影响,同时在扩展美国的对外贸易和投资方面取得了一定的成效。美国对外贸易从1909年的16亿美元上升到1913年的25亿美元,增长56%,同期的对外资本由20亿美元增加到25亿美元,上升了25%。①

第三节　列强对南非及太平洋岛屿的争夺

英 布 战 争

19世纪90年代,英国加强了在南部非洲的殖民扩张,试图独霸南非实现其"开罗—开普敦计划"。英国在南非扩张中的障碍是布尔人在50年代建立起来的德兰士瓦共和国和奥兰治自由邦。

南非在英国推行殖民政策中占有极其至关重要的地位。南非所具有的战略位置其重要性自不待言,新近发现的钻石矿和金矿更让英国资本家垂涎欲滴。1867年奥兰治发现钻石矿。1886年德兰士瓦发现当时世界上最大的金矿。英国资本同布尔人争夺经济利益展开了激烈的斗争。英国资本加速流入

---

① 杨生茂主编:《美国外交政策史(1775—1989)》,第261页。

该地，投资总额由 1885 年的 3400 万英镑猛增到 19 世纪末的 2 亿英镑。布尔人以征收高额关税、提高运费等手段试图遏制英国资本在该地区的恶性膨胀。布尔人的政策和举动妨碍了英国资本家获取超额利润，布尔人国家的存在成为英国独霸南非的障碍。英国决心击败布尔人，拔掉这两颗钉子。

英国为进攻和打败布尔人以实现上述目的，做了两个方面的准备工作。其一，寻找借口，使对布尔人的攻击师出有名。其二，在国际上做好各列强的工作，争取它们在未来的同布尔人的战争中不进行干涉，最好是保持中立，更理想的是给英国以支持。英国政府制造了英国人受布尔人的压迫这样一个外地人处境问题。当南非发现钻石和金矿后，许多非布尔人投入了淘金者行列。布尔政府拒绝给这些淘金者以充分的政治地位，以免让布尔人遭到外地人的排挤。英国人通过宣传制造反对布尔人的舆论，宣称为了捍卫外地人的利益和推进人道主义崇高事业必须对布尔人采取行动。

为了分化布尔人，英国殖民者在德兰士瓦和奥兰治之间制造矛盾和紧张局势，以便从中渔利。英国在同布尔人政府的谈判中故意制造难题，设置障碍，为开战集结力量和获得广泛的社会支持。英国殖民大臣张伯伦对在这方面业已取得的进展表示高兴："三个月以前，我们还不能开战。这就是说，情况还不允许我们这样做"，"现在人们将会给予我们充分支持"，"我再也不知道还有别的什么要求更能确切无疑地迫使布尔人打仗。"①

英国在国际社会进行积极的外交活动，化解同一些国家在争夺势力范围中的矛盾，签订相关条约，争取支持。1898 年英国同德国签署了分割葡属非洲殖民地的条约，德国答应停止对布尔共和国的支持。1899 年英国又同葡萄牙缔结密约，英国负有保护葡萄牙及其殖民地的安全的义务，葡萄牙不让军火经葡属德拉戈阿湾运往德兰士瓦，并堵塞德兰士瓦的唯一海口。英国同法国在 1898 年签订协定，并平息了导致两国关系紧张的法绍达事件。英国同俄罗斯也达成相关协议。在美西战争中，英国采取偏袒美国的立场从而赢得美国的支持。

英国在南非集结大量军队，筹措了巨额资金，并制订了作战计划，择机对布尔人发动攻击。1899 年 10 月 9 日，德兰士瓦向英国发出最后通牒，要求它撤走新近集结的军队，并限 48 小时做出答复。10 月 11 日战争爆发。奥兰治站在德兰士瓦一边同英军作战。战争初期，布尔人取得了战场的主动权。进入 1900 年后，英军大量增加，多达 20 余万人，多于布尔人 3 倍。此时战局发生了有利于

---

① 〔苏〕赫沃斯托夫编：《外交史》第 2 卷（下），第 616—617 页。

英国的变化。英军发动攻击，相继占领了布尔人的两个首都——比勒陀利亚和布隆方丹。并迫使德兰士瓦国王流亡国外。是年12月，英国宣布吞并德兰士瓦和奥兰治。但是，布尔人反抗英国的斗争并未因此而停止。

1902年5月31日，英国同德兰士瓦和奥兰治在比勒陀利亚签署了《大不列颠和南非共和国及奥兰治自由邦间的和约》。和约主要规定：(1)"布尔野战部队立即放下武器，缴出他们所有的或所控制的全部枪炮及军用品，终止对国王陛下爱德华七世政府继续进行任何抵抗，并承认国王陛下是他们的合法主权者。"(2)"德兰士瓦界外和奥兰治河殖民地以外大草原的布尔人，以及这次战争中一切被俘的布尔人，在正式宣告他们愿做国王陛下爱德华七世的臣民后，一俟运输恢复，即逐渐遣送回家，并对他们的生活所需给予保证。"(3)"所有投降或被遣返的布尔人的个人自由和财产，不得剥夺……"(4)"德兰士瓦与奥兰治沿河殖民地的军事管理，将尽速改为民政管理，一俟情况许可，并将建立向自治过渡的代表机关……"①

英国答应提供300万英镑的"战争赔偿费"，以帮助布尔人的农场主恢复家园。和约签订后，英国和布尔人的上层很快就同流合污了。1908年，召开了开普、纳塔尔、德兰士瓦、奥兰治的国民议会，达成了建立联邦的协议。联邦议会设在开普敦，行政首都在比勒陀利亚，司法首都在布隆方丹。1910年5月31日，"南非联邦"正式宣告成立。

列强对萨摩亚群岛的瓜分

萨摩亚群岛地处南太平洋中心，是国际航运的中间站。19世纪60—70年代，美国、英国和德国就渗入这个群岛，强迫当地首领签订条约，取得了建立航海站的权利。列强试图在该群岛建立海军基地，以便向亚太地区进行扩张。尽管美、英、德存在矛盾，但从1889年起，它们约定对萨摩亚群岛实行三国共管。

1898年8月，德国外交当局提出瓜分萨摩亚群岛。德国的如意算盘是独占整个群岛，哪怕是占领其中的一部分也好。此时，英国和德国因争夺中东和南非殖民地矛盾日益尖锐。英国准备对布尔人发动进攻，以图实现开普——开罗计划。英国为争取德国的支持，牵制法国和俄罗斯可能采取的孤立自己的政策，同它签订了瓜分葡萄牙殖民利益的密约。但在萨摩亚问题上，英国对德国的主张和要求持否定立场。英国凭借在美西战争中偏袒美国，积极策动后者采

---

① 北京大学国际政治系编：《国际关系史资料选辑（近代部分）》下册，第99—100页。

取对抗政策。此时美国出于海外扩张的需要,也想占领整个萨摩亚群岛,并在太平洋上进行了一系列的兼并和占领活动,其中包括夺取菲律宾、夏威夷、威克岛等。美国在处理萨摩亚群岛问题上同英国的立场接近,共同反对德国提出的瓜分主张。德国占领萨摩亚群岛的主张同样遭到了澳大利亚和新西兰的反对。澳大利亚提出,除非整个群岛都转归英国,它才会同意改变现有的共管制度。[①]

德国的占领政策虽然遭到英、美等国的反对,但它并不想就此善罢甘休。德国采取鼓动内讧来打乱和挑战共管,试图把英、美的势力挤出去。1898年8月,萨摩亚王国的国王去世,王位争夺战即告开始。德国以为这是一个达到自己目的的天赐良机。9月,德国把原国王的反对者、曾被放逐的玛塔阿法扶上王位。在王国还有一个王位的"合法"继承人,这就是已故国王的儿子,马列托业·塔努。此人得到英、美的支持。根据1889年条约的约定,如果在王位继承问题上发生纷争应由萨摩亚最高法官裁定。此时担任最高法官的是美国人钱伯斯。他自然把王位给了英美支持的原国王的儿子,判定玛塔阿法继承王位是不合法的。德国驻当地的领事和担任首都阿皮亚市的市长,干脆封闭了最高法院。萨摩亚王位争夺者在国内都有自己的支持者。他们在德、美代理人的煽动下进行争斗,酿成流血事件。英、美出动舰艇,对该国的首都和德国的领馆实行炮击。这样,德国扰乱秩序、制造借口瓜分群岛的图谋实现了。

德国乘机积极推进外交,抓住一切有利于实现瓜分萨摩亚的机会。德国以断绝外交关系来要挟英国政府,指示其驻英大使表明:在英国未同意德国所提出的解决萨摩亚分歧的办法之前,将断绝两国外交关系。但是,英国政府在有关殖民利益垄断权方面是寸土不让的。萨摩亚内讧朝着有利于德国方面发展。美、英所支持的王位"合法"继承人在争夺中失败,维护王国法律"尊严"的美国人逃离。在此情况下,英、美也只得承认现实,同意废除国王,并归顺一国治理。张伯伦抨击德国政策是在公开"讹诈"的同时,表示把萨摩亚交给德国,以换取它在南非的"中立"。

英国出于英布战争的需要以及国内的情势,对德国在萨摩亚问题上的公开勒索作出让步。1899年11月14日,双方在经过长期的讨价还价之后达成了一项有美国参与的协议。德国获得了萨摩亚群岛中的两个岛屿,其中包括萨摩亚王国首都阿皮亚市所在的乌波卢岛。协议还规定,群岛中的其他两个岛屿划归美国,其中,有美国早在1878年就已获取建立加煤站权利的帕果帕果港所在的

[①] 〔苏〕赫沃斯托夫编:《外交史》第2卷(下),第621页。

图图伊拉岛。英国放弃了在萨摩亚群岛的一切要求,但获取了汤加群岛和原属德国的所罗门群岛的一部分。英国还将在非洲的殖民地黄金海岸和德属多哥之间边界上的一小块有争议的土地划给德国。

萨摩亚群岛按德国的意愿被英、美、德三国瓜分了,这是德国推行太平洋外交抢占其战略要地政策的一次胜利。英、美、德三方签订瓜分萨摩亚群岛的协议之后不久,德皇威廉于11月底访问英国。英国首相索尔兹伯里拒绝会见德国客人,指示张伯伦以个人的名义同德国人会谈。张伯伦提议订立一项"德英美之间的总协定"。德国则希望订立一些瓜分殖民地的新协定。张伯伦表示,为了对付俄国的扩张所带来的威胁,英国需要得到德国和美国的帮助与支持。德国人明白,张伯伦提出的主张和建议,其目的在于顺利结束英布战争,并离间德国同法国、俄国的关系,争取在列强的周旋中把握主动权。张伯伦在德国人离开后,干脆以"同盟"来取代"总协定"。他的倡议在美国和德国都未获得好评,也未引起积极的反响。

德国开始拉近同法国和俄国的距离。德国提醒和强调同法国在非洲利益的一致性。德皇威廉同俄国驻德大使谈话时强调他提出的这样一个命题的正确性:只有俄国"才能瓦解英国的实力并在必要时给它以致命打击"。其实,德国不信任法国。俄国作出的反应则是"应该完全排除关于俄国参加列强的任何反英同盟或联盟的主张"。①

第四节 西方列强加强对中国的掠夺

中日甲午战争与三国干涉还辽

日本自明治维新后,随着国内资本主义的发展,逐步走上了向外侵略扩张的道路。日本奉行兼并朝鲜、侵占中国、称雄亚洲大陆的基本国策。1876年2月,日本以武力相威胁迫使朝鲜签订了《江华条约》,它可以在釜山、元山、仁川进行自由贸易,享有领事裁判权。此后,日本加紧在朝鲜的经济扩张与政治渗透。1882年7月23日,朝鲜发生壬午兵变,处死亲日派官员,袭击日本使馆。日本派兵登陆仁川,迫使朝鲜签订《济物浦条约》,获取了驻兵权。1884年12月,日本策动了甲申政变。政变失败后,中国在朝鲜的影响日益加强。日本也增加

---

① 〔苏〕赫沃斯托夫编:《外交史》第2卷(下),第627—628页。

了在朝鲜的驻军,并大量增派间谍潜入朝鲜。1885 年 1 月,日本同朝鲜签署了《汉城条约》。同年 4 月 18 日,日本同清政府签订《天津条约》,双方同意在 4 个月内各自撤走在朝鲜的军队。条约还规定,任一方想派兵进入朝鲜平乱,必须事先行文通告对方,一俟平定应立即撤军。

日本支持朝鲜政权的反对派活动,其首领于 1894 年春在上海被杀。日本借此挑起外交冲突,进而反对朝鲜政府,鼓噪侵占朝鲜的沙文主义。1894 年 2 月,朝鲜全罗道爆发了东学党领导的农民起义,席卷朝鲜半岛,动摇了李氏王朝的统治基础。日本积极谋划出兵朝鲜。

此时日本伊滕内阁试图把国内矛盾转移到国外,并期待侵略战争的胜利来巩固国内的统治。日本驻华盛顿公使这样表述:"我们国内的情况是岌岌可危的,而对华战争将可以改善这种情况,从而激起国民的爱国情绪,使他们更加紧密地靠拢政府。"①

6 月 1 日,起义军攻占全州。6 月 2 日,日本内阁决定"不问中国以何等名义派兵朝鲜",日本也要出兵。② 6 月 5 日,朝鲜政府正式请求清政府"急调若干军队来朝鲜镇压暴民"。李鸿章接到请求后,下令加速进行战争准备。清政府决定出兵朝鲜,并根据《天津条约》的约定于 6 月 6 日将出兵朝鲜的决定通报日本。

日本在收到通报之前就已经组成了战时大本营,驻朝公使也已奉命带兵返任。此时,运载日本军队第一梯队的军舰已经在开赴朝鲜的途中。6 月 10 日和 12 日,日本海军陆战队 488 人进入汉城(今首尔),1050 名日军登陆仁川。而在 6 月 11 日,朝鲜政府已经同起义军达成和约,起义军撤出全州。因此,朝鲜政府要求日本、中国军队撤军。清政府立表同意。日本虽然无撤军之意,但苦于无继续留下来的正当理由,提出和清政府建立中日混合委员会共同协助朝鲜改革内政,即"整肃"朝鲜政府。此建议遭清政府拒绝。

日本外相陆奥于 6 月 16 日召见中国驻日公使,称"如果情况需要的话,我国政府就要单独行动","我们邀请你们,绝不是想要你们批准"。③ 6 月 22 日,日本向清政府发出《绝交书》,拒绝从朝鲜撤军,并决定单独推动朝鲜改革内政。7 月 12 日,日本第二次向清政府递交了《绝交书》。日本驻华公使说,由于中国无意接受日本的建议,他的政府"对于可能发生的非常事件不负任何责任"。陆

---

① 〔苏〕赫沃斯托夫编:《外交史》第 2 卷(上),第 379 页。
② 王绳祖主编:《国际关系史》第 3 卷,第 217 页。
③ 〔苏〕赫沃斯托夫编:《外交史》第 2 卷(上),第 382 页。

奥在回忆录中表白:我决定利用这个机会,试图调整已经恶化的中日关系;如果调整不成的话,那就让无法避免的决裂快点发生吧。

7月20日,日本向朝鲜发出最后通牒,要求它废除同中国签订的一切条约,迫使中国军队撤出朝鲜。日本要求朝鲜在22日零点前答复。朝鲜政府以"清兵久在境内实因我国请援而来",今"已屡请其撤回而未即退,亦如贵兵之尚留也"。① 其实,日本已经决定7月20日夜间十二点采取军事行动,而"不管是否会接到答复"。

7月23日凌晨,日军向朝鲜军队发动进攻,占领了王宫,建立了亲日的大院君傀儡政权。日本此时已经成为朝鲜的主人。7月25日,朝鲜政府宣布废除同中国签订的一切条约。是日,日本海军在牙山海域击沉了中国高升号运兵船。29日拂晓,日本陆军进攻牙山中国守军。这是日本进行的一场并未宣战的战争。8月1日,中国清政府被迫对日宣战,日本亦同时宣战。中日甲午战争正式爆发。日本在这场不宣而战的战争中,牢牢把握了战争的主动权。中国军队设备落后,特别是战争的指挥权掌握在主和派和李鸿章手中。中国军队屡战屡败,其主要战役发生平壤(1894年9月16日)、鸭绿江(9月19日)、旅顺口(11月21日)和威海卫(1895年2月12日)。北洋海军全军覆没,日军占领了旅顺、大连和辽东半岛。清政府只得求和。

在中日战争进程中,列强曾试图从中进行调停,以免打破它们在中国建立起来的均势,损害自己的利益。但是,没有一个列强愿意出来制止和反对日本对中国的侵略。10月6日,英国政府向德、法、俄、美提出采取联合行动劝告中日停战。日本入侵辽东半岛后,美国准备单独操纵和谈,并表示愿意从中斡旋调停。日本没有把和谈的大门堵死,显然是为了抢占更多的"战利品"。

因战场上的失败,清政府决定求和,准备作出让步。日本却不急于结束战争,采取拖延战术。后来日本同意清政府派人到日本谈判。1895年2月1日,日本人会见中国代表团,并以代表品级不高为由破坏了谈判。于是,清政府委派李鸿章出席谈判。他于3月18日到达马关,随员66人。1895年3月20日,中日在日本马关春帆楼开始停战谈判。中方代表为李鸿章、李经芳、伍廷芳和顾问、前美国国务卿科士达。日方代表是伊藤博文和陆奥宗光。

李鸿章提出首先议定休战。日方以占领大沽、天津、山海关,解除上述地区的中国武装,控制天津—山海关铁路和中国支付日本在停战期间的军费开支为

---

① 王绳祖主编:《国际关系史》第3卷,第217—218页。

先决条件。24日李鸿章放弃原来的停战建议,要求日方提出媾和条件。当日李鸿章在返回寓所途中遭枪击受伤。日本政府害怕引起列强干预,28日宣布无条件停战三周。3月30日,中日达成局部停战协定,并转入媾和谈判。4月1日,日方提出和约十条。在和谈期间,日本攻占了澎湖列岛,并摆出扩大军事行动的架势以威胁清政府,迫使其接受议和条件。伊藤博文在谈判中发出最后通牒,限期四天作出肯定或否定的答复,不许争辩和进行讨价还价。清政府害怕战争扩大,4月14日授权李鸿章接受日方提出的条件。1895年4月17日,李鸿章同伊藤博文签订了《中日媾和条约》,即《马关条约》。

条约共十一款,主要内容有:(1)"中国认明朝鲜国确为完全无缺之独立自主,故凡有亏损独立自主体制即如该国向中国所修贡献典礼等,嗣后全行废绝"。(2)"中国将管理下列地方之权并将该地方所有堡垒,军器工厂及一切属公物件永远让与日本",即:辽东半岛、辽东湾东岸及黄海北岸在奉天省所属诸岛屿;台湾全岛及所有附属各岛屿;澎湖列岛。(3)"中国约将库平银二万万两交与日本为赔偿军费(日本曾要求3万万两),该款分作八次交完"。(4)中国开放港口,包括沙市、重庆、苏州、杭州。(5)日本占领威海卫,中方每年支付日本驻军费50万两库平银。① 随后,日本根据《马关条约》的相关条款,进一步攫取了领事裁判权、最惠国待遇和设立租界等等特权。

日本通过甲午战争迫使中国签订了割地赔款的丧权辱国的《马关条约》。这引起了瓜分中国的各列强的关注。特别是在中国东北地区拥有传统利益和优势的俄国,对日本势力渗入该地区表现出严重的担忧和坚决抵制。1895年4月17日,中日《马关条约》签署的当天,俄国向德国和法国正式提出联合对日进行干涉。

俄国早在中日战争爆发前就主动进行过"调停",劝说清政府出兵朝鲜帮助镇压农民起义,对日本采取的一些排斥中国的行动也表示过支持。俄国既怂恿,又保留进行某种干涉的义务。恩格斯曾经一针见血地指出:"中日战争是把日本作为工具的俄国政府挑拨起来的。"②

在中日战争进程中,俄国政府作出了三次政策调整。第一次是1894年8月21日决定"不积极干预"。第二次是1895年2月1日,决定增加其在太平洋的海军力量,以便使"我们的海军力量在那些水域里尽可能超过日本"。第三次决定联合相关国家进行干涉。随着中日交涉的进展,日本的意图日益明朗。

---

① 王铁崖编:《中外旧约章汇编》第1册,第614—617页。
② 《马克思恩格斯全集》第39卷,人民出版社1971年版,第285页。

俄国开展外交活动争取英国、德国的配合向日本施加压力。英国表示不予合作。德国同意采取联合外交行动。法国是俄国的盟友,赞同联合行动。沙皇责成外交部要同英国和欧洲其他大国,主要是同法国协商:一旦日本政府在同中国签订的和约中提出损害"我们重大利益的要求时,就应该采取集体行动"。

4月11日俄国决定劝告日本不要占领中国的辽东半岛,并正式关照清政府和相关国家。4月17日俄国正式向德国和法国发出邀请对日本进行联合干预。4月23日,俄、德、法驻日公使根据本国政府的训令一同前往日本外务省,宣读措辞强硬的政府声明。在这些声明中,抗议日本割取辽东将"危及中国首都,且朝鲜之独立亦将成为有名无实","将长期妨碍远东之持久和平"。公使们使用了"必要时将使此抗议成为有效"的威胁性语言。①

日本政府对俄、德、法联合干预极为重视,表现出相当惊慌。4月24日,日本的御前会议专门讨论和研究对策。首相伊藤博文提出三种方案以供选择:拒绝三国的劝告、接受劝告交还辽东半岛以及将此问题提交国际会议裁定。因病未能出席会议的陆奥外相主张将三国干涉与"马关条约"分开处理,即对三国可作出某些让步,但对中国要寸步不让。会议最后把上述建议作为应对三国干涉的政策基础。日本全力开展外交,试图在对付三国干涉时得到其他列强的支持。

然而,各列强不满日本在瓜分中国的斗争中获利太多。英国和美国在日本同俄、德、法较量中持"局外中立"的态度。日本只得作出让步,除了接受三国劝告别无选择。5月10日,日本宣布把辽东半岛归还中国。11月18日中日签订《辽南条约》,中国答应向日本另外支付3000万两白银。

俄德法三国干涉还辽是因为日本野心太大,破坏了列强在瓜分中国时所设定的"利益均沾"的游戏规则。

德国强租胶州湾

德国早已图谋在远东地区获取海军基地,并选中了位于山东半岛南部的胶州湾,以利其资本和势力在中国的扩张。德皇威廉二世称:"我们决不允许使自己受到忽视或毫无准备。我们也需要中国一个基地。"②在中日甲午战争期间,德皇建议同日本达成秘密协议,并准备夺取台湾。德国外交部担心这会引起列强的反对和采取相应行动。德国海军部接到指示,为在中国选择海军基地的地

---

① 王绳祖主编:《国际关系史》第3卷,第223页。

② 同上书,第227页。

点作出论证。1895年4月17日,该论证出台,认为德国所要占领的港湾必须有良好的贸易前景,主张在中国的南部和北部各占领这样的港口,并提出了可供选择的地点:舟山群岛与厦门、胶州湾、大鹏湾、靠近朝鲜的一个岛屿以及澎湖列岛。9月,在汕头发生了捣毁德国教堂事件,威廉二世命令夺取威海卫。但由于出兵干涉尚无借口,海军也对威海卫不甚感兴趣,只得作罢。在此以后,德国为了抢占海军基地曾到中国实地考察和进行多方面的论证。1896年春,海军少将阿·冯·蒂尔皮茨认为胶州湾的青岛最为合适。9月他主张德国应该占领胶州湾,因为它既有经济价值又有战略价值。12月22日,德皇认可该计划。俄、德、法三国迫使日本把辽东半岛归还中国后,德国立即向清政府提出了租让胶州湾的要求。此一无理要求自然遭到拒绝。清政府高层意识到,如果满足了德国的要求,其他列强肯定会接踵而至,局面不可收拾。

德国政府准备使用武力来达到抢占胶州湾之目的,并积极进行外交活动和等待机会。德国认为俄国也有意进驻胶州湾,首先应同它沟通,并且弄清楚一旦采取行动俄国会取何种态度。1897年8月,威廉二世向沙皇尼古拉二世提出租借胶州湾问题。沙皇告诉德皇,当俄国尚未在这个港口以北的某个地方获得基地之前,始终会对自己的海军保留进入胶州湾感到关切。但同时表示,只要事先得俄国方面的同意,他并不反对德国舰队进入胶州湾。1897年10月,俄国同意德国把它的舰只停泊胶州湾。① 德国仍在等待时机,迫使清政府同意。

1897年11月1日夜,山东省巨野发生教案,两名德国传教士被杀。这样,德国找到了一个求之不得的侵略借口。② 事件发生后,德皇通报沙皇,为确保传教士的安全不得不占领胶州湾,并希望予以支持与理解。沙皇做出答复:胶州湾不属于俄国,他对德国舰只驶入该域既不能赞同,也不能反对。沙皇的答复正是德皇所期待的。11月7日德皇电令德国舰队司令奥托·冯·迪德里奇斯:"立刻率整个舰队进发胶州湾,占领那里的适当地点。"11月9日,俄国对德国侵入胶州湾表示抗议。在俄国人看来,清政府曾表示如果把胶州湾租让给外国,俄国享有优先权。俄国舰队司令已经得到指令,德舰一旦进入胶州湾,俄舰立即开进去。

---

① 〔苏〕赫沃斯托夫编:《外交史》第2卷(下),第459页。
② 早在10月30日,武昌就发生了当地人民投石反击德舰"柯莫兰"号事件。德舰司令迪德里奇斯要求德国政府"利用武昌事件"作为实现"广泛目的"的借口。德皇赞同,但外交部反对。巨野教案发生后,德皇威廉二世于11月7日电令迪德里奇斯:"立刻率整个舰队进发胶州湾,占领那里的适当地点和村庄,并以你认为最佳方式,强行获得充分满意的结果。"(参见王绳祖主编:《国际关系史》第3卷,第229页。)

德国认为,为争夺胶州湾同俄国硬碰硬不是上策,只有通过妥协,特别是引导俄国把瓜分中国的兴奋点放在别的地区,让它取得另外的港口为报酬。德俄商谈尚未结束,11月14日上午8时,迪德里奇斯率舰3艘进入胶州湾,迫使当地中国驻军撤离。15日,德国御前会议决定占领胶州湾,迫使清政府租让,为期99年。德军派3艘巡洋舰增援远东。面对德军的侵犯,光绪接连于16日、17日晓谕山东巡抚"不动兵"、勿开炮。

12月初,清政府代表翁同苏、张荫桓与德使商谈教案与胶州湾问题。中方提出另租一岛的建议遭德方拒绝。中方又提出开胶州湾为商埠,其北岸设德国租界,南岸仍归中国管理,德方也不接受。1898年初,清政府只得同意租让胶州湾。3月1日,德国单方面宣布胶州湾为保护地。3月6日,中德签订《胶澳租借条约》。条约规定,德国租借胶州湾99年。条约还允许德国人修筑两条从胶州湾到济南的不同路线的铁路,沿路30里内,准德商开采煤矿。条约还给予德国人在山东省内开办"任何事业"的优先权。①

俄国强租旅顺大连

沙皇俄国利用"干涉还辽"外交上的成功,积极寻找有利的机会,加紧对中国的帝国主义扩张。

中国为了偿付对日本的赔款需要筹措足够的现金,清政府开始同英、德、法的银行家进行接触。这些资本家打算以对中国的财政进行国际监督作为提供贷款的条件。俄国意识到这必将扩大这些国家对中国的影响,减弱它在中国的作用。沙皇政府决定实行干涉,并巧妙地利用德法之间的矛盾来实现自己的计划。沙皇政府向清政府建议,由它作担保借给中国1.5亿金卢布,年利4%,其条件是中国要宣布不让任何一个外国控制它的财政。为了实施上述计划,由法国银行集团和彼得堡国际银行组成了道胜银行,处于沙皇政府的保护之下。俄国人在该银行的董事会中占有领导地位。道胜银行除正常的银行业务往来,还负责办理中国政府的财政拨款,存放各种税收、铁路收入以及中国领土上其他各租让企业的收入。

19世纪90年代沙皇俄国在远东大肆进行帝国主义扩张,其关键性步骤是它加入了帝国主义在中国争修铁路权的激烈斗争。俄国提出在中国的东北修筑它所控制的铁路,以便把后贝加尔和海参崴连接起来。沙皇政府为了避开外

---

① 王铁崖编:《中外旧约章汇编》第1册,第738—740页。

国竞争者的干扰,决定在俄罗斯举行中俄关于租让权的谈判。李鸿章借出席尼古拉二世的加冕典礼为名赴俄谈判。沙皇政府利用清政府因甲午战争失利而产生对日本的"恐惧"心理以及答应向李鸿章提供巨额贿银,达到了签约的目的。

1896年6月3日,中俄代表李鸿章、维特、洛巴诺夫在莫斯科签署了《御敌互相援助条约》,亦称《中俄密约》。该条约明确规定,如果日本进犯中国、朝鲜或俄国在东亚的领土,"两国约明,应将所有水、陆军,届时所能调遣者,尽行派出,互相援助,至军火、粮食,亦尽力互相接济"。缔约国任何一方未经对方同意,"不能独自与敌议立和约","当开战时,如遇紧要之事,中国所有口岸,均准俄国兵船驶入,如有所需,地方官应尽力帮助"。为了有效履行条约,保证运送兵员,中国同意修筑一条通过北满到海参崴的铁路。"其事可由中国国家交华俄银行承办经理"。① 《中俄密约》不仅使沙皇取得了在中国东北地区修筑铁路的租借权,同时也为俄国陆海军任意开进中国打开了方便之门。

1896年9月8日,中国政府代表同道胜银行签订关于修筑和经营中东铁路的合同——《中俄合办东省铁路公司合同章程》。道胜银行为此成立了中东铁路股份公司。根据租让合同,中东铁路的轨距应与俄国的轨距相等。属于股份公司的土地及其收入,免缴任何捐税。公司有权自行规定铁路运价。它有权"毫无条件地、不受干涉地管理自己的土地",即由清政府划归铁路使用的土地。这样,铁路及其沿线实际上变成了一个又长又大的俄国租界。根据规定,铁路股份公司有权建立自己的武装警察部队,来维持铁路及沿线的安全与秩序。铁路运行期为80年,之后归还中国。36年后中国政府可作价收回。对于清政府来说,这是一个出卖主权的屈辱合同。

是年12月4日,《东清铁路公司章程》签订。章程规定,经中国政府许可,公司可采掘与铁道有关无关之炭矿,经营中国之别项矿业及商、工业。这样,沙皇获取了在中国修筑铁路、沿线采矿、经商、开厂和设置警察等特权。

中日甲午战争后,列强拼命抢占中国的港口,抢占商业和军事要地。德国抢先一步,占领了胶州湾。沙皇开始也要把军舰开进此处,但后来只得承认德国已经占领的现实。德国把沙皇的攻占矛头引向别处,俄国也认为最好是从中国得到相应的补偿。1897年11月23日,俄国外交大臣上奏沙皇:"由于山东的已成事件,看来我们应不失时机,即由我国舰队占领大连湾,或者依照我国海军

---

① 王铁崖编:《中外旧约章汇编》第1册,第650—651页。

部所指示的另一港口。"①12月1日,俄外交大臣向中国驻俄公使称俄舰停泊中国港口是在履行1895年的《御敌互相援助条约》。12月14日,俄舰开赴旅顺。德国对此表示欢迎。英国则表示不安。1898年2月,沙俄开始租借大连的活动。2月中旬,俄国决定派两栖部队赴旅顺租借辽东半岛南部,夺取中东支线的修筑权。3月2日,沙皇政府要求清政府租借辽东半岛和旅顺口的铁路的租让权。3月15日,俄国发出最后通牒,俄要求清政府至迟在五天之内作出原则性答复,并以3月27日为最后签字期限。

3月27日,清政府同俄国签订了俄国租借辽东半岛25年的条约。第一款称"为保全俄国水师在中国北方海岸得有足为可恃之地,大清国大皇帝允将旅顺口,大连湾暨附近水面租与俄国。惟此项所租,断不侵犯中国大皇帝主此地之权"。第三款,租地限期"定二十五年为限,然限满后,由两国相商展限亦可"。第四款,在租借地及其海面,"中国无论何项陆军,不得驻此界内"。第六款,"旅顺一口既专为武备之口,独准华、俄船只享用,而于各国兵商船只,以为不开之口"。大连湾"除口内一港亦照旅顺口之例,专为华、俄兵舰之用,其余地方作为通商口岸,各国商船任便可到"。第八款,允修一条从海参崴到大连的铁路。②5月7日,中俄又签订《续订旅大租借条约》与《南满支路合同》。这样,中国的整个东北地区处于沙皇的控制之下。

沙皇政府步德国后尘抢占中国的领土,完全背弃了《中俄密约》中所作出的承诺,破坏了中俄合作关系。沙皇的行动遭到了其他帝国主义列强的抵制。英国虽然没有采取措施阻挠沙皇的掠夺行为,但意欲联合美、日等国对沙皇施加压力。英国曾试图争取美国的支持,但此时美国正值从西班牙手中抢夺古巴和菲律宾,无暇他顾。英国欲同日本结成反俄同盟,但后者并未做好同俄国交恶的准备。于是,英国只得从中国身上寻找"补偿"。1898年3月25日,英国内阁举行会议,决定不要同俄国开战,要求清政府割让威海卫,成为同旅顺口进行某种程度抗衡的基地。③ 英国要求扩大在九龙半岛上的领地。1898年6月9日和7月1日,英国和清政府完成了租借九龙和威海卫的法律手续。

英国还开展了抢夺在中国修建铁路权的斗争,提出将山海关铁路延伸到东北,以打破沙皇在该地区的垄断地位。英俄两国为此背着清政府进行交易。1899年4月28日,英俄达成了在中国划分修建铁路范围的协议,英国保证不在

---

① 张蓉初:《红档杂志有关中国交涉史料选译》,生活·读书·新知三联书店1957年版,第185页。
② 王铁崖编:《中外旧约章汇编》第1册,第741—742页。
③ 〔苏〕赫沃斯托夫编:《外交史》第2卷(下),第469页。

长城以北修建铁路的租让权,沙皇允诺不在长江流域获取同样的权利。

法国和日本也加入了瓜分中国的行列,到19世纪90年代末,中国的绝大部分领土被各国瓜分为自己的势力范围。英国在长江流域及以南地区,俄国是在中国的东北地区,德国占领了山东,法国在中国的西南。

义和团运动与八国联军入侵中国

1898年,在中国爆发了义和团反帝爱国运动。年初始于山东,迅速扩大到河北、山西、津京地区以及东北,斗争矛头直指入侵与瓜分中国的帝国主义侵略者。

列强面对不断发展与扩大的义和团运动,一方面胁迫清政府实行镇压,同时积极策划武装干涉,借此大举入侵中国。1900年4月6日,英、美、德、意公使警告清政府务必在两个月内铲除义和团。同时列强把军舰调集渤海湾和大沽口,对清政府进行威胁。5月28日,俄、英、美、德、法、意、日等驻华公使议定出兵北京。30日,英、俄等公使向清政府总理衙门提出最后通牒:"不论中国政府的态度如何,各外国公使已决定调兵来北京。"之后,英、俄、法、美等国派出四百多人进行交涉。实际上,这是一支入侵中国镇压义和团的先遣队。后来德、日、意、奥陆续加入其中。英国海军上将西摩尔率领两千多人从塘沽经天津向北京进犯。列强的侵略遭到了义和团的阻击和围困。列强集结在大沽口的军舰向清守军进行挑衅,并于6月17日在俄国海军上将海尔德布兰特的指挥下攻占了炮台、登陆大沽口。6月18日,义和团和清政府军在廊坊击退了八国联军的进攻,迫使其逃回天津。6月21日,清政府正式向各列强宣战。

列强大举入侵中国的决策已定,但由谁来指挥这支各国组成的联军各持己见。德国利用英国、俄国之间的矛盾,获得了对这支侵略军的指挥权。德皇威廉将瓦德西升为元帅,统帅联军。威廉命令他在镇压义和团时,应"把俘虏斩尽杀绝,决不留情"①。

6月底,八国联军向义和团发起大规模进攻,遭到坚决还击。此时清军不但不支援义和团反对侵略军的斗争,反而"专杀义和团"。7月4日,侵略军攻占天津。7月底,侵华联军增加到3.4万人。8月初,各国侵华军统帅决定进伐北京。8月14日,北京被联军攻占。慈禧太后带着光绪等逃往西安。9月中旬,在北京的八国联军增加到10万。9月底,联军总司令瓦德西到达中国。侵略军

---

① 陈文艺编著:《近代国际关系史》,河南大学出版社1986年版,第312页。

在北京进行了公开的抢劫和破坏。北京遭受了一场浩劫。

在八国联军攻占天津、北京的同时,列强在中国的其他地区也采取了侵略行动。俄国乘机派兵侵入东北,英国派陆战队在上海登陆,德国和法国也把军队派往上海。英国和美国共谋,串通中国的买办官僚刘坤一、张之洞等策划"东南互保",出台了《东南互保章程》,称"上海租界归各国共同保护,长江及苏杭内地均归督抚保护,两不相扰"。此举是为了阻止义和团势力向南方发展,并把上海和中国南方变为英、美的势力范围。后来李鸿章、袁世凯也宣布参加"互保"。这样,同帝国主义互保的地域扩大到了两广和山东地区。由于英、美扩大势力范围的努力遭到了其他列强的反对,它们的图谋未能得逞。但是,俄国侵占了中国的东北地区。俄国从7月开始到10月中旬占领了"整个满洲"。11月8日,沙俄胁迫清政府签订《奉天交地暂且章程》,把东北变成了自己的殖民地。列宁曾经痛斥俄军的暴行:"它们杀人放火,把村庄烧光,把老百姓驱入黑龙江中活活淹死,枪杀和刺死手无寸铁的居民和他们的妻子儿女"。沙皇政府却声称它的侵略"完全是由于必须击退中国叛乱者的侵略行为",是为了反对"野蛮的中国人",因为"他们竟胆敢触犯文明的欧洲人"①。

清政府曾经想利用义和团来阻止和挫败列强,但并未下决心抗击外国侵略者。当八国联军击败义和团向北京进军时,它就采取妥协退让的投降政策。一方面同入侵者勾结起来合谋镇压义和团,同时清政府向各国公使"请和"。清政府任命李鸿章为和谈全权代表,并准备接受侵略者提出的一切条件。

清政府同侵略者的谈判,实质上是各列强为在中国瓜分势力范围而进行的讨价还价。英国要独占长江流域,反对沙俄占领中国的东北。日本要独占福建,还要同沙皇瓜分东北。法国占据中国的西南地区。美国重提"门户开放"。英德签订协定,要求"利益均等"。1901年9月7日,清朝重臣奕劻、李鸿章与英、美、德、俄、法、意、日、奥、荷、比、西11国驻华公使在北京签订辛丑议定书,即《辛丑条约》。此约共12款,附件19件。第一,清政府对侵略者之死,将派代表前往相关国家表示"惋惜",并在遇害处竖立铭志之碑。第二,对主张或采取抵抗侵略者的人士,清政府决定惩办"伤害诸国国家及人民之首祸诸臣",其惩办包括处斩、赐自尽、监禁、流放、革职等。第三,赔款白银4.5亿两,以海关税、常关进款以及盐税作抵押,39年付清,本利共9.8亿两。第四,在北京设立使馆区,允许各国在使馆区内驻军。第五,"允将大沽炮台,及有碍京师至海通道之

---

① 列宁:《中国的战争》,《列宁选集》第1卷,人民出版社1995年版,第280页。

各炮台,一律削平","允由诸国分应主办会同酌量数处,留兵驻守,以保京师至海通道无断绝之虞"。第六,"永禁或设或入与诸国仇敌之会,违者皆斩"。第七,"允定将通商行船各条约内,诸国视为应行商改之处,及有关通商各地事宜均行协商,以期妥善简易"。① 《辛丑条约》从政治、经济、军事等各方面都加深了帝国主义国家对中国的侵略,使中国进一步陷入为半殖民地半封建社会的深渊。

清政府同沙俄关于交还东三省的交涉

沙俄利用"三国干涉还辽"为独占中国的东北地区扫清了道路,借镇压义和团之机武力占据了东北三省。沙皇以要求各列强撤军为名,加强对清政府的控制,从而巩固在东北的殖民统治。

义和团运动被镇压之后,沙皇在列强瓜分中国的斗争中处于有利的地位。俄国占领东北拥有地理和战略上的优势。沙俄试图把在东北获取的特权扩展到长城以内的华北地区。1900年9月,沙俄代表乌赫托姆斯基应李鸿章邀请到达上海。李鸿章答应,义和团给俄国造成的损失,清政府进行赔款,并可以将蒙古和喀什噶里亚的天然资源租让给俄国资本家,要求沙俄声明无意获取满洲。沙俄当时的主要目标是夺取满洲,对李的提议不感兴趣。

11月9日,沙俄政府代表和清政府盛京(奉天)将军增祺签订了"地方协定"。沙俄取得了对东北行政管辖的监督权和驻军权。随后沙俄政府的重臣拟订了关于满洲问题的总协定草案,规定俄国军队继续留驻"直到建立起安全的秩序",在中东铁路工程竣工之前,中国军队必须撤出。中东铁路运行之后,中国军队可以进入相关地区,但其人数由中俄政府的专门协议确定。清政府负有应根据俄国的要求撤换东北三省的军事长官的义务。草案称,未经俄国政府同意,不得把"中国与俄国毗连的所有的地区租让权授予外国及其臣民"。同时,它还要求清政府授予兴建朝北京方向通到长城的铁路的特权。②

对增祺擅自同俄方订立的暂且章程,清政府拒绝批准。此时,各列强皆鼓吹中国领土完整论,要求清政府不要匆匆同任何一国订立割地的和约。日本还发出警告,如果清政府同沙俄签署此种条约,其他列强必将效尤,并表示支持中

---

① 杨松、邓力群原编,荣孟源重编:《中国近代史资料选辑》,生活·读书·新知三联书店1954年版,第530—537页。
② 〔苏〕赫沃斯托夫编:《外交史》第2卷(下),第696—697页。

国抗俄。清政府打算同俄国重开谈判,革除增祺,委任新的谈判代表。

1901年初,清政府决定驻俄公使杨儒为代表开始同俄谈判。2月,俄方提出十二条,为谈判设置障碍。其主要内容:(1)俄国在东三省驻兵,暂不撤退。(2)铁路未修成前,中国不得设兵和运入军火,将来设兵数目由两国商定。(3)清政府在满洲的将军大员一旦受俄国声诉即当革职。在满洲设巡捕,其人数要同俄国商定。(4)中国国境各处,包括满洲、蒙古、新疆等处的路矿及他项利益,非经俄国允许不得让与他国。中国不得自行造路。(5)允许俄国向北京造一铁路,直抵长城。沙俄的要求被披露后,引起了列强的强烈反对。英国和日本尤为激烈。日本称,如果清政府接受俄约,日本将提出类似条约,中国必将被瓜分。德、意、奥、美也作出了同样的表示。

俄国的要求和其他列强的反应,在清政府的重臣中引起了一场争吵。清政府决定在各列强的纷争中求得苟安,既不激怒沙俄,又不引起其他列强的过激反应。清政府一面请求各列强向俄"善为排解",一面向沙俄求情。在这样的情况下,沙俄对原来的条约文稿进行一些删改后,逼迫清政府在1901年3月26日以前十五天内画押,而且不允许改动一字。清皇谕令奕劻和李鸿章告知各列强:"中国势处万难,不能不允。"①清政府以东三省交还后开放通商为由,希望列强对俄国施加某种压力。在沙俄规定的期限内,清政府没有按沙俄的要求画押,拒绝同俄国签署条约。清政府在拒绝签约后又显得忐忑不安,并有追悔之意。

俄方则对李鸿章施加压力,称如不签约俄国将永久占领满洲。于是李鸿章急告清朝廷:"今日有一线生机,赶发争电令杨儒画押,或可挽回大局,切勿再有顾虑。"此时,刘坤一力陈"能坚持到底,各国必出调停",主张"无论俄约如何商改,总须与各国商允方可定议"。② 应该指出的是,李鸿章和刘坤一之间的争吵并非是在维护国家的主权,而是代表各列强不同的利益。

对于沙俄继续盘踞东三省,各列强、特别是英国和日本深表不满。英、日接近并于1902年1月30缔结了第一次同盟条约,以捍卫两国在中国和朝鲜的利益为宗旨。清政府指望利用英、日迫使沙俄撤出东三省。在美、英、日影响下,清政府拒绝了俄国的要求。美国和清政府联合抗议道胜银行图谋对满洲实行垄断,有悖于"门户开放"原则。美国加强对俄国施加压力。同时,美国又同俄

---

① 王绍坊:《中国外交史(鸦片战争至辛亥革命 1840—1911)》,第 327 页。
② 同上书,第 328—329 页。

国商讨如何瓜分在中国的利益。美国国务卿约翰·海说"我一直认为俄国对满洲具有十分特殊性质的关系"。他对俄国采取必要措施来平息和防止人民起义的"重演"抱有"同情的态度","如果发生这种情况,我们当然宁愿俄国完全占有满洲,因为那时至少会在这个国家建立起一个良好的行政当局"。①

英日盟约签订后,俄国维特首相认为必须作出一些让步,取消了中国政府保证不将租让权授予外国人的要求。1902年4月8日,清政府同俄国签订了《交收东三省条约》。根据条约的规定,条约生效后一年半内,即在1903年秋天以前俄军分三阶段撤出东三省。俄军撤离后,清政府如要增减在东三省的驻军必须通告俄国。俄国答允有条件归还铁路,即清政府应允于"日后东三省南段续修铁路或修支路"等事,"应彼此商办",赔偿山海关、营口、新民各铁路重修及养路费用。沙俄在协议中保留了这样的权利:如果满洲发生骚乱,或者其他国家采取不容许俄国撤军的行动时,俄国可以暂停撤军。

根据条约的规定,1902年10月俄军完成了第一阶段撤离任务,并将关内铁路交还中国。1903年4月8日俄国应履行第三阶段撤军的义务。2月7日俄国举行特别会议,专门讨论维护在中国的利益。4月5日俄方提出七条要挟中国。其中包括:(1)俄国交还的各地,特别是牛庄及辽河沿岸各地,不得以割让、租借、让予或任何方式转给其他国家;(2)蒙古的现行体制不得变更;(3)未得俄方同意,不得在满洲开放新的通商口岸及允许领事进驻;(4)中国如延聘外人管理任何部门的行政,其权力不得施及华北(满蒙);华北事务应另立机构,由俄人指导;(5)俄国保持管理现有的旅顺——营口——沈阳电线;(6)牛庄交还后,俄华道胜银行应照旧执行该地海关银行的职能;(7)俄国人或俄国机构在占领期间在满洲所取得的一切权利,于俄军撤走后仍然有效。上述表明,俄国仍然要把东三省据为自己的势力范围,拒绝各列强的侵入。俄方的上述要求遭到了清政府的拒绝,各列强也不会答应。美、英、日三国政府曾向俄国提出质问与抗议。

此时的英国,为了对付日益增长的来自德国的威胁,希望改善同法国与俄国的关系。法国也从中积极工作以图促进英俄接近。英国愿意承认俄国在满洲的利益占有绝对优势,应该控制该区域的铁路,可以采取"合理措施"来保护铁路线。英国要求俄国尊重自己根据条约所取得的权益,按照平等的原则进行贸易。英国同时希望俄国不要拖延从东北撤军。

---

① 〔苏〕赫沃斯托夫编:《外交史》第2卷(下),第723页。

第五节 英日同盟与日俄战争

英日同盟的建立

俄国独占中国东北和妄图称雄东亚的阴谋和努力,对其他列强在中国的殖民利益提出了严重的挑战,引起了它们的强烈不满。英国和日本在共同遏制沙俄、维护自己的既得利益方面走到了一起。

日本对中国的东北早已垂涎三尺,一直在寻找机会实现扩张野心。日本通过中日甲午战争,从中国掠走了领土、巨额赔款以及通商等多项特权。日本后又加入八国联军对中国的侵略。日本对沙俄霸占中国东北地区耿耿于怀。为了做好扩大侵略中国的准备,日本利用从中国索取的赔款加速军事化进程,实现陆海军军备计划和铁路修建计划。日本实力增长后,决心同俄国一战以便夺取中国东北地区,使之置于自己的统治之下。日本认定在各列强中只有英国可能同它站在一起来对抗沙皇,于是加紧同英国的接近。

英国在中国的势力范围是长江流域及以南地区。它对沙俄独占满洲也胸怀不满。英国想削弱俄国的力量,认为最好是借他人之手来达到此目的。英国虽然不愿被日本卷入同沙俄的直接冲突,但又害怕对日本的呼吁过于冷淡会促使后者同沙俄妥协。英国决定拉德国同日本一道共同对付俄国。1901年1月,张伯伦在非正式会见德国一秘时提出英德结盟的必要性,并且警告,如果德国拒绝结盟,英国必将同俄国达成协议。[①] 英国和日本要求德国参加反俄,至少在未来的日俄冲突中取中立态度。德国实际上鼓励沙皇在远东的扩张,不愿看到日俄的和解,挑动日本反对俄国。德国向日本表白,它在远东对俄国并不承担任何义务,一旦日俄交战将取"善意中立",但拒绝采取把自己卷入同俄国发生冲突的一切行动。对于英国关于结盟的设想,1901年3月20日德国首相作出了如下答复:德国政府原则上同意接受与英国设立防御同盟的建议,但可能会把德国及其盟国卷入战争之中,因此必须在征得三国同盟伙伴的同意之后才能同英国订立同盟。德国设想如果是为三国同盟的利益可以卷入战争,但不会为英国的利益投入对俄战争。

1901年3月29日,英国拒绝就订立同盟与法国继续谈判。5月29日,英国

---

① 〔苏〕赫沃斯托夫编:《外交史》第2卷(下),第705页。

首相向内阁提出一份备忘录,断然反对缔结英德同盟:"为了保护德奥边境而承担对抗俄国的责任,要比为了保护不列颠群岛而承担对抗法国的责任沉重得多。"这样一笔交易对英国来说将是不利的。① 英国意识到,这与其说是把德国拖入反俄斗争,还不如说是自己被拖进争夺巴尔干和欧洲的斗争。

英国原想同德国合作,在远东地区共同遏制俄国。但英德在海军军备、巴格达铁路等方面存在严重矛盾。英德订立同盟的谈判最终归于失败。英国转入同日本谈判,一方面利用日本遏制俄国和俄法同盟,同时加强在处理和德国关系时增加筹码。1901年3月9日,日本政府向英国发出信息:"一旦日本有必要对抗俄国时,日本能够指望得到英国方面多大程度的援助。"3月16日,英国对此作出明确答复:严守中立。但它又解释说,英国到底采取何种政策取决于情势的发展。日本不满足于英国的答复。4月17日,日本驻英大使声称,日本愿意和英国缔结保护双方利益的"永久协定",希望得到来自英国的肯定答复。英国仍不做明确答复。

此后,沙俄为了缓和同日本的关系,决定在朝鲜问题上作出让步,试图以此达成俄日协议。日俄接近使英国感到恐惧,从而改变了对日本结盟请求的态度。7月31日,英国外交大臣向日本大使表示如果日本政府愿意的话,他准备商讨英日之间达成协议的可能性。8月14日,日本驻英大使表示同意,并希望英方提出条件。英国则认为日本是更具利害关系的一方应当首先提出建议。此时,日本国内政局发生重大变化,极端军国主义分子上台执政。英日关于结盟的谈判中断。10月8日,日本决定恢复谈判。10月16日,日本提出结盟的条件,希望一旦由于远东的利益不只和一个敌人作战时,能够保证每一个结盟国得到另一个结盟国的军事援助。11月6日,英国外交大臣接见日本大使,希望把同盟条约的适用范围扩大到远东以外的地区。日本表示异议,并提出当另一国干涉日本在朝鲜的行动时,结盟国也应尽到条约义务。为了推动日英同盟的建立,日本开展多方外交,前首相伊藤博文出访法国、俄国,意在向英国施加压力,促使其尽早签订日英同盟条约。12月7日,日本元老会议通过了与英国签订同盟条约的决议。19日,英国内阁决定同日本签约结盟。②

1902年1月30日,英国外交大臣和日本驻英大使在伦敦签署了《英国和日本第一次同盟协定——关于中国和朝鲜的协定》。协定称英国和日本签约结盟的目的是"出于保持远东的现状和普遍和平的唯一愿望,而且特别关心保持中

---

① 〔苏〕赫沃斯托夫编:《外交史》第2卷(下),第711页。
② 参见上书,第713—715页。

华帝国和朝鲜帝国的独立和领土完整,和保证各国在这些国家的贸易和工业的机会均等"。协定共六条。第一条,双方肯定了在中国和朝鲜的特殊利益,"如果这些利益受到任何其他国家的侵略行动或在中国或朝鲜发生的骚乱的威胁,而有必要由缔约双方的任一国进行干涉,以保护它的臣民的生命和财产的话,将允许它们中的任一方采取必要的措施来保护这些利益"。第二条,缔约任一方"在保护它们的特殊利益时,与另一国发生战争,缔约另一方应保持严格的中立,并努力防止其他国家参与反对其盟国的敌对行动"。第三条,"任何其他一个或几个国家参与反对其盟国的敌对行动,缔约另一方将提供援助,并将共同作战以及和其盟国相互协议缔结和平"。第四条,缔约任一方在未经另一方协商,"不得与另一国缔结有损上述利益的单独协议"。第五条,英日双方如认为上述利益遭到危害时,两国政府将充分和坦率地相互通知。条约即日起生效,有效期为5年。① 英日同盟条约签订时,双方交换了秘密照会,规定双方的海军在"和平时期"将"尽可能"协同一致地行动,一方在另一方使用港口的船坞和加煤时彼此给予优惠。密约称双方对已经拥有的海军优势,无意放松继续保持这种优势的努力。

英日同盟针对的对象是俄国,是旨在反对俄国的攻守同盟。这是在东亚地区出现的第一个帝国主义同盟。英日同盟条约于2月12日正式公布,立即引起了俄国的巨大反响。3月16日,俄法发表联合声明,称第三国的侵略或因中国发生动乱使它们的利益受到"侵害"时,"两国盟国政府应保留会商采取保护利益之手段之权"。② 3月20日,沙俄政府向各国发出公告,指责英国和日本在中国"置身于特殊地位"。与此同时,面对英日和美国的政策。俄国考虑缓和在中国的政策。

日英第一个同盟条约的签订,有助于日本对抗俄国、遏制沙俄的扩张。英国的财政支持帮助日本备战。日俄战争爆发后,英国虽宣布中立,但实际上英国给予了日本支持。1905年,日俄和谈因在割地和赔款问题上严重对立、陷入困境。8月12日,英日在伦敦签署了《英国和日本第二次同盟协定——关于中国的完整、东亚和印度的普遍和平和双方在这些地区的领土权利和特殊利益的协定》。英日在序言中对协定的宗旨做了明确规定:巩固和保持东亚和印度地区的普遍和平;通过确保中华帝国的独立与完整和各国在中国的贸易和从事工

---

① 《国际条约集(1872—1916)》,第215—217页。
② 王芸生编著:《六十年来中国与日本》第4卷,生活·读书·新知三联书店1980年版,第147—148页。

业的机会均等原则,维护所有国家在中国的共同利益;保持缔约双方在东亚和印度的领土权利,并保卫它们在该地区的特殊利益。协定的第一条规定,当英国或日本认为本协定序言中所指的任何权利和利益受到危害时,两国政府将充分和坦率地相互通知,并共同考虑为维护这些受到危害的权利或利益而采取的措施。第二条,"如果不论何处发生了任何其他一个或几个国家进行无端挑衅或侵略行动,而缔约双方的任何一方因保卫本协定序言所提到的它的领土权利和特殊利益而卷入战争,缔约另一方应立即向其盟国提供援助,并共同作战,以及和盟国相互协议缔结和平"。第三条,承认日本在朝鲜的特殊利益,同时强调各国贸易与从事工业的机会均等原则。第六条,英国在日俄战争中继续保持"严格中立","除非其他一个或几个国家参与反对日本的敌对行动,在这种情况下,英国将援助日本,并将共同作战,以及和日本相互协议缔结和平"。[1] 协定的签署,表明英国将无条件支持日本,这自然增加了日本同俄国在谈判中讨价还价的资本。

日 俄 战 争

英日同盟建立之后,日本积极准备对俄战争,实现独占朝鲜和中国东北地区的目的。日本的备战已经完成,等待时机的降临。其一,积极扩充军备。1903 年日本的备战计划已经基本完成。此时,它拥有陆军 13 个师团,人数 20 万,还有骑兵、炮兵各两个旅团,在台湾部署的三个混成旅团。日军有了最新的武器装备。海军共拥有军舰 76 艘,鱼雷艇 76 艘,其中大部分来自英国,组成了东亚最强大的舰队。其二,争取有利的国际环境。帝国主义列强对沙俄独占中国东北表示强烈不满,并迫使俄国同意从东北撤出。日本积极备战受到了英国和美国的支持,包括英国的财政支持,同时也受到德国的欢迎。甚至连俄国的盟友法国对即将来临的日俄战争也持消极态度。其三,俄国处于内外交困。国内危机四伏,但仍在穷兵黩武,试图将国内斗争的视线转移到对外战争。1903 年,俄国大量增加了在东亚的部队,加强了海军建设、准备和日本一战。在各列强的强大压力下,沙俄答应分三期完成从东北的撤离。

俄国认定,日本迟早会发动对俄战争,这是日本的"既定的目的"。俄国外相拉姆斯多夫考虑到日俄之间的战争随时都可能爆发,早在 1901 年 6 月就主张"逐步而审慎地使黑龙江沿岸地区的军队进入战略状态"。[2] 1903 年,沙皇政

---

[1] 《国际条约集(1872—1916)》,第 251—254 页。
[2] 〔苏〕赫沃斯托夫编:《外交史》第 2 卷(下),第 722 页。

府内部发生重大的人事变动,主战派得势。8月,俄国在远东设立了特别的总督职位,海军上将阿列克谢夫被委托为总督。俄国成立了以沙皇亲任主席的远东事务特别委员会,负责处理有关远东的一切事务。主张发动战争的新任内务大臣普列韦被任命为它的副主席。俄国加速备战,走上了战争的冒险道路。

日本和俄国在准备战争的同时,还在争取就中国东北和朝鲜的地位问题进行直接谈判。1903年7月,日本提出了谈判的建议;8月12日,提出六条协议草案,表示愿意承认俄国在中国东北铁路方面的特殊利益,但俄国必须承认日本在朝鲜的"优越利益",承认列强在中国和朝鲜工商业的利益均沾原则。① 10月3日,俄国提出八点协议草案,称它可以承认日本在朝鲜的"优越利益",但日本必须承认"满洲及其沿岸一带均在日本利益范围之外",并承认朝鲜在北纬39度以北为"中立地带"。② 日俄谈判延续到1904年2月,双方坚持自己的主张与要求,都不肯作出原则性重大让步。2月6日,日本宣布终止谈判,断绝同俄国的外交关系。2月8日,日本海军袭击了停泊在旅顺和仁川的俄国舰队,挑起了不宣而战的战争。2月10日,俄日相互宣战。日俄战争正式开始之时,俄国尚未做好战争的准备。西伯利亚铁路还不能充分发挥效能,不能把大量的军队和给养运到远东地区。俄国在太平洋的海军力量不如日本。

战争开始后,英、美、法、德等国相继宣布中立。实际上,英国和美国给予日本支持。在战争爆发前,英国银行就向日本提供了进行战争的费用。美英政府和银行向日本提供贷款,日本从外债中净得6.97亿日元,占日本军费总额的40%以上。难怪有人说,如果没有英美的贷款,日本很难同俄国作战。美国的政策是削弱俄国在东三省的势力,但也反对日本对该地区取得更多的权益从而影响自己的利益。美国希望日、俄互斗,彼此削弱、维持某种均势以有利于自己的扩张。罗斯福看到日俄战争爆发感到满意,并称日本是一只"很好的警犬",日本"在为我们打仗"。③ 美国采取支持日本的政策,要求德国和法国保持中立,并向日本提供4.5亿美元的低息贷款以及它所必需的战争物资。但美国认为战争的结局最好是日俄两败俱伤。1904年3月20日,罗斯福称,美国的利益是"俄日间的战争应拖下去,使两国尽量消耗,而且在缔和后它们在地理上的摩擦地区不致消灭。至于它们的势力范围,它们应仍对立,使它们保持战时状态,而削减它们对其他领土的野心"。5月9日,德国驻美大使恩博转述罗斯福的一

---

① 王芸生编著:《六十年来中国与日本》第4卷,第163—164页。
② 同上书,第164—165页。
③ 〔苏〕赫沃斯托夫编:《外交史》第2卷(下),第741页。

次谈话时说,日本的军事胜利已经远超过此间的期望,人们希望在未来的军事冲突中,双方的伤亡尽可能地相等。罗斯福并不希望俄国在远东地区大大削弱。①法国虽然是俄国的同盟国,给予它的财政援助极为有限,没有履行一个盟友所作出的承诺。德国则是希望日俄两国都遭受惨重失败,它可从中渔利。

日俄战争是瓜分中国的帝国主义战争。中国政府理应采取行动收回失去的主权和保障人民的安全。清政府却于 1905 年 2 月 12 日宣告"中立":"朝廷轸念彼此均系友邦,应按局外中立之例办理。"②同日通告各国:"东三省疆土权利,两国无论胜负,仍归中国自主,两国均不得占据";"东三省城池衙署,民命财产,两国均不得损伤。"但是,奉天当局订立"两国战地及中立地条章",为日俄在中国领土进行战争划出"指定战地"以"供两国战时之用"。

清朝统治者中出现了亲日派,希望依靠和支持日本来对抗沙俄。清朝廷的指导方针是"量中华之物力,结与国之欢心"。但执掌外交事务的实力派人物袁世凯力主保守"局外",日俄双方都不得罪。美国担心中国直接卷入战争有被战胜一方独吞的危险,也力促清政府"中立"。日本和俄国根本不尊重中国所显示的中立。日本在响应清政府的"中立"声明时,曾说过它"毫无占领大清土地之意","必不敢有损害大清国主权之事"。③沙俄拒不承认已经撤退的辽河以西地带划在"战地"之外,并称"至东省疆土不得占据一节,目下不能谈论,应俟事后承前议续商"。④日、俄为了战争的需要,根本无视中国的领土主权,对中国百姓施以种种暴行。清政府不敢对日、俄破坏"中立"的行动采取任何有效的行动,只能是听之任之。但是,同清政府的妥协政策相反,东北人民进行了抗日抗俄的斗争,并且给了侵略者一定的打击。

清政府意识到,应该寻找日俄战争结束后的出路。其政策的主导方针是实行"利益均沾",利用帝国主义列强的"均势"来维持对东北的形式上的主权。

日俄《朴次茅斯和约》与中日北京会议

日俄战争爆发后,日本在战场上一直占有优势,接连击败俄国。1904 年 5 月,日军占领朝鲜汉城,月底占领大连,围困旅顺港。1905 年 1 月 2 日,日军攻陷旅

---

① 王绍坊:《中国外交史(鸦片战争至辛亥革命 1840—1911)》,第 340 页。
② 王彦威纂辑,王亮编,王敬立校:《清季外交史料》三,第 181 卷,书目文献出版社 1987 年版,第 2848 页。
③ 同上书,第 2852 页。
④ 王彦威纂辑,王亮编,王敬立校:《清季外交史料》三,第 182 卷,第 2855 页。

顺口。3月上旬,日军占领沈阳。5月27—29日,日本海军在对马海峡全歼俄国来援的波罗的海舰队。

随着战争的进展,日俄双方都感到力不从心,意识到将战争继续进行下去将会遇到越来越大的困难。日本的后备严重枯竭。俄军在战场上屡遭失败,国内矛盾越来越尖锐。两国统治者认为战争不能再继续,必须通过谈判结束战争。1905年3月8日,日本陆军大臣寺内正毅在宴会上会见美国驻日公使,希望他向美国总统转告他的"个人意见":"必须结束战争"。日本外相小村寿太郎也向罗斯福提出类似的请求。

沙皇也决定同自己的盟友法国磋商战争的对策。3月21日,俄外相拉姆斯多夫命令驻法大使把准备和谈的事通告法国政府。这位外相提出俄国政府只能在"不包括下列要求的条件下才能媾和:(1)俄国割让任何一部分领土;(2)支付军事赔款;(3)禁止俄国占有通往符拉迪沃斯托克的铁路线;(4)销毁太平洋舰队。"法国方面将此信息转告日本,后者又把上述建议通知了美国政府。日本要求罗斯福出面调停。罗斯福提出的条件是必须在满洲实行"门户开放"政策。日本于4月25日对此表示同意。5月31日,日本外务大臣小村寿太郎电令驻美大使高平小五郎,要他请罗斯福以"完全主动"的姿态呼吁交战双方进行直接谈判。①

6月,罗斯福开始了促使日俄谈判的斡旋工作。美国总统希望和谈能够举行,并达成协议。他担心,如果把俄国这个东亚大国消灭掉,那对美国的安宁来说将是"不幸的",因此,"最好还是让它保存下来同日本对峙,而使这个国家能对那个国家起钳制作用"。6月5日,罗斯福令美驻俄大使觐见沙皇,直接提出日俄谈判的建议。7日,沙皇在接见美大使时,后者传达了罗斯福总统提出的谈判、缔约的劝告。6月8日,罗斯福向交战双方呼吁和谈,表示美国愿意为此进行斡旋。10月,日本和俄国均表接受罗斯福的斡旋。

在美国的斡旋下,1905年8月9日,日本和俄国的代表在美国的海军基地朴次茅斯开始正式谈判。日本的全权代表是外务大臣小村寿太郎和驻美大使高平小五郎。俄国则是外交大臣维特和驻美大使罗曼·罗森。整个谈判先后进行了十七轮。双方争论和斗争的焦点问题是赔款与割地。在第二次会议上,日本提出了和约草案。其中主要内容包括:(1)俄国承认日本在朝鲜的政治,军事和经济利益占有优越地位,并且不得阻挠日本认为必须在该国采取的"指

---

① 参见〔苏〕赫沃斯托夫编:《外交史》第2卷(下),第776—780页。

导、保护与监理的措施"。(2)俄军全部撤出满洲。日本把满洲交还中国,但以在此建立一个完善的行政机构为条件。(3)俄国把萨哈林岛(库页岛)割让给日本。(4)把旅顺口、大连及其附近地区和哈尔滨——旅顺口铁路的租让权转交给日本。(5)赔偿日本军费。(6)把被扣留在各中立港口的军舰交给日本。(7)限制俄国在远东水域的海军力量等。8月12日,俄方作出回复,不同意割让萨哈林岛、赔款、限制在太平洋的海军力量和交出被扣留的军舰。维特称:"俄国不是战败国",它不能赔款和割地。[①] 俄国还表示"一个戈比的赔款也不给,俄国领土一寸也不能割让"。[②] 结果,谈判陷入僵局和停顿。8月18日,罗斯福开始干预日俄谈判,并施加压力。罗斯福劝俄国割让萨哈林岛,又要求日本放弃赔款,但劝说沙皇政府同意支付一笔钱给日本。

日、俄双方对罗斯福的施压并未作出积极的回复。谈判濒临破裂。8月26日,俄国代表扬言要结账离开朴次茅斯返国。维特声称俄国不会再作出让步。日本方面要求会议延长两天。在此期间,日本内阁会议和元老院会议作出不坚持军事赔款的要求的决定。日本天皇出席了元老院、内阁和最高司令部会议,同意政府不要求军事赔款的决议。8月29日,和谈复会。日本接受了俄国的条件:割让半个萨哈林岛,放弃了12亿日元的赔款要求。9月5日,日俄签署了《日本和俄国和平条约》,亦称《朴次茅斯和约》。

该条约由本文十五条和附加条款组成。其中,第二条规定,"俄罗斯帝国政府承认日本在朝鲜拥有最高的政治、军事和经济利益,并保证既不阻挠也不干涉日本帝国政府可能认为在朝鲜必须采取的指导、保护和管制的措施"。但日本"对在朝鲜的俄国臣民应给予对其他外国臣民的完全相同的待遇,即他们处于和最惠国的臣民和公民的同样的地位"。"缔约双方将在俄国——朝鲜边界上避免采取任何可能危及俄国或朝鲜领土安全的军事措施"。第三条及其附加条款规定,条约生效后日本和俄国"同时和立即开始从满洲的领土上撤走它们的军队,并且从该日起的十八个月内,两国的军队应完全撤出满洲,但被租借的辽东半岛的领土除外"。"缔约双方保留维持警卫队以保护它们各自的满洲的铁路线的权利"。第五条规定,"俄罗斯帝国政府在中国政府的同意下,将旅顺口、大连和其附近的领土和领水的租借权和有关或成为租借权一部分的一切权利、特权和特许转移和转让给日本帝国政府,并还将上述租借的领土上的一切公共工程和财产转移和转让给日本帝国政府"。第六条规定,俄罗斯"将长春

---

① 〔苏〕赫沃斯托夫编:《外交史》第2卷(下),第788—789页。
② 陈文艺编著:《近代国际关系史》,第322页。

(宽城子)和旅顺之间的铁路和一切支线,及在该地区的属于铁路的一切权利、特权和财产,以及在上述地区的一切属于或为铁路利益经营的煤矿,转移和转让给日本帝国政府"。第九条规定,俄罗斯"将萨哈林岛南部和邻近该岛的所有岛屿,以及在该地区的所有公共工程和财产永久和全部割让给日本帝国政府。以北纬50°为这块被割让领土的北部边界"。双方约定不在上述地域建筑任何重要和其他类似的军事工程。条约还规定双方缔结新的通商和航海协定,互相遣返战俘等。①

《朴次茅斯和约》是瓜分中国和朝鲜的帝国主义国家之间的强盗条约。日俄两国在中国和朝鲜没有参与的情况下瓜分了中、朝的主权,自然遭到中国的反对。早在日俄举行和谈之前,清政府于1905年7月6日电令驻日、驻俄公使通告驻在国政府:"现在议和条款内,倘有牵涉中国事件,凡此次未经与中国商定者,一概不能承认。"②日俄条约中也曾提及在利益转移、转让中"须商请中国政府允诺"。

日本为落实条约所取得的利益,任命外务大臣小村寿太郎和日驻华公使内田康哉为全权代表,赴华同清政府谈判。谈判于1905年11月7日在北京举行,中方代表为外务部总理大臣庆亲王奕劻、外务部会办大臣兼尚书瞿鸿、直隶总督兼北洋大臣袁世凯。12月22日,中日签署了《会议东三省事宜正约》三款及附约十二款。清政府除了承认日本从俄国手中掠夺的在南满的权益,还对日本作出了更多的承诺,其中包括:在东三省开放十六个商埠;日本继续经营在战争期间擅自铺设的自安东至奉天的一条轻便行军铁道,并可加以"改良";给予日本在东三省的最惠国待遇;建立中日植木公司等等。日本利用该条约在中国东北地区倾销商品和掠夺资源,扩大对中国的侵略。

第六节 日俄战争后列强在亚洲的矛盾与扩张

美日争夺中国的矛盾与《高平—鲁特协定》

日俄战争中美国名为中立,实际上是采取了支持日本遏制俄国的政策。美国总统罗斯福应日俄要求出面调停,促使两方举行和谈并缔结和约。罗斯福既

---

① 《国际条约集(1872—1916)》,第254—259页。
② 王彦威纂辑,王亮编,王敬立校:《清季外交史料》三,第190卷,第2960页。

不满沙俄独占中国的东北,又对日本借战争达到控制满洲和朝鲜的企图深感担忧。美国坚持门户开放、机会均等的政策,加入瓜分中国的帝国主义行列。美国认为日本的对华政策和举动损害了自己的利益。

日俄战争后,日本获取了在朝鲜和中国东北的一系列特权。为了经营掠夺的势力范围,日本背离原来的承诺,在南满推行关门政策,为美国在中国东北的扩张设置了重重障碍。美国对此感到十分恼火。美日为争夺在中国的权益所产生的矛盾不断加剧。

其一,日本政府拒绝美国资本家收买南满铁路。美国铁路大王爱德华·亨利·哈里曼于1905年10月12日同日本首相桂太郎达成了一项收买日本根据《朴次茅斯和约》获得的南满铁路的备忘录。日本允许哈里曼按照日本法律组织一个银团,出资收买南满铁路及其附属设备,铁路的经营权日美各半。此举遭到了外务大臣小村寿太郎的反对。此人认为刚获取的战利品转手卖给美国,会引起日本国民的反对。于是首相桂太郎即告已经返回旧金山的哈里曼,收买南满铁路的备忘录尚待调查研究决定。1906年1月15日,哈里曼正式收到了关于收买南满铁路备忘录无效的通知。这是对美国资本渗入中国东北地区图谋的严重打击。

其二,日本独占南满。1906年,日本设置了南满洲铁路株式会社。它名为铁路公司,实为日本在中国东北实施经济扩张与掠夺的大本营。它垄断了南满的铁路、海港、航运、煤矿、钢铁、邮电等各行业。日本把获取的旅大租借地改为关东洲,并于7月设置都督府,使之成为实行政治和军事侵略的指挥所。日本利用铁路公司和关东都督府,在经济、政治和军事上实行扩张,保障与扩大在东北的权益。铁路公司成立以后,立即加速实施侵略计划。第一件事是和清政府交涉实现其夺取新奉(新民屯——奉天)铁路和吉长(吉林——长春)铁路的计划。1907年4月15日,清政府和日本订立《新奉吉长铁路协约》。1908年11月12日订立《新奉吉长铁路续约》。中国以166万日元收买日本在日俄战争中擅自铺设的新民屯至奉天的军用铁道,并向南满铁路公司举债32万日元和15万日元修造新奉路和吉长路,期限分别为18年和25年,在此期间,铁路的总工程司、账房、其他办事人员均得用日本人。

接着,日本转入对安奉铁路权的侵夺。根据1905年《会议东三省事宜附约》第六款规定,日本对安东——奉天为战争需要铺设的窄轨轻型铁道进行"改良"。日本把窄轨换成宽轨,并将路线改移,使安奉铁路成为南满铁路的一条支线,同朝鲜的汉城——新义州铁路相连,并计划在鸭绿江架设铁路桥。日本还以铁路用地为名任意抢占土地,侵占民房并派兵警驻扎。日本还竭力阻挠清政府在东北修筑铁路。1907年,中国同美国资本商洽,借款兴修新民屯——法库门的京奉路支线,计划延伸至齐齐哈尔和瑷珲,到达西伯利亚。日本扬言,如果中国一定要修筑此路,它"必当应机随时执行自认适当之手段"。① 日本政府为本国资本进入东北提供各种方便与保护,同时在税收、运输等方面对别国商品、资本实施严格的限制。但是,此时日本需要从美国进口设备以改造南满铁路,同时争取时间巩固新掠夺的权益,在美国的压力下实行部分开放。

其三,日本开展积极外交,使其在东北的扩张得到列强的承认与"合法化",从而把美国排除在势力圈之外。日本先后同法国、俄国、英国签订了相关协议,其中有1907年6月签订的《日法协定》、7月的《日俄协定》和《日俄密约》,以及8月的《英俄协定》。这些帝国主义列强承认"满蒙"为日本的势力范围,在瓜分中国方面形成了日、英、法、俄合作的局面。日本为落实《朴次茅斯和约》,同清政府签订了相关协议,保证了日本所瓜分到的权益和特权。

美国认定,它在中国和东亚地区推行"门户开放"政策的主要障碍来自日本。日本对中国的野心和所推行的政策构成了美国扩张利益的最大威胁。罗斯福政府决定采取一系列反击措施。其一,要求日本尊重美国在"南满"的利益,特别是商务权利。其二,加强在太平洋地区的军事存在,对日本炫耀武力,以期产生某种威慑作用,迫使日本在扩张自己的利益时要考虑到美国。1907年,美国国内发生了反对日本移民的浪潮。美日关系陡然紧张。美国派出16艘军舰巡游全球。罗斯福要求驻菲律宾的美军司令防备日军的突然袭击。美国强调应使用一切合法手段来保护它在中国的巨大利益,"以免美国的任何竞争者借政治上的优惠来加以削弱或损害"。② 其三,对清政府采取亲善政策,以遏制日俄在中国东北地区的进一步扩张。1907年6月15日,美国国务卿鲁特通知中国驻美公使,美国准备将它所得"庚子赔款"中超出实际损失的部分退还中国,以"证明对中国诚挚的友谊"。1908年5月25日,美国国会通过法案,将赔款中的10.78528612亿元"退还"中国,以发展其"教育文化事业"。清政府此时把争取支持和援助的目光投向了美国。1908年11月,奉天巡抚唐绍仪访美,以图吸引美资共同开发东三省和探求中、美、德三国同盟的可能性。此人想推行"以夷制夷"的政策,招引美英资本和势力,抵制与遏制日本。他主张由美国贷款2000万美元,组建"东三省银行",经营铁路和各项实业的投资活动,并在东

---

① 王芸生编著:《六十年来中国与日本》第5卷,生活·读书·新知三联书店1980年版,第107页。
② 王绍坊:《中国外交史(鸦片战争至辛亥革命1840—1911)》,第354页。

三省实行币制改革。

日本政府看到美国推行的对华政策对自己不利,特别是察觉到中国有谋求联合美国共同对付日本的打算和举措后,立即表示愿意同美国达成谅解与协议。日本的动议正好符合罗斯福的愿望。美国尽管被排挤出势力圈,但它并不打算同中国、德国走在一起,害怕因此而发生新的战争。美国期望同日本妥协。1907年春,日本向美国提议,两国就远东问题进行谈判,在瓜分中国的问题达成妥协。后来日本撤回建议。当日本知道唐绍仪访美后,立即通告美国恢复谈判。美国国务卿伊莱休·鲁特同日本驻美大使高平举行了多次会晤。1908年11月30日,美日在华盛顿签订了《日本和美国关于太平洋地区通商及维护中国完整和贸易的换文》。

这份《高平—鲁特协定》以换文的形式确定了五条原则:(1) 鼓励"太平洋地区的贸易"得到自由与和平的发展;(2)"两国政府的政策不被任何侵略意向所左右",目的在于维持太平洋地区的"现状,以及维护在中国通商和开办工业的机会均等原则";(3)"彼此尊重各自在上述地区的领地";(4) 双方决心"通过它们掌握的一切和平手段支持中国的独立和完整,以及各国在该帝国通商和开办工业的机会均等原则,以维护列强在中国的共同利益";(5) 一旦发生威胁上述现状和机会均等原则的情况,两国互相通知,"以便就可能考虑采取的有益措施达成谅解"。①

该协定肯定了日本和美国在太平洋地区所取得的权益以及列强瓜分中国的"现状",在维护中国独立和完整的名义下保障列强在中国的"共同利益"。协定的签订只是暂时缓和了日美在瓜分中国势力范围时的尖锐矛盾。日本达到了阻止美国同清政府可能接近的目的。美国得到了日本对自己既得利益和门户开放、利益均沾原则的承认。美日在瓜分中国方面又走到了一起。

此后,日本进一步加强和加速在中国东北的侵略扩张。1909年2月,日本驻华公使向清政府提出"东三省六案"的节略,其中包括铁路、矿务、界务三方面的侵略要求。这些明目张胆的侵略要求涉及新民屯——法库门铁路、大石桥——营口支路、京奉铁路延伸到奉天城根,抚顺和烟台煤矿,安东——奉天铁路沿线矿务、"间岛"等问题。清政府对日方的无理要求进行了一一据理驳斥,但没有顶住日方的巨大压力,最终只得满足了它的要求。

1909年9月4日,清政府外务部尚书和日驻华公使签订了《东三省交涉五

---

① 《国际条约集(1872—1916)》,第435—437页。

案条款》和《图们江中韩界务条款》。清政府答允如建造新法铁路,须先与日本政府商议;承认大石桥至营口铁路为南满铁路的支路;同意日本对抚顺、烟台两处煤矿有开采权;安奉铁路和南满铁路干线沿线各矿,除抚顺烟台煤矿外,中日合办;京奉铁路延至奉天城根之事由"两国官宪及专门技师妥为商定"。在同日本的谈判中,清政府稍微捞回了一点面子的这就是日本承认图们江为中朝国界。但是,该地开放商埠并准日本设立领事馆,实际上承认和扩大了日本在东北行使领事裁判权。①

美国塔夫脱总统积极在中国推行"金元外交",同英、法、德展开了争夺湖广铁路路权的斗争。1909年5月,英、法、德三国达成谅解,粤汉铁路路权由三国财团分享,川汉铁路亦由三国均分。6月6日,清政府和三国银行团签订借款合同。美国于7月15日向清政府发出威胁:"如果美国政府的合理愿望现在竟受到阻挠,中国政府应负全部责任。"②美国同三国交涉。1901年5月23日四国银行团成立。美国同英、法、德一起掠夺中国。

美国同时谋求实现修建东北铁路的计划。清政府有意修筑一条自葫芦岛经锦州、齐齐哈尔横断中东铁路直达中俄边境瑷珲的铁路。作为四国银行团成员的美国银行团驻华代表司戴德同英国宝林公司达成协议,决定美英合组银团,由宝林公司利用美国工程师、材料营造,美国银团投资。他梦想此举成功,则可以实现美英共同开发满蒙,并保证美国打入西伯利亚。1909年10月2日,清政府官员同司戴德签署《锦瑷铁路借款草合同》,铁路公司由中美英三国人组成。在借款期间,铁路由公司经理,只受邮传部"节制",铁路收入"除应还本息及公司花销外",如有余利,公司可提10%为酬。此项合同未被清廷核准。

1909年11月6日,美国国务卿提出"满洲铁路中立化"的方案,邀请英国合作。美国建议:(1)将满洲铁路置于"经济的科学的和公正的管理之下",相关列强共同贷款给中国,借款期间各国参加铁路的管理;(2)如上述计划不能实现,则由美英联合支持锦瑷铁路计划,一同邀请他国参加此铁路以及将来其他铁路的投资,向中国提供贷款,使中国能收买"可以包括在此铁路系统中的其他现有铁路"。③ 美国满洲铁路中立化的实质是迫使俄国和日本放弃已经取得的特权,并逐渐把这种特权转移到美国手中。对于美国提出的"中立化"方针,虽

---

① 王绍坊:《中国外交史(鸦片战争至辛亥革命1840—1911)》,第394—395页。
② 同上书,第359页。
③ 同上书,第359—361页。

然清政府欢迎,德国也表示支持,但日俄坚决反对,英国、法国也不给支持。所以,美国的这一计划终成泡影。

《日俄密约》与日本吞并朝鲜

日本独占朝鲜蓄谋已久。1904年8月22日,日本就同朝鲜签订了《关于指派财政和外交顾问以及外国人权利的协定》。协定规定,日本政府将向朝鲜政府推荐一名日本臣民为财政顾问。朝鲜政府"在一切财政问题上征求和遵循他的意见"。日本政府向朝鲜推荐一外国人担任政府的外交顾问,"在一切重大的国际问题上征求和遵循他的意见"。协定第三条还规定,"凡同外国缔结任何条约或给予个体的外国人以特权的属于协定性质的其他重要国际交易等等,朝鲜政府应同日本政府进行磋商"。① 日本通过上述协定获取了朝鲜财政和外交的指导和主导权。

日俄战争之后,日本利用《朴次茅斯和约》,于1905年11月17日在汉城签署了《朝鲜和日本关于由日本负责朝鲜对外关系的协定》。日本由此窃取了朝鲜的外交权。协定共五条。主要内容有:(1)"日本政府通过东京外务省,今后将掌管和指导朝鲜对外关系和事务,同时日本外交和领事代表将负责管理朝鲜在外国的国民和利益"。(2)"日本政府承允执行朝鲜和其他国家间实际存在的条约。同时朝鲜政府,除通过日本政府为媒介外,保证今后不缔结具有国际性质的任何文件或约定"。(3)日本政府向朝鲜宫廷派驻统监,"主要是负责和指导有关外交事务的问题"。统监有权单独和亲自觐见朝鲜皇帝。日本向朝鲜各港口和它认为必要的地方派常驻代表,在统监的指导下行使属于日本驻朝鲜领事的权力与职能。

俄日在中国东三省特权的转移以及日本变本加厉地推行关门政策引起了各国列强的强烈不满和反对。美国为此采取了一系列的措施。日本和俄国在维护既得利益时抛弃了日俄战争造成的恩怨,逐渐走到一起,并谋求建立英、法、俄、日的帝国主义集团。从1906年6月起,沙俄寻找各种途径,协调同日本的关系。1907年7月30日,日本驻俄大使本野一郎与沙俄外交大臣伊兹沃尔斯基在彼得堡签订了第一次《日俄协定》和《日俄密约》。协定共两条。第一条,"两缔约国允约尊重彼此现时领土之完整,并所有两国各自与中国缔约有效之条约协定暨合同之权利"以及"两国所订各项专约之权利"。第二条,"承认

---

① 《国际条约集(1872—1916)》,第248页。

中国之独立与领土完整,及各国在华商工业之机会均等主义,并相约各用其所有之和平方法,以扶助及防护现状之存续及对上述主义之尊重"。

第一次密约有四条及一附款。第一条把中国的东北划分为南北两半,北为俄国势力范围,南为日本所占有,双方均不得在对方的势力范围内"觅取任何铁路或电信之让与权",也不间接或直接阻挠对方在该区域内寻找让与权之任何行动。第二条,"俄国承认日本与朝鲜间依现行条约规定为基础之共同政治关系",俄国"不加干涉且不阻挠这种关系之继续发展"。日本保证俄国在"朝鲜享最惠国之一切权利"。第三条"日本帝国政府承认俄国在外蒙古之特殊利益",禁止"任何可以妨害此种利益之任何干涉"。第四条,双方"对本条约严守秘密"。①

协定与密约是日俄共同瓜分中国东北、外蒙古和朝鲜的铁证,并且大大膨胀它们侵略扩张的野心。之后,日本采取了一系列行动来扩大在中国的权益,迫使清政府签订了《东三省交涉五案条款》等。

美国为扩张利益、特别是试图推行"满洲铁路中立化"计划,在东北同日俄的利益发生严重冲突。日俄于1910年7月4日签订了第二次《日俄协定》和《日俄密约》。第二次协定是对第一次协定的补充,共三条。第一条,为发展交通与商业,双方允诺改进铁路及其联络,避免"有害之竞争"。第二条,尊重满洲的现状。第三条,如发生伤害现状之事件,双方应采取维持现状认为"必要之措置"。在这里,"承认中国之独立与完整及各国在华商工业之机会均等主义"不见了。原来的"和平方法"变成了"认为必要之措置"。

第二次密约扩大为六条。肯定1907年所划定的势力范围,尊重彼此在势力范围内的特殊利益以及为保护此种利益采取的"措置",不阻碍对方在自己势力范围内巩固与发展特殊利益。当这种特殊利益受到威胁时,双方"同意采取防卫此种利益之办法"。双方不得在对方的势力范围内采取一切政治活动,不得"觅取足以损害彼此特殊利益之任何特惠及让与权"。②

日俄两次协定和密约后,日本加快了兼并朝鲜的步伐。1910年8月22日,日本强迫朝鲜订立了《关于日本帝国吞并朝鲜的条约》。第一条,"朝鲜皇帝陛下把整个朝鲜的一切主权权利全部和永久割让给日本皇帝陛下"。第二条,日

---

① 王芸生编著:《六十年来中国与日本》第5卷,第83—87页。
② 王芸生编著:《六十年来中国与日本》第3卷,生活·读书·新知三联书店1980年版,第289—291页。

本接受上述割让"同意把朝鲜全部并入帝国"。①

　　1911年中国发生了辛亥革命。日本和俄国趁此机会赶在其他列强之前在蒙古划分势力范围。1912年7月8日,由沙俄外务大臣萨宗诺夫和日本前任驻俄大使本野一郎签署了第三个密约。密约肯定了第一、二个密约划分势力范围的有效性,并把分界线从满洲延伸到内蒙古。密约以116°27″为界将内蒙古划分为东西两个部分:"俄罗斯帝国政府担任承认及尊重日本在上述经度以东内蒙古之特殊利益;日本帝国政府担任同样义务,尊重在上述经度以西之俄国利益"。②

英国侵略西藏与中英交涉

　　英国从1876年的《烟台条约》取得了入藏的权利。1888年英军发动了第一次侵藏战争。1890年中英签署《中英会议藏印条约》,承认哲孟雄(改为锡金)为英国的保护国,并划定了西藏和锡金之间的边界。1893年《藏印条款》的签订,英国获得了在西藏通商的权利。1894年亚东正式开埠、通商。英国向亚东以北的帕里进发,并对中国提出领土要求。1895年以后,英国官方出现了列强瓜分中国、吞并西藏的论调。

　　1899年1月,寇松被委任为印度总督。他力主对西藏采取更加明目张胆的侵略政策:其一,把开放的市场从亚东北移到帕里,进而威胁拉萨。其二,同西藏地方官员建立直接联系,从而加强对西藏的政治影响,进而把其置于英国的完全控制之下。寇松在这种图谋没有得逞的情况下,决定使用武力,对中国发动军事进攻。1902年1月,英国就开始策划对中国的军事挑衅。1902—1904年英国人曾三次举兵进犯中国的西藏。1902年6月,英国驻锡金政治专员怀特带兵100人侵入属于西藏的甲冈。1903年1月8日,寇松上书英国政府,建议派使节在武装护卫之下强行进入拉萨、同西藏官员谈判。6月3日,怀特和荣赫鹏带领武装卫队200余人和运输队300余人越界强行入藏,侵入干坎宗。11月,英国组成一支由荣赫鹏率领的2000余人(后来扩大到8000余人)的侵略军入侵西藏。英国侵略者12月13日进占仁进岗,14日占领春丕,21日攻占帕里,并向江孜推进。

　　1904年8月3日英军攻入西藏首府拉萨。英国以武力相要挟,迫使西藏于

---

① 《国际条约集(1872—1916)》,第461—462页。
② 王芸生编著:《六十年来中国与日本》第6卷,生活·读书·新知三联书店1980年版,第6—7页。

11月11日在布达拉宫签署了《英藏条约》,亦称《拉萨条约》。条约共十款,主要内容有:第二款,西藏允定于江孜、噶大克、亚东开辟为通商之埠。1893年《印藏条款》中关于亚东的各项规定适应于江孜和噶大克。西藏保障通商贸易之畅通。第三款,西藏向英国赔款50万镑,75年偿清赔款。未偿清前,英军继续留居春丕。第八款,西藏允诺将所有自印度边界至江孜、拉萨之炮台山寨等一律削平,并将所有滞碍通道之武备全行撤出。第九款,"西藏允定以下五端,非英国政府先行照允不得举办:一、西藏土地无论何外国皆不准有让卖租典或别样出脱情事;二、西藏一切事宜无论何外国皆不准干涉;三、无论何外国皆不许派员或派代理人进入藏境;四、无论何项铁路、道路、电线、矿产,或别项利权均不许各外国或隶各外国籍之民人享受,若允此项利权则应将相抵之利权或相同之利权一律给予英国政府享受;五、西藏各进款或货物或金银钱币等类,皆不许给予各外国或藉隶各外国之民抵押拨兑"。①

英国通过这一条约,把西藏划归了它的势力范围,暴露了它独占西藏的野心。英国在中国西藏获取的特权,引起了其他帝国主义列强、首先是沙俄的不满与抗议。中国政府对此也持有异议。清廷认为《拉萨条约》有损中国的主权,电告驻藏大臣"切勿画押"。后指令由政府同英国立约,其基本立场是,英国必须明白承认中国在西藏的主权,并修改第九款。清廷派唐绍仪赴印度交涉。1905年2月,中、英代表在加尔各答会谈。中方要废除《拉萨条约》,英方硬要中方在条约上签字。中方强调主权,英方只承认中国对西藏的宗主权。会谈以失败告终。

1905年日俄战争爆发之后,英国准备集中对付德国,英俄矛盾有所缓解。英政府打算在西藏问题上采取较为缓进的政策。1906年初,中英关于西藏问题的谈判在北京举行。4月27日,中英签订了《续订藏印条约》。清政府承认《拉萨条约》,并负责支付赔款,三年付清。英国同意修改第九款,凡行文中有"何外国"部分均适应于英国。但是,中国力主的在西藏的主权未被列入其中。通过《续订藏印条约》的签署,中国部分挽回了在西藏的主权。1906年,清政府派赵尔丰为川滇边务大臣,张荫棠为查办藏事大臣。后者在整顿西藏财政、外交、通商、吏治等方面均有所建树。

此时,日俄积极谋划瓜分中国。英俄也开始了重新分割势力范围的谈判。

---

① 北京大学国际政治系编:《国际关系史资料选辑(近代部分)》下,第124—125页。

1907年8月31日英俄在圣彼得堡签署了《俄国和英国之间关于波斯、阿富汗和西藏问题的专约》。其中关于西藏的协定称:两国政府"承认中国对西藏的宗主权,并且注意到由于地理位置,英国对于充分保持西藏对外关系的现存秩序具有特殊的利益"。因而达成五条协议和一项附件。第一条,"缔约双方承允尊重西藏的领土完整,并且不对西藏的内政进行干涉";第二条,"根据承认中国对西藏宗主权的原则",两国政府承诺"只通过中国政府作中介同西藏进行交往",但不取消英国商务代表与西藏当局的直接联系,也不改变1906年专约中第一条所规下的中英之义务,俄英臣民中的佛教徒以纯粹的宗教事务与西藏直接交往;第三条,俄英"各自承允不向拉萨派遣代表";第四条,"不在西藏为自己或本国臣民强求或获取铁路、公路、电报和矿产的租让权或其他权利";第五条,"西藏的任何收入,无论是实物还是现金,皆不得抵押或提供给俄国和英国及它们的国民"。① 同日,英国大使向俄国外交大臣发出一份照会称,除了事前达成的协议,在设定发出之日起三年内"不准任何科学考察团进入西藏是有益的",希望俄国采取同样的措施,并呼吁中国承担同样的义务。

清政府为了维护和巩固在西藏的主权,竭力阻止英国人和西藏地方当局的直接接触。英国对此极为不满。在关于商改1893年《藏印条款》的谈判中,英方坚持"有权画押的藏官参加"。清政府作出让步,指派八位藏官随同中央代表张荫棠前往印度。谈判从1907年9月12日开始到次年4月20日签订了《修订藏印通商章程》。该章程给予了英国一系列特殊的权利,其中包括:同西藏地方官员直接发生关系的权利;在各商埠内租地建筑房栈;英人在商埠的治外法权;设置邮件的传递夫役、设置卫队等。中国在章程中也收回了一些权利,保全了在西藏对外事务上应由中央出面主持交涉订约的主权。

为了巩固和加强西南边陲,清廷于1908年决定派川军入藏。达赖密令藏军沿途抗阻。1910年2月,清军进入拉萨前,达赖出走印度。英国公使出面干涉。英国乘机要求解决西藏地区关税税则、商务委员等悬而未决的事项,并无理要求中国的驻军人数不宜过多。

1910年6月,英军入侵西藏的那塘,名为"保护"英在藏官员。8月,英国发出照会,要求"中国政府对于西藏内政如有改变,不得妨害尼泊尔、不丹、哲孟雄诸部落,如遇英国有保护尼、不、哲各部落权利之必要,甚望中国政府严令驻

---

① 《国际条约集(1872—1916)》,第319—324页。

藏官员与英国边吏和平协办"。中国回复道,整理西藏内政"当不会影响三个邻邦"①。

辛亥革命爆发后,英国支持达赖等策动西藏上层叛乱,驱逐清政府驻藏大臣和入藏川军。1912年6月,北京政府命令四川都督尹昌衡率师入藏平定。8月英国公开出面干涉,阻止中国政府军继续向西藏进发。8月17日,英驻华公使朱尔典向中国提出五项要求,其中包括不得干涉西藏的内政,不得将西藏和内地等同等,驻藏大臣可有适当的卫队,但不得拥有无限的军队,试图迫使中国政府放弃对西藏的主权。该备忘录提出举行中国、西藏和英国三方会议。②袁世凯为取得各国支持与承认,迫于英国的压力,8月31日下令入藏军队停止前进。袁世凯着手与西藏政府的会谈。12月3日,英国政府催促中国方面立即做出答复,称"除非中国政府同意在三个月内就西藏的地位进行谈判,英国将认为1906年英中协定不再有效,它可以不受约束地与西藏进行直接谈判"。12月23日,中国政府做出答复,声明:"中国政府无意将西藏改为行省;中国政府为维护西藏境内安宁,有权出兵西藏,但无意以无限的兵力留驻西藏;前清与英国所订条约已甚详尽,无另订新约之必要。"

1913年1月袁世凯同意与英国谈判,地点可在北京或伦敦,经过协商交换一份照会即可。5月英国提出在印度举行中、英、西藏三方会谈以达成一项解决西藏问题的协议。1913年10月13日,中、英、藏三方会议在印度的西姆拉开始举行。会议一开始,西藏地方代表提出了六项要求:西藏"独立";确定西藏的疆域;英藏通商;不准中国大臣、官员、军队、百姓等人入藏侨居,以及中国官兵百姓勒索掠夺西藏之财物应负责赔偿。中央政府的代表提出与此相反的建议,要求承认西藏是中国领土的一部分,中央派要员常驻拉萨,西藏在外交、军事方面按中央指示办理等等。英国人以调停人的身份出现,并把藏族居住的地区划分为"内藏"和"外藏"。包括西藏在内的"外藏"实行自治。1914年3月11日,英国代表提出"调停约稿",共十一条。主要内容包括:中英双方承认中国对西藏的宗主权并承认外藏的自治,中国承诺不把西藏改为一个行政省,英国承诺不兼并西藏或其任何一部分。中英双方不向西藏派驻军队和文武官员,不把西藏变为殖民地。中国和西藏不得同除英国以外的任何外国进行新的有关西藏的

---

① 王绍坊:《中国外交史(鸦片战争至辛亥革命1840—1911)》,第381—382页。
② 丁名楠等:《帝国主义侵华史》第2卷,人民出版社1986年版,第441页。

谈判或签订协议。英国和中国在西藏享受同等的最惠国待遇等等。①

英国实际上把西藏作为自己的保护国。中国代表不同意。英国代表麦克马洪一再施加压力并发出恫吓，如果中方不同意，会议宣告破裂，英方直接同西藏订约。1914年4月27日，中方代表陈贻范草签条约。第二天，中国政府电告陈否定："英员仅许以一隅之地，划归青海，迫我承认，殊堪诧异，执事受迫画行，政府不能承认，应即声明取消。如英专员愿和平续商，仍应接议。"1914年7月3日，陈贻范宣读中国政府的训示，拒绝在所谓的"西姆拉条约"上签字，并声明"凡英国和西藏本日或它日所签订的条约或类似的文件，中国政府一概不能承认"。这一天，麦克马洪单方面将条约草案做了修改，与西藏代表共同签署。麦克马洪和西藏代表通过私下换文，确定了"麦克马洪线"。

---

① 北京大学历史等编：《西藏地方历史资料选辑》，生活·读书·新知三联书店1963年版，第296—299页。

第十四章　第一次世界大战前夕的国际关系

第一节　协约国最终形成及其与同盟国斗争的加剧

英德海军竞争与军备竞赛的加剧

帝国主义为争夺霸权的需求,加速了军备建设,引起了激烈的军备竞赛。英国拥有强大的海军、竭力维持海上霸权。海外的争夺和海上运输的扩张,为海上军事优势的竞争注入了新的推动力。各国海军军备竞赛势不可挡地展开,英、德之间的竞争尤为激烈。

英国对德国妄图称霸西欧的野心深感担忧,并认为它加速发展海军扩充海上力量,对自己的海上军事优势和海外利益造成了巨大的威胁,形成了严重的挑战。1897年,英德之间的分歧与矛盾又有了新的扩大。加拿大宣布对英国的商品实行超越最惠国待遇的优待关税,德国决定对加拿大商品实施限制性措施进行报复。英国断然废除英德1865年签订的贸易协定,使两国最大的贸易伙伴关系失去了法律依据,德国商品面临着英帝国排斥的危险。德国人感到只有强大的海军才能免于遭到英国封锁市场的威胁,并削弱英国进攻的力量。德国统治集团在克服内部不同利益集团和派别的分歧之后,坚定地走上了加速扩充海上力量的道路。1898年3月,德国国会通过了《海军法》,在海军军备竞赛中迈出了第一步。1900年德国通过了第二个扩大海军力量的法案,保证德国每年都应有装甲舰建成下水。德国连续通过法案扩充海上力量,促使英国采取相应的扩军行动。

英国为建立和巩固海上霸权,一直推行"海军两强标准"来建设自己的海军,这就是它的海军装备及人员必须大于其他两个强国之和。1905年,英国开始建造名为"无畏舰"级的装甲舰。它配有10尊12英寸大口径的大炮,其体积和速度都超过了原有的舰船,这无疑提高了英国海军的战斗力和威慑力,并以此来保护海上优势。当时英国断定德国不会在短期内制造出类似的舰只,而且从北海到波罗的海的通道基尔运河,因为过浅而不宜大型舰船通过。因此,英国可以确保自己对德国海军的优势。

德国迅速行动起来提高自己的海军力量,这完全出于英国的预料。1906年德国国会通过了关于加强新造主力舰的法案。决定今后的新造舰船必须是"无畏舰"级的军舰,并规定舰队的编制再增加6艘大型巡洋舰和一支布雷舰小队。英国强烈感到,德国扩大海上力量,试图建立海上的领导地位同英帝国的生存是"不相容的"。然而,德国国内的一些集团,如"海军协会"等对国会的这一扩张海上力量的决定表示强烈不满,要求加大扩军的力度和加快扩军的速度:莱茵—威斯特伐利亚大工业有种种理由借助于海军法案来稳定繁荣的局面。德国的出口要求海上安全。德国各造船厂首先参加了要求扩大海军的斗争。①

1907年,德国国会占主导地位的是大资本家和容克地主联盟。他们强烈支持殖民政策,为了对付来自英国的威胁要求扩充海上力量。1908年,德国在海上军备竞赛中迈开了关键性一步。这年4月,国会通过加强海军的第四个法案,主力舰服役期限从25年缩短到20年。根据该法案,德国在1908—1917年间要更换17艘主力舰和6艘重巡洋舰。在此期间,海军所需要的费用比以前的海军计划规定大约超过10亿马克。②

面对德国的挑战,英国决定坚决捍卫自己的帝国利益,特别是海上霸权利益。英国统治阶级决定:加速实施扩充海上力量的计划,争取赢得国内民众和国际舆论的支持。首先,英国在国内制造舆论,把扩军及其由此引起的赋税增长归罪于德国,因为德国在加速扩军,威胁了英国的利益。其次,英国向德国提出就限制海军军备问题举行谈判。英国的用意无非是:如果德国拒绝,它就可以把国内的不满转向德国;如果德国赞同,它就可以保障自己已具有的优势。因此,对于英国来说不管何种情况发生对自己都是有利的。1907年英国首相坎贝尔·班纳曼在第二次海牙和平会议上提出了限制海军军备的建议,呼吁限制新的军备和缩减军费。德国认为英国是在玩弄巩固海军优势的诡计,采取了断然拒绝的蛮横态度。会议并未就英国的提议进行认真讨论。

1908年8月,英王爱德华七世在外交部常务副大臣哈丁陪同下访问德皇威廉二世。哈丁试图说服德皇限制海上扩军的速度。他说:"应当结束这种建造的竞赛",应当缔结关于放慢建造速度的协议,"否则,我国政府将在下一年提出新的造舰计划,但是由于资金不足,必须增加赋税。这是极不得人心的,可能导致政府的垮台"。哈丁问威廉二世:"您能不能停止建造或者少造一些军舰呢?"德皇听后并不对英王在扩军方面可能遇到的麻烦和英国官员的请求略表同情

---

① 〔苏〕赫沃斯托夫编:《外交史》第2卷(下),第836、839页。
② 同上书,第841页。

与理解,而是用极富威胁与挑衅的口吻说:"那么我们就打仗好了,因为这关系到民族的荣誉与尊严的问题。"①德皇认为英国试图限制海上军备是一种"近于侮辱德国人民及其皇帝的卑劣行为"。威廉二世的粗暴,加剧了英德的矛盾。

德国决定改变手法,既要掩饰不愿限制军备竞赛的意图,同时指出达成协议的任何企图肯定都会归于失败,于是采取索要高价来回应或是否定英国的限制军备的建议。德国首相要求英国废除同俄国的协约关系,以此作为举行谈判的先决条件。德国驻英大使梅特涅写道:"倘若我在他们(英国的大臣们)面前表示,我们永远不会而且绝对不会同意签订关于海军开支的条约,那么我就没有必要使关系趋于紧张了。但是,爱德华·格雷先生不会那么轻易地支付我为签订这项条约所要求的代价。"②

英国的建议遭到德国否定后,采取强硬措施以维护自己的海军优势,称德国每建造一艘军舰,英国就决定建造两艘军舰,形成"二比一"的绝对优势。英国走上了全力以赴地进行海上军备竞赛的道路。1909—1910 年,英国便建造了 10 艘无畏舰。德国加速扩充海军军备来回应英国的军备竞赛。1908—1912 年,德国每年投入生产的战列舰为 4 艘。1912 年德国制定了第五个扩充海军的法案,规定大幅增加海军所拥有的军备数量,其中包括 41 艘战列舰、20 艘装甲巡洋舰、114 艘驱逐舰和 72 艘潜艇。

英德的海军军备竞赛一直延续到第一次世界大战。虽然德国在这场竞赛中未能赶上英国,但通过五个发展海军法令并予以落实,它的海上力量大大增强,成为世界第二大海军强国。到第一次世界大战爆发时,英国拥有大小军舰 688 艘,服役人员 20.12 万人,依然维持着"两强海军标准",无论舰船数量和服役人员都远远超过其他两个强国。德国居第二,军舰 391 艘,服役人员为 79 357 人。英德激烈展开海军军备竞赛的同时,其他帝国主义国家也加强了海军建设。法国拥有军舰 215 艘,5.09 万人。俄国军舰 306 艘,5.09 万人。奥匈帝国有军舰 202 艘,1.8 万人。③

1904 年《英法协定》

19 世纪末到 20 世纪初,在争夺欧洲和海外利益时,英国同德国的矛盾已经

---

① 〔苏〕赫沃斯托夫编:《外交史》第 2 卷(下),第 844 页。
② 同上书,第 845 页。
③ 参见王绳祖主编:《国际关系史》第 3 卷,第 360—361 页。

逐渐上升为主要矛盾,这样有利于英国与法国的接近。英、法都面临着德国的不断强大和扩张的挑战与威胁。对于英国来说,德国海上力量的加强,几个扩充海军力量的法案的通过及采取的相应措施,构成了对英国海上优势的挑战。英国逐渐抛弃了多年来实行的"光荣孤立"的政策,寻求同盟来对付日益强大与扩张的德国。1902年,英国和日本结盟条约的签署有利于遏制沙俄在远东地区的扩张。但此时,英国最为关注的是如何实现英法的接近,并结成反对德国的欧洲联盟。

法国亦希望同英国结盟来对抗本国的宿敌德国,以实现国家政策目标。德国的强大和不断膨胀的侵略野心,对法国来说确实形成严重的威胁和挑战。其一,普法战争后,法国对德国的警觉和防备不断加强,总在谋划报仇雪恨。德国采取打压与孤立法国的政策。法德都在寻求盟友。德国在1899—1901年曾三次同英国就结盟进行谈判,由于英国意识到它同德国的利益冲突与矛盾难以平息,特别是德国采取海上扩充军备的政策与举动,最终放弃了同德国联盟的打算,德国的联盟努力遭到失败。

法国想同俄国接近,利用俄国在东部对德国形成的压力,有力牵制德国的行动。1899年8月,法国外长访问俄国,同其外交大臣以换文的形式达成协议,确认90年代《政治协定》和《军事专约》继续有效,还增加了《欧洲力量的均衡》等重要内容,共同防止和遏制德国力量的膨胀与扩张。19世纪90年代初法国和俄国建立了同盟关系。但是日俄战争爆发后,俄国把自己的注意力和力量集中对付日本,没有能力顾及法国对抗德国的利益需求。法俄同盟的实际效用受到怀疑,事实上证明,双方都不对缔约另一方在紧急时期能对自己提供多少援助抱有不切实际的幻想。这样,法国需要寻找新的盟友。加强同英国的联系是较为现实的考虑。

其二,法德经济的发展都把目光盯住对方的土地,掠夺对方的资源。德国在普法战争后霸占了阿尔萨斯、洛林这样的战略要地,还带来了洛林丰富的铁矿。德国还把目光盯住法国东北部铁矿丰富的大片领土。法国念念不忘收复失去的阿尔萨斯、洛林,还想把德国的产煤要地萨尔据为己有,既实现收复失地的目的又可以把丰富的铁矿和煤矿资源结合在一起,促进本国经济的发展,达到政治和经济目标。

其三,德国扩大殖民利益的扩张政策威胁着法国的海外殖民利益。法国认定和英国结盟有利于对抗和阻止德国在世界的扩张,维持自己的海外利益。

日俄关系的紧张和它们进行的备战,促使英法加速接近。此时,英日有同盟关系,法俄也结成了同盟。日俄交战势必要求它们各自的盟国采取根据盟约所应该采取的行动。法英两国都不愿卷入日俄战争,不愿把自己的主要注意力投向在远东的争夺,而放松对德国这一重要威胁的警惕与防备。双方都希望接近,摆脱直接卷入战争的危险境遇。1903年5月10日,英王爱德华七世和外交大臣访问法国,寻求与显示英法友谊,并称英法敌对的时代已经过去,合作友好的时期已经来临。同年7月6日,法国总统卢贝和外交部长回访英国。两国外交部长在谈判中,就消除双方在殖民地问题上的分歧交换了意见,取得有益的进展。在此基础上,英法官员继续磋商。1904年4月8日英国和法国在伦敦正式签署了《法国和英国关于埃及和摩洛哥的声明》、《法国和英国关于纽芬兰和西非及中非的专约》以及《法国和英国关于暹罗、马达加斯加和新赫布里底群岛的声明》。上述两个声明和一个专约构成了《英法协约》。

英法关于埃及和摩洛哥的声明共九条和一个有五条内容的秘密条款。第一,英国声明"无意改变埃及的政治地位",法国"将不以要求确定英国对埃及的占领期限或其他方式妨碍英国在该国的行动"。第二,法国声明"无意改变摩洛哥的政治地位",英国承认"应由法国特别作为一个其属地的疆界的大部分和摩洛哥的疆界相连的国家,维持该国的秩序,并提供为进行行政、经济、财政和军事的改革而可能需要的援助"。英国不会阻挠法国为此目的而采取的行动,但这种行动不得损害它在摩洛哥的"合法"权益。第三,实行自由贸易的原则,保障运河和海峡的自由通行。①

英法关于纽芬兰和西非及中非专约共九条。主要内容:第一,法国放弃在纽芬兰根据条约所取得的优惠,但保留捕鱼权。第二,英国对法国放弃在纽芬兰岛某一部分的特权,予以领土补偿。塞内冈比亚和英国殖民地冈比亚之间的目前边界应予以修改,以便法国得到亚布坦达以及该地所属的土地和登陆地。英国将位于科纳克里对面的称为洛斯群岛割让给法国。第三,在尼日利亚的东面划定法国和英国领土之间的边界。②

法英关于暹罗、马达加斯加和新赫布里底群岛的声明分别记载了双方对上述各地区的政策调整。关于暹罗,双方承认1896年1月15日在伦敦发表

---

① 《国际条约集(1872—1916)》,第237—241页。

② 同上书,第241—246页。

的声明①第一条和第二条,宣布"法国应承认英国在位于湄南河流域西部领土的势力范围,英国应承认法国在位于上述地区的东部领土的势力范围。上述地区的东部和东南部的全部暹罗领土和邻近的岛屿今后应处在法国的势力范围,而该地区和暹罗湾的西部的全部暹罗领地,包括马来半岛和邻近岛屿应处在英国的势力范围之内"。第二,关于马达加斯加,英国撤回它对法国兼并马达加斯加之后在该岛颁布海关税率而提出的抗议。第三,关于新赫布里底群岛,两国政府同意制订一项协议,该协议不涉及对政治现状的任何改变。任命一个委员会解决在该岛上它们各自的国民对地产的纠纷。②

1904年的《英法协约》是解决两国在瓜分势力范围中产生的分歧和矛盾,协调它们之间的殖民利益。该协约虽然不是同盟条约,并不涉及德国,但法英通过协约从对手变为联手,这对德国而言是难以接受的。德国意识到,法俄同盟加上法英协约,自己已经处于法英俄的包围之中,在欧洲的战略处境十分不妙。德国为了摆脱在战略上被包围的不利局面,施展了一系列外交手腕。德国利用俄国处于日俄战争中需要欧洲国家的支持,接近俄国,离间俄法同盟关系。1904年夏天,德俄签订了《德俄通商条约》,强调"友谊"和提供援助。德国试图通过离间法俄关系、激化与加剧英俄矛盾来建立德俄同盟。1905年7月23—24日,沙皇尼古拉二世和德皇威廉二世在波罗的海的比约克岛附近举行会晤,并签订了《德俄比约克条约》。日俄战争结束后,俄国拒绝了德俄同盟。德国利用摩洛哥问题来破坏英法协约也未能得逞。

第一次摩洛哥危机与阿尔赫西拉斯会议

19世纪70年代,法国开始了蚕食摩洛哥的殖民活动。1900年底,法国同意大利就调整它们在北非的殖民利益达成谅解,意大利同意法国占领摩洛哥。1904年法英签署协约,英国承认了法国在摩洛哥的特殊利益,尊重法国为维护这种利益所采取的行动。同年10月5日,法国同西班牙签订了在摩洛哥划分势力范围的条约。摩洛哥北部和西部被划归西班牙,其余地区则划归法国。西班牙还做出承诺,不向任何外国求援。这就意味着,其他欧洲列强,特别是德国

---

① 该声明划分了在暹罗等地的势力范围,共六条。其中,第一条:英国和法国在暹罗的势力范围未经另一方同意,一方不得在任何情况下或以任何借口将武装部队开入包括下列各流域的地区……不在这一地区获取英法两国及其国民和属地不能共同享有或不对他们平等开放的任何特权和利益。第二条:上述条款不妨碍两大国采取可能商定的为维持暹罗王国独立而认为必要的行动。参见《国际条约集(1872—1916)》,第145—147页。

② 《国际条约集(1872—1916)》,第246—247页。

不能乘机干预摩洛哥事务。①

法国在签署《英法协约》和《法西条约》后,加紧推行兼并摩洛哥的计划。其一,向摩洛哥强行贷款。早在1903年,法国向摩洛哥提供2100万法郎的贷款。1904年法国迫使摩洛哥苏丹接受6200万法郎的贷款,条件是交出海关收入的大部分作为保证。其二,对摩洛哥进行"改革"。根据1905年出笼的这一改革计划,法国要在摩洛哥实现"突尼斯化",即建立对它的保护关系。改革的设想包括建立在法国控制下的警察部队,成立在法国金融资本把持下的国家银行,为法国资本获取租借权等。

对于法国在摩洛哥不断扩大势力,德国做出了强烈的反应:警告法国必须放弃损害德国资本和根本不合德国心意的政策。德国支持和怂恿摩洛哥苏丹抵制法国的举动。1905年3月29日,德国宰相比洛在国会宣称,摩洛哥的政治现状必须保持,德国在该国的利益必须受到保护。31日,德皇威廉二世在旅行中访问摩洛哥首都丹吉尔时,发表了一篇简短的但富于挑衅性的讲话,酿成了第一次摩洛哥危机。

德皇的讲话强调摩洛哥的独立,对外应门户开放以及德国准备采取一切措施,维护它在这个国家的权益:"今天我是向具有独立君主身份的苏丹进行访问。我希望,在苏丹的主权下,一个自由的摩洛哥仍然向一切国家开放和平竞争,这些国家应在一种绝对平等的立足点上,不容垄断和不容排他地开展竞争。"他说这次访问的目的是向世人昭示"我决定做出我的权力所及的一切,来有效地保卫德国在摩洛哥的利益。既然我认为苏丹是一位绝对自由的君主,我就愿意和他商谈关于保卫这些利益的适当方式"。德皇劝告苏丹在接受和实施法国提出的"改革"时,"必须慎重从事,要考虑到居民的宗教情绪,以免使公共秩序受到骚扰"。② 德皇在答谢法国代表的欢迎时,向法国发出警告;他懂得应该怎样保卫德国的权利,希望法国会尊重德国的权利。③

4月11日,德国首相比洛建议把摩洛哥问题提交国际会议,试图以此向法国施加压力,迫使其做出让步。他向参加1880年7月3日《马德里条约》的各国政府建议:尊重条约所规定的基本原则,即所有外国及其公民在摩洛哥所享受的通商权利和其他权利均应一律平等。他反对英法两国就条约中规定的摩洛哥的地位进行交易,建议在取消法国在摩洛哥的特权的基础上召开国际会

---

① 王绳祖主编:《国际关系史》第3卷,第341页。
② 蒋相泽主编:《世界通史资料选辑(近代部分)》下册,第295页。
③ 〔苏〕赫沃斯托夫编:《外交史》第2卷(下),第763页。

议,重申"门户开放"政策,并以此为基础来调整相关国家的关系和确定摩洛哥的地位。这位德国首相的建议甚至带有威胁性的暗示,如果法国不愿意接受,德国可能采取战争行动来处理摩洛哥问题。

如何应对德国提出的挑战,法国政府中存在着分歧,以外长德尔卡赛为代表的强硬派或主战派主张断然予以拒绝,并不惜一战。法国外长认为:其一,德国不会贸然为摩洛哥打仗,因为不会拿刚刚建立起来的一支海军遭到全军覆没的厄运来进行赌博;其二,法国会得到欧洲的支持,"欧洲站在我的一边,英国是完全支持我的","它也不惜打一场战争";其三,法国不需要调停,准备用战争来回应德国的战争威胁,"因为我的处境是有利的"。这位外长的看法是,"德国并不愿意发动战争,它目前的言论不过是虚张声势而已,因为德国知道,英国会反对它。我再说一遍,英国会彻底支持我们,如果我们不点头,它不会签署和约"。[1] 以政府总理鲁维尔为首的温和派不主张同德国兵戎相见,而是通过调停和平解决问题。他的顾忌是英国强大的海军"没有车轮子"开进法国保卫巴黎。日俄战争爆发后,作为法国的同盟国的俄国忙于远东事务。一旦法德交战,不可能抽身前来支援法国。况且德国也曾积极拉拢过俄国,尽管德俄同盟的设想以失败而告终。法国总理为了排除同德国和解的障碍,在德国人的强烈要求下迫使外交部长辞职。

英国出于自己的战略利益的考虑,认为不能对德国的压力做出让步,表示要给予法国更大的支持。因为德国的政策是组建在它控制下的欧洲大陆联盟来对抗自己。英国主张通过战争,趁有利时机一举消灭德国新建立和扩充的海军舰队。英国外交官斯普林赖斯在给他的朋友美国总统西奥多·罗斯福的备忘录中这样写道:"英国不能容许德国消灭法国或者使它沦为德国的一个省,也不能容许把法国变成德国的一个卑躬屈膝的反英的同盟国。如果发生这种侵略行径,英国为了自卫起见,就要作战,而且战争一旦爆发,就会成为一场可怕的战争。战争将会使我们建立一支强大的陆军来帮助法国对付它的敌人。"

英国对法国采取坚决支持的立场,并谋划建立军事同盟。1905年4月22日,英外交大臣伦斯达温电告驻法大使,有情报显示德国正在谋求摩洛哥的一个港口,要他向法国政府表示,英国准备同法国一道来抵制德国的勒索,并采取共同的行动。5月24—25日,法国驻英大使和英国外交大臣交换信件:法国如果受到"某一大国"的侵略,英国政府就准备同法国一起采取必须采取的措施。英国

---

[1] 〔苏〕赫沃斯托夫编:《外交史》第2卷(下),第764—765页。

外交大臣在复信中强调,英国政府希望"不单是由于遭到无端的侵略时,而更重要的是在发生任何纷争之前",两国政府对必须采取的措施进行详尽和秘密的讨论。①

德国也在加紧活动,主要目标是争取摩洛哥苏丹的支持与配合。在德国驻摩洛哥大使的推动下,苏丹明确表示过去和将来都不同意法国人提出来的"改革"计划。5月28日,苏丹通知法国方面,有关改革的建议只有经过1880年《马德里条约》签字国的审定和同意后才能接受。5月31日,苏丹正式建议举行国际会议来讨论摩洛哥的问题。德国还以战争相威胁。德国首相称:"如果在苏丹发表从国际法观点来看是无法反驳的声明之后,法国还要继续推行德尔卡赛迄今还在推行的不仅损害和我们处于同等地位的国家的利益而且也损害这些国家的尊严的那种恐吓和横暴的政策,那我们就不得不做出相应的结论":"为了和平的利益,重要的是,把上述种种理由立即通知总理,以使他不致在不十分了解问题的情况下采取他所面临的决定。"几天之后,德国驻罗马大使赤裸裸地发出警告:"如果法军越过摩洛哥边境,德军也就立即越过法国边境。"②

1905年5月30日,比洛派人到巴黎会见法国总理鲁维尔,表示德国不喜欢他政府中的外长,并要求撤换德尔卡赛。6月6日,鲁维尔召开内阁会议,大多数与会者不赞同外长对德所持的强硬政策。法国外长只得提出辞呈,由鲁维尔兼任外长,并积极推进同德国的和解政策。但他仍然不赞同举行国际会议来讨论与处理摩洛哥问题。

德国坚持举行国际会议,并得到来自美国罗斯福总统的支持。德国首相不断向法国施加压力,要求它作出肯定的答复,即无条件地同意参加国际会议。6月23日,比洛对法国大使发出严重警告:"在悬崖和深渊边缘的道路上不宜迟迟不前。"这位德国首相力主德皇同摩洛哥苏丹结盟,其目的是要么逼迫法国放弃摩洛哥,要么因此而战。比洛在6月23日向法国大使发出"不要玩火"的警告。③

正当德法就是否召开国际会议打得不可开交的时候,国际环境发生了变化。其一,美国罗斯福总统要德国满足法国的要求:法德在会前达成谅解,取得一致意见。其二,法国的盟友俄国在日俄战争中遭到了接连不断的失败。德国想趁俄国的失败促使德俄接近从而破坏俄法同盟使法国孤立。德俄举行了比

---

① 〔苏〕赫沃斯托夫编:《外交史》第2卷(下),第766—768页。
② 同上书,第769页。
③ 同上书,第771页。

约克岛的会晤。德国意识到,战争威胁对法国而言可能效果不佳,改变手法则会收到好的结果。于是德国表示在国际会议举行之前愿意同法国商讨,甚至承认法国在摩洛哥的"特殊利益"。此举换来了法国同意召开国际会议以讨论与解决摩洛哥问题。

法德于7月8日就召开会议的条件达成协议。当时法国和德国都指望通过合作就能获得各自期望的利益。但是,德国的如意算盘由于俄国态度的转变而遭受挫折。日俄战争的结果是俄国被迫签订和约,对德国的依赖性或期望值大为下降。沙皇在重臣的劝说下,改变了对《比约克条约》的态度,坚持认为只有同法国详细讨论之后才能生效。德皇则认为,条约业已签署,"签了字就得算数"。① 此时,沙皇更多考虑的是从法国获取更多的贷款和财政支持,不愿意同德国过于接近。

《德俄比约克条约》的失效,使德国在欧洲政治生活中陷入了孤立的境地,标志着德国想通过外交途径建立欧洲大陆联盟,以对抗英国、加强德俄关系、破坏俄法同盟和孤立法国的企图均告失败。为了摆脱外交困境,德国决定再次启用摩洛哥问题。

德国决定发动对法战争,并称"我们应该以面对最严厉的手段也毫不后退的全部毅力和决心,试图在其他大国对我们最后完成合围之前突破它们的包围圈"。但是,德国逐渐陷入了孤立无援的境地。英国、美国、俄国,甚至连三国同盟中的意大利都支持法国。德皇失去了作战的决心,称"在未来同土耳其"以及"所有阿拉伯人和摩尔人的国家元首……结成同盟之前,我是不想发动战争的"。德皇罢免了主战的总参谋长。②

1906年1月16日至4月7日,根据法德在1905年7月达成的谅解,《马德里条约》国会议在西班牙南部海滨城市阿尔赫西拉斯举行。与会者有德意志帝国、奥匈帝国、比利时、西班牙、美国、法国、英帝国、意大利、摩洛哥、荷兰、葡萄牙、俄国、瑞典等国。会议上,争论主要在法国和德国之间展开,争论的主要问题是摩洛哥的警察权和银行问题。

法国主张,摩洛哥警察由法国和西班牙指挥,只向苏丹负责。德国则主张由与会各国分享,或在外交使团的监督下交由中小国家主管。另一个争论问题是摩洛哥的银行的管理。德国提出组建国际银行,各国分享摩洛哥的金融权。法国坚决反对摩洛哥银行的国际化。法国得到了英国、美国、俄国、甚至意大利

---

① 〔苏〕赫沃斯托夫编:《外交史》第2卷(下),第774页。
② 同上书,第807—808页。

的支持,而站在德国一方的只有奥匈帝国。在不利的形势下,德国无法坚持自己的主张,只得向法国让步。法国的大部分主张得以实现。

4月7日,上述国家的皇帝陛下或总统签订了《阿尔赫西拉斯公约》,共6章123条。公约的宗旨是"在摩洛哥实现秩序、和平和繁荣","保持苏丹陛下的主权和独立、其领土的完整以及不具有任何不平等的经济自由"。第一章,关于警察组织的声明中规定:"警察应置于苏丹陛下最高权力管辖下。它的人员须由摩洛哥政府从摩尔人的伊斯兰教中征募,由摩尔人的司法行政长官指挥并分布在八个通商港口";警察人数不得超过2500人,也不得少于2000人;作为摩洛哥警察教练员的西班牙和法国军官与军士"应交由苏丹陛下支配"并"批准对他们的任命"。安排一名瑞典军官作为警察的总监。第二章,关于检查和制止非法买卖武器的规定:除为工业和公共工程所必需的爆破器材,以及在完成手续可允许输入苏丹陛下军队所使用的武器、枪支部件及弹药外,在摩洛哥全境"禁止进口和出售武器、枪支部件、各种弹药、硝石、强棉药、硝化甘油和用于制造弹药的一切合成物"。第三章,关于摩洛哥国家银行的特许文件:在摩洛哥设立"摩洛哥国家银行",它成为帝国对内和对外的政府的金融机构。第四章,关于更好地获取税收和开辟新的税收的声明:除另有约定者外,对摩洛哥臣民所征收的通常税同样适应于在摩洛哥的外国公民、臣民和属民。外国人有权在摩洛哥全境取得财产,并能得到登记。第五章,关于帝国的关税和防止诈骗和走私的规定:对摩洛哥的海关实行国际监督。第六章,关于公共服务和公共工程的声明:在摩洛哥"为了确保经济自由原则的适用","不得有任何不平等现象","公共服务事业不得为私人利益而转让"。①

公约名义上是维护摩洛哥的主权与独立,实际上肯定了法国在这个国家的"特殊利益"。德国为瓜分势力范围而挑起的第一次摩洛哥危机以自己的妥协告终。

1907年《英俄协定》

1904年10月,俄国波罗的海舰队在调往远东参加日俄战争的途中,将英国渔船误认为日本舰只击沉,酿成"多格滩事件"。英俄关系紧张。此时,试图离间法俄同盟、联合俄国而称雄欧洲的德国开展外交攻势,拉拢俄国对抗英国。10月27日,德皇威廉二世致函沙皇尼古拉二世,建议组成德法俄联盟。两国皇

---

① 《国际条约集(1872—1916)》,第261—296页。

帝谈成结盟条约,其草案规定"两帝国之一遭到欧洲某一大国攻击时,它的同盟国家就必须以全部陆海军力量予以支持。必要时,两个盟国还应共同行动,以提醒法国履行《法俄同盟条约》所承担的义务"。①

法国竭力平息英俄之间的矛盾。此时英国也较为冷静,同意交由国际调查委员会仲裁处理。这样,德国试图利用英俄矛盾建立德俄同盟的努力没有结果。1905年7月,德国又利用俄国在日俄战争中的惨败和国内掀起的革命浪潮,再次促进德俄接近。是年7月27日,德皇和沙皇在芬兰湾比约克岛附近的军舰上签署了条约,"如果两帝国之一被一个欧洲国家所攻击,它的同盟国将在欧洲以全部陆海部队予以援助","缔约国双方约定不与共同敌国中任何一国订立单独和约"。② 俄国以《比约克条约》同《法俄同盟条约》抵触为由最后予以拒绝。德国建立德俄同盟的努力再遭挫败,德俄同盟计划流产。

当德国竭力拉拢俄国时,法国和英国也在劝说俄国。英国向俄国保证,《英日同盟条约》"没有任何干涉俄国合法行动的企图,也不寻求损害俄国的扩张政策"。英国建议恢复两国解决争端的谈判。俄国也表达了善意。1905年10月,英驻俄大使向政府提交的一份报告中说,沙皇已经表示了"与英国在一切有争议的问题上达成友好协定的强烈愿望"。③ 至此,英俄紧张关系解冻。

第一次摩洛哥危机及其后续发展,使英国清醒地认识到它所面临的主要敌手是德国,因此要采取一切可能的途径与之对抗。英国和法国签订了《英法协约》,解决了两国在瓜分和维护势力范围中的矛盾与分歧,走上了结盟的道路。英国外交大臣格雷明确表示:"我们不能同时既追求一项与法国结盟的政策,又追求一项反对俄国的相反的结盟政策。缔结一项和俄国的协定,是对和法国的协定的自然补充。"④

英国和俄国在争夺势力范围的角逐中产生了许多严重的矛盾,争夺的主要地区在远东、中东和中亚。鉴于俄国在日俄战争中的战败,英国巩固和加强在埃及的地位,英俄在远东和中东的矛盾冲突相对缓和。中亚地区的争夺突显出来,特别是英国殖民地印度的安全问题。在解决摩洛哥危机的阿尔赫西拉斯会议上,英国外交当局就开始对缔结英俄协定的可能性进行摸底。会议结束后英俄开始了关于中亚问题的谈判。1906年初,英法联手共同向沙皇政府提供贷

---

① 王绳祖主编:《国际关系史》第3卷,第345页。
② 王铁崖、王绳祖选译:《1898—1914年的欧洲国际关系》,商务印书馆1983年版,第25页。
③ 王绳祖主编:《国际关系史》第3卷,第347—348页。
④ 同上书,第348—349页。

款,帮助它克服战争和国内革命造成的危机。

俄国在日俄战争后竭力维持在中国东北的特殊利益,但此时外交重心回到欧洲。俄国外交大臣伊兹沃尔斯基说:"如果俄国纠缠于远东,那么在解决欧洲问题时就不会有发言权。""俄国政策必须继续以法俄同盟为不可动摇的基础,但它还必须通过和英国及日本缔结的协定来加以巩固和扩大。""巩固和英国的关系对我国有特别重要的意义,这个大国的利益和我们的利益在整个欧亚大陆上都是紧密相连的。"加强同英国的关系是此时俄国外交的优选。推动俄国同英国接近的因素是很多的,其主要是俄国感到德国扩张给自己带来的威胁,德国资本抢占俄国市场,德国积极向土耳其、波斯推进。法国和英国为了处理在势力范围上产生的分歧和矛盾特别是共同对付德国而结盟,推动俄国采取同英国和解与结盟的政策。

英俄利益的关注地移到波斯湾,需要共同协调对付德国在该地区的扩张。英国驻土耳其大使在给外交大臣的信中强调:"英俄如果不能在关于波斯的利益方面迅速达成协议,就可能会发现在那里面临着法国在摩洛哥碰到过的德国的阻挠。"①

对付德国的扩张使英俄加速接近。1906年5月底,英国驻俄大使尼科尔森和俄国外交大臣伊兹沃尔斯基在彼得堡开始会谈,讨论的问题主要有如何划分在伊朗、阿富汗、中国西藏的势力范围以及黑海海峡问题等。双方争论的实质是都想扩大自己的势力范围而削弱对方的影响。在伊朗问题上,俄国希望它的势力范围向南扩展,英国期望把界定缓冲区的分界线往北推,缩小俄国的势力范围。在南部通往阿富汗的战略地带上的争论尤为激烈。关于阿富汗,俄国被迫承认它是英国的势力范围,但坚决反对英国吞并这个国家。谈判涉及通行的黑海海峡的规章制度。俄国希望修改现存的规章给予其军舰从海峡的两端通行的特权,英国持否定态度。

俄国在和英国谈判的同时和德国进行讨价还价。1906年10月,俄国外交大臣访问柏林,向德国担保俄英谈判绝对不是针对德国的。德国首相则称他并不反对英俄协定,只是提到德国在波斯的商业利益不能受到损害。俄国请德国不要把在土耳其的铁路扩展到波斯,以免打破俄国在波斯北部的垄断局面。俄国的立场与态度同英国的设想背道而驰。英国打算英法俄联合迫使德国放弃巴格达铁路。但是,德国没有也不打算满足俄国的要求,坚持修建德黑兰到巴

---

① 王绳祖主编:《国际关系史》第3卷,第350—351页。

格达的铁路。这样,英俄在分割波斯利益方面达成共识。当英俄协约取得重大进展后,沙皇害怕德国从中作梗,破坏英俄协约。1907年8月3—6日,沙皇尼古拉二世和德皇威廉二世在斯维内蒙得举行会晤,涉及一系列政治问题,最终未能取得重大进展,俄国提出军舰进入黑海海峡的要求遭到了德国的拒绝。

这些情况促使俄国和英国签署协约。谈判进行了一年多,英俄最后在1907年8月31日签订了《俄国和英国之间关于波斯、阿富汗和西藏问题的专约》。专约包括关于波斯的协定、关于阿富汗的专约以及关于西藏的协定、俄英关于西藏的协议的附件、英国大使致俄国外交大臣以及俄国外交大臣致英国大使的复照等六个部分。这是英国和俄国瓜分在亚洲的势力范围的条约。

关于波斯的协定的重要内容有:(1)俄英"相互承担义务尊重波斯的完整和独立,诚心希望维持该国全境的秩序及其和平发展,同时始终维持其他一切国家在贸易和工业方面的均等利益"。(2)波斯被分割成三个部分,英国承认北部波斯为俄国的势力范围,俄国承认东南部波斯为英国之势力范围。俄国的势力范围包括德黑兰在内的大片最富饶地区。英国的势力范围虽然面积较俄国要小,但得到了防卫印度边界的便利。两国允诺不在对方的势力范围内为自己索取也不支持本国国民以及第三国国民要求任何属于政治或商业性质的租让权。(3)双方承允不反对在两国势力范围以外的波斯地区给予对方国民的某些租让权。

关于阿富汗的专约共5条。主要内容包括:(1)英国政府声明,它没有改变阿富汗政治地位的意图,并承允不在阿富汗采取、也不鼓励阿富汗采取威胁俄国的措施;(2)俄国政府声明,它承认阿富汗处于俄国势力范围之外,并承允不向阿富汗派驻任何代表;(3)两国政府声明,它们承认对阿富汗通商机会均等原则。

关于西藏的协定的主要内容有:(1)英俄两国政府"承允尊重西藏的领土完整,并且不对西藏内政进行任何干涉";(2)根据承认中国对西藏的宗主权的原则,英俄两国承允"只通过中国政府做中介同西藏进行交往",并"不向西藏派遣代表";(3)双方承允"不在西藏为自己或本国臣民强求或获取铁路、公路、电报和矿产的租让权或其他权利"。①

《英俄协约》瓜分波斯、阿富汗和中国西藏势力范围,并带有明显的反德性质。列宁称之为"准备同德国作战"。由于俄国所处的地缘政治环境,考虑到西

---

① 《国际条约集(1872—1916)》,第316—322页。

部军事地位的危险性,并不想因此开罪于德国,招来新的麻烦。甚至积极推进同英国和好与结盟的外交大臣也称:"同德国保持最良好的关系以防止我们的西部边界发生任何不测事件,应该是我们最首要的任务。毫无疑问,我国同英国接近不会使德国感到高兴,在我们力求搞好这种接近时,不仅应当力图避免直接损害德国的利益,而且还应当注意,不要因为某种疏忽而引起德皇及其政府的反对,就像众所周知的摩洛哥事件引起的那种反对一样。我时时刻刻都怀有这样的忧虑。"[1]这样,《英俄协约》中并未涉及德国在巴尔干的利益,也没有关于海峡问题的文字。

1894年的法俄同盟、1904年的《英法协约》和1907年的《英俄协约》构成了英、法、俄三国协约。《英俄协约》的签订标志着欧洲国家的政治组合的基本完成。此时在欧洲形成了英、法、俄三国协约同德、奥、意三国同盟的对峙局面。

第二节 波斯尼亚危机

波斯尼亚问题与布赫劳协议

20世纪初,帝国主义加剧了对巴尔干和土耳其的争夺。德国、奥匈帝国为一方,英国、俄国为另一方。法国与意大利也被卷入其中。在这场争夺中,焦点是奥匈帝国和沙俄争夺波斯尼亚和黑塞哥维那以及塞尔维亚。奥匈帝国采取了咄咄逼人的进攻态势。

根据1878年7月13日签订的《柏林条约》第25条规定:"波斯尼亚和黑塞哥维那两省将由奥匈帝国占领和管理。"[2]20世纪初,奥匈帝国在巴尔干推行进一步扩张的政策,欲实行对波斯尼亚和黑塞哥维那的兼并,从而引起了严重的国际冲突。

在巴尔干地区,塞尔维亚对奥匈帝国充满了仇恨,其民族夙愿是解放在哈布斯堡王朝统治下的斯拉夫人。1903年塞尔维亚发生政变,亲俄派执掌国家政权。该政府在反对奥匈帝国的斗争中指望得到来自俄国的支持。塞尔维亚新政府希望通过反奥匈帝国的斗争的胜利,建立一个由斯拉夫人组成的"大塞尔维亚"国家。这引起了奥匈帝国的警觉,并于1906年开始对塞尔维亚进行贸易

---

[1] 〔苏〕赫沃斯托夫编:《外交史》第2卷(下),第821页。
[2] 《国际条约集(1872—1916)》,第42页。

战,提高生猪进口关税,限制它的农产品出口。

奥匈帝国政府中的主战派势力抬头,认定必须采取武力手段解决南方斯拉夫人的问题,即兼并波斯尼亚和黑塞哥维那,从法律上名正言顺地占领使之成为帝国领土的一部分。奥匈帝国指望在此基础上,采用武力消灭独立的塞尔维亚,取得对巴尔干半岛中部和整个西部的控制和影响。它还设想在占领和兼并塞尔维亚、波斯尼亚和黑塞哥维那后进行内部的根本改造,由二元帝国变为三元帝国。

1906年主战派埃伦塔尔担任外交大臣,提出"兼并波斯尼亚、黑塞哥维那,并把塞尔维亚的非保加利亚部分纳入哈布斯堡帝国的版图"。新任总参谋长康拉德·冯·赫特岑多夫制定了在兼并波斯尼亚和黑塞哥维那之后,对塞尔维亚发动战争的计划。他认为,这场战争必须采取"先发制人",结果必然是"吞并塞尔维亚"。他写道:"如果我们的军队到达尼什,如果我们成了那里的主人,那么我们的影响就有了保障,特别是在巴尔干西北部和整个巴尔干。"[1]埃伦塔尔也主张对塞尔维亚作战,但认为由保加利亚采取行动更加符合帝国的利益。

奥匈帝国的主战派主张在俄国尚未准备充足之前就发动对巴尔干的攻击。埃伦塔尔早就想在牺牲土耳其利益而进行交易的基础上恢复三皇同盟:奥匈想拿到波斯尼亚和黑塞哥维那,同时愿意让俄国对通行海峡的规章制度做出有利的改变。1907年,埃伦塔尔向土耳其政府提出从奥地利边境修筑一条通向爱琴海的铁路,它有利于争夺马其顿,迫使它"日耳曼化",从而把塞尔维亚置于封锁包围之中。

俄罗斯对奥匈帝国的势力扩张表示担忧,因为这必然导致丧失原有的势力范围。但此时的俄国国力衰败,无力同奥匈帝国直接公开对抗。俄国在巴尔干地区的利益是要求维持现状。奥匈帝国的政策则是推翻现状和瓜分土耳其。俄国想改变关于海峡的现状,奥匈并不反对。这样,俄奥之间准备进行谈判。1908年4月27日,沙皇给奥匈帝国政府一份备忘录,想就修筑铁路问题进行交易,要求奥匈帝国支持修建多瑙河—亚得里亚铁路计划,它则不干涉奥匈帝国的铁路计划。奥匈帝国政府迅速做出回复,希望就恢复奥、俄协定进行讨论,并指望能达成新的协议。

7月2日,沙俄对奥匈帝国的建议做出答复。俄国再次主张维持巴尔干的现状,并提出对柏林协定第25条的任何修改,如奥匈帝国对波斯尼亚、黑塞哥

---

[1] 〔苏〕赫沃斯托夫编:《外交史》第2卷(下),第856页。

维那和新帕扎尔州的占领变为兼并,都将成为全欧性的问题,并不是两国政府能够谈判与解决的问题。备忘录表示,俄国并不反对"本着相互友好的精神"来讨论这些问题。这就等于俄国对奥匈帝国的建议作了肯定的答复。

1908 年 7 月,土耳其发生了资产阶级革命。新政府对英国和俄国采取合作政策,奥匈帝国决定对土耳其实施坚决的打击。1908 年 8 月 19 日,奥匈帝国外交大臣召集大臣会议,讨论吞并波斯尼亚和黑塞哥维那问题。埃伦塔尔和帝国总参谋长认为,这是难得的机会,并估计其他列强不会也没有力量就此进行干预。9 月 10 日举行的大臣会议通过最后决议:兼并波斯尼亚和黑塞哥维那的时刻已到。帝国皇帝批准了这一决议。奥匈帝国政府决定采取外交手段来实现兼并计划,主要是同俄国交涉。早在 8 月 27 日奥匈帝国政府就照会俄国,确认奥、俄在铁路问题上的一致意见,并称"如果非常的情况迫使奥匈帝国不得不兼并波斯尼亚和黑塞哥维那的话",要求"俄罗斯政府就应保证对这一措施采取善意和友好的立场"。① 照会对于俄国提出的"君士坦丁堡以及与其毗邻的领土和海峡问题",表示同意"互相信任而友好地交换意见"。

1908 年 9 月 15 日,埃伦塔尔和俄国外交大臣伊兹沃尔斯基在布赫劳城堡举行会晤,并且达成了初步的口头协议。埃伦塔尔向俄外交大臣表示,兼并波斯尼亚和黑塞哥维亚早已决定。后者似乎做了这样的表示:俄国对于兼并将采取"善意和友好的立场",这正是奥匈帝国政府在给俄国照会中所要求的。俄国要求奥匈帝国给予某些补偿,其中最为重要的是同意改变通行黑海海峡的规章制度。奥匈和俄国达成谅解是建立在瓜分利益、牺牲别国主权的基础之上的。两国交易在法律上都面临着同样的问题,不管是兼并波斯尼亚和黑塞哥维那,还是改变黑海海峡的规章制度,都必须通过国际会议修改原来已经做出的决议,这当然不是奥匈和俄罗斯两个帝国就能解决的。奥匈帝国在这项交易中占有先机,因为波斯尼亚和黑塞哥维那已经在它的占领下,而俄国此时并不拥有海峡。

埃伦塔尔和伊兹沃尔斯基到底作了哪些交易,因为是初步的口头协议,无文字资料可查,留下了不少的悬念值得探讨。但从会晤后双方的言行举止来看,我们可以发现他们是拿别国的土地作交易。列宁指出,布赫劳会晤在于"进一步采取措施瓜分土耳其,利用某种借口来重新审查达达尼尔海峡问题,允许俄国黑帮沙皇扼杀波斯革命"。② 伊兹沃尔斯基把会谈的内容告诉他的副手,并

---

① 参见〔苏〕赫沃斯托夫编:《外交史》第 2 卷(下),第 861—880 页。
② 列宁:《巴尔干和波斯的事变》,《列宁全集》第 17 卷,人民出版社 1988 年版,第 202 页。

指示他呈报沙皇。这位外交大臣说,奥匈帝国兼并波斯尼亚和黑塞哥维那早已决定。俄国要么提出"徒劳无益的抗议",要么既抗议又威胁,冒打仗的危险。他认为最有利的办法是同意奥匈帝国的兼并,而索取补偿。奥匈帝国政府采取的兼并行动必然会同柏林条约国和土耳其发生争吵,这样就会"提高我们的威信,甚至可能使我们同土耳其接近",有利于海峡问题的解决。

会晤中,双方都承诺保守秘密,但又向新闻媒体散发许多虚假信息来欺骗公众。伊兹沃尔斯基在会晤后炮制了一条新闻,说波斯尼亚和黑塞哥维那问题在布赫劳"暂时仍是悬案"。他写了一份总结布赫劳会晤的备忘录,称兼并波斯尼亚和黑塞哥维那将会破坏现状,这个问题带有"欧洲性质","需要柏林条约所有签字国来参加解决"。备忘录表示准备研究俄国"对维也纳内阁计划的兼并采取友善态度"的"一些条件",这就是得到来自奥匈帝国的补偿。事实是,伊兹沃尔斯基在访问德国和意大利时,向两国外长表白,俄国同意兼并波斯尼亚和黑塞哥维那,条件是重新审查有关通行海峡的规章制度,并且对塞尔维亚和门的内哥罗给予补偿。①

俄国政府内阁会议发现,伊兹沃尔斯基隐瞒了同奥匈帝国谈判的内容,认为这是一起重大的事件,不仅影响国内局势,而且给俄国在国际上造成困难。俄国政府表示坚决反对奥匈帝国兼并斯拉夫人居住的地区,俄国在国际会议上应该充当"本国利益以及土耳其和巴尔干各国利益的捍卫者,而绝不是奥地利的帮凶和包庇者"。② 它对于兼并波斯尼亚和黑塞哥维那应该提出抗议,而绝不是以谋取某种补偿做交易。俄国决定团结巴尔干国家,其中包括土耳其反对奥匈帝国的兼并扩张政策。

奥匈兼并波斯尼亚和黑塞哥维那与大国的斗争

1908年10月5日,奥地利皇帝发布诏书,宣布把自己的主权扩大到波斯尼亚和黑塞哥维那。6日,奥匈帝国政府宣布局部动员,6个兵团进入战备状态。8日,埃伦塔尔宣布兼并已是既成事实。早在10月3日,奥匈帝国驻法国大使把兼并一事的预先通知转交给了法国总统,并称俄国、德国和意大利都早已同意帝国兼并波斯尼亚和黑塞哥维那。

欧洲列强对奥匈帝国的侵略行为采取了不同的立场。三国同盟中的德国政府无条件支持,而意大利则要求盟国推迟兼并。意大利外长驳斥埃伦塔尔称

---

① 参见〔苏〕赫沃斯托夫编:《外交史》第2卷(下),第889、892、893—894页。
② 同上书,第895页。

他早已同意兼并的说法:"我们在萨尔斯堡谈判时,您对我说过,照您的看法,波斯尼亚和黑塞哥维那的问题应当由奥匈帝国和土耳其解决,并不具有国际性质。但您没有告诉过我实行兼并的意图。我并不认为兼并是可能的事,或是不远将来的事,所以没有对此发表意见。"①

俄国外交大臣伊兹沃尔斯基曾经以承认兼并来换取补偿,并对德国和意大利游说。但他在后来的文件中和访问法国时,似乎并不赞同埃伦塔尔对波斯尼亚和黑塞哥维那的计划,认为要改变波斯尼亚和黑塞哥维那的地位,必须通过国际会议取得柏林条约参加国的同意。法国在表示赞同时,建议这位俄国外交大臣征询英国的意见。在同法国领导人的谈话中,俄外交大臣提出了修改海峡条约的问题。法方除表同情外,并不愿意积极配合与帮助俄国实现其计划。法国强调了同英国协商一致和尊重土耳其的主权的重要性。法国虽然反对奥匈帝国所采取的兼并行动,但仍答应对奥匈帝国的兼并通知以友好的精神来回复。因为此时,法国和德国在摩洛哥问题上进行交易。

1908 年 10 月 8 日,俄国政府对奥匈帝国兼并波斯尼亚和黑塞哥维那做出明确正式回答:奥匈帝国的行动违反了柏林条约,兼并应由这个国际条约的参加国进行审查。英国政府对奥匈帝国的兼并政策与举动一向持否定与反对的态度。10 月 9 日,英国外交大臣格雷同奥匈帝国驻英大使会晤,指出兼并就是破坏国际条约。英国不能在法律上承认奥匈帝国的胡作非为。英国向奥匈帝国政府提出正式抗议:"未经其他国家(其中包括在此种情况下受害最大的土耳其)的事先同意,违反或改变柏林条约的条款都是绝对不能得到我陛下政府的赞同或承认的。"②英国政府主张将奥匈帝国的越轨行动交由国际法庭审理的主张。

10 月 9 日,俄国外交大臣伊兹沃尔斯基到达伦敦访问。他提出了召开国际会议的 9 点方案。经磋商,英俄两国政府通过了包括波斯尼亚和黑塞哥维那、新帕扎尔州等在内的 9 个方面的内容。俄国外交大臣称,他不会在这样的国际会议上提出海峡问题,但要求英国不要反对俄国改变通过海峡规章制度的愿望。英国以"互惠原则"回敬了俄国的要求。此时,伊兹沃尔斯基感到在海峡问题上已经陷入了孤立无援的境地。

深受兼并举动之害的土耳其向奥匈帝国政府提出正式抗议,并对奥匈货物进行抵制。土耳其的立场得到了协约国的支持。10 月 12 日,英、法、俄三国(还

---

① 〔苏〕赫沃斯托夫编:《外交史》第 2 卷(下),第 899 页。
② 同上书,第 902 页。

有意大利)大使通知土耳其政府说,已经发生的变化并未获得柏林条约所有参加国的同意,因此奥匈帝国兼并带来的这些变化是不合法的。①

奥匈帝国政府尽管遭到普遍反对,但仍将一意孤行,迫使英、法、俄和土耳其承认现存事实,即它对波斯尼亚和黑塞哥维那的兼并,同时竭力阻止这些国家结成统一战线来对抗自己。奥匈帝国还处心积虑地制造土耳其与保加利亚之间的紧张关系。

塞尔维亚政府和门的内哥罗政府强烈抗议奥匈帝国的野蛮兼并行动,并实行总动员,为维护主权与安全不惜一战。俄国劝塞尔维亚小心行事,一定要避免战争,以免使俄国面对极为困难的选择:要么卷入尚未准备好的战争,要么任人随意摆布从而损害本国的地位和威信。"你们塞尔维亚人不要妄想用武力把奥匈从波斯尼亚和黑塞哥维那赶走","我们俄国人也不能为这两个省对奥宣战"。②英国表示对塞尔维亚给予外交上的声援,法国采取更为谨慎的态度。事实表明,协约三国并未全力支持塞尔维亚抗击奥匈帝国侵略的正义斗争。

兼并事件发生后,欧洲列强积极谋求通过国际会议解决问题。1908年11月14日,奥匈帝国发表拒绝国际会议的声明,强调这是奥、土两国解决的问题。照会声称,只有在奥、土达成协议之后,向国际会议登记备案即可。因此,召开国际会议的前提条件是全体与会者必须明确表示不反对兼并。照会同时强调,奥匈帝国反对和拒绝讨论对塞尔维亚领土补偿问题。后来,埃伦塔尔同意通过外交渠道商讨兼并,决不同意在国际会议上讨论这个问题。12月7日,俄国政府基本同意埃伦塔尔的建议精神,但仍坚持要给予塞尔维亚补偿。奥匈帝国为了争取外交上的主动,故意泄露俄奥的秘密谈判。俄国被迫宣布,断绝同奥匈帝国政府的"秘密"关系。

德国坚决地无条件地支持奥匈帝国。德国首相指示驻奥大使转告帝国政府,一旦发生纠纷,它可以有把握指望得到德国的援助。德国在这一事件中所追求的真正目标是使俄国脱离协约集团。德国向俄国发出明白无误的警告:即使俄、奥冲突不是由俄国直接进攻奥匈引起的,而是由俄国干涉奥匈和塞尔维亚的纠纷引起的,德国也认为是履行同盟条约的条件,德国必须履行作为盟国的义务,站在奥匈一边参加战争。③

奥匈帝国在德国坚决支持下,积极准备对塞尔维亚的战争,强调用武力解

---

① 〔苏〕赫沃斯托夫编:《外交史》第2卷(下),第905—906页。
② 陈文艺编著:《近代国际关系史》,第356页。
③ 〔苏〕赫沃斯托夫编:《外交史》第2卷(下),第911页。

决同塞尔维尔发生的冲突。奥匈帝国还准备勾结保加利亚和罗马尼亚共同瓜分塞尔维亚。在奥匈帝国，主张对塞尔维亚实行先发制人战争、一举夺取塞尔维亚的势力迅速壮大。埃伦塔尔和总参谋长同流合污准备战争。这位总参谋长说："奥匈帝国的一切祸根在于它同塞尔维亚以及站在塞尔维亚背后的俄国的关系……其他一切都是次要的。我经常想的办法是通过和平方式使塞尔维亚这个国家同哈布斯堡帝国永久地联合起来。然而，如果塞尔维亚拒绝联合，继续像过去一样对帝国怀有敌意，那么出路必然是在适当的时刻由战争来解决问题。"①他强调，1908—1909年"是适于澄清同塞尔维亚的相互关系的时机"。

沙皇政府要求英法共同采取行动对付奥匈帝国对塞尔维亚的侵略。俄国驻英国和法国的大使奉命声明，如果协约国不对奥匈帝国施加约束性的影响，"我们目前的一套对外政策，即和法国同盟以及与英国订立的协议，就将遭到致命的打击"。英、法要求德国同自己一道对奥匈帝国施加约束性的影响，然而遭到了德国的拒绝。在此情况下，法国退缩了，把自己对盟国应尽的义务抛在脑后。1909年2月，法国外长皮雄称，法国不会由于"并不触犯俄国切身利益"的问题而打仗。他赞同德国人提出的建议来解决问题：让塞尔维亚直接和奥匈帝国单独商谈，无须别人干预。这就是说让塞尔维亚"向武装到牙齿的奥匈帝国无条件投降"。② 英国借口法国的立场而采取了推诿的态度。俄国谋求盟国采取共同行动遏止奥匈帝国侵略塞尔维亚的努力归于失败。

协约国无为的举动却鼓励了奥匈帝国的侵略。1909年2月20日，埃伦塔尔通告德国，预定3月中旬进行动员并向塞尔维亚出兵。首先他向塞尔维亚提出要求：停止进行军备建设、放弃补偿要求，不允再反对兼并，保证对奥匈帝国不抱侵略野心。如果这些要求不能得到满足，奥地利政府就发出最后通牒。如果遭拒绝，它就发动战争。埃伦塔尔要求德国出面向俄国施加压力，不要干预它同塞尔维亚的冲突。德国接受并赞同奥匈帝国的设想。

正在此时，土耳其的政局发生剧变，亲英派下台。1909年2月26日，土耳其和奥匈帝国签订了一项条约，承认后者对波斯尼亚和黑塞哥维那的兼并，放弃其主权。奥匈放弃对新帕扎尔州的占领，并赔偿240万英镑。奥、土条约为奥匈帝国的侵略行动披上了合法的外衣。③

俄国感到自己军事上虚弱，国内政局不稳，又不能得到英、法的支持，处境

---

① 〔苏〕赫沃斯托夫编：《外交史》第2卷（下），第915页。
② 同上书，第916页。
③ 王绳祖主编：《国际关系史》第3卷，第369页。

十分艰难。于是它向塞尔维亚进行劝告:放弃领土要求。1909年3月10日,孤立无援的塞尔维亚向各列强发出照会,它不希望战争,愿意服从它们关于波斯尼亚和黑塞哥维那前途的决定,不要求任何补偿。

奥匈帝国在德国的支持下得寸进尺,要求塞尔维亚直接向奥匈宣布放弃自己边界以外的任何领土要求,并且公开承认波斯尼亚和黑塞哥维那转归奥匈帝国所有。①

奥匈帝国和德国串通一气要求俄国迫使塞尔维亚无条件彻底投降。1909年3月21日,首相比洛指示德国驻俄大使要求俄国明确回答:俄国是准备无条件地同意取消《柏林条约》第25条,承认(也要维塞尔维亚承认)对波斯尼亚和黑塞哥维那的兼并,并且放弃召开会议的要求,还是企图继续固执地坚持下去?德国要求俄国回答一个字:"是"还是"否"。如果俄国不做出肯定的回答,德国就让奥匈帝国进攻塞尔维亚,一切严重后果将由俄国负责。3月22日,奥匈帝国宣布第七和第十三军团处于"紧急状态",摆出了随时发动对塞尔维亚战争的架势。同日,沙皇尼古拉二世电告德皇:俄国将接受德国的要求。3月31日,塞尔维亚表示屈服,承认兼并的事实,并表明这不侵犯它的权利。

奥匈帝国兼并波斯尼亚和黑塞哥维那所引起的国际纠纷以德奥的胜利告终。在这场争夺巴尔干优势的斗争中,协约国英、法、俄告败。

意俄《拉科尼基协定》与德俄《波茨坦协定》

波斯尼亚危机暴露了奥匈帝国和意大利之间的矛盾。意大利对巴尔干的兴趣主要集中在门的内哥罗,特别是阿尔巴尼亚这些濒临亚得里亚海沿岸地区。意大利一直谋求把自己的势力和影响扩大到巴尔干的西部。这同奥匈帝国长期追求的目标是冲突的。意大利控制了这些地区就意味着控制了亚得里亚海的出海口。而亚得里亚海是奥匈帝国唯一可达海洋的通道。因此,奥匈帝国在兼并波斯尼亚和黑塞哥维那、侵略塞尔维亚,不断扩大在巴尔干地区的势力和影响的同时,一直防止意大利控制这条通道。意大利对奥匈帝国的领土特兰提诺和的里雅斯特也一直抱有野心。这样,海洋出海口和领土的争夺使这两个同盟国充满了矛盾和冲突。

奥匈帝国的侵略兼并和埃伦塔尔的狂妄嚣张,强烈地刺激了意大利,逐渐地使它和俄罗斯接近,共同对付一个竞争对手。俄国在同奥匈及其支持者德国

---

① 〔苏〕赫沃斯托夫编:《外交史》第2卷(下),第918页。

的较量屡遭失败之后,也希望有一个合作者实施对前者的报复。俄国决定拉拢意大利。

1909年10月,沙皇尼古拉二世和意大利国王维克托—伊曼纽尔三世在意大利的拉科尼基举行会晤。10月24日,俄、意签订《拉科尼基协定》。这是一个秘密条约,共5条。主要内容为:第一,两国约定"努力维护巴尔干半岛的现状";第二,"在巴尔干可能发生的一切事件中,双方约定支持民族原则,发展巴尔干各国,排斥一切外国统治";第三,"双方约定以共同行动反对与上述目的相抵触的一切行动",这种共同行动"应了解为外交行动,其他性质的行动留待以后商议";第四,双方未经过对方不得"在现有的协定以外与第三国订立关于东欧的新协定";第五,双方"友好对待"俄国在海峡问题上的利益以及意大利在的黎波里塔尼亚和昔兰尼加的利益。①

协定的签订表明意大利逐渐拉开了同奥匈帝国和德国的距离,正在积极接近协约国,这说明三国同盟内部的裂缝越来越大。

此外,俄国也在谋求同德国的接近,其目的在于使自己在外交中处于一种有利的地位。在已经过去的波斯尼亚危机中,俄国可以说全盘皆输:奥匈帝国兼并了波斯尼亚和黑塞哥维那,而俄国以同意兼并换取海峡利益的企图没有实现,俄国支持的塞尔维亚最后妥协了;英、法、俄三国协约在对付奥匈和德国之中没有起到应有的作用,俄国没有得到英国和法国给予它所指望的支持,在同奥匈帝国的较量中只得孤军作战。俄国为了摆脱这样的外交困境,一方面积极拉拢意大利,同时寻求同德国的妥协。此时,俄国英国和德国在伊朗的利益发生冲突。德国资本大有进军波斯之势,有可能对俄国和英国在波斯的势力范围提出挑战。英国和俄国都担心德国的进入,它们要求波斯政府在没有征求它们的意见的情况下不予任何人租让权。德国对此极为不满,认为侵犯了它平等的经济权益。

俄国和德国都想利用对方使自己在对付英国时处于有利的地位,扩大自己的势力范围以捞取更多的利益。1910年10月28日,俄国举行了一次特别会议,讨论同德国的关系并达成某种协议的问题。取代伊兹沃尔斯基担任外交大臣的萨宗诺夫认为要阻止德国修筑巴格达铁路是不可能的,主张俄国自己修筑一条德黑兰铁路同巴格达铁路衔接起来。

1910年11月4日,沙皇尼古拉二世在萨宗诺夫的陪同下访问德国,同德皇

---

① 王铁崖、王绳祖选译:《1898—1914年的欧洲国际关系》,第58—59页。

举行会谈。俄国方面表示,对外扩张的时代已经过去,现在的任务是"巩固现存制度"。俄英缔约只是为了避免两国之间可能发生的摩擦,俄国愿意同德国友好。德皇提出共同维持巴尔干的现状和保护伊朗的完整,但俄国不能支持英国的仇德政策。俄国虽然不能接受这样的交易,但也不便马上拒绝。俄德之间的讨价还价在继续。

据萨宗诺夫致沙皇的报告中称,他在同德皇的会谈中,后者表现出对英国政府"相当愤慨,他斥责英国政府对德国暗中进行着秘密的计谋"。德皇称,他永远不允许德国海军和英国海军之间由于德国海军建造计划而成立的比例有丝毫改变,以致损害德国的利益:"如果在执行我们的造舰计划的时候英国继续增强它的海军,我们只能也增强;我告诉他,我们总不落后。"俄国外交大臣在同德国同行的会谈中提出:"如果俄奥两国之间互相信任的关系成为和平的利益所需要的——不久以前还未使这样的关系成为可能—俄国政府不反对通过德国政治家来和维也纳发生联系作为我们之间的桥梁"。德国外交大臣表示愿意扮演这样的角色,并希望俄国"信赖德国的诚实无私的合作,这种合作的目的是在于保障全世界所一致需要的和平"。德国首相告诉俄国外交大臣,如果奥匈不遵守埃伦塔尔所宣布的原则并且在巴尔干表现侵略的倾向,它就不会从它的同盟国那里得到支持,因为这样的支持是任何条约所未规定的,也不符合德国的利益。①

但是,德俄之间存在的矛盾和利益冲突,德国想引诱俄国脱离协约国共同对抗英国的企图未能得逞。尽管俄国在波斯尼亚危机和奥匈帝国对立中没有得到来自英国有力支持,俄国仍不愿撕毁同英国的相关协议而同德国走在一起。1910年11月15日,德国把一份德俄协定草案交给了驻俄大使。德国准备发表正式声明,如果奥匈帝国走上扩张道路的话,德国既没有义务支持它,也不打算支持它。俄国应保证不支持英国的仇视德国的政策。② 草案提出共同维护巴尔干的现状和"波斯的完整"。俄国不愿因同德国接近而过于疏远英国,采取拖延谈判的策略。

12月11日,俄国外交大臣表示,不能接受德国的建议。但两国的联系并未中断。1911年8月19日,两国就波斯问题签署了《波茨坦协定》。协定肯定在波斯"贸易待遇平等的原则,承认俄国的特殊利益",确定"德国只在波斯追求贸易的目的"。第一,德国政府声明它无意为自己求得或替德国臣民或外国臣民

---

① 王铁崖、王绳祖选译:《1898—1914年的欧洲国际关系》,第61—62页。
② 〔苏〕赫沃斯托夫编:《外交史》第2卷(下),第958页。

索取在俄国的波斯的势力范围内的铁路、道路、航行和电信等让与权。第二,俄国向波斯政府取得在波斯北部建筑一个铁路的让与权,首先取得自德黑兰至哈纳金铁路的让与权。俄国考虑德国政府的意见决定铁路的最后路线。如果两年后铁路尚未动工,俄国将放弃让与权并通知德国政府,后者将自由地索取这个让与权。第三,俄国承诺巴格达铁路对国际贸易的重要意义,"不采用任何妨碍铁路建造或阻止外国资本参加这个企业的措施",但不得由此造成本国财政上和经济上的损失。① 通过该协定,俄国在波斯北部的"特殊利益"得到了德国的承认与尊重。德国从俄国方面得到了建筑巴格达铁路的保证,这样就为进入波斯扫清了障碍。

第三节　第二次摩洛哥危机

阿加迪尔事件

法国在阿尔赫西拉斯会议上基本上实现了它在摩洛哥的利益要求。但是,法国并不以此为满足,不断寻找机会来扩大自己在该国的势力与影响。1907年,摩洛哥发生内乱而处于无政府状态。3月,一名法国医生在混乱中被杀。法国据此进军摩洛哥,占领了靠近阿尔及利亚的乌季达州。是年5月,法国在卡萨布兰卡修建海港,一些法国工人被当地居民打死。法国乘机登陆卡萨布兰卡,并在摩洛哥西部海岸的5个港口派驻自己的警察。

在1908年6月的内乱中,穆拉伊·哈菲德依靠封建主和南部一些部落以及德国资本的支持,成为摩洛哥的新苏丹,并加强了同德国的合作。德国因承认和帮助新苏丹而获得了一些租让权,从而加紧在摩洛哥的渗透。法国利用其传统优势,把新苏丹置于自己的控制下。这个苏丹承认以前同法国的一切义务,推行亲法政策,用海关税收作抵押向法国大量举债。

法国加紧对摩洛哥的侵略,新苏丹出卖国家主权的行径激起了这个国家各部落的起义。1911年春天,起义者包围了首都。5月21日,法国以恢复秩序以及保护侨民为由,派1.5万名军人占领非斯及邻近一些城市,西班牙也乘机进入摩洛哥的北部。这样,摩洛哥的独立业已完全丧失,《阿尔赫西拉斯公约》对法国和西班牙都不起任何制约的作用。

---

① 王铁崖、王绳祖选译:《1898年—1914年的欧洲国际关系》,第66—67页。

法国在摩洛哥的举动引起了德国的高度重视。德国在维护自身的旗号下,对摩洛哥进行干预。其实,法国和德国在摩洛哥争夺势力范围和殖民利益由来已久。第一次摩洛哥危机之后,法德在摩洛哥问题上的矛盾有所缓和,德国极不情愿地承认了法国根据《阿尔赫西拉斯公约》所确立的优势。此后,法德取得了1908—1909年的短暂的和解。但德国总是念念不忘在摩洛哥的经济利益。

1908年9月25日,德国驻卡萨布兰卡领事馆和法国占领当局发生了一次外交争吵事件。德国记者同领事馆人员相勾结煽动法国外籍军团中的士兵开小差,6人藏于该领事馆内,并让他们登上一艘德国轮船。法国动用武力逮捕了几名逃兵,并在这个过程中用手枪威胁护送逃兵的领事馆秘书,殴打和捆绑了一名警卫人员。双方都把自己装扮成无辜的受害者和合法权益的捍卫者。它们动用舆论互相攻讦与谩骂,并通过外交途径要求对方赔礼道歉。但是,当时波斯尼亚事件正在加剧恶化。双方意识到不能因此而妨碍在巴尔干和整个欧洲的争夺。双方都为本国人员的恶劣行为表示遗憾,并将它移交给海牙法庭仲裁。后者做出了稍微偏向于法国的妥协裁决。

1909年1月,德法就摩洛哥问题举行谈判。2月9日,双方达成并签署协议:法国政府坚决声明"忠实地"保持摩洛哥的完整与独立,在摩洛哥保持经济利益均等和"不侵犯德国工商业的利益"。德国保证,在摩洛哥除了经济利益不追求任何别的目的,承认"法国的特殊政治利益是和维持摩洛哥的秩序以及国内和平紧密相连的"。①

德国并不满足于在摩洛哥的平等经济利益。在德国,一部分人认为政府对摩洛哥的政策一开始就是错误的,必须采取相应的行动来纠正:这就是从法国人那里搞到摩洛哥的一部分领土,至少从法国人那里捞到一笔报酬。根据《阿尔赫西拉斯公约》的规定,法国在摩洛哥的警察权于1911年到期。此时,法国希望摩洛哥国内发生变故,它就可以建立和巩固自己的法律统治地位。1911年4月法国通告德国,为了保护在摩洛哥的欧洲人,决定派军队到那里去。

德国外交大臣基德伦-韦希特对此没有提出异议。他说不怀疑法国的诚实是可靠的,但"事态的变化往往比设想要严重得多",如果法国军队开进摩洛哥首都,这个国家就没有什么独立和主权可言了。同时他称,既然原先的公约已经失去效力,德国就可以不受约束地恢复自己的行动自由。基德伦-韦希特向德皇建议乘机占领摩洛哥的港口阿加迪尔和摩加多尔。德国采取抢先一步的

---

① 〔苏〕赫沃斯托夫编:《外交史》第2卷(下),第930页。

行动,以赢得日后同法国交涉的筹码与主动权:"法国占领非斯就是法国并吞摩洛哥的准备。我们的抗议也无济于事,反而会因此遭到道义上的重大挫折。所以我们应该确保自己在当前谈判中得到一种能使法国人愿意做出补偿的目标。"他说,德国可以仿效法国,"为了保护我们受到威胁的同胞和商行,可以把军舰开进摩洛哥的港口并安静地停泊,以防止其他大国可能的渗入"。"掌握了这样的抵押品以后,我们就能安心地注视摩洛哥事件的进一步发展,并且等待法国是否愿意向我们提出:拿它的殖民地作为换取我们离开这些港口的适当补偿"。德皇接受了建议,准备把军舰驶入摩洛哥港口,同法国进行讨价还价。①

法国对德国的表态不能置之不理,并在寻找进行交易的补偿方式。1911年6月27日,法国国务会议提出了缔结法德协定的要求。主持这次会议的财政部长凯约向德国驻法大使暗示:法国为了在摩洛哥能够自由行动,准备在殖民地势力范围内向德国做出重大让步。

1911年7月1日,德国炮舰"豹"号驶入阿加迪尔,轻巡洋舰"柏林"号随之开进摩洛哥海域。这种大胆的挑衅行为,构成了阿加迪尔事件。

德法《关于摩洛哥的专约》与法摩《非斯条约》

阿加迪尔事件发生后,法国驻德大使奉命同基德伦-韦希特商谈解决问题的途径与方式。法国大使对德舰驶入阿加迪尔感到非常惊讶。基德伦-韦希特的态度傲慢,并以一种颇具挑衅的口吻说,法国人既然可以在非斯保护自己的臣民,那么德国人为什么不可以在阿加迪尔这样做呢?!他要求大使谈谈如何解决业已发生的事件。大使列举了对德国进行补偿的项目,均遭德方的拒绝。最后,大使提出了以法属刚果作为对德国补偿的目标。基德伦-韦希特暗示可以继续讨论。此时大使才最终明确德国需要在摩洛哥以外取得哪些补偿。7月15日,基德伦-韦希特明白告诉法国大使康邦:德国需要整个法属刚果作为退出阿加迪尔的补偿。对于法国来说,这个要求难以接受,但德国却坚决不做让步。

法德围绕摩洛哥问题、特别是阿加迪尔事件的较量,引起了英国的极大关注。英国担心法国在德国的讹诈下让步,从而改变该地区的力量对比。英国决定出面干预。早在7月初,英国外交大臣格雷就曾警告德国驻英大使,英国不容许德国在摩洛哥西岸立足。7月21日,英国财政大臣劳合·乔治受内阁委托

---

① 〔苏〕赫沃斯托夫编:《外交史》第2卷(下),第962—963页。

就摩洛哥问题发表公开演说:"我准备为了维护和平,作出重大的牺牲。""但是,如果强迫我们处于这样的境地——即只有以放弃英国经过几个世纪用英勇精神和胜利业绩争得的重要的优越地位作为代价才能维护和平的话;如果在涉及英国切身利益的问题上这样地欺侮英国,仿佛它在世界人民的大家庭中已不再起任何作用的话;那么我要强调指出,以这样的代价换来的和平将是一种屈辱,对于像我们这样一个伟大的国家来说是不能容忍的。"①英国的态度对法国人和德国人都产生了巨大的威慑作用。法国放弃了全面妥协的打算,德国人也不敢再坚持强硬立场。德国首相通知英国,德国根本无意把自己的势力和影响推到摩洛哥西岸地带。

法国和德国就补偿问题进行谈判。1911年11月4日,法、德在柏林签订了《关于摩洛哥的专约》以及《关于两国在赤道非洲领土的专约》。这是法德结束第二次摩洛哥危机进行妥协的产物。《关于摩洛哥的专约》是对1909年2月9日法德协定的"必要明确和完善",共15条。主要内容为:第一,德国在摩洛哥"仅仅寻求经济利益","不妨碍法国旨在帮助摩洛哥政府进行为了良好地治理帝国而所需要的行政、司法、经济、财政和军事改革,以及这些改革所包括的规章的制订和对现有规章的修订";第二,德国"将不阻挠法国在得到摩洛哥政府同意后军事占领摩洛哥领土,只要法国认为这是维护秩序和通商安全所必须采取的行动;也不阻挠法国在摩洛哥陆地与领海上采取一切警察行为";第三,如果摩洛哥委托法国外交、领事人员代表和保护在海外的摩洛哥臣民和摩洛哥利益,德国"对此无异议";第四,法国"坚决维护在摩洛哥的贸易自由原则,无论在制定关税、税收和其他税款方面,还是在制定铁路、内河运输或其他渠道运输费用方面,尤其是一切过境问题上,都不会采纳任何不平等的做法"。②

德法《关于两国在赤道非洲领土的专约》是作为《关于摩洛哥的专约》的续篇与补充,作为德国"承认法国对摩洛哥王国的保护权利"的回报。两国政府"同意在其赤道非洲领地进行领土交换"。专约共有17条以及附注。第一条规定,法国向德国转让一小块法属刚果的领土。这就是使德属喀麦隆同刚果河连接起来的两条窄长地带。③ 第二条规定,德国向法国转让在法国领地现有范围以北的领土,这一领土位于乍得境内,东起沙里河,西至洛贡河西部之间。④

---

① 〔苏〕赫沃斯托夫编:《外交史》第2卷(下),第966—967页。
② 《国际条约集(1872—1916)》,第465—469页。
③ 同上书,第470—471页。
④ 同上书,第470—475页。

法德签署专约后，1911年11月29日，德国军舰驶离阿加迪尔港口回国。第二次摩洛哥危机结束。德国承认法国对摩洛哥的保护权，自己得到了法国给予"一小块沼泽地"的回报。这次危机，不但使欧洲掀起了一股沙文主义的狂潮，而且给法、德的政治和外交发展乃至整个欧洲都带来了重要影响。法国政府因"割地"而被迫下台。新上台的政府扬言要对德作战。德国在英国的压力下，放弃了掠夺整个法属刚果的计划。因此它对英国恨之入骨，表示要与之进行一场殊死的战争。危机加剧了英德矛盾，加强了英法联系。英国明确站在法国一边，对德国施加压力和影响，同时表示一旦法德开战，它将向法国提供军事援助。

在这场危机中，法国不但没有得到它的盟友俄国的应有支持，反而遭到俄国压制。俄国外交大臣指示驻巴黎大使："为了殖民地问题而发生的军事冲突不能引起我们同情法国的高昂情绪，法国政府对于这点是不应怀疑的"，"我们非常怀疑现在采取军事措施是有利的"，因此"俄法两国都应力求用和平办法解决问题"。① 俄国的立场和法国在波斯尼亚的兼并问题上所持的态度是一样的。不过，俄国表示如果法德因摩洛哥危机而交战，它将站在法国一边。德国在摩洛哥对法国的挑战也没有得到奥匈帝国的积极支持。

法国在这场危机中维护了它在摩洛哥的利益。危机过后，法国加紧在摩洛哥"建立国内秩序和全面安全为基础的正规制度"。1912年3月30日，法国和摩洛哥在非斯签订了《关于建立正规制度和引进必要改良措施的条约》，即《非斯条约》。条约共9条，主要内容为：第一条，双方同意"在摩洛哥建立一种新制度"，它"应包括法国政府认为有必要引进摩洛哥领土的行政、司法、教育、经济、财政和军事诸方面的改良"，"将维护苏丹的宗教地位、尊严和传统威望，保护穆斯林宗教活动及各种宗教机构，特别是宗教基金组织"。第二条，摩洛哥同意法国"在通知摩洛哥政府后对摩洛哥领土进行军事占领"。第四条，摩洛哥建立新的保护国制度，它所采取的"各项措施，将由苏丹陛下或由其授权的当局根据法国政府的建议颁布。各项新章程及对现有章程所作的修改也将照此办法颁布"。第五条，法国向摩洛哥派出一名常驻总专员作为代表。他是法国的"全权使者"，不但监督条约的实施，代表法国政府批准和发布苏丹批准的一切法令，而且执掌摩洛哥的外交，成为摩洛哥同外界交结的唯一中间人。第六条，法国外交和领事官员代表和保护摩洛哥在外国的臣民和利益，不经法国的同意，摩

---

① 〔苏〕赫沃斯托夫编：《外交史》第2卷（下），第968页。

洛哥不准缔结国际性文件。第七条和第八条，两国拟共同确立财政改组的基础。未经法国批准，摩洛哥将不直接或间接订立任何公共或私人借贷契约，也不以任何方式给予他们任何特许权。① 法国通过《非斯条约》攫取了摩洛哥的政治、经济、军事和外交大权，甚至可以进行军事占领。

第四节　意土战争与英法海军协定

意土战争与《洛桑和约》

意大利趁欧洲列强专注于第二次摩洛哥危机时，于1911年9月28日向土耳其发出最后通牒："意大利政府由于被迫关心自己的尊严和利益，决定对的黎波里塔尼亚和昔兰尼加实行军事占领"，要求土耳其政府采取措施"防止对于意大利军队的任何抵抗行为"。9月29日，意大利对土耳其宣战。

意大利一直谋求占领的黎波里塔尼亚和昔兰尼加，并且先后得到了英、德、法等列强的默许。的黎波里位于地中海南岸，与西西里岛隔海相望，战略位置相当重要。长期以来，意大利通过各种途径和方式向的黎波里进行渗透，扩大自己的影响。意大利政府把它称为"我们的特许地"②，并通过外交途径，使自己占有的黎波里塔尼亚的野心得到列强的默认。

在1900年法国和意大利关于两国在北非划分势力范围的换文中，法国驻意大利大使巴雷尔称"由于1899年3月21日专约把的黎波里省排除在专约所批准的势力划分范围之外，从而为法国的势力范围和的黎波里塔尼亚的昔兰尼加部分标定了界线。共和国政府不想越过这条界线"。意大利外交大臣在给巴雷尔的照会中称，如果摩洛哥政治状况或领土状况发生变化，"意大利将根据对等的原则，有权扩大其对的黎波里塔尼亚的昔兰尼加部分的影响"。③ 1909年意俄《拉科尼基协定》中的第5条规定，双方约定"意大利对俄国在海峡问题上的利益，俄国对意大利在的黎波里塔尼亚和昔兰尼加的利益，彼此友好对待"。④

意大利把战争强加给土耳其后，后者希望得到国际声援抗击侵略。欧洲列强中英、法、俄或者同意大利早有默契，或者是因为土耳其在波斯尼亚危机中已

---

① 《国际条约集（1872—1916）》，第477—480页。
② 王绳祖主编：《国际关系史》第3卷，第383页。
③ 《国际条约集（1872—1916）》，第211—212页。
④ 王铁崖、王绳祖选译：《1898年—1914年的欧洲国际关系》，第59页。

经站在协约国的对立面,加上此时英、法紧张应付摩洛哥危机,都没有给土耳其援助,并且劝说土耳其对意大利的侵略屈服。德国和奥匈帝国和意大利是盟友,自然不会对意大利施加压力。

在这样的国际环境下,意大利的侵略行动有恃无恐,十分嚣张。意大利两万多军队先后登陆的黎波里,意大利舰队控制了沿岸港口。土耳其军队因英国禁止其通过埃及,故不能增援在的黎波里的守军。这样,意大利军队凭借占据绝对优势的兵力和精良的武器装备打败了土耳其。11月15日,意大利宣布兼并的黎波里塔尼亚和昔兰尼加,并恢复了该地区的旧名利比亚。此时战争尚未结束,土军还没有投降讲和,阿拉伯居民奋起反抗侵略者和占领者。随后,意军攻占了多德卡尼斯群岛,并从海上炮击贝鲁特和土耳其其他港口城市。

土耳其面临意大利的巨大压力,又由于得不到国际上的支持,只得委曲求全,满足意大利的要求。1912年1月15日,意、土两国在洛桑外港乌希缔结了一项秘密预备和约。鉴于战争没有结束,土耳其在满足意大利要求方面仍有某些保留。10月巴尔干战争爆发后,土耳其感到内外交困,不得不对意大利做出进一步妥协。

10月18日,意、土在洛桑签署《洛桑条约——意大利国王和奥斯曼皇帝和平条约》,结束它们之间"存在的战争状态"。条约共11条,主要内容有:第一条,两国政府保证在签订本条约后立即采取停止战争行动必要步骤。特派专员应被派往现场,确保迅速实施这些步骤。第二条,两国政府保证在签订本条约后立即发布命令召回他们的军官、军队和他们的文职人员。第三、四条,交换战俘和人质,实行全部大赦。此外,两国政府恢复战前状态,缔结通商条约以及意大利每年付给土耳其一笔债款等。① 条约的要害是,土耳其承认了意大利对的黎波里塔尼亚和昔兰尼加的兼并。意大利通过战争占领土耳其部分领土的目的已经达到。

俄国利用意土战争试图争取海峡单独向俄军舰队开放。1911年10月,俄驻土耳其大使恰雷科夫开始同土耳其政府讨论解决俄土之间的问题。12日,俄国大使根据政府指令抛出了一份俄土条约草案。俄国准备放弃根据1900年俄土条约所赋予在亚洲土耳其的北部和东北部修筑铁路的特权。俄国的让步只是为了争取土耳其同意如下内容:"俄罗斯帝国政府保证向奥斯曼帝国政府提供有效支持以维护博斯普鲁斯海峡和达达尼尔海峡的现有规章制度,如果与两

---

① 《国际条约集(1872—1916)》,第490—494页。

个海峡毗连的领土受到外国武装力量的威胁时,上述的有效支持也适用于这些地区。为了便于执行上述条件,奥斯曼帝国政府保证不反对俄国军舰通过海峡,但这些舰只如果未经特别协商不得在海峡水域中停留。对 1871 年 3 月 13 日在伦敦缔结的专约做这种解释时,必须事先取得签署上述专约的其他大国的同意。"[①]俄国大使把铁路和海峡问题联系起来的外交,引起了土耳其、英国和法国的严重不安。恰雷科夫的外交活动以失败告终。

英法海军协定

第二次摩洛哥危机加剧了德国和英国的矛盾。德国对遭到英国的压力作出妥协感到极为愤慨,并扬言要同英国进行殊死的战斗。德国加速发展壮大海军力量,其海军大臣宣称只有十分强大的海军才能使英国低头。德皇威廉二世也叫嚷"为了无人敢于争论我们在阳光下应得的地位"[②],扩充海军是唯一的必然选择。德国政府在 1912 年向国会提出在 1912—1917 年间再建造 3 艘无畏舰的法案,并获准通过。

德国加速海军建设的言行,引起了英国的重视。为了对付德国的扩军,英国决定首先开展和平攻势,提出军备控制的主张,把军备竞赛的责任推给德国。英国派出陆军大臣霍尔丹到德国进行谈判。1912 年 2 月 8 日,英国大臣会见了德国首相贝特曼。后者要求英德达成一项中立的政治协定;每一个大国在另一大国一旦"被卷入战争"时,应当保持中立,试图使英国脱离法俄协约。英国大臣拒绝德国的方案,并提出相应的主张:两大国之一应保证不参加对另一国的无端攻击。德国表示很难界定侵略和无端攻击,但对英国的提议表示"考虑"。随后,双方把对话转向了海军。英国人说,如果继续海军军备竞赛,所谓的中立只不过是一个空洞的口号和一纸空文。德国首相却坚持,德国不能放弃新海军法案,一定要扩大海军建设。

英国大臣在会见德皇和德国海军上将时,中心议题是海军问题。德皇答复,首先缔结中立条约和就殖民地问题达成协议。作为交换,德国准备把海军法案的实施推迟一年,即不是原来决定的 1912 年、1914 年和 1916 年每年增加一艘主力舰,而是 1913 年、1915 年和 1917 年。英国对德国试图以微小的让步换取中立条约表示不满。英国外交大臣格雷正式通知德国驻英大使,既然继续海军军备竞赛,关于中立的条约就不可能签订。英德关于海军的谈判未能取得

---

① 〔苏〕赫沃斯托夫编:《外交史》第 2 卷(下),第 973 页。
② 陈文艺编著:《近代国际关系史》,第 361 页。

成效。格雷将英国陆军大臣霍尔丹出使柏林的结果以及英国拒绝同德国签订中立协定的决定及时通报给法国驻英大使康邦。

英国决定继续海军军备建设以维持英国海军的绝对优势。1912年3月,海军大臣温斯顿·丘吉尔向英国国会提出一项法律草案,规定德国每建造一艘军舰,英国就建造两艘。5月,英国将自己的海军部署进行调整,把以马耳他为基地的大西洋舰队的大部分舰船调往本国领海,集中于北海。

为了解决英国主要舰艇撤离地中海而不至于削弱协约国在该地域的海军力量,以及让法国承担保卫地中海交通要道的任务,1912年8月英法举行了海军谈判。在谈判中,英国竭力劝说法国将驻扎在布勒斯特的大西洋舰队调往地中海。法国坚持认为,英国必须做出明确的保证:一旦战争爆发,英国一定给予法国军事援助。法国还指望利用英国海军部署的调整,提高自己海军的地位与作用,把原来的协约变成军事同盟。法国准备在这个同盟中扮演积极而重要的角色。

英国外交大臣格雷并不认为有必要同法国缔结结盟条约。他赞同加强同法国的关系,打算通过一种特殊的方式来实现这样的目标。1912年11月22日,格雷致函法国驻英大使康邦,表达了他对英法关系的立场:"近几年来,法国和英国的海陆军专家们时常在一起会商。我们总是这样了解:这种会商并不限制任何一方政府在将来的任何时间决定是否以武力援助另一方政府的自由。我们曾经同意,专家之间的会商不是而且不应该被看作一种使任何一方政府在一个并未发生而且可能永远不会发生的偶然事件中受拘束的义务。"他接着说:"我同意,如果任何一方政府有充分的理由预期一个第三国将要进行未经挑衅攻击或者一般和平将要遭受威胁,它应该立即与另一方政府商讨两国政府是否一致行动以防止侵略维护和平,以及如果一致行动,它们所准备共同采取的措施。如果这些措施包括军事行动,两国参谋本部的计划将要立即加以考虑,而且那时两国政府就要决定在何种程度上实行这种计划。"①

康邦大使于11月23日复函格雷大臣,承认他在信中所表达的观点都是正确的。他在回复中说:"我现在受权声明,如果我们两国政府之中任何一个政府有充分的理由疑惧一个第三国将作一个侵略行为,或者一般和平将要遭受威胁,那个政府应该立即与另一个政府研究两国政府是否应该一致行动以防止侵略或维护和平的问题。如果应该一致行动,两国政府将就它们准备共同采用的

---

① 王铁崖、王绳祖选译:《1898—1914年的欧洲国际关系》,第83页。

措施进行讨论;如果那些措施包括采取军事行动,两国政府将要立即考虑它们的参谋本部的计划,而且那时就要决定实行这些计划。"[1]英法通过这种交换信函的方式,决定了在第三方发动侵略或威胁普遍和平时,双方进行磋商决定是否采取共同行动,包括军事行动。根据交换信件的精神,英法海军参谋部于1913年2月10日缔结了两国海军专约。专约规定,英国承担保卫法国的大西洋沿岸地区的责任,法国海军则负责保护英国在地中海的利益。[2]

第五节 巴尔干同盟与巴尔干战争

巴尔干同盟的建立

土耳其在土意战争中的惨败,加速了巴尔干国家保加利亚、塞尔维亚、希腊和门的内哥罗建立反土联盟的进程。

奥斯曼帝国的统治给巴尔干人民造成了深重的灾难。随着帝国的衰弱,巴尔干各族人民争取民族解放与独立运动蓬勃开展。保加利亚、塞尔维亚、希腊等建立了独立王国,积极推动建立同盟。然而在同盟针对的主要目标国和如何瓜分土耳其遗产以及同俄国的关系等问题上存在着矛盾与分歧。

其一,保加利亚同塞尔维亚之间存在着难以消除的相互猜疑。奥匈帝国在兼并波斯尼亚和黑塞哥维那的过程中曾利用保加利亚制造保加利亚与塞尔维亚的不和。其二,塞尔维亚坚决反对奥匈帝国的兼并政策以及对塞尔维亚的压迫政策。保加利亚和希腊则认为主要针对土耳其,只有击败土耳其之后才能谈得上本民族的真正独立。其三,马其顿、阿尔巴尼亚等的归属问题。保加利亚、塞尔维亚和希腊都想把马其顿据为己有。塞尔维亚希望占有阿尔巴尼亚以获取出海口,这样就同希腊对其南部的野心发生矛盾。同时意大利和奥匈帝国也想占领阿尔巴尼亚以利于建立自己在亚得里亚海的霸权。其四,俄国支持和促进巴尔干同盟的建立,一方面可以加强自己在该地区的影响,同时也可以用作反对奥匈帝国的工具。把奥匈帝国和德国的注意力引向南方从而减轻对自身的压力。俄国还指望在反对土耳其的斗争中能够在海峡问题上捞取一些利益。

对于俄罗斯而言,巴尔干同盟的建立,斯拉夫人展开的斗争也给它带来了

---

[1] 王铁崖、王绳祖选译:《1898—1914年的欧洲国际关系》,第84页。
[2] 〔苏〕赫沃斯托夫编:《外交史》第2卷(下),第983页。

不小的风险。鉴于俄国军队尚未恢复元气和完成改编,如果巴尔干同盟发动对土战争,奥匈和德国进行干预,俄国将必然卷入对它不利的战争。

在巴尔干同盟的建立过程中,保加利亚和塞尔维亚的接近占有极为重要的地位,起着关键性作用。1911年4月,塞尔维亚首相米洛瓦诺维奇向保加利亚公使提议塞、保两国缔结"友好地瓜分在马其顿的势力范围"的协定,以作为同土耳其作战的基础。保加利亚作出积极回应,并建议两国举行谈判。俄国从中积极斡旋,化解它们之间的矛盾,排除相互猜疑,并提出瓜分土耳其战败后的遗产的分配方案等。

1911年秋,保、塞两国的谈判进入最后阶段。保加利亚宰相格绍夫就敲定最后协议觐见住在匈牙利领地的皇帝斐迪南后,路过贝尔格莱德,会见米洛瓦诺维奇,转告他皇帝同意和塞尔维亚订立协定。双方在如何处置马其顿问题上发生了严重的分歧与对立。保加利亚要得到整个马其顿,塞尔维亚则主张瓜分马其顿。但这并未妨碍反土同盟的建立。他们在瓜分奥斯曼帝国领土方面达成谅解,确定了应归属保加利亚和塞尔维亚的地区。

塞尔维亚主张有争议地区的归属问题等待反土战争结束后解决或交由俄国仲裁解决。① 保加利亚不赞同提交俄国来仲裁解决两国的纷争问题,认为俄国肯定会偏袒塞尔维亚,于自己不利。于是,两国进入关于直接划分有争议地区的谈判。1911年底到1912年初,双方在如何解决马其顿的乌斯丘勃(斯科普里)、佛累斯和斯特鲁加的归属问题上讨价还价。因为这些地区关系到两国的战略和安全利益,谁也不愿做出让步。塞尔维亚占领它有利于从南面掩护将来通往亚得里亚海的出海口和多瑙河—亚得里亚海铁路。保加利亚占领它保证通往瓦尔达尔河流域和马其顿中心地带的通道。最后保加利亚同意争执问题交由俄国仲裁解决。

这样,保加利亚和塞尔维亚于1912年2月29日在索非亚签署了《保加利亚王国和塞尔维亚王国友好同盟条约》。条约称两国的利益是"共同的,命运是相似的,决心用共同的力量团结一致捍卫这些利益并努力使其取得圆满成果"。条约共7条,主要内容为:第一条,两国"相互保障其政治独立和领土完整,坚决地、无条件地保证,一旦两王国之一受到一国或多国攻击,两国应用其全部力量相互支援";第二条,两国保证"假如任何一个大国企图兼并、占领、占据目前处于土耳其统治之下的巴尔干半岛的任何一部分领土,即使是暂时性的,如果缔

---

① 〔苏〕赫沃斯托夫编:《外交史》第2卷(下),第1007页。

约双方之一方认为这一事实违反其切身利益,并构成了宣战的理由,双方将用其全部力量相互支援";第三条,"缔约双方保证只在预先达成协议的情况下共同地签订和约";第四条,双方"将签署军事专约以最充分地并按照所谋求的目的确保本条约的执行。该专约既要规定在战争时期需要采取的行动,又要规定从和平时期起,为准备和正确地指挥战争,应该确定的有关军事组织,部队的解散与动员、高级指挥部之间的关系等事项"。本条约和军事专约自批准之日起生效,至1920年12月31日止。届时,只有双方专门签署补充协议,本条约和军事专约方可延长。①

条约有一个特别秘密的附件,其中第一条称:"如果土耳其国内发生可能威胁缔约国双方或其中一方的国家利益和民族利益的混乱局面时,以及由于土耳其发生内部困难或外部困难致使巴尔干半岛的现状动荡不安时,或在缔约国的首先认为必须采取军事行动的一方向另一方列举建议的理由时,另一方也有责任迅速交换意见,如不同意盟国的意见,则应给予后者以详细的答复。"如果就应采取的行动达成协议,即应将此事通知俄国,如果俄国对此不反对,盟国应按照已达成的协议并本着全力团结和维护双方利益的精神采取行动。反之,如果协议不能达成,则将问题提请俄国裁夺,不管俄国的意见如何,对缔约国双方均具有约束力。如果俄国不愿表示意见,因而缔约国双方不能达成协议,缔约国主张进行武装干涉的一方单独开始对土耳其采取军事行动时,另一方应对盟国恪守友好的中立,如果某个第三国站到土耳其方面时,则应按照军事专约所规定的范围实行动员,并对盟国给予全力支持。② 条约附件规定了如何瓜分未来的战利品以及在实施条约时发生的任何分歧和争执,请俄国做出"最后决定"。

1912年6月19日,保加利亚和塞尔维亚在瓦尔纳签署军事专约,作为友好同盟条约的组成部分。专约规定,一旦发生对土耳其或奥地利的战争,塞尔维亚派出10万人,保加利亚20万人。如果罗马尼亚、土耳其进攻保加利亚,塞尔维亚派10万军队参战。③

从保塞友好同盟条约、条约附件、军事专约可以看出:其一,双方准备随时同土耳其开战,主要针对奥匈帝国和德国;其二,就瓜分战利品达成谅解;其三,授予了俄国最终裁定权。

保加利亚同时和希腊举行谈判,1912年5月16日在索非亚签署了《保加利

---

① 《国际条约集(1872—1916)》,第475—477页。
② 〔苏〕赫沃斯托夫编:《外交史》第2卷(下),第1009—1010页。
③ 《国际条约集(1872—1916)》,第482—486页。

亚和希腊同盟条约》,共有四项条款和一则声明。主要内容为:第一条,"如果与缔约双方真诚的愿望相反,虽然两国政府避免对奥斯曼帝国采取任何侵略和挑衅行为,缔约双方之一方仍然遭受土耳其的攻击,这一攻击或者发生在该国领土上,或者通过有系统地损害条约赋予这个国家的权利以及人权的基本原则的方式进行,缔约双方必须动用全部武装力量相互支持,而且只能在达成一致情况下联合缔结和约"。第二条,双方保证:"一方面,在道义上对其在土耳其的同胞施加影响,使他们真诚地赞助帝国居民各组成部分之间的和平共处;另一方面,相互提供援助,并在向奥斯曼帝国与各大国采取行动时,采取一致步调。采取的行动旨在努力争取或确保实现条约规定的或以其他方式赋予希腊与土耳其民族的权利,政治平等和宪法保证。"9月22日,两国在索非亚签署了《保加利亚和希腊军事专约》。专约规定,缔约双方之任何一方卷入战争,另一方给予一切支援。保加利亚提供30万军队,希腊出动12万人的部队。①

1912年9月,门的内哥罗以口头协议的方式加入《保加利亚王国和塞尔维亚王国友好同盟条约》。至此,保加利亚、塞尔维亚、希腊和门的内哥罗通过条约形成了巴尔干同盟。它们在积极准备对土耳其的战争。巴尔干战争迫在眉睫,随时都可能爆发。

第一次巴尔干战争

巴尔干同盟带有明显的对抗土耳其和奥匈帝国的性质。奥匈帝国也在竭力拼凑自己的包括土耳其、保加利亚和罗马尼亚的联盟,但未能得逞。俄国则在支持民族解放的旗号下,谋求在巴尔干地区的霸权。它对巴尔干同盟的建立起了重要的推动作用,也获取了协调同盟以及解决它们之间矛盾和分歧的权利。巴尔干同盟在积极备战,俄国拼命制造战争的气氛。

1912年,巴尔干局势动荡不定。1910—1912年,阿尔巴尼亚举行起义;1912年8月,马其顿的保加利亚人要求独立。土耳其采取暴力镇压,试图维持自己的统治和秩序。巴尔干国家对此表示强烈不满,要求土耳其履行1878年7月13日签订的柏林条约第二十三条的规定,在马其顿进行彻底的改革,其彻底程度几乎等于是从土耳其统治下获得完全的解放。土耳其政府对上述要求采取回避和拖延战术。巴尔干地区的局势越来越紧张。1912年8月,保加利亚国王斐迪南主持御前会议,并做出一项决议,如果土耳其不同意立即履行第二

---

① 《国际条约集(1872—1916)》,第480—482、488—490页。

十三条的规定,就开始对它作战。①

此时俄国却另有所图,竭力促使意大利和土耳其达成协议,以期从中获取在海峡问题上的利益。俄国并不希望在巴尔干立即爆发反对土耳其的战争。此时,俄国和塞尔维亚的劲敌奥匈帝国也不愿看到战争。9月14日,奥匈帝国大臣会议做出决议称,没有征求它的同意,不能对巴尔干领土进行任何改变,但它并不准备为防止此类事件的发生采取重大行动。俄国和奥匈帝国为阻止战争爆发的努力均告失败。

1912年10月8日,门的内哥罗向土耳其宣战,次日开始了反对土耳其的军事行动。10月17日,塞尔维亚、保加利亚和土耳其相互宣战。18日,希腊向土耳其宣战。第一次巴尔干战争全面展开。战争开始后,巴尔干同盟在战场上处于优势。它们的战争准备比较充分,军队人数达60万且士气高涨。土耳其军队虽有40万人,但训练差士气低落。在战场上,土耳其军队连连败北。巴尔干同盟军队占领了欧洲土耳其的大部分领土。保加利亚的军队进展迅速,10月底已经进逼土耳其的首都君士坦丁堡。

巴尔干同盟在战场上的胜利,特别是保加利亚军队的顺利推进,引起了欧洲列强的不同反应。沙皇政府因害怕土耳其政府垮台导致大国把军舰开进海峡,因此警告保加利亚不要贸然行事,暂缓向君士坦丁堡推进。英国和法国却无意阻止保加利亚在土耳其军事行动,但把自己的舰船驶进爱琴海,靠近达达尼尔海峡。英法各自配置了3艘大型军舰。英国提出在国际监督下海峡中立化的计划,这是沙俄决不能接受的。俄国使自己的黑海舰队进入战备状态。法国劝告沙皇不要采取措施阻止保加利亚军队的推进,发生问题以后再进行调停解决。

保加利亚继续向君士坦丁堡挺进。1912年11月3日,土耳其在无可奈何的情况下,请求欧洲列强出面调停。后来战场上发生了戏剧性变化:11月20日,土耳其军队竟在首都附近挡住了保加利亚军队的进攻。

在保加利亚军队取得节节胜利时,奥匈帝国加强了对塞尔维亚的围困,并防止俄国出兵帮助塞尔维亚。此时奥匈帝国指望得到德国的帮助,德国表示全面给予援助,并鼓动奥匈帝国对塞尔维亚进攻。德皇威廉二世写道:"现在发生冲突,对俄国来说,真不是时候,因为它在军事上没有做好应付冲突的准备。"他说:"为什么我们要阻止战争的来临呢?难道只是为了让俄国进行战争准备吗?

---

① 〔苏〕赫沃斯托夫编:《外交史》第2卷(下),第1017页。

不,趁着俄法英三国现在处于困境时,就让战争爆发吧。"①

1912年11月22日,奥匈帝国哈布斯堡王位继承人和总参谋长到达柏林,同德国皇帝等会谈。双方对欧洲战争的战略计划进行了磋商并取得一致。德皇对来访者说,在塞尔维亚决不要让步,甚至说如有必要不惜打一场全欧规模的战争。

沙皇政府同情并曾支持塞尔维亚,也做了一些战争准备。俄国决定不在奥匈帝国和德国的威逼下实行退让。但俄国外交大臣竭力劝告塞尔维亚不要把事情恶化到发生武装冲突的地步。这是因为,俄国没有做好战争的准备,想尽量避免战争的爆发。法国却对奥匈同塞尔维亚的冲突采取积极的态度,并要求俄国在巴尔干问题上采取主动。英国开始采取的态度模棱两可。11月28日,塞尔维亚军队占领亚得里亚海沿岸的都拉斯。奥匈帝国要求塞尔维亚撤出阿尔巴尼亚领土。此时德国发出警告,它将站在奥匈帝国一边来捍卫自己的固有地位。

为了结束战争,交战双方土耳其和巴尔干同盟各国的代表,以及欧洲六大国英、法、俄、奥匈、德国和意大利的代表同时在伦敦举行会议。欧洲六大国会议主席是格雷,各相关国家驻英大使出席。土耳其和巴尔干同盟在六国中都有自己的保护国。奥匈帝国和德国支持土耳其,俄国法国支持巴尔干各国。奥匈帝国和俄国的对立尤为严重。

会议争论的焦点有两项:其一,如何处理阿尔巴尼亚问题。在12月17日的第一次大使会议上,通过了阿尔巴尼亚自治决议。其实早在11月28日阿尔巴尼亚已经宣布了独立。列强伦敦大使会议通过一项决议:只要列强提出要求,塞尔维亚就应该从阿尔巴尼亚撤军。这样塞尔维亚要取得出海口的努力就会落空。在伦敦会议解决战争时,奥地利主战派策划入侵塞尔维亚。德国对此持反对态度。因为它怕引起对俄战争,从而扩大到对英法的战争。其二是如何处置土耳其的欧洲边界。胜利者一方要求以米迪亚—罗多斯托一线作为欧洲土耳其的边界;土耳其交出阿德里安堡、扬尼纳和斯库台要塞,放弃爱琴海上的各个岛屿。土耳其对后两个要求寸步不让。②

在欧洲列强中,俄奥对阿德里安堡都支持保加利亚的要求,但它们所追求的目标各异。俄国支持保加利亚是为了防止它倒向对方。奥匈支持保加利亚则是想让它脱离俄国。12月21日,俄国警告土耳其,如果在阿德里安堡问题不

---

① 〔苏〕赫沃斯托夫编:《外交史》第2卷(下),第1021—1022页。
② 同上书,第1032页。

做出让步,并恢复战争,俄国就不会再恪守中立。协约国对土耳其施加压力,采取联合行动,举行海军示威。德国则支持土耳其,竭力破坏协约国的集体行动。1913年1月17日,列强大使向土耳其发出照会,如果不按照胜利者的条件签订和约,那么一切严重后果自负。

在列强的压力下,土耳其政府打算做出让步。但是在1月23日土耳其发生政变,青年土耳其党人重新上台执政。在德国的支持下,土耳其新内阁采取不妥协立场。这样,巴尔干同盟在1913年2月3日恢复了军事行动。土耳其在遭到接二连三的失败后,再次求和,重新回到谈判桌旁。3月,巴尔干同盟攻陷阿德里安堡(3月26日为保军攻陷)和扬尼纳,门的内哥罗继续包围斯库台。4月5日,列强指示本国大使在索非亚采取集体行动以促成停战。4月16日保加利亚和土耳其签订停战协定。4月20日,土耳其和其他同盟国之间也签订停战协定,但门的内哥罗仍在进行军事行动,直到5月从斯库台撤走。

和平谈判于5月仍在伦敦举行,在会议进行期间,巴尔干国家无休止地争吵,奥匈帝国不断进行威胁,土耳其玩弄各种阴谋诡计。但是经过各方的努力,1913年5月30日在伦敦签订了《希腊、保加利亚、塞尔维亚、门的内哥罗和奥斯曼帝国的和平条约》,即《伦敦条约》。条约共7条,主要内容为:(1)奥斯曼帝国"将其所有自爱琴海的伊诺斯至黑海的米迪亚之间所划出的一线之西的全部欧洲大陆的领土,除阿尔巴尼亚外,割让给君主联盟各陛下"。这条边界线的确切位置由国际委员会予以确定。(2)有关划定阿尔巴尼亚边界的安排事宜以及有关阿尔巴尼亚的其他问题交由欧洲六大国处理。(3)"将克里特岛"以及"对该岛的一切主权和其他权利"割让给巴尔干同盟。(4)"委托"德国、奥匈帝国、英国和俄国"确定"土耳其"在爱琴海的所有岛屿(克里特岛除外)和阿索斯山半岛的所有权"。(5)战争和割让土地所产生的"财政性质的问题"交由将在巴黎召开的国际委员会解决。(6)关于战俘、管辖权、国籍、商务等问题将由专门协议予以解决。①

第一次巴尔干战争是巴尔干国家为摆脱奥斯曼帝国的长期统治与压迫、争取独立的战争。巴尔干国家的胜利意味着土耳其对巴尔干半岛统治的结束。

第二次巴尔干战争

第一次巴尔干战争后,该地区的民族矛盾并未解决。由于奥匈帝国和俄国

---

① 《国际条约集(1872—1916)》,第496—497页。

的渗入,巴尔干地区的局势更加复杂。巴尔干同盟国在瓜分土耳其遗产问题上的争端,奥匈帝国和德国推行的分离政策导致了第二次巴尔干战争。

保加利亚在第一次巴尔干战争中获取了丰厚的战利品。塞尔维亚、希腊则要求得到其中的一部分作为自己对土耳其作战的补偿。罗马尼亚也对保加利亚提出了自己的领土要求。塞尔维亚希望在战争中夺取通往亚得里亚海的出海口,未能如愿以偿。塞尔维尔在战后要求保加利亚划出马其顿的一部分作为补偿,于1913年2月提出修改塞、保条约有关领土划分的条款。希腊向保加利亚提出要马其顿的南部和色雷斯。其实在第一次巴尔干战争开始后,保加利亚和希腊就开始在萨洛尼卡的归属问题上展开了斗争。巴尔干同盟之间为争夺地盘多次发生武装冲突。1913年6月1日,关于结束第一次巴尔干战争的《伦敦条约》墨迹未干,针对保加利亚的希塞同盟便宣告成立。罗马尼亚加入了该同盟。在战争期间,罗马尼亚要求保加利亚割让其南部的多布罗加以换取它的中立,但它的要求没有得到满足,总想寻找机会对保加利亚实施报复。罗马尼亚欣然接受邀请,加入了希塞同盟,以对保加利亚施加压力,实现其领土要求。

保加利亚同塞尔维亚、希腊及罗马尼亚的领土争端预示着巴尔干同盟有解体的危险。这对积极促进同盟建立的俄国来说不能不是一件令人担忧的事。沙皇政府为了保住同盟不致崩溃,尽力限制塞尔维亚、希腊的领土野心,同时也劝告保加利亚采取谦让的态度。奥匈帝国却竭力挑动保加利亚打仗,给予贷款并提供安全保证,从政治上和经济上给予保加利亚支持。保加利亚原本打算取得俄国的支持,但遭冷遇。沙皇政府告诉保加利亚,在它未同巴尔干昔日盟国取得协议之前,休想同它进行任何谈判。俄国还享有在巴尔干同盟之间进行仲裁的特权。

这样,保加利亚由于没有得到俄国的积极支持,决定转向奥匈帝国寻求援助,加速同它的接近。保加利亚面对昔日盟国的领土要求,在奥匈帝国的支持与怂恿下,于1913年6月29日对塞尔维亚和希腊采取军事行动,第二次巴尔干战争开始。和第一次巴尔干战争不同的是,这次是巴尔干国家之间为争夺领土的战争。

保加利亚挑起战争后,遭到了塞尔维亚、希腊和门的内哥罗三国军队的坚决抵抗和反击,保军很快就由进攻转为守势。罗马尼亚趁机于6月30日—7月2日以50万大军强渡多瑙河向保加利亚首都索非亚推进。随后土耳其也出兵越过保加利亚边境。奥匈帝国政府准备干预战争,并希望得到德国的支持。此时德国正在进行新的扩军计划但尚未完成,它估计到保加利亚不可能取胜,整个巴尔干会站在协约国阵营。德皇警告奥匈不要盲动。

保加利亚在战场上四面受困,国际上也处于极为孤立的状态。战争的进程对保加利亚十分不利。土耳其联合希腊和塞尔维亚,于7月16日进攻保加利亚,并于20日夺回了阿德里安堡。保加利亚要求议和。1913年7月28日,和平会议在布加勒斯特举行。保加利亚为失败一方,希腊、罗马尼亚、塞尔维亚、门的内哥罗为胜利一方。会谈期间,希腊和保加利亚在卡瓦拉港问题上展开了针锋相对的斗争。欧洲列强为了各自的目的与打算介入了这一争论。奥匈帝国和俄国为了拉拢保加利亚而支持它的立场。德国、法国、英国支持希腊,尽管它们的想法与目的各不相同。德国担心支持保加利亚会得罪土耳其,最终把罗马尼亚推向协约国一方。法国是为了防止希腊转向德国,以有利于自己在地中海对抗意大利。意大利支持保加利亚是为了刺激希腊。斗争的结果是希腊取得了卡瓦拉港。

1913年8月10日,签订于布加勒斯特的《布加勒斯特条约——罗马尼亚、希腊、门的内哥罗、塞尔维亚和保加利亚的和平条约》,划分和确定了保加利亚和罗马尼亚、塞尔维亚、希腊的边界。塞尔维亚得到了保加利亚在马其顿的"有争议的"和"没有争议的"地区;希腊得到了包括萨洛尼卡在内的南马其顿地区和包括卡瓦拉在内的西色雷斯的一部分;南多布罗加归罗马尼亚所有。保加利亚不但失去了它通过战争抢占的较大的部分土地,而且还丧失了原来固有的领地。

保加利亚和土耳其于1913年9月16日在君士坦丁堡签订了《君士坦丁堡条约——奥斯曼皇帝和保加利亚国王之间的和平条约》。条约共有20项条款和5个附件。条约划定了土耳其和保加利亚的边界,把阿德里安堡还给了土耳其。①

列宁在总结第二次巴尔干战争时写下了这样一段文字:"战争吞噬了数十万人的生命和数亿人民的金钱","最明显的结果是留下了保加利亚人、塞尔维亚人和希腊人的尸体,这些人曾经在战场上携手并肩地痛击过土耳其人,现在却在同一战场上由于互相争夺而被撕成碎块"。战争带来的不是和平,"而是一连串的冲突,一连串流血的决斗,军备竞赛,外交家的赌博,外国干涉的危险以及阴谋诡计,犹大的接吻和犹大的出卖",因而结果"既不会有自由,也不会有团结,既不会有经济繁荣,也不会有独立与和平"。②

---

① 《国际条约集(1872—1916)》,第497—519页。
② 转引自〔苏〕赫沃斯托夫编:《外交史》第2卷(下),第1045—1046页。

布加勒斯特和会以后,欧洲列强在巴尔干地区积极活动,加强与巩固自己的影响。沙皇政府竭力促使保加利亚同塞尔维亚和罗马尼亚和解,并试图报复已经破碎的巴尔干同盟。奥匈帝国和德国扩大巴尔干国家的分裂,并挑动土耳其、保加利亚和罗马尼亚联合起来对抗塞尔维亚。这样,在巴尔干地区出现了两个相互对抗的阵营:一方是俄国控制的塞尔维亚、罗马尼亚、门的内哥罗,另一方则是保加利亚、土耳其,它们依靠奥匈帝国和德国。

从此,国际冲突不断。日益壮大且得到俄国支持的塞尔维亚在占领了阿尔巴尼亚的一部分领土后,试图再次夺取亚得里亚海的出海口。阿尔巴尼亚则在欧洲六强的支持和监护下成为独立公国。在确定阿尔巴尼亚国界时,俄国和法国支持塞尔维亚与希腊;奥匈帝国、德国和意大利支持阿尔巴尼亚,并得到英国的支持。1913年8月11日,大使会议做出了关于国界基本走向的决议,决定成立两个专门委员会,负责具体划界工作。在实际的划界过程中,三国同盟拉拢英国对抗俄国和法国。划界工作进展十分缓慢。阿尔巴尼亚和塞尔维亚还不时发生冲突。① 10月,塞尔维亚发动攻势,并占领了阿尔巴尼亚的部分领土。奥匈帝国想乘机扩大事态进而摧毁塞尔维亚。在奥匈帝国的压力下,塞尔维亚只得撤出它所占领的阿尔巴尼亚土地。

海峡地区同时发生变故。10月德国和土耳其签订条约,土耳其邀请24名德国军官组成军事代表团前往,其任务是改编土耳其的军队。代表团长利曼·冯·赞德尔斯被土耳其苏丹任命为驻在君士坦丁堡的军团司令。这样黑海的出海口由德国人指挥的军队控制。俄国出面交涉,要求德国人放弃土耳其首都驻军司令一职,遭德国的断然拒绝。俄国人在同德国的较量中寻求英国和法国的支持。法国做出肯定回答,英国则持骑墙态度。在俄国的要求和压力下,德国和土耳其只得让赞德尔斯改任土耳其陆军总监,并升为元帅。然而,德国逐渐取得了在黑海的主动权,这是沙皇绝对不愿意看到的事态发展。

---

① 〔苏〕赫沃斯托夫编:《外交史》第2卷(下),第1047—1048页。

第十五章　第一次世界大战时期的国际关系

第一节　第一次世界大战的爆发

协约国与同盟国集团的整合及其军备竞赛

巴尔干战争之后，协约和同盟两大集团都在加速力量的整合，为即将来临的大战作组织上的准备。其实，这一工作早在十年前就已经开始了。奥匈帝国和德国早已结成同盟，在巴尔干战争中互相支持，并且把两次战争中的战败国土耳其、保加利亚拉到自己一边。英法、法俄条约的签订，建立了英、俄、法三国协约。在对抗奥匈帝国和德国这一根本问题上，三国的基本态度和立场是一致的，但它们各自的目的和追求的利益是不同的。协约国在巴尔干战争中成功地把塞尔维亚、罗马尼亚、希腊等国拉入其中。

在欧洲以外，协约集团的活动也颇有成效。英日、法日和日俄条约的签订表明，日本实质上站在协约一方。鉴于美国和英国的特殊关系，美国理所当然会同英、法、俄站在一边。美英向来有着紧密的政治、经济关系。1913年美国向英国和加拿大输出的商品价值10.2亿美元，占美国对外出口总额的2/5。[①] 其实美国对英、法的态度是矛盾的：一方面，美国同它们有着千丝万缕的联系；另一方面，又不愿它们过于强大，对自己构成挑战。但是，面对德国谋求欧洲霸权的努力，美国把德国对自己的利益的威胁看得远远大于同英法的分歧与矛盾。因此，美国加入协约一方挑战同盟集团只是时间问题。

协约集团在经济和军事力量的对比中占有优势。据1913年的统计表明，同盟国集团人口1.45亿，协约四国法、英、俄、意2.88亿。随着美国的加入，协约的优势越来越明显。1913年，英国、美国和法国的工业产值占资本主义世界的58%，它们的对外贸易占34%。同盟国的经济主要依赖德国。1913年它的工业产值只占资本主义世界的16%，对外贸易占13%。[②] 同盟国的资源和发展

[①] 〔苏〕赫沃斯托夫编：《外交史》第2卷（下），第1063—1064页。
[②] 吴于廑、齐世荣主编：《世界史（现代史编）》上卷，高等教育出版社1994年版，第30页。

潜力与空间将会越来越被压缩处于劣势地位。

帝国主义各国都在积极备战。在陆军方面,德国的扩军计划与进展令人瞩目。1911—1913年,德军增加兵员17.5万人,3年之内增长32%。德国在1913年实行了更大规模的扩军计划,国会通过了增加陆军平时兵员13.6万人的法案,一次拨出军费8.89亿马克的巨款。德国的陆军是当时装备最精良的一支军队。德国在军事技术和武装力量的组织、后备军的质量等各方面都占有优势。它的战斗准备大大超过了协约各国。德国有稠密的铁路网,便于军事运输。德国的军事工业超过法、俄的总和,其军事工业的潜力也不逊色于英、法、俄整个协约国。①

协约国的军备计划也在实施。法国通过把服役期限由两年延长为三年,常备军扩大了一半。沙皇政府在1913年通过了一个"庞大的军事计划",规定当年增加兵员48万,大大加强炮兵。实现扩军计划需要5亿卢布的拨款,但国内经济的困难无法实现。政府只得将计划推迟到1914年启动,预定在1917年前完成。法国为了加强对抗德国强大的陆军,答应在5年之内向俄国提供5亿法郎贷款。主要项目是要俄国修建通往德国边境的战略铁路,缩短攻击德国的部队的集结时间,以阻止德军对法国的进攻,或在法国遭到德军进攻时在尽可能短的期间发动对德国的攻击,从战场上配合与支持法国。英国的远征军虽然战斗力较强,但只有6个师,无法同德军较量。

在陆军的军备竞赛中,德国处于优势,这就为德国抢先发动战争做好了充分准备。然而,德国囿于人口和资源,在同协约国的军事力量对比中仍处于不利地位。1914年战争开始时,德奥集团有陆军119.9万,实施总动员后,兵员可达632.3万。协约三国在战争开始时为245.9万,动员后为873万,分别比德奥集团多出1倍和14%。② 而且,海军的优势也在协约国。英国一直推行"两强"的海军扩军计划。到1914年,英国海军拥有各类军舰688艘,兵员20万人。德奥为593艘,兵员9.7万余人。英国拥有30艘无畏舰,加上法国和俄国的各7艘,协约国共有44艘。德国和奥匈各有20艘和2艘。双方拥有的无畏舰,协约占有对同盟2∶1的优势。英法拥有时速25海里以上的装甲巡洋舰26艘,德奥集团只有5艘。英法还拥有52艘轻型快速巡洋舰,50余艘时速在25海里以下的轻型巡洋舰。德、奥分别为28艘和23艘。协约国有制海权,利用拥有的海上优势能够封锁德国。尤其重要的是协约国因此可以利用全世界的资源

---

① 〔苏〕赫沃斯托夫编:《外交史》第2卷(下),第1067页。
② 王绳祖主编:《国际关系史》第3卷,第396页。

来为战争服务。

德奥集团虽然在兵力、兵源以及战争物资及其储备等战争资源的对比中处于相对劣势,但它对战争的准备较为充分。同盟国的兵员部署比较集中,易于调动与管理,具有动员迅速、装备精良、训练有素等优势。因此,在战争爆发后的一段时间内,同盟国能够取得某种战场上的主动。

萨拉热窝事件

两个集团都在积极准备发动战争。德国利用迅速发展的经济和扩充的军备,寻找有利时机挑起战争。德国外交国务秘书亚哥夫在他给驻伦敦大使的信件中对形势做出了这样的估计:"现在,俄国基本上尚未做好战争准备。法英两国也不愿意现在打仗",但是"再过几年,俄国就有战斗力了。到那时,它用自己士兵的数量就能压倒我们;俄国的波罗的海舰队和战略铁路都将建成,然而我们的集团的力量却将日渐衰弱下去。"① 言下之意,在德国看来现在正是开战的最佳时机。1914 年 6 月,刺杀奥匈帝国斐迪南大公的萨拉热窝事件,就是德奥集团挑动战争的最好理由和借口。

巴尔干战争促进了该地区民族运动的发展。塞尔维亚成为南部斯拉夫人反抗奥匈帝国统治、争取民族统一斗争的基地。波斯尼亚和黑塞哥维那被奥匈帝国强行兼并后,争取民族解放的斗争也在日益发展。它们要求和塞尔维亚共同建立统一的南斯拉夫国家。1911 年,塞尔维亚青年军官组织了一个名叫"黑手会"的秘密团体,其宗旨就是追求建立"大塞尔维亚国"。

奥匈帝国的皇位继承人弗兰茨·斐迪南大公在帝国的地位越来越显赫,他制订了一系列计划来巩固帝国的统治。南斯拉夫人反对奥匈帝国的团体制定了暗杀他的计划。1914 年 3 月,秘密团体得知斐迪南将于 6 月前往波斯尼亚检阅军队,而这次军事演习的直接目标就是进攻塞尔维亚。这是因为塞尔维亚日趋强大,并支持一切反对奥匈帝国的秘密社团组织。奥皇对它极为憎恨,曾多次谋划将其占领。面对着奥匈帝国的武装侵犯,一个名为"青年波斯尼亚"的组织决定对斐迪南大公实施暗杀计划。"黑手会"则提供了暗杀所需的武器。

塞尔维亚政府得知暗杀计划后曾表示反对。因为塞尔维亚正面临着紧迫的恢复工作以医治过去战争所带来的创伤。同时,沙俄因国内的动荡和整顿军队尚未完成,难以在可能发生的事件中提供必要的支持。所以,塞尔维亚政府

---

① 〔苏〕赫沃斯托夫编:《外交史》第 2 卷(下),第 1075 页。

试图阻止暗杀计划的实施,但未能成功。因为同"黑手会"有联系的边防军并未阻止暗杀者越界进入奥匈。事后,塞尔维亚政府虽然也向奥匈政府通报了可能发生的暗杀行动,但没有引起后者的重视。

斐迪南大公为最终摧毁塞尔维亚正在进行作战准备,并积极争取德国的全力支持。1914年5月,奥匈帝国和德国的总参谋长会晤。6月12日,斐迪南同德皇威廉二世会晤。这两次会晤,都是为对塞战争做准备。为此,双方决定加强在地中海的海军,以及吸收土耳其、罗马尼亚、保加利亚组成对付塞尔维亚的同盟。会晤还就俄国备战的情况交换了意见,双方认为,俄国国内困难较大,尚未完成作战准备,因此认定,当时正是进攻塞尔维亚的大好时机。德皇威廉二世明确告诉斐迪南大公,一旦俄国干预奥塞冲突,德国立即出动军队给予奥匈有效的援助。①

奥匈帝国决定6月28日在波斯尼亚的首府萨拉热窝举行军事演习。这次参加演习的有两个兵团,目的是向塞尔维亚显示力量,进行恫吓和讹诈。斐迪南决定亲自偕夫人前往视察。黑手会和波斯尼亚青年会则携手合作,在斐迪南可能经过的地方设置了10处埋伏,实施暗杀活动。

奥匈帝国没有对斐迪南采取有效的保卫措施,使暗杀活动得以成功。6月28日上午10日许,弗兰茨·斐迪南夫妇在萨拉热窝城郊检阅军事演习之后,乘坐敞篷车进入城内。当汽车行驶到市内的麦肯雅桥时,埋伏在人群中的"黑手会"成员查卜林维奇突然向斐迪南的座车掷出一枚炸弹。斐迪南被弹片擦破了脸皮。但是这一严重事件并未引起当局的注意并采取严密保护措施。斐迪南在参加市政厅举行的欢迎仪式后,在弗朗茨·约瑟夫大街的拐弯处被一名17岁的男子普林西波发射的子弹击中脑袋,当场毙命。他的妻子也倒在血泊之中。奥匈帝国认定,此次事件是塞尔维亚政府所为,于是决定对它发动战争。

七 月 危 机

斐迪南大公的被杀,为奥匈帝国对塞尔维亚发动战争提供了口实和机会。6月29日,奥匈帝国总参谋长康拉德·冯·赫岑多夫和外交大臣认为,解决塞尔维亚问题的时机已到,要求进行军事动员,并立即对塞尔维亚宣战。② 但他们知道,光靠本身的力量无法完成进攻塞尔维亚并挫败俄国的干涉。因此,请求

---

① 王绳祖主编:《国际关系史》第3卷,第397—398页。
② 〔苏〕罗斯图诺夫主编:《第一次世界大战史(1914—1918)》上册,上海译文出版社1982年版,第232页。

德国的支持是决定战争胜负的关键。奥匈帝国皇帝在给德皇的信中,尚未指责塞尔维亚政府直接参与了暗杀斐迪南大公的萨拉热窝事件,只是说"塞尔维亚政府的政策是要把南方斯拉夫民族联合起来,从而去反对哈布斯堡皇室的统治",有鉴于此,必须把塞尔维亚"作为一个政治因素"从巴尔干除掉。①

德国认为形势有利,竭力促使战争的爆发。德国指望通过战争打败塞尔维亚,削弱俄国在巴尔干地区的势力与影响。德国认为,它已经做好了战争的准备:基尔运河已经完成了加宽的工程,军队快速运输的困难已经解决,而俄国还没有做好充分的准备,很难对塞尔维亚提供有效的支援;只要俄国不干涉奥塞纠纷,奥匈就可以消灭塞尔维亚。如果俄国决定参战,这样就可以在对德国有利的条件下展开大规模战争。

1914年7月5日奥匈帝国驻德国大使将奥皇的亲笔信转交德皇威廉二世。信中说,萨拉热窝事件是塞尔维亚直接鼓动的结果,目的是"削弱三国同盟,分裂我的帝国"。事态发展表明,奥塞之间的敌对,欲求得友好的解决已经不可能,"只要贝尔格莱德这种罪恶的煽动根源不受到惩罚,则所有欧洲君主国家的和平政策将受威胁"。② 德皇答称,反塞尔维亚的行动不可拖延,如果奥、俄之间爆发战争,德国将以它对盟邦一贯忠诚的态度站在奥地利一边。这位大使在会见德国首相贝特曼后得出了这样的结论:在奥塞冲突中"可以十分有把握地指望德国将以盟国和朋友的身份来做奥地利的后盾"。其实,德国已经做好了战争的准备。德皇在5日和6日接连在波茨坦宫召集军队领导人和政府大臣会议。当德皇告知他们战争可能发生时,这些军人称一切都已准备就绪。其中一位军需部长的报告更具代表性:"动员计划已在1914年3月31日完成。军队和往常一样,都已做好准备。"

奥地利在得到德国肯定的支持后,7月7日召集大臣会议,商讨对塞尔维亚开战事宜。与会者中除匈牙利首相持反对意见外都支持对塞开战。会议做出明确决议:必须向塞尔维亚提出十分苛刻的要求,让塞尔维亚拒绝,"从而用军事干涉的办法来彻底解决问题"。③ 会议虽然做出了如此强硬的决议,但奥匈没有立即采取行动。这令德国感到担心,生怕奥匈帝国放弃战争。

在处理因萨拉热窝事件而出现的危机中,英国的态度对处于对峙之中的双方都关系重大。英国外交大臣格雷早已知道了奥匈帝国要利用事件侵略塞尔维

---

① 〔苏〕赫沃斯托夫编:《外交史》第2卷(下),第1078页。
② 〔美〕悉·布·费:《第一次世界大战的起源》下册,商务印书馆1959年版,第168—169页。
③ 参见〔苏〕赫沃斯托夫编:《外交史》第2卷(下),第1079—1081页。

亚,德国肯定会怂恿奥匈采取侵略行动。但一段时间内,他在会见奥匈、德国、俄国的使节时发出了令双方都难以琢磨的信息。7月9日,他在会见德国大使时称,英国同俄、法两国没有任何同盟关系,可不受任何义务的约束而享有充分的行动自由。他说如果奥塞冲突限制在一定的范围,可以劝告俄国忍耐,表示英国将"尽一切可能防止在大国之间发生战争"。格雷的表态鼓励了德国的侵略。7月23日,当奥匈向塞尔维亚提出最后通牒时,格雷会见奥匈大使,对英国是否参战只字未提。奥匈大使得出这样的结论:"格雷像往常一样冷静、客观,对我们的态度是友好的、抱有同情心的。"7月24日,格雷会见德国大使,指出"一旦奥匈入侵塞尔维亚领土,欧战的危险就会接踵而至"。但他对英国是否参战三缄其口。然而格雷一方面在德国人面前塑造中立的形象,同时又力图使俄法积极抵抗奥匈的侵略。他提出由英、法、德、意出面调停,以便让俄、法争取时间做好战备工作。

7月28日,奥匈帝国政府向塞尔维亚宣战。俄法敦促英国对此明确表态。格雷召见德国大使:"只要冲突仅仅以奥俄两国的范围为限,英国政府今后仍愿同德国保持过去的友谊并可能袖手旁观。但是,如果我们和法国也卷入冲突,那么局势立刻就会发生变化,英国政府在一定条件下将被迫做出紧急决定。在这种情况下,就不能长期作壁上观了。"① 英国最终撕去了中立的外衣,表明了对战争的真正立场。德皇十分气愤:"英国是在它认为我们已经陷入绝境而走投无路的时候向我们摊牌的! 这个下贱的唯利是图的恶棍,拼命用各种宴会和花言巧语来欺骗我们。"他指责英国言而无信:"我们将保持中立,并且尽可能长期袖手旁观的诺言,现在变成了赤裸裸的欺骗。"②

在奥匈帝国向塞尔维亚施加压力的过程中,俄国始终站在后者一边。7月7日,俄国外交大臣给驻塞尔维亚公使发出指示,建议塞尔维亚慎重处理事件后出现的危险局面。7月18日,这位外长向德国大使发出警告:要是奥匈帝国敢于"扰乱和平",它必须"考虑到欧洲"。俄国对"旨在侮辱塞尔维亚的言论不能无动于衷",对"最后通牒"当然更是如此。他强调,俄国对待此事的政策是"和平的,但不是消极的"。③ 他会见了意大利和奥匈大使,对可能对塞尔维亚采取的军事行动提出了警告。7月20日,法国总统和总理访问俄国。法国保证一旦对德开战,它一定履行作为盟友应尽的义务。俄国表示,它不会实行让步

---

① 〔苏〕赫沃斯托夫编:《外交史》第2卷(下),第1094—1095页。
② 同上书,第1095页。
③ 参见〔苏〕赫沃斯托夫编:《外交史》第2卷(下),第1088页。

与退缩。法、俄公开表示，两国要珍惜友谊，"忠诚不懈地与它的盟邦合作"。法国总统在沙皇的宴会上要奥匈驻俄大使转告其政府："应当特别慎重地"处理塞尔维亚问题，因为塞尔维亚是俄国的朋友，俄国又有盟邦法国，这其中不知有多少可怕的纠纷。①

7月23日，奥匈帝国向塞尔维亚发出最后通牒，并限48小时内做出答复。通牒谴责了塞尔维亚策划并实施了萨拉热窝暗杀事件，要求公开谴责一切反奥匈的宣传鼓动，并提出了10项具体的要求。塞尔维亚政府声称不能接受这些要求，否则就等于放弃了主权与独立。塞尔维亚请求俄国予以支持。

俄国于7月24日召开大臣会议，在做出的决议中指出，塞尔维亚在暴力面前如果自己不能自卫的话就不要进行抵抗。同时会议还做出了另一项决议，如果形势需要，俄国就动员4个军区的兵力。俄国劝说塞尔维亚把军队调离边境，并用克制的口吻对最后通牒做出答复。果然，塞尔维亚的答复措辞十分克制而委婉，满足了10项要求中的9项。7月25日，俄国外交大臣要求英国"明确而坚定地"谴责奥匈的政策。7月28日，奥匈帝国实行动员，俄国政府也决定动员，并再作一次和谈的努力。俄国谋求威廉二世规劝奥匈不要走得太远。

德国采取尽量推迟俄国进行动员的战略，指望先对付法国，再攻俄国，以各个击败。7月29日，德国大使传达了首相的电报，要求俄国停止一切战争准备工作，否则德国将不得不宣布动员，并展开进攻。同日，俄皇批准总动员。格雷两次会见德国大使，表达了英国的真正立场。7月31日清晨，俄国公布了总动员令。同日，奥匈帝国也宣布了总动员。7月31日午夜，德国大使会见俄国外交大臣称，如果俄国在8月1日中午12时以前不解除动员令，德国也将宣布动员。8月1日，德国开始实行总动员。当日晚，俄国拒绝了德国的最后通牒。德国大使把宣战的文件交给了俄国外交大臣。俄德战争开始。

7月31日，德国通过驻法大使照会法国外交部，以便让法国知道德国对俄国提出的要求。此时德国已经决定对法国开战，限法国在18小时内就是否愿意恪守中立的义务做出明确回答。德国还准备向法国提出显然是不能满足的要求，即把图尔和凡尔登两个要塞让德国占领。法国的回答是将保持行动自由。8月1日，法国总统普恩加来颁发动员令。此时，德国首相贝特曼已经拟就了对法国的宣战书，并虚构和伪造了对法国开战的理由，称德、法边界发生了事件和法国飞机入侵入德国的领空。其实，法国为了避免挑起法德战争的责任，

---

① 〔美〕悉·布·费：《第一次世界大战的起源》下册，第228—230页。

7月30日早已命令军队从西部边界后撤10公里,以防德国制造借口发动战争。1914年8月3日傍晚德国的宣战照会送达法国政府。

德国在8月2日向比利时政府提出最后通牒。比利时政府立即予以拒绝,并请求英国提供援助。8月3日晨,英国内阁会议决定参战。格雷向国会发表讲演称,欧洲的和平已经无法维持,英国挽救和平的努力都已经无济于事。他请求国会授予内阁以动用海陆军所有兵力的全权。① 8月4日,德军破坏1839年保证比利时永久中立条约,分四路入侵比利时。同日,英国向德国发出最后通牒,要求无条件地遵守比利时保持中立的义务,并限在晚11时前做出答复。德国首相居然对英国驻德大使称"国际条约不过是一张废纸"。② 英国提出的限期已过,德国的复照尚未等到。于是,格雷向德国大使发出一封公函:"英皇陛下政府认为,自今日(8月4日)晚11时起,两国即处于战争状态。"

从1914年6月28日斐迪南大公被杀的萨拉热窝事件,到8月4日英国对德宣战,这就是"七月危机"。在此过程中,奥匈帝国把塞尔维亚定为事件的策划者而对其宣战。奥塞冲突和战争引起了欧洲列强德国、法国、俄国和英国的矛盾与斗争,最后导致了第一次世界大战的爆发。

欧洲大国的战争计划及1914—1916年战争进程

1914年8月1日,第一次世界大战爆发。欧洲大国英国、法国、俄国、意大利、德国和奥匈帝国迅速卷入战争。这场爆发在欧洲的大战"具有十分明显的资产阶级、帝国主义、王朝战争的性质",战争唯一的真实内容是"争夺市场","掠夺其他国家"③。尽管塞尔维亚反对奥匈帝国的侵略的斗争具有民族解放的性质,但"塞奥战争这一民族因素对这场欧洲大战是没有而且也不可能有任何重要意义的"④。

欧洲大国都把自己打扮为正义的化身,在维护本国的合法利益而战,千方百计掩盖其侵略扩张的掠夺本性。德国是挑动战争的罪魁。它声称投入战争是为了"保卫祖国,反对沙皇制度,捍卫文化发展和民族发展的自由"。为了达到上述目标德国不得不"用纯洁的良心和纯洁的手,拿起宝剑"。奥匈帝国也装

---

① 〔苏〕赫沃斯托夫编:《外交史》第2卷(下),第1108—1109页。
② 王绳祖主编:《国际关系史》第3卷,第405页。
③ 列宁:《革命社会民主党在欧洲大战中的任务》,《列宁全集》第26卷,人民出版社1988年版,第1页。
④ 列宁:《第二国际的破产》,《列宁全集》第26卷,第252页。

作"为维护其权利,不得不采用武力"。交战的另一方俄国称其所以参战是因为"斯拉夫兄弟的尊严受到奥匈帝国的侮辱"。法国则是在"为人类的自由、理性和正义而战"①。

欧洲大国挑起和参加大战都是精心策划并带有非常明确的目标。德国作为一个迅速崛起的帝国主义国家,要求彻底重新瓜分世界,建立一个从北海、波罗的海到亚得里亚海,从柏林到巴格达的帝国。1914 年 9 月 9 日,德国首相在一份战争计划中谈到要在"中欧"建立自己的霸权,和由德国领导下的中欧经济同盟,包括奥匈帝国、法国、比利时、荷兰、丹麦、波兰、甚至还有意大利、瑞典和挪威。1915 年德国公布了一份《战争宣言》,要求并吞比利时和法国北部;占领波兰、波罗的海沿岸和乌克兰;在中欧和近东建立殖民帝国,把势力范围扩展到非洲和南美洲;称雄海洋等等。② 奥匈帝国的野心相对要收敛一些。它的主要目标是吞并塞尔维亚、斩断沙皇在巴尔干的影响和势力,从而独占巴尔干,并夺取通往亚得里亚海和爱琴海的出海口。

沙俄谋求建立一个庞大的斯拉夫帝国。它要侵占亚美尼亚、土耳其、阿富汗和波斯,寻找印度洋的出海口;瓜分中国,维护在中国的殖民利益;争夺东普鲁士、加里西亚等地区;控制黑海海峡和整个巴尔干。大战爆发后不久,俄国外交大臣在 9 月 14 日描绘了俄国在战争中所要达到的目标:主要是摧毁德国和它的盟国,瓜分德国的殖民地。9 月 26 日,这位外交大臣提出俄国军舰应取得自由通过海峡的保证。后来,俄国和英国、法国合伙瓜分土耳其。

英国的战争目标是击溃主要的竞争对手德国,维护世界霸权地位。保持在欧洲的主导和海洋霸主,瓜分德国的殖民地,瓜分奥斯曼帝国及其遗产。法国则主要是复仇,收回阿尔萨斯和洛林,并夺取德国的鲁尔地区。法国还指望瓜分和夺取德国在非洲的殖民地。欧洲大国参战都是为了实现各自的目标,这就决定了这次战争的帝国主义性质。

第一次世界大战的帝国主义性质,在列强签订的一系列秘密条约中得到了充分的暴露。1915 年 3 月 4 日—4 月 10 日,英、法、俄签订了瓜分土耳其领土的《俄国、法国和英国关于海峡和君士坦丁堡的秘密协定》。根据协定,英国和法国把君士坦丁堡、两海峡和马尔马拉海诸岛屿划归俄国,但君士坦丁堡要辟为

---

① 王绳祖主编:《国际关系史》第 3 卷,第 405—406 页。
② 同上书,第 406 页。

自由港,海峡应保证自由通行。① 是年 4 月 26 日,法国、俄国、英国和意大利签订《伦敦条约》,以牺牲奥匈和土耳其的领土换取意大利加入协约国对同盟国的战争。② 1916 年 4 月 26 日—10 月 23 日,英、法、俄签订关于划分奥斯曼帝国领土的三国协定。该协定由 1916 年 5 月 16 日英国外交大臣格雷致法国驻伦敦大使康邦的照会、5 月 23 日格雷致俄国驻伦敦大使本肯多夫的照会构成。主要是三国瓜分在奥斯曼帝国亚洲部分领土的势力范围。③ 7 月 3 日,俄国和日本在彼得格勒签订关于在远东合作的专约、划分在远东的势力范围和建立秘密同盟。④ 8 月 4—17 日,协约国同罗马尼亚签署《布加勒斯特条约》,允许罗马尼亚占领匈牙利的领土作为它参战的条件。⑤ 1917 年 2 月,法俄密约、英日密约签订;4 月 19 日—9 月 27 日,英国、法国和意大利签订了关于瓜分奥斯曼帝国的协定。⑥

交战双方为了实现战争目标,特别是德国方面做了充分的准备。德国早在 1905 年就制订好了作战计划,称之为《施利芬计划》,核心是闪电战,取道比利时直捣巴黎。几周之内,德军挥师东进与俄军交战,战败俄国从而赢得战争的胜利。根据计划,德国在西线部署 78 个师,东线 9 个师。

协约国的作战方案是开辟东西战线,迫使德国两线作战。1913 年 5 月,法国制订了《第 17 号计划》,但对德国借道比利时没有做任何准备,只是防备德国从正面进攻。俄国早在 1910 年根据俄法军事同盟条约,制订了《第 19 号作战计划》,准备从西北和西南两翼分别对德国和奥匈帝国发动攻击。但是,俄国军队的部署主要是西南方面对付奥匈帝国,兵力多达四个集团军。⑦

第一次世界大战主要在欧洲进行。欧洲战场有四条战线,这就是:西线,主要是法国、英国和比利时对抗德国;东线,俄国对抗奥匈帝国和德国;巴尔干战线,塞尔维亚、门的内哥罗、罗马尼亚、希腊对抗奥匈、保加利亚以及意大利在英、法支持下对抗奥匈帝国。此外,还有英国对抗土耳其和俄国对抗土耳其的中东和高加索战线。在上述各条战线中,西线和东线是主要战场,决定性战场

---

① 参见《国际条约集(1872—1916)》,第 531—534 页。
② 同上书,第 534—538 页。
③ 同上书,第 549—553 页。
④ 同上书,第 540—542 页。
⑤ 同上书,第 542—544 页。
⑥ 同上书,第 553—555 页。
⑦ 参见王绳祖主编:《国际关系史》第 3 卷,第 407—408 页。

则在西线。

欧战爆发后,德军实施"施利芬计划"在西线发动进攻。是年8月4日,德军进攻比利时。8月20日,德军分5路向法国进发。9月3日,德军前锋离巴黎仅有15英里。然而,德军的速决战在马恩河战役中遭到了严重的挫折。此役开始于9月5日,双方投入150万人,持续80天。协约联军取得胜利,并把战线向前推进60公里。联军在马恩河战役中的胜利,挫败了德军速决的计划。西线转入阵地战,交战双方构筑坚固工事,进行防守,逐渐形成僵持的局面。

俄军在东线发动进攻。8月17日,俄军攻入东普鲁士。德军在坦能堡战役中重创俄军。9月13日俄军退出东普鲁士。俄军则在加里西亚战役中(8月18日—9月26日)战胜奥匈军队,迫使其后撤。塞尔维亚军队也在12月15日收复了贝尔格莱德。

同盟军在战争初始阶段由于准备充足,实施速战速决的战略,在战场上曾取得了短暂的胜利和控制了战争的主动权。但是,当协约联军遏止了这种进攻,战局就迅速向不利于同盟军的方向发展。德军在西线进攻严重受阻后,把进攻的重点转向东线。德奥军队在1915年5月2日—6月22日的果尔利策战役中突破了俄军防线,迫使它后撤130公里。1916年,交战双方进行了三次大的战役,即西线的凡尔登战役和索姆河战役,东线俄军发起的勃鲁西洛夫的攻势。1916年2月21日,50万德军向凡尔登一带进攻。此战役长达10月,双方付出370万人的生命,换来的是战线在原地重新稳固。英法联军为减轻凡尔登方面的压力,从6月24日至11月中旬发动了索姆河攻势战役,双方先后投入150个师的兵力。英军损失40万人,法军20万,德军50万。英法联军以60万人的代价牵制了德军凡尔登的攻势,夺回了240万平方公里的土地。

为了支持西线和意大利战线,俄军在6月4日至9月初实施了勃鲁西洛夫的夏季攻势。在400多里的广宽战线向前推进,使奥匈帝国损失60万人。俄军也因此付出了100万人的高昂代价。

1916年5月31日至6月1日,英德发生了日德兰海战,这是第一次世界大战中最大的一次海战。英方出动约150艘军舰,德国投入约100艘。英、德各损失14艘和11艘军舰。英国继续控制和掌握着海上的主动权。①

---

① 参阅吴于廑、齐世荣主编:《世界史(现代史编)》上卷,第41—45页。

第二节 战争初期的各国外交

协约国之间的纷争

1914年8月4日英国对德宣战,协约国共同投入了与德奥的斗争。协约国在参战的过程中,也要不断调整它们之间的分歧和利益争端,其主要表现在:

其一,战线的开辟及互相配合问题。协约国关于两个主要战场联合作战的谈判进展十分缓慢。英法政府认为主要战场应在西线。1914年底,西线进入阵地战。交战双方都想寻找对方最薄弱的环节,以求突破,并加速战争胜利的进程。但英法政府中也有一股主张战线转向近东地区的势力。1915年1月3日,英法两国政府达成发动达达尼尔海峡战役的协议。2月25日,英法军舰炮击达达尼尔海峡两岸。俄国认为主要战场是在东线。1915年春,德国将主攻方向转向东线,俄国成为德国军队攻击的重点。俄国认为,由于协约国间作战互不配合与支持,给自己带来了被动。在1915年的战争中,俄军承受了德国军队的重点进攻。这为英法全面部署部队,动员资源和工业赢得了时间,但它们并未采取有效措施来减轻俄国面临的压力。为此,协约国召集了一系列军事会议,并决定于1916年春季各战场同时向德军和奥匈军队开战。此时协约国在军队人数及其装备都已超过德国,但盟国缺乏协调,采取行动缓慢、又组织得不充分,没有转化为战场上的优势。

其二,协约各国为瓜分世界特别是奥斯曼帝国及其遗产而钩心斗角。1914年9月,俄、英、法就达成了瓜分土耳其的协议,而此时土耳其尚未宣布参战。1915年3月4日—4月10日,签署了《俄国、法国和英国关于海峡和君士坦丁堡的秘密协定》。该协定以三国互致备忘录的形式表达。1915年3月4日,俄国致法国和英国政府的备忘录说,俄皇认为"君士坦丁堡和海峡问题必须根据俄国由来已久的愿望明确地予以解决",这就是君士坦丁堡、黑海海峡和马尔马拉海划归俄国。俄国保证"法国和英国在上述地区的特殊利益将严格地受到尊重",英法"在实现它们制订关于奥斯曼帝国其他地区或别的地方的计划时将得到俄罗斯帝国政府同样的谅解"。这样,英国和法国放弃了原来的立场,满足俄国的要求。英国3月12日致函俄国政府:"在将战争进行下去并待到胜利结束","对英国和法国在奥斯曼帝国和其他地方的要求得到满足的条件下,陛下政府将同意俄国政府关于君士坦丁堡和海峡的备忘录"。4月10日,法国政府致俄国政府普通照会:法国同意俄国关于君士坦丁堡及海峡的备忘录,"但条件是必须将战争进行下去,直至胜利,同时法国和英国实现了它们在亚洲的计划,像在其他地区一样"。①

1916年4月26日—10月23日,英国、法国和俄国达成了划分奥斯曼帝国领土的三国协定。英国近东事务专员马克·萨克斯同法国驻贝鲁特前总领事皮柯达成了瓜分奥斯曼帝国领土的《萨克斯—皮柯协定》。协定规定:叙利亚西部、黎巴嫩等地划归法国的直辖领地;伊拉克南部、巴勒斯坦的海法港和阿克港划归英国直辖领土,巴勒斯坦国际共管。叙利亚东部和摩苏尔省为法国的势力范围。在直辖管地可建立任何一种制度,而势力范围建立"独立"的阿拉伯国家。英法两国不在阿拉伯半岛夺取属地,也不在红海沿岸建立海军基地,同样也不允许第三国这样做。②

俄国政府在得到上述通报后,对俄、英、法属地之间没有缓冲区感到不快。俄、法谈判重新进行。1916年4月26日,法俄达成协议。5月16日,英国外交大臣格雷致法国驻伦敦大使照会,表示接受法俄达成的谅解和安排,并愿意同法国达成12点谅解。③ 5月23日,格雷向俄国驻伦敦大使发出照会,默认5项协议。其中包括俄国兼并和占领埃泽罗姆、特拉布松、凡和比特利斯直到布松西面黑海沿岸的一点这一片地区、摩尔斯坦地区到凡城以南的地区和在木什、色特、底格里斯河航道等地区。俄国承允"在奥斯曼割让给俄国的一切领土内,凡奥斯曼政府给予英国臣民的任何特许应予以维护","英国现有的航行和开发权,以及英国宗教学术或医学机构所享有的权利和特权应当得到保护"。④ 1917年4月19日—9月27日,英、法、意在伦敦签订了《关于瓜分奥斯曼帝国的三国协定》。协定规定须经俄国的同意才能生效。⑤

其三,战争经费的筹措和战争物资的供应。最初参战的协约国中英国的经济实力相对雄厚,是法国、俄国的主要债主,以及控制和主导协约国财政来源的盟主。而此时法国的军事经济条件极为困难:庞大的军费开支,战争物资的消耗,大片领土特别是重工业区的丧失。法国为了战争的需要,只得寻求英国的支持。俄国原来在法国的存款不能提取,购买军火和支付其他费用的财政捉

---

① 《国际条约集(1872—1916)》,第531—534页。
② 参见王绳祖主编:《国际关系史》第3卷,第414—415页。
③ 《国际条约集(1872—1916)》,第550—552页。
④ 《国际条约集(1872—1916)》,第552—553页。
⑤ 同上书,第553—555页。

襟见肘。俄国迫切需要英国的贷款来支付向英国和美国的军事订货。1915 年 1 月,英、法、俄三国财政大臣在巴黎举行会议,商讨战争的财政来源问题。俄国要求 1 亿英镑的长期贷款,英国则要求以黄金作担保。2 月 5 日,三国签订协议,英法共同向俄国提供 1 亿英镑贷款。根据另一项协议,三方共同维持英格兰银行的黄金储备,俄国实际上只能得到贷款的一半。还有协议规定,英格兰银行负责集中分配和结算各盟国在美国的军事订货,这样,法国和俄国的军事订货便都控制在英国人手里。早在 1 月 15 日,英国政府同摩根银行达成协议,由它代表协约国在美国的一切订货。随着战争的展开,协约国增加了在美国的军事订货。英国在其中扮演了经纪人的角色。

俄国由于经济落后,支付战争的费用越来越困难,在财政上不得不处于被动依赖地位。这种状况决定了俄国在协约国政治与军事问题上的无所作为。1915 年 9 月 30 日,沙皇政府向英国举债 3 亿英镑,从 1915 年 10 月开始在 12 个月内付清,但英国拖延到次年 4 月才开始付款。在补充协定中,俄方"承认,今后凡属有关向俄国的供货,无论在大不列颠帝国或美国经办,均经由伦敦审核"。① 每宗用英国贷款结算的俄国订货,未经与"英国政府任命主管官员"磋商,不得办理。因为俄国本身没有能力支付战争费用,只有依靠英国的贷款。这样,沙皇俄国的军事订货及其结算一律由英国监督。

虽然协约国之间存在着矛盾和分歧,但它们早就取得了不得单独媾和缔约的约定,这样就保证了它们共同努力把这场战争进行到底。1914 年 9 月 5 日,英国、法国和俄罗斯在伦敦签发了《在目前欧洲战争中不单独媾和的宣言》。三国政府约定,不单独媾和缔约,同意"在讨论媾和条件时,如未与其他盟国的每一国事先取得协议,任何一个盟国将不提出媾和条件的要求"②。1915 年 4 月 26 日,上述三国和意大利承允在目前欧洲战争中不单独媾和。11 月 30 日,英、法、俄、意和日本五国在伦敦签署了关于在当前战争进程中不缔结单独和约的宣言。③

交战国争取同盟者的斗争

大战爆发后,交战国都意识到这不是一场能够速战速决的战争,而要进行持久作战,就必须有充足的战争资源,包括人力、物力和财力,这就需要争取更

---

① 〔苏〕维戈兹基等编:《外交史》第 3 卷(上),生活·读书·新知三联书店 1979 年版,第 19 页。
② 《国际条约集(1872—1916)》,第 530 页。
③ 同上书,第 538—539 页。

多的同盟者投入战争。

战争首先在欧洲爆发,主要解决欧洲国家之间的矛盾与争端。争取欧洲国家走上战场,是交战国的首要任务和目标。在欧洲国家中存在着两种情况:其一,大战同自身没有多大的直接关联,如北欧和南欧一些国家。交战双方的政策是争取它们中立。其二,同战争的目的与结果有直接和重大利益关系的国家。交战双方要施以利益,满足它们的某些要求,把它们拉到自己一边投入反对敌方的战场。尚未直接卷入战争的意大利、土耳其、希腊、罗马尼亚、保加利亚等就是交战双方争取的重点国家。所谓争取同盟者的斗争,主要就是围绕这些国家进行的。在争取这些国家的过程中既要考虑到它们的利益与要求,也要注意它们的外交传统以及战事的发展,采取适当的方式与手段。在这些要争取的国家中,过去曾有过不同的结盟的历史,它们还在观察战场的发展变化,普遍采取观望、等待的态度,以争取得到最大的利益和满足。

意大利曾同德国和奥匈缔结三国同盟。但在巴尔干战争中,它倾向于协约国集团。大战爆发后,意大利认为奥匈对塞尔维亚的进攻没有根据结盟条约同它协商,以及有违盟约中关于参战理由,于8月3日发表中立宣言。此举旨在待价而沽,向交战双方索取更大的回报。它既同奥德谈判又同协约国接触,最大限度地满足自己提出的要求。奥匈不愿对它作过多的让步,协约国却基本满足了其要求,同意将特兰诺提、的里雅斯特和发罗拉交给意大利。战争初期,德国在战场上取得主动,意大利倾向于中立并同德国往来。但是,由于英法海军力量的强大,以及它在财政上对协约国的依赖,所以在马恩河战役后,意大利加紧同协约国讨价还价。在谈判中,意大利要求把阿尔巴尼亚变为自己的附庸,并要英国提供5000万英镑贷款。英、法、俄最终几乎完全满足了它的要求。

1915年4月26日,法国、英国、俄国同意大利签订《伦敦条约》。条约共16条,主要内容有:(1)"意大利方面承允使用它的全部物力和财力同法国、英国和俄国一道共同对敌作战"。(2)"法国和英国的舰队应积极和持久地支援意大利,直到奥匈帝国舰队被摧毁,或和约签订时为止"。(3)根据和平条约规定,意大利应得到奥匈帝国所属的特兰提诺、西萨尔平、提罗尔、达尔马提亚、的里雅斯特等地区和岛屿。在其他有关条款中,英、法答应在阿尔巴尼亚、地中海、利比亚、非洲等地照顾意大利的利益。(4)英国答应向意大利提供至少5000万英镑的贷款。该条约为秘密条约。① 5月3日,意大利撕毁三国盟约。

---

① 《国际条约集(1872—1916)》,第535—538页。

5月23日,意大利对奥匈帝国宣战。1916年8月,意大利看到战场主动权掌握在协约国后才明确对德国宣战。

第一、二次巴尔干战争使土耳其和保加利亚同奥匈帝国与德国接近,形成了一个集团。土耳其在财政经济上严重依赖协约国,但执政的青年土耳其党人是在德国的扶植下重新掌权的,自然对德国存在亲切感。土耳其曾提出准备同保加利亚和三国同盟缔结盟约。德皇得知后批示"理论上可行,但目前不妥"。① 但是,在大战爆发后,德国与土耳其于1914年8月2日在君士坦丁堡秘密签订了同盟条约。条约共8条,主要内容有:(1) 在奥匈帝国同塞尔维亚的冲突中采取严格的中立立场;(2) 如果俄国进行军事干预,德国履行对奥匈帝国的盟约,"对土耳其而言,也产生了履行盟约的情况";(3) 如果发生战争,德国将把其军事代表团交由土耳其支配;(4) 土耳其受到威胁时,德国有义务以武力来援助。②

密约签订的当日,土耳其发布动员令。次日,又发表了中立宣言,据说"只是为了赢得时间,一俟动员完成,即可参战"。③ 8月10日,两艘德国军舰驶入达达尼尔海峡,不几日就挂上了土耳其国旗,属该国的海军建制。德国在马恩河战役失败后,战争呈现相持局面。德国向土耳其提供一笔贷款以换取它的参战。10月29日,德国海军将领指挥土耳其海军炮击俄国黑海沿岸的要塞,实质上对俄宣战。当天,土耳其吊销俄国大使的护照。土耳其曾于11月1日就此事向俄国道歉。俄国于11月2日对土耳其宣战,英国和法国分别于5日和6日对土耳其宣战。

保加利亚因在第二次巴尔干战争中的战败与被瓜分,对协约国怀恨在心,积极靠拢奥匈和德国。大战开始后,交战双方都非常重视保加利亚的走向和加盟何方。保加利亚在巴尔干国家中拥有最强的军队,同时具有较为重要的战略价值。俄国一直在争取保加利亚,试图恢复巴尔干同盟。保加利亚提出收回马其顿和色雷斯作为加盟协约的前提条件,遭到了塞尔维亚的断然拒绝。保加利亚和德奥国集团关系密切,曾向奥匈、德国大量举债,许多重要工业受德奥的控制。在政治上它也有很深的亲奥匈和德国的情结。德国及其盟国答应把整个马其顿和古塞尔维亚的一部分割让给保加利亚。1915年,战场发生重大变化:俄军败走达达尼尔海峡,撤离加里西亚、波兰、立陶宛、白俄罗斯,德军帮助奥匈

---

① 〔苏〕维戈兹基等编:《外交史》第3卷(上),第4页。
② 《国际条约集(1872—1916)》,第528—529页。
③ 〔苏〕维戈兹基等编:《外交史》第3卷(上),第5页。

帝国进攻塞尔维亚。保加利亚相信,奥匈和德国胜利在望,公开加入同盟国与协约国作战。

1915年9月3日和6日,保加利亚分别和同盟各国签订了《保德条约》、《德、奥、保三国军事公约》和《保土条约》。同盟各国允诺把整个马其顿和古塞尔维亚的一部分、南多布罗加、多瓦拉等地区交与保加利亚。① 10月14日,保加利亚正式向协约国宣战。11月,保加利亚和德军占领了塞尔维亚。这样,同盟国在地理上连成一片,处于有利的战略地位。

在争取盟国的角逐中,协约国成功地把罗马尼亚和希腊拉入自己的阵营。早在1883年罗马尼亚同三国同盟曾签订盟约。但罗马尼亚同匈牙利争夺特兰西瓦尼亚的斗争,使盟约完全失去意义。第二次巴尔干战争后,希腊和罗马尼亚同协约国加强了联系。在1914年的七月危机中,协约国提出如果罗马尼亚入盟,就满足其兼并特兰西瓦尼亚的要求。10月1日,俄、罗签订条约:罗马尼亚保持中立;俄国保证其领土完整,承认它对特兰西瓦尼亚的主权。由于战事发展对协约国不利,罗马尼亚对参战一直持观望态度。

1916年战场发展明朗后,罗马尼亚才决定参战。8月14—17日,罗马尼亚在布加勒斯特同协约国签署条约。条约规定:法、英、俄、意保障罗马尼亚目前边界范围内的领土完整。罗马尼亚保证在军事专约规定的条件下宣战并攻打奥匈帝国;同时保证一俟宣战,就中断与协约国之敌国的任何经济关系与贸易往来。四国承认罗马尼亚有权兼并根据条约规定和划分的奥匈帝国的领土。双方保证不缔结单方面和约,保证只是共同地同时地缔结全面和约。② 罗马尼亚同时还和法、英、意、俄签订了军事专约,保证在8月15—25日,动员所有的陆、海军部队攻打奥匈帝国。③ 8月28日,罗马尼亚对奥匈帝国宣战。

希腊国内存在着亲德派和主张参加协约国一方作战的两派。同盟和协约双方为此展开了激烈的争夺。1917年6月,法国将亲德的国王及其家属武装挟持到瑞士。协约国扶植主张加入协约一方作战的首相主执政务。6月底,希腊向同盟国宣战。

奥匈帝国同塞尔维亚的战争揭开了第一次世界大战的序幕。德、法、俄、英参战后,通过争取同盟者的斗争,在欧洲形成了同盟国与协约国两大集团的对

---

① 王绳祖主编:《国际关系史》第3卷,第412页。
② 《国际条约集(1872—1916)》,第542—544页。
③ 同上书,第544—549页。

抗。站在同盟国一方的有德国、奥匈、土耳其、保加利亚;站在协约国一方的有英国、法国、俄国、意大利、罗马尼亚和希腊。

日本参战与奴役中国的"二十一条"

日本在英国对德宣战后,8月8日,秘密决定以履行日英同盟义务为借口,参加对德作战,并做出相应的军事部署。8月9日,日本政坛元老井上馨写信给首相大隈重信:"这次欧洲之大乱,对日本国运之发展,乃大正新时代之天祐。日本国必须立即举国团结一致,享受此上天之祐。"他提出当务之急是"确立日本对东洋之权利","怀柔统一中国之人物",争取与欧美列强并驾齐驱的"世界地位"。①

交战的协约国(除了俄国)对日本迅速主动加入对德作战并不看好。英国害怕与担心日本趁机提高自己在东亚及太平洋的地位,扩大地盘,危及自身的利益。9日,日本驻英大使向英国政府通报根据"日英同盟"原则做出参战的决定,希望得到英方的首肯。但是,英国在10日给日本的备忘录中,表示不同意日本采取战争行动,特别是损害英国在中国利益的行动。②

8月15日,日本政府未经外交程序,向德国提出了最后通牒,要求"全部德国军舰应立即从日本与中国邻近海面撤出。凡不能撤出之船舶应解除武装","德国政府应在1914年9月16日以前,将全部胶州租借地无条件和无补偿地移交给日本当局,以便归还中国"。通牒要求德国在8天之内回复:"如果在本月23日,星期日正午以前,得不到德国政府无条件接受上述建议的答复,日本政府就采取它所认为必要的行动。"③德国没有理睬日本的通牒。

日本于23日向德国宣战。日本对德宣战,固然有同英国和俄国的条约的约定,履行对盟友的义务,但表现得如此积极主动,是想乘机抢占德国在远东和太平洋地区的势力范围。日本出动陆海军5.17万人,在"从中国排除德国影响"的名义下,开始对中国山东的侵略活动。9月2日至7日,日本在龙口登陆。13日占领胶州。16日占领济南。11月7日攻占青岛。日本很快就占据了中国的胶州湾、胶济铁路以及若干德属太平洋岛屿(马绍尔群岛、马里亚纳群岛和加罗林群岛)。

---

① 〔日〕井上清:《日本军国主义》第3册,商务印书馆1985年版,第136页。
② 陈文艺编著:《近代国际关系史》,第386页。
③ 蒋相泽主编:《世界通史资料选辑(近代部分)》下册,第340—341页。

日本的举动引起了美国和英国的不满。它们认为,日本此举的主要目的是利用欧洲战争,掠夺与巩固在远东的地盘,并非分担英、法、俄等盟国抗击德国和奥匈帝国的重任。在日本对德宣战并正式参战后,协约国曾多次要求其派兵赴欧作战。日本每次都予以拒绝说:"日本人不习惯欧洲的气候条件",赴欧参战离自己的国家"战线太长",而且有悖于"为了捍卫祖国"的目的等等。①

第一次世界大战爆发后,欧洲列强专注于欧洲战场。日本视之为一次扩大在中国的势力与影响的绝好机会。此时,日本的好战和侵华的死硬派猖狂活动,鼓吹加速对中国的侵犯。1914年10月29日,竭力推动侵华的黑龙会在给日本政府的《对华问题解决意见》中公然要求政府搞乱中国政局、废除中国的共和制度,建立君主立宪制度,然后同这个政府缔结《国防协约》,变中国为日本的附属国。这一意见为日本政府所采纳,成为对华政策的主要依据之一。②

1915年1月18日,日本政府向中国政府发出了第一、二、三、四、五号通令,提出了"二十一条"。第一号"维持东亚全局之和平"通令,在"期将现存两国友好善邻关系,益加巩固"的幌子下,提出四条:中国政府允诺:"日后日本国政府拟向德国政府办定之所有德国关于山东省依据条约或其他关系对中国政府享有一切权利利益让与等项处分,概行承认";"凡在山东省内并其沿海一带土地及各岛屿,无论何项名目,概不让与或租与他国";"日本国建造由烟台或龙口接连胶济路线之铁路";"从速自开山东省内各主要城市作商埠"。

第二号通令称,中国承认日本"在南满洲及东部内蒙古,享有优越地位",并提出七款:"将旅顺、大连租借期限,南满洲及安奉两铁路期限扩展至99年为期";日本人在南满洲及东部内蒙古为盖厂房或耕作享有对所需土地的租借权或所有权;中国将上述地区的各矿开采权让与日本人;中国在上述地区聘用政治、财政、军事各顾问教习均得同日本商议;日本经营管理吉长铁路99年。

第三号通令涉及"汉冶萍公司"共二款:两国合办汉冶萍公司,未经日方同意该公司的"一切权利产业","中国政府不得自行处分,亦不得使该公司任意处分";该公司之附近矿山,未经公司同意不得对外开放。

第四号通令称,为"切实保全中国领土","所有中国沿岸、海岸及岛屿,概不让与或租与他国"。

第五号通令涉及中国的中央政府的政治、警察、军工生产、铁路的建造等

---

① 王绳祖主编:《国际关系史》第3卷,第416页。
② 〔日〕井上清:《日本军国主义》第3册,商务印书馆1985年版,第159—160页。

诸多方面,共七款:(1)中央政府聘任日本人充当政治、财政和军事等顾问;(2)日本在中国的病院、寺院、学校等均享土地所有权;(3)中日合办警察,或聘用日本人,改善中国警察机关;(4)由日本采办一定数量的军械,或合办军械厂,聘用日本技师,采买日本材料;(5)武昌—九江—南昌、南昌—杭州、南昌—潮州铁路修筑权许与日本;(6)福建省内筹办铁路矿山、整顿海口,日本享有优先权;(7)日本在中国有布教之权。①

1月18日晚,袁世凯召集会议商讨对策。随后民国政府决定,凡日本的要求不与各国约章相抵触、又不侵害中国主权和独立者可以尽量答应,否则一概拒绝;对于日本提出的第五号要求予以拒绝;交涉的方式取逐条讨论做出决定。

中日就"二十一条"的交涉自2月2日开始。日方代表态度极为强硬与横蛮,称"日本国政府以此次之要求,极为正当,必欲达到目的而后可"。② 交涉一直延续到5月初,共举行24次会议。中方在会谈中节节败退,日方在会上坚持原有要求与立场,不时发出威胁,并向中国的山东、天津和福建等地调派陆海军,对中国施加压力。4月26日,日本提出修正案,保持了第一至四号的要求,对第五号要求做出修改,取消其中的1、2、3、4、7款,保留第5、6款的要求,并改为三项换文。5月7日,日本公使将本国政府的最后通牒送达民国政府外交部,限期在5月9日下午6时前作出明确和满意答复,否则"帝国政府将执认为必要之手段"。袁世凯不但受到来自日本而且也有英国方面的巨大的压力。英国公使朱尔典明确表示,英国不会支持中国。英国外交大臣格雷称中日之间的问题只能由中国自己去解决。

5月8日,袁世凯召集紧急会议,最后以"我国国力未允,目前尚难以兵戎相见"为由,决定接受日本的条件。9日晚11时,民国政府复照日本,同意日本在最后通牒中提出的全部要求。5月13日,袁世凯以"大总统令"的方式,满足了日本的第四号要求。5月23日,中日双方在北京订立了《关于山东省的条约》和《关于南满和东部内蒙古的条约》,13件换文。条约和换文满足了日本4月26日最后修正案提出的要求,接受了日本在"二十一条"中提出的第一、二、三、四号要求和第五号要求中的第六款。

日本通过条约与换文攫取了在中国的许多特权,但仍在寻找和制造机会来

---

① 王芸生编著:《六十年来中国与日本》第6卷,第87—90页。
② 同上书,第241页。

实现"二十一条"中第五号要求。日本通过郑家屯事件以及强行在厦门开设警署，逐步得到了在南满、东部内蒙古和厦门设置警察的权利。

美日在中国的争夺与《蓝辛—石井协定》

日本提出"二十一条"后，中日之间展开了紧张的交涉。帝国主义列强为维护和扩展在中国的势力范围与利益，也展开了激烈的较量。袁世凯向列强求援，希望国际上对日本的侵略野心和行动施加压力，进行某种干涉，迫使日本在贪婪的掠夺中有所收敛。整体而言，协约国对日本要独占中国、竭力排斥它们在中国的利益和影响表示强烈不满，但俄国、英国和法国看到日本已向德国宣战而不愿同日本发生正面冲突。

此时美国尚未参战，并认为日本的侵略要求会妨碍自己在华的利益。因此，美国对中国的外交努力做出的反应同欧洲列强稍有不同。

日本害怕"二十一条"会引起欧美列强的不满而招来强烈反对，竭力保守条约的秘密。中国为争取列强的国际干预，则通过外交途径向相关国家通报了情况。外交部参事顾维钧同英国和美国驻华公使接触。美国驻华公使芮恩施在2月初就已经知道了"二十一条"的基本内容。他在给美国国务院的电报中称，日本的要求伤害了各国在中国的利益，建议美国出面进行交涉。2月上旬，日本向英国、俄国、法国和美国通知了它对中国提出要求的部分内容。2月22日，日本把第五号要求的内容通知上述四国。3月13日，美国政府向中国和日本提出照会，重申"门户开放"政策，反对日本独占，主张利益均沾。美国国务卿布赖恩在给日本的照会中称："美国坦然承认，领土邻近造成日本同这些地区（指山东、南满和东蒙）之间的特殊关系。"但是美国"不能无视一个外国在政治、军事或经济上统治中国"，日本"强迫中国屈从这些建议的企图，终将导致中国人方面产生怨恨和其他有关列强的反对，从而造成一种本政府确信为帝国政府所不希望出现的局面"。美国的照会强调它不反对日本在东亚所处的优势地位，但强调日本的要求将会损害美国在华的工商利益。美国对日本试图攫取中国的政治、军事和警察权表示关注。①

日本不顾国际社会的反对，强迫袁世凯同意"二十一条"，美国对此十分不满。5月11日，美国照会中国和日本，严重指出："凡关于损害美国之条约权利

---

① 王绳祖主编:《国际关系史》第3卷，第417—418页。

及旅华美国人民权利,与中华民国之政治权或领土权,并关于在华之国际政治等结约或允许,无论已成未成,美国政府决不承认。"①

美国就"二十一条"同日本的交涉始终强调"门户开放"和利益均沾,并加速向中国的扩张。5月15日,美国政府令驻华公使向中国政府声明:如果中日条约中有任何改变外国人在华地位的条款,应通知美国,以使"美国政府应得分享按照最惠国待遇而得享受的任何特权"。② 美国的主张和要求必然同日本的扩张发生矛盾。当时,美日在瓜分中国利益方面的矛盾主要围绕两个主要问题展开,即向中国贷款和中国是否参战。

1916年,美国政府计划对中国提供四笔借款,日本从中竭力进行破坏。这四笔借款分别是1916年4月7日利益坚顺公司与中国政府500万美元的《六厘金币库卷合同》,最后由于日本方面的破坏而夭折。第二笔是广益公司提供600万美元借款用于疏浚山东、江苏大运河,但由于日本在山东有所谓投资"优先权",最后,由日本提供了其中的250万美元。第三笔是裕中公司和北京政府签署《承造铁路增订合同》,贷款为1000万美元,该公司取得1500英里的铁路修建权。由于遭到列强的反对和要求共同参与,因为涉及这些国家的势力范围和利益,计划只得搁浅。第四笔是芝加哥大陆商业信托储蓄银行同顾维钧签订的500万美元的贷款,以维持北京政府的行政开支。此项贷款虽遭到列强的反对,但贷款最终还是办成。上述情况表明,美国通过贷款扩大自己在中国的势力和影响,因为要涉及其他列强在中国的势力范围和利益,遭到了欧洲列强的反对,特别是日本从中作梗。美国没有完全达到自己的目的。

围绕中国是否参加第一次世界大战,美日进行了激烈的较量。中国担心帝国主义战争祸及本身,遂于1914年8月8日宣布取中立立场。交战国对中国的中立均表支持,承认为中立国。欧洲开战后,交战双方都在寻找同盟者,英、法、俄曾试图以维护袁世凯的帝制争取中国参战。日本反对中国参战。它认为中国参战对日本不利。因为第一,中国会因此增强军事力量和促进经济力量的增长;第二,参战提高其国际地位;第三,中国成为战胜国后要收回被列强瓜分的主权,取消它们的势力范围。因而在1915年11月,英、法、俄同日本商议中国参战事宜时,日本断然反对。这样,中国参战问题只得暂时搁置起来。1917年2—3月,日本的立场和态度发生了根本变化,先后同英国(2月16日)、法国

---

① 转引自复旦大学历史系中国近代史教研组编:《中国近代对外关系史资料选辑》上卷(第2分册),上海人民出版社1977年版,第373—374页。

② 吴东之主编:《中国外交史(中华民国时期1911—1949)》,河南人民出版社1990年版,第48页。

(3月1日)、俄国(2月20日)和意大利(3月28日)签署秘密协议:日本支持中国参战,四国应允在战后和会上支持日本继承德国在山东的一切权利。① 日本的目的是:争取欧洲列强支持日本在中国的特权,指望通过中日在战争中的同盟关系控制中国的经济与军事,有利于在中国的进一步扩张。

美国在宣布参战后呼吁中立国对德宣战,唯独对中国采取不同的政策。美国害怕中国参战后同日本的关系变得越来越紧密,日本加强对中国的控制和影响,这样会对美国在华利益及未来影响都带来伤害。美国国务卿蓝辛得知中国有意参战后,立即指示芮恩施劝告中国政府:可以同德国绝交,但不要参战,使日本无隙可乘。② 1917年3月初,法国被德国击沉的一艘邮船上有500余名中国劳工。民国政府于3月3日决定同德国断交。3月14日中国外交部照会德国公使,宣布与德国断绝外交关系。1917年6月4日,美国照会中国政府称:"中国是对德参战还是保持现状,那是次要问题,中国最需要的是恢复并保持其政治统一。"③美国要求英、法、日对中国提出同样的劝告。英、法主张中国参战。日本于6月15日向美国发出照会,称日本在中国拥有最高的政治和经济特权。7月6日美国复照日本,断然否定日本在中国享有如此特权。④ 美国劝阻中国参战的努力未能取得效果。1917年8月14日,中国正式对德奥宣战,宣布"所有以前我国与德奥两国订立之条约,及其他国际条款国际协议,属于中德中奥之关系者,悉依据国际公法及惯例,一律废止"。⑤ 协约国及美国对中国宣战做出积极反应,并提出保证:"本国政府欣愿趁此机会,将友谊及连带责任并协助之处,特向中国政府确实表明,自必尽力赞助中国在国际上享得大国当有之地位及其优待也。"

美日在中国的争夺是为了各自国家最大的利益,尽管矛盾重重,但都不愿因此使两国关系破裂,美日都在谋求妥协。美国在向中国扩张方面已经取得了相当进展,为了扩大自己在中国的势力和影响,希望在不过于刺激日本的前提下,适当限制日本的在华行动。因为美国并不是反对日本对中国的侵略,而是日本不顾"门户开放"、利益均沾原则,要独占中国,这同美国在华利益发生冲突。同时,日本也离不开美国,希望同美国在瓜分中国方面取得某种谅解。这

---

① 王芸生编著:《六十年来中国和日本》第7卷,天津大公报社出版部1934年版,第32—34页。
② 王绳祖主编:《国际关系史》第3卷,第421页。
③ 同上。
④ 同上书,第422页。
⑤ 吴东之主编:《中国外交史(中华民国时期1911—1949)》,河南人民出版社1990年版,第53页。

样,美国于 1917 年 5 月要求日本派特使赴美,就如何保证中国政治上和领土上的完整问题进行商谈。① 6 月 14 日,日本任命前外相石井菊次郎为特使前往华盛顿。

美国国务卿蓝辛同日本特使石井的商谈从 9 月 6 日开始一直延续到 11 月 2 日。双方讨论中国问题时的主要分歧是:美国主张"门户开放",取消列强在中国建立的势力范围;日本坚持要称霸中国的"二十一条",如果美国承认日本在中国的独特利益和地位,它可以同意"门户开放"政策。最后双方做出某些妥协,11 月 2 日,蓝辛同石井签订了一个秘密的备忘录,声称双方保证在战争期间不谋取在中国的优势。他们还以换文方式达成《蓝辛—石井协定》。

换文强调:一、美国承认日本在中国的独特地位与利益;二、日本承认美国推行的"门户开放"政策。在换文中写道:美日两国"均承认凡领土相接近之国家间有特殊之关系,故合众国承认日本国于中国有特殊之利益,而于日本所属接壤地方,尤为其然。中国之领土主权,当然完全存在。合众国政府以日本国其于地理的位置之结果,有如右之特殊利益,日本并无不利他国之通商与偏颇之待遇,及蔑视条约上中国从来许与他国商业上权利之意"。美国和日本声明"毫无侵害中国之独立及侵害保全领土之目的。且声明两国政府常于中国维护所谓门户开放又对商工业机会均等之主义"。②

1917 年 11 月 6 日和 8 日,日本和美国政府分别照会中国政府,并附有《蓝辛—石井协定》。9 日,民国政府复照美日两国:"中国政府对于各友邦皆取公平平等之主义,故于各友邦基于条约所得之利益无不一律尊重。即因领土接壤发生国家间特殊关系,亦专以中国条约所以规定者为限。并再声明,嗣后中国政府仍保持向来之主义,中国政府不因他国文书互认,有所拘束。"③但中国政府就美国因地理接近为由承认日本在华特殊利益提出了抗议。

第三节 交战国集团的"和平攻势"与美国参战

交战国集团的"和平攻势"

战争爆发后的两年多时间内,到 1916 年底,交战双方不论是同盟国还是协

---

① 〔日〕信夫清三郎编:《日本外交史》上册。转引自王绳祖主编:《国际关系史》第 3 卷,第 422 页。
② 王芸生编:《六十年来中国与日本》第 7 卷,第 121—123 页。
③ 同上书,第 107 页。

约国都未能取得决定性胜利。

德国虽然在战争中掠夺了大片土地和资源。但它精心策划的战略意图和闪电战并未能有效实施。相反,德国由战略进攻转入防御。协约国在缺乏应有准备的情况下匆忙应战,在战场上曾屡遭失败。在两年多时间内,协约国虽然取得了马恩河大捷、凡尔登保卫战以及俄军击败奥匈帝国和土耳其等重大胜利,但损失惨重,战局尚未发生根本改变。1916年底,交战双方都面临着资源日益枯竭的困扰,以及国内人民革命运动的巨大冲击,需要寻找途径结束战争。

德国的处境日益不利。其一,德国虽然对战争做了充分的准备,但毕竟资源有限,不能支持旷日持久的消耗战。其二,意大利加入协约国作战后,德国及其盟国所有的陆地边界都成为前线,无后方可言。其三,德国虽然在战争中占领了大片土地,相应掠夺了自然资源但战线拉得太长,部署和作战的兵力相对分散和薄弱。其四,协约国,特别是英国实行严格的封锁政策。协约国还在1916年专门成立了一个委员会,负责拟定禁运品清单,并提出同德国有贸易往来的公司列入"黑名单",把有嫌疑的公司列入"灰名单",决定断绝同这些公司的往来,并施以其他制裁。这样,德国不能得到外界的资源供应。德国的兵源几乎枯竭,士气低落。德国的处境"极其困难,几乎到了走投无路的地步"。

奥匈帝国"生产军事装备所必需的原料在减少,有生力量的储备完全耗尽,而主要的是,在各阶层居民中充满了悲观失望情绪,使继续进行战争的一切可能性不复存在"。①

协约国拥有较为充裕的经济资源、人力和财力,但由于战备不足,需要时间去动员和转化为战场上的优势。在协约国中,英国自然处于主导地位,它的经济实力、海军力量,以及在国际上的影响,其优势都是其他国家无法比拟的。但它推行的战争政策特别是封锁政策有悖于国际法准则,也曾遭到美国的抵制。由于运输受阻,英国军需生产的原料和粮食得不到及时供应,武器和军备物资大量减产,前线供应极为短缺,甚至时有中断。居民的粮食供应面临危机。英国首相劳合·乔治在下院说:"我们的粮食储备非常少,行将枯竭,比以往任何时候都少。"②法国此时已经被德国占领大部领土,主要的重工业在德国手中。俄国则是处于内外交困的境地。俄国经济落后,实力不强,战备物资的供应严重匮乏,需要利用英国提供的贷款从美国购买武器装备。俄国国内的人民革命运动高涨,严重影响了战争的动员制约了在战场上的行动。

---

① 陈文艺编著:《近代国际关系史》,第393页。
② 同上书,第394页。

交战双方把战争强加给自己的人民。战争也动员了人民,革命情绪不断高涨,反战运动此起彼伏,这不能不影响和动摇各国统治阶级战争的决心。

双方都想通过和平的方式及早结束战争,特别是德国和俄国。1915 年以来,德国就试探同俄国单独媾和的可能性。德国借重丹麦和瑞典国王同沙皇沟通。1916 年沙皇任命新的重臣,使皇宫内亲德势力占了上风,为同德国单独媾和创造了有利的条件。但是,德国在 1916 年 11 月 5 日声称,要建立"独立"的波兰,其中包括俄国从波兰攫取的几个省。沙皇大怒,决心要建立一个在他统治下的"完整的波兰"。德国的行为断送了德俄单独媾和的机会。英、法两国也出现了希望同德国单独媾和的集团和政要。1916 年 11 月,英国保守党领袖、前外交大臣兰斯多恩在给政府的秘密报告中提出:鉴于国内的困难主张尽速同德国媾和。时任外交大臣的格雷也主张通过谈判媾和。①

1916 年 12 月,德国攻陷罗马尼亚,乘机提出了"和平"措施,向协约国发动和平攻势。12 月 12 日,德国、奥匈帝国、土耳其和保加利亚照会各中立国、协约国和罗马教皇,表示愿意"立即举行和谈",并建议会谈在荷兰举行。照会宣称,德国和奥匈帝国等中欧列强"即将在谈判中提出的建议,是要保证本国人民的生存、荣誉和发展的自由;它们深信,这些建议能够作为恢复持久和平的可行基础"。②

德国和平攻势的目的有三:其一,把继续战争的责任转嫁给协约国。一旦和平建议遭到协约国的冷遇或反对,德国则可顺水推舟把自己装扮成和平的渴求者。其二,利用和谈制造协约国内部的分裂和对立,以便捞到更多的好处与利益。德国准备采取分化的手法,制造协约国内部的矛盾实现自己的目标。其三,争取时间补充自己,调整和充实已经损失惨重的部队,并试图以此来面对日益增长的革命运动。

1916 年 12 月 18 日,美国总统威尔逊发出和平照会,试图在交战双方中进行调停,要求双方提出实现和平的条件以及对战后和平的保障。12 月 26 日,德国复照美国,拒绝接受威尔逊设计的和平。

德国政府首相贝特曼的和平倡议遭到了协约国方面的断然拒绝。法国总理兼外交部长白里安在得知照会后第二天,就道破了和平建议在于分裂协约国阵营的企图。协约国在冠冕堂皇的辞令下拒绝了德国的和平倡议。12 月 30 日参加战争的 9 个协约国国家发出复照:"只要各小国被侵犯的权利与自由未能

---

① 王绳祖主编:《国际关系史》第 3 卷,第 426 页。
② 〔苏〕维戈兹基等编:《外交史》第 3 卷(上),第 49—50 页。

保证得到恢复,它们的民族原则和自由生存未能保证得到承认",就不可能实现和平。① 按照协约国的意志,只有德国放弃它在战争中已经占有的土地和攫取的利益后,才能进行和谈,构建和平,这是德国根本不可能接受的。因此,德国的和平攻势很快就被协约国击退。但是,德国仍然在试探同俄国和谈的可能性。1917 年 2 月,奥匈帝国积极谋划同沙皇单独媾和。俄国二月革命的爆发中止了这一密谋。

德国发动的和平攻势以失败告终,分裂协约国的图谋未能得逞,德国国内的主战派得势。1917 年 2 月 1 日,德国公开宣布进行"无限制潜艇战"来取得战场的主动权,争取在有利的条件下结束战争。德国的潜艇战是规定在一定的海域内,凡属商船,不问其悬挂哪国国旗,一律予以击沉。无限制潜艇战给英国造成了重大损失,但它并不能摧垮英国强大的海军和使英国陷入困境。然而,德国的潜艇战促使美国改变中立态度,加入反对奥匈帝国和德国的战争。

美 国 参 战

欧战爆发后,美国宣布中立。美国建国以来,在外交政策中推行中立主义是其传统。门罗主义赋予了自己广泛干预美洲事务的权利。1898 年的美西战争和"门户开放"政策的提出与实施,美国走上了由大陆扩张到海洋扩张的道路。但此时中立主义仍在外交政策中占主导地位。美国之所以在欧洲大战爆发后仍宣布中立,是因为:(1)美国所处的优越的地理环境。欧洲的战火不会蔓延到本土,人民看不到对自己安全的威胁,90%的民众不主张参加欧洲人的战争。1916 年总统大选中,威尔逊提出"使我们置身于战争之外"的口号赢得总统选举。(2)利用中立国地位,同交战双方进行军火交易和经济贸易往来捞取实惠。(3)利用欧战机会以及欧洲国家倾注于欧洲无暇顾及美洲事务,美国可以毫无顾忌地推行拉美政策,巩固和加强后院。正是在欧洲大战期间,美国占领了海地和多米尼加,武装干涉墨西哥,完全控制尼加拉瓜、哥斯达黎加和加勒比国家。(4)利用中立国地位,进行外交斡旋,谋求本国利益。美国干预了日本对中国的侵略扩张,维护了自己提出的"门户开放"政策,扩大了在中国的影响。美国试图在交战双方之间进行和平调停,建立它所设计的和平。(5)美国尚未做好战争的准备,军事力量无法完成远征欧洲的任务。1914 年美国的陆军不到 20 万,用军事力量来赢得优势、进而建立自己的主导权显然是不可能的。

---

① 转引自王绳祖主编:《国际关系史》第 3 卷,第 426 页。

美国的如意打算是等待"整个世界前途就会落在我们手中,这是非常难得的机会"。①

随着欧战的发展,美国主张参战的舆论逐渐增多,并日趋强烈。首先,美国和英国本来就有着千丝万缕的联系和许多共同的利益。英国在战争中推行的封锁政策,割断了美国和同盟国、特别是德国的经济联系与往来,同时也加强了同协约国的往来,同协约国的贸易,信贷等都有大幅增长。其贸易额由1914年的8.24亿美元,增加到1916年的32.12亿美元。1917年4月以前,美国给德国贷款2000万美元,而给协约国的贷款多达20亿美元,成为欧洲的债权国。美国已经成为协约国军火、军事物资和粮食的供应基地。② 美国的垄断资本同协约国的胜利和失败紧密联结在一起。因此,美国对德国在战场上的进展十分担忧。美国绝对不希望德国取得战争的胜利,从而建立日耳曼人的霸权。1915年底,豪斯上校称:"美国不会希望盟国失败。不能容许德国在全世界建立军事霸权。当然,我国将会成为下一个攻击目标,门罗主义无异于一张废纸。"③ 1917年3月美国驻伦敦大使在给威尔逊总统的电报中说:"很可能唯一可以保护我们目前的优越的贸易地位,并防止恐慌的办法,就是对德宣战。"

其次,俄国发生二月革命后,美国担心俄国单独同德国媾和,退出战争。同时害怕德国借此结束东方战线集中兵力在西线发动进攻,最后导致协约国的失败。再次,德国实施"无限制潜艇战",无条件袭击商船,损害了美国的利益。最后,欧洲大战已经进行了两年多,交战双方都大量消耗了人力和财力,将战争进行下去面临着巨大的困难,它们都在寻找和谈的机会。美国则可乘机以自己雄厚的物力和人力主导战争的进程,以较小的代价取得战胜国的地位和处理战利品以及建立战后秩序的主动权。

美国总统威尔逊主张积极介入国际社会,谋取美国最大的国家利益。1914年6月30日,威尔逊在尼亚加拉瀑布的演讲中,就美国在国际社会中的地位与作用及其所要追求的目标,做了这样的阐释:"我们应该怎样发挥我们伟大国家的影响和力量?是要走老路,把我们的力量只用于扩充自己、创造物质福利吗?你们知道这意味着什么。有时可能意味着我们会让别国人民受苦受难,而这种苦难我们当年在《独立宣言》中曾说过是不能容忍的。"④ 威尔逊的回答是摆脱

---

① 陈文艺编著:《近代国际关系史》,第397页。
② 王绳祖主编:《国际关系史》第3卷,第427页。
③ 〔苏〕维戈兹基等编:《外交史》第3卷(上),第52页。
④ 〔美〕E.罗宾逊:《伍德罗·威尔逊的外交政策(1913—1917)》,纽约1917年版,第39页。

孤立主义,积极干预国际事务,建立新的国际关系机制、机构和准则。1916年5月,他要美国人做"国际生活的参与者"。

1917年1月22日,威尔逊在国会两院作"没有胜利的和平"的演说中问道:"眼下这场战争为的是公正、稳定的和平,还是只为了新的势力均衡?"他的回答是:"不要搞势力均衡,而要一个强大的国际体系,不要有组织的竞争,而要有组织的共同和平。"他建议各国都应把门罗主义奉为全世界的共同原则:任何国家都不得把自己的政体强加于另一国,每个国家的人民都应该能自由地决定自己的政体。[①] 对于美国而言,欧洲大国在战争中两败俱伤是最好的战争结局。爱德华·豪斯上校坦陈:"如果协约国战胜,这就意味着在很大程度上俄国将主宰欧洲大陆。如果德国战胜,那就意味着在未来几代人的岁月里将盛行坏到无法形容的军国主义的专制统治。"[②] 威尔逊发表了高谈和平的演说,提出要实现"没有胜利者的和平",并充当战争的最高仲裁者。

1916年12月18日,威尔逊向交战双方提出和平倡议,遭到抵制。1917年德国的潜艇战给英国造成很大的困难。俄国迫于国内压力,声言要退出战争。交战双方都已经精疲力竭,谋求战场上的突破或取得决定性胜利的可能性不复存在。这些国家面临着严重的政治经济危机,各国人民的反战、和平以及革命运动持续高涨。此时,交战双方都在寻求和解。这正是美国期盼的机会,打着"和平"的旗号,实施军事干预,捞到更多的好处。

德国制造的损害美国利益的事端,极大地激怒了美国政府,促使它对同盟国宣战。1917年1月16日,德国外交大臣齐默尔曼电令驻墨西哥公使,提出如果德国同美国开战,希望墨西哥同德国结盟,共同反对美国。作为交换条件,德国帮助墨西哥收复在"得克萨斯、新墨西哥、亚利桑那失地"。该密码被英国情报部门破译,并转交美国。这就是"齐默尔曼密电事件"。2月3日,美国利用德国击沉"豪桑图尼克"号的机会,同德国断绝外交关系。

4月2日,威尔逊要求国会做出对德宣战的决议。威尔逊在国会的演说强调,德国实施的潜艇战"这是一种与全世界各国为敌的战争。美国船已被击沉,美国人的生命被夺去,其手段令我们听到大为激怒,而其他中立与友好国家的船舶和人民,也被同样手段击沉,淹没海底"。德国的挑战是"向全人类的。每个国家必须各自决定怎样去对付它"。他建议美国国会:宣布德意志帝国政府

---

① 〔美〕阿瑟·林克:《伍德罗·威尔逊文集》第40卷,普林斯顿大学出版社1982年版,第533—539页。

② 转引自杨生茂主编:《美国外交政策史(1775—1989)》,第276页。

最近的行为,事实上无异对美国政府及其人民作战;正式接受如此强加于美国的交战国地位;并且采取紧急措施,不但把全国置于更为严紧的防御状态,而且发挥国家全部力量,运用国家全部资源,以迫使德意志帝国政府就范,从而结束战争。威尔逊说,美国对德国"这个与自由的真正敌人应战",必要时"我们将竭举国之力,以抑制和摧毁它的野心和实力"。这位美国总统表白,美国参战的目的"没有任何自私的目的可追求。我们不想征服别人,也不想统治别人。我们不为自己索取赔款,我们不为自愿的牺牲寻求物质上的补偿。我们只是人类权利的一个捍卫者"。①

美国参众两院分别在4月4日和6日以82∶6和373∶50通过参战宣言,正式对德宣战。同时决定由约翰·潘兴将军率领美国远征军随即赴欧作战。7—8月,美军直接参加对同盟国的战斗,迅速扭转了战场的形势。12月7日,美国向奥匈帝国宣战。美国正式投入了第一次世界大战。

美国加入协约国集团对德宣战,对第一次世界大战的进展带来了决定性的影响。在政治上、军事上和财政上都大大加强了协约国。许多中立国加入协约国阵营对德作战,形成了对同盟国集团的绝对优势。美国拥有的强大经济实力很快转变为战场上的力量优势。美国经济纳入战争轨道,把全国划分为21个军事工业区,军工产品源源不断供应给战场。早在1916年7—8月,美国通过了扩军法和军队拨款法,陆军从原有的31个团扩充到65个团,在国内建立32个可容4.1万人的军营。美国的扩大海军计划规定在3年内建造10艘无畏舰、6艘战斗巡洋舰和其他舰只。美国决定生产飞机。美国在加紧准备谋求世界霸权的战争工具。1917年5月18日,国会通过义务兵役法,规定18—30岁(后改为45岁)男子均应登记兵役,为战争准备了雄厚的后备力量。美国还增加了对协约国的财政贷款,帮助这些国家保证战争的需要。美国在参战前共向协约国集团提供的贷款为27亿美元,到大战结束时增加到94.06亿美元。②

美国参战后,一直谋划怎样按照自己的设想来结束战争和进行战后安排。美国明确表示,它决不为协约国的秘密条款和瓜分世界而战。战争进行到美国视为该出面收拾残局的时刻,美国和盘抛出了谋取世界霸权的计划。1918年1月8日威尔逊向国会发表演说,提出了关于世界和平的"十四点计划"。该计划体现了威尔逊的理想主义和扩张主义相结合的外交路线。威尔逊在谈到美国参战的动机时说,只是为了保障正义:"我们没有丝毫私念,只是为世界求安

---

① 周一良、吴于廑主编:《世界历史资料选辑(近代部分)》下册,第246—249页。
② 王绳祖主编:《国际关系史》第3卷,第428页。

全,使爱公道的人能够生活其中。凡是爱好和平的国家,必定像我们美国一样,抱定主意,在这个世界争取自治、正义、公道的幸福,而不使用武力、私欲横行于天下。对于世界各民族,我们都应当推行此公道。如果我们不待人以公道,那么也不能期望别人以公道待我们。"

威尔逊提出了"进步型国际关系"的基本原则:第一,推行公开外交:"必须公开地缔结公开的和平条约","缔结后不得有任何种类的秘密的国际谅解"。美国并不反对一切秘密外交,只是反对秘密条约。第二,航海自由。美国强调,无论在和平时期还是处于战争状态,都必须保证公海的航行的绝对自由。美国除了保证自由贸易,更重要的是挑战英国的海上霸权。第三,建立自由平等的贸易条件,尽一切可能消除经济往来的障碍,保证美国参加公平合理的贸易竞争。第四,实行裁军,各国保证其军备"必须裁减至符合维持国内安全所需要的最低限度"。第五,关注殖民地人民的愿望与要求,实行民族自治。

为了实现上述基本原则,威尔逊提出下列要求与建议:第一,处理好欧洲各国的领土与边界问题。这涉及比利时、法国、意大利、奥匈帝国、罗马尼亚、塞尔维亚、土耳其、波兰等国。第二,从俄国撤退外国军队,要求俄国"加入自由国家社会"。美国对俄政策的宗旨是帮助俄国人民得到享受自由和平的幸福,并愿为此"给予其一切需要"。第三,平等对待德国,给予它国际社会应有的地位。第四,建立国际联盟,"必须根据具体条约建立一个国际组织,向大小国家提供政治独立和领土完整的相互保证"。

威尔逊的十四条,阐述了美国的霸权主义要求以及实现的途径。用豪斯的话来说就是,"按照我们的心愿完成对世界地图的重新绘制"。①

第四节 俄国十月社会主义革命与大战的结束

十月革命胜利与俄国退出战争

战争期间,俄国的各种矛盾更为尖锐,政治局势空前紧张。沙皇政府强征1500多万壮丁入伍。战争屡遭失败,相继丧失国土。经济凋敝,濒于崩溃。国家债务由1914年的88亿卢布猛增到1917年的500亿卢布。沙皇积极谋划同德国的和谈。俄国资产阶级在英国等外部势力的介入下策动宫廷政变,以便组

---

① 王绳祖主编:《国际关系史》第3卷,第437页。

成一个善于"组织胜利"、防止单独媾和的政府,将帝国主义战争进行到底。

1917年3月8日(俄历2月23日),俄国爆发了资产阶级民主革命。3月12日彼得格勒苏维埃代表大会开幕,成立苏维埃。3月15日沙皇尼古拉二世宣布退位,政府垮台。俄国政坛出现了两个政权并存的短暂局面(资产阶级的临时政府和工兵代表苏维埃)。

临时政府的外交政策是"将始终不渝地尊重前政府所承担的各项国际义务",继续同协约国并肩作战,偿付沙皇政府的债务。列宁予以了这样的评价:临时政府"被帝国主义资本,被帝国主义战争政策、掠夺政策束缚住了手脚,已经开始勾结(并没有征求过人民的意见!)王朝,已经在为复辟沙皇君主制而工作"①。因此,布尔什维克党要"完全不信任新政府,不给新政府任何支持","把无产阶级武装起来"②。"新政府不能给人民和平,这不仅因为它是资本家和地主的代表,而且还因为它被同英法资本家缔结的条约和对他们在财务上承担的义务束缚住了。"③列宁在《四月提纲》中明确提出:"俄国当前形势的特点是从革命的第一阶段向革命的第二阶段过渡,第一阶段由于无产阶级的觉悟和组织程度不够,政权落到了资产阶级手中,第二阶段则应当使政权转到无产阶级和贫苦农民手中。"④

4月,资产阶级临时政府发生危机。陆海军部长和外交部长退出政府。5月5日,临时政府改组为联合政府,克伦斯基担任陆海军部长。新政府的外交政策仍然是继续帝国主义战争,推行帝国主义政策。此时,协约国强烈要求俄国军队转入进攻。但俄国的旧军队已经瓦解,根本无力组织新的进攻。然而联合政府听命于盟国,准备发动进攻。

布尔什维克党举行第七次全国代表会议,制定了争取资产阶级民主革命转变为社会主义革命的具体斗争纲领。根据会议的决议,布尔什维克党积极开展争取群众,从政治上和组织上教育与组织群众的艰苦工作。工人阶级的群众性革命运动不断增强。农民运动高涨。军队中的革命运动也在发展。俄国各族人民的民族解放运动蓬勃展开。在这样的革命形势下,1917年6月16日召开了苏维埃第一次代表大会。布尔什维克党领导和组织了声势浩大的七月示威。

---

① 列宁:《远方来信》,《列宁全集》第29卷,人民出版社1988年版,第18页。
② 列宁:《给启程回俄国的布尔什维克的电报》,《列宁全集》第29卷,人民出版社1988年版,第8页。
③ 列宁:《1917年3月4日(17日)的提纲草稿》,《列宁全集》第29卷,第2页。
④ 列宁:《论无产阶级在这次革命中的任务》,《列宁全集》第29卷,第114页。

在示威游行中,喊出了"全部政权归苏维埃"的口号。资产阶级政府对人民群众的和平示威游行进行血腥镇压,造成了七月事件。用和平的方式转变政权的努力宣告失败,两个政权并存的局面结束。布尔什维克党召开了第六次代表大会,制定了武装起义的方针。

1917年7月1日,俄军发动了进攻,此次冒险遭到彻底失败。在短短的十几天中俄军损失6万多人。英法政府对克伦斯基大失所望,断绝对联合政府的财政援助。俄国转向美国乞求援助。1917年秋,英、美、法就划分对俄国"援助"的活动范围达成协议:美国承担改建俄国铁路,英国负责整顿俄国海上运输,法国负责整训俄国军队。① 10月9日,英、法、意三国大使向克伦斯基递交了集体照会,要求他重振俄国军力,无情镇压革命运动。

俄国国内局势越来越紧张,布尔什维克党决定领导人民通过武装斗争夺取政权。10月20日,列宁从芬兰秘密回到彼得格勒。21日,他阐述了关于武装起义的基本原理,指出"包围彼得堡,切断对外交通,用海军、工人和陆军部队的联合进攻把它占领下来"。23日,布尔什维克党中央委员会举行会议。决定十月武装起义。25日,彼得堡苏维埃成立了军事革命委员会,这是准备和实现武装起义的战斗机关。俄国各地都在"全部政权归苏维埃"的口号下,有条不紊地进行武装起义的准备工作。10月29日,布尔什维克党举行中央秘密会议,选出直接领导起义的军事革命总部。俄国共产党领导着武装起义的准备工作,工人、农民和士兵都积极行动起来。革命力量已经完全处于战斗状态。俄国共产党领导人民展开了争取社会主义胜利的决定性战斗。11月7日,举世闻名的十月革命取得成功。《告俄国公民书》中宣布:"临时政府已被推翻。国家政权已转到彼得格勒工兵代表苏维埃的机关即领导彼得格勒无产阶级和卫戍部队的军事革命委员会手中。立即提出民主的和约,废除地主土地所有制,实行工人监督生产,成立苏维埃政府,所有这一切,人民为之奋斗的事业都已有了保证。"彼得格勒起义的胜利迅速向俄国各地发展。十月革命取得了胜利,标志着俄国历史上一个新纪元的开始。

苏维埃政权成立后,推行完全不同于沙皇和临时政府的外交政策。11月8日,第二次苏维埃代表大会制定了和平法令。法令指出,苏维埃政府"向一切交战国的人民及其政府建议,立即就缔结公正的民主的和约开始谈判",以缔结"没有兼并(即不侵占别国领土,不强制归并别的民族)没有赔款的和约"。苏

---

① 〔苏〕维戈兹基等编:《外交史》第3卷(上),第75页。

维埃政府声明,决心根据"对所有民族都无一例外公正的条件,立即签订和约,终止这场战争"①。法令"废除秘密外交,着手公布地主资本家政府从 1917 年 2 月到 10 月 25 日所批准和缔结的全部秘密条约。本政府宣布立即无条件地废除这些秘密条约的全部规定。因为这些条约规定多半是为俄国地主和资本家谋取利益和特权的,为大俄罗斯人保持和扩大兼并的领土的"。这样,实质上同沙皇和临时政府的帝国主义政策一刀两断,意味着苏维埃俄国退出了第一次世界大战。

1917 年 11 月 27 日,苏俄政府向法国、英国、意大利、美国、比利时、塞尔维亚、罗马尼亚、日本和中国政府发出照会,询问是同意和平谈判,还是继续战争。苏俄人民委员会在呼吁书中说:"对于这些问题必须立即做出答复,答复不能是空口的,而要有行动。俄国军队和俄国人民不能够、也不愿意再等待了。12 月 1 日我们将开始举行和平谈判。假如盟国人民不派出自己的代表,我们将单独同德国进行谈判。"协约国政府不承认苏维埃政府,拒绝同它建立外交关系,使之处于国际上的孤立地位。协约国不支持苏俄的和平谈判结束战争的倡议,拒绝与同盟国的谈判。

在这样的条件下,苏俄只得同德国进行和谈,以尽早摆脱战争。谈判于 12 月 3 日在布列斯特—里托夫斯克开始。苏俄提出签订为期 6 个月的停战协定,其条件是暂时停止各条战线的军事行动,德军撤出莫昂宗德群岛和里加;禁止德军向西线做任何调动。② 德国方面仍然坚持自己的掠夺计划,双方分歧严重。但是,德国求和心切、怕单独和谈流产,遂对苏俄的建议做出某些妥协,德国和苏俄签订了为期 10 天的临时停战协定(12 月 7—17 日)。

12 月 6 日,苏俄外交人民委员部第五次照会各盟国大使,向协约国发出参加和谈的建议,要求英、法、日和其他国家的政府公开表态。苏俄的建议仍被协约国拒绝。12 月 15 日,苏俄与德国恢复谈判,并与德、奥、土、保签订了为期 28 天的停战协定(1917 年 12 月 17 日至 1918 年 1 月 14 日)。苏俄同德国等同盟国的战火已经扑灭。

12 月 22 日,苏俄同德、奥、土、保的和平谈判开始。苏俄代表提出了谈判的基础:(1)双方放弃战争期间侵占的领土,并从这些地方撤出占领军;(2)完全恢复各国人民在战争过程中所丧失的政治独立;(3)保证战前未获政治独立的民族享有自决权;(4)用立法形式规定各少数民族的文化独立和行政自治;

---

① 《列宁全集》第 33 卷,人民出版社 1988 年版,第 10 页。
② 〔苏〕维戈兹基等编:《外交史》第 3 卷(上),第 99—101 页。

(5)放弃向别国追偿赔款和战争费用;(6)给予殖民地以自主和政治独立。德奥等国代表提出"俄国宣言的主要各点可以作为和平谈判的基础",但条件是一切参战大国都遵守这些原则。① 这显然是办不到的。会议休会 10 天。1918 年 1 月 9 日谈判复会。德国代表要分割苏俄 15 万多平方公里的土地,占领波兰、立陶宛、白俄罗斯和乌克兰、爱沙尼亚、拉脱维亚的部分土地,以及波罗的海沿岸的港口。2 月 9 日,德国向苏俄提出接受德国上述条件的最后通牒,要求在 24 小时之内答复。俄国党内就要不要接受德国的条件,缔结和约进行了针锋相对的争论。

列宁主张在谈判中进行讨价还价,尽量拖延时间,但最后要不惜一切代价签订和约,为苏维埃俄国争取喘息时间。托洛茨基却于 2 月 10 日对德国的最后通牒做出这样的回答:苏俄不进行战争,军队正在复员,但不签订和约。苏俄和同盟国的和谈中断。德国借机向苏俄发动全面进攻,虽然红军于 23 日阻止了这一进攻,但局势依然十分严重。

2 月 23 日,德国向苏俄提出更为苛刻的条件,限 48 小时内答复,并在 3 天之内到布列斯特签约。次日,全俄中央执行委员会决定接受德国的最后通牒。3 月 1 日和谈重新启动。德国在和谈过程中继续进攻,强制苏俄在 3 天之内签约。苏俄代表只得宣布全部接受德国的条件,并于 3 月 3 日签署了《布列斯特—里托夫斯克和约》。3 月 29 日在柏林交换批准书生效。

《布列斯特—里托夫斯克和约》对于苏俄来说是一个屈辱的条约。和约共 14 条和 5 项附件,其主要内容有:(1)波罗的海沿岸地区、白俄罗斯的一部分,立陶宛、波兰、库尔兰、里夫兰和爱斯特兰将同俄国分离;(2)俄军撤出卡尔斯、阿尔达汗和巴统;(3)俄国承认乌克兰、芬兰为独立国家;(4)俄军撤出芬兰和阿兰群岛;(5)俄国军队完全复员;(6)俄国交付大量赔款。

和约给苏维埃政权施加了极为严重的政治、军事和经济上的负担,但苏俄退出了战争,赢得了恢复国家经济、巩固政权的宝贵时间。1918 年德国投降后,苏俄于 11 月 13 日宣布废除这个"不幸的和约"。

当苏俄与同盟国单独媾和时,协约国却在密谋对苏俄进行武装干涉,以图破坏和谈,把苏俄继续留在战场上。1917 年 11 月,协约国在巴黎举行会议,专门讨论了"俄国问题"。协约国军事专家制订了武装干涉苏俄的计划。协约国还调动一切宣传舆论反对苏俄结束战争、争取和平的努力。协约国采取了一些

---

① 王绳祖主编:《国际关系史》第 3 卷,世界知识出版社 1995 年版,第 434 页。

干涉的行动。12月23日,法国和英国签订了关于在俄国划分势力范围的秘密协议。根据这一协议,高加索、库班河和顿河流域为英国的势力范围,划归法国的是比萨拉比亚、乌克兰和克里米亚。① 英国邀请日本参加远东武装干涉,日本表示予以积极配合。布列斯特和约签署后的第三天,美国公开号召推翻苏维埃政权,继续战争:"我们不承认布列斯特—里托夫斯克和约。"

《布列斯特—里托夫斯克和约》签订之后,协约国外交使团离开彼得格勒转移到沃洛格达,以示对苏俄政府的抗议。协约国开始反对苏维埃政权的活动,积极准备从摩尔曼斯克进行武装干涉。1918年3月15日,协约国在伦敦举行总理与外长会议,发表一项不承认《布列斯特和约》的宣言,讨论对俄国北方武装干涉问题。3月23日,德军在西线发动进攻,协约国出兵苏俄的打算只好作罢。协约国积极怂恿和支持日本在远东发动武装干涉。1918年4月5日,日本以维护符拉迪沃斯托克"市内秩序"为名派出陆战队,协约国支持捷克军团在5月24日发动反苏维埃政权的叛乱。1918年6月3日,协约国最高军事会议决定派遣美国、英国、法国和意大利四国混合部队开往俄国北部。外国军队开始在摩尔曼斯克登陆。英国、美国、法国政府公然走上了瓜分俄国的道路。英国把部队调往土尔克斯坦和巴库,支持那里的叛乱。列宁说:"北方有摩尔曼,东部有捷克斯洛伐克军的战线,东南方的土耳其斯坦、巴库和阿斯特拉罕,英法帝国主义铸造的包围圈已经合围了。"②

保、土、奥匈投降与同盟国瓦解

第一次世界大战进入1917年后陷入僵持状态。1917年2月1日,德国开展无限制潜艇战。美国的参战开始改变战场的战略态势。苏俄退出战争后,德国从东线调40万大军增加西线的作战能力。

长年的战争,使交战双方都遭到了巨大的损失。1915年到1917年,德军伤亡和失踪人员多达300万。1918年同盟国发动的几次攻势,没有达到预期的战略目标,相反却损失70万人。德国的战争力量已经枯竭,没有能力和资源继续战争。

协约国同样损失惨重。法军损失270万,英军也达170万人,协约国也是

---

① 〔苏〕维戈兹基等编:《外交史》第3卷(上),第106—107页。
② 列宁:《在全俄中央执行委员会、莫斯科苏维埃、工厂委员会和工会联席会议上的讲话》,《列宁全集》第35卷,人民出版社1985年版,第6—7页。

困难重重。美国的参战极大地增强了协约国的力量,逐渐改变了欧洲的战局。美国海军的反德潜水艇战,不但减少了协约国和中立国的商船损失,而且越来越显示出巨大的战争潜力。美国的护航编队把美国的战斗部队和战争物资源源不断地运送到欧洲战场。1917 年 6 月,第一批美军到达法国参加作战,12 月底已达 18 万人。1918 年 3 月增加到 30 万人。协约国得到美国的补充之后,实力大增,声势大振。

  1918 年 3 月 26 日,协约国成立联军统一指挥部,任命法国福煦元帅为联军总司令。此举加强了联军的作战与指挥能力,为对同盟国实施全面反攻做好了组织上的准备工作。协约国军重整旗鼓,并于 1918 年 7 月 18 日在维埃—科特列森林地带、安河与马恩河之间长达 45 公里的战线上开始反攻。8 月 8 日,协约国举行了更具决定性的攻击,英军坦克突破了德军防线,迫使德军全线崩溃。8 月 9 日,法军转入进攻。德军节节败退,自 3 月开始 5 次攻势所掠取的土地全部丢失。因此,鲁登道夫承认:"8 月 8 日是德军在世界大战中最不幸的日子。"① 协约国此时在军事实力明显占有对德国的优势。前者拥有 217 个师,后者只有 197 个师,且真正有战斗力的不足 1/3。② 1918 年 8 月底,美军在欧洲战场上投入的兵力已经达到 100 万。

  随着德军在西线的节节败退,协约国逐渐取得优势和战场上的主动权,在巴尔干战场开始转入进攻。1918 年 9 月 4 日深夜,协约国军队在萨洛尼卡前线发动攻势。英国和法国军队依靠强大的优势兵力,特别是炮兵的优势,突破了保加利亚、土耳其军队在多勃鲁平原的防线,并包围了保军的阵地。10 万保军溃败。保军司令部为了稳住局势,派兵拦住并枪杀撤退士兵。这引起了士兵的极大愤怒,提出"打回索非亚去!处死战争祸首!"③ 在撤退中,9 月 24 日几支败退的部队宣布起义,占领了司令部。士兵们提出了结束战争、严惩战争祸首、废除君主制度和成立保加利亚共和国的要求。9 月 27 日,起义部队在腊多米尔宣布成立共和国。次日起义军发展到 3 万人,其中 1 万人向首都索非亚挺进。先头部队在当日就达到了离索非亚 15 公里的弗拉达亚村。

  美国驻保加利亚总领事和使团随员沃克加紧撮合保加利亚同协约国的和约。9 月 28 日,保加利亚政府的议和代表和洛克一同到达萨洛尼卡。协约国代

---

  ① 〔苏〕维戈兹基等编:《外交史》第 3 卷(上),第 152 页。
  ② 王绳祖主编:《国际关系史》第 3 卷,第 440 页。
  ③ 参见〔苏〕维戈兹基等编:《外交史》第 3 卷(上),第 157—160 页。

表拒绝接受议和建议和停止军事行动。由于美国从中斡旋,9月29日签署了停战协议。协议规定:保加利亚应立即撤离希腊和塞尔维亚领土;保加利亚军队除保留3个师维持国内秩序外,其余均应复员;协约国可派军队占领保加利亚的任何战略据点以及干涉其内政的权利。保加利亚脱离了同盟集团,退出了战争。

9月18日深夜,英军在近东转入进攻。土耳其军队在英军的猛烈攻击下土崩瓦解。1918年10月,土耳其已经丧失了美索不达米亚、巴勒斯坦和叙利亚。土耳其军队的战斗力业已丧失,在战场上拒绝作战。10月30日,英国和土耳其在摩德洛司港停泊的英国舰艇"阿哈梅隆号"上签署了停战协定。根据协定,土耳其应退出阿拉伯半岛、美索不达米亚、叙利亚、亚美尼亚以及西里西亚的一部分。土耳其保证向战胜国开放黑海航道,并同意协约国军队占领君士坦丁堡及两个海峡。

奥匈帝国的处境十分艰险。在协约国的进攻下,前线遭到惨败。国内民族解放运动持续高涨。意大利在1918年7—8月接连向奥匈帝国发动攻势,不断扩大成果。奥匈帝国在意大利的打击下,只得求和。9月14日,柏里安照会所有参战国政府,建议在某个中立国召开议和会议。人们普遍把这份照会看成是奥匈不愿打仗的证明。英、法认为这是分裂协约国的阴谋,强调奥匈等国犯下的不可饶恕的罪行,必须彻底清算。协约国拒绝和谈,加速了奥匈帝国的崩溃。捷克、匈牙利宣布独立,奥匈帝国寿终正寝。1918年11月3日奥匈帝国在帕多瓦投降,同意大利签订停战协定。奥匈军队除保留20个师,其余全部复员和解散。奥匈军队的军用物资,半数交给协约国。海上和内河舰只一律解除武装。协约国因此获得大批装甲舰、巡洋舰、驱逐舰、潜艇和航空器材。

保加利亚、土耳其和奥匈帝国的先后投降,标志着同盟体系彻底瓦解。德国南部不设防的边界已经被撕破,战略上处于更为不利的地位。

德国战败与第一次世界大战结束

面对协约国的进攻以及本身力量的枯竭,8月13日,德国统治集团讨论战局发展及对应政策。鲁登道夫认为,德军已经没有能力展开进攻去消灭敌军,也没有能力在敌人进攻时坚守自己的阵地。摆脱困境的唯一途径就是通过外交活动结束战争。8月14日,威廉二世召开会议,决定同协约国举行和谈。

战场上的失利和巨大损失、同盟国保加利亚、土耳其、奥匈帝国的投降,使德国的处境越来越糟。1918年8月8日到9月6日,短短的1个月中德国损失15万人、大炮2000余门、机枪1.3万余挺。9月末10月初,协约国联军突破兴登堡防线。联军从北起伊普尔,南到凡尔登全线推进,以摧枯拉朽之势痛击德军。德军已经无力反击,败局已定。

德国国内的政治和经济危机更加严重。威廉二世宣布改组政府,谋求和谈。10月4日,德国照会美国总统威尔逊,请求在"十四点"的基础上签署停战协定,并开始和谈。德国同时向英国和法国发出了停战照会。8日,美国国务卿蓝辛代表威尔逊复照德国:必须明确接受"十四点"以及美国总统提出的一切条件。同时强调,德国军队在未撤离所占领区之前,美国不会建议协约国停止军事行动。9日,德国召集战时内阁会议,鲁登道夫称:军事领导人希望媾和,前线不能再支持三个月。10月12日,德国表示愿意接受美国的条件。对于德国的停战照会,美国没有予以理睬,继续在军事上采取进攻,以迫使德国接受更为苛刻的停战条件。

对于同德国的和谈,协约各国并无不同意见。但在如何处置德国的问题上,协约国之间的矛盾却突显出来。美国和英国希望德国保留一定的势力,以平衡欧洲。法国希望尽量削弱德国,因为它是自己建立欧洲霸权的主要竞争对手。英国不赞同以威尔逊的"十四点"来处理德国和战后问题。英法在对待美国的"海上自由"和不向战败国索赔等主张走到了一起。美国因此发出要挟,声称如果英法不参与,它要同德国单独谈判。法国则还以颜色:"我们对此表示遗憾,但我们将把仗继续打下去。"[①]11月5日,协约国请威尔逊转告德国,同意在"十四点"的基础上举行和平谈判。

德国在试探同协约国的和谈过程中,德军总司令部趁此机会进行军事冒险。10月30日,它命令海军出海同协约国海军决战。此举导致了11月4日的基尔水兵起义。第二天,起义工人和水兵占领了卢卑克、汉堡和不来梅,革命运动席卷全德国。德国战时内阁举行会议,决定立即派出代表团,不得迟于11月8日开始和谈。如果协约国不同意,德国代表团也要打出白旗,请求举行停战或投降的谈判。

1918年11月7日晚,德国代表团的汽车插着白旗越过前沿阵地。代表团长等乘火车于第二天清晨到达贡比涅森林里的雷通车站。协约国联军司令福

---

① 〔苏〕维戈兹基等编:《外交史》第3卷(上),第168页。

煦的列车就停在此地。福煦迫使德国求和,并宣读了停战的条件。这些投降条件包括:德国应保证在15天内从比利时、法国、卢森堡等国境内的占领区撤退;放弃阿尔萨斯—洛林和罗马尼亚,撤离奥匈帝国和土耳其;向协约国交出5000门重炮、3万挺机枪、2000架飞机、5000台机车、5000辆完好无缺的汽车、6艘主力舰、8艘重型巡洋舰、10艘巡洋舰和300艘潜艇,其余舰只应解除武装并由协约国监督。协约国军队占领莱茵河左岸,占领军的给养由德国负担。德国放弃《布列斯特—里托夫斯克和约》和《布加勒斯特条约》。德国在东非的德军投降。被德军俘获的人员应遭返回国,德国战俘要继续扣留。协约国继续对德国封锁。对于上述条件,德国必须在72小时内做出答复。德国代表团称:这些条件无法执行,如果协约国坚持这些要求,势必把德国推向布尔什维克的怀抱。① 德方力求协约国方面做出让步。但这种努力的成效微乎其微。德国毕竟大势已去,无力回天,只得同意。

1918年11月11日凌晨,《协约国对德国停战协定》在贡比涅签署。协定包括34款对德停战条件、1项补充附件及2个附件。主要规定:(1)德国军队立即从比利时、法国、卢森堡以及阿尔萨斯—洛林撤退,并在停战协定签字之后15天内完成;(2)目前仍停留在战前属于奥匈帝国、罗马尼亚、土耳其领土内的所有德国军队须立即返回1914年8月1日的德国边界以内;(3)所有在东非洲作战的德国军队须在协约国规定的期限内撤退;(4)在莱茵河右岸,从荷兰边境直到瑞士边境距离各为10公里,应保留为中立区;(5)德国应将包括大炮、飞机及军舰在内的部分战争物资及交通工具移交给协约国;(6)停战协定的期限为36天,可以延长。②

1918年11月11日11时,鸣放101响礼炮,标志着第一次世界大战的结束。这场战争"从双方来说,都是帝国主义的(即侵略的、掠夺的、强盗的)战争,都是为了瓜分世界,为了瓜分和重新瓜分殖民地、金融资本的'势力范围'等等而进行的战争"③。大战以德奥的进攻开始,又以它们的失败告终。

第一次世界大战从1914年8月4日全面展开到1918年11月11日结束历时四年零三个月。先后有31国参与,分别为同盟国和协约国互相厮杀。各交

---

① 〔苏〕维戈兹基等编:《外交史》第3卷(上),第169—170页。
② 《国际条约集(1917—1923)》,世界知识出版社1961年版,第61—71页。
③ 列宁:《帝国主义是资本主义的最高阶段》,《列宁选集》第2卷,人民出版社1995年版,第577页。

战国共动员7350万人投入战争,阵亡1000万人。战争夺去了2000万人的生命,耗费3321亿美元。第一次世界大战是对人类的一场空前浩劫。① 战争虽然已经结束,帝国主义国家新的争夺随之开始。战争改变了帝国主义列强的力量对比。美国和日本利用战争得以迅速发展与壮大。欧洲三个反动堡垒俄罗斯帝国、德意志帝国和奥匈帝国被战争摧毁。战争引起了一系列革命,诞生了第一个社会主义国家,民族解放运动出现了新的高涨。一直以欧洲为中心的国际关系格局开始变化,美国在国际关系体系中的地位与作用明显提高。

---

① 王绳祖主编:《国际关系史》第3卷,第444页。吴于廑、齐世荣主编的《世界史(现代史编)》上卷中提供了不同的数字:大战的参加国为30个,双方动员共1351万人,直接死于战争的军人为900万,另有2000多万人受伤,350万人成为终身残疾,饿死病死者大约1000万。直接经济损失1805亿美元,间接经济损失1516亿美元。欧洲工业发展倒退8年。见该书第50页。

附 录 大事年表

1618 年	捷克人民起义,欧洲三十年战争开始
1619 年	荷兰殖民者攻占印尼雅加达城
1620 年	白山战役,天主教联盟打败新教联盟。英国"五月花"号开往北美
1621 年	荷兰西印度公司成立
1622 年	荷兰侵占中国澎湖列岛
1624 年	荷兰侵占中国台湾
1630 年	瑞典参加三十年战争
1632—1634 年	俄国波兰斯摩棱斯克战争
1633 年	日本德川幕府颁布"锁国令"
1640 年	英国资产阶级革命开始;葡萄牙脱离西班牙恢复独立
1641 年	爱尔兰反英大起义;荷兰占领马六甲
1643 年	俄国侵犯中国黑龙江地区
1648 年 10 月	《威斯特伐利亚和约》签订,欧洲三十年战争结束
1649 年	法国、西班牙战争开始
1651 年 10 月	英国颁布《航海条例》
1652 年	荷兰殖民者在南非建立开普殖民据点
1652 年 5 月	第一次英荷战争爆发
1654 年 1 月	俄国兼并乌克兰
4 月	《威斯敏斯特条约》签订,第一次英荷战争结束
1655 年	英国侵占牙买加
1659 年 11 月	法、西缔结《比利牛斯和约》,法西战争结束
1662 年	郑成功收复台湾
1664 年	法国成立新东印度公司
1665 年 6 月	第二次英荷战争爆发

1667 年 5 月	法国、西班牙"遗产战争"开始
7 月	英、荷签订《布雷达条约》,第二次英荷战争结束
1668 年 5 月	法国、西班牙签订《亚琛和约》,"遗产战争"结束
1672 年 3 月	第三次英荷战争爆发
4 月	法国、荷兰战争爆发
1674 年 2 月	英、荷缔结第二次《威斯敏斯特条约》。第三次英荷战争结束
1679 年 2 月	《奈梅根和约》签订,法荷战争结束
1683 年	法国攻陷阿尔及尔
1685 年	英国在广东设商馆,正式对华通商
1686 年 7 月	反法的"奥格斯堡同盟"建立
1688 年 9 月	"大同盟"战争开始
1689 年 9 月	中、俄签订《尼布楚条约》
1695 年 7 月	彼得一世远征亚速,俄土战争开始
1697 年 9 月	《里斯维克和约》签订,"大同盟"战争结束
1699 年 7—12 月	俄国组成反瑞典的"北方同盟"
1700 年 5 月	俄国、瑞典北方战争开始
7 月	俄国、土耳其签订《君士坦丁堡和约》,俄土战争结束
1701 年	西班牙王位继承战争开始
1709 年 6 月	俄国、瑞典波尔塔瓦战役
1710 年 10 月	俄国、土耳其战争爆发
1711 年 7 月	俄国、土耳其签订《普鲁特和约》,俄土战争结束
1713 年 4 月	法国同英国、荷兰签订《乌得勒支和约》
1714 年 3 月	法国与神圣罗马帝国签订《拉斯塔特和约》
1721 年	俄国、瑞典签订《尼斯塔德和约》,北方战争
1727 年 9 月	中俄签订《布连奇界约》
10 月	中俄签订《恰克图界约》
1733 年 10 月	波兰王位继承战争开始
1735 年	俄国、土耳其战争开始
1738 年 11 月	《维也纳最终和约》签订,波兰王位继承战争结束
1739 年 9 月	俄国、土耳其签订《贝尔格莱德条约》,俄土战争结束

1740 年 12 月	奥地利帝位继承战争开始
1740—1742 年	第一次普、奥西里西亚战争
1744—1745 年	第二次普、奥西里西亚战争
1748 年 10 月	《亚琛最终和约》签订,奥地利帝位继承战争结束
1756 年 1 月	英国、普鲁士签订《威斯敏斯特条约》
5 月	奥地利、法国签订《凡尔赛条约》,七年战争爆发
1757 年 6 月	普拉西战役,英国开始侵占印度
1763 年 2 月 10 日	英、法、西三国签订《巴黎和约》
2 月 15 日	普鲁士、奥地利签订《胡贝尔茨堡和约》,七年战争结束
1764 年 4 月	俄国、普鲁士签订《彼得堡同盟条约》
1765 年	英国在北美十三洲颁布"印花税法"
1767—1769 年	第一次迈索尔战争
1768 年 2 月	俄国、波兰签订《华沙条约》(又称"保证条约")
1768 年 10 月	俄国、土耳其战争爆发
1772 年 8 月	俄普奥第一次瓜分波兰
1774 年 7 月	俄国、土耳其签订《库楚克·开纳吉条约》,战争结束
1774 年 9 月	英属北美殖民地召开第一届大陆会议
1775 年 4 月	莱克星顿之战,美国独立战争开始
5 月	英属北美殖民地召开第二届大陆会议
1775—1782 年	第一次马拉塔战争
1776 年 7 月 4 日	《独立宣言》发表,美利坚合众国成立
1778 年 2 月	法、美订立商约和同盟条约
1780 年 2 月	俄国发表《武装中立宣言》
1780—1784 年	第二次迈索尔战争
1781 年 10 月	英将康华里在约克敦向美国投降
1783 年 9 月	英国同美国签订《凡尔赛和约》,英国承认美国独立
1787 年 8 月	俄国、土耳其战争爆发
1789 年 7 月	法国资产阶级革命爆发
8 月	法国制宪会议通过《人权宣言》
1790 年 7 月	普、奥签订《莱亨巴赫协定》
1790—1792 年	第三次迈索尔战争

1790—1803 年	海地独立战争
1791 年 8 月	普、奥签署《皮尔尼茨宣言》
1792 年 1 月	俄国、土耳其签订《雅西和约》，战争结束
4 月	法国对奥地利宣战
9 月	瓦尔密战役，法国击败普奥联军
1793 年	俄、普第二次瓜分波兰
1793 年 2 月	第一次反法联盟组成
1794 年 3 月	柯斯丘什科领导波兰人民开展反俄革命
1794 年 7 月	法国"热月政变"
1795 年 4 月	法国、普鲁士签订《巴塞尔和约》
5 月	法国、荷兰签订《海牙和约》
7 月	法国、西班牙签订《巴塞尔和约》
10 月	俄、普、奥第三次瓜分波兰，波兰灭亡
1796 年 3 月	拿破仑远征意大利
1797 年 10 月	法、奥签订《坎波福米奥和约》，第一次反法联盟瓦解
1798 年 5 月	拿破仑远征埃及
1798 年 12 月	第二次反法联盟组成
1799 年 2—5 月	第四次迈索尔战争
1799 年	俄国侵占阿拉斯加
1799 年 11 月 9 日	拿破仑发动"雾月十八日政变"
1801 年 2 月	法、奥签订《吕内维尔和约》，第二次反法联盟瓦解
10 月	法、俄签订《巴黎和约》及欧洲事务的秘密协定；法、土签订和约，法国将埃及归还给土耳其
1802 年 3 月	英、法签订《亚眠和约》
1803 年 5 月	美国自法国手中购买了路易斯安那
1803—1805 年	第二次马拉塔战争
1804 年 1 月	海地宣布独立
5 月	拿破仑称帝，法兰西第一帝国成立
1804—1813 年	俄国、伊朗战争，《古利斯坦和约》签订
1805 年 4 月	英、俄订立反法同盟条约
8 月	奥地利加入反法同盟，第三次反法同盟建立

	10月	法国、西班牙联合舰队在特拉法加角被英国海军歼灭
	12月	法军在奥斯特利茨战役中大胜,法、奥签订《普雷斯堡和约》,第三次反法联盟瓦解
1806年	7月	莱茵联邦建立
	8月	神圣罗马帝国终结
	9月	第四次反法联盟组成
	11月	拿破仑颁布《柏林敕令》,实施大陆封锁政策
	12月	俄国、土耳其战争爆发
1807年	1月	英国颁布第一次枢密院令
	6月	法军在弗里德兰打败俄军;拿破仑与亚历山大会晤于涅曼河
	7月	法国分别同俄、普签订《提尔西特和约》,第四次反法联盟瓦解
	10月	英国颁布第二次枢密院令
	11月	拿破仑签署《米兰敕令》,法军入侵葡萄牙
1808年	3月	法军占领马德里。伊比利亚半岛战争
	5月	西、葡两国人民开展反法斗争,半岛战争开始
	9月	拿破仑一世与亚历山大一世会晤于爱尔福特
1809年	4月	第五次反法联盟组成;奥地利发动对法战争
	9月	俄国、瑞典签订《腓特烈斯汉姆条约》
	10月	法、奥缔结《维也纳和约》,第五次反法联盟瓦解
1810年	9月	墨西哥独立战争开始
	10月	拿破仑一世签署《枫丹白露敕令》
1811年	5月	巴拉圭宣布独立
	7月	委内瑞拉宣布独立
1812年	2月	法、普签订反俄的《巴黎条约》
	3月	法、奥签订反俄的《巴黎条约》
	5月	俄国、土耳其签订《布加勒斯特和约》,俄土战争结束
	6月	拿破仑一世进攻俄国
	12月	法军撤回涅曼河,拿破仑征俄失败
1812—1814年		美、英战争(美国第二次独立战争)

1813年2月	俄、普签订《卡利什同盟条约》
3月	第六次反法联盟组成
8月	奥地利加入第六次反法联盟
10月	莱比锡决战,法军败退,联军攻入法国本土
1814年3月9日	英、俄、奥、普签订《肖蒙条约》
3月31日	反法联军进入巴黎
4月6日	拿破仑一世退位
5月30日	反法联盟国家同法国签订第一次《巴黎和约》
10月1日	维也纳会议召开
1815年1月	英、法、奥三国签订反对俄、普的《维也纳秘密军事同盟条约》
3月1日	拿破仑逃出厄尔巴岛
3月20日	拿破仑复位,建立"百日政权"
6月9日	英、奥、普、俄、法等八国签署《维也纳会议最后议定书》
6月22日	第七次反法联盟组成
6月18日	拿破仑战败于滑铁卢
6月22日	拿破仑第二次退位
9月	奥、俄、普签订《神圣同盟条约》
11月	《第二次巴黎和约》及《四国同盟条约》签订
1816年7月	阿根廷独立
1817—1818年	第三次马拉塔战争
1818年2月	智利宣布独立
10月	英、俄、奥、普四国同法国举行亚琛会议,并签订《亚琛条约》
11月	英、俄、奥、普四国续定《四国同盟条约》,并邀请法国加入
1819年12月	大哥伦比亚共和国建立
1820年1月	西班牙革命开始
7月	那不勒斯爆发革命
8月	葡萄牙爆发革命
10月	特罗保会议召开
1821年1月	莱巴赫会议召开
3月	希腊爆发反土耳其武装起义

	5月	拿破仑一世病逝于圣赫勒拿岛
	9月	亚历山大一世颁布《白令海航行敕令》
1822年 1月		希腊宣布独立
	6月	美国宣布承认拉美新独立国家
	9月	巴西宣布独立
	10月	维罗纳会议召开
1823年 3月		英国宣布承认希腊和土耳其为交战国
	12月	美国提出"门罗主义"
1824年		英国、荷兰签订《伦敦条约》
1824—1826年		第一次英缅战争
1825年 8月		上秘鲁独立,建立玻利维亚共和国
1826年 4月		英、俄签订《圣彼得堡议定书》
	10月	俄、土签订《阿克尔曼协定》
1826—1828年		第二次俄国伊朗战争,《土库曼恰伊和约》签订
1827年 7月		英、俄、法签订《伦敦条约》
	10月	英、法、俄联合舰队在纳瓦里诺歼灭土埃联合舰队
1828年 4月		俄国、土耳其战争爆发
1829年 9月		俄、土签订《阿德里安堡和约》
1830年 2月		英法俄签署《伦敦议定书》,承认希腊是受其保护的独立君主国
	7月	法国爆发七月革命
	10月	比利时宣布脱离荷兰独立
1830—1831年		波兰爆发反抗俄国的民族起义
1831年 10月		欧洲五强同比利时订立《伦敦条约》,承认比利时为永久中立国
	11月	第一次土埃战争爆发
1832年 7月		土耳其承认希腊独立
1833年 5月		土、埃签订《屈塔希亚条约》
	7月	俄、土签订《温加尔·斯克利西条约》
	9月	俄、奥签订《明兴格雷茨协定》
1833年		英国再次侵占马尔维纳斯群岛

1838—1842 年	阿富汗第一次抗英战争
1839 年	英国占领亚丁；林则徐虎门销烟
1839—1841 年	第二次土埃战争
1840 年 7 月	英、俄、普、奥、土在伦敦缔结《解决近东事件协定》
1840 年—1842 年	第一次鸦片战争
1841 年 7 月	英、法、俄、普、奥、土签署《伦敦海峡公约》
1842 年 8 月	中、英签订《南京条约》
1844 年 7 月	中、美签订《望厦条约》
10 月	中、法签订《黄埔条约》
1845—1846 年	印度锡克教徒第一次抗英战争
1846—1848 年	美国侵略墨西哥战争
1847 年	利比里亚共和国成立
1848 年 2 月	法国爆发二月革命，法兰西第二共和国成立
3 月	维也纳、柏林、米兰、布达佩斯相继发生革命
12 月	路易·拿破仑当选为法兰西第二共和国总统
1848—1849 年	印度锡克教徒第二次反英战争
1849 年	英国吞并旁遮普，印度沦为英国殖民地
1850 年 8 月	沙俄侵略中国黑龙江和库页岛，占领庙街
11 月	奥、普签订《奥尔慕茨协定》
1851 年 12 月	路易·拿破仑发动政变
1852 年 12 月	路易·拿破仑自封皇帝，称拿破仑三世，法兰西第二帝国建立
1852 年	第二次英缅战争
1853 年 7 月	俄军入侵多瑙河两公国
10 月	土耳其对俄宣战
11 月	俄国舰队在锡诺普港歼灭土耳其舰队
1854 年 2 月	英、法共同向俄国发出最后通牒，限俄军于 4 月 30 日前撤出多瑙河两公国
3 月	英、法、土三国结成同盟，英、法对俄宣战，克里米亚战争开始；日、美签订《神奈川条约》
6 月	俄军被迫撤出多瑙河两公国

	7月	奥地利根据奥土条约,将军队开进多瑙河两公国
	8月	奥地利联合英、法共同向俄国提出"维也纳四点媾和条件"
	9月	英、法联军登陆克里米亚半岛
1855年	1月	撒丁王国参加对俄作战
	3月	俄国同英、法、奥在维也纳开始和平谈判
	12月	奥地利再次发出最后通牒:如俄国不接受议和条件,奥将参战
1856年	2月	结束克里米亚战争的和平会议在巴黎举行
	3月	英、法、土等国同俄国缔结《巴黎和约》,克里米亚战争结束
1856—1857年		英国伊朗战争
1856—1860年		第二次鸦片战争
1858年	5月	中、俄签订《瑷珲条约》
	6月	中俄、中美、中英、中法签订《天津条约》
	7月	撒丁王国首相加富尔与拿破仑三世举行普隆比耶尔会晤
	7—10月	美、荷、俄、英、法先后强迫日本签订不平等的《安政条约》
1858—1862年		法国侵略越南战争
1859年	4月	法国、撒丁对奥战争开始
	7月	法、奥签订《维拉弗朗卡预备和约》
	11月	法、撒、奥签订《苏黎士和约》,战争结束
1859年		苏伊士运河开凿
1860年	3月	法国、撒丁签订《都灵条约》
	5月	加里波第率红衫军进军西西里岛
	6月	俄占海参崴,改称符拉迪沃斯托克
	9月	加里波第攻占那不勒斯
	10月	英法联军攻入北京,中英、中法签订《北京条约》
	11月	中、俄签订《北京条约》
1861年	3月	意大利王国成立
	4月	美国南北战争开始
1862年	6月	法国、越南签订《西贡条约》,越南沦为法国的殖民地
	9月	俾斯麦出任普鲁士首相
1863年	1月	波兰爆发反俄武装起义

	8月	法国、柬埔寨签订《友好通商条约》,柬埔寨沦为法国保护国
1864年	2月	普、奥对丹麦战争爆发
	10月	中、俄签订《勘分西北界约记》
1865年	4月	美国南北战争结束
	8月	普、奥签订《加斯泰因条约》
	10月	俾斯麦与拿破仑三世举行比亚里茨会晤
1866年	4月	普鲁士与意大利缔结同盟条约
	6月	普、奥战争爆发;意大利对奥宣战
	8月	普、奥签订《布拉格和约》
	10月	意、奥签订《维也纳和约》
1867年	2月	奥匈帝国成立
	3月	美、俄签订《转让阿拉斯加专约》
	4月	北德意志联邦成立
1867—1868年		埃塞俄比亚抗英斗争
1868年	7月	中、美签订《天津条约续增条款》,即《蒲安臣条约》
1868年		日本开始明治维新
1869年	11月	苏伊士运河通航
1870年	7月	柏林报纸发表"埃姆斯电报";法国对普鲁士宣战
	9月	色当战役,拿破仑三世投降;巴黎革命,法国宣布为共和国;意大利实现统一
	10月	俄国宣布废除《巴黎和约》中关于黑海中立化的条款
	12月	南德四个邦宣布加入北德意志联邦
1871年	1月	德意志帝国成立
	3月	英、法、德、俄等七国签订《伦敦海峡公约》
	5月	德、法签订《法兰克福和约》
	7月	俄国侵占中国伊犁
1872年	9月	德、奥、俄三国皇帝举行柏林会晤
1873年	10月	三皇同盟成立
1874年	3月	法国、越南第二次签订《西贡条约》
1875年	2月	"马嘉理事件"发生

	4—5月	德、法战争危机
	7—8月	波斯尼亚和黑塞哥维那起义
	12月	"安德拉西照会"发表
1876年2月		日、朝签订《江华条约》
	5月	俄、德、奥签署《柏林备忘录》
	6月	塞尔维亚、门的内哥罗对土耳其宣战
	7月	俄、奥签订《赖希施塔特协定》
	9月	中、英签订《烟台条约》
	12月	君士坦丁堡大使级会议召开
1877年1月		俄、奥签订《布达佩斯条约》
	3月	《伦敦议定书》签署
	4月	俄、土战争爆发
1878年1月		中国收复全部新疆
	3月	俄、土签订《圣斯特法诺和约》
	6—7月	柏林会议召开,并签订《柏林条约》
1878—1881年		阿富汗第二次抗英战争
1879年10月		清"全权大臣"崇厚与俄国签订有关交收伊犁的《利瓦吉亚条约》;德、奥签订同盟条约
1881年2月		中、俄签订《改订条约》(又称《伊犁条约》或《圣彼得堡条约》)
	5月	法国侵占突尼斯,法、突签订《巴尔杜条约》
	6月	俄、德、奥第二次签订三皇同盟条约
	8月	苏丹马赫迪反英起义
1882年5月		德、奥、意缔结三国同盟条约
	7月	埃及阿拉比抗英战争
	8月	朝鲜、日本签订《仁川条约》(又称《济物浦条约》)
	9月	英国侵占埃及
	12月	"德意志殖民协会"成立
1883年8月		法国、越南签订第一次《顺化条约》
	10月	罗、奥、德三国签订同盟条约
	12月	中法战争爆发

1884年5月		中、法签订《简明条约》(又称《福禄诺协定》)
	6月	法、越签订第二次《顺化条约》(又称《巴特诺条约》)
	11月	解决刚果问题的柏林会议召开
	12月	朝鲜发生"甲申政变"
1885年1月		日本强迫朝鲜签订《汉城条约》
	4月	中、日签订《天津会议专条》(又称《天津条约》或《朝鲜撤兵条约》);英军占领朝鲜巨文岛事件
	6月	中、法签订《越南条款》(又称《中法新约》)
	9月	保加利亚危机开始;英、俄签订瓜分阿富汗的《伦敦议定书》
	11月	塞、保战争爆发
1885年		第三次英缅战争
1886年1月		缅甸沦为英国殖民地
1887年2月		三国同盟条约续订
	2—3月	英、意、奥签订第一次《地中海协定》
	6月	德、俄签订《再保险条约》
	12月	英、意、奥签订第二次《地中海协定》
1888年2月		英国侵略西藏战争
	5月	意大利埃塞俄比亚《乌查利条约》
	10月	第一次泛美会议在华盛顿召开
	11月	巴西联邦共和国成立
1890年3月		中、英签订《藏印条约》
	4月	美洲国家组织成立
	7月	英、德签订《赫尔果兰条约》
1891年8月		法、俄签订政治协定
1892年8月		法、俄签订军事同盟专约
1893年12月		中、英签订《藏印条约》(又称《藏印续约》)
1894年1月		俄法军事同盟最终建立
1894年7月		英、日签订《英日贸易条约》;意大利入侵阿比西尼亚
	8月	中日甲午战争爆发
1895年4月		中、日签订《马关条约》;俄、法、德三国干涉还辽
1896年3月		意大利、阿比西尼亚阿杜瓦之战,意军战败

	6月	中、俄签订《御敌互相援助条约》(一般称《中俄密约》)
	10月	意大利、阿比西尼亚签订《亚的斯亚贝巴条约》
1897年 4—9月		希腊、土耳其战争
	11月	德国强占胶州湾
1898年 3月		中、俄签订《旅大租地条约》
	4月	美国、西班牙战争爆发
	6月	中、英签订《展拓香港界址专条》
	9月	英、法法绍达冲突
	12月	美国、西班牙签订《巴黎和平条约》
1899年 5月		第一次海牙和平会议召开
	7月	《1899年国际和平会议最后文件》在海牙签署
	9月	美国提出"门户开放"政策
	10月	英布战争开始
	11月	中、法签订《广州湾租界条约》
	12月	德意志银行同土耳其签订"初步协定",获得修建从科尼亚到巴格达铁路的租让权
1900年 6月		八国联军攻陷大沽口
	8月	八国联军攻陷北京
1901年 3月		美国强迫古巴接受《普拉特修正案》
	9月	《辛丑各国和约》签订
1902年 1月		英、日签订《第一次同盟协定》
	4月	中、俄签订《交收东三省条约》
	5月	英、布签订《比勒陀利亚和约》
1903年 11月		巴拿马脱离哥伦比亚,成立巴拿马共和国;美、巴签订《海约翰—比诺·瓦里亚条约》
	12月	英国第二次侵藏战争
1904年 2月		日俄战争爆发
	4月	英、法签订《英法协约》
	9月	英国迫使中国西藏地方当局签订《拉萨条约》
1905年 7月		德、俄签订《比约克条约》;日、美签订《桂太郎—塔夫脱协定》

	8月	英、日签订《第二次同盟协定》
	9月	日、俄签订《朴次茅斯和约》
	11月	日、朝签订《乙巳保护条约》
1905—1906年		第一次摩洛哥危机
1906年1月		阿尔赫西拉斯会议开幕
	4月	《阿尔赫西拉斯公约》签署；中、英签订《续订藏印条约》(又称《北京条约》)
1907年6月		第二次海牙和平会议开幕
	7月	日、俄签订《政治专约》和《第一次秘密条约》
	8月	英、俄签订《关于波斯、阿富汗和西藏问题的专约》，英俄协约成立
1908年4月		中、英签订《修订藏印通商章程》
	10月	奥匈帝国吞并波黑地区，波斯尼亚危机开始
	11月	美、日签订《鲁特—高平协定》
1909年10月		俄、意签订《拉科尼基协定》
1910年7月		日、俄签订《第二次秘密条约》
	8月	日、朝签订《关于日本帝国吞并朝鲜的条约》
1911年7月		第二次摩洛哥危机开始；英、日签订《第三次同盟协定》
1911—1912年		意大利、土耳其战争
1912年7月		日、俄签订《第三次秘密条约》
	10月	第一次巴尔干战争爆发；意、土签订《洛桑和约》
	11月	俄国、外蒙古当局签订《俄蒙协约》
1913年5月		土耳其与巴尔干四国签订《伦敦和约》
	6月	第二次巴尔干战争开始
	10月	西姆拉会议召开
	11月	中、俄签署《声明文件》，承认外蒙古自治
1914年6月		萨拉热窝事件
	7月	英国、中国西藏地方当局签订《西姆拉条约》；奥匈对塞尔维亚宣战，第一次世界大战爆发
	8月	德国对俄、法宣战；德国入侵比利时；英国对德宣战；奥匈对俄国宣战；日本对德宣战

	9月	马恩河会战
	10月	土耳其参加德国方面作战
	11月	俄国对土耳其宣战
	12月	英国宣布埃及为保护国
1915年	1月	日本提出奴役中国的"二十一条"
	4月	英、法、俄同意大利签订《伦敦条约》
	5月	意大利对奥匈宣战
	10月	保加利亚参加同盟国方面作战
1916年	2月	凡尔登战役开始
	5月	日德兰海战
	7月	第一次索姆河战役开始
	8月	罗马尼亚向奥匈帝国宣战
1917年	2月	德国宣布实行无限制潜艇战
	3月	俄国爆发二月革命
	4月	美国对德宣战
	8月	中国对德、奥宣战
	11月	美、日签订《蓝辛—石井协定》;"贝尔福宣言"发表;俄国十月革命胜利;苏俄颁布《和平法令》
1918年	1月	美国总统威尔逊发表"十四点纲领"
	3月	苏俄同德国签订《布列斯特和约》;第二次索姆河战役
	9月	保加利亚投降
	10月	土耳其投降
	11月	奥匈帝国投降;德国签署《贡比涅停战协定》,第一次世界大战结束